Nikolaus Jackob · Harald Schoen · Thomas Zerback (Hrsg.)

Sozialforschung im Internet

Nikolaus Jackob · Harald Schoen
Thomas Zerback (Hrsg.)

Sozialforschung im Internet

Methodologie und Praxis
der Online-Befragung

VS VERLAG FÜR SOZIALWISSENSCHAFTEN

Bibliografische Information der Deutschen Nationalbibliothek
Die Deutsche Nationalbibliothek verzeichnet diese Publikation in der
Deutschen Nationalbibliografie; detaillierte bibliografische Daten sind im Internet über
<http://dnb.d-nb.de> abrufbar.

1. Auflage 2009

Alle Rechte vorbehalten
© VS Verlag für Sozialwissenschaften | GWV Fachverlage GmbH, Wiesbaden 2009

Lektorat: Frank Schindler

VS Verlag für Sozialwissenschaften ist Teil der Fachverlagsgruppe Springer Science+Business Media.
www.vs-verlag.de

Umschlaggestaltung: KünkelLopka Medienentwicklung, Heidelberg
Druck und buchbinderische Verarbeitung: Krips b.v., Meppel
Gedruckt auf säurefreiem und chlorfrei gebleichtem Papier
Printed in the Netherlands

ISBN 978-3-531-16071-9

Inhaltsverzeichnis

Vorwort

Von Nikolaus Jackob, Harald Schoen & Thomas Zerback

In den letzten Jahren hat die Online-Befragung als Forschungsmethode deutlich an Beliebtheit und an Stellenwert gewonnen. Es wird geschätzt – und kann auf Basis von Daten ganz unterschiedlicher Quellen untermauert werden –, dass heute bereits rund ein Drittel aller weltweit durchgeführten Umfragen Online-Befragungen sind.[1] Und es ist nicht ausgeschlossen, dass für die Mehrheit aller Befragungen in Zukunft die Möglichkeiten des World Wide Web genutzt werden. Das ist jedoch Spekulation. Fest steht hingegen, dass zur raschen Verbreitung des neuen Instruments nicht ein eng umrissener Personenkreis beigetragen hat. Vielmehr haben Personen unterschiedlichster Provenienz und mit durchaus nicht einheitlichen Zielsetzungen und Interessen diese neue Methode eingesetzt. Kommerzielle Markt- und Meinungsforscher haben die Online-Befragung als Ergänzung ihres Methodenarsenals entdeckt. Andere Anwender in Unternehmen setzen sie für Mitarbeiterbefragungen ein. Ganz ähnlich bedienen sich Hochschulen dieses Instruments, um beispielsweise Evaluationen von Lehrveranstaltungen durchzuführen. In der akademischen Welt, aber nicht nur dort, haben sich Methodenspezialisten dieses Verfahrens angenommen, um dessen Stärken und Schwächen auszuloten. Technische Grundlagen und Möglichkeiten stehen im Mittelpunkt des Interesses von Informatikern, die sich mit der Online-Befragung befassen. Für viele Kommunikationswissenschaftler, Ökonomen, Politikwissenschaftler, Psychologen, Soziologen und Wissenschaftler anderer Disziplinen schließlich ist die Online-Befra-gung vor allem deshalb interessant, weil sie es erlaubt, mit vergleichsweise geringem Aufwand Umfragedaten zu erheben, mit deren Hilfe sie ihre fachwissenschaftlichen Fragen bearbeiten können. Bereits diese knappe Skizze zeigt, dass die Gemeinde der Online-Forscher vielgestaltig und facettenreich ist.[2]

Diese Vielfalt ist freilich nicht unbedingt allen Mitgliedern dieser *Community* bewusst. Das ist nur allzu verständlich, da sie sich bevorzugt für ihre Spezialgebiete interessieren und nicht für die Entwicklung des Forschungsfeldes „Online-Befragung". Zugleich könnten sich Kenntnisse über die vielfältigen Problemperspektiven, Methoden und Befunde jedoch als nützlich erweisen, und zwar für jeden einzelnen Forscher wie für die Gemeinschaft. Einzelne Nutzer könnten etwa davon profitieren, das Instrument als eine Option oder aber bereits erprobte technische Lösungen bei der Durchführung von Online-Befragungen kennenzulernen. Sie könnten jedoch auch inhaltliche Anregungen für eigene Untersuchungen erhalten, sei es, dass ihr Interesse an substantiellen Fragen geweckt wird, sei es, dass theoretische Perspektiven ihnen neue intellektuelle Horizonte eröffnen. Schließlich könnte die wechselseitige Kenntnis der erste Schritt auf dem Weg zu einer fruchtbaren Zusammenarbeit sein. Für das Forschungsgebiet insgesamt könnte es insofern von Vorteil sein, als der

---

[1] Vgl. u.a. Evans & Mathur 2005: 196; Deutskens u.a. 2006: 119; vgl. auch www.adm-ev.de [Jahresbericht 2007].

[2] Es existiert bereits ein großer Bestand an Forschungsliteratur – sowohl aus der Methodenforschung als auch im Kontext der jeweiligen sozialwissenschaftlichen Forschungsgegenstände (vgl. als Überblick z.B. Batinic et al. 1999; Couper 2000; Reips & Bosnjak 2001; Welker et al. 2004; Welker & Wenzel 2007). Beispielhaft für die Einsatzmöglichkeiten in der Sozialforschung sei weiterhin die Studie von Jackob et al. (2008) genannt.

Austausch von Ideen und Erkenntnissen eine wichtige Voraussetzung für wissenschaftlichen Fortschritt darstellt.

Einen Beitrag, die Vielgestaltigkeit der Forschung zu und mit Online-Befragungen abzubilden und die interdisziplinäre Kommunikation anzuregen, soll der vorliegende Band leisten. Er versammelt Aufsätze von Autoren unterschiedlichster Herkunft und zu verschiedenartigen Problemperspektiven. Um die beschriebene Vielgestaltigkeit des mit Online-Befragungen befassten Forschungsfeldes möglichst umfassend abzubilden, erging im Frühjahr 2007 ein Call for Papers an die Methodensektionen aller großen Fachgesellschaften in den Sozialwissenschaften (u.a. Kommunikationswissenschaft, Pädagogik, Politikwissenschaft, Psychologie, Soziologie), mit der Bitte, geeignete Beiträge einzureichen. Dabei standen zwei Aspekte im Mittelpunkt, die auch die Gliederung des vorliegenden Buches vorgeben: *erstens* die Methodologie der Online-Befragung (bzw. des Online-Experiments) und *zweitens* die praktische Anwendung in der Forschung.

Der nun vorliegende Band enthält daher Beiträge, die sich generell mit methodischen Fragen beschäftigen und damit die Möglichkeiten und Grenzen des Instruments ausloten (*Teil 2*): Wichtige Themen in diesem Methodenteil des Buches sind u.a. die vieldiskutierten Stichprobenprobleme bei Online-Umfragen sowie der oftmals kritisierte Mangel an Repräsentativität und Validität dieses Erhebungsmodus. Die Beiträge von Marcus Maurer und Olaf Jandura sowie von Nina Baur und Michael J. Florian loten entsprechend aus, mit welchen Problemen Wissenschaftler in diesem Kontext konfrontiert werden und wo sich potenzielle Lösungsmöglichkeiten auftun. Dass der Einsatz von Online-Befragungen jedoch nicht nur methodische Probleme bereitet, sondern auch eine Fülle von Chancen und neuen Perspektiven bietet, zeigen die Beiträge von Manuela Pötschke, Marek Fuchs und Frederik Funke sowie Udo Kelle, Alexandra Tobor und Brigitte Metje. Auch wenn diese Beiträge nur ausschnittweise die Potentiale des neuen Erhebungsmodus dokumentieren – so etwa für die Hochschulforschung, für qualitative Sozialforschung sowie für den Einsatz multimedialer Messinstrumente – wird die Nützlichkeit der Online-Befragung für die sozialwissenschaftliche Methodenlehre und Forschung unterstrichen.Typische Fragestellungen der sozialwissenschaftlichen Methodologie greifen schließlich die Beiträge von Monika Taddicken, von Wolfgang Bandilla, Lars Kaczmirek, Michael Blohm und Wolfgang Neubarth sowie von Thorsten Faas und Harald Schoen auf: So werden Methodeneffekte auf die erreichbare Datengüte, Coverage- und Nonresponse-Effekte bei Bevölkerungsumfragen und die Möglichkeiten von Gewichtungsverfahren bei online erhobenen Daten diskutiert. Den Abschluss des Methodenteils bildet ein Beitrag von Michael Schulte-Mecklenbeck und Ryan O. Murphy, die den Lesern Verfahren zur Erhebung von Prozessdaten vorstellen, d.h. aufzeigen, wie dem Methodenforscher durch bestimmte Softwarelösungen Einsicht in die Benutzung seiner Instrumente im Feld gewährt werden kann.

Neben den methodenorientierten Beiträgen wurden Texte aufgenommen, die im Sinne von Fallbeispielen das Design und die Ergebnisse von Online-Befragungen vorstellen (*Teil 3*). Einige dieser Arbeiten zeigen Möglichkeiten und Grenzen von Online-Befragungen in speziellen Populationen auf. Philipp Pohlenz, Jan-Peter Hagenmüller und Frank Niedermeier präsentieren in ihrer Fallstudie Anwendungsmöglichkeiten für Online-Befragungen in der Hochschulforschung. Falk Schützenmeister und Maike Bußmann sowie Senja Post stellen jeweils Studien vor, die auf Befragungen von Wissenschaftlern beruhen. Dorette Wesemann, Alexandra Grunwald und Martin Grunwald zeigen am Beispiel von an Essstörungen Erkrankten und deren Betroffenen auf, wie Online-Befragungen in sensiblen Bereichen der psychologischen Forschung zum Einsatz kommen können. Nina Kahnwald und

10

Thomas Köhler beschäftigen sich mit Online-Befragungen in der betrieblichen Arbeitswelt – konkret mit der Erhebung von Informationen über Fachkräfte für Arbeitssicherheit. Thorsten Faas, Sebastian Holler und Ansgar Wolsing berichten über Erfahrungen mit Online-Befragungen von Direktkandidaten bei verschiedenen Landtagswahlen. Kathleen Arendt und Patrick Rössler zeigen, welche Probleme sich bei der online Befragung von Kindern auftun. Ansgar Wolsing und Thorsten Faas untersuchen, welchen Beitrag offene Online-Umfragen leisten können, die Entwicklung der öffentlichen Meinung in Wahlkämpfen zutreffend abzubilden. Zwei Beiträge kombinieren die Online-Befragung mit einem experimentellen Design: Jürgen Maier und Frank Brettschneider setzen dieses Instrument ein, um Wirkungen von Wahlumfragen auf die Wahlentscheidung zu analysieren. Und Roger Berger, Marta Burek und Christiane Saller schließlich präsentieren eine Fallstudie zum Einsatz von Online-Befragungen in Vignetten-Experimenten.

Den beiden großen thematischen Blöcken dieses Buches ist eine Einführung (*Teil 1*) vorangestellt, in der Thomas Zerback, Harald Schoen, Nikolaus Jackob und Stefanie Schlereth sowie Martin Welker und Uwe Matzat zeigen, wie weit die Online-Befragung als Methode mittlerweile in den Sozialwissenschaften etabliert ist, wie sie Eingang in einschlägige Journals der Fächer gefunden hat und welche organisatorischen Strukturen sich um das Instrument und die mit ihm befassten Forscher herum gebildet haben. Außerdem gibt Thomas Roessing einen kurzen Überblick über die (technischen) Möglichkeiten des Internets als Forschungsplattform.

In der Zusammenschau vermitteln die Beiträge dieses Buches einen Eindruck davon, wie dynamisch sich die Online-Forschung in den vergangenen Jahren entwickelt und ausdifferenziert hat. Zugleich wird erkennbar, über wie viele disziplinäre und andere Grenzen hinweg die Online-Befragung verbindend wirken kann. Diese Funktion kann dieser Band nur deshalb erfüllen, weil zahlreiche Beiträge eingereicht wurden, die zu qualitativ hochwertigen und informativen Kapiteln für dieses Buch geführt haben. Den Autoren dieser Kapitel muss hier ebenso gedankt werden, wie den anonymen Gutachtern, die in einem für alle Seiten (Autoren, Herausgeber und Gutachter) arbeitsintensiven aber ungemein fruchtbaren Prozess immer wieder den richtigen Weg gewiesen haben. Dank gebührt ebenfalls Herrn Martin Welker und der Deutschen Gesellschaft für Online-Forschung e.V.: Durch die finanzielle Förderung von Seiten der D.G.O.F. wurde es den Herausgebern ermöglicht, eine Inhaltsanalyse von Fachzeitschriften zu diesem Band beizusteuern, die ein Bild vom Status Quo der Implementation von Online-Befragungen in den Sozialwissenschaften zeichnet. Schließlich gilt unser Dank dem Verlag für Sozialwissenschaften, der die Publikation dieses Buches überhaupt erst ermöglicht hat.

Literatur

ADM – Arbeitskreis Deutscher Markt- und Sozialforschungsinstitute e.V. (2007): Jahresbericht 2007. Frankfurt am Main [www.adm-ev.de].

Batinic, B., Werner, A., Gräf, L. & Bandilla, W. (Hrsg.) (1999): Online Research: Methoden, Anwendungen und Ergebnisse. Göttingen et al.

Couper, M. P. (2000): Web Surveys. A Review of Issues and Approaches. In: Public Opinion Quarterly, 64, S. 464-494.

Deutskens, E., de Jong, A., de Ruyter, K. & Wetzels, M. (2006): Comparing the Generalizability of Online and Mail Surveys in Cross-National Service Quality Research. In: Marketing Letters, 17, S. 119-136.

Evans, J. R. & Mathur, A. (2005): The Value of Online Surveys. In: Internet Research, 15, S. 195-219.

Jackob, N., Arens, J. & Zerback, T. (2008): Immobilienjournalismus in Europa – eine international vergleichende Studie. München.

Reips, U.-D. & Bosnjak, M. (Hrsg.) (2001): Dimensions of Internet Science. Lengerich.

Welker, M. & Wenzel, O. (Hrsg.) (2007): Online-Forschung 2007. Grundlagen und Fallstudien. Neue Schriften zur Online-Forschung, Band 1. Köln

Welker, M., Werner, A. & Scholz, J. (2004): Online-Research. Heidelberg.

Teil 1: Einführung

Zehn Jahre Sozialforschung mit dem Internet – eine Analyse zur Nutzung von Online-Befragungen in den Sozialwissenschaften

Von Thomas Zerback, Harald Schoen, Nikolaus Jackob & Stefanie Schlereth

1. Einleitung

Das Internet hat der Umfrageforschung mit der Online-Befragung ein neues Instrument zur Datenerhebung beschert. Seit ihrem Aufkommen Mitte der 1990er Jahre hat diese Methode rasch an Popularität und Bedeutung gewonnen. Ablesen lässt sich das an der kaum mehr zu überblickenden Zahl von Online-Umfragen unterschiedlichster Art. Zu der enormen Verbreitung tragen zahlreiche internetgestützte Befragungen von nicht-professionellen Nutzern bei, worin die gleichsam demokratisierende Wirkung des Internets auf die Umfrageforschung zum Ausdruck kommt[1] – man denke etwa an Umfragen von Massenmedien zu Unterhaltungszwecken („Stimmen Sie ab: Welcher Koch soll zu Kerner?"). Allerdings werden nicht alle Unterhaltungsumfragen als solche kenntlich gemacht, in einigen Fällen wird auch der Anschein der Wissenschaftlichkeit erweckt. Wie hoch die Zahl dieser „schwarzen Schafe" ist, darüber lassen sich bislang ebenso nur Spekulationen anstellen wie über die Gesamtzahl von Online-Umfragen dieses Typs. Im Vergleich dazu lässt sich die quantitative Entwicklung der Online-Befragung in der kommerziellen Markt- und Meinungsforschung gut nachzeichnen: Während der Anteil der Online-Interviews an allen Umfragen von den deutschen Instituten im Jahr 1998 mit einem Prozent nahezu unbedeutend war, wuchs er bis 2007 auf 27 Prozent.[2] Damit überflügelte die Online-Umfrage erstmals das persönliche Interview. Und der Arbeitskreis Deutscher Markt- und Sozialforschungsinstitute e.V. (ADM) rechnet mit weiterem Wachstum.[3] Die Ursachen dieser Entwicklung dürften in den offenkundigen Vorteilen des Instruments liegen: Online-Umfragen sind kostengünstig, schnell durchführbar und zudem mit einem geringen administrativen Aufwand verbunden.

Die dritte große Anwendergruppe stammt aus der akademischen Forschung. Trotz anhaltender Skepsis gegenüber diesem Datenerhebungsmodus deutet vieles darauf hin, dass er sich auch in der wissenschaftlichen Sphäre nach und nach durchsetzt. Er hat nicht nur in die akademische Lehre Einzug gehalten,[4] sondern wird auch zur Datenerhebung in der sozialwissenschaftlichen Forschung neben traditionellen Formen wie der persönlichen, der telefonischen und der schriftlichen Befragung eingesetzt.[5] Allerdings lassen sich bislang kaum zuverlässige Aussagen darüber treffen, wie häufig, zu welchen Zwecken und wie reflektiert

---

[1]   Vgl. Couper 2000: 464.
[2]   Vgl. ADM – Arbeitskreis Deutscher Markt- und Sozialforschungsinstitute e.V. 2007: 12. Dem ADM gehören 66 Institute an, die zusammen rund 80 Prozent des Branchenumsatzes erzielen.
[3]   Vgl. ADM – Arbeitskreis Deutscher Markt- und Sozialforschungsinstitute e.V. 2007: 12.
[4]   Ablesen lässt sich dies etwa an Lehrbüchern zu den Methoden der empirischen Sozialforschung (Vgl. etwa Dillman 2000; Schnell et al. 2005: 377ff.; Häder 2006; Diekmann 2007: 520 ff.).
[5]   Ein Anwendungsgebiet ist die Evaluation von Lehrveranstaltungen, die Hochschulen zur Selbstbeobachtung dient.

Online-Befragungungen in den Sozialwissenschaften eingesetzt werden. Dazu sind systematische Analysen erforderlich. Zwar liegen durchaus einzelne Untersuchungen vor, die Häufigkeit und Charakteristika von Arbeiten analysieren, die auf Online-Umfragen basieren. Allerdings beschränken sich diese in der Regel auf einzelne Disziplinen oder betrachten auch Arbeiten zu anderen Formen internet-gestützter Kommunikation.[6] Darüber hinaus schenken sie den Zielsetzungen, dem Studiendesign und den Analysestrategien von Online-Befragungen nur wenig Aufmerksamkeit, so dass es etwa an Erkenntnissen darüber mangelt, inwieweit die auf Online-Befragungen gestützte Forschung einschlägigen Qualitätsanforderungen gerecht wird.

Der vorliegende Aufsatz soll dazu beitragen, diese Forschungslücke zu schließen. Er verfolgt das Ziel, Status Quo und Entwicklung der Online-Befragung in der sozialwissenschaftlichen Forschung zu untersuchen. Als Indikator für den Stellenwert der Online-Befragung verwenden wir die Anzahl an Publikationen in führenden Zeitschriften. Da (referierte) Zeitschriftenaufsätze in den Sozialwissenschaften zunehmend als Ausweis wissenschaftlicher Exzellenz gelten, dürften wir auf diese Weise tendenziell die Spitze der Forschung erfassen. Damit legen wir ein vergleichsweise strenges Kriterium an, wenn wir den quantitativen Stellenwert der Online-Befragung untersuchen. Zugleich dürften diese Publikationen relativ gut abschneiden, wenn wir uns – im zweiten Schritt – der Frage zuwenden, inwieweit diese Online-Umfragen nach den Regeln der Kunst durchgeführt und ausgewertet werden und ob die besonderen Vorzüge dieses Instruments genutzt werden. Abschließend folgt eine kurze Zusammenfassung und Diskussion der Befunde.

2.   Anlage der Untersuchung

Grundlage der Analysen bildet eine Inhaltsanalyse von insgesamt 40 sozialwissenschaftlichen Fachzeitschriften der Fächer Kommunikations- und Publizistikwissenschaft, Politikwissenschaft, Psychologie und Soziologie.[7] Pro Fach wurden zehn einschlägige Journals ausgewählt und die darin enthaltenen Beiträge für die Jahre 1997 bis 2006 daraufhin untersucht, ob und in welcher Weise Online-Befragungen zum Einsatz kommen. Bei der Auswahl der Fachzeitschriften wurde darauf geachtet, dass sowohl die für das jeweilige Fach bedeutendsten Publikationen vertreten sind („Top-Journals"[8]) als auch solche mit methodischem oder empirischem Schwerpunkt. Die Wahl der einzelnen Titel basiert durchgehend auf Expertenurteilen und bibliometrischen Maßen. Nicht berücksichtigt wurden Zeitschriften, die zur (sozialwissenschaftlichen) Analyse von Internet- oder Computerfragen gegründet wurden, aber für die betrachteten Disziplinen nicht zentral sind.[9] Auf diese Weise soll eine systematische Verzerrung der Stichprobe vermieden werden.

---

[6]   Siehe Gould 2004; Skitka & Sargis 2006.

[7]   Die Autoren möchten der D.G.O.F. für die großzügige Förderung dieses Projekts danken.

[8]   Ausgeschlossen wurden solche „Top-Journals", die ausschließlich theoretische Beiträge publizieren, da hier Online-Studien per definitionem nicht vorkommen.

[9]   Das gilt beispielsweise für „Social Science Computer Research" und „Journal of Information Technology Management".

Tabelle 1:   Untersuchte Fachzeitschriften

Top Journals	Publizistik	Politikwissenschaft	Psychologie	Soziologie
	Journal of Communication	American Political Science Review	Annual Review of Psychology	American Journal of Sociology
International	Public Opinion Quarterly	American Journal of Political Science	Psychological Review	American Sociological Review
	The Harvard International Journal of Press/Politics	European Journal of Political Research	Psychological Bulletin	British Journal of Sociology
	European Journal of Communication	British Journal of Political Science	American Psychologist	European Sociological Review
National	Publizistik	Politische Vierteljahresschrift	Psychologische Rundschau	Zeitschrift für Soziologie

Methoden-/Empirie-Journals				
	International Journal of Public Opinion Research	Political Analysis	Journal of Experimental Social Psychology	Sociological Methods and Research
International	Communication Research	Political Psychology	Psychological Science	Sociological Methodology
	Journalism & Mass Communication Quarterly	Political Communication	Perception and Psychophysics	Quality and Quantity
	Human Communication Research	Journal of Politics	Cognitive Psychology	---
National	M&K (früher R&F)	Zeitschrift für Parlamentsfragen	Experimentelle Psychologie	ZUMA-Nachrichten
				Kölner Zeitschrift für Soziologie und Sozialpsychologie

Die methodisch bzw. empirisch orientierten Zeitschriften bilden einen wichtigen Teil des Untersuchungsmaterials, da anzunehmen ist, dass Online-Befragungen dort *erstens* früher verwendet und *zweitens* auch stärker unter methodischen Gesichtspunkten diskutiert wurden. Die Top-Journals hingegen sind vor allem wegen ihres hohen Stellenwerts für das jeweilige Fach von Interesse, da sie dessen Diskurs und zentrale Fragestellungen wohl am treffendsten abbilden. Ihre Beiträge sind daher oftmals ein guter Indikator für die Diffusion internetbasierter Befragungen in den Sozialwissenschaften. Es ist zu erwarten, dass entsprechende Studien in den ersten Jahren zunächst vor allem in Zeitschriften mit einem Methodenschwerpunkt veröffentlicht wurden und erst im Laufe der Zeit in die zentralen Zeitschriften vordringen konnten.

Neben der inhaltlichen Ausrichtung wurde der Verbreitung der Zeitschriften Rechnung getragen, d.h. es wurden sowohl deutsche als auch internationale Publikationen untersucht. Dazu wurde folgende Quotierung zugrunde gelegt: Es sollten *fünf Top-Journals* für jedes Fach berücksichtigt werden, davon sollten vier international und eines national ausgerichtet sein. Weiterhin sollten für jedes Fach *fünf weitere methodisch oder empirisch ausgerichtete Journals* in die Auswahl kommen – hier entfiel jedoch eine Quotierung, da die nationale bzw. internationale Bedeutung von Journals von Fach zu Fach stark variiert. Die Auswahl der Publikationen erfolgte hier ebenfalls nach Expertenurteilen und Zitationshäufigkeiten (Tabelle 1).

Die Zuordnung zu den beiden Kategorien und den Disziplinen ist naturgemäß mit Unschärfen behaftet. So sind einige Zeitschriften für Wissenschaftler verschiedener sozialwissenschaftlicher Disziplinen relevant. Um nur das wohl prominenteste Beispiel anzuführen: In „Public Opinion Quarterly" publizieren Wissenschaftler verschiedener Disziplinen zu Fragen der öffentlichen Meinung und Umfrageforschung. Ebenso dominieren in dieser für die Kommunikationswissenschaft zentralen Zeitschrift methodisch und empirisch ausgerichtete Beiträge. Diese und ähnliche Abgrenzungsprobleme sind bei der Analyse zu berücksichtigen.

Insgesamt wurden im Rahmen unserer Vollerhebung für die Jahre 1997 bis 2006 120 Beiträge identifiziert, die auf Online-Befragungen basierende Daten referieren. Einige Beiträge berichten über Analysen mehrerer Stichproben. Deren Zahl (n=134) übersteigt daher die Zahl der Beiträge leicht. In den folgenden Ausführungen bilden in der Regel die Beiträge die Analyseeinheit. Soweit sich unsere Untersuchungen auf die Stichproben beziehen, ist ausdrücklich darauf hingewiesen.

3. Ergebnisse

3.1. Die Verbreitung von Online-Befragungen in den Sozialwissenschaften

Mit dem Aufkommen der ersten internetgestützten Befragungen Mitte der 1990er Jahre eröffnete sich für die sozialwissenschaftliche Forschung die Möglichkeit, diesen neuen Modus einzusetzen. Ob und inwieweit die betrachteten Disziplinen davon Gebrauch gemacht haben, versuchten wir zu klären, indem wir die Häufigkeit von Aufsätzen auf der Basis von Online-Erhebungen in den ausgewählten Zeitschriften seit 1997 ermittelten.

Wie Abbildung 1 zu entnehmen ist, zeigt sich ein klar positiver Trend, wobei die Entwicklung anfangs eher zögerlich war. Erst im Jahr 2002 wurden in den ausgewählten Zeitschriften mehr als 10 Beiträge mit Daten aus Online-Befragungen publiziert. 2003 wurde bereits die Marke von 20 Artikeln passiert. Nach einem Rückgang im Jahr 2004 stieg die Zahl der Beiträge auf den bisherigen Spitzenwert von 33. Allerdings sank sie 2006 wieder auf das Niveau des Jahres 2003 ab. Es kann also nicht von einem stürmischen und unge-bremsten Wachstum die Rede sein.[10] Auf jeden Wachstumsschub folgte eine Konsoli-dierungsphase. Allerdings scheint das neue Instrument in der sozialwissenschaftlichen Forschung so weit etabliert, dass ein Rückgang auf das Niveau der 1990er Jahre unwahr-scheinlich ist.

Abbildung 1: Anzahl der Beiträge auf Basis internetgestützter Befragungen (n=120)

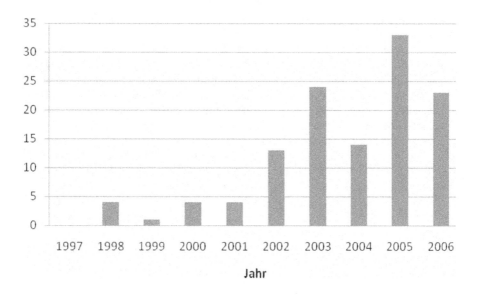

Die beachtlichen Wachstumsraten dürfen nicht den Blick auf das niedrige Niveau verstel-len, auf dem sich die Entwicklung vollzieht. Selbst im Spitzenjahr 2005 wurden in den 40 ausgewählten Fachpublikationen lediglich 33 Aufsätze mit Daten aus Online-Befragungen publiziert. Mit anderen Worten: Pro Zeitschrift erschien weniger als ein Beitrag. Gemessen an allen im Untersuchungszeitraum veröffentlichten Aufsätzen, stellen die Artikel zu Onli-ne-Umfragen somit nur einen Bruchteil dar. Online-Befragungen haben also durchaus Ein-zug in die sozialwissenschaftlichen Zeitschriften gehalten, können aber kaum als ein zentra-ler Gegenstand der Forschung gelten.

Betrachtet man die Entwicklung in den Zeitschriften mit empirischem bzw. methodi-schem Schwerpunkt und in den Top-Journals getrennt voneinander, ergeben sich zwei inte-ressante Unterschiede: *Erstens* werden erwartungsgemäß in den methodisch bzw. empirisch orientierten Journals mehr Studien veröffentlicht, die online erhobene Daten vorstellen (3,9 Beiträge pro Zeitschrift), als dies in den Top-Journals der Fall ist (2,1 Beiträge pro Zeit-schrift). *Zweitens* existiert eine leichte zeitliche Verzögerung im Verlauf der Entwicklung: Zwar steigt die Anzahl der Beiträge in beiden Gruppen an, dies vollzieht sich jedoch in den Methodenzeitschriften mit etwa einem Jahr Vorsprung. Hier ist der erste „Sprung" in der Häufigkeit der Anwendung bereits im Jahr 2002 zu beobachten, während die Top-Journals 2003 erstmals vermehrt Artikel mit Online-Befragungen veröffentlichen. Die eingangs

---

[10] Siehe ähnlich Vehovar 2007.

formulierte Annahme, dass aus der Häufigkeit der Publikation von Beiträgen auf einer online ermittelten Datenbasis auf die Diffusion des Befragungsmodus in den Sozialwissenschaften geschlossen werden kann, findet hier ihre Bestätigung.

Online-Befragungen können je nach Form des Zugangs zum Fragebogen in verschiedene Typen unterteilt werden. Der Fragebogen kann sowohl per E-Mail verschickt (E-Mail-Befragung), als auch auf einer eigenen Website abgelegt werden (Web-Befragung). Im ersten Fall schickt der Befragte den ausgefüllten Bogen entweder wieder per E-Mail oder aber postalisch zurück, im zweiten Fall besucht er die Internetseite, und die Daten werden direkt auf einem Server gespeichert. Denkbar sind auch Fälle, in denen beide Verfahren kombiniert werden.

Die Daten zeigen, dass Web-Befragungen die gebräuchlichste Methode zur Online-Erhebung von Daten sind. In mehr als der Hälfte der Beiträge (54 Prozent) bedient man sich dieser Technik. Als weniger bedeutend erweisen sich E-Mail-Befragungen (12 Prozent) und solche Studien, in denen beide Techniken zum Einsatz kommen (3 Prozent). Auffällig ist die vergleichsweise starke Besetzung der Ausweichkategorie „Sonstige" (18 Prozent), hier wurden alle Vorgehensweisen erfasst, die nicht einer der anderen zugeordnet werden konnten. Es handelt sich hierbei in vielen Fällen um Daten, die von größeren kommerziellen Anbietern online erhoben wurden (z.B. Knowledge Networks®, Center Data®), wobei im Beitrag selbst keine genaueren Angaben zum Erhebungsmodus erfolgten.[11] Interessant ist, dass diese Kategorie seit 1997 erheblich an Bedeutung gewonnen hat. Während auf die Kategorie in den Jahren von 1997 bis 2001 kein einziger Beitrag entfällt, beträgt der Anteil in den darauf folgenden vier Jahren (2002-2005) durchschnittlich 25 Prozent, allerdings geht er im Jahr 2006 auf 4 Prozent zurück.

3.2. Die Häufigkeit von Online-Befragungen in den einzelnen Fächern

Nachdem wir die zeitliche Entwicklung global betrachtet haben, untersuchen wir nun die vier ausgewählten Disziplinen getrennt. Auf diese Weise können wir feststellen, ob das neue Instrument von Kommunikationswissenschaft, Politikwissenschaft, Psychologie und Soziologie ähnlich zügig aufgegriffen wurde oder ob sich fachspezifische Unterschiede abzeichnen. Solche disziplinären Differenzen sind durchaus plausibel, da sich die betrachteten Fächer etwa in ihren Gegenständen und ihrer methodischen Ausrichtung unterscheiden.

Abbildung 2 verdeutlicht, dass sich die Häufigkeit der Anwendung sehr stark von Fach zu Fach unterscheidet: Während jeweils etwa ein Zehntel der erfassten Beiträge auf Politikwissenschaft und Soziologie entfallen, sind es in der Psychologie mit sechs Prozent etwas weniger. Das Gros der Beiträge, mehr als zwei Drittel, stellen die publizistikwissenschaftlichen Fachzeitschriften. Dies mag zunächst überraschen, wird aber nachvollziehbar, wenn man den Forschungsgegenstand des Faches bedenkt: Die Kommunikationswissenschaft beschäftigt sich mit Massenkommunikation in all ihren gesellschaftlichen Bezügen – auch die Neuen Medien gehören zu den zentralen Gegenständen des Faches. Man kann der Publizistikwissenschaft sozusagen eine natürliche Affinität zum Internet und seinen Anwendungen zuschreiben. Dies könnte kommunikationswissenschaftliche Zeitschriften auch für Forscher anderer Disziplinen als Forum zum Austausch über Online-Umfragen attraktiv

---

[11] Einzelheiten sind den Internetseiten der entsprechenden Anbieter zu entnehmen (z.B. www.knowledge-networks.com, www.centerdata.nl).

gemacht haben. Des Weiteren ist zu bedenken, dass es sich um ein – im Vergleich zu den anderen Gebieten – sehr junges Fach handelt, in dem die Zahl der Fachzeitschriften (z.B. verglichen mit der Psychologie) noch relativ gering ist. Grenzt man die Auswahl zudem noch auf methodisch orientierte Journals ein, dann ist das Angebot noch kleiner. Folglich konzentrieren sich die empirischen Studien sehr viel stärker auf wenige Journals. So ließe sich im Umkehrschluss zum Teil auch die geringe Anzahl der in den psychologischen Fachzeitschriften identifizierten Artikel erklären – in diesem Fach ist die Streuung auf eine Vielzahl von Zeitschriften vermutlich höher.[12] Zu einem Teil könnte die Zurückhaltung der Psychologie auch aus deren Forschungstradition resultieren, der Befragung als Erhebungsinstrument generell eine relativ kleine Bedeutung beizumessen.

Abbildung 2: Fachzugehörigkeit der auf Online-Befragungen basierenden Beiträge

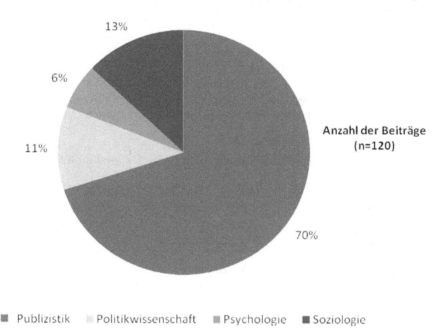

Zur Dominanz der Kommunikationswissenschaft in der vorliegenden Stichprobe könnte zudem die Zielsetzung der durchgeführten Befragungen beitragen. Während etwa in der Politikwissenschaft und der Soziologie in vielen Fällen Daten benötigt werden, die repräsentativ für die Gesamtbevölkerung sind (z.B. für Wahlstudien, ALLBUS, SOEP etc.), stehen im Mittelpunkt publizistikwissenschaftlicher Untersuchungen oft kleinere und speziellere Populationen wie z.B. Journalisten, Kommunikationsverantwortliche und PR-Manager von Unternehmen, Institutionen und Parteien. Diese werden den Anforderungen einer Online-Befragung eher gerecht als die Gesamtbevölkerung, da das Internet als täglicher Begleiter des Alltages in den Kommunikationsberufen seit längerem etabliert ist und

---

[12] Allerdings ist die Erklärungskraft dieses Arguments begrenzt, da auch Arbeiten, die eine tendenziell zugunsten der Online-Befragung verzerrte Fallauswahl vornahmen, die geringe Bedeutung dieses Erhebungsinstruments in der Psychologie bestätigen (vgl. Skitka & Sargis 2006: 531).

21

die Zielpopulationen in der Regel über eine hohe Affinität zur Online-Welt verfügen und ganz selbstverständlich damit umgehen – was man von der Gesamtbevölkerung nicht sagen kann.[13]

Differenzen zwischen den Disziplinen sind womöglich nicht nur auf die Anwendungshäufigkeit der Methode beschränkt, sondern können sich auch in ihrer inhaltlichen Ausrichtung zeigen. Insbesondere die intensive Diskussion über die Qualität von Online-Befragungen stimulierte die Forschung insofern, als diese nicht nur zur Beantwortung fachspezifischer Fragestellungen genutzt wurde, sondern vor allem auch Studien zum besseren Verständnis der Methode hervorbrachte. Der Anteil dieser methodenbezogenen Untersuchungen kann einen Hinweis auf den Stand der kritischen Reflexion im Fach geben. Denkbar sind drei Arten von Studien: Zum einen solche, die mittels der Online-Befragung eine rein fachspezifische Fragestellung verfolgen (z.B. die Ermittlung von Wahlabsichten), zum anderen solche, die die Methode näher erforschen (z.B. ein Vergleich mit anderen Befragungsmodi). Schließlich sind auch Kombinationen beider Vorgehensweisen denkbar.

Von allen ausgewerteten Aufsätzen befasst sich rund ein Viertel ausschließlich oder teilweise mit einer methodischen Fragestellung. Die Unterschiede zwischen den einzelnen Fächern sind eher gering (Publizistik: 23, Politikwissenschaft: 36, Soziologie: 29, Psychologie: 33 Prozent), wobei bei der Interpretation die geringen Fallzahlen berücksichtigt werden müssen (Tabelle 2). Diese Anteile methodenzentrierter Beiträge sprechen durchaus für einen kritischen und reflektierten Umgang mit der internetbasierten Datenerhebung in den Sozialwissenschaften.

Tabelle 2:   Inhaltliche Ausrichtung der Beiträge zu Online-Studien

Art der Fragestellung	Publizistik (n=84) %	Politik (n=14) %	Soziologie (n=7) %	Psychologie (n=15) %	Gesamt (n=120) %
Inhaltlich-fachspezifisch	77	64	71	67	75
Methodisch	17	36	-	27	19
Beides	6	-	29	7	7
Gesamt	100	100	100	101	101

Im Zeitverlauf ging der Anteil methodenbezogener Analysen in allen Fächern leicht zurück. Während er in der ersten Hälfte des Untersuchungszeitraums (1998 bis 2001) bei 25 Prozent lag, belief er sich in der zweiten Hälfte (2002 bis 2006) nur noch auf 19 Prozent.[14] Dieser Rückgang könnte aus einer nachlässigeren Anwendung resultieren, könnte aber auch darauf hindeuten, dass die Methodenforschung etliche wichtige Fragen geklärt und einen Sockel an Methodenwissen zusammengetragen hat, der es nunmehr ermöglicht, intensiver fachspezifischen Fragen nachzugehen. Zugleich könnte die zunehmende Akzeptanz des neuen Instruments in den Sozialwissenschaften dazu beigetragen haben, dass im Laufe der

---

[13]   Vgl. Maurer & Jandura in diesem Band.
[14]   Zur besseren Vergleichsmöglichkeit werden trotz der geringen Fallzahlen Prozentwerte ausgewiesen.

22

Zeit die Publikationschancen online-basierter Untersuchungen zu substantiellen Fragen stiegen.

Unterschiede zwischen den Fächern ergeben sich bezüglich weiterer Aspekte der Verwendung von Online-Befragungen. Insgesamt referieren 39 Prozent der Beiträge Studien mit einem experimentellen Design, den übrigen 61 Prozent liegt eine nicht-experimentelle Anordnung zugrunde. Dieser relativ hohe Anteil experimenteller Designs ist vor allem auf die methodisch ausgerichteten Studien zurückzuführen, da hier oft mit Experimental- und Kontrollgruppen gearbeitet wird, um die Auswirkungen bestimmter Erhebungsmodi oder die Effekte bestimmter Variationen innerhalb eines einzelnen Modus zu messen. Erwartungsgemäß ist der Anteil von Experimenten in der Psychologie mit 57 Prozent am größten, mit einigem Abstand gefolgt von der Publizistik (39 Prozent). Etwas geringere Anteile weisen die Politikwissenschaft (21 Prozent) und die Soziologie (33 Prozent) auf, hier sind nicht-experimentelle Anordnungen eher die Regel.

Im Hinblick auf die Untersuchungsanlage dominieren eindeutig Querschnittsuntersuchungen, die in 79 Prozent aller Fälle Grundlage der Beiträge sind. Längsschnittdaten aus Trend- oder Panelbefragungen stellen mit einem Anteil von 18 Prozent somit eher die Ausnahme dar. Im Fächervergleich setzt sich dieses Übergewicht mit Ausnahme der Politikwissenschaft fort, wo insbesondere der Anteil von Paneluntersuchungen mit 43 Prozent den der anderen Disziplinen um ein Vielfaches übersteigt.

3.3. Die methodische Qualität auf Online-Befragungen gestützter Analysen

Die einschlägige Literatur weist immer wieder auf die erheblichen methodischen Probleme von Online-Befragungen hin. Im Zentrum stehen Schwierigkeiten bei der Rekrutierung von Respondenten und daraus resultierende Einschränkungen in der Aussagekraft der gewonnenen Informationen. Wissenschaftliche Arbeiten sollten sich dadurch auszeichnen, dass sie mit diesen Problemen nach den Regeln der Kunst umgehen. Gleichzeitig ist das in der Forschung nicht selbstverständlich. Um den Stand der Online-Forschung in den Sozialwissenschaften zu beurteilen, erscheint es uns daher geboten, nicht nur die Verbreitung dieser Methode, sondern auch die methodische Qualität der vorliegenden Arbeiten zu untersuchen. Diese beurteilen wir anhand zweier Kriterienbündel: Zum einen untersuchen wir, ob die ausgewählten Artikel bestimmte Informationen enthalten, die für eine seriöse Beurteilung von Analysen unerlässlich sind. Wir konzentrieren uns auf drei Gesichtspunkte, nämlich, ob die angezielte Grundgesamtheit, das Auswahlverfahren und die Rücklaufquote aus den Arbeiten ersichtlich sind. Zum anderen gehen wir der Frage nach, welche Auswahlverfahren verwendet wurden und ob deren Konsequenzen für die Aussagekraft von Ergebnissen beachtet wurden.

Die größte Einschränkung für Online-Befragungen besteht in ihrer fehlenden Eignung für bevölkerungsrepräsentative Untersuchungen. Die Gründe hierfür liegen zum einen in der unvollständigen Abdeckung mit Internetzugängen[15], zum anderen darin, dass sich Internetnutzer in vielen Merkmalen von den Nicht-Nutzern unterscheiden.[16] Innerhalb der Forschung besteht aufgrund dieser Bedingungen weitgehend Einigkeit darüber, dass Aussagen über die Gesamtbevölkerung auf Basis von online erhobenen Daten nicht getroffen

---

[15] Vgl. Gerhards & Mende 2007: 383.
[16] Vgl. Häder 2006: 64; Faas 2003.

werden können.[17] Betrachtet man die Studien in den analysierten Fachzeitschriften unter diesem Gesichtspunkt, wird deutlich, dass der Methodeneinsatz weitgehend entsprechend dieser Einschränkung erfolgt: 59 Prozent der Studien betrachten eine spezielle Population (z.B. Professoren, Journalisten etc.), nur 15 Prozent haben einen Bevölkerungsquerschnitt zur Grundlage. Bei Letzteren handelt es sich wiederum zum Großteil um Studien, die eine präkrutierte Teilnehmerschaft befragen (z.B. Online-Access-Panels). Ungleich bedenklicher sind Beiträge, in denen nicht klar erkennbar ist, welche Population überhaupt Basis der Analyse ist. Dies trifft in über einem Viertel der Fälle (26 Prozent) zu. Dies ist um so problematischer, als es sich hierbei nicht um einen speziell für Online-Befragungen relevanten Qualitätsindikator handelt, sondern um eine grundlegende Information, die zur Beurteilung aller Formen von Befragungsdaten, unabhängig vom Erhebungsmodus, eine zentrale Rolle spielt.[18]

Ein entscheidender Schritt bei der Durchführung von Befragungen ist die Auswahl der potenziellen Respondenten, da von ihr die Aussagekraft der späteren Ergebnisse abhängt.[19] Um die Qualität einer Analyse beurteilen zu können, ist es unbedingt erforderlich, die Rekrutierungsstrategie nachvollziehen zu können. Zudem sollten bei der Auswahl bestimmte Argumente bedacht werden. Standardisierte Auswahlverfahren sollen die Repräsentativität der Untersuchungsbefunde sicherstellen, zumindest aber gewährleisten, dass das Zustandekommen des Samples nachvollzogen werden kann. Speziell bei Online-Erhebungen stellt die Selbstrekrutierung ein großes Problem dar. Oftmals ergehen lediglich allgemeine Aufforderungen zur Teilnahme an die potenziellen Befragten, z.B. in Form eines Banners oder Pop-Ups auf einer Website, und es herrscht a priori keine Klarheit darüber, welche Personen als potenzielle Teilnehmer zu gelten haben. Solche Vorgehensweisen machen es unmöglich, im Nachhinein Aussagen über die Auswahlwahrscheinlichkeiten des einzelnen Individuums zu treffen, und liefern keinerlei Informationen zur Teilnahmebereitschaft – einem weiteren wichtigen Qualitätsindikator.[20] Darüber hinaus führen solche Verfahren zu Verzerrungen, da sie Forschern kaum Möglichkeiten bieten, die Auswahl der Respondenten zu kontrollieren, und daher vor allem leicht erreich- und befragbare Personen teilnehmen.[21]

Um Aussagen über das Zustandekommen der Stichprobe treffen zu können, wurde bei der Codierung zunächst das Auswahlverfahren festgestellt. Dazu wurden folgende Kategorien verwendet: Bei den Verfahren der Zufallsauswahl entscheidet ein Zufallsprozess über die Aufnahme eines Befragten in die Stichprobe, während bei einer willkürlichen Auswahl ein solcher Mechanismus fehlt. Hier erfolgt die Auswahl nicht-zufällig, also nach bestimmten Regeln wie z.B. Quoten, oder aber vollkommen willkürlich. Nicht-zufällige Auswahlverfahren lassen sich noch einmal danach unterteilen, ob der Forscher die Entscheidung trifft, wer an der Befragung teilnimmt, oder ob diese beim Befragten selbst liegt (Selbstselektion, z.B. durch Klicken auf ein Werbebanner). Es wurde jede einzelne Stichprobe codiert, also auch mehrere pro Beitrag. Daher übersteigt die Fallzahl mit 134 Stichproben die Zahl der untersuchten Beiträge.

---

[17] Siehe aber beispielsweise Perspektive Deutschland 2006.
[18] Vgl. Schnell et al. 2005: 265f.
[19] Vgl. Krämer 2004: 54.
[20] Vgl. Häder 2006: 164-166.
[21] Vgl. Schnell et al. 2005: 297ff.

Tabelle 3:   **Verwendete Auswahlverfahren**

Auswahlverfahren	Stichproben gesamt (n=134) %
Zufallsauswahl	**31**
Willkürliche Auswahl...	**56**
...durch den Forscher	8
...durch den Befragten	10
...nicht erkennbar	37
Vollerhebung	**8**
Nicht erkennbar	**5**
Summe	**100**

Wie Tabelle 3 zu entnehmen ist, handelte es sich in 31 Prozent der Fälle um eine Stichprobe, die durch einen Zufallsmechanismus zustande kam, wohingegen sich die überwiegende Mehrheit (56 Prozent) eines solchen Verfahrens nicht bediente. Dieser hohe Anteil ist vermutlich auf das häufige Fehlen vollständiger Auswahllisten zurückzuführen, die die Basis für eine Zufallsauswahl bilden. Im Gegensatz zu z.B. telefonischen Befragungen verfügt der Forscher bei Online-Befragungen oft nicht über die benötigten Informationen wie z.B. E-Mail-Adressen, die zur Auswahl und Kontaktierung der Befragten genutzt werden können. Zudem existieren keine Verfahren, die solche Adressen – analog zur Telefonbefragung – generieren könnten. Ein knappes Zehntel der betrachteten Fälle bezieht sich schließlich auf Vollerhebungen.

Die Qualität der Dokumentation ist aufgrund unserer Analyse insgesamt durchaus kritisch zu beurteilen. Überhaupt nicht erkennbar ist das Auswahlverfahren in lediglich fünf Prozent der Fälle. Dieser niedrige Anteil deutet zunächst auf eine sorgfältige Dokumentation hin. Allerdings konnte bei immerhin 37 Prozent der Stichproben zwar festgestellt werden, dass es sich um eine nicht-zufällige Auswahl von Befragten handelte, jedoch fehlten Informationen darüber, durch *wen* die Auswahl letztlich vorgenommen wurde. Folglich ist in vier von zehn Fällen das Auswahlverfahren unzureichend dokumentiert, was die Nachvollziehbarkeit empfindlich beeinträchtigt.

Die Entscheidung für das eine oder andere Auswahlverfahren erlaubt noch kein abschließendes Urteil über die methodische Qualität einer Analyse. Dafür kommt es wesentlich darauf an, inwieweit das Auswahlverfahren und die damit verbundenen methodischen Konsequenzen bei der Datenanalyse berücksichtigt werden. Ein ernster methodischer Fehler liegt dann vor, wenn die Studie mit dem Ziel durchgeführt wird, aufgrund von Ergebnissen in einer Stichprobe Aussagen über eine davon verschiedene Grundgesamtheit abzuleiten, das Auswahlverfahren dies aber nicht erlaubt. Wie bereits erwähnt, verbieten sich bei Online-Befragungen in der Regel unabhängig vom Auswahlverfahren Schlüsse auf die

Gesamtbevölkerung. In einigen speziellen Gruppen sind jedoch Internetzugänge so weit verbreitet, dass es grundsätzlich möglich ist, alle Gruppenmitglieder zu erreichen.

Um zu prüfen, unter welchen Bedingungen in den betrachteten Studien ein Repräsentationsschluss erfolgt, wurde zusätzlich erhoben, ob die Autoren eines Beitrags die gewonnenen Ergebnisse auf die jeweilige Grundgesamtheit übertragen.[22] Es ergibt sich ein gemischtes Bild: Bei den auf einer Zufallsauswahl basierenden Stichproben erfolgt in 61 Prozent der Fälle auch ein (prinzipiell zulässiger[23]) Schluss auf die jeweilige Grundgesamtheit. Bei der willkürlichen Auswahl liegt der Anteil mit 23 Prozent deutlich niedriger. Schlüsselt man die Fälle willkürlicher Auswahl weiter auf, ergibt sich für die vom Forscher gesteuerte willkürliche Auswahl ein Anteil von 9 Prozent. Ein deutlich höherer Wert resultiert für die Stichproben, die durch reine Selbstselektion der Befragten zustande kamen oder deren Zustandekommen nicht erkennbar ist: Trotz der daraus folgenden methodischen Restriktionen wird hier in 45 Prozent der Fälle von den Stichprobenergebnissen auf die (nicht klar bestimmbare!) Grundgesamtheit verallgemeinert. Diese Befunde stellen der Forschung kein sonderlich gutes Zeugnis aus.[24]

In den Arbeiten, die auf Online-Befragungen mit einer zufällig ausgewählten Stichprobe oder einer Vollerhebung (n=68) beruhen, lässt sich zusätzlich untersuchen, ob Informationen zur Teilnahmebereitschaft der potenziellen Respondenten enthalten sind. Die entsprechende Auszählung zeichnet ein vergleichsweise erfreuliches Bild. Denn in 95 Prozent der Fälle sind Angaben zur Teilnahmebereitschaft, entweder in Form der erzielten Rücklaufquote oder der Verweigerungsrate, berichtet.[25] Dieses Muster könnte darauf hindeuten, dass methodenkritische Forscher sich dafür entscheiden, die Online-Befragung mit geeigneten Auswahlverfahren zu kombinieren, und anschließend ihre Vorgehensweise in der Regel angemessen dokumentieren.

4. Die Nutzung spezifischer Vorteile von Online-Befragungen

Den Nachteilen der Erhebungsmethode steht eine nicht minder große Zahl an Vorzügen gegenüber. Als ein spezifischer Vorteil kann die Möglichkeit gelten, multimediale Elemente einzusetzen.[26] Das Internet vereint wie kein anderes Medium audiovisuelle Darstellungsformen und Interaktivität und eröffnet somit auch für die Datenerhebung völlig neue Möglichkeiten: Neben traditionellen Schriftelementen können Bilder, Audioelemente und Videos in den Fragebogen integriert werden, um z.B. die Motivation der Befragten zu steigern oder um erläuternde Funktionen zu übernehmen.[27] Darüber hinaus erlaubt es die Online-Befragung, die (potenziellen) Befragten einfach, schnell und – sofern es über E-Mail ge-

---

[22] Ein solcher Repräsentationsschluss kann sowohl implizit als auch explizit erfolgen. Im ersten Fall weist der Autor ausdrücklich auf die Möglichkeit der Übertragbarkeit hin. Im zweiten Fall überträgt er die Ergebnisse implizit z.B. in der Form: „Zwei Drittel der deutschen Journalisten sehen die Aufdeckung von Missständen als ihre Hauptaufgabe an."

[23] Natürlich stellt das verwendete Auswahlverfahren nur eine Bedingung für den Repräsentationsschluss dar, auch die Höhe des Rücklaufs und die Systematik von Ausfällen sind hierfür wichtige Anhaltspunkte.

[24] Diese Einschätzung ist insoweit zu relativieren, als einige Arbeiten die Validität solcher Repräsentationsschlüsse in kritischer Absicht empirisch prüfen.

[25] Die Höhe der Rücklauf- und Verweigerungsquote wurden nicht erfasst.

[26] Siehe zu Wirkungen verschiedener Designelemente Couper et al. 2004: 255-256.

[27] Vgl. Dillman et al. 1998; vgl. auch Fuchs & Funke in diesem Band.

schieht – nahezu ohne Versandkosten zu kontaktieren.[28] Diese Möglichkeit ist vor allem deshalb wichtig, weil sich die Strategie, mögliche Teilnehmer mehrfach zeitlich versetzt und in verschiedenen Formen zu kontaktieren, nicht nur in postalischen[29], sondern auch in Online-Befragungen als hilfreich dabei erwiesen hat, die Teilnahmebereitschaft zu erhöhen. So weist eine Metastudie für über 68 Online-Umfragen einen positiven Einfluss von Mehrfachkontakten auf die Rücklaufquote nach.[30] Der Versand kann außerdem schnell und simultan über große Entfernungen hinweg erfolgen, was insbesondere bei international vergleichenden Studien den Aufwand verringert und die Koordination erheblich vereinfacht.[31]

Angesichts der offenkundigen Vorteile erscheint es naheliegend, dass die multimedialen Möglichkeiten und das Kontaktpotential in Online-Befragungen regelmäßig genutzt werden. Allerdings müssen Nutzer nicht notwendigerweise die Möglichkeiten ausschöpfen, die ein Instrument bietet. Daher ist es eine empirische Frage, inwieweit in den untersuchten sozialwissenschaftlichen Beiträgen das multimediale Potential und die Kontaktmöglichkeiten genutzt wurden.

Zur ersten Teilfrage führt unsere Inhaltsanalyse zu einem klaren Ergebnis: Das multimediale Potential der Online-Befragung wird kaum ausgeschöpft. In über drei Viertel der Beiträge (78 Prozent) wurden keinerlei multimediale Elemente verwendet, d.h. es handelte sich um klassische Fragebögen in reiner Schriftform (vgl. Tabelle 4). In einem kleinen Teil der Arbeiten (13 Prozent) kamen Bilder zum Einsatz, Audioelemente (ein Prozent) und Videos spielen nahezu keine Rolle. Da die Verwendung von Bildern – mit Ausnahme der Telefonumfrage – prinzipiell auch bei jedem anderen Befragungsmodus möglich ist, wird deutlich, dass viele Online-Forscher die eigentlichen Alleinstellungsmerkmale des Modus nicht nutzen.

Über die Gründe für diesen Befund können an dieser Stelle nur Vermutungen angestellt werden. Zunächst scheinen die Einsatzmöglichkeiten von Videos und Audioelementen in einer Befragung begrenzt. Denkbar sind z.B. Studien zur Wirkung von Filmmaterial (z.B. Werbung), zur Mimik und Gestik von Personen[32] und dergleichen, dennoch lassen sich viele wissenschaftliche Fragestellungen mit klassischen Designmöglichkeiten umsetzen. Darüber hinaus ist die Implementierung mit einem höheren (technischen) Aufwand verbunden und dies nicht nur auf Seiten des Forschers, sondern vor allem beim Befragten. Viele dieser Anwendungen stellen höhere Anforderungen an die technische Ausstattung bzw. Konfiguration der Soft- und Hardware (z.B. entsprechende Plug-Ins), als dies bei Fragebögen in reiner Textform der Fall ist. Insbesondere Videos benötigen je nach Geschwindigkeit des Internetzugangs[33] wesentlich längere Ladezeiten als Textelemente, was zu höheren Abbrecher-Raten führen kann.[34] Die vorzeitigen Abbrüche aufgrund langer Wartezeiten

---

[28] Für eine umfangreiche Darstellung der Vor- und Nachteile von Online-Befragungen vgl. Evans & Mathur 2005: 196-202.

[29] Vgl. Dillman 2000: 149-193.

[30] Vgl. Cook & Heath 2000: 826-829.

[31] Vgl. z.B. Jackob et al. 2008.

[32] Interessant scheint die Anwendung für die Befragung sehr spezieller Gruppen wie z.B. Gehörloser. Da diese in vielen Fällen auch eine Leseschwäche haben, führen sehr textlastige Fragebögen oft zu Verständnisproblemen. Videos in Gebärdensprache könnten einen Fragebogen hier sinnvoll ergänzen (Vgl. Fuchs et al. in diesem Band).

[33] In Deutschland nutzten 2006 59,5 Prozent der Bevölkerung ab 14 Jahren das Internet, davon gingen online mit einem Modem 25 Prozent, mit ISDN 24 Prozent, mit Breitband/DSL 48 Prozent (vgl. van Eimerem & Frees 2006: 404; vgl. Fisch & Gscheidle 2006: 431).

[34] Vgl. Dillman et al. 1998; vgl. Lozar Manfreda et al. 2002.

entstehen bei Online-Befragungen nicht nur infolge mangelnder Geduld bei den Befragten, sondern werden auch – je nach Abrechnungsmodus[35] des Providers – durch höhere Verbindungskosten verursacht.

Tabelle 4:   Verwendete Designelemente

Art des Designelements	Anteil der Beiträge[36] (n=120) %
Bilder / Fotos	13
Audioelemente	1
Videoelemente	-
Keinerlei Designelemente verwendet	78
Nicht erkennbar / keine Angabe	8
Summe	100

Im Hinblick auf das Kontaktpotential wurden in der vorliegenden Studie sowohl die Anzahl als auch die Qualität der Kontakte (Zweck des Schreibens, Kommunikationskanal) codiert, so dass ein differenziertes Bild der jeweiligen Vorgehensweise gezeichnet werden kann. Im Mittel realisierten die Studien in den analysierten Beiträgen 1,97 Kontakte mit den Befragten[37], was bereits auf eine eher verhaltene Nutzung der Kontaktmöglichkeiten hindeutet. In 24 Prozent der Fälle erfolgte eine Vorankündigung der anstehenden Befragung – ein eher ernüchternder Befund, wenn man den zu erwartenden positiven Effekt auf die Teilnahmebereitschaft bedenkt.[38] In 32 Prozent der Studien verzichteten die Forscher auf eine Ankündigung, und für 45 Prozent der Beiträge konnte nicht festgestellt werden, ob ein solches Schreiben erging oder nicht. Wie der niedrige Mittelwert aller Kontakte schon vermuten lässt, wurden im Großteil der Fälle die Befragten nur zwei Mal erreicht. Tabelle 5 gibt Aufschluss über die Anzahl der *Folge*kontakte, die nach einer eventuellen Ankündigung ergingen und entweder die eigentliche Befragung beinhalteten oder Erinnerungsschreiben darstellen.

---

[35]   In Deutschland gingen 2006 50 Prozent der Internetnutzer mittels einer „Flatrate" online, d.h. die entstandenen Nutzungskosten waren zeit- und volumenunabhängig. Zeit- bzw. volumenabhängige Verträge besitzen insgesamt 39 Prozent der Nutzer (vgl. Fisch & Gscheidle 2006: 433).

[36]   Da mehrere Designelemente in einem Online-Fragebogen verwendet werden können, wurden bis zu drei verschiedene Elemente codiert. Bei mehreren Fragebögen wurde jedes Element nur einmal erfasst.

[37]   Der Durchschnittswert beinhaltet sowohl Ankündigungen als auch Erinnerungsschreiben. Nicht enthalten sind eventuelle Dankesschreiben im Anschluss an die Befragung, da sie sich nicht mehr auf den Rücklauf dieser Erhebung auswirken.

[38]   Vgl. Dillman 2000: 156ff.

Tabelle 5: Realisierte Folgekontakte in den untersuchten Beiträgen

Anzahl der Folgekontakte	Anteil der Beiträge (n=120) %
Ein Folgekontakt	53
Zwei Folgekontakte	18
Drei Folgekontakte	9
Vier Folgekontakte	4
Fünf oder mehr Folgekontakte	3
Anzahl der Folgekontakte nicht feststellbar	13
Summe	100
Mittlere Anzahl Folgekontakte	1,73

Neben der Anzahl wurde auch die Art des Folgekontakts erfasst, da dieser nicht zwangsläufig über das Internet vollzogen werden muss.[39] Insgesamt wurden in den 120 Beiträgen 134 Kontakte berichtet, von denen das Gros (38 Prozent) per E-Mail realisiert wurde. In 12 Prozent der Fälle wurden die Befragten über Banner auf der Website erreicht. Lediglich 6 Prozent der Kontakte erfolgten postalisch (3 Prozent) bzw. telefonisch (3 Prozent). In immerhin 19 Prozent der Beiträge ist die genaue Art der Kontaktierung nicht erkennbar. Dabei handelt es sich in der Regel um Arbeiten, die sich auf Daten stützen, die durch kommerzielle Anbieter erhoben wurden.

5. Fazit

Ziel dieses Aufsatzes war es, einen Beitrag zur Dokumentation und Bewertung von Stand und Entwicklung der auf Online-Umfragen gestützten Forschung in den Sozialwissenschaften zu leisten. Er hat zu einem gemischten Ergebnis geführt. Unsere quantitative Inhaltsanalyse von vierzig Zeitschriften hat gezeigt, dass sich Online-Befragungen in den sozialwissenschaftlichen Fachpublikationen wachsender Beliebtheit erfreuen. Allerdings vollzog sich dieser Anstieg auf sehr niedrigem Niveau und wurde immer wieder von Konsolidierungsphasen unterbrochen. Zumindest mit Blick auf die ausgewählten Zeitschriften sollte man also besser von einem moderaten Bedeutungsgewinn als von einem unwiderstehlichen Siegeszug der Online-Befragung sprechen.

Online-Befragungen werden in den Sozialwissenschaften selektiv genutzt. Von den vier betrachteten Disziplinen setzte bislang vor allem die Kommunikationswissenschaft dieses Instrument ein, während sich Psychologie, Soziologie und Politikwissenschaft deutlich

---

[39] Pro Beitrag wurden jeweils die ersten drei *voneinander verschiedenen* Kontaktarten codiert. Wurde eine Kontaktart einmal erfasst und erfolgte diese mehrmals in der Studie, wurde sie nur einmal verschlüsselt.

reservierter zeigten. Diese Verteilung dürfte mit den Gegenstandsbereichen und Forschungstraditionen der Disziplinen zusammenhängen, was für eine gewisse Trägheit des vorgefundenen Musters spräche. Damit ist freilich nicht gesagt, dass Online-Befragungen in anderen sozialwissenschaftlichen Disziplinen keine wichtige Rolle spielen könnten. Beispielsweise enthalten die British Election Study 2005 und die American National Election Study 2008 Online-Panel-Elemente. Es bleibt abzuwarten, inwieweit diese und ähnliche Entwicklungen dazu beitragen werden, dass künftig Arbeiten zu Online-Befragungen häufiger auch in Fachzeitschriften anderer sozialwissenschaftlicher Disziplinen als der Kommunikationswissenschaft zu finden sein werden.

Die Verbreitung von Online-Befragungen in den Sozialwissenschaften stand unter Methodenvorzeichen. So berichteten Fachpublikationen mit einem methodischen oder empirischen Schwerpunkt erwartungsgemäß vergleichsweise häufig über Ergebnisse aus Online-Befragungen. Sie übernahmen in den einzelnen Fächern gewissermaßen eine Vorreiterrolle bei der Diffusion der neuen Erhebungsmethode. Journals mit breiterem Themenspektrum folgten der Entwicklung mit etwa einjähriger Verzögerung. Parallel zum Vordringen der Online-Befragung in die für die Disziplinen zentralen Zeitschriften sank der Anteil der Arbeiten, die das Instrument allein unter methodischen Gesichtspunkten betrachten. Diese Entwicklung könnte man als Indiz dafür deuten, dass wesentliche methodische Probleme gelöst sind und nun auf methodisch festem Grund verstärkt substantielle Fragen der Fächer untersucht werden können.

Im Lichte unserer Ergebnisse kann diese Interpretation aber allenfalls als ein Teil der Wahrheit gelten. Denn beileibe nicht alle untersuchten Aufsätze sind unter methodischen Gesichtspunkten über jeden Zweifel erhaben. Fehlende Beschreibungen der untersuchten Populationen sowie des verwendeten Auswahlverfahrens sind leider bei einem nicht unerheblichen Teil der analysierten Beiträge festzustellen. Darüber hinaus werden in einigen Fällen Ergebnisse verallgemeinert, obwohl die Auswahl der Befragten einen solchen Repräsentationsschluss nicht zulässt. Es besteht also ein beträchtliches Potential dafür, die methodische Qualität von Publikationen, die auf Online-Befragungen fußen, zu steigern. Inwiefern sich die Online-Forschung darin von anderen Zweigen der empirischen Sozialforschung unterscheidet, muss künftigen Analysen zu klären vorbehalten bleiben.

Die Forschung hat zudem die spezifischen Stärken des neuen Instruments bislang kaum genutzt. Bilder, Video- und Audioelemente finden in den seltensten Fällen Verwendung, und so spricht einiges dafür, dass die Popularität der Methode nicht so sehr in den zusätzlichen Möglichkeiten für den Forscher begründet ist, sondern eher in ihren niedrigen Kosten und dem geringeren Arbeitsaufwand. Doch auch hier ergeben sich überraschende Befunde: Obwohl das Kostenargument dafür spricht, mit Mehrfachkontakten zu arbeiten, wird diese Strategie kaum eingesetzt. Man könnte daher den Eindruck gewinnen, Online-Befragungen würden vorzugsweise dazu genutzt, traditionelle Fragebögen über einen neuen Kommunikationskanal zu verbreiten. Es wird sich zeigen, ob künftige Generationen von Forschern dies ändern werden.

Diese Bestandsaufnahme der Online-Befragung in der sozialwissenschaftlichen Forschung hat zu einer durchwachsenen Bilanz geführt. Damit ist freilich nicht das letzte Wort über die Entwicklung des Instruments in den Sozialwissenschaften gesprochen. Im Gegenteil, unsere Ergebnisse könnten sich in der Retrospektive als höchst zeitgebunden erweisen. Da Häufigkeit, Art und Qualität von Online-Befragungen in der sozialwissenschaftlichen Forschung auf technische, gesellschaftliche und innerwissenschaftliche Veränderungen reagieren dürften, ist nicht auszuschließen, dass sich die sozialwissenschaftliche Nutzung von Online-Befragungen in ein paar Jahrzehnten wesentlich anders als heute darstellen wird. Um etwaigen Veränderungen auf die Spur zu kommen, sollte die Forschung die Entwicklung der Online-Befragung in den Sozialwissenschaften im Blick behalten.

Literatur

ADM – Arbeitskreis Deutscher Markt- und Sozialforschungsinstitute e.V. (2007): Jahresbericht 2007. Frankfurt am Main [www.adm-ev.de].

Cook, C., Heath, F. & Thompson, R. L. (2000): A Meta-Analysis of Response Rates in Web- or Internet-based Surveys. In: Educational and Psychological Measurement, 60/6, S. 821-836.

Couper, M. P. & Coutts, E. (2004): Online-Befragung. Probleme und Chancen verschiedener Arten von Online Erhebungen. In: Diekmann, A. (Hrsg.): Methoden der Sozialforschung. Wiesbaden, S. 217-243.

Couper, M. P., Tourangeau, R. & Kenyon, K. (2004): Picture this! Exploring visual Effects in Web Surveys. In: Public Opinion Quarterly, 68/2, S. 255-266.

Diekmann, A. (2007): Empirische Sozialforschung. Grundlagen, Methoden, Anwendungen. Reinbek.

Dillman, D. A. (2000): Mail and Internet Surveys. The Tailored Design Method. 2. Auflage. New York u.a.

Dillman, D. A., Tortora, R. D., Conradt, J. & Bowker, D. K. (1998): Influence of Plain vs. Fancy Design on Response Rates for Web Surveys. Vortrag bei The Joint Statistical Meetings of the American Statistical Organisation, Dallas, Texas.

Evans, J. R. & Mathur, A. (2005): The Value of Online Surveys. In: Internet Research, 15/2, S. 195-219.

Faas, T. (2003): Umfragen im Umfeld der Bundestagswahl 2002. Offline und Online im Vergleich. In: ZA-Informationen, 52, S. 120-135.

Fisch, M. & Gscheidle, C. (2006): Onliner 2006: Zwischen Breitband und Web 2.0 – Ausstattung und Nutzungsinnovation. In: Media Perspektiven, 8, S. 431-440.

Gerhards, M. & Mende, A. (2007): Offliner 2007: Zunehmend distanzierter, aber gelassener Blick aufs Internet. In: Media Perspektiven, 8, S. 379-392.

Gould, T. (2004): Online Communication Research in 33 Mass Communication Journals, 1993-2003. In: Web Journal of Mass Communication Research, 7/2, March 2004.

Häder, M. (2006): Empirische Sozialforschung. Eine Einführung. Wiesbaden.

Jackob, N., Arens, J. & Zerback, T. (2008): Immobilienjournalismus in Europa. Eine international vergleichende Studie. München.

Kaplowitz, M. D., Hadlock, T. D. & Levine, R. (2004): A Comparsion of Web and Mail Survey Response Rates. In: Public Opinion Quarterly, 68/1, S. 94-101.

Krämer, W. (2004): Statistik: Vom Geburtshelfer zum Bremser der Erkenntnis in den Sozialwissenschaften? In: Diekmann, A. (Hrsg.): Methoden der Sozialforschung. Wiesbaden, S. 51-60.

Lozar Manfreda, K., Batagelj, Z. & Vehovar, V. (2002): Design of Web Survey Questionnaires – Three basic Experiments. In: Journal of Computer-Mediated Communication, 7/3, verfügbar unter: http://jcmc.indiana.edu/vol7/issue3/vehovar.html [19.03.2008].

Lozar Manfreda, K., Bosnjak, M., Berzelak, J., Haas, I. & Vehovar, V. (2007): Web Surveys versus other Survey Modes. A Meta-Analysis Comparing Response Rates. In: International Journal of Market Research, 50/1, S. 79-104.

Perspektive Deutschland (2006): Projektbericht Perspektive-Deutschland 2005/06. Die größte gesellschaftspolitische Online-Umfrage (URL: http://www.perspektive-deutschland.de/files/presse_2006/pd5-Projektbericht.pdf) (10.3.2008).

Post, S. (2008): Klimakatastrophe oder Katastrophenklima? Die Berichterstattung über den Klimawandel aus Sicht der Klimaforscher. München.

Schnell, R., Hill, P. & Esser, E. (2005). Methoden der empirischen Sozialforschung. München, Wien.

Skitka, L. J. & Sargis, E. G. (2006): The Internet as Psychological Laboratory. In: Annual Review of Psychology, 57, S. 529-555.

Van Eimerem, B. & Frees, B. (2006): Schnelle Zugänge, neue Anwendungen, neue Nutzer? In: Media Perspektiven, 8, S. 402-415.

Vehovar, V., Manfreda, K. L. & Koren, G. (2007): Internet Surveys. In: Donsbach, W. & Traugott, M. W. (Hrsg.): The Sage Handbook of Public Opinion Research. Los Angeles, London, New Delhi, Singapore, S. 271-283.

Vehovar, V. (2007): Web Surveys. Key Note Speech, 2nd ESRA Conference: The Session on Web Surveys in Prague. European Survey Research Association (ESRA). Verfügbar unter: www.websm.org [20.2.2008].

Online-Forschung: Gegenstände, Entwicklung, Institutionalisierung und Ausdifferenzierung eines neuen Forschungszweiges

Von Martin Welker & Uwe Matzat

1.   Einleitung

Als Google im Februar 2008 in einem offiziellen Blog zum Thema Office-Anwendungen mit dem Ausruf „We□re really excited to bring you forms!" seine neue Funktion eines Fragebogengenerators mit angeschlossenem Server zur Antwortspeicherung vorstellte, wurde klar, dass die Möglichkeiten, Befragungen zu generieren und online zu stellen, endgültig den Massenmarkt erreicht hatten. Zumindest die technischen Voraussetzungen für eine Online-Befragung stellt Google neuerdings innerhalb seines Angebots „Text und Tabellen" den Nutzern zur Verfügung. „You want to collect just a tiny bit of information from dozens, scores, or even hundreds of users or more. [...] Either way, you don□t always want them all mucking around with the whole spreadsheet."[1] Nun bräuchte niemand mehr mit einem Tabellenblatt zu hantieren, sondern könne Antworten direkt über ein Formblatt abfragen; die Antworten würden automatisch in einer Google-Tabelle zusammengestellt und auf dem Google-Server gespeichert. Die Entwickler seien gespannt, zu welchen Zwecken die Nutzer dieses neue Angebot verwenden werden.

Diese jüngste Google-Anwendung stellt Online-Forschung als Methodenforschung in ihrer ersten und einfachsten Form dar. Es geht darum, Daten, in diesem Falle Antworten und Angaben von Personen, über das Internet zu erheben. Allerdings wird es jedem Anwender einleuchten, dass für die Realisierung einer sinnvollen Befragung über das Internet mehr als nur technisch-praktische Ressourcen und Fertigkeiten notwendig sind. Notwendig ist vielmehr auch das Wissen um die adäquate Anwendung der möglichen Methoden und Instrumente. Insbesondere die zentralen Fragen nach der Auswahl der Untersuchungseinheiten und der Qualität der eingesetzten Forschungsinstrumente stehen einer unreflektierten und raschen Anwendung von Online-Forschung entgegen.

Seit dem Start des World Wide Web hatten Markt- und Sozialforscher schnell erkannt, dass sich diese Technik auch für die Entwicklung von Fragebögen und anderen Erhebungsinstrumenten eignet. Erste Formulare wurden mittels HTML und in Handarbeit online gestellt und zur Datenerhebung meist in universitären Forschungskontexten genutzt. Aber bereits ab 1995 kam es in Deutschland, Österreich und der Schweiz zu einer Institutionalisierung und Professionalisierung der Online-Forschung. Ein Jahr später wurde die German Internet Research List (gir-l) für methodische und andere Fragen rund um die Datenerhebung mit dem Internet gegründet. Durch Diskussionen und lebendigen Austausch auf dieser Mailingliste wurde in der Folge die Konferenzserie „German Online Research" (GOR) entwickelt, die seit 2005 mit leicht verändertem Namen als „General Online Research"

---

[1]   Bonventre & Lee 2008.

veranstaltet wird und die sich inzwischen weltweit zu einer der wichtigsten Fachkonferenzen zum Thema Online-Forschung entfaltet hat.

Diese Prozesse der Institutionalisierung einerseits und des Austauschs und der Vernetzung andererseits führten zu einem fächerübergreifenden Dialog über die methodischen Vorzüge und Schwierigkeiten einer Datenerhebung mit Hilfe des Internets und anderer Formen der Online- und Mobilkommunikation. Das dadurch generierte Methodenwissen wurde in mehreren Sammelbänden zusammengefasst.[2] Inzwischen bündelt die Deutsche Gesellschaft für Online-Forschung (DGOF) Wissen auch in einer eigenen Buchreihe (Neue Schriften zur Online-Forschung).

2.   Einbettung von Online-Forschung in den klassischen Fächerkanon

Online-Forschung weist als interdisziplinäres Forschungsfeld Bezüge zu klassischen soziologischen Fachbereichen aber auch zu Fächern wie der Informatik oder der Psychologie auf. Im internationalen Wissenschaftskontext haben sich mehrere Fächer gebildet, die ebenfalls mit Online-Forschung in Verbindung stehen, die aber im deutschen Sprachraum kein begriffliches Pendant haben oder (noch) nicht stark verankert sind.

Abbildung 1: Interdisziplinäre Bezüge der Online-Forschung:
Fächer, beispielhafte Fachbereiche und Einzelfelder

Quelle: Welker 2008.

---

[2]   Vgl. u.a. Batinic et al. 1999; Reips & Bosnjak 2001; Theobald et al. 2001, 2003; Fisch 2004; Welker et al. 2004; Welker & Wenzel 2007.

Das international anerkannte Fach „Computer Science" entspricht in etwa dem deutschen Fach „Informatik". Im ACM Computing Classification System (2007) hat sich das Fachgebiet eine Klassifikation gegeben, die zuletzt Ende der 1990er Jahre aktualisiert wurde und die zahlreichen Subgebiete in Sektionen ordnet. Sektion H befasst sich mit Informationssystemen. Dies schließt Datenmodelle, Datenbank-Management, Retrievalforschung, Anwendungen und Datenpräsentation mit ein. Hier ergeben sich zahlreiche Anknüpfungspunkte zur Online-Forschung. Ein weiteres stark wachsendes Feld ist „Information Science", was im Deutschen mit „Informationswissenschaft" übersetzt werden kann und das seit den 1950er Jahren wächst. Dieses Fach ist ebenfalls von der Informatik beeinflusst, wird an deutschen Hochschulen aber auch zusammen mit anderen Fächern wie beispielsweise Bibliothekswissenschaft gelehrt. Im Zentrum der Informationswissenschaft stehen „Methoden und Werkzeuge zur Erschließung, Speicherung und Aufbereitung vorhandenen Wissens, die Entwicklung [von] Lösungen zur Suche, Vermittlung und Präsentation dieses Wissens sowie Verfahren zur Ermittlung des Wissensbedarfs" (Profil der Informationswissenschaft 2008). Neben der Konzeption und Entwicklung benutzer- und bedarfsgerechter Informationssysteme gehört die Evaluation vorhandener Informationsvermittlungs-Lösungen mit Untersuchungen zur Akzeptanz und deren gesellschaftlichen Auswirkungen zum informationswissenschaftlichen Aufgabenbereich. Querschnittsgebiete wie Business Intelligence (die Zusammenführung von unternehmenswichtigen Daten) und Data Mining (die Auswertung und Nutzbarmachung von unterschiedlichen Datenbeständen mit Hilfe fortgeschrittener Methoden der Statistik) sind sowohl in der Informatik als auch in der Wirtschaftswissenschaft zu finden.

Online-Forschung stellt demnach Lösungen für Aufgabenstellungen bereit, die von Fächern wie der Informationswissenschaft oder der Informatik nicht oder nur teilweise angeboten werden: Methoden und Verfahren der Online-Erhebung, Verarbeitung und Interpretation von sozialwissenschaftlichen Daten. Fächer wie die Soziologie oder die Medien- und Kommunikationswissenshaft fragen diese Daten nach, um theoriegeleitet Forschung zu betreiben; Fächer wie die Psychologie liefern auch neue Verfahren wie Online-Experimente oder entwickeln bestehende Methoden in Online-Kontexten weiter.

Das Beispiel „Web 2.0" zeigt, welche Fülle an Informationen über die Einstellungen, Meinungen, Vorlieben, Wünsche und Kritikpunkte durch Nutzer selbst generiert werden. Auch Produkte, Marken und Konsumerlebnisse sind oftmals Thema von Beiträgen in Blogs, Wikis und Foren. Die Informationsfülle kann u.a. wertvolle Aspekte für die Markt- und Sozialforschung enthalten. Online-Forschung setzt sich deshalb mit Verfahren und Instrumenten auseinander, wie diese Daten erhoben und ausgewertet werden können. Dabei geht es um Operationen, die nach wissenschaftlichen Maximen ablaufen, wozu u.a. das Gebot der Transparenz zählt. Forschung sollte ihre Ergebnisse und den genommenen Weg objektivieren, also transparent und öffentlich machen. Versteckte Datenerhebungen für klandestine Zwecke und unter verdeckter Identität sind damit ausgeschlossen. Auch Datenerhebungen außerhalb der Legalität sind mit „Forschung" nicht gemeint; ausgeschlossen sind auch Operationen, die gegen den Willen der Betroffenen ausgeführt werden.[3] Online-Forscher erkennen deshalb die international gültigen Forschungskodizes[4] an.

---

[3]   Vgl. Schenk et al. 2008: 251.
[4]   Wie den ICC/ESOMAR Code on Market and Social Practice.

3.   Doppelter Bezug der Online-Forschung

Online-Forschung weist heute nicht nur einen methodischen, sondern einen doppelten Bezug zum Internet auf:[5] Als (a) *Methode bzw. Instrument*: Online-Forschungsmethoden; und als (b) *Gegenstand*: Online-Medien, Nutzer, Gebrauchs- und Verhaltensweisen, soziale und psychologische Auswirkungen der Online-Kommunikation. Bezug (a) steckt den engeren Rahmen der Online-Forschung ab, Bezug (b) den weiteren Rahmen.

Methode und Instrument ist das Internet, wenn der Forscher Informationen und Daten mit dem und im Internet erhebt. Dies stellt einen wichtigen Zweig der Online-Forschung insbesondere in Deutschland dar. Die Instrumente sind mittlerweile so vielfältig wie in der klassischen empirischen Forschung, da sich ein Großteil der wirtschaftlich relevanten Zielgruppen über das Internet erreichen lässt.[6] Dabei ist das Internet in vielfältiger Weise als Erhebungsinstrument einsetzbar. Beispiele sind der große Bereich der reaktiven Datenerhebung mit Hilfe von Web-Umfragen oder Web-Experimenten (auch in Form von Panelforschung) sowie der Bereich der non-reaktiven Datenerhebung durch Logfiles und die Auswertung von Datenspuren.

Als *Gegenstand* ist das Internet vor allem in Bezug auf seine Nutzer interessant. Wenn sich immer mehr Phänomene online abspielen, wollen Forscher nicht nur etwas über diese Online-Vorgänge erfahren (aktuelles Beispiel: Second Life), sondern stellen auch Fragen zu den gesellschaftlichen Auswirkungen. Online-Methoden zur Erforschung von Online-Phänomenen sind oftmals naheliegend. Nichtsdestotrotz werden zahlreiche Internet-Nutzungsstudien allerdings „klassisch" mittels sogenannter Computer Assisted Telephone Interviews (CATI) erhoben. Das Internet wird oftmals in seiner Rolle als Medium (neben den klassischen Massenmedien) untersucht.

Online-Forschung ist keine überwiegend technisch geprägte Disziplin. Vielmehr steht in beiden Zweigen der Online-Forschung menschliches Handeln und Verhalten im Mittelpunkt. Online-Forschung ist interdisziplinäre Markt-, Media- und Sozialforschung, die allenfalls technisch inspiriert ist. Insofern unterscheidet sie sich von Fächern wie der Informatik, die sich mit Online-Netzen vornehmlich unter dem Aspekt der technischen Machbarkeit beschäftigt.

Online-Forschung hat sich seit Mitte der 1990er Jahre zu einem interdisziplinären Forschungsgebiet entwickelt, da die sozialwissenschaftlichen Einzeldisziplinen jeweils nicht nur methodische Impulse und Input geliefert, sondern auch Ideen und Innovationen empfangen haben.[7] Dieser lebendige Austausch als Lebenselixier der Online-Forschung fand sowohl im Internet selbst (Mailingliste) als auch Face-to-face auf Fachkonferenzen (wie der GOR, General Online Research-Konferenz) statt. Es gibt heute ein Set von Methoden und Werkzeugen der Online-Forschung, welche spezifische Attribute und eine charakteristische Leistungsfähigkeit aufweisen. Online-Forschung wird sowohl in einem praktisch-kommerziellen Umfeld als auch im akademischen Kontext betrieben. Die methodischen Überlegungen zur Online-Forschung beziehen sich auf alle Schritte des Forschungsprozesses, insbesondere aber auf die Auswahl von Untersuchungseinheiten, und hier insbesondere auf das

---

[5]   Vgl. Welker et al. 2005: 5ff.; Zerr 2003: 8ff.; ferner Reips 2000.
[6]   Dennoch sind Online-Erhebungen für manche Fragestellungen noch immer und zu Recht umstritten.
[7]   Vgl. Welker 2007.

Problem der Repräsentativität[8], sowie auf die Erhebung von Daten – und hier insbesondere auf Objektivität, Reliabilität und Validität, d.h. Qualität.[9]

Die eingesetzten Methoden und Instrumente können vielfältig sein und übersteigen in einigen Fällen auch die Möglichkeiten, die offline verwirklicht werden können. Ein Beispiel für ein solches Instrument sind visuelle Analogskalen, die durch die Fortschritte verschiedener Darstellungstechniken heute breit eingesetzt werden. Visuelle Skalen können bei Online-Befragungen als Alternative zu den auch heute noch gebräuchlichen, diskreten HTML-Skalen angeboten werden und erlauben eine stetige und damit eine sehr genaue Messung. Jeder Punkt in der Horizontalen entspricht einem Messpunkt, so dass insbesondere für die Einstellungsmessung ein echtes Intervallskalenniveau erreicht werden kann. Likert-Skalen lassen hingegen nur diskrete Werte zu, die sich aber dann ex-post auf Intervallskalenniveau verrechnen lassen. Ob das Messinstrument sich direkt auf das Antwortverhalten auswirkt, ist umstritten. Inzwischen gibt es nicht nur in der Praxis zahlreiche Beispiele für die alltägliche Anwendung von Schiebereglern bzw. visuellen Analogskalen, wie z.B. in Leserbefragungen bei Spiegel Online, sondern es findet auch in der Methodenliteratur eine breite Diskussion über die Vor- und Nachteile dieser technisch anspruchsvollen Instrumente statt.[10] Außerdem existieren auf diesem Gebiet Versuche, mittels Generatoren die gewünschten Messinstrumente zu erzeugen (siehe http://www.vasgenerator.net).

4. Ungleichheiten in der Nutzung von Datenerhebungsformen

Die folgenden Formen der Datenerhebung spielen in der Online-Forschung eine prominente Rolle:

A: Reaktive Formen der Datenerhebung:
- Befragung
- Interview (darunter Gruppengespräch, Fokus-Interview, Experteninterview)
- Experiment

B: Nicht-reaktive Formen der Datenerhebung
- Logfileanalyse und Formen des Data-Mining
- Beobachtung
- Inhaltsanalyse

Die Befragung ist die mit Abstand am häufigsten angewandte Online-Methode. Dies gilt sowohl in der angewandten Sozial- und Marktforschung wie auch in der universitären Grundlagenforschung.

Angewandte Sozial- und Marktforschung. Der ADM, der Arbeitskreis Deutscher Markt- und Sozialforschungsinstitute, weist jährlich in einer Übersicht[11] die Anteile einzelner Da-

---

[8] Vgl. u.a. Dillman & Bowker 2001; Bosnjak 2001, 2002; Welker et al. 2004: 26 ff.; Gadeib 2005; Starsetzki 2003, 2007.
[9] Vgl. u.a. Gräf & Heidingsfelder 1999; Batinic 2003; Welker et al. 2004: 24 ff.; Theobald 2007.
[10] Vgl. Welker 2002: 187ff.; Funke & Reips 2007: 69f.
[11] Vgl. ADM 2007.

tenerhebungsarten an quantitativen Interviews aus. Obwohl die Zahlen auch die Veränderung der Institutslandschaft widerspiegeln, zeigt die Übersicht eine deutliche Zunahme von Online-Befragungen. Innerhalb eines knappen Jahrzehnts stieg deren Anteil von 0 auf 22 Prozent, überflügelte die schriftlichen Interviews und zog mit dem Anteil an persönlichen Befragungen nahezu gleich. Im kommerziellen Bereich gibt es einige Felder, in denen Online-Methoden inzwischen vorrangig eingesetzt werden: Für Mitarbeiterbefragungen oder auch Ad-hoc-Überprüfungen von Werbe- und Produktkonzepten ist Online-Forschung das erste Mittel der Wahl.[12] Auch in der Panelforschung werden ganz überwiegend Befragungen eingesetzt.[13]

Das Online-Forschungsunternehmen „marketagent.com" befragte Anfang 2006 in seinem „Online Research Barometer" rund 250 Führungskräfte mit Marktforschungsbezug (Kommunikationsspezialisten, Betriebs-Marktforscher, Geschäftsführer) zu den Vor- und Nachteilen der kommerziellen Online-Forschung.[14] Auf die Frage „Denken Sie nun ganz allgemein an die angewandten Methoden in der Markt- und Meinungsforschung. Bitte beurteilen Sie die folgenden Methoden, inwieweit Sie Ihrer Meinung nach ‚an Bedeutung gewinnen' oder ‚an Bedeutung verlieren' werden", antworteten fast 50 Prozent, das Online-Interview (CAWI) werde „stark an Bedeutung gewinnen". Denn auch bei dieser Variante des Face-to-face-Interviews spielen Online-Techniken Vorteile aus, weil im CAWI-Fall alle Daten sofort auf dem Server weiterverarbeitet werden können. Beim Telefoninterview (CATI) sahen lediglich 3 Prozent eine Zunahme, beim schriftlichen Interview nur 2,3 Prozent. Dagegen glaubten mehr als 20 Prozent, dass das schriftliche Interview „stark an Bedeutung verlieren" werde. Für die Zukunft erwarteten die Befragten, dass die Online-Befragungen stark zunehmen nehmen: 6 von 10 Befragungsstudien würden in 10 Jahren online geführt, so die Erwartung. Nach den Vorteilen von Online-Studien gefragt, ergaben die Mehrfachantworten die in Tabelle 1 ersichtliche Verteilung:

Tabelle 1: **Attribute der kommerziellen Online-Forschung in der Einschätzung kommerzieller Akteure**

Attribut	N	Prozent
Geschwindigkeit/Schnelligkeit	205	77,7
Preis/Kosten/kostengünstig	109	41,3
Automatisierbare Auswertung/einfache/schnelle Auswertung	30	11,4
Zeitlich/Örtlich unabhängig	25	9,5
Erreichbarkeit von Zielgruppen	24	9,1
Flexibilität	22	8,3
Multimedialität (TV-Spots/Online-Werbemittel/Anzeigen)	21	8,0
Unkompliziert/einfach	21	8,0
Keine Beeinflussung/kein Interviewer-Effekt	14	5,3

Quelle: marketagent.com 2007; Auszug.

---

[12] Vgl. Wenzel & Hofmann 2005: 26.
[13] Vgl. Smaluhn 2007; Zlatkovsky 2007.
[14] Vgl. marketagent.com 2007.

Insbesondere die Geschwindigkeit, mit der Ergebnisse gewonnen werden können, überzeugte die Befragten. Dazu gehörte auch die Eigenschaft der „Automatisierten Auswertung", denn da die Antworten nicht mehr vercodet werden müssen, wächst die Geschwindigkeit der Verarbeitung und Auswertung. Passend zu diesen Befunden sagten über 80 Prozent der Befragten, kurze Projektdurchlaufzeiten und rasche Feldarbeit seien ein „sehr großer Vorteil" der Online-Marktforschung. Allerdings äußerten die Befragten auch Bedenken gegenüber der Online-Forschung: Vor allem die Repräsentativität von Online-Studien wurde als bedenklich eingestuft (Tabelle 2).

Die als besonders kritisch eingestuften Punkte sind genau die Felder, die von den Online-Forschern seit Mitte der 1990er Jahre immer wieder diskutiert und thematisiert wurden. So ist die Erreichbarkeit der Zielgruppe eng mit dem Problem der Repräsentativität verknüpft. Klar ist inzwischen, dass sich Online-Befragungen (noch) nicht für alle Fragestellungen eignen. Ist die Erreichbarkeit der Zielgruppe online eingeschränkt (wie beispielsweise bei der Untersuchung von Präferenzen älterer Menschen) sind Methodenprobleme unumgänglich. Aber auch die unterschiedlichen Zusammensetzungen von Online- und klassischen Panels kann bei Messungen der Akzeptanz von Produkt-Eigenschaften, von Produkt-Leistungsversprechen, bei den Vorstellungen von Qualität, bei der Messung von Kaufbereitschaft und damit bei der Reaktion auf neue Produkte unterschiedlich ausfallen. Ein Test von Online- und Offline-Panels mit gleichen kommerziellen Ad-hoc-Fragestellungen ergab für das Online-Panel abweichende Produktpräferenzen. Mit anderen Worten zeigten die Online-Panelisten nicht die typischen Verwendungsgewohnheiten und Einstellungen mit Blick auf die zu untersuchenden Produkte und Dienstleistungen, die die Forscher von ihren Offline-Panels gewohnt waren.[15] Ähnliches berichtete bereits früher die Forschungsgruppe Wahlen in Bezug auf politische Fragestellungen und Parteipräferenzen.

Tabelle 2:   **Bedenken bei der Beauftragung von Online-Studien in der Einschätzung kommerzieller Akteure**

Kritische Punkte	N	Prozent
Repräsentativität	51	26,2
Erreichbarkeit der Zielgruppe	16	8,2
Qualität/Validität der Ergebnisse/Antworten	25	7,2
Nur internetaffine Zielgruppen werden erreicht	11	5,6
Identität der Befragten nicht überprüfbar (Alter, Geschlecht)	11	5,6
Anonymität/Vertraulichkeit	10	5,1
Rücklaufquote	8	4,1
Qualität des Fragebogens	7	3,6
Glaubwürdigkeit	7	3,6

Quelle: marketagent.com 2007; Auszug.

---

[15]   Vgl. Schäfer 2008.

Universitäre Grundlagenforschung. Auch im akademischen Bereich, insbesondere in den sozialwissenschaftlichen Fächern, die an Universitäten und Fachhochschulen gelehrt werden, wird offenbar stark auf Methoden der Online-Forschung, vor allem auf die Online-Befragung, zurückgegriffen. Das liegt unter anderem an der leichten Zugänglichkeit insbesondere für Studierende und der vordergründig einfachen Handhabbarkeit von Online-Fragebögen. Für den US-amerikanischen Raum analysierte Gould 33 sozialwissenschaftliche Zeitschriften in Bezug auf Anteile von Artikeln, die sich mit Online-Kommunikation beschäftigten sowie deren verwendete Methoden.[16] Der Anteil von Artikeln, die einen Online-Bezug aufwiesen, stieg von knapp einem Prozent 1993 bis auf rund 12 Prozent im Jahr 2003. Insgesamt wuchs die Zahl der Untersuchungen, die sich thematisch mit Internetkommunikation beschäftigten, in allen untersuchten Zeiträumen deutlich an. Am auffälligsten war die Steigerung bei den Experimenten und den Inhaltsanalysen. Umfrage- und Experimentalstudien bildeten die Mehrheit der untersuchten Studien. Die Analyse von Gould lässt einige Fragen offen, die aber erfreulicherweise durch die in diesem Band vorliegende Inhaltsanalyse beantwortet wird.[17] Die quantitative Analyse von 26 wissenschaftlichen Zeitschriften aller sozialwissenschaftlichen Fachgebiete bestätigt diesen Trend und zeigt von 1997 bis 2006 eine Zunahme der Zeitschriftenartikel, bei denen empirische Online-Forschung eingesetzt wurde. Das Web-Survey, d.h. die WWW-gestützte Form der Befragung, nimmt dabei mit mehr als 54 Prozent einen Spitzenplatz unter den verwendeten Methoden ein. In fast drei Viertel aller Fälle bestanden alle Untersuchungsgruppen aus Internetbefragten.

GOR-Konferenzen. Um einen Gesamtüberblick über die universitär *und* kommerziell orientierte Forschung im europäischen Kontext zu erhalten, nahm Welker eine Analyse aller von 1996 bis einschließlich 2006 auf den GOR-Konferenzen präsentierten Beiträge vor.[18] Da sich die General Online Research-Konferenz seit 1997 als eine besonders wichtige und zahlenmäßig gut besuchte Veranstaltung in diesem Forschungsfeld entwickelt hat, war es naheliegend, deren Entfaltung nachzuzeichnen. Da auf den GOR-Konferenzen sowohl kommerzielle als auch akademische Forscher zu finden sind, bietet eine solche Analyse einen gemeinsamen Überblick. Insgesamt wurden 658 Konferenz-Beiträge (sowohl Vorträge als auch wissenschaftliche Poster von Erstautoren) ausgewertet. 438 Beiträge, rund zwei Drittel, kamen von Erstautoren aus Deutschland. Um genauere Aussagen über die jeweils verwendete Art der Datenerhebung machen zu können, wurde dieser Bereich gesondert ausgewertet. Dabei gingen 205 Fälle in die Analyse ein.[19] Eine Differenzierung nach Datenerhebungsarten ergab ein klares Bild (vgl. Abbildung 2).

In knapp der Hälfte aller untersuchten Fälle ging es um die Online-Befragung. Mit etwas weniger als einem Drittel folgte das Online-Experiment, 15 Prozent aller Beiträge aus dem Segment Datenerhebung nutzen nichtreaktive Formen der Datenerhebung wie Inhalts- und Logfile-Analysen sowie Formen des Data-Minings. Da das Experiment streng genommen ein Untersuchungsdesign ist und oftmals ebenfalls auf der Befragung von Probanden basiert, nahm die Online-Befragung vermutlich einen noch größeren Anteil ein, als hier ermittelt wurde. Bei einer Längsschnittauswertung zeigt sich indes, dass es keine eindeutigen Tendenzen gibt, nach denen bestimmte Datenerhebungsarten zu- oder abgenommen haben. Auch hier lässt sich konstatieren, dass nichtreaktive Formen der Datenerhebung in

---

[16] Vgl. Gould 2004.
[17] Vgl. Zerback et al. in diesem Band.
[18] Vgl. Welker 2007: 38 ff.
[19] Die N=205 Beiträge befassten sich mit der Methode der Datenerhebung oder wendeten diese an.

40

der Methodenforschung auf den GOR-Konferenzen bisher deutlich weniger thematisiert wurden als die Möglichkeiten und Grenzen reaktiver Formen der Online-Datenerhebung.

Abbildung 2: Datenerhebungsarten in GOR-Beiträgen 1997-2006
(Teilbereich Datenerhebung), N=205

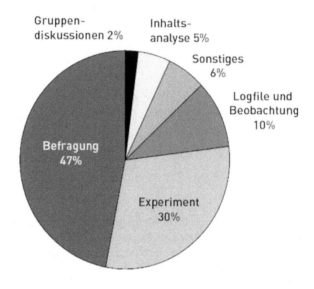

Quelle: Welker 2007.

Insgesamt ist Online-Forschung interdisziplinär (vgl. Tabelle 3). Aber im fruchtbaren Zusammenspiel der einzelnen Fachbereiche können für den Zeitraum von zehn Jahren durchaus Tendenzen zur Stärke des Inputs einzelner Fachrichtungen ausgemacht werden. Allerdings hängen diese Befunde offenbar auch von jeweiligen Veranstaltungsort und der Fachrichtung des jeweiligen lokalen Ausrichters der GOR-Konferenz ab. Das Hoch der Psychologen (überproportional viele Beiträge in 2001; standardisiertes Residuum + 3,4) fällt mit dem Veranstaltungsort Universität Göttingen zusammen, am dortigen Psychologischen Institut. Die Hochpunkte der Medien- und Kommunikationswissenschaft in 1998 und 2002 fallen zusammen mit veranstalterischem Input des betreffenden Fachbereichs an den Universitäten Mannheim und Hohenheim. Dennoch gibt es überraschende Tendenzen: Die Wirtschaftswissenschaften, respektive das Marketing, haben von 1997 bis 2006 tendenziell zugelegt.

Tabelle 3: Fachbereichsherkunft der GOR-Erstautoren aus Universitäten und Instituten 1997 bis 2006[20]

Fach	Häufigkeit	Gültige Prozente
Psychologie	146	30,4
Soziologie	95	19,8
Medien, Kommunikation	70	14,6
Wiwi, Marketing	60	12,5
Informatik	22	4,6
Technik	16	3,3
Pädagogik	13	2,7
Sonstiges	59	12,2
Summe	481	100,0

Quelle: Welker 2007.

Die Analyse der Beiträge zu den GOR-Konferenzen hat gezeigt, dass zwar grundsätzlich alle Online-Datenerhebungsmethoden eingesetzt werden, dass dies aber in unterschiedlicher Häufigkeit geschieht. Eine Frage, die durch die Auswertung nicht beantwortet wurde, ist die nach Methodenkombinationen. Eine Triangulation ist zwar komplizierter und möglicherweise methodisch fehleranfälliger, verspricht allerdings bei flüchtigen oder schwer fassbaren Online-Phänomenen eine leistungsfähigere Methode und damit ein besseres Verständnis des Forschungsgegenstandes. Nachfolgend soll nun anhand eines beispielhaften Online-Gegenstandbereichs, nämlich dem der Analyse sozialer Netzwerke, dargelegt werden, welche Forschungsmethoden bislang eingesetzt wurden und welche Desiderate im Zusammenhang mit Online-Forschung bestehen.

5. Soziale Netzwerke als Beispiel eines Gegenstandes der Online-Forschung

Nachdem es bis zur Mitte der 1990er Jahre eine weitgehend empirielose Diskussion über das Potential und die Gefahren des Internet gab, konzentrierten sich in der Folge eine Reihe von Studien auf die Analyse der Wirkungen der Internetnutzung. Die Befunde von Kraut et al.[21] deuteten an, dass mit einer intensiveren Nutzung des Internet eine zunehmende Isolierung oder zumindest eine Abnahme des sozialen Kapitals[22] einhergingen. Die Studie wurde intensiv und kritisch diskutiert.[23] Die Autoren modifizierten in einer weiteren Studie auf einer breiteren Datenbasis ihre ursprünglichen Schlussfolgerungen erheblich. Die Auswir-

---

[20] Bei Erstautoren aus der praktischen Forschung wurde eine Zuordnung vorgenommen, wenn die Fächerherkunft von den betreffenden Personen bekannt war.

[21] Kraut et al. 1998.

[22] Unter dem sozialen Kapital werden die sozialen Kontakte eines Nutzers, die Ressourcen dieser Kontakte, sowie die Größe und Struktur des daraus entstehenden Netzwerks zu verstehen (vgl. u.a. Coleman 1988).

[23] Vgl. Matzat 2004.

kungen des Internet auf das Sozialkapital seien demnach durch die Größe des vorher schon bestehenden Netzwerks beeinflusst. Internetnutzer mit einem größeren sozialen Netzwerk profitierten demnach wesentlich stärker vom Internet als Nutzer mit einem kleineren sozialen Netzwerk.[24] In den folgenden Jahren differenzierten sich die Einsichten über die sozialen Auswirkungen der Internetnutzung. Wellman et al. schlussfolgerten, dass intensivere Online-Kommunikation mit einer intensiveren Offline-Kommunikation einhergehe.[25] Hampton und Wellman zeigten, dass Internetnutzung in einer Gemeinde zur Entstehung neuer nachbarschaftlicher Kontakte beitragen kann.[26] Neuere Studien legen die Schlussfolgerung nahe, dass intensivere Internetnutzung für eine durchschnittlich integrierte Nutzerschaft nur geringe Auswirkungen auf das Sozialkapital habe. So deuten Hlebec, Manfreda und Vehovar an, dass unter Internetnutzern in Slowenien nur stärker isolierte Bevölkerungsgruppen ihr Sozialkapital durch Internetnutzung ausbauen konnten.[27] Die Resultate von Stern und Dillman legen die Schlussfolgerung nahe, dass eher in ländlichen Regionen mit positiven Auswirkungen der Internetnutzung auf das Sozialkapital seiner Nutzer zu rechnen sei.[28] Zhao deutete an, dass die Konsequenzen der Internetnutzung von einer Vielzahl kontextueller Faktoren abhängen können, von denen die Form der Internetnutzung ein solcher wichtiger Faktor sein kann.[29] Die Befunde dieser und vieler weiterer Studien haben maßgeblich die öffentliche Diskussion über die Auswirkungen des Internet beeinflusst. Bemerkenswert ist die ausgeprägte Homogenität der verwendeten Form der Datenerhebung. Diese Studien basieren fast ausnahmslos auf *Befragungsdaten*, die entweder online oder offline erhoben wurden. Einzig die Studien von Kraut et al. nutzen auch nichtreaktiv erhobene Daten.[30] Gerade diese Studien waren aber besonders einflussreich.

Auf dem Gebiet der sozialen Netzwerkanalyse gab es zur gleichen Zeit eine andere, etwas weniger häufig untersuchte Fragestellung, die aber nicht weniger gesellschaftsrelevant ist. Es ging um die sozialen Kommunikationsstrukturen in der Online-Welt. Ausgangspunkt dieser Analysen war die geäußerte Hoffnung, dass computervermittelte Kommunikation egalitärer sei als Face-to-Face Kommunikation.[31] Netzwerkanalysten untersuchen in diesem Zusammenhang die Struktur von Diskussionen in Online-Gruppen, die Struktur der Verlinkung von Websites oder die Kontaktstrukturen in so genannten „Social-Networking Sites" wie zum Beispiel MySpace. Generalisierungen sind hier schwieriger zu bewerkstelligen, da die jeweiligen Datenstichproben sehr häufig nicht aus einer Zufallsziehung stammen. In diesen Studien wird in der Regel ein beachtliches Maß an Strukturbildung und Ungleichheit gefunden, das sich nur schwer mit der Hoffnung auf besonders ausgeprägte Gleichheit in der Online-Welt in Übereinstimmung bringen lässt. So zeigen Stegbauer und Rausch[32], dass die Struktur von E-Mail-Threads in wissenschaftlichen Diskussionsgruppen eine deutliche Unterscheidung zwischen Zentrum und Peripherie ermöglicht. Es gab in den untersuchten Diskussionsgruppen Wissenschaftler, die eine zentrale Position in der Threadstruktur einnahmen. Diese Diskussionsteilnehmer haben sich durch die intensive Kommunikation mit zahlreichen anderen, peripheren Gruppen ausgezeichnet. Die Peripheriemitglieder hingegen

---

[24] Vgl. Kraut et al. 2002.
[25] Vgl. Wellman et al. 2001.
[26] Vgl. Hampton & Wellman 2003.
[27] Vgl. Hlebec et al. 2006.
[28] Vgl. Stern & Dillman 2006.
[29] Vgl. Zhao 2006.
[30] Vgl. Kraut et al. 1998, 2002.
[31] Vgl. Dubrovsky et al. 1991.
[32] Vgl. Stegbauer & Rausch 1999; 2001.

haben entweder gar nicht oder nur in einem geringen Ausmaß mit den Mitgliedern ihrer eigenen Gruppe kommuniziert. Park, Barret und Nam zeigen mit Hilfe der Techniken der Netzwerkanalyse, dass ein sehr großes Maß an Ungleichheit in der Website-Verlinkung zwischen verschiedenen Typen von Websites besteht.[33] Thelwall untersucht die Beziehungsstrukturen von Myspace-Nutzern.[34] Er kommt zu der Schlussfolgerung, dass es deutliche Geschlechtsunterschiede hinsichtlich der Formen der Kontaktaufnahme gibt. Frauen seien stärker auf der Suche nach einer Freundschaftsbeziehung, während Männer hingegen eine ausgeprägtere Präferenz für Dating-Beziehungen haben. Auf der anderen Seite sei sowohl bei Frauen als auch bei Männern hinsichtlich der Wahl der besten Freunde eine Präferenz für weibliche Freunde festzustellen. Das bemerkenswerte an diesen Studien ist, dass sie nicht eine Erhebung von Daten durch die Verwendung von Fragebögen vorgenommen haben, sondern die Daten durch *nichtreaktive Formen des Data Minings* gewonnen haben.

Studien, die auf nichtreaktiven Formen der Datenerhebung basieren, sind weniger zahlreich als Studien, die reaktive Formen der Datenerhebung verwenden. Beide Datenerhebungsformen generieren in unterschiedlichen Bezügen Befunde: So bieten nichtreaktiv erhobene Daten eine gute Möglichkeit, *Strukturen* der Online-Welt, z.B. Beziehungsnetzwerke von Internetnutzern in Online-Räumen, zu beschreiben und zu analysieren. Reaktiv erhobene Daten bieten hingegen die Möglichkeit, die *Nutzer und ihre Präferenzen* zu beschreiben. Gleichzeitig muss konstatiert werden, dass beide Formen der Netzwerkanalyse in der Regel *von einander getrennt* stattfinden. Es ist aber festzuhalten, dass viele wichtige Forschungsfragen erst durch eine *Kombination* von reaktiven und nichtreaktiven Formen der Datenerhebung zufrieden stellend beantwortet können. So dreht sich eine prominente Forschungsrichtung auf dem Gebiet der Netzwerkanalyse um das Problem, ob und wie Offline-Netzwerke die Online-Netzwerke beeinflussen.[35] Für die Beantwortung dieser und ähnlicher Fragen scheint aber eine Kombination der beiden Formen der Datenerhebung besonders geeignet, weil Strukturen und Präferenzen parallel erhoben werden können. Wie oben skizziert wurde, lassen sich Online-Netzwerke durch automatisierte Formen der Datenerhebung bestimmen, während für die Analyse der Offline-Netzwerke auf die traditionelle Methode der Datenerhebung mit Hilfe von Fragebögen zurückgegriffen werden kann. Einige wenige Studien zeigen die Fruchtbarkeit dieser Kombination von reaktiver und nichtreaktiver Datenerhebung. So analysieren z.B. Pavlou und Dimoka in einer Studie über Online-Auktionen bei Ebay, wie sich der Feedback-Text von Kunden auf das Vertrauen in den Verkäufer auswirkt. Dabei wurden die manifesten Texte nichtreaktiv automatisiert erhoben und die Einschätzungen zum Verkäufer reaktiv mit Hilfe einer Befragung.[36]

6.   Zusammenfassung und Ausblick

Wir haben in diesem Kapitel die begründete Vermutung geäußert, dass die Vor- und Nachteile reaktiver Formen der Datenerhebung besser erforscht sind als die Möglichkeiten nichtreaktiver Formen der Datenerhebung. Da insbesondere die Online-Befragung zu den am häufigsten eingesetzten Datenerhebungen gehört – sowohl in kommerziellen als auch in

---

[33]   Vgl. Park, Barret & Nam 2002.
[34]   Vgl. Thelwall 2008.
[35]   Vgl. Garton et al. 1997.
[36]   Vgl. Pavlou & Dimoka 2006.

akademischen Bezügen – wurde bislang diese auch am häufigsten methodisch reflektiert. Auch in der primär inhaltlichen Online-Forschung werden reaktive Formen der Datenerhebung häufiger verwendet. Online-Forschung könnte aber leistungsfähiger werden, wenn verschiedene Formen der Datenerhebung kombiniert werden. Diese Kombination findet bisher aber nur in einem sehr geringen Ausmaß statt.

Trotz der immer noch vorhandenen und oben angesprochenen Bedenken gegenüber der Online-Forschung befinden wir uns in einer fortgeschrittenen Etablierungsphase, in der mittlerweile Online-Forschung als gängige Methode der Datengewinnung akzeptiert ist. Aus experimentell angelegten Machbarkeitstests in den Anfängen der Online-Forschung sind inzwischen komplexe Forschungstools entstanden. Die Methodenerkenntnisse, insbesondere zur Online-Befragung, sind gewachsen. Die Online-Befragung, vor allem in Form von Panel-Forschung, hat nahezu eine Popularität erreicht, die CATI seit einigen Jahren besitzt. Die Teilnahmebereitschaft und die Erreichbarkeit per Telefon werden seit Jahren schlechter. Deshalb wird vermutet, dass die Bedeutung der Online-Forschung, vor allem für die Marktforschung, in dem Maße zunehmen wird, in dem herkömmliche Erhebungsformen wie telefonische Interviews schwächer werden.[37] Auch aus dem wissenschaftlichen Bereich sind Online-Erhebungen nicht mehr wegzudenken. Dies unterstreicht das gegenwärtig anlaufende, von der Deutschen Forschungsgemeinschaft aufgesetzte Schwerpunktprogramm „Survey Methodology". Es widmet sich wesentlich der Erforschung und Validierung neuer Erhebungsverfahren.

Von anderer Seite erhält die Online-Forschung Auftrieb durch die ausgereifter werdende technische Ausstattung und die wachsende Online-Kompetenz der Bevölkerung. Dies ermöglicht zunehmend die Durchführung selbstadministrierter Computerinterviews. Dieses Innovationspotenzial der Online-Forschung wird sich auf die zukünftigen Möglichkeiten und Fragestellungen der universitären und angewandten Markt- und Sozialforschung auswirken. Auch neue Entwicklungen wie Datengewinnung über mobile Endgeräte oder soziale Netze tragen zur weiteren Entwicklung von Online-Forschung bei: Sowohl die Methode (mobile Datenerhebung) als auch der Gegenstand (Social Web, nutzerzentriertes Internet) sind seit einiger Zeit ein stetig wachsendes Forschungsfeld. Auch am Beispiel des Forschungsgegenstandes „Soziales Internet" zeigt sich: Mit Befragungen allein bleibt die Nutzeranalyse eindimensional. Sinnvoll scheint gerade bei sozialen Netzen eine Verbindung von Befragungsdaten mit nicht-reaktiven Formen der Datenerhebung. Gesellschaftlich relevante Online-Forschung wird aufgrund dieser Entwicklungen in Zukunft noch häufiger auf Triangulation angewiesen sein.

Literatur

ACM Computing Classification System (2007): In: Wikipedia, The Free Encyclopedia. Online: http://en.wikipedia.org/w/index.php?title=ACM_Computing_Classification_System&oldid=181227500. Abgerufen am 28.05.2008.

ADM Arbeitskreis Deutscher Markt- und Sozialforschungsinstitute e.V. (2007): Zahlen. Online: http://www.adm-ev.de. Abgerufen am 26.02.2008.

Batinic, B., Werner, A., Gräf, L. & Bandilla, W. (Hrsg.) (1999): Online Research: Methoden, Anwendungen und Ergebnisse. Göttingen et al.

Beck, K. (2006): Computervermittelte Kommunikation im Internet. München/Wien.

---

[37] Vgl. Göritz 2008.

Bonventre, A. & Lee, M. (2008): "Stop Sharing Spreadsheets, Start Collecting Information." Blogpost, February 06, 2008, 6:46 PM, online: http://googledocs.blogspot.com/2008/02/stop-sharing-spreadsheets-start.html. Abgerufen am 26.02.2008.

Bosnjak, M. (2001): Participation in Non-Restricted Web Surveys. A Typology and Explanatory Model for Item Non-Response. In: Reips, U.-D. & Bosnjak, M. (Hrsg.): Dimensions of Internet Science. Lengerich, S. 193-208.

Batinic, B. (2003): Datenqualität bei internetbasierten Befragungen. In: Theobald, A., Dreyer, M. & Starsetzki, T. (Hrsg.): Online-Marktforschung: Theoretische Grundlagen und praktische Erfahrungen. Wiesbaden, S. 143-160.

Bosnjak, M. (2002): (Non)Response bei Web-Befragungen. Aachen.

Cole, J. (2000): Surveying the Digital Future. [On-line]. Online: http://ccp.ucla.edu/ucla-internet.pdf. Abgerufen am 26.05.2008.

Coleman, J. S. (1988): Social Capital in the Creation of Human Capital. In: American Journal of Sociology, 94, S. 95-120.

Dillman, D. A. & Bowker, D. K. (2001): The Web Questionaire Challenge to Survey Methodologists. In: Reips, U.-D. & Bosnjak, M. (Hrsg.): Dimensions of Internet Science. Lengerich, S. 159-177.

Dubrovsky, V. J., Kiesler, S., & Sethna, B. N. (1991): The Equalization Phenomenon: Status Effects in Computer-Mediated and Face-to-Face Decision-Making Groups. In: Human-Computer Interaction, 6, S. 119-146.

Fisch, M. (2004): Nutzungsmessung im Internet. München

Gadeib, A. (2005): Online-Stichproben – Anspruch und Wirklichkeit. Ein Praxisbericht. In: Planung & Analyse, 01/2005. Online http://www2.dialego.de/uploads/media/050322D__pua_Flie_text_Online_Stichproben_03.pdf. Abgerufen am 26.02.08.

Göritz, A. (2008): „Die Branche ist professioneller, verkaufsorientierter und selbstbewusster geworden." Interview mit marktforschung.de vom 14. Januar 2008. Online: http://www.marktforschung.de/de/ihr_portal_zur_marktforschung_im_internet/nachrichten/10_internationale_gor_konferenz_in_hamburg. Abgerufen am 18.03.2008.

Gould, T. (2004): Online Communication Research in 33 Mass Communication Journals, 1993-2003. In: Web Journal of Mass Communication Research [wjmcr], 7, March 2004, 18 pages, online: http://www.scripps.ohiou.edu /wjmcr/vol07/7-2a.html. Abgerufen am 26.02.2008.

Gräf, L. & Heidingsfelder M. (1999): Bessere Datenqualität bei WWW-Umfragen – Erfahrungen aus einem Methodenexperiment mit dem Internet-Rogator. In: Batinic, B., Werner, A., Gräf, L. & Bandilla, W. (Hrsg.): Online Research. Methoden Anwendungen und Ergebnisse. Göttingen et al., S. 113-126.

Hampton, K. N. & Wellman, B. (2003): Neighboring in Netville: How the Internet Supports Community and Social Capital in a Wired Suburb. In: City & Community, 2, S. 277-311.

Hlebec, V., Manfreda, K. L., & Vehovar, V. (2006): The Social Support Networks of Internet Users. In: New Media & Society, 8, S. 9-32.

Kraut, R., Patterson, M., Lundmark, V., Kiesler, S., Mukopadhyay, T., & Scherlis, W. (1998): Internet Paradox: A Social Technology That Reduces Social Involvement and Psychological Well-Being? In: American Psychologist, 53, S. 1017-1031.

Kraut, R., Kiesler, S., Boneva, B., Cummings, J., Helgeson, V., & Crawford, A. (2002): Internet Paradox Revisited. In: Journal of Social Issues, 1, S. 49-74.

Marketagent.com [Mag. Thomas Schwabl] (2007): Online Research Barometer, Februar 2007. Online: http://www.marketagent.com/webfiles/pdf/studien. Abgerufen am 26.02.2008.

Matzat, U. (2004): Cooperation and Community on the Internet: Past Issues and Present Perspectives for theoretical-empirical Internet Research. In: Analyse & Kritik, 26, S. 63-90.

Nie, N. H. (2001): Sociability, Interpersonal Relations, and the Internet. In: American Behavioral Scientist, 45, S. 420-435.

Park, H. W., Barnett, G. A., & Nam, I.-Y. (2002): Hyperlink-Affiliation Network Structure of Top Web Sites: Examining Affiliates With Hyperlink in Korea. In: Journal of the American Society for Information Science and Technology, 53, S. 592-601.

Pavlou, P. A. & Dimoka, A. (2006): The Nature and Role of Feedback Text Comments in Online Marketplaces: Implications for Trust Building, Price Premiums, and Seller Differentiation. In: Information Systems Research, 17, S. 392-414.

Profil der Informationswissenschaft (2008): Online: http://is.uni-sb.de/info/profil/. Abgerufen am 28.05.2008

Reips, U.-D. & Bosnjak, M. (Hrsg.) (2001): Dimensions of Internet Science. Lengerich.

Reips, U.-D. & Lengler, R. (2005): The Web Experiment List: A Web Service for the Recruitment of Participants and Archiving of Internet-Based Experiments. In: Behavior Research Methods, 37, S. 287-292.

Sassenberg, K., Boos, M., Postmes, T. & Reips, U.-D. (2003): Studying the Internet: A Challenge for Modern Psychology. In: Swiss Journal of Psychology, 62, S. 75-77.

Schäfer, F. (2008): Comparison of "Frames of References" for Tests in the Consumer Research Sector. GOR 08 Research Paper. Online: http://www.gor.de/conftool08/index.php?page=browseSessions&form_session=77 & presentations=show&abstracts=show. Abgerufen am 15.03.2008.

Schenk, M., Taddicken, M. & Welker, M. (2008): Web 2.0 als Chance für die Markt- und Sozialforschung? In: Zerfass, A., Welker, M. & Schmidt, J. (Hrsg.): Kommunikation, Partizipation und Wirkungen im Social Web. Grundlagen und Methoden: Von der Gesellschaft zum Individuum. Neue Schriften zur Online-Forschung, Band 2. Köln, S. 243-266.

Smaluhn, M. (2007): Qualitätsmanagement für Online-Access-Panels. In: Welker, M. & Wenzel, O. (Hrsg.): Online-Forschung 2007. Grundlagen und Fallstudien. Neue Schriften zur Online-Forschung, Band 1. Köln, S. 141-169.

Starsetzki, Thomas (2003): Rekrutierungsformen und ihre Einsatzbereiche. In: Theobald, A., Dreyer., M. & Starsetzki, T. (Hrsg.): Online-Marktforschung: theoretische Grundlagen und praktische Erfahrungen. Wiesbaden, S. 41-54.

Starsetzki, T. (2007): Rekrutierung von Befragungsteilnehmern in der Online-Marktforschung. In: Welker, M. & Wenzel, O. (Hrsg.): Online-Forschung 2007. Grundlagen und Fallstudien. Neue Schriften zur Online-Forschung, Band 1. Köln, S. 77-84.

Stegbauer, C. & Rausch, A. (1999): Ungleichheit in virtuellen Gemeinschaften. In: Soziale Welt, 50, S. 93-110.

Stegbauer, C. & Rausch, A. (2001): Die schweigende Mehrheit-„Lurker" in internetbasierten Diskussionsforen. In: Zeitschrift fuer Soziologie, 30, S. 48-64.

Stern, M. J. & Dillman, D. A. (2006): Community Participation, Social Ties, and Use of the Internet. In: City & Community, 5, S. 409-424.

Thelwall, M. (2008): Social Networks, Gender, and Friending: An Analysis of MySpace User Profiles. In: Journal of the American Society for Information Science and Technology, 59/8, S. 1321-1330.

Theobald, A., Dreyer, M. & Starsetzki, T. (Hrsg.) (2003): Online-Marktforschung: Theoretische Grundlagen und praktische Erfahrungen. Wiesbaden.

Theobald, A. (2007): Zur Gestaltung von Online-Fragebögen. In: Welker, M. & Wenzel, O. (Hrsg.): Online-Forschung 2007. Grundlagen und Fallstudien. Neue Schriften zur Online-Forschung, Band 1. Köln, S. 103-118.

Welker, M. (2002): Determinanten der Internet-Nutzung. München.

Welker, M., Werner, A. & Scholz, J. (2004): Online-Research. Heidelberg.

Welker, M. (2007): Was ist Online-Forschung? Eine Tour d'horizon zu einem erfolgreichen Forschungsfeld. In: Welker, M. & Wenzel, O. (Hrsg.): Online-Forschung 2007. Grundlagen und Fallstudien. Neue Schriften zur Online-Forschung, Band 1. Köln, S. 19-51.

Wellman, B., Quan Haase, A., Witte, J., & Hampton, K. N. (2001): Does the Internet Increase, Decrease, or Supplement Social Capital? Social Networks, Participation, and Community Commitment. In: American Behavioral Scientist, 45, S. 436-455.

Zhao, S. (2006): Do Internet Users Have More Social Ties? A Call for Differentiated Analyses of Internet Use. In: Journal of Computer-Mediated Communication, 11, article 8.

Zlatkovsky, E. (2007): Online-Forschung im B-to-B-Umfeld. Herausforderungen und Perspektiven. In: Welker, M. & Wenzel, O. (Hrsg.): Online-Forschung 2007. Grundlagen und Fallstudien. Neue Schriften zur Online-Forschung, Band 1. Köln, S. 141-169.

Internet für Online-Forscher:
Protokolle, Dienste und Kommunikationsmodi

Von Thomas Roessing

1. Einleitung

Bei Online-Befragungen denken Sozialwissenschaftler zuerst an mehr oder weniger aufwendig gestaltete Web-Umfragen und die Einladungs- und Nachfassbriefe, die per E-Mail verschickt werden. Der Laie stellt sich darunter vermutlich die vielen einfachen Web-Polls vor, die man sowohl auf seriösen Nachrichtenseiten wie spiegel.de oder tagesschau.de findet, die aber auch auf vielen kommerziellen und privaten Internetangeboten vertreten sind.[1] Die technische Kommunikationsplattform des Internet bietet dem Sozialwissenschaftler darüber hinaus jedoch weitere Protokolle, Dienste und Kommunikationsmöglichkeiten an[2], die mehr oder weniger bekannt (z.B. Chat vs. NNTP) und mehr oder weniger geeignet für Online-Befragungen sind (z.B. E-Mail vs. Telnet). Im Folgenden werden Vor- und Nachteile der verbreitetsten Protokolle, Dienste und Kommunikationsmodi des Internet für die Online-Befragung und verwandte Methoden der empirischen Sozialforschung vorgestellt und erläutert. Zunächst führen jedoch folgende Abschnitte in die Grundlagen der Internettechnik und -kommunikation ein.

2. Internet – das Netz der Netze

Die Bezeichnung Internet war ursprünglich durchaus wörtlich zu nehmen, weil es entwickelt wurde, um bestehende kleinere Netze miteinander zu verbinden. Bei der Entwicklung des Verbindungssystems war die Ausfallsicherheit ein wichtiges Ziel. Das hatte vor dem Hintergrund des kalten Krieges vor allem militärische Gründe: Im Falle eines Atomkriegs sollte das Netz der Netze weiter funktionstüchtig bleiben. Die Entwickler entschieden sich deshalb für das Prinzip einer paketvermittelten Kommunikation.[3] Das bedeutet, dass die gesamte Kommunikation in kleine Datenpakete aufgeteilt wird, bevor diese über unterschiedliche Verbindungen zwischen Computern und sogenannten Routern (Verteilerstellen für Internet-Datenverkehr) auf die Reise zum Zielrechner gehen. Fällt eine Verbindung oder ein Router aus, werden die Pakete über Alternativrouten geleitet. Am Ziel werden die Pakete nach den Regeln des verwendeten Protokolls gleichsam ausgepackt und wieder zum eigentlichen Kommunikationsinhalt zusammengesetzt. Sogenannte *Protokolle* sind grundlegende Vereinbarungen für die Verständigung zwischen vernetzten Rechnern. Das Protokoll, über das Computer einerseits mit Routern und andererseits Router untereinander kommunizieren, heißt TCP/IP, „Transfer Control Protocol" und „Internet-Protocol".[4]

---

[1] Vgl. Roessing 2004.
[2] Vgl. Rössler & Eichhorn 1999: 263 f.
[3] Vgl. Gillies & Cailliau 2002: 6.
[4] Vgl. Gillies & Cailliau: 6 f.; Hall 2000: 3 ff.

TCP/IP ist ein Protokoll auf einer niedrigen Ebene der Netzwerkkommunikation. Auf dieses Protokoll setzen höhere Protokolle auf, zum Beispiel für den Transport von Dateien, Textnachrichten oder Medieninhalten. Während das Internetprotokoll TCP/IP also nicht direkt für Befragungen genutzt werden kann, stehen die höheren Protokolle und die an sie geknüpften Dienste dem Umfrageforscher in mehr oder weniger vielfältiger Weise zur Verfügung.

3.   E-Mail: SMTP und Konsorten

E-Mail ist eine der ältesten und bis heute die populärste Kommunikationsform im Internet.[5] Die Mailprotokolle SMTP (Simple Mail Transport Protocol) für das Versenden von Mails und den E-Mail-Verkehr zwischen Mailservern („Mail Transport Agents", MTA), wie auch die Protokolle zum Abrufen der Mails vom Server auf den Rechner des Benutzers POP (Post Office Protocol), IMAP (Internet Message Access Protocol) und Microsofts MAPI (Messaging Application Programming Interface) bauen auf TCP/IP auf. War zunächst nur das Versenden von reinen Textnachrichten möglich, stehen dem Anwender – und damit auch dem Umfrageforscher – heute eine Reihe erweiterter Mailfunktionen zur Verfügung. Dazu gehört das Versenden von Anhängen (Attachments) und von im Layout graphisch und gestalterisch vielfältigen HTML-E-Mails.

E-Mail ist ein asynchroner Kommunikationsmodus[6], das heißt, Sender und Empfänger einer E-Mail-Nachricht müssen nicht gleichzeitig vor dem Computer sitzen und mit dem Internet verbunden sein. Gesendete E-Mails werden auf den Mailservern zwischengespeichert, bis sie vom Empfänger abgerufen werden. Der Empfänger muss auch nicht sofort antworten, sondern kann damit auch längere Zeit warten. Vorteile des asynchronen Kommunikationsmodus E-Mail für den Online-Forscher, speziell den Umfrageforscher, sind die Schnelligkeit der E-Mail-Kommunikation und der geringe Preis. Je nach Bedarf lässt sich ein (entsprechend einfacher) Fragebogen direkt als E-Mail verschicken und der Respondent kann mit der Reply-Funktion handelsüblicher E-Mail-Programme[7] oder Webmail-Oberflächen (z.B. von web.de, gmx.de oder Webserver-Software wie IMP) einfach antworten. Fragebögen können aber auch als Attachment verschickt werden; sie werden dann mit einer geeigneten Software ausgefüllt und ebenfalls als Attachment an den Online-Forscher wieder zurückgesandt.[8] Nicht zuletzt, um die bei diesem Verfahren recht hohen Anforderungen an den Befragten zu umgehen, ist heutzutage der häufigste Einsatz von E-Mail das Verschicken eines Links zu einer im World Wide Web als Internetseite verfügbaren Befragung. Diese Vorgehensweise setzt jedoch voraus, dass potenzielle Befragte auf ihren Computern neben E-Mail-Empfang auch Zugang zum WWW haben, was auf älteren Systemen keineswegs immer der Fall war und was heute, z.B. in Unternehmen, gelegentlich durch Firewalls unterbunden wird.

Die Anwendung von E-Mail für Online-Befragungen weist freilich auch Nachteile auf. Der erste und offensichtlichste ist, dass per E-Mail keine Stichprobe der Gesamtbevölkerung erreichbar ist, weil immer noch nicht alle Teile der Bevölkerung gleichmäßig das

---

[5]   „Killer Application", vgl. Wood 1999: 1.
[6]   Zur Unterscheidung der Kommunikationsmodi nach ihrer Synchronizität siehe Döring 2003: 49 ff.
[7]   „Mail User Agents" (MUA), vgl. Woods 1999: 333.
[8]   Vgl. Dillman 2007: 362 ff.

Internet nutzen.[9] Aber auch für Spezialumfragen in Populationen mit hoher Internet-Affinität ist E-Mail keineswegs so einfach einzusetzen, wie die Einfachheit des E-Mail-Verschickens vielleicht glauben macht. Wie bei telefonischen Befragungen ist es für die Stichprobenziehung unerlässlich, über ein Verzeichnis der anzuschreibenden Adressen zu verfügen. Bei einigen Zielgruppen ist ein solches Verzeichnis relativ einfach zu erstellen oder extern zu beziehen, zum Beispiel bei Universitätsprofessoren oder Journalisten von Rundfunkanstalten. Bei anderen Zielgruppen kann man zwar ebenfalls annehmen, dass alle potenziellen Befragten über eine E-Mail-Adresse verfügen, ohne dass diese jedoch öffentlich zugänglich wären (z.B. niedergelassene Ärzte). Wieder andere Zielgruppen verfügen vermutlich nahezu vollständig über E-Mail-Adressen, sind aber weder als Gruppe einzugrenzen, noch besteht eine Liste dieser Adressen (z.B. Nutzer bestimmter Computerspiele oder Zu-schauer einer Magazinsendung im Musikfernsehen).

Ein weiteres Problem der heutigen E-Mail-Kommunikation ist die UCE-Problematik.[10] Viele Menschen fühlen sich von massenhaft versandten Mails belästigt, vermuten – ähnlich wie bei der Problematik von Werbeanrufen für die telefonische Befragung[11] – kommerzielle Interessen hinter einer Umfrage, oder löschen alles ungelesen, was nicht von bekannten Absendern stammt (manuelles oder automatisches Whitelisting). Auch hier hat der Online-Forscher es leichter, wenn er wohldefinierte Personenkreise ansprechen und gegebenenfalls seine Umfrage-E-Mail mit einem klassischen Brief oder einer Postkarte oder in einer persönlichen E-Mail ankündigen kann.[12]

Beim Verschicken von Links zu Befragungen im WWW per E-Mail ergibt sich eine weitere Hürde daraus, dass nicht alle Mailprogramme ohne weiteres einen anklickbaren Link anbieten, der den Fragebogen dann automatisch in einem Webbrowser öffnet. Ob und wie das geschieht, muss bei einigen Kombinationen von MUA- und Browser-Software recht umständlich eingestellt und die Einstellung nach Updates gegebenenfalls wiederhergestellt werden. Die Motivation eines Befragten zur Teilnahme dürfte jedoch erheblich sinken, wenn er einen „Link zur Befragung" nicht anklicken kann.

4.   HTTP-Protokoll und WWW-Dienst

Umgangssprachlich oft als „Internet" bezeichnet, ist das World Wide Web der Kommunikationsmodus des Internet, der am ehesten den Charakter eines Massenmediums hat.[13] Grundlage der WWW-Kommunikation ist das Hypertext-Transfer-Protocol[14], dessen Abkürzung anders als die der meisten anderen Protokolle jedem Internetnutzer aus den einschlägigen Web-Adressen bekannt ist. Über das HTTP-Protokoll können jedoch nicht nur klassische Webseiten transportiert und durch Webbrowser angezeigt werden, es eignet sich auch für Dateidownloads und Multimediaübertragungen (Streaming).

Früher bestanden Webauftritte fast ausschließlich aus statischen Hypertext-Inhalten, also untereinander verlinkten Dokumenten, die in der Auszeichnungssprache HTML gestaltet

---

[9]   Vgl. Hauptmanns 1999; Döring 2003; Dillman 2007.
[10]   „Unsolicited Commercial E-Mail", vulgo „Spam", vgl. Woods 1999: 318 ff.
[11]   Vgl. De Leeuw & Hox 2004.
[12]   Vgl. Hauptmanns 1999: 23 f.; zur optimalen Vorgehensweise vgl. auch Dillmann 2007.
[13]   Vgl. Morris & Ogan 1996.
[14]   HTTP, vgl. Wilde 1999: 53 ff.

waren.[15] Mit der Weiterentwicklung der client- (Web-Browser) und serverseitigen Internet-Technik kamen in den letzten Jahren jedoch einige dynamische Elemente hinzu, die mittlerweile die Gestaltung von Web-Anwendungen dominieren. Dazu gehören online ausfüllbare Formulare und clientseitige Scriptsprachen wie Java-Script und Flash, serverseitige Scriptsprachen wie Perl und PHP, sowie im Zuge des sogenannten „Web 2.0" dynamische Inhalte, die kein Neuladen angezeigter Webseiten erfordern wie z.B. AJAX.[16] Serverseitige Scripte arbeiten häufig mit Datenbanken wie MySQL zusammen, die Inhalte und Steuerdaten liefern, aus denen der Server dann die – häufig für jeden Nutzer individualisierten – Online-Inhalte zusammenstellt.

Es liegt auf der Hand, dass die Fülle von Web-Technologien, die mit dem HTTP-Dienst und dem World Wide Web zur Verfügung stehen, für die Online-Befragung äußerst nützlich sind.[17] Das ist auch der Grund dafür, dass bei Online-Befragungen heutzutage hauptsächlich Online-Fragebögen im WWW eingesetzt werden, die von den Befragten über einen Link aufgerufen und am Bildschirm ausgefüllt werden.[18] Clientseitige Scriptsprachen und Design-Anwendungen wie CSS[19] und Templates ermöglichen dabei eine flexible Gestaltung der Fragebögen und das Einbinden interaktiver Elemente. Serverseitige Scriptsprachen ermöglichen hingegen dynamisch erzeugte Fragebögen mit automatischen Filterführungen und automatischem Reagieren des Fragebogens auf Antworten und andere Eingaben des Nutzers. Die Daten werden in den ohnehin für die Erzeugung der dynamischen Inhalte benötigten Datenbanken gespeichert und können zur Auswertung in andere Speicherformate transformiert werden. Mit den neuesten Entwicklungen AJAX und Flash stehen dem Online-Forscher zusätzlich besonders elegante oder neue Möglichkeiten eröffnende Gestaltungselemente für Befragungen zur Verfügung. Dazu gehören eine dezente Filterführung ohne erneutes Laden der Seite und das optisch ansprechende Ein- und Ausblenden von Fragebogenelementen ebenso wie eine einfache Multimediaunterstützung (s. die Abschnitte 7 und 8 dieses Beitrages).

Zu den generellen Problemen oder Nachteilen der Befragung über das WWW gehören die Abhängigkeit der Darstellung von Betriebssystem (Windows, Apple, Linux etc.), Webbrowsern (Internetexplorer, Safari, Firefox und weitere) und lokalen Softwareeinstellungen: Wenn beispielsweise aus Sicherheitsgründen lokales Scripting abgeschaltet ist, funktionieren Java-Script und AJAX nicht mehr, ohne das Flash-Plug-In der Herstellerfirma Adobe werden Flash-Inhalte nicht angezeigt. Die Möglichkeit, Multimediainhalte in Befragungen einzubinden, ist für Kommunikator-, Medienwirkungs- und -nutzungsforscher einladend, setzt jedoch voraus, dass die Computer der Befragten so konfiguriert sind, dass Medieninhalte problemlos abgespielt werden können. Neben der oben erwähnten Stichprobenproblematik tragen auch diese technischen Einschränkungen dazu bei, dass das volle Potential WWW-basierter Befragungen derzeit noch nicht ausgeschöpft wird.

Für den Online-Forscher, der für eine Befragung einen WWW-Fragebogen erstellen möchte, bieten sich zwei Vorgehensweisen an: (1) Kommerzielle Anbieter vermieten mehr oder weniger komplexe und komfortable Befragungspakete. Dabei kümmert sich der Anbieter um die Web- und Datenbankserver und die Bereitstellung der Software, mit der der

---

[15] Hypertext-Markup-Language, vgl. Wilde 1999: 191 ff.
[16] Asynchronous JavaScript and XML, vgl. z.B. Beckert 2007.
[17] Vgl. Hauptmanns 1999: 24 ff.
[18] Zur Verwendung der verschiedenen Fragebogentechniken in der wissenschaftlichen Forschung vgl. den Beitrag von Zerback et al. in diesem Band.
[19] Cascading Style Sheets, vgl. Wilde 1999: 293 ff.

Fragebogen erstellt, die Umfrage verwaltet (Anschreiben, Respondentenmanagement, Nachfassen) und erste Auswertungen bzw. der Export der Daten umgesetzt werden. In der Regel leisten derartige Anbieter auch in unterschiedlichem Umfang Support und Beratung bei der Durchführung der Erhebung. Zu den Nachteilen bei der Verwendung externer Anbieter gehören begrenzte Flexibilität und die Abhängigkeit von Qualität und Schnelligkeit der Betreuung. (2) Es gibt auch die Möglichkeit, Umfragesoftware selbst zu betreiben. Dafür steht eine große Zahl zum Teil kostenpflichtiger, zum Teil kostenloser Serverscripte zur Verfügung, die man über das Internet erwerben oder herunterladen kann. Serversoftware muss allerdings auf Webservern betrieben werden, die eine geeignete Ausstattung haben (Servermodule, PHP) und mit einem Datenbankserver (z.B. MySQL) verbunden sind. Die Installation von Serversoftware erfordert zudem spezielle Kenntnisse, beispielsweise des Rechtesystems bei unixoiden Serverbetriebssystemen (z.B. bei dem im Webserverbereich verbreiteten Linux). Auch unter Sicherheitsaspekten sollten der Betrieb der Server und die Installation der Software durch erfahrene Administratoren erfolgen, denn eine von außen „gehackte" Online-Befragung ist nicht von großem Wert. Zu den Vorteilen selbstinstallierter Befragungssysteme gehören jedoch die größere Flexibilität und die Unabhängigkeit von Leistungen und Fähigkeiten externer Anbieter.

Zudem kann das WWW nicht nur Instrument, sondern auch Gegenstand von Online-Befragungen sein. So können beispielsweise Teilnehmer politischer Diskurse in Web-Foren[20] befragt (und dabei die Forensoftware auch gleich als Erhebungsinstrument eingesetzt werden). Hier ist freilich auch an ein experimentelles Design zu denken, wie es beispielsweise von Mayer-Uellner eingesetzt wurde, um Mechanismen der sozialen Kontrolle in Online-Diskussionsforen zu untersuchen[21] (zu experimentellen Ansätzen s. auch Abschnitt 8 dieses Beitrages).

5.   NNTP: Das Usenet

Es gibt noch einen weiteren Kommunikationsdienst im Internet, der prinzipiell jedem zugänglich ist, allerdings nicht von einem so breiten Publikum genutzt wird, wie das inzwischen beim WWW der Fall ist: Das Usenet, auch „News" genannt. Der technische Dienst hinter den News heißt NNTP: Network News Transport Protocol. Darüber wird der Austausch der zumeist reinen Textnachrichten (ohne Attachments) zwischen den dezentral organisierten Newsservern organisiert. Für die Nutzung des Usenet wird ein so genannter Newsreader eingesetzt. Er ist in manchen E-Mail-Programmen wie dem Mozilla-Thunderbird von vorherein inplementiert, es gibt Newsreader aber auch als Einzelprogramme. Über Webinterfaces kann das Usenet schreibend und lesend auch mit einem Webbrowser genutzt werden. Ein Beispiel für ein solches Webinterface ist *Google-Groups* (http://groups.google. com), das gleichzeitig ein Archiv für die Usenetpostings der vergangenen Jahrzehnte ist.

Das Usenet besteht aus thematisch organisierten, textbasierten Diskussionsgruppen. Sie sind für jeden Online-Nutzer frei zugänglich. Diskussionen aus mehreren Beiträgen nennt man Threads – der Begriff wurde später auch für WWW-basierte Diskussionsformen übernommen. In manchen Diskussionsgruppen werden täglich viele Threads diskutiert, die

---

[20]   Vgl. Mayer-Uellner 2003; Roessing 2006.
[21]   Vgl. Mayer-Uellner 2003: 117 ff.

ihrerseits aus einzelnen Beiträgen („Postings") bestehen. In anderen Gruppen ist der Betrieb („Traffic") geringer.[22]

Der deutschsprachige Teil des Usenet besteht hauptsächlich aus der so genannten de.*-Hierarchie, der die thematischen Hierarchien untergeordnet sind.[23] Diese Hierarchien sind – immer spezieller werdend – weiter in Unterhierarchien und Untergruppen gegliedert. Die deutschsprachige Hierarchie ist thematisch vollständig, das heißt, dass es für wirklich *jedes* Thema eine passende Diskussionsgruppe gibt (siehe für Beispiele Tabelle 1).

Im Usenet kann ein Wissenschaftler, der eine Befragung plant, natürlich auch Fragebögen posten oder Links zu Web-Umfragen einstellen. Vorher sollte er allerdings in den Gruppen, in denen er Respondenten rekrutieren möchte, einige Zeit mitlesen. Ohne die Qualitäten der regelmäßigen Teilnehmer („Regulars"), die Qualität der Beiträge und die Gepflogenheiten und die Diskussionskultur im Usenet[24] zu kennen, könnte der Forscher sich unbeliebt machen, oder schlichtweg die falsche Zielgruppe ansprechen. So wird beispielsweise de.alt.sysadmin.recovery gelegentlich für eine Diskussionsgruppe über Datenrettung gehalten, obwohl sie lediglich der Unterhaltung und dem Zeitvertreib professioneller Systemadministratoren dient. In einigen Diskussionsgruppen findet man sehr viele konzentrierte Diskussionen, an denen sich ausgewiesene Experten ihres Faches beteiligen (z.B. in de.etc.notfallrettung oder de.etc.bahn.eisenbahntechnik und in einigen anderen). Dort können Umfragen gestartet werden, bei denen es nicht auf eine repräsentative Respondentenschaft ankommt, sondern auf Beiträge von Experten (oder, wie oft im Internet: Personen, die sich für Experten halten) verschiedener Fachrichtungen. Ein Beispiel für eine über das Usenet geführte Online-Befragung wäre eine Untersuchung zur Akzeptanz technischer Neuerungen in der Notfallmedizin über die Newsgroup de.etc. notfallrettung. Die Wahrscheinlichkeit ist groß, fundierte Meinungen von Befragten zu bekommen, die bei dem Thema ein hohes Involvement aufweisen (während repräsentative Ergebnisse, wie bereits mehrfach erwähnt, freilich nicht zu erwarten sind). In anderen Diskussionsgruppen könnte es sinnvoll sein, die Meinungen, Einstellungen und Verhaltensweisen der Diskussionsteilnehmer ersatzweise über eine Inhaltsanalyse der Beiträge zu erheben. Beispielsweise hat sich die Gruppe de.alt.folklore.urban-legends der Dokumentation und Aufklärung jener modernen Märchen[25] verschrieben, die immer wieder auch als Meldung in den klassischen Massenmedien auftauchen. Hier führt eine langfristige, vergleichende Inhaltsanalyse[26] möglicherweise weiter als eine Befragung aller oder einzelner Poster.

Wegen der Ähnlichkeit des Textmediums Usenet mit dem Kommunikationsmodus E-Mail sind für die konkrete Gestaltung ähnliche Aspekte zu berücksichtigen. Auch im Usenet ist die Spam-Problematik zu bedenken[27], das gilt speziell für das gleichzeitige Posten in mehrere Diskussionsgruppen („Crossposting"). Außerdem ist es in den allermeisten Diskussionsgruppen und auf den allermeisten Newsservern nicht erlaubt oder technisch nicht möglich, Anhänge zu verschicken. Dementsprechend fällt diese – ohnehin antiquierte – Art der Fragebogenverbreitung hier weg.

---

[22]   Vgl. Roessing 2005.
[23]   Vgl. auch Döring 2003: 65.
[24]   Vgl. Walstrom 2004.
[25]   „Die Spinne in der Yuccapalme", vgl. Bredrich 1990.
[26]   Vgl. Döring 2003: 215 ff.
[27]   Vgl. schon Hauptmanns 1999: 24.

Tabelle 1:   Beispiele für Themen und Diskussionsgruppen im Usenet

Hierarchie	Thema	Beispiel-Diskussionsgruppe
de.comm.*	Kommunikation	de.comm.provider.t-online
de.comp.*	Computer	de.comp.os.unix.linux.misc
de.etc.*	Sonstiges	de.etc.notfallrettung
de.rec.*	Erholung („Recreation")	de.rec.buecher
de.sci.*	Wissenschaft	de.sci.physik
de.soc.*	Soziales Leben	de.soc.recht.strassenverkehr
de.talk.*	(Small-)Talk	de.talk.liebesakt

6.   Synchrone Kommunikation: Der Chat und seine Derivate

Chats sind der synchronen Internetkommunikation zu subsumieren, das heißt Sender und Empfänger müssen gleichzeitig online sein und sich dem gleichen Nachrichtenaustausch widmen, damit die Kommunikation funktioniert. Die hier relevanten Formen des Chats sind zudem als Many-to-Many-Kommunikation einzustufen, weil sich üblicherweise mehrere Teilnehmer gleichzeitig in einem Chatraum aufhalten. Die dem Instant-Messaging[28] ähnlichen Chat-Modi, bei denen sich nur zwei Teilnehmer austauschen, dürften für Online-Befragungen allenfalls indirekt als elektronischer Ersatz des Face-to-Face-Interviews relevant sein.

Chats gibt es auf der Grundlage mehrerer technischer Plattformen und eingebettet in unterschiedliche Kommunikationsumgebungen. Auf einem eigenen Protokoll basiert das IRC-System (Internet Relay Chat). Es setzt eine spezielle Zugangssoftware und spezielle technische Kenntnisse seitens der Nutzer voraus.[29] Demgegenüber setzen Web-Chats auf dem WWW und dessen HTTP-Protokoll auf und werden über einen normalen Webbrowser genutzt.[30]

Neben Chats, die um des Chattens willen betrieben werden, sind Chatfunktionen heute auch Teil anderer Web-Anwendungen, beispielsweise in Form sogenannter Shout-Boxes, die im Rahmen von Community-Portalen und Webforen betrieben werden, oder als Teil von Online-Computerspielen. Damit ergibt sich für die Online-Forschung (ähnlich wie oben für das Usenet dargelegt) die Möglichkeit, über solche Spezial-Chats spezielle Zielgruppen anzusprechen oder auf entsprechende WWW-Befragungen aufmerksam zu machen. Allen Chats ist jedoch gemeinsam, dass den Inhalten durch die synchrone Kommunikation eine gewisse Vergänglichkeit immanent ist. Text, der nach oben aus dem Chatfenster herauswandert, wird üblicherweise nicht mehr zur Kenntnis genommen, auch wenn er in Form so genannter Chatprotokolle aufgezeichnet werden kann. Mehrpersonenchats sind

---

[28]   Vgl. Döring 2003: 83.
[29]   Vgl. Döring 2003: 83 ff.
[30]   Vgl. Döring 2003: 91 ff.

daher für direkte Befragungen der Teilnehmer im Chat eher weniger, oder allenfalls für qualitative Befragungen zu gebrauchen. Ist ein Chat selbst Gegenstand eines Forschungsprojektes, empfiehlt es sich, wie bei anderen interaktiven Diskussionsmedien auch, eher eine Inhalts- oder Textanalyse[31] der aufgezeichneten Kommunikation durchzuführen.

7.   Multimedia

Multimedia ist kein Kommunikationsmodus des Internet, sondern wird (oft als Schlagwort) für die Verbindung von Text, Bild, Graphik, Ton und Bewegtbild in Computerumgebungen gebraucht.[32] Allerdings ist die in den letzten Jahren durch Bandbreitenerweiterungen (mehr Daten können gleichzeitig über das Internet übertragen werden) deutlich verbesserte Möglichkeit, audiovisuelle Inhalte über das Internet zu übertragen, eines der zentralen Alleinstellungsmerkmale der Online-Befragung gegenüber klassischen Befragungstechniken. So ist es beispielsweise für die Forschung zu Wahlwerbung möglich, den Befragten Werbefilme direkt in die Umfrage eingebettet vorzuspielen, ihnen Audiobeiträge zu präsentieren, um die Wirkung rhetorischer Darbietungen zu untersuchen oder online Experimente mit multimedialen Stimuli durchzuführen. Dabei sind die Kosten einer Online-Befragung in der Regel deutlich geringer als die eines CAPI-Interviews[33], das ähnliche Möglichkeiten bietet. Einige der im nächsten Abschnitt angesprochenen technischen Neuerungen des sogenannten Web 2.0 erleichtern es dem Forscher zusätzlich, beispielsweise Videos in sein Untersuchungsinstrument zu integrieren (Flash-Filme). Andererseits müssen bei solchen integrierten Fragebogen-Stimulus-Paketen die in Abschnitt 4 diskutierten Probleme mit der Hard- und Software der Befragten unbedingt berücksichtigt werden.

8.   „Web 2.0"

Aus technischer Sicht wird das Schlagwort Web 2.0 hauptsächlich mit jüngeren Entwicklungen zur Integration von Inhalten und Kommunikationseinrichtungen in die Browserdarstellung des WWW verstanden.[34] Dazu gehören einerseits das schon erwähnte AJAX (Asynchronous JavaScript and XML) oder die relativ bequeme, von Internetseiten wie Youtube.com bekannte Einbindung von Multimedia-Inhalten über das Flash-Format. Aus sozialer und kommunikationswissenschaftlicher Sicht wird Web 2.0 vor allem mit „user generated content" in Verbindung gebracht, also der Gestaltung der Inhalte des Internet durch die Nutzer (vormals: Rezipienten), anstelle von professionellen oder semiprofessionellen Webmastern (vormals: Kommunikatoren). Neben Video-Diensten wie dem schon erwähnten Youtube.com sind hier Blogs, Online-Communities wie StudiVZ.de oder die komplett von nicht-professionellen Nutzern erstellte Online-Enzyklopädie Wikipedia[35] zu nennen. Im Rahmen von Online-Befragungen können diese Community-basierten Internetangebote drei Funktionen erfüllen: Sie – speziell die Nutzer – können *Forschungsgegen-stand* der Medienforschung sein, sie können *Befragtenreservoir* für Studien zu anderen Gegenständen

---

[31] Vgl. Döring 2003: 215 ff.
[32] Vgl. Berghaus 1997.
[33] Computer Aided Personal Interview, vgl. z.B. Schnell et al. 2005.
[34] Vgl. Beckert 2007.
[35] Vgl. z.B. Pentzold 2007; Roessing 2008.

sein, und sie können *Stimuli* für Rezeptions- und Wirkungsstudien liefern. Beispielsweise können die Techniken des Web 2.0 dazu genutzt werden, bei Online-Experimenten die experimentellen Bedingungen – also Art und Anordnung der Stimuli auf den Bildschirmen der Probanden – sehr differenziert zu gestalten und subtil zu variieren. Damit könnte beispielsweise durch Variation von Gestaltung und Präsentationsformen das bekannte Phänomen näher untersucht werden, dass prinzipiell ähnliche Internetinhalte rechts- und linksextremer Aktivisten von vielen Menschen als unterschiedlich bedrohlich wahrgenommen werden.[36]

9.   Zusammenfassung und Ausblick

Mit E-Mail (SMTP, POP, IMAP, MAPI), World Wide Web (HTTP), dem Usenet (NNTP), Multimedia und Web 2.0 (AJAX etc.) wurden im vorliegenden Beitrag die wichtigsten Kommunikationsformen im Internet und ihre technischen Hintergründe einführend vorgestellt. Dabei wurde jeweils Wert darauf gelegt, eine konkrete Beziehung zur Online-Befragung herzustellen – freilich ohne auf methodische Detailfragen eingehen zu können.

In den Abschnitten über Web 2.0 und Multimedia wurde schon deutlich, dass sich die Internettechnik immer noch sehr rasch entwickelt. Teilweise betrifft diese Entwicklung die Optimierung und Vereinfachung bekannter Kommunikationsformen. Es sind aber auch Neuerungen zu erwarten, die für den Online-Forscher (und dabei keineswegs beschränkt auf die Umfrageforschung) neue methodische Ansätze und Herausforderungen bereithalten, aber auch generell neue Forschungsfelder eröffnen. Einer dieser Bereiche ist das mobile Internet[37], die Tatsache, dass Nutzer (und Forscher) zunehmend nicht mehr an stationäre Computer und Datenleitungen gebunden sind. Eine andere ist die mit dem neuen Internet Protocol Version 6[38] zu erwartende Ubiquitarisierung des Internet. Denn das neue Protokoll hält genug Adressen bereit, um jedes elektrische Gerät ins Internet einbinden zu können. Für die Methodenforschung auf dem Gebiet der Online-Befragung wird es also auch in Zukunft ausreichend Forschungsmaterial geben.

Literatur

Beckert, T. (2007): Web 2.0 und Ajax: ein erster Einstieg ins neue Internet. Saarbrücken.

Berghaus, M. (1997): Was macht Multimedia mit Menschen, machen Menschen mit Multimedia? Sieben Thesen und ein Fazit. In: Ludes, P. & Werner, A. (Hrsg.): Multimedia-Kommunikation. Opladen, S. 73-85.

Bredrich, R. W. (1990): Die Spinne in der Yuccapalme. München.

De Leeuw, E. D. & Hox, J. J. (2004): I am Not Selling Anything: 29 Experiments in Telephone Introductions. In: International Journal of Public Opinion Research, 16, S. 465-473.

Dillman, D. A. (2007): Mail and Internet Surveys: The Tailored Design Method. Hoboken.

Döring, N. (2003): Sozialpsychologie des Internet. Göttingen u.a.

Gillies, J. & Cailliau, Robert (2002): Die Wiege des Web. Die spannende Geschichte des WWW. Heidelberg.

Hall, E. A. (2000): Internet Core Protocols. The Definitive Guide. Beijing u.a.

Hauptmanns, P. (1999): Grenzen und Chancen von quantitativen Befragungen mit Hilfe des Internet. In: Batinic, B., Werner, A., Graef, L. & Bandilla, W. (Hrsg.): Online Research. Goettingen u.a., S. 21-38.

---

[36]   Vgl. Roessing 2006.

[37]   Vgl. Döring 2003: 557.

[38]   Vgl. Döring 2003: 557.

Mayer-Uellner, R. (2003): Das Schweigen der Lurker. Politische Partizipation und soziale Kontrolle in Online-Diskussionsforen. München.

Morris, M. & Ogan, C. (1996): The Internet as Mass Medium. In: Journal of Communication, 46, S. 39-50.

Pentzold, C. (2007): Wikipedia. Diskussionsraum und Informationsspeicher in neuen Netz. München.

RFC 2460, http://tools.ietf.org/html/rfc2460, 19.05.2008.

Roessing, T. (2004): Prevalence, Technology, Design, and Use of Polling on Websites. Quality Criteria despite the Impossibility of Representativeness? Paper presented at the WAPOR Thematic Seminar on Quality Criteria in Survey Research V in Cadenabbia, Italy, June 24 – 26, 2004.

Roessing, T. (2005): Usenet: Die „News" als journalistische Quelle. In: Fachjournalist, 20, S. 10-12.

Roessing, T. (2006): Use of Electronic Guestbooks and Bulletin Board Systems on Right- and Left-Wing Extremists' Web Sites. In: Polčák, R., Škop, M. & Šmahel, D. (Hrsg.): Cyberspace 2005. Brno, S. 147-154.

Roessing, T. (2008, im Druck): Opinion Formation in Wikipedia – Theory, Measurement, and Findings. In: Masaryk University Journal of Law and Technology, 2.

Rössler, P. & Eichhorn, W. (1999): WebCanal – ein Instrument zur Beschreibung von Angeboten im World Wide Web. In: Batinic, B., Werner, A., Graef, L. & Bandilla, W. (Hrsg.): Online Research. Goettingen u.a., S. 263-276.

Schnell, R., Hill, P. B & Esser, E. (2005): Methoden der empirischen Sozialforschung. München, Wien.

Walstrom, M. K. (2004): „Seeing and Sensing". Online Interaction: An Interpretive Interactionist Approach to USENET Support Group Research. In: Johns, M. D., Chen, S.-L. S. & Hall, G. J. (Hrsg.): Online Social Research. Methods, Issues, & Ethics. New York u.a., S. 81-97.

Wilde, E. (1999): World Wide Web. Technische Grundlagen. Berlin u.a.

Wood, D. (1999): Programming Internet Email. Beijing u.a.

Teil 2: Methodologische Studien

Masse statt Klasse? Einige kritische Anmerkungen zu Repräsentativität und Validität von Online-Befragungen

Von Marcus Maurer & Olaf Jandura

1.   Einführung

Im Jahre 2006 wurde mehr als jede fünfte Befragung (21 Prozent) in Deutschland online durchgeführt. Seit 2004 haben Online-Interviews schriftliche Befragungen weitgehend verdrängt, seit 2005 werden sie nahezu ebenso häufig durchgeführt wie persönlich-mündliche Interviews.[1] In den USA ist diese Entwicklung noch weiter fortgeschritten. Hier wird bereits seit einigen Jahren mehr als jede dritte Befragung online durchgeführt.[2] Die von großen Unternehmen in Auftrag gegebene Marktforschung wird seit geraumer Zeit sogar in mehr als der Hälfte der Fälle online abgewickelt.[3] Online-Befragungen, also Befragungen, bei denen die Fragebögen per E-Mail verschickt oder auf einem Webserver abgelegt und online ausgefüllt werden, haben die Umfrageforschung ähnlich stark verändert wie vor rund 20 Jahren das Aufkommen telefonischer Interviews.

Die Ursachen hierfür liegen auf der Hand: Mit Online-Befragungen können nahezu unbegrenzt viele Befragte auf der ganzen Welt schnell und zeitgleich kontaktiert werden. Multimediale Hilfsmittel können problemlos in die Befragungen integriert werden, Interviewereinflüsse und Dateneingabe entfallen. Zugleich ist weitgehend sichergestellt, dass die Befragten die Fragen in der richtigen Reihenfolge beantworten. Das Hauptargument für Online-Befragungen dürften jedoch ihre vergleichsweise außerordentlich geringen Kosten sein, die sie vor allem für Unternehmen, die kontinuierlich Marktforschung betreiben, attraktiv machen.[4]

Diesen Vorteilen stehen jedoch auch Probleme gegenüber, die die Qualität von mit Online-Befragungen erhobenen Daten infrage stellen. Wir wollen in diesem Beitrag zunächst die gängigsten Arten von Online-Befragungen diskutieren und uns im Anschluss daran mit den wichtigsten Kriterien zur Beurteilung der Qualität von Online-Befragungen befassen: die Repräsentativität der Stichprobe, die Gestaltung des Fragebogens und die Datenqualität. Ziel des Beitrags ist es herauszuarbeiten, welche Arten von Online-Befragungen valide Daten generieren, welche Kriterien hierfür erfüllt sein müssen und unter welchen Bedingungen Online-Befragungen anderen Erhebungsmethoden ebenbürtig oder überlegen sind. Wir tun dies dezidiert nicht aus der Perspektive von Online-Forschern, sondern aus der kritischen Perspektive von Sozialwissenschaftlern, die in der Regel mit anderen Methoden arbeiten.

---

[1]   Vgl. www.adm-ev.de.
[2]   Vgl. Deutskens et al. 2006: 119.
[3]   Vgl. Evans & Mathur 2005: 196.
[4]   Für Zusammenstellungen der Vorteile von Online-Befragungen vgl. z. B. auch Batinic & Moser 2005: 64; Evans & Mathur 2005: 196 ff.

2. Typen von Online-Befragungen

Aus der Perspektive der Stichprobenbildung lassen sich Befragungen grundsätzlich in zufallsgesteuerte Befragungen und Befragungen, die mit willkürlichen Auswahlen arbeiten, unterteilen. Nur die Ergebnisse von zufallsgesteuerten Befragungen können generalisiert werden, d. h. nur in diesem Falle können die Ergebnisse von den Befragten auf eine größere Grundgesamtheit (z. B. alle Deutschen, alle Internet-Nutzer, alle Mitarbeiter einer Firma) verallgemeinert werden. Damit dies möglich ist, müssen einige Kriterien erfüllt sein: Die Grundgesamtheit muss bekannt und definierbar sein, die Auswahl muss systematisch mit einer angebbaren Wahrscheinlichkeit erfolgen und alle Elemente der Grundgesamtheit müssen dieselbe Wahrscheinlichkeit haben, ausgewählt zu werden. Schließlich kommt es auch darauf an, dass die Stichprobe möglichst vollständig ausgeschöpft wird. Da man annehmen kann, dass sich die Befragungsteilnehmer systematisch von denjenigen unterscheiden, die eine Teilnahme verweigern oder nicht erreichbar sind, kommt es darauf an, möglichst viele der Ausgewählten auch zur Teilnahme zu bewegen.[5] Sind diese Kriterien nicht erfüllt, z. B. weil die Befragten selbst entscheiden, ob sie zur Stichprobe gehören wollen (Selbstselektion), sagen die Befragungsergebnisse lediglich etwas über die (wenigen) Befragten aus und sind somit in der Regel unbrauchbar. Die gängigsten Typologien von Online-Befragungen[6] orientieren sich folglich ebenfalls an dieser Unterscheidung.

2.1. Online-Befragungen auf Basis willkürlicher Auswahlen

Das erste TV-Duell zweier Kanzlerkandidaten im Bundestagswahlkampf 2002 war repräsentativen Telefonbefragungen verschiedener Meinungsforschungsinstitute zufolge unentschieden ausgegangen. Etwa gleich viele Wahlberechtigte hatten Gerhard Schröder bzw. Edmund Stoiber als Sieger gesehen. Zugleich hatten viele Tageszeitungen und Zeitschriften auf ihren Internetseiten eigene Befragungen zum Ausgang des Duells geschaltet. Jeder, der teilnehmen wollte, konnte dies mit wenigen Mausklicks tun. Die Befragtenzahlen lagen zwar zum Teil deutlich höher als bei den Repräsentativbefragungen. Die Umfragen sahen allerdings je nach Medium Schröder (z. B. auf www. spiegel-online.de) oder Stoiber (z. B. auf www.bild.de) mit bis zu zwei Dritteln der abgegebenen Stimmen vorn. Online-Befragungen dieser Art führen offensichtlich nicht zu aussagekräftigen Befunden. Dies liegt erstens daran, dass sich Internet-Nutzer systematisch von Nicht-Nutzern unterscheiden. Es liegt zweitens daran, dass sich die Nutzer einzelner Internetseiten systematisch von den Nutzern anderer Internetseiten unterscheiden. Drittens schließlich sind die Resultate selbst für die Nutzer der entsprechenden Internetangebote nicht repräsentativ, weil die Befragten selbst über ihre Teilnahme entscheiden und theoretisch ohne Probleme mehrmals teilnehmen können, sowie weil in der Regel nur ein verschwindend geringer Teil derjenigen, die den Befragungsaufruf sehen, tatsächlich teilnimmt.[7]

Befragungen auf Basis willkürlicher Auswahlen hat es selbstverständlich immer gegeben. Auch früher haben Zeitungen und Zeitschriften Leserbefragungen durchgeführt, indem sie die Fragebögen einer Ausgabe beigelegt haben. Schon seit den 1980er Jahren gibt

---

[5] Vgl. z. B. Kaase 1999: 100.
[6] Vgl. z. B. Couper 2000: 477ff.; Schnell et al. 2005: 377ff.
[7] Vgl. z. B. Alvarez u. a. 2003; Faas 2004.

es die so genannten TED-Befragungen, bei denen die Zuschauer von Fernsehsendungen oder Leser von Printmedien gegen eine nicht unerhebliche Telefongebühr an diversen Abstimmungen teilnehmen können. Neu ist jedoch, dass heute grundsätzlich jeder ohne großen Aufwand und große Kenntnisse Befragungen online stellen kann. Auch ihre Ergebnisse sind meist für prinzipiell jeden einsehbar, zum Teil werden sie sogar ohne jeden einschränkenden Hinweis in den gedruckten Ausgaben seriöser Medien präsentiert. Dabei handelt es sich nicht nur um Befragungen, die auf den ersten Blick als Unterhaltungszwecken dienend erkennbar sind. Vielmehr wird gelegentlich explizit der Eindruck von Wissenschaftlichkeit erweckt. Für Laien ist dann oft kaum noch zu unterscheiden, welche Befragungsergebnisse substanziell und welche nur mehr oder weniger unterhaltsame Spielerei sind. Diese verharmlosend auch als *Convenience-Sample* bezeichneten Umfragen stellen folglich eine echte Bedrohung für die seriöse Umfrageforschung dar.

In den letzten Jahren haben sich zwei Verfahren etabliert, die das Problem der Selbstrekrutierung bei offenen WWW-Befragungen beheben sollen. Zum einen werden zunehmend über das Internet Teilnehmer an Freiwilligen-Panels rekrutiert, also Personen, die einwilligen, sich wiederholt per Internet befragen zu lassen. Aus diesen Panels kann gegebenenfalls wiederum eine Zufallsstichprobe von Befragten gezogen werden. Zwar erhält man auf diese Weise nach und nach unzählige Informationen über die einzelnen Panel-Mitglieder. Allerdings unterscheiden sich diejenigen, die sich für solche Panels rekrutieren lassen, in erheblicher Weise von der Gesamtbevölkerung.[8] Ein Lösungsansatz für dieses Problem besteht in der so genannten *Propensity-Gewichtung*. Dabei wird zeitgleich mit der Online-Befragung eine telefonische oder persönlich-mündliche Repräsentativ-Befragung durchgeführt, deren Ergebnisse dafür verwendet werden, die Neigung (Propensity) der Befragten zu ermitteln, im Online-Sample zu sein. Die online erhobenen Daten werden dann entsprechend gewichtet. Ein bekanntes Beispiel für diese Vorgehensweise ist das Projekt „Perspektive Deutschland", bei dem mehrmals rund eine halbe Million Deutsche ihre Ansichten über die Zukunft des Landes äußerten. Nicht wenige Erhebungen nehmen für sich in Anspruch, nach einer solchen Gewichtung bevölkerungsrepräsentativ zu sein. Ob dies zutrifft, ist jedoch bislang umstritten.[9] Allerdings kann man sich grundsätzlich fragen, ob repräsentative Telefonbefragungen durchgeführt werden müssen, um die Aussagekraft nicht-repräsentativer Online-Befragungen zu verbessern. Zumindest erscheint es hier ökonomischer, die Ergebnisse der Telefonbefragung direkt heranzuziehen.

Ein zweiter Versuch, die Repräsentativität von Online-Befragungen mit selbstrekrutierten Befragten zu gewährleisten, sind so genannte *Intercept-Befragungen*. Hier wird nach einem Zufallsprinzip jeder n-te Besucher einer Webseite ausgewählt und zur Befragung eingeladen. Weil die Befragten zufällig ausgewählt werden, wird häufig argumentiert, dass die Befragungsergebnisse für die Besucher der Webseite repräsentativ seien.[10] Dies kann man jedoch bezweifeln: Die Grundgesamtheit können keinesfalls alle Nutzer der Seite sein, sondern bestenfalls diejenigen, die die Seite in einem gegebenen Zeitraum genutzt haben. Die Auswahlwahrscheinlichkeit ist zudem nicht für alle gleich: Wer die Seite häufiger nutzt, hat eine größere Wahrscheinlichkeit, ausgewählt zu werden. Über die Grundgesamtheit ist nichts bekannt, außer eventuell ihrer Größe, die mit einigem Zusatzaufwand durch Logfile-Analysen bestimmt werden kann. Folglich kann nicht überprüft werden, ob die

---

[8]   Vgl. z. B. Alvarez et al. 2003; Göritz 2004.
[9]   Vgl. z. B. Berrens et al. 2003.
[10] Vgl. z. B. Couper 2000; ADM et al. 2001.

Stichprobe systematisch verzerrt ist.[11] Dies ist jedoch sehr wahrscheinlich, weil die Teilnehmerquoten bei Intercept-Befragungen außerordentlich gering sind. Nur zwischen 5 und 20 Prozent der zur Befragung Eingeladenen rufen den Fragebogen auf. Von diesen verweigert dann noch einmal etwa jeder Zweite die Teilnahme.[12]

Zusammenfassend kann man festhalten, dass zum jetzigen Zeitpunkt keines der genannten Verfahren zweifelsfrei die Qualitätskriterien wissenschaftlicher Umfrageforschung erfüllt. Aus Sicht der kommerziellen Marktforschung, die auf schnelle und kostengünstige Datengewinnung angewiesen ist, mag das ein oder andere akzeptabel erscheinen. Allerdings kann es auch hier nicht darum gehen, zweifelhafte Daten zu gewinnen, um damit weitreichende Entscheidungen zu begründen. Vielmehr sollte ein Interesse daran bestehen, valide Daten zu erhalten, mit deren Hilfe es gelingt, die *richtigen* Entscheidungen zu treffen. Sinnvoll eingesetzt werden können die genannten Verfahren folglich allenfalls in Online-Experimenten, in denen es nicht um die Repräsentativität der Stichprobe geht, sondern lediglich darum, dass die unterschiedlichen Versuchsgruppen in etwa gleich zusammengesetzt sind.

2.2.   Online-Befragungen auf Basis von Zufallsstichproben:
         Stichprobenziehung und Repräsentativität

Wie wir bereits deutlich gemacht haben, entscheidet sich die Frage, ob eine Befragung zu repräsentativen Ergebnissen führt, an drei Stufen im Forschungsprozess: der Auswahl eines Befragungsmodus, der zur Definition der Grundgesamtheit passt, der Art der Stichprobenziehung und der Ausschöpfung der Stichprobe. Auf der ersten Stufe muss sicher gestellt sein, dass mit dem ausgewählten Befragungsmodus alle potenziell zur Grundgesamtheit gehörenden Befragten erreicht werden können. Ist dies nicht der Fall, ist die Stichprobe nicht für die Grundgesamtheit repräsentativ (coverage error). Auf der zweiten Stufe muss sicher gestellt sein, dass die Stichprobe nach einem Zufallsverfahren gezogen wird, bei dem alle Mitglieder der Grundgesamtheit die gleichen Chancen haben, in die Stichprobe zu gelangen. Auch wenn dies gewährleistet ist, wird die Stichprobe bei mehrmaligem Ziehen jeweils leicht unterschiedlich zusammengesetzt sein. Der hierbei entstehende Fehler wird als Stichprobenfehler (sampling error) bezeichnet. Schließlich muss sicher gestellt sein, dass die Stichprobe möglichst gut ausgeschöpft wird, also möglichst alle Zielpersonen erreicht werden und an der Befragung teilnehmen. Ist dies nicht der Fall und sind die Ausfälle systematisch (nonresponse error), sind die Befragungsergebnisse nicht verallgemeinerbar. Wir wollen im Folgenden für die drei Stufen aufzeigen, welche Probleme bei Online-Befragungen auftreten und wie sie gelöst werden können.

3.   **Grundgesamtheit und Stichprobe**

Viele wissenschaftliche und kommerzielle Untersuchungen beziehen sich auf *große, heterogene Grundgesamtheiten* (alle Deutschen, alle Wahlberechtigten, alle Kunden einer Firma usw.). In solchen Fällen muss man davon ausgehen, dass ein Großteil der potenziellen

---

[11]   Vgl. Schnell et al. 2005: 379.
[12]   Vgl. Theobald 2003.

Befragten mit Online-Befragungen nicht erreichbar ist. Zwar wächst der Anteil der Online-Nutzer an der Gesamtbevölkerung weiter. Die Wachstumsgeschwindigkeit hat sich in den letzten Jahren aber deutlich verringert. 2007 waren etwas mehr als 60 Prozent der Deutschen „gelegentliche Online-Nutzer". Die jährlichen Steigerungsraten betragen seit einiger Zeit nur noch rund fünf Prozent – im Vergleich zu rund 60 Prozent Ende der 1990er Jahre. Dies lässt darauf schließen, dass es in absehbarer Zeit keine Vollversorgung mit Internetanschlüssen geben wird. Zugleich sind die Online-Nutzer immer noch eher männlich, jünger und höher gebildet als die Nicht-Nutzer.[13] Einfache Online-Stichproben können folglich nicht für die Gesamtbevölkerung repräsentativ sein.

Dieses Problem kann nur mit erheblichem finanziellem Aufwand gelöst werden. Vor rund zehn Jahren wurde in den USA mit einer immensen Anschubfinanzierung aus der Wirtschaft das Unternehmen *Knowledge Networks* gegründet. Mit Hilfe von Telefonbefragungen wurde zunächst ein repräsentatives Panel von mehreren tausend Befragten aufgebaut, die sich prinzipiell bereit erklärt hatten, regelmäßig für Befragungen zur Verfügung zu stehen (Access-Panel). Die Personen erhielten einen kostenlosen Internetzugang und die für die Befragung nötige Hardware. Für jede Befragung wird eine Zufallsstichprobe aus den Panelteilnehmern gezogen, die dann befragt wird. Nach diesem Vorbild betreibt das Meinungsforschungsinstitut Forsa in Deutschland seit einigen Jahren das *forsa.omninet*-Panel. Untersuchungen mit beiden Panels zeigen, dass auf diese Weise Befragungsergebnisse erzielt werden, die kaum von denen repräsentativer Telefonbefragungen abweichen.[14] Allerdings ist der finanzielle Aufwand für solche Befragungen so gewaltig, dass einer der wichtigsten Vorteile von Online-Befragungen, ihre geringen Kosten, nicht mehr zum Tragen kommt.

Sollen die Befunde nicht für die Gesamtbevölkerung, sondern nur für *alle Internetnutzer* repräsentativ sein, kann man ähnlich, aber weit kostengünstiger vorgehen. In diesem Fall werden ebenfalls mit Hilfe von repräsentativen Telefonbefragungen Access-Panels rekrutiert, die nun aber ausschließlich aus Personen bestehen, die ohnehin über einen Internetzugang verfügen. Aus diesen werden wiederum nach dem Zufallsprinzip Personen für einzelne Befragungen ausgewählt. Die so gewonnenen Befunde können – aus den oben genannten Gründen – selbstverständlich nicht auf die Gesamtbevölkerung übertragen werden. Einige Studien legen zudem den Schluss nahe, dass sich die Teilnehmer an solchen Access-Panels im Hinblick auf verschiedene soziodemografische Merkmale auch von den übrigen Internetnutzern unterscheiden. Dies scheint auch durch Gewichtungen der Daten kaum auszugleichen zu sein.[15] Schließlich könnte die Repräsentativität von Access-Panels auch durch den so genannten Panel-Effekt beeinträchtigt werden. Demnach werden Personen, die regelmäßig befragt werden, zu Spezialisten, die sich in ihrem Antwortverhalten von der übrigen Bevölkerung unterscheiden. Zumindest hierfür gibt es bislang allerdings kaum empirische Belege.[16]

Weitgehend problemlos ist die Durchführung von Online-Befragungen nur, wenn eine vergleichsweise *kleine, klar definierbare Grundgesamtheit* erfasst werden soll, die vollständig über Internetzugänge verfügt und deren E-Mail-Adressen bekannt sind. Dies gilt beispielsweise für die Mitarbeiter einer Firma, die Studierenden einer Universität, die Mitglieder eines Verbandes usw. Aus einer Liste der bekannten Mail-Adressen kann problem-

---

[13] Vgl. van Eimeren & Frees 2007.
[14] Vgl. z. B. Berrens et al. 2003; Smith 2003; Krause 2005: 232ff.
[15] Vgl. z. B. Faas 2003; Sparrow & Curtice 2004.
[16] Vgl. z. B. Maurer 2004.

los eine Zufallsstichprobe gezogen werden. Die ausgewählten Personen werden per Mail auf die Befragung aufmerksam gemacht und – ähnlich wie bei einer schriftlichen Befragung – um die Beantwortung der Fragen gebeten. Der Zugang wird in der Regel kontrolliert, damit ausgeschlossen werden kann, dass Personen mehrmals an der Untersuchung teilnehmen. Solche Befragungen stellen prinzipiell die ideale Anwendungsmöglichkeit für Online-Befragungen dar. Allerdings können auch hier Probleme durch geringen Rücklauf entstehen. Ihnen wollen wir uns im folgenden Abschnitt zuwenden.

4. Ausschöpfung der Stichprobe

Repräsentative Stichproben garantieren noch keine repräsentativen Ergebnisse – auch die schlussendlich Befragten müssen noch repräsentativ für die Grundgesamtheit sein. Dies ist in der Regel umso eher gewährleistet, je besser die Stichprobe ausgeschöpft wird. Grundsätzlich lässt sich sagen, dass Befragungen mit Interviewern – also persönlich-mündliche und telefonische Befragungen – höhere Rücklaufquoten erzielen als Befragungen ohne Interviewer – also postalische und Online-Befragungen. Bei postalischen Befragungen kann man mit einigem Aufwand Rücklaufquoten von 70 Prozent erreichen[17], in der Regel liegen sie jedoch bei etwa 50 Prozent, zum Teil sogar deutlich darunter.[18] Wie verhält es sich nun im Vergleich dazu bei Online-Befragungen?

Vergleichsweise niedrig sind die Rücklaufquoten bei Access-Panels. Hierbei muss man wiederum zwischen normalen Access-Panels und solchen, in denen die Befragten einen kostenlosen Internetanschluss erhalten, unterscheiden. Unterscheiden muss man zudem die Ausfälle auf unterschiedlichen Stufen des Rekrutierungsprozesses. Im ersten Schritt läßt sich bereits weniger als die Hälfte der Befragten für ein Access-Panel rekrutieren. Die Werte liegen hier zwischen etwa 5[19] und etwa 40 Prozent.[20] Werte von etwa 50 Prozent werden im *Knowledge Networks*-Panel erzielt.[21] Hier fallen allerdings weitere potenzielle Befragte aus technischen Gründen aus, so dass ebenfalls nur zwischen 30 und 50 Prozent der Ausgangsstichprobe zu Panelteilnehmern werden.[22] Im zweiten Schritt nehmen dann allerdings bei Weitem nicht alle Panelteilnehmern an den Befragungen teil, zu denen sie eingeladen werden. Im *Knowledge Networks*-Panel ist dieser Wert mit 70 bis 80 Prozent relativ hoch, in anderen Access-Panels schwanken sie zwischen 25[23] und über 70 Prozent.[24] Im ungünstigsten Fall nehmen folglich weniger als fünf Prozent der Ausgangsstichprobe tatsächlich an einer Befragung teil. In diesem Fall kann die Stichprobe auch beim Einsatz von Gewichtungsfaktoren nicht mehr die Grundgesamtheit repräsentieren.

Ausgesprochen unterschiedlich sind die Rücklaufquoten auch bei Online-Befragungen von kleinen Grundgesamtheiten mit hoher Internet-Abdeckung. In verschiedenen Befragungen unter Studenten wurden Rücklaufquoten von 50 bis 80 Prozent erreicht.[25] In anderen Fällen lagen die Quoten allerdings deutlich unter 50 Prozent sowie deutlich unter jenen

---

[17] Vgl. Dillman 2007.
[18] Vgl. z. B. Baruch 1999.
[19] Vgl. Hellwig et al. 2003.
[20] Vgl. Bandilla et al. 2001.
[21] Vgl. Berrens et al. 2003; Smith 2003.
[22] Vgl. Berrens et al. 2003; Smith 2003.
[23] Vgl. Sparrow & Curtice 2004.
[24] Vgl. Batinic & Moser 2005.
[25] Vgl. z. B. Forsman & Varedian 2002; Heerwegh et al. 2005.

in parallel geschalteten postalischen Befragungen.[26] Die Ausschöpfungsquoten von Online-Befragungen hängen offensichtlich von einer Reihe unterschiedlicher Faktoren ab, auf die die Auftraggeber teilweise nur einen begrenzten Einfluss haben: Spezielle, homogene Gruppen von Befragten, die vom Befragungsthema unmittelbar betroffen sind, sind eher zur Teilnahme bereit, universitäre Befragungen und solche, die von den Befragten als wichtig eingestuft werden, werden eher beantwortet.[27]

Zugleich bestehen allerdings einige Möglichkeiten, die Ausschöpfungsquote substanziell zu erhöhen: Sie steigt, wenn die Befragten vorab kontaktiert werden[28], wenn der Kontakt mit persönlicher Anrede erfolgt[29] und vor allem, wenn Befragte, die noch nicht geantwortet haben, weitere Male kontaktiert werden. Die optimale Häufigkeit dürfte hier bei drei Kontakten liegen.[30] Zudem kann die Teilnahmebereitschaft durch Incentives, also kleine Geschenke oder die Teilnahme an Verlosungen, erhöht werden.[31] Ein übersichtlich gestalteter, abwechslungsreicher, nicht zu langer Fragebogen kann schließlich dazu führen, die Interviewabbrüche im Verlauf der Befragung zu minimieren. Wie ein solcher Fragebogen gestaltet sein sollte, wollen wir im Detail im folgenden Abschnitt diskutieren. Als Fazit dieses Abschnitts kann man festhalten, dass die hier präsentierten Maßnahmen, die Ausschöpfungsquote zu erhöhen, in jedem Fall getroffen werden müssen, wenn Online-Befragungen zu repräsentativen Ergebnissen führen sollen. Ist dies gewährleistet, spricht vieles dafür, dass Online-Befragungen zumindest für kleine Grundgesamtheiten mit hoher Internetabdeckung valide Ergebnisse liefern können.

5. Fragebogengestaltung

Neben der Stichprobenbildung hat das Messinstrument einen großen Einfluss auf die Validität der erhobenen Daten. In der Umfrageforschung haben sich in den letzten Jahren Standards durchgesetzt, wie Fragen formuliert werden müssen. Diese wollen wir an dieser Stelle nicht wiederholen, da sich diese Anforderungen bei Online-Befragungen nicht von denen an andere selbst administrierte Befragungsformen unterscheiden. Vielmehr werden wir nur auf die Spezifika der Gestaltung von Onlinefragebögen eingehen.

Wie auch bei schriftlichen Befragungen hat die Gestaltung und Anmutung eines Fragebogens einen Einfluss auf die Teilnahmebereitschaft und das Antwortverhalten der Befragten. Unter dem Aspekt der Steigerung der Teilnahmebereitschaft wird zwischen Nutzerfreundlichkeit (Usability) und Zugänglichkeit unterschieden. Es wird gefordert, dass die Einleitungstexte dem Medium entsprechend eher kurz sind und nur die wichtigsten Informationen enthalten. Je höher der Leseaufwand im Vorfeld einer Befragung ist, desto größer ist die Wahrscheinlichkeit eines Abbruchs.[32] Durch die Nummerierung der Fragen, die Wahl eindeutiger Kontraste und einer größeren Schrift kann der Befragte den Beginn von Fragen schnell und leicht identifizieren.[33] Ferner sollte man auf eine verständliche Be-

---

[26] Vgl. z. B. Kaplowitz et al. 2004; Reips & Franek 2004.
[27] Vgl. z. B. Cook et al. 2000.
[28] Vgl. z. B. Cook et al. 2000; Kaplowitz et al. 2004.
[29] Vgl. z. B. Heerwegh 2005; siehe aber auch Porter & Whitcomb 2003.
[30] Vgl. z. B. Cook et al. 2000; Batinic & Moser 2005.
[31] Vgl. z. B. Cook et al. 2000; Batinic & Moser 2005.
[32] Vgl. Dillman 2007: 378.
[33] Vgl. Dillman 2007: 382.

schreibung von Fehlermeldungen achten, falls der Fragebogen vom Befragten nur unzureichend ausgefüllt wurde, d. h. nicht alle Fragen oder Items beantwortet wurden. Auch trägt die Fortschrittsanzeige zur Senkung der Nonresponse-Rate bei. Die Teilnehmer der Befragung sollten jederzeit wissen, an welcher Stelle sie sich im Fragebogen befinden, um den verbleibenden zeitlichen Aufwand abschätzen zu können. Bei langen Fragebögen empfiehlt es sich, die Möglichkeit zum Wiedereinstieg in den Fragebogen zu gewährleisten. Hierfür muss der Befragte einen persönlichen Code erhalten. Bei der Anwendung dieser Möglichkeit muss man abwägen, ob eine höhere Response-Rate eine größere Bedeutung hat als die Einschränkungen, die durch die geringere wahrgenommene Anonymität der Umfrage durch den Befragten entstehen.[34]

Unter der Zugänglichkeit des Fragebogens werden die Herausforderungen an die technische Umsetzung diskutiert. Hierbei stehen Fragen im Vordergrund, ob jeder Browser den Fragebogen gleich anzeigt und wie die Präsentation des Fragebogens sich hinsichtlich unterschiedlicher Bildschirmauflösungen verhält. Ziel muss es sein, dass bei allen Browsern und allen Bildschirmauflösungen der Fragebogen gleich aussieht.[35] Schlussendlich muss bei der Gestaltung des Fragebogens immer der zu befragende Personenkreis berücksichtigt werden. An einen Befragtenkreis, der täglich mit Computern umgeht, können andere Anforderungen gestellt werden als bei Befragungen, die sich an die breite Bevölkerung wenden. Hier muss berücksichtigt werden, dass die Computerkenntnisse bei einem Großteil der Bevölkerung eher gering sind.[36]

Hinsichtlich des Layouts des Fragebogens liegen, ähnlich wie bei der Forschung zur schriftlichen Befragung, viele Experimente zur farblichen Gestaltung und zur Verwendung unterschiedlicher Skalenformen vor, die zeigen, wie sich das Antwortverhalten auf ein und dieselbe Frage bei unterschiedlichem Layout verändert. So zeigt beispielsweise Dillman, dass die farbliche Gestaltung der Fragebögen nicht nur von den geschmacklichen Präferenzen des Forschers bzw. des Programmierers des Fragebogens oder den Corporate-Identity-Vorgaben des Unternehmens abhängig ist. Empfohlen wird, die farbliche Gestaltung von Online-Fragebögen an die von schriftlichen Fragebögen anzupassen, d. h. schwarze Schrift auf hellem Untergrund. Ferner ist bei der farblichen Hinterlegung von Antwortvorgaben darauf zu achten, dass Farben das Antwortverhalten lenken können. Daher sollten diese nur sehr begrenzt eingesetzt werden.[37]

Auch für die Gestaltung von Skalen lassen sich Präsentationseffekte nachweisen: So zeigt sich zum Beispiel, dass die Vorgabe der Zeichenzahl bei offenen Textfeldern einen Einfluss auf die Beantwortung der Frage hat. Dies gilt sowohl für einfache Fragen, wie die nach dem Monatseinkommen[38], als auch für die bei der Beantwortung offener Fragen verwendeten Wörter oder angesprochenen Themen.[39] Ferner sollte man bei Entscheidungsfragen darauf achten, die Antwortvorgaben ausbalanciert zu präsentieren. Sobald für den Überblick über alle Antwortvorgaben gescrollt werden muss, erhöht sich die Wahrscheinlichkeit der Nennung der Items, die ohne scrollen sichtbar sind.[40] Ferner ist darauf zu achten, dass nicht die erste Antwortvorgabe der Drop-down-Felder sichtbar ist, sondern ein

---

[34] Vgl. Theobald 2007: 108ff.
[35] Vgl. Theobald 2007: 108ff.
[36] Vgl. Dillman 2007: 358.
[37] Vgl. Dillman 2007: 385.
[38] Vgl. Fuchs 2005.
[39] Vgl. Christian & Dillman 2004.
[40] Vgl. Funke & Reips 2007: 65.

Hinweis, dass man hier zu dem entsprechenden Feld gelangt, da sich sonst Suggestiveffekte zugunsten der präsentierten Vorgabe einstellen.[41] Auch für die Anwendung von Rating-Skalen, Ranking-Skalen, Matrixfragen und Semantischen Differentialen liegt eine Vielzahl von Befunden vor, die sich mit den Ergebnissen von Methodenstudien zur schriftlichen Befragung decken. So wird empfohlen, dass der Abstand zwischen den Optionsfeldern gleich groß ist, auch wenn jede einzelne Antwortkategorie verbal unterlegt ist. Ferner ist darauf zu achten, dass die Anzahl der vorgegebenen Items bei Matrixfragen und semantischen Differentialen nicht zu groß ist. Dies kann zum einen auf den Befragten abschreckend wirken[42], zum anderen erhöht es die Wahrscheinlichkeit, dass Befragte Response-Sets zur Beantwortung der Fragen verwenden. Schließlich sollte bei der Programmierung darauf geachtet werden, dass bei Entscheidungsfragen nur eine Antwortvorgabe pro Item wählbar ist. Bei Rating-Verfahren bietet sich anstatt der Vergabe von Präferenzen die Verwendung von Sortier-Tools an. Dabei wird es dem Befragten ermöglicht, mittels Drag-and-Drop Objekte in eine Reihenfolge zu bringen.[43]

Zu den Vorteilen der Online-Befragung zählt, dass eine einfache Filterführung durch die Programmierung möglich ist. Dieser Vorteil sollte auch genutzt werden. Die Filterführung soll sich aus den Antworten der Befragten ergeben. Gibt man den Befragten die Möglichkeit, durch sichtbare Links im Fragebogen Fragekomplexe zu überspringen, so erhöht man automatisch die Fehlerquote bei der Messung.[44]

6.   Datenqualität

Bezüglich der Datenqualität von Online-Umfragen lassen sich in der Literatur zwei Perspektiven finden, die die von uns bereits diskutierten Kritikpunkte an Online-Befragungen aufgreifen. Zum einen wird untersucht, inwieweit die Stichprobenproblematik Häufigkeits- und Randverteilungen sowie Variablenzusammenhänge beeinflusst, zum anderen steht die Frage im Fokus der Forschung, welche Auswirkungen die Fragebogengestaltung und die selbst administrierte Befragungsform auf die Qualität der Daten haben. Hierbei werden Studien durchgeführt, die sich an Methodenstudien zu anderen selbst administrierten Umfragemodi orientieren.[45]

Die Stichprobenproblematik macht es – wie schon gezeigt – unmöglich, über Online-Befragungen bevölkerungsrepräsentative Umfrageergebnisse zu erhalten. Verschiedene Studien haben gezeigt, dass sich die Häufigkeitsauszählungen und Randverteilungen zwischen Repräsentativbefragungen und Online-Befragungen, seien es offene WWW-Befragungen oder nachträglich gewichtete Online-Befragungen, teilweise erheblich unterscheiden. So zeigt Faas bei einem Vergleich dreier Bevölkerungsbefragungen im Rahmen der Bundestagswahl 2002, dass Jüngere, Männer und Personen mit hoher Bildung überrepräsentiert sind und dass eine Gewichtung der Online-Daten diese Differenzen nicht ausgleichen kann.[46] Ähnliche Befunde finden sich bei Bandilla u. a., Schoen sowie Berrens u. a.[47]

---

[41]   Vgl. Dillman 2007: 392.
[42]   Vgl. Gräf 1999.
[43]   Vgl. Schwerd et al. 2007.
[44]   Vgl. Dillman 2007: 394f.
[45]   Vgl. Dillman 2007.
[46]   Vgl. Faas 2004.
[47]   Vgl. Bandilla et al. 2001; Schoen 2004: 45; Berrens et al. 2003.

Als Reaktion auf diese Befundlage zog man sich auf die Position zurück, dass Online-Befragungen, wenn schon nicht für die Erhebung bevölkerungsrepräsentativer Daten verwendbar, zumindest geeignet seien, Auskünfte über Variablenzusammenhänge zu ermöglichen, da Zusammenhänge von Variablen wenig anfällig gegenüber Stichprobenverzerrungen sind.[48] Erste Untersuchungen hierzu zeigen, dass die Korrelationen zwischen den Variablen tatsächlich weniger starke Unterschiede enthalten als die Häufigkeitsauszählungen.[49] In der Literatur mehren sich die Befunde jedoch, dass dies nicht zwangsläufig der Fall ist. Schoen zeigt im Vergleich dreier Befragungen – einer persönlichen Befragung und zweier Online-Befragungen – für Fragen im Zusammenhang mit dem politischen Interesse und der politischen Kultur, dass die Korrelationen zwischen Variablen teilweise stark variieren. Dies trifft im Besonderen bei Variablen zu, die eng mit der Teilnahmemöglichkeit bzw. -bereitschaft zusammenhängen.[50] Die Frage, welche Variablen Unterschiede in den Variablenzusammenhängen zwischen Web-Befragungen und Repräsentativbefragungen determinieren, muss weiter untersucht werden, um Aussagen über den weiteren Einsatz offener WWW-Befragungen treffen zu können. Sollte sich herausstellen, dass sich auch Variablenzusammenhänge in Online-Befragungen nicht replizieren lassen, würde dies die Anwendbarkeit des Modus stark einschränken.

Neben der Stichprobenbildung hat auch der Modus der Befragung einen Einfluss auf die Befunde. Dabei kann zwischen negativen und positiven Effekten differenziert werden. Negative Effekte treten dann auf, wenn der Modus zu einer systematischen Verzerrung der Ergebnisse beiträgt, positive Effekte sind zu verzeichnen, wenn der Einfluss der Störgrößen durch den Modus minimiert wird.[51] Einer dieser positiven Effekte, der bei allen selbstadministrierten Umfragen auftritt, ist die positive Einschätzung der Anonymität der Befragung, was wiederum zu einer geringeren sozialen Erwünschtheit im Antwortworverhalten der Befragten führt. So zeigt Mühlenfeld[52], dass der Grad der sozialen Erwünschtheit bei Web-Befragungen niedriger ist als bei persönlichen Befragungen. In einem ähnlich angelegten Experiment zeigt Joinson, dass Web-Befragungen sogar auch im Vergleich zu schriftlichen Befragungen weniger sozial erwünschte Antworten hervorbringen.[53] Wie die Methodenforschung zeigt, spiegelt sich die wahrgenommene Anonymität von Umfragen in der Offenheit der Beantwortung von Fragen wider. Diese Befunde finden sich folglich auch in Web-Befragungen.[54] Jedoch gibt es hier auch gegenläufige Befunde: Gräf und Heidingsfelder zeigen beispielsweise, dass mit steigendem Grad der Anonymität auch die Tendenz erkennbar ist, falsche oder fiktive Antworten zu geben.[55] Auch hier bedarf es weiterer Forschung, um die Glaubwürdigkeit von online generierten Daten zu untermauern.[56]

---

[48] Vgl. Schnell 1991: 133.
[49] Vgl. Alvarez et al. 2003.
[50] Vgl. Schoen 2004: 46.
[51] Vgl. Taddicken 2007: 86.
[52] Vgl. Mühlenfeld 2004.
[53] Vgl. Joinson 1999: 435ff.
[54] Vgl. Joinson 2001: 182.
[55] Vgl. Gräf & Heidingsfelder 1999: 120.
[56] Vgl. dazu den Beitrag von Taddicken in diesem Band.

7.   Schlussbemerkung und Ausblick

„Quick and dirty" war der Vorwurf, der zu Beginn der Einführung von Telefonbefragungen dem neuen Modus anhaftete. Wenige Jahre später war die Telefonbefragung der meistverwendete Modus in der Umfrageforschung. Die steigende Zahl der jährlich durchgeführten Online-Befragungen lässt vermuten, dass sich auch dieser neue Befragungsmodus etabliert hat und die Bedeutung anderer Modi bei der Datenerhebung reduziert. Die Vorteile der Online-Befragung liegen auf der Hand: ihre geringen Kosten auch bei großen Befragtenzahlen, die schnelle Verfügbarkeit und der vergleichsweise geringe Aufwand bei der Datenverarbeitung. Bei allem Enthusiasmus und den Vorteilen dieses Modus dürfen die Probleme und Herausforderungen, die mit ihm verbunden sind, aber nicht aus den Augen verloren werden. Bevor man komplexe Datenanalysetechniken anwendet, um Variablenzusammenhänge zu ermitteln und Hypothesen zu testen, sollte man zunächst den Weg betrachten, auf dem die Daten entstanden sind, und die vielfältigen Einschränkungen von Repräsentativität und Validität im Blick behalten.

Misst man Online-Befragungen an den Ansprüchen, die an alle anderen Befragungsmodi angelegt werden, müssen sie zwei Kriterien erfüllen:

(1) Bei Befragungen, die mit dem Ziel der Generalisierung über die Stichprobe hinaus durchgeführt werden, muss die Grundgesamtheit bekannt sein, und jedes Mitglied der Grundgesamtheit muss eine von 0 verschiedene Chance haben, in die Stichprobe zu gelangen. Dies ist – wie wir gezeigt haben – bei Online-Befragungen allenfalls dann der Fall, wenn eine kleine Grundgesamtheit untersucht wird, deren Mail-Adressen bekannt sind, oder wenn ein erheblicher Zusatz-Aufwand betrieben wird, um die Repräsentativität für die Gesamtbevölkerung zu gewährleisten. Ausnahmen hiervon sind in der Regel experimentell angelegte Untersuchungen, bei denen es nicht um Repräsentativität, sondern um den Vergleich von zwei oder mehr Befragtengruppen geht.

(2) Bei allen Online-Befragungen muss zudem sichergestellt sein, dass die grundlegenden Kriterien zur Fragebogengestaltung beachtet werden. Dies betrifft beispielsweise die Berücksichtigung der genannten Befunde zu Nutzerfreundlichkeit, Farbgestaltung und Skalenkonstruktion – auch wenn dies gelegentlich mit einem Mehraufwand bei der Programmierung verbunden ist.

Die meisten Online-Befragungen erfüllen mindestens eines der genannten Kriterien bislang nicht. Vor allem in der kommerziellen Marktforschung glaubt man auf Qualitätskriterien verzichten zu können, um mit möglichst geringem Aufwand möglichst hohe Befragtenzahlen zu generieren. Dabei sollte man jedoch nicht aus den Augen verlieren, dass aus den – in der Regel weder repräsentativen noch validen – Daten häufig weitreichende Konsequenzen gezogen werden, die allenfalls zufällig den gewünschten Erfolg bringen. Hier könnte man ebenso gut auf Befragungen verzichten und anhand eigener Intuition entscheiden. Auch akademische Untersuchungen kleiner Grundgesamtheiten (Studenten, Journalisten, Politiker etc.) leiden in der Regel unter geringen Rücklaufquoten, die die Repräsentativität einschränken.

Telefonbefragungen haben sich nicht deshalb durchgesetzt, weil die Anforderungen an sie heruntergeschraubt wurden, sondern weil sich die Telefonabdeckung und die Methoden der Stichprobenziehung verbessert haben. Die methodische Grundlagenforschung hat zudem viel dazu beigetragen, die besonderen Erfordernisse der Frageformulierung bei telefonischen Umfragen zu ermitteln. Die sich teilweise widersprechenden Befunde der Grundlagenforschung zu Online-Befragungen zeigen, dass es hier weiterer Forschungsbemühungen bedarf. Dies ist nicht verwunderlich, weil es sich um einen neuen Forschungszweig handelt. Bis weitere Erkenntnisse vorliegen, müssen die Ergebnisse der meisten Online-Befragungen, die heute durchgeführt werden, weiter mit großer Skepsis betrachtet werden.

Literatur

ADM Arbeitskreis Deutscher Markt- und Sozialforschungsinstitute e.V. / ASI Arbeitsgemeinschaft Sozialwissenschaftlicher Institute e.V. / BVM Berufsverband Deutscher Markt- und Sozialforscher e.V. & D.G.O.F. Deutsche Gesellschaft für Online-Forschung e.V. (2001): Standards zur Qualitätssicherung für Online-Befragungen. Frankfurt a. M.

Alvarez, M. R., Sherman, R. P. & VanBeselaere, C. (2003): Subject Acquisition for Web-Based Surveys. In: Political Analysis, 11, S. 23-43.

Bandilla, W., Bosnjak, M. & Altdorfer, P. (2001): Effekte des Erhebungsverfahrens? Ein Vergleich zwischen einer web-basierten und einer schriftlichen Befragung zum ISSP-Modul Umwelt. In: ZUMA-Nachrichten 49, 25, S. 7-28.

Baruch, Y. (1999): Response Rates in Academic Studies – a Comparative Analysis. In: Human Relations, 52, S. 421-434.

Batinic, B. & Moser, K. (2005): Determinanten der Rücklaufquote in Online-Panels. In: Zeitschrift für Medienpsychologie, 17, 64-74.

Berrens, R. P., Bohara, A. K., Jenkins-Smith, H., Silva, C. & Weimer, D. L. (2003): The Advent of Internet Surveys for Political Research – a Comparison of Telephone and Internet Samples. In: Political Analysis, 11, S. 1-22.

Cook, C., Heath, F. & Thompson, R. L. (2000): A Meta-Analysis of Response Rates in Web- or Internet-Based Surveys. In: Educational and Psychological Measurement, 60, S. 821-836.

Couper, M. P. (2000): Web Surveys. A Review of Issues and Approaches. In: Public Opinion Quarterly, 64, S. 464-494.

Christian, L. M. & Dillman, D. A. (2004): The Influence of Graphical and Symbolic Language Manipulations on Responses to Self-Administrated Questions. In: Public Opinion Quarterly, 68, S. 57-80.

Deutskens, E., de Jong, A., de Ruyter, K. & Wetzels, M. (2006): Comparing the Generalizability of Online and Mail Surveys in Cross-National Service Quality Research. In: Marketing Letters, 17, S. 119-136.

Dillman, D. A. (2007): Mail and Internet Surveys. The Tailored Design Method. Update with New Internet, Visual, and Mixed Mode Guide. New York.

Eimeren, B. van & Frees, B. (2007): Internetnutzung zwischen Pragmatismus und YouTube-Euphorie. ARD/ZDF-Online-Studie 2007. In: Media Perspektiven, 38/8, S. 362-378.

Evans, J. R. & Mathur, A. (2005): The Value of Online Surveys. In: Internet Research, 15, S. 195-219.

Faas, T. (2003): Offline rekrutierte Access-Panels: Königsweg der Online-Forschung? In: ZUMA-Nachrichten, 53, 27, S. 58-76.

Faas, T. (2004): Umfragen im Umfeld der Bundestagswahl 2002 – Offline und Online im Vergleich. In: ZA-Informationen, 52, S. 120-135.

Forsman, G. & Varedian, M. (2002): Mail and Web Surveys: A Cost and Response Rate Comparison in a Study of Student Housing Conditions. Unveröffentlichtes Vortragsmanuskript.

Fuchs, M. (2005): Zur Messung von Häufigkeiten. Online-Befragungen und Paper & Pencil Befragungen im Vergleich. Vortrag auf der Tagung „Methodische Fragen der Onlineforschung" der Mediensektion der DGS, Mannheim.

Funke, F. & Reips, U.-D. (2007): Datenerhebung im Netz. Meßmethoden und Skalen. In: Welker, M. & Wenzel, O. (Hrsg.): Online-Forschung 2007. Grundlagen und Fallstudien. Köln, S. 52-76.

Göritz, A. S. (2004): The Impact of Material Incentives on Response Quantity, Response Quality, Sample Composition, Survey Outcome, and Cost in Online Access Panels. In: International Journal of Market Research, 46, S. 327-345.

Gräf, L. (1999): Optimierung von WWW-Umfragen. Das Online Pretest-Studio. In: Batinic, B., Werner, A., Gräf, L. & Bandilla, W. (Hrsg.): Online Research. Methoden, Anwendungen und Ergebnisse, Göttingen, S. 159-177.

Gräf, L. & Heidingsfelder, M. (1999): Bessere Datenqualität bei WWW-Umfragen: Erfahrungen aus einem Methodenexperiment mit dem Internet-Rogator. In: Batinic, B., Werner, A., Gräf, L. & Bandilla, W. (Hrsg.): Online Research. Methoden, Anwendungen und Ergebnisse. Göttingen, S. 113-126.

Heerwegh, D. (2005): Effects of Personal Salutations in E-Mail Invitations to Participate in a Web Survey. In: Public Opinion Quarterly, 69, S. 588-598.

Heerwegh, D., Vanhove, T., Matthijs, K. & Loosveldt, G. (2005): The Effect of Personalization on Response Rates and Data Quality in Web Surveys. In: International Journal of Social Research Methodology, 8, S. 85-99.

Hellwig, J. O., von Heesen, B. & Bouwmeester, R. (2003): Rekrutierungsunterschiede bei Online-Panels und ihre Folgen. In: Theobald, A., Dreyer, M. & Starsetzki, T. (Hrsg.): Online-Marktforschung. Wiesbaden, S. 241-254.

Joinson, A. N. (1999): Social Desirability, Anonymity, and Internet-Based Questionnaires. In: Behavior Research Methods, Instruments & Computers, 31, S. 433-438.

Joinson, A. N. (2001): Self-Disclosure in Computer Mediated Communication: The Role of Self-Awareness and Visual Anonymity. In: European Journal of Social Psychology, 31, S. 177-192.

Kaase, M. (Hrsg.) (1999): Qualitätskriterien der Umfrageforschung. Denkschrift. Berlin.

Kaplowitz, M. D., Hadlock, T. D. & Levine, R. (2004): A Comparison of Web and Mail Survey Response Rates. In: Public Opinion Quarterly, 68, S. 94-101.

Krause, B. (2005): Methodischer Anhang: Das forsa.omninet als Erhebungsinstrument. In: Güllner, M. u. a. (Hrsg.): Die Bundestagswahl 2002. Eine Untersuchung im Zeichen hoher politischer Dynamik. Wiesbaden, S. 225-236.

Maurer, M. (2004): Kausalanalysen langfristiger Medienwirkungen – Paneleffekt und Panelmortalität bei telefonischen Befragungen. In: Wirth, W., Lauf, E. & Fahr, A. (Hrsg.): Forschungslogik und -design in der Kommunikationswissenschaft. Band 1. Köln, S. 197-215.

Mühlenfeld, H.-U. (2004): Der Mensch in der Online-Kommunikation. Zum Einfluss webbasierter, audiovisueller Fernkommunikation auf das Verhalten von Befragten, Wiesbaden.

Porter, S. R. & Whitcomb, M. E. (2003): The Impact of Contact Type on Web Survey Response Rate. In: Public Opinion Quarterly, 67, S. 579-588.

Reips, U.-D. & Franek, L. (2004): Mitarbeiterbefragungen per Internet oder Papier? Der Einfluss von Anonymität, Freiwilligkeit und Alter auf das Antwortverhalten. In: Wirtschaftspsychologie, 1, S. 67-83.

Schnell, R. (1991): Wer ist das Volk? In: Kölner Zeitschrift für Soziologie und Sozialpsychologie, 43, S. 106-137

Schnell, R., Hill, P. B. & Esser, E. (2005): Methoden der empirischen Sozialforschung. 7., völlig überarbeitete und erweiterte Auflage. München & Wien.

Schoen, H. (2004): Online-Umfragen – schnell, billig, aber auch valide? Ein Vergleich zweier Internetbefragungen mit persönlichen Interviews zur Bundestagswahl 2002. In: ZA-Information, 54, S. 27-52.

Schwerd, F., Scharkow, M. & Suckfüll, M. (2007): Online-Sortierstudien als Datenerhebungsinstrument. Unveröffentlichtes Vortragsmanuskript.

Smith, T. W. (2003): An Experimental Comparison of Knowledge Networks and the GSS. In: International Journal of Public Opinion Research, 15, S. 167-179.

Smyth, J. D., Dillman, D. A., Christian, L. M. & Stern, M. J. (2004): How Visual Grouping Influences Answers to Internet Surveys. In: American Statistical Association Proceedings: Survey Method Section, S. 4890-4897.

Sparrow, N. & Curtice, J. (2004): Measuring the Attitudes of the General Public Via Internet Polls: An Evaluation. In: International Journal of Market Research, 46, S. 23-44.

Taddicken, M. (2007): Methodeneffekte von Webbefragungen. Freund und Feind des Forschers. In: Welker, M. & Wenzel, O. (Hrsg.): Online-Forschung 2007. Grundlagen und Fallstudien. Köln, S. 85-102.

Theobald, A. (2003): Rücklaufquoten bei Online-Befragungen. In: Theobald, A., Dreyer, M. & Starsetzki, T. (Hrsg.): Online-Marktforschung. Wiesbaden, S. 203-210.

Theobald, A. (2007): Zur Gestaltung von Online-Fragebögen. In: Welker, M. & Wenzel, O. (Hrsg.): Online-Forschung 2007. Grundlagen und Fallstudien. Köln, S. 103-118.

Potentiale von Online-Befragungen: Erfahrungen aus der Hochschulforschung

Von Manuela Pötschke

1.   Einleitung

Online-Befragungen erfreuen sich zunehmender Beliebtheit bei Fragenden und Antworten-den. Indikatoren dafür finden sich in vielfältiger Art. So ist der Anteil an online durchge-führten Interviews unter allen Erhebungen im Arbeitskreis Deutscher Markt- und Sozialfor-schungsinstitute e.V. (ADM e.V.) in den letzten Jahren kontinuierlich angestiegen.[1] Unter-nehmen, die sich auf netzgestützte Erhebungen spezialisierten, verzeichnen Zuwächse und verbreitern ihren Aktionsradius deutlich.[2] Im Rahmen der Deutschen Gesellschaft für Onli-ne-Forschung (DGOF e.V.) wurde unter anderem mit der regelmäßig stattfindenden Gene-ral Online Research-Konferenz (GOR) ein Grad an Institutionalisierung erreicht, der mit anderen großen Verbänden vergleichbar ist. Ihren Niederschlag findet die Etablierung der Online-Forschung auch in der Beteiligung der DGOF als Kooperationspartner zur Entwick-lung von Qualitätsstandards für empirische Erhebungen.[3]

Nicht zuletzt bestätigen empirische Erhebungen die gewachsene Bedeutung von Online-Befragungen. Eine Befragung zur Praxisrelevanz der sozialwissenschaftlichen Methoden-ausbildung an deutschen Universitäten zeigte bereits 2001, dass die meisten Befragten über Kenntnisse in Bereich der Online-Befragungen verfügten und das Potential dieser Befra-gungsform als groß einschätzten, obwohl die eigene Nutzung von Online-Befragungen noch nicht sehr stark verbreitet war.[4] Dabei waren zum damaligen Zeitpunkt deutliche Un-terschiede zwischen verschiedenen Branchen zu verzeichnen. In kommerziellen For-schungseinrichtungen waren spezifische Kenntnisse deutlich stärker vertreten als an Uni-versitäten oder an außeruniversitären Forschungseinrichtungen und auch die Idee, die Onli-ne-Befragung in ein verbindliches Methodencurriculum aufzunehmen, wurde dort stärker gefordert. Obwohl zum damaligen Zeitpunkt lediglich die Hälfte der universitären Sozial-forscher diese Meinung vertrat, zeugen die Lehrinhalte heute von einer Durchsetzung der Methode als unverzichtbarem Bestandteil grundständiger Ausbildung. Ein wichtiger Um-stand in diesem Zusammenhang ist sicher die Aufnahme entsprechender Kapitel in zentrale Methodenlehrbücher für die Hochschulen.[5]

Als „Online-Befragungen" werden allgemein Erhebungen verstanden, „bei denen die Teilnehmer den auf einem Server abgelegten Fragebogen im Internet online ausfüllen,

---

[1]   Seit 1998 stieg der Anteil an Online-Befragungen im Rahmen quantitativer Erhebungen von einem auf über 20 Prozent im Jahr 2006. Die Ausstattung mit CATI- und CAPI-Geräten hat sich in der Zeit von 1995 bis 2006 verdoppelt (Vgl. ADM 2008).

[2]   Eine der ersten Firmen in diesem Gebiet war Globalpark, die mittlerweile Filialen in Köln, London, New York und Wien unterhält und zu den Marktführern im Bereich kommerzieller Online-Erhebungen gehört.

[3]   Vgl. ADM et al. 2001.

[4]   Die ausführlichen Ergebnisse sind dokumentiert in Pötschke & Simonson 2001 und Simonson & Pötschke 2002.

[5]   Vgl. beispielsweise Diekmann 2007: 520 ff. oder Atteslander 2006: 184 ff.

Fragebogen von einem Server herunterladen und per E-Mail zurücksenden, Fragebogen per E-Mail zugeschickt bekommen und zurücksenden."[6] Die E-Mail-Befragung hat dabei bereits wieder an Bedeutung verloren. Heute stehen Befragungen im Internet im Mittelpunkt.

Die Gründe für die weitreichende Etablierung von Online-Erhebungen sind in den besonderen Vorteilen dieser Befragungsform zu suchen. Dabei gehen technische Entwicklungen mit immer weiteren Erleichterungen einher, sodass die Anwendung nicht nur für Experten möglich wird, sondern auch für den technischen Laien. Die Diagnose von Dillman und Bowker, dass „leadership for the development of Web survey procedures has come in large part from computer programmers, many of whom have little or no training in survey methodology"[7], verliert deshalb auch zunehmend an Gewicht, denn die sozialwissenschaftliche Methodenzunft hat die Online-Forschung als ihren Gegenstand mittlerweile erkannt.[8] Das war vor allem auch deshalb notwendig, weil Online-Erhebungen neben vielfältigen Vorteilen auch mit methodischen Problemen – insbesondere der Datengüte – konfrontiert sind.

Die allgemeine Diskussion um Online-Erhebungen soll in diesem Beitrag auf das Feld der Hochschulforschung bezogen werden. Zur Hochschulforschung zählt hier jede Untersuchung, die die Hochschulen und Universitäten, ihre strukturelle Entwicklung und die Hochschulangehörigen in den Fokus nehmen.[9] Hochschulforschung gewinnt durch die Entwicklung hin zur Wissensgesellschaft an allgemeiner Bedeutung. Darüber hinaus steht sie gerade vor dem Hintergrund der Effizienz eingesetzter, knapper Ressourcen vor der Aufgabe, ein möglichst gutes Qualitätsmanagement für Hochschulen zu stützen. Im Zentrum stehen dabei systematische Informationen über Hochschulwirklichkeit und -entwicklung, die Analyse von Reformen und die Formulierung von Parametern für den internationalen Bildungsvergleich.

Die im vorliegenden Beitrag verwendeten empirischen Daten entstammen Studien, die an den Universitäten Bremen und Kassel durchgeführt wurden. Sie decken ein breites thematisches Spektrum aus dem Bereich der Hochschulforschung ab und beziehen sich sowohl auf Studierende als auch auf Lehrende bzw. Mitarbeiter. Allen Studien gemeinsam ist, dass die Erhebungen zumindest teilweise als Online-Befragungen realisiert wurden. Im Einzelnen handelt es sich um folgende Studien:

Im Studiengang *Digitale Medien* wurde 2003 eine Vollerhebung zum Thema Studienzufriedenheit und Studienerfolg unter 285 Studierenden und Absolventen durchgeführt.[10] In der Studie zur *Computernutzung* wurden 2004 insgesamt 727 Studierende gebeten, an einer schriftlichen oder einer Online-Befragung teilzunehmen.[11] In die Befragung zur Akzeptanz

---

[6] ADM et al. 2001.

[7] Dillman & Bowker 2001: 159.

[8] Ausdruck dafür sind nicht zuletzt die vielfältigen online-bezogenen Aktivitäten im Rahmen der sozialwissenschaftlichen Methodendiskussion. So wurde auf dem Kongress der Deutschen Gesellschaft für Soziologie 2004 in München eine Ad-hoc Gruppe und 2005 eine spezielle Tagung der Sektion für Methoden der empirischen Sozialforschung in der Deutschen Gesellschaft für Soziologie (DGS) in Mannheim zum Thema Online-Forschung organisiert.

[9] Eine Übersicht über den aktuellen Stand der Hochschulforschung findet sich in Schwarz & Teichler 2003. Hier ist allerdings hervorzuheben, dass die dort beschriebenen Studien des Kasseler Wissenschaftlichen Zentrums für Berufs- und Hochschulforschung vor allem die Studierenden und Absolventen im Blick haben. Die Situation der Hochschullehrer und anderer Universitätsangehöriger ist nicht zentral.

[10] Die Studie wurde als Auftragsarbeit des Studiengangs durchgeführt. Zentrale inhaltliche Ergebnisse finden sich in Pötschke 2004a. Methodische Fragen der Studie wurden auch in Simonson & Pötschke 2006 diskutiert.

[11] Ausführliche Ergebnisse finden sich in Pötschke & Schröder 2005.

neuer Studienabschlüsse – *BA oder Diplom* – waren 181 Studierende der Studienfächer Politikwissenschaft und Soziologie einbezogen.[12] Ein typischer Anwendungsfall für universitäre Befragungen stellen *Lehrveranstaltungsevaluationen* dar. In die vorliegende Darstellung gehen zwei Evaluationen ein: Eine Befragung wurde 2004 an der Universität Bremen und die zweite 2008 an der Universität Kassel im Bereich der Methoden- und Statistikausbildung durchgeführt.

Ergänzt werden die Studierendenbefragungen durch eine *Lehrendenbefragung* (N=796) im Jahr 2003 und eine *Mitarbeiterbefragung* (N=2844) im Jahr 2004 zum Thema Vereinbarkeit von Beruf und Familie. Beide Studien waren Vollerhebungen der jeweiligen Zielpopulationen an der Universität Bremen.

Die zahlreichen empirischen Befunde sprechen zum einen für eine Ausweitung des Einsatzes von Online-Befragungen im Rahmen der Hochschulforschung und sie erlauben darüber hinaus Schlussfolgerungen für die Integration solcher Erhebungen in ein umfassendes Qualitätsmanagement an Universitäten und Hochschulen.

2.   Spezifische Vorteile von Online-Befragungen

Ganz allgemein werden als Vorteile der Online-Befragung ihre leichte, kostengünstige und schnelle Umsetzung angeführt. Das wichtigste Argument für Online-Befragungen waren von Anfang an die geringen Erhebungskosten. Die Kosten für den Fragebogenversand entfallen genauso wie die Verbindungsgebühren für Telefoninterviews oder die Bezahlung von Interviewern für persönliche Interviews. Diese Argumentation verlor jedoch zum Teil aus dem Blick, dass Online-Interviews natürlich nicht kostenlos durchzuführen waren. Vielmehr wurden die entstehenden Verbindungskosten auf die Befragten verlagert, was später zu Überlegungen über einen möglichen Ausgleich dieser Kosten führte. Ein Vergleich der Kosten der schriftlich und online durchgeführten *Lehrendenbefragung* auf Seiten des Forschers zeigt, dass die Zeitkosten für beide Befragungen gleich ausfallen, die zentralen Unterschiede aber in den Geldkosten für Material und Dateneingabepersonal liegen. Nun sind die Internet-Verbindungskosten mittlerweile für die meisten Nutzer sehr gering. Trotzdem muss bei Befragungen bedacht werden, dass der Teilnehmer nicht nur eine soziale Leistung durch seine Antworten erbringen soll, sondern gleichzeitig auch die finanziellen Kosten der Vermittlung der Erhebung trägt. Dieser Aspekt gilt jedoch nicht in hochschulbezogenen Befragungen. Die Infrastrukturausstattung der Hochschulen erlaubt den Universitätsangehörigen einen freien Zugang zu Internetressourcen, so dass der Aspekt der Kostenverlagerung vernachlässigt werden kann. Die leichte Verbreitung der Befragung über das Intranet oder das Internet erleichtert dem Forscher die zielgruppenspezifische Ansprache einer großen Zahl potenzieller Befragter in sehr kurzer Zeit.

Ein unstrittiger Vorteil der Online-Befragung besteht in der direkten Verfügbarkeit der Daten nach der Beantwortung, ohne dass Zeit für Dateneingabe und Datenplausibilisierung vergeht. Dieser Vorteil hat jedoch nicht nur eine zeitliche Dimension, sondern führt auch zu einer deutlichen Fehlerreduktion der Datenaufnahme. Denn die Daten stehen so zur Verfügung, wie sie vom Befragten eingegeben wurden. Gleichzeitig können Plausibilisierungen so programmiert werden, dass fehlerhafte Eingaben des Befragten in geringem Ausmaß auftreten. In einem engen Zusammenhang damit steht die Möglichkeit intelligenter Filter-

---

[12]   Die Studie ist ausführlich in Simonson & Pötschke 2006 dargestellt.

führung, so dass der Befragte in Abhängigkeit von seinen Antworten nur solche Fragen präsentiert bekommt, die für ihn relevant sind. Die Fehlerreduktion in den erhobenen Daten ist weiterhin auch auf die Vermeidung von Interviewereffekten zurückzuführen, wie sie für andere Befragungsformen gezeigt werden können.[13]

Das größte Potential internetgestützter Befragungen besteht in der multimedialen Präsentation der Befragung. Die Kombination aus Video, Text, Bildern und Geräuschen erleichtert die Verständlichkeit komplexer Sachverhalte und erhöht die Interessantheit der Befragung. Durch den Einbezug entsprechender Befragungselemente orientiert sich der Forscher außerdem an den Gewohnheiten der Internetnutzer.

Alle bisher beschriebenen Vorteile der Online-Erhebung kommen demjenigen entgegen, der die Befragung durchführt. Darüber hinaus erleichtern Online-Befragungen aber auch dem Befragten die Entscheidung für eine Teilnahme an einer solchen Erhebung. Das schlägt sich in einer vergleichsweise hohen Akzeptanz der Online-Befragung im Vergleich zu anderen Befragungsformen nieder. Im Rahmen der vergleichenden Befragung zur *Computernutzung* an der Universität Bremen wurden Studierende auch danach gefragt, welche Interviewform sie präferieren würden. Zur Auswahl standen telefonische, schriftliche und online organisierte Befragungen. Dabei zeigte sich, dass für fast zwei Drittel die Teilnahme bei einer Online-Befragung am wahrscheinlichsten wäre. Dabei bevorzugten Studierende aller Fächergruppen eine Online-Befragung im Vergleich zu einer schriftlichen oder telefonischen Befragung.[14] Unterschiede waren hinsichtlich des Geschlechts festzustellen. Die berichtete Bereitschaft der Männer, an einer Online-Befragung teilzunehmen, fiel höher aus als bei den Frauen. Frauen waren dagegen über ihre Online-Präferenz eher unentschlossen. Dieses Ergebnis ist vor dem Hintergrund der tatsächlichen geschlechtsspezifischen Rücklaufquoten interessant, die im dritten Abschnitt berichtet werden.

Die hohe Akzeptanz von Online-Befragung ist vor dem Hintergrund einer gestiegenen Bedeutung von Befragungen im Zuge der Entwicklung von Qualitätsmanagement-Systemen gerade an Universitäten als relevant zu beurteilen. Die Schnelligkeit der Datenverfügbarkeit erlaubt es, auch kurzfristige Stimmungen aufzugreifen und in Entscheidungsprozesse einzubeziehen. Universitäten sind dabei in einer besonderen Position, weil hier von guten Infrastrukturbedingungen ausgegangen werden kann und überdurchschnittliche Kompetenzen der Befragten erwartet werden können. Darüber hinaus wird unterstellt, dass die inhaltliche Nähe zwischen den möglichen Befragungsthemen in Universitäten und den Tätigkeiten und Erfahrungen zu einem hohen Engagement der Befragten führen können. Einige der Probleme mit Online-Befragungen sollten im spezifischen universitären Umfeld gut zu lösen sein. Das wirkt sich dann auch auf die Güte der erhobenen Daten aus.

3.   **Datengüte in Online-Befragungen**

Die Qualitätsansprüche, die für schriftliche oder telefonische Befragungen gelten, können und müssen auch für Online-Befragungen an Universitäten zugrunde gelegt werden. Die Datengüte kann so als impliziter Bestandteil eines umfassenden Qualitätsmanagements für

---

[13]   Vgl. Pötschke 2006; Singer et al. 1983; Hüfken und Schäfer 2003.

[14]   Dieser Befund bestätigt sich auch in Studien, die keine universitären Bezüge aufweisen. So konnte in einer Conjointanalyse im Access-Panel Socioland der Firma Globalpark gezeigt werden, dass die Befragten eine deutliche Präferenz für die Online-Befragung hatten, obwohl die Gründe für die Teilnahme am Panel nicht vorrangig internetbezogen ausfielen (Vgl. Pötschke & Engel 2005 und Pötschke 2007).

Survey-Forschung verstanden werden.[15] Sie spielt allerdings deshalb eine besondere Rolle, weil „(...) if the data are erroneous, it does not help much if relevance, timeliness, accessibility, comparability, coherence, and completeness are sufficient."[16]

Grundsätzlich wird die Datengüte daran gemessen, inwieweit Stichprobenergebnisse einen Wert in der Grundgesamtheit abbilden oder davon abweichen. Biemer und Lyberg gehen in ihrer Darstellung davon aus, dass die gesamte Abweichung sich dabei aus einem Fehler, der auf die Stichprobenziehung zurückzuführen ist, und einem Fehler, der nicht auf das Sampling bezogen werden kann, zusammensetzt. Dillman und Boker[17] folgen in Anlehnung an Groves[18] einer etwas anderen Systematik und unterscheiden „coverage error [...], sampling error [...], measurement error [...] und nonresponse error [...]." Noch Anfang des Jahrhunderts musste konstatiert werden, dass die Einschätzung der Datengüte speziell für Online-Befragungen zu wünschen übrig ließ. Heute hat sich dieses Bild gewandelt. Zahlreiche vergleichende Studien über unterschiedliche Erhebungsformen und Metaanalysen[19] erlauben auch für den Bereich der Online-Erhebung die Definition von Kriterien und die Beurteilung der Güte erhobener Daten.

3.1.   Kriterien zur Beurteilung der Datengüte

Grundsätzliche Voraussetzung einer hohen Datengüte ist eine angemessene Art der Rekrutierung von Befragten. Die erste Schwierigkeit in Online-Befragungen generell besteht dann bereits in der Beschreibung und Abgrenzung einer relevanten Grundgesamtheit.[20] Durch die nach wie vor bestehenden Unterschiede im Zugang zum Internet zwischen verschiedenen Bevölkerungsgruppen kann die Grundgesamtheit zumeist nicht aus der Wohnbevölkerung oder der Gruppe der Wahlberechtigten bestehen.[21] Die Versuche, eine Grundgesamtheit der Internetnutzer zu betrachten, sahen sich mit dem Problem der Definition eines Nutzers und dem schnellen Wandel der Nutzerschaft konfrontiert.[22] Das allgemein auftretende Problem der Definition einer Grundgesamtheit gilt jedoch nicht für die Hochschulforschung. Der Status von potenziellen Befragten kann kriteriengeleitet definiert werden, so dass eine eindeutige Abgrenzung möglich ist. Die Herausforderung besteht dann lediglich in der trennscharfen Formulierung der Kriterien für die Zugehörigkeit zur Grundgesamtheit. Zum Beispiel ist deutlich zu machen, ob die Universitätsangehörigen untersucht werden sollen, die einen regulären Arbeitsvertrag mit der Universität haben, oder alle, die in der Lehre engagiert sind. Die Definition hängt dabei von der Forschungsfrage ab.

---

[15]   Vgl. Biemer & Lyberg 2003; Groves et al. 2004.

[16]   Biemer & Lyberg 2003: 24.

[17]   Vgl. Dillman & Boker 2001: 160.

[18]   Vgl. Groves 1989; Groves et al. 2004.

[19]   Vgl. für eine umfassende Metaanalyse von Rücklaufquoten Lozar Manfreda et al. 2008. Eine Übersicht über mode-vergleichende Studien aus unterschiedlichen Feldern findet sich im Internet unter www.websm.org.

[20]   Vgl. Hauptmanns 1999; Welker et al. 2005: 33.

[21]   Ein Versuch, diesem Problem gerecht zu werden, besteht in der Gewichtung der befragten Personen nach ihrem Internetzugang und der Internetnutzung (vgl. Schonlau et al. 2003; Schonlau et al. 2007). Dieses Vorgehen erfordert zum einen sehr genaue Kenntnisse darüber, welche Variablen für die Internetnutzung relevant sind, und zum anderen, wie deren Verteilung in der Grundgesamtheit ist.

[22]   Vgl. Scheid 1999; Welker 2002. Interessant waren Befragungen mit Bezug auf die Grundgesamtheit der Internetnutzer immer dann, wenn Neue Medien oder computerrelevante Themen Gegenstand der Untersuchung waren. Für allgemeine Themen sind Internetnutzer oft keine relevante Gruppe, über die spezifische Aussagen gemacht werden sollen.

Die Definition der Grundgesamtheit ist eine notwendige Voraussetzung für die Gewährleistung des zweiten Kriteriums einer hohen Datengüte, der Ziehung einer Zufallsstichprobe. Die günstigste Basis dafür besteht in vollständigen Listen der Elemente der Grundgesamtheit. Solche Listen sind dann unproblematisch, wenn jeder Universitätsangehörige standardmäßig eine E-Mail-Adresse erhält. Allerdings reicht auch die Ziehung einer Zufallsstichprobe nicht für die Gewährleistung akkurater Daten aus. Denn nicht alle Personen, die zur Befragung eingeladen werden, nehmen an ihr auch teil. Der Ausfall durch Verweigerung des gesamten Interviews wird als *Unit-Nonresponse* bezeichnet.[23] Die Beteiligungsquoten dienen häufig als Maß für die Güte der erhobenen Daten. Dabei ist im Laufe der letzten Jahrzehnte eine zunehmende Verweigerung zu konstatieren.[24] Wenn sich die Befragungsteilnehmer von den Verweigerern nicht systematisch unterscheiden, besteht die Konsequenz des Ausfalls zuvorderst in einer Reduktion des Stichprobenumfangs. So lange die Fallzahl nicht zu klein wird, erzeugt dieser Ausfall keine gravierenden Verzerrungen.

Bei einem systematischen Ausfall von Personen kann der Unit-Nonresponse nicht mehr ignoriert werden, denn die statistischen Parameter wie Mittelwerte, Anteile oder Intervalle werden verzerrt geschätzt. Nicht zufällige Ausfälle müssen jedoch nicht zwangsläufig die Befragungsergebnisse so verzerren, dass keinerlei Ergebnisinterpretation mehr möglich ist. So ist z.B. bei Lehrveranstaltungsbeurteilungen durchaus denkbar, dass sich gerade diejenigen Studierenden an einer Befragung beteiligen, die besonders zufrieden oder besonders unzufrieden sind. Durch diese selektive Teilnahme würden sich zwar die Häufigkeiten der Veranstaltungsbeurteilung ändern, die mittleren Werte jedoch ähnlich bleiben. Dieses Argument trifft nur auf Vollerhebungen zu. Sollen aus den Stichprobendaten Schlüsse für die Grundgesamtheit gezogen werden und Parameter der Grundgesamtheit geschätzt werden, ist die Fallzahl natürlich ein wesentliches Kriterium der korrekten Schätzung.[25]

Ist die Ausfallsystematik bekannt, kann und muss – beispielsweise durch eine Gewichtung – eine Korrektur vorgenommen werden. Die Schwierigkeit besteht nun gerade darin, dass meist nicht bekannt ist, nach welchen Mustern Personen an der Befragung teilnehmen oder nicht. Eine Hilfe kann hier der Vergleich von spezifischen Merkmalsverteilungen in der Stichprobe mit entsprechenden Verteilungen in der Grundgesamtheit sein. Auch hier ist die Hochschulforschung mit einer vergleichsweise günstigen Situation konfrontiert, da über die Zielgruppen bereits Informationen vorliegen, die zum Strukturvergleich verwendet werden können. Allerdings werden dabei Einschränkungen in Kauf zu nehmen sein, denn es liegen nicht für alle relevanten Merkmale und potenzielle systematische Ausfallgründe Informationen aus der Grundgesamtheit vor.[26] Eine weitere Möglichkeit, den Gründen für Unit-Nonresponse genauer nachzugehen, stellen Nonresponse-Studien dar.[27] Ob sich dieses Vorgehen in der Hochschulforschung durchsetzen kann, ist sehr fraglich, da es zum Einen sehr aufwändig ist und zum Anderen der kurzfristigen Umsetzung von Konsequenzen aus den Erhebungen entgegen steht.

Im Gegensatz zu Unit-Nonresponse beschreibt *Item-Nonresponse* das Fehlen einzelner Antworten in einem ansonsten ausgefüllten Fragebogen. Das Fehlen kann unterschiedliche

---

[23]   Vgl. zu unterschiedlichen Typen von Unit-Nonresponse Groves et al. 2004: 169 ff.
[24]   Vgl. Neller 2005 mit einem informativen Überblick über aktuelle Entwicklungen vor allem in Deutschland und dem Stand der Literatur dazu und Groves et al. 2004: 185 ff mit amerikanischen Befunden.
[25]   Vgl. auch Biemer & Lyberg 2003: 34; Groves et al. 2004: 178 ff.
[26]   Wenn die Informationen vollständig über die Grundgesamtheit vorliegen würden, bräuchten keine Stichproben gezogen, Daten erhoben und Parameter geschätzt werden (Vgl. Biemer & Lyberg 2003: 35).
[27]   Vgl. Neller 2005.

Gründe haben. Zum Beispiel werden als heikel empfundene Fragen seltener beantwortet als Fragen, die als unverfänglich gelten. Ebenso ist es möglich, dass ein Befragter eine Frage übersieht oder die kognitive Anstrengung der Antwortgenerierung vermeiden will. In Abhängigkeit von den Gründen für das Fehlen einzelner Antworten werden drei Muster fehlender Werte unterschieden.[28] Wenn die Daten zufällig fehlen (Missing Completely at Random – MCAR) und ihr Ausmaß gering ist, dann können diese Fälle für die statistische Analyse ignoriert werden. In der Praxis werden sie häufig listenweise ausgeschlossen. Das gleiche ist für die Praxis dann zu konstatieren, wenn die Beantwortung einer Frage davon abhängt, wie eine andere Frage beantwortet wurde (Missing at Random – MAR). Wenn z.B. die Bereitschaft, Angaben zum Einkommen zu machen, vom Alter abhängt, dann ist das Fehlen der Angabe nicht mehr völlig unabhängig. Aber dieser Fall kann mit verschiedenen Ersetzungs- oder Imputationsverfahren geheilt werden. Problematisch ist der Fall allerdings dann, wenn das Fehlen eines Wertes auf den Wert selbst zurückgeführt werden kann (Non Missing at Random – NMAR). Wenn also gerade diejenigen, die besonders wenig verdienen, keine Angaben zum Einkommen machen, ist die Verteilung des Einkommens verzerrt, ohne dass ein einfaches statistisches Verfahren zu Verfügung stünde, dies auszugleichen.

Sollen die Auswirkungen von Item-Nonresponse abgeschätzt werden, ist neben der Betrachtung der Häufigkeit ihres Auftretens auch zu analysieren, welches Muster vorhanden ist. Dies geschieht zumeist mit Hilfe von Anpassungstests, die Auskunft darüber geben, ob eine bestimmte theoretische Vorstellung – hier ein spezifisches Muster fehlender Werte – mit den empirischen Beobachtungen mehr oder weniger übereinstimmt. In der Praxis der Online-Erhebungen wird meist auf diese aufwändigen Verfahren verzichtet und es werden Fälle mit fehlenden Werten aus den Analysen ausgeschlossen. Ein größeres Bewusstsein der Problematik sollte jedoch auch in diesem Bereich zu einem differenzierteren Umgang mit fehlenden Werten und damit genaueren Analysen führen.

3.2. Empirische Befunde und Erhöhung der Datengüte in der Hochschulforschung

Grundsätzlich gelten auch für Online-Befragungen an Universitäten die methodischen Anforderungen an eine Erhebung, wie sie für schriftliche oder telefonische Befragungen formuliert sind. Darüber hinaus führt die Spezifik von Online-Befragungen zum Teil auch zu spezifischen Vorgehensweisen bei der Erhöhung der Datenqualität.

3.2.1. Stichprobenziehung

Vor allem die Schwierigkeiten der Stichprobenziehung in Online-Erhebungen können im universitären Kontext besonders gut gelöst werden. Sowohl Studierenden- als auch Lehrendenbefragungen können hier leicht als Vollerhebungen durchgeführt werden, denn die Definition der Grundgesamtheit lässt sich kriteriengestützt vornehmen. Zum Beispiel werden zu Lehrveranstaltungsevaluationen alle betroffenen Studierende eingeladen, an der Befragung teilzunehmen. Ein Repräsentationsproblem ergibt sich deshalb nicht. Auch die Zugänge zum Befragungsmedium sind gewährleistet, weil Computerausstattung und Netzzugang zum Standard für Arbeitsplätze in Universitäten gehören. „When nearly all members

---

[28] Vgl. Rubin & Little 1987.

of a population have computers and Internet access, as is already the case for many such groups [groups with high level of education] coverage is less of a problem."[29]

Aber auch wenn Stichproben zufällig gezogen werden sollen, sind die Voraussetzungen in abgrenzbaren Organisationen besonders günstig. Nach der Festlegung des definierenden Merkmals für Mitglieder der Grundgesamtheit, bestehen für zahlreiche Gruppen Listen und Aufstellungen, aus denen eine regelgerechte Zufallsstichprobe gezogen werden kann. Ein Beispiel dafür sind Mailinglisten oder Anmeldelisten in Lernplattformen für Lehrveranstaltungen oder aber die Liste aller Lehrenden im Vorlesungsverzeichnis. Ähnlich wie Telefonlisten für Telefonbefragungen sind diese Listen mit einer spezifischen Wahrscheinlichkeit in Abhängigkeit des ursprünglichen Ziels ihrer Erstellung und der Pflegeintervalle fehlerbehaftet. Anmeldelisten für einzelne Seminare sollten dabei besser abschneiden als Telefonlisten für eine gesamte Universität, die möglicherweise nur einmal jährlich aktualisiert werden. Das genaue Ausmaß des Fehlers muss deshalb für den jeweiligen Fall geschätzt werden.

Grundsätzlich muss eine Stichprobe aktiv rekrutiert werden.[30] Das bedeutet, dass der Forscher ausgewählte Personen zur Befragung einlädt und dadurch auch die spezifische Wahrscheinlichkeit angeben kann, mit der ein Element der Grundgesamtheit in die Stichprobe gelangt. Nur unter dieser Voraussetzung ist es möglich, Aussagen über die Stichprobe zu generalisieren. Sollte die Erreichbarkeit über das Internet nicht für alle Personen ausreichend gewährleistet werden können, ist auch eine aktive Offline-Rekrutierung über andere Medien möglich. Häufig schließt sich in solchen Fällen ein flexibles Befragungsdesign (mixed mode)[31] an, das dem Befragten erlaubt, eine ihm genehme Befragungsform auszuwählen. So konnten die Angesprochenen in der *Lehrendenbefragung* die vorgeschlagene Befragungsform wechseln. Diese Möglichkeit wurde jedoch nur von sehr wenigen und lediglich von der Teilnahme an der Online-Befragung hin zum schriftlichen Fragebogen genutzt.

Neben der Nutzung vollständiger Adresslisten kann die Generierung einer Stichprobe auch über ein Access Panel erfolgen, was auch zunehmend an Universitäten geschieht. Bei einem Access Panel handelt es sich um einen Adressenpool von Personen, die ihr grundsätzliches Einverständnis gegeben haben, an Befragungen teilzunehmen, und für die ein umfangreiches Set soziodemographischer und anderer Informationen vorliegt. Die Adresspools können durch eine Kombination aus aktiver Rekrutierung über andere Medien und Gewichtung für viele Fragen eine gute Abbildung der Grundgesamtheit geben. Der große Vorteil besteht darin, dass die Mitglieder in einem Panel einer Befragung per se positiv gegenüber stehen und sie mit entsprechenden Einladungen rechnen. Zumeist werden die Panels aber nicht für universitätsbezogene Befragungen genutzt, sondern für Methodenexperimente zur Online-Erhebung. Das liegt auch daran, dass die Bereitschaft, sich in einem Access Panel registrieren zu lassen, bisher zu wenig untersucht ist und deshalb die potenziellen Verzerrungen nur ungenügend geschätzt werden können.[32]

---

[29] Vgl. Dillman & Bowker 2001: 164.
[30] Vgl. die Best Practice Vorschläge in Engel et al. 2004.
[31] Vgl. Groves et al. 2004: 194 ; Dillman 2007: 217 ff.
[32] Einige Hinweise ergaben sich aus einer Befragung unter Mitgliedern des *Access Panels* Socioland. Für die allermeisten war es etwas Besonderes, Mitglied der Panel-Community zu sein. Dazu kristallisierten sich drei Gründe als bedeutsam heraus: aktive Teilnahme an Diskursen, Einfluss nehmen zu können und die Unterstützung von als relevant bewerteten Forschungsfragen (Vgl. Pötschke 2007). Dieser Befund deckt sich weitgehend mit einer Systematisierung zu den Teilnahmegründen an Panelbefragungen, die nicht internetgestützt

3.2.2. Unit-Nonresponse

Das Gütekriterium für Befragungen, das auch öffentliche Bedeutung erlangt, ist der Rücklauf. Tabelle 1 zeigt die Teilnahmequoten für die hier betrachteten Studien. Dabei wird deutlich, dass die Quoten aus schriftlichen Befragungen, die beispielsweise im Rahmen von Lehrevaluationen während einer Lehrveranstaltung stattfinden, in Online-Erhebungen nicht erreicht werden können. Auch wird deutlich, dass die Teilnahmequoten sehr weit streuen. Die Erklärung dafür geht in zwei Richtungen: Zum einen ist sie in der Nähe des Befragten zum Befragungsgegenstand bzw. dem Forscher zu suchen. In den Studierendenbefragungen standen Themen im Mittelpunkt, die die Befragten direkt und unmittelbar beschäftigten. Die *Lehrendenbefragung* mit dem zentralen inhaltlichen Thema der Arbeitszufriedenheit und auch die *Mitarbeiterbefragung* zur Vereinbarkeit von Beruf und Familie griffen zwar ebenfalls wichtige Themen auf, waren aber sehr viel komplexer. Ihre Beantwortung erforderte deutlich mehr Zeit.

Eine Ausnahme in dieser Argumentation bildet die Befragung zur *Computernutzung*. Sie nimmt deshalb eine besondere Rolle ein, weil sie im Zuge eines Pilotprojektes zur Etablierung eines Online-Access Panels an der Universität Bremen durchgeführt wurde. Die Rekrutierung erfolgte hier im Gegensatz zu den anderen Studien per Mail an diejenigen, die einige Zeit vorher ihre Bereitschaft zur Teilnahme erklärt hatten. Dieser Zeitraum und die unpersönliche Ansprache trugen mit zur geringen Ausschöpfung bei.

Tabelle 1:   **Studienspezifische Rücklaufquoten**

Studie	Teilnahmequote in %
Digitale Medien*	58
Computernutzung**	24
BA oder Diplom**	64
Lehrveranstaltungsevaluation 2004**	48
Lehrveranstaltungsevaluation 2008*	45
Mitarbeiterbefragung zur Vereinbarkeit von Beruf und Familie*	41
Lehrendenbefragung**	47

* Alle Befragten nahmen online teil.
** Ein Teil der Befragten erhielten einen schriftlichen Fragebogen, die anderen konnten online teilnehmen.

Für die Bewertung von Unit-Nonresponse ist es besonders wichtig zu wissen, welche inhaltlichen und welche strukturellen Merkmale eine hohe Teilnahmebereitschaft befördern und durch welche Maßnahmen die Teilnahmebereitschaft erhöht werden kann.[33] Die Entscheidung zur Teilnahme an einer Online-Befragung kann dabei als mehrstufiger Selektionsprozess verstanden werden, der von einer Vielzahl von Faktoren abhängig ist. Aus der

---

waren (Vgl. Porst & Biel 1995). Im Rahmen einer Arbeitshypothese kann angenommen werden, dass auch Studierende eine ähnliche Motivlage veranlasst, Mitglied eines universitären Panels zu werden.

[33] Dazu liegen zahlreiche Überblicksstudien vor (Vgl. Goyder 1987; Groves & Couper 1998; Groves et al. 2004).

Methodenforschung sind befragungsbezogene und befragtenbezogene Motive bekannt.[34] Zu den befragungsbezogenen Merkmalen gehören die Befragungsankündigung, die Gestaltung des Instruments und die Implementierung der Befragung. Soziodemographische Merkmale und Persönlichkeitseigenschaften sowie Einstellungen der Interviewten zählen dagegen zu den befragtenzentrierten Merkmalen. In der Hochschulforschung ist hier von einer Besonderheit auszugehen, da die Zielgruppe Studierende mit Blick auf relevante soziodemographische Merkmale wie Bildung und Alter homogen ist. Befragtenbezogene Teilnahmegründe könnten sich hier also stärker aus Einstellungen und Werten speisen. Dieser spezifischen Wirkung muss empirisch noch weiter nachgegangen werden.[35] Auch der Einfluss von Fachkulturen auf die Bereitschaft, an (Online-)Befragungen teilzunehmen, ist noch ungenügend erforscht.

Konsens herrscht bezüglich der positiven Wirkung der Wissenschaftlichkeit einer Untersuchung[36], des Grades der persönlichen Ansprache[37], der Glaubwürdigkeit der Angaben im Anschreiben zu Inhalt, Dauer und Anonymität der Befragung sowie der Konstruktion des Befragungsinstruments[38] und der mehrmaligen Ansprache[39] auf die Erhöhung der Teilnahmebereitschaft. Darüber hinaus ist bei der aktiven Rekrutierung der Befragten von Vorteil, wenn ein Medienbruch vermieden wird. Das gilt zwar für alle Befragungen, erlangt aber in Online-Befragungen deshalb eine besondere Bedeutung, weil hier Medienbrüche im Falle einer Offline-Rekrutierung häufiger vorkommen.

Für Incentives werden im Gegensatz zu den bisherigen Merkmalen einer Befragungsstrategie unterschiedliche Befunde berichtet.[40] Ungeachtet dessen wird in der Praxis meist per se die Erhöhung der Antwortrate bei Anreizvergabe unterstellt. Hinsichtlich der Wirkungen von personenspezifischen Merkmalen auf die Wahrscheinlichkeit der Teilnahme an Befragungen wurde gezeigt, dass ein höherer sozioökonomischer Status, höhere Bildung und geringeres Alter die Teilnahmebereitschaft erhöhen.[41]

Gelegentlich wurden für Online-Befragungen geringere Teilnahmeraten für Frauen im Vergleich zu Männern berichtet.[42] Diese Befunde scheinen sich über die Zeit zu wandeln. In der *Lehrendenbefragung* der Universität Bremen konnte festgestellt werden, dass die Beteiligungsbereitschaft der Frauen sowohl in der internetgestützten Befragungsvariante als auch in der schriftlichen Befragung deutlich höher ausfiel als die der Männer. Online antwortete fast die Hälfte aller Frauen. Bei den Männern reagierte dagegen nur etwa ein Drittel auf die Aufforderung, den Online-Fragebogen auszufüllen. In der schriftlichen Befragung nahmen fast zwei Drittel der Frauen teil, bei den Männern war es knapp die Hälfte. Frauen waren also generell eher bereit, an der Befragung teilzunehmen. Bezogen auf die Befragungsform ergab sich allerdings ein höherer Rücklauf für die schriftliche Befragung (50 Prozent) im Vergleich zur Online-Erhebung (43 Prozent). Die Gründe für diese Beobachtung werden vor allem in den unterschiedlichen Internetfähigkeiten gesehen. Dabei gibt es zwei entgegengesetzte Phänomene: Diejenigen, die täglich mehrere Stunden am Computer

---

34 Vgl. Bosnjak 2002: 30
35 In einer allgemeinen Studie konnte gezeigt werden, dass Einstellungen zu Befragungen und vorherige Befragungserfahrungen wichtige Prädiktoren der Teilnahme darstellen (Vgl. Pötschke & Engel 2005).
36 Vgl. Bosnjak & Batinic 1999; Groves et al. 2004.
37 Vgl. Cook et al. 2000, 2007: 152.
38 Vgl. hier vor allem die Erweiterung der TDM auf den Bereich der Online-Befragungen bei Dillman 2007.
39 Vgl. Cook et al. 2000; Sheenan 2001; Dillman 2007: 151.
40 Vgl. Cook et al. 2000; für eine Übersicht Dillman 2007: 167 ff.
41 Vgl. Goyder 1987; McFadden & Winter 2001.
42 Vgl. Goyder 1987: 84.

sitzen, sind zum Teil nicht mehr bereit, weitere Zeit vor dem Bildschirm zu verbringen. Andererseits haben vor allem ältere Universitätsangehörige die Computerarbeit auf Mitarbeiter delegiert, was dazu führt, dass Sekretärinnen den professoralen Fragebogen ausdrucken und später die Antworten selber wieder ins Internet eingeben. Hier ist also nicht von einer strukturellen Spaltung in den Internetzugängen auszugehen, wohl aber unterschiedliche Nutzungskompetenzen der neuen Medien zu beobachten. Bezogen auf den Status der Befragten kann die höhere Bereitschaft der Professoren, an der schriftlichen Befragung teilzunehmen, berichtet werden, während an der Online-Befragung zu einem größeren Anteil die Anderen teilnahmen. Ob es sich dabei um einen Status- oder einen Alterseffekt handelt, kann nicht belegt werden.[43] Ein ähnliches Ergebnis ist für die Mitarbeiterbefragung zu konstatieren. Auch hier nahmen Frauen (49 Prozent) eher als Männer (31 Prozent) an der Befragung teil. Professoren und Privatdozenten (32 Prozent) waren dagegen weniger als wissenschaftliche Mitarbeiter (35 Prozent) zu einer Teilnahme zu bewegen. Die Gruppe der nicht wissenschaftlichen Mitarbeiter erreichte mit 46 Prozent die höchste Teilnahmequote.

In der Befragung *Bachelor oder Diplom* war die Beteiligungsrate mit 54 Prozent höher als in der *Lehrenden- und der Mitarbeiterbefragung* und auch die Wirkung des Befragungstyps erweist sich hier als anders. Der schriftliche Fragebogen (44 Prozent) fand generell sowie in allen ausdifferenzierten Gruppen nach Abschluss und Studienfach weniger Resonanz als der Online-Fragebogen (64 Prozent). Darüber hinaus zeigt sich hier aber ebenso eine höhere Teilnahmebereitschaft von Frauen. Sie nahmen insgesamt zu 62 Prozent an der Befragung teil, bei den Männern waren es lediglich 42 Prozent. An der Online-Befragung nahmen sogar 76 Prozent der Frauen teil, während das bei den Männern nur 49 Prozent waren. Ein ähnliches Bild ergab sich aus der Befragung zur Studienzufriedenheit im Studiengang *Digitale Medien* mit einer Prozentsatzdifferenz in den Teilnahmequoten von Frauen und Männern von knapp 6 Prozentpunkten.[44]

Der wichtigste Aspekt einer Teilnahme besteht jedoch darin, dass für den Befragten das Thema ausreichend wichtig sein muss. Dieser Befund gilt nicht nur für Online-Befragungen, sondern für Umfragen generell.[45]

3.2.3. Item-Nonresponse

Item-Nonresponse kann durch eine methodengerechte Frageformulierung und durch eine am Befragten orientierte Präsentation vermindert werden. Zur Gestaltung von Online-Fragebögen gibt es vielfältige und auch widersprüchliche Empfehlungen, die sich im Zuge der methodischen Erfahrungen der letzten Jahre immer weiter ausdifferenzieren. Im Vergleich zu persönlichen und schriftlichen Interviews sollen Online-Befragung eher wenig Zeit in Anspruch nehmen und nur wenige Fragen beinhalten.[46] Das Layout eines Online-Fragebogens ist immer mit Blick auf die leichte Handhabung durch den Befragten zu entwerfen. So bietet es sich an, auf umfangreiche Matrixfragen zu verzichten, weil das Lesen am Bildschirm durch fehlende Orientierungspunkte schwerer ist als in einem schriftlichen

---

[43] Vgl. Pötschke 2004b.
[44] Simonson & Pötschke 2006.
[45] Vgl. Bosnjak & Batinic 1999: 146; Gräf & Heidingsfelder 1999: 122; Gräf 1999: 163; Cook et al. 2000; Pötschke & Engel 2005; Sheehan 2001.
[46] Vgl. zur Diskussion dieser Forderung Pötschke & Simonson 2001. Die nachfolgenden Empfehlungen resultieren aus einer Gesamtschau relevanter Literatur. Beispielsweise seien Dillman 2007; Batinic et al. 1999 und Theobald et al. 2001 genannt.

Fragebogen.[47] Der Fragebogen sollte aus dem gleichen Grund nicht die gesamte Breite des Bildschirms einnehmen, sondern möglichst schmal ausfallen. Skalenbeschriftungen sollten häufiger wiederholt werden als in schriftlichen Befragungen.

Die technischen Möglichkeiten der computergestützten Befragung erleichtern die Fragebogengenerierung, sind aber auch mit notwendigen speziellen Überlegungen verbunden. So ist es unabdingbar, dass keine Antwortkategorie standardmäßig vorausgewählt ist, weil ansonsten nicht zwischen den Nutzern dieser Antwortkategorie und denen, die nicht antworten wollen, unterschieden werden kann.[48]

Eine letzte Empfehlung für die Gestaltung von Online-Befragungen bezieht sich auf die Präsentation einer so genannten Fortschrittsanzeige. Dadurch soll der Befragte während des Befragungsprozesses ein Feedback darüber erhalten, wie viele Fragen noch vor ihm liegen. Die empirischen Erfahrungen dazu sind jedoch nicht einheitlich. Ist eine Befragung besonders kurz, wird die Anzeige eher keine Wirkung entfalten, bei einer längeren Befragung und nur unscheinbaren Veränderungen auf der Anzeige kann ihre Präsentation sogar kontraproduktiv sein und zum Abbruch führen.

Über diese speziellen Hinweise hinaus sollen natürlich auch Online-Befragungen in der generellen Konzeption und den speziellen Fragen die allgemeinen methodischen Anforderungen erfüllen, auf die hier nicht explizit eingegangen wird.

Indizien für eine gelungene Umsetzung der Anforderungen an die Fragebogengestaltung sind das Ausmaß an Item-Nonresponse und die Beantwortung offener Fragen. Online-Befragungen könnten im Vergleich zu schriftlichen Befragungen mit einem erhöhten Item-Nonresponse verbunden sein, weil die Befragungssituation im Internet flüchtig ist und die notwendige kognitive Anstrengung bei der Beantwortung groß sein kann. Für die hier betrachteten Studien aus dem universitären Kontext lässt sich diese Vermutung nicht bestätigen. Weder in der Befragung im Studiengang *Digitale Medien*, noch in der *Bachelor oder Diplom*-Studie, der *Computernutzungsstudie* oder den *Lehrevaluationen 2004* und *2008* konnten nennenswerte Anteile von Item-Nonresponse identifiziert werden. Das kann durch die besondere Nähe der Befragten zu den Befragungsthemen wie Studienzufriedenheit, Lehrevaluation oder Studienabschlüsse erklärt werden. Wenn sich die Studierenden einmal entschlossen hatten, an der Befragung teilzunehmen, beantworteten sie die Fragen auch konsequent.

Etwas anders sieht es für die *Lehrendenbefragung* aus. Hier zeigte sich, dass die Anteile am Anfang des Fragebogens in der schriftlichen und der Online-Variante sehr ähnlich sind. In beiden Fällen nimmt Item-Nonresponse mit zunehmender Fragebogendauer jedoch zu. Diese Zunahme ist in der Online-Erhebung jedoch sehr viel deutlicher (von 1,2 auf 47,6 Prozent) als in der schriftlichen Version (von 1,9 auf 37,6 Prozent). Das deutet darauf hin, dass der Forderung nach kurzen Befragungen im Internet tatsächlich eine große Bedeutung zukommt.

In der Literatur zu Online-Befragungen werden neben dem Ausmaß an Item-Nonresponse auch die Akzeptanz offener Fragen und die Qualität der Antworten auf diese diskutiert. In der Studie zu den Studiengängen *Bachelor oder Diplom* gab es fünf offene Fragen, die sich an alle Befragten richteten. Während die Beantwortungsbereitschaft in der schriftlichen Fragebogenvariante bezogen auf die einzelnen offenen Fragen zwischen 79

---

[47] Vgl. zu den kognitiven Anforderungen an den Befragten Tourangeau et al. 2000.

[48] Dieser Hinweis scheint trivial, verliert aber angesichts des häufigen Auftretens dieses Fehlers gerade bei ersten Befragungen an Banalität.

und 93 Prozent schwankte, beantworteten in der Online-Variante zwischen 82 und 100 Prozent der Befragten die offenen Fragen. Die Bereitschaft, offene Fragen überhaupt zu beantworten, war also in der Gruppe der online Befragten etwas höher. Hinsichtlich des Umfangs und der Aussagekraft der gegebenen Antworten ließen sich dagegen keine Unterschiede zwischen den online und den schriftlich befragten Studierenden erkennen.

In den online durchgeführten Befragung zur *Lehrevaluation 2004* und *2008* nutzten drei Viertel bis vier Fünftel der Befragten die Möglichkeit, auf die offenen Fragen zu besonders positiven bzw. negativen Aspekten der Lehrveranstaltung zu antworten, wobei Umfang und inhaltliche Reichhaltigkeit der Angaben denen aus vergleichbaren schriftlichen Umfragen entsprechen. Es kann also davon ausgegangen werden, dass hinsichtlich der Beantwortung offener Fragen durch die Internetnutzung in Studierendenbefragungen kein Informationsverlust gegenüber schriftlichen Befragungen zu erwarten ist.[49] In der *Online-Befragung der Lehrenden* der Universität Bremen waren dagegen die Unterschiede zwischen einzelnen Fragen größer. Die Beantwortungsbereitschaft offener Fragen reichte von 48 bis 87 Prozent in der schriftlichen Variante und von 44 bis 81 Prozent in der Online-Befragung. Die weite Streuung wird erklärt durch die Länge der Befragung und die komplexere Fragestellung.

Über die inhaltliche Qualität der Daten aus Online-Befragungen – gemessen an Verteilungen – sind konträre Befunde zu berichten. In den vorgestellten Studierendenbefragungen ist online eine Tendenz zur positiven Bewertung zu beobachten, in der schriftlichen Variante wurden dagegen die Mittelkategorien verstärkt genutzt. In der Lehrendenbefragung sind Unterschiede zu beobachten, die aber unter Umständen auch auf die unterschiedlichen Rückläufe in den Statusgruppen zurückzuführen waren.

4.   Fazit

Der vorliegende Beitrag sollte evidenzbasiert zeigen, dass Online-Befragungen an Universitäten sowohl für Studierende als auch Lehrende eingesetzt werden können, um aktuelle Stimmungen und längerfristige Einstellungen zu erfassen. Befragungen können so einen wichtigen Baustein für Hochschulforschung darstellen. Der spezifischen Fragestellung nach Effizienz und Erfolg von universitärer Ausbildung und Hochschulentwicklung wird vor allem vor dem Hintergrund der allgemeinen gesellschaftlichen Entwicklung aber auch knapper werdender Ressourcen eine wachsende Bedeutung zukommen.

Die Vorteile des Einsatzes eines Online-Instruments bestehen hierbei zuerst in der Möglichkeit der Definition einer Grundgesamtheit und daraus folgend der Ziehung einer Zufallsstichprobe. Darüber hinaus konnte auch gezeigt werden, dass die erhobenen Daten inhaltlich relevant sind und eine hohe Güte aufweisen können. Die teilweise beobachteten geringeren Rücklaufquoten für Online-Befragungen im Vergleich zu schriftlichen Befragungen können mit Blick auf die Reichhaltigkeit der erhaltenen Information und die schnelle, unkomplizierte und kostengünstige Datenerhebung in Kauf genommen werden. Angesichts der Zunahme an Berichtswesen und Evaluation von Prozessen und Situationen und vor allem vor dem Hintergrund der selbstverständlichen Verbreitung entsprechender Computerkompetenzen scheinen Online-Befragungen als Element eines standardisierten und regelmäßigen, umfassenden Qualitätsmanagements an Universitäten geeignet zu sein. Das

---

[49]   Diese Befunde werden auch in der Literatur bestätigt (Vgl. Eberhardinger 2003; Welker et al. 2005: 97).

heißt gleichzeitig, dass Befragungen nicht allein zu Verbesserungen führen, sondern sie nur dann sinnvoll eingesetzt sind, wenn aus ihren Ergebnissen Konsequenzen resultieren.

Befragungen sind vielmehr in ein Qualitätsmanagement einzubinden, das neben der Erhebung relevanter Individualdaten auch andere Kriterien und Methoden umfasst. Erst aus der Verknüpfung der einzelnen Bausteine kann dann eine prozessorientierte Begleitung der Entwicklung von Universitäten in schwierigen Kontexten erreicht werden. Die Rahmenbedingungen dafür sind auf der einen Seite durch ein gestiegenes Bewusstsein für Fragen der Ausbildungsqualität an Universitäten und auf der anderen Seite durch eine verbreitete Konsumentenhaltung von Studierenden gekennzeichnet. In diesem Spannungsfeld können Online-Befragungen die Kommunikation stärken und das Verständnis dafür wiederbeleben, dass Wissensaneignung ein spannender Prozess für alle Beteiligten darstellt, der jedoch der permanenten persönlichen Auseinandersetzung und Anstrengung aller Beteiligter bedarf.

Literatur

ADM (2008): Zahlen zu den Mitgliedsinstituten im ADM e.V. (http://www.adm-ev.de, 12. Februar 2008).

ADM/ASI/BVM/DGOF (2001): Standards zur Qualitätssicherung von Online-Befragungen. (http://www.adm-ev.de, 12. Februar 2008).

Atteslander, P. (2006): Methoden der empirischen Sozialforschung. Berlin.

Batinic, B., Werner, A., Gräf, L. & Bandilla, W. (Hrsg.) (1999): Online Research. Methoden, Anwendungen und Ergebnisse. Göttingen.

Biemer, P. P. & Lyberg, L. E. (2003): Introduction to Survey Quality. Hoboken, NJ.

Bosnjak, M. (2002): (Non)Response bei Web-Befragungen. Aachen.

Bosnjak, M. & Batinic, B. (1999): Determinanten der Teilnahmebereitschaft an internet-basierten Fragebogenuntersuchungen am Beispiel E-Mail. In: Batinic, B., Werner, A., Gräf, L. & Bandilla, W. (Hrsg.): Online Research. Methoden, Anwendungen und Ergebnisse. Göttingen, S. 145-157.

Cook, C., Heath, F. & Thomson, R. L. (2000): A Meta-Analysis of Response Rates in Web- or Internet-Based Surveys. In: Educational and Psychological Measurement, 60, S. 821- 836.

Diekmann, A. (2007): Empirische Sozialforschung. Grundlagen Methoden Anwendungen. Reinbek.

Dillman, D. A. & Bowker, D. K. (2001): The Web Questionnaire Challenge to Survey Methodologists. In: Reips, U.-D. & Bosnjak, M. (Hrsg.): Dimensions of Internet Science. Lengerich, S. 159-178.

Dillman, D. A. (2007): Mail and Internet Surveys. The Tailored Design Method. Hoboken, NJ.

Eberhardinger, B. (2003): Evaluation von Veranstaltungen der betrieblichen Weiterbildung. Web-basierte Erhebung von Teilnehmerfeedback im Vergleich zum Paper-Pencil-Verfahren. Diplomarbeit im FB Psychologie der Universität Konstanz.

Engel, U., Pötschke, M., Schnabel, C. & Simonson, J. (2004): Nonresponse und Stichprobenqualität. Frankfurt/ Main.

Gräf, L. (1999): Optimierung von WWW-Umfragen: Das Online Pretest-Studio. In: Batinic, B., Werner, A., Gräf, L. & Bandilla, W. (Hrsg.): Online Research. Methoden, Anwendungen und Ergebnisse. Göttingen, S. 159-177.

Gräf, L. & Heidingsfelder, M. (1999): Bessere Datenqualität bei WWW-Umfragen – Erfahrungen aus einem Methodenexperiment mit dem Internet-Rogator. In: Batinic, B., Werner, A., Gräf, L. & Bandilla, W. (Hrsg.): Online Research. Methoden, Anwendungen und Ergebnisse. Göttingen, S. 113-116.

Groves, R. M. (1989): Survey Errors and Survey Costs. New York et al.

Groves, R. M & Couper, M. P. (1998): Nonresponse in Household Interview Survey. New York.

Groves, R. M., Fowler, F. J., Couper, M. P., Lepkowski, J. M., Singer, E. & Tourangeau, R. (2004): Survey Methodology. Hoboken, NJ.

Goyder, J. (1987): The Silent Minority. Nonrespondents on Sample Surveys. Cambridge.

Hauptmanns, P. (1999): Grenzen und Chancen von quantitativen Befragungen mit Hilfe des Internet. In: Batinic, B., Werner, A., Gräf, L. & Bandilla, W. (Hrsg.): Online Research. Methoden, Anwendungen und Ergebnisse. Göttingen, S. 21-38.

Hüfken, V. & Schäfer, A. (2003): Zum Einfluss stimmlicher Merkmale und Überzeugungsstrategien der Interviewe auf die Teilnahme in Telefonumfragen. In: Kölner Zeitschrift für Soziologie und Sozialpsychologie, 2, S. 321-339.

Lozar Manfreda, K., Bosnjak, M., Berzelak, J. Haas, I. & Vehovar, V. (2008): Web-Surveys versus other Survey Modes – A Meta-Analysis Comparing Response Rates. In: International Journal of Market Research, 50, S. 79-104.

McFadden, D. & Winter, J. (2001): Experimental Analysis of Survey Response Bias over the Internet: Some Results from the Retirement Perspectives Survey (http://www.econ.ucy.ac.cy/~echalias/tmr/Winter.pdf, 12. Februar 2008).

Neller, K. (2005): Kooperation und Verweigerung: Eine Non-Response-Studie. In: ZUMA-Nachrichten, 57, S. 9-36.

Porst, R. & von Briel, C. (1995): Wären Sie vielleicht bereit, sich gegebenenfalls noch einmal befragen zu lassen? Oder: Gründe für die Teilnahme an Panelbefragungen. In: ZUMA-Arbeitsbericht 4/95.

Pötschke, M. (2004a): Zufrieden mit dem Studium? Bericht über die Studierendenbefragung im Studiengang Digitale Medien der Universität Bremen.

Pötschke, M. (2004b): Schriftlich oder online? Methodische Erfahrungen aus einer vergleichenden Mitarbeiterbefragung. Paper präsentiert auf der GOR-Konferenz, März 2004.

Pötschke, M. (2006): Einstellungen von Interviewern und Interviewrealisation. (www.uni-kassel.de/ ~poetschk/, 12. Februar 2008).

Pötschke, M. (2007): Gründe für die Teilnahme an einem Access-Panel. Unveröffentlichtes Manuskript.

Pötschke, M. & Engel, U. (2005): Datengüte in Online Access Panels: Determinanten der Teilnahmebereitschaft. (http://www.uni-kassel.de/~poetschk/, 12. Februar 2008).

Pötschke, M. & Schröder, T. (2005): Ergebnisse einer Befragung zur Computernutzung an der Universität Bremen. (http://www.uni-kassel.de/~poetschk/, 12. Februar 2008).

Pötschke, M. & Simonson, J. (2001): Online-Erhebungen in der empirischen Sozialforschung: Erfahrungen mit einer Umfrage unter Sozial-, Markt- und Meinungsforschern. In: ZA-Information, 49, S. 6-28.

Rubin, D. B. & Little R. J. A. (1987): Statistical Analysis with Missing Data. New York.

Scheid, U. (1999): Chattende Spieler, surfende Infosucher und shoppende Profis. Entwicklung einer Nutzertypologie für deutschsprachige Internetnutzer. (http://home.arcor.de/uwe.scheid/diplomarbeit/, 1. Februar 2008).

Schonlau, M., Van Soest A. & Kapteyn, A. (2007): Are „Webographic" or Attitudinal Questions Useful for Adjusting Estimates from Web Surveys Using Propensity Scoring? In: Survey Research Methods, 3, S. 155-163.

Schonlau, M., Zapert, K., Payne Simon, L., Sanstad, K., Marcus, S., Adams, J., Kan, H., Turner, R. & Berry, S. (2003): A Comparison between Responses From a Propensity-Weighted Web Survey and an Identical RDD Survey. In: Social Science Computer Review, X, S. 1-11.

Schwarz, S. & Teichler, U. (Hrsg.) (2003): Universität auf dem Prüfstand. Konzepte und Befunde der Hochschulforschung. Frankfurt/Main.

Sheehan, K. B. (2001): E-Mail Survey Response Rates: A Review. In: Journal of Computer-Mediated Communication, 6/2 (http://jcmc.indiana.edu/vol6/issue2/sheehan.html zuletzt am 12. Februar 2008).

Simonson, J. & Pötschke, M. (2002): Zur Praxisrelevanz der Methodenausbildung: Ergebnisse einer Online-Befragung. In: Engel, U. (Hrsg.): Tagungsband „Praxisrelevanz der Methodenausbildung". Bonn, S. 131-158.

Simonson, J. & Pötschke, M. (2006): Akzeptanz internetgestützter Evaluationen an Universitäten. In: Zeitschrift für Evaluation, 2, S. 227-248.

Singer, E., Frankel, M. R. & Glassman, M. B. (1983): The Effect of Interviewer Characteristics and Expectations on Response. In: Public Opinion Quarterly, 47/1, S. 68-83.

Theobald, A., Dreyer, M. & Starsetzki, T. (Hrsg.) (2001): Online-Marktforschung. Theoretische Grundlagen und praktische Erfahrungen. Wiesbaden.

Tourangeau, R., Rips, L. J. & Rasinski, K. (2000): The Psychology of Survey Response. Cambridge.

Welker, M. (2002): Determinanten der Internetnutzung: Eine explorative Anwendung der Theorie des geplanten Verhaltens zur Erklärung der Medienwahl. München.

Welker, M., Werner, A. & Scholz, A. (2005): Online-Research. Markt- und Sozialforschung im Internet. Heidelberg.

Die Bedeutung von Methodeneffekten der Online-Befragung: Zusammenhänge zwischen computervermittelter Kommunikation und erreichbarer Datengüte

Von Monika Taddicken

1. Einleitung

Die Bedeutung der Erhebungsmethode Online-Befragung hat auch in der deutschen Sozialforschung in den letzten Jahren deutlich zugenommen. Die Online-Befragung läuft dabei
v.a. den schriftlichen Befragungen, neuerdings aber auch den persönlichen Interviews mehr
und mehr den Rang ab.[1] Dies gilt – insbesondere, aber nicht mehr ausschließlich – für die
kommerzielle Forschung. Die Zeiten, in denen sich zwei Fronten, euphorische Bejubler und
skeptische Zweifler, gegenüber standen, scheinen endgültig vorbei zu sein. Das Methoden-
inventar hat an Breite gewonnen: Neben der persönlichen, der telefonischen und der schriftlichen Befragung ist die Online-Befragung zu einer ernstzunehmenden Alternative für die
Erhebung von Daten geworden.

Ein Grund für diese Entwicklung liegt zum einen in den zahlreichen Vorteilen der Online-Befragung. Sie ermöglicht wie keine andere Befragungsmethode eine schnelle Abwick-
lung und Durchführung von Befragungen mit großen Stichproben. Die technische Unterstützung erlaubt zudem den Einsatz von audivisuellen Stimuli und hilfreichen Fragebogen-
werkzeugen (z. B. Randomisierungen von Fragen und Antworten, automatische Filterführungen). Ferner können Online-Befragungen vergleichsweise günstig realisiert werden, da
nur geringe Kosten pro Befragung entstehen. In Anlehnung an Tourangeau können Online-
Befragungen insgesamt als die „marriage of low cost and high capabilities"[2] bezeichnet
werden.

Zum anderen aber haben in den letzten Jahren sowohl die praktischen Erfahrungen als
auch die wissenschaftlichen Erkenntnisse in Bezug auf die Grenzen der Online-Befragung
zugenommen. Die Möglichkeiten einer neuen Befragungsmethode können immer erst dann
vollends genutzt werden, wenn auch die Nachteile der Verwendung bekannt sind. In Bezug
auf die Online-Befragung haben mittlerweile systematische Kontrollen und hypothesenba-
sierte Vergleiche zwischen verschiedenen Befragungsmodi die ersten empirischen (Feld-)
Versuche nach dem ‚Trial-and-Error-Prinzip' abgelöst. Neben Erkenntnissen darüber, welche Zielgruppen mit einer Online-Befragung angesprochen werden können (und welche
nicht), ist heute mehr darüber bekannt, wie ein Online-Fragebogen gestaltet werden sollte,
um möglichst hochwertige Daten zu generieren. Insgesamt ist damit die Unsicherheit darüber, welche Konsequenzen der Einsatz der Online-Befragung mit sich bringt, deutlich
gesunken.

---

[1] Vgl. ADM 2006: 16.
[2] Tourangeau 2004: 792.

Allerdings wurden dabei insgesamt die Methodeneffekte von Online-Befragungen vernachlässigt. Diese Form der Messfehler wird in der Literatur allgemein vergleichsweise wenig beachtet. Das liegt zum einen daran, dass Methodeneffekte nur schwer nachweisbar sind, und zum anderen verursachen sie in der Regel eher geringe Verzerrungen.[3] Methodeneffekte sind jedoch untrennbar mit der Verwendung einer Befragungsmethode verbunden und bilden daher die vielleicht heikelste Fehlerquelle von Befragungen.[4] Die durch Methodeneffekte hervorgerufenen Verzerrungen der Befragungsdaten sind zudem systematisch, so dass diese regelmäßig vom sogenannten ‚wahren Wert' der Probanden abweichen.

Eine Prüfung der potenziell von Online-Befragungen verursachten Methodeneffekte ist demnach unabdingbar notwendig, um diese Messmethode ganzheitlich beurteilen zu können. Aus diesem Grund setzt dieser Beitrag hier an. So wird im Folgenden untersucht, unter welchen Methodeneffekten die Online-Befragung leidet und welchen Einfluss diese auf die Qualität der so erhobenen Daten haben. Dabei wird neben theoretischen Überlegungen v.a. auf empirische Ergebnisse eingegangen werden. Dadurch wird gleichfalls verdeutlicht, wo diesbezüglich noch Forschungslücken bestehen, nämlich insbesondere hinsichtlich negativer Effekte durch die Erhebungsmethode Online-Befragung.

2. Methodeneffekte und ihr Einfluss auf die erreichbare Datengüte

Für eine Betrachtung der Methodeneffekte einer spezifischen Befragungsmethode spielt die der Befragung zugrunde liegende Kommunikationsform die wesentliche Rolle.[5] Dies wird dadurch begründet, dass eine Befragung prinzipiell als eine systematische, zielgerichtete und kontrollierte Kommunikation mit fest definierten Rollen zu verstehen ist.[6] Diese wird entscheidend durch die verwendete Kommunikationsform beeinflusst. Um die Auswirkungen der Methode Online-Befragung auf die Antworten der befragten Personen untersuchen zu können, ist demnach zunächst zu behandeln, welche Auswirkungen die spezifischen Merkmale der verwendeten Kommunikation auf die Probanden haben.

Dabei ist jedoch zu beachten, dass Methodeneffekte sinnvollerweise nicht ausschließlich als Fehlerquelle zu betrachten sind. Stattdessen muss zwischen negativen und positiven Methodeneffekten differenziert werden.[7] So erscheint es nicht gerechtfertigt, positive Auswirkungen einer Kommunikationsform auf die Datengüte abzulehnen. Zudem ermöglicht diese Differenzierung die Fokussierung auf einzelne Befragungsmethoden.[8]

Danach bezeichnen ‚negative Methodeneffekte' die systematischen Verzerrungen von Befragungsdaten, die durch die Verwendung einer bestimmten Befragungsmethode bedingt werden und zu einer ‚unwahreren' Antwort führen. Unter ‚positive Methodeneffekte' dagegen fallen Antworten, die auf Grund der Verwendung einer bestimmten Befragungsmethode näher an der Wahrheit liegen, weil typische Fehlerquellen anderer Befragungsmethoden wegfallen. In diesem Sinne können sich die durch die Verwendung einer bestimmten Be-

---

[3] Vgl. Groves et al. 2004: 162.
[4] Vgl. Groves 1989: 502.
[5] Vgl. Fuchs 2003: 22f.; vgl. weiterhin hierzu sowie zur Kritik an der bestehenden begrifflichen Unschärfe Taddicken 2008: 57ff.
[6] Vgl. Atteslander 2006: 102-104.
[7] Vgl. Taddicken 2007: 85.
[8] Obgleich in der Umfrage-Methodologie kaum eine zentralisierte Perspektive eingenommen werden kann, ist die Bewertung und Evaluierung der Chancen und Risiken einzelner Befragungsmethoden häufig die Zielsetzung.

fragungsmethode entstehenden Methodeneffekte auch vorteilhaft auf die Güte der erhobenen Daten auswirken.[9] In Bezug auf die Methodenforschung zur Online-Befragung bildet die Evaluation positiver Methodeneffekte bislang den Schwerpunkt, während die Analyse negativer Methodeneffekte eher vernachlässigt wurde. Bevor jedoch hierauf näher eingegangen wird, soll zunächst die in der Online-Befragung verwendete Kommunikationsform, die computervermittelte Kommunikation beleuchtet werden.

3. Computervermittelte Kommunikation als Basis der Online-Befragung

Der Begriff der computervermittelten Kommunikation (kurz: cvK) umfasst eine Vielzahl an Kommunikationsformen, deren Gemeinsamkeit es ist, einen Computer als medialen Bedeutungsvermittler in die Kommunikation zu integrieren.[10] Hier kann cvK jedoch auf die dominierende Form der Internet-Kommunikation begrenzt werden.[11] Generell zeichnen sich die cvK im Allgemeinen und die Online-Befragung im Besonderen durch eine räumliche Ungebundenheit der in die Befragungssituation involvierten Personen aus. Dadurch wird die ‚Entkörperlichung' der Kommunikation bedingt.[12] Sofern eine asynchrone cvK durchgeführt wird, was derzeit in der Sozialforschung (noch) überwiegend der Fall ist, besteht weiterhin eine ‚Entzeitlichung'. Daraus folgt eine Virtualisierung der Kommunikation bzw. der Befragung, die keinerlei sensorische Erfahrungen der Kommunikatoren bzw. der Probanden und Interviewer respektive Forscher ermöglicht.[13] Von den prinzipiell in einer Kommunikationssituation zur Verfügung stehenden Kommunikationskanälen kann in der Regel nur der Textkanal und eingeschränkt der visuelle Kanal (über Bilder) verwendet werden, um Inhalte zwischen den Kommunikatoren zu transportieren.[14] In der persönlichen Kommunikation dagegen, die zur selben Zeit am selben Ort stattfindet, werden auch Informationen über den auditiven, taktilen, olfaktorischen und z. T. sogar gustatorischen Kanal gesendet. Besonders relevant ist auch die reichhaltigere Nutzung des visuellen Kanals. So werden in der Kommunikation von Angesicht zu Angesicht wesentliche Informationen über Mimik, Gestik, Körperhaltung, raumbezogenes Verhalten sowie äußere Attribute und Blickkontakte vermittelt.[15] Die telefonische und die schriftliche Kommunikation können zwischen den beiden Extremen cvK und persönliche Kommunikation verortet werden.

Die reduzierte Verfügbarkeit von Kommunikationskanälen bedingt eine geringe „soziale Präsenz" der cvK. Das Konstrukt der sozialen Präsenz von Short, Williams & Christie beinhaltet die Wahrnehmung der sowohl physischen als psychischen Präsenz anderer.[16]

---

[9] Vgl. Taddicken 2007: 85.

[10] Vgl. Beck 2006: 29; Köhler 2003: 18f.

[11] Das Internet bietet jedoch weiterhin eine Vielzahl an Möglichkeiten zur Umsetzung einer Online-Befragung, was nicht zuletzt auf die Heterogenität des Kommunikationsmediums Internet zurückzuführen ist. Zur Einordnung des Internet als Kommunikationsmedium vgl. z. B. Rössler 1998: 29; Höflich 1998: 47, 49; Döring 2003: 43; Beck 2006: 13, 19; Neuberger 2007: 35ff.

[12] Dies ist beispielsweise ein bedeutsamer Unterschied zur telefonischen Kommunikation bzw. Befragung, bei der durch das Hören eine quasi-körperliche Wahrnehmung ermöglicht wird (vgl. Gräf 1997: 101).

[13] Vgl. Reid 1995: 165.

[14] Die Verwendung zusätzlicher Hilfsmittel, wie z. B. Webcams, wird hier nicht als Regelfall erachtet.

[15] Vgl. Pürer 2003: 65.

[16] Vgl. Short et al. 1976: 72f. Die Theorie der sozialen Präsenz zählt zu den klassischen kommunikationswissenschaftlichen Ansätzen. Sie bezieht sich ursprünglich v.a. auf die technisch gestützte Kommunikation via Telefon, Audio und Video, lässt sich aber auch auf die neue Form cvK anwenden (Vgl. z. B. Daft & Lengel 1986; Rice & Love 1987; Walther 1992; Köhler 2003; Mühlenfeld 2004).

Konkret wird soziale Präsenz definiert als „[...] the degree of salience of the other person in the interaction and the consequent salience of the interpersonal relationships [...]."[17] Nach der Theorie der sozialen Präsenz mündet die Salienz des Kommunikationspartners in der Salienz der interpersonalen Beziehung, also dem Gefühl der sozialen Anwesenheit einer anderen Person. Dieses Gefühl hängt dabei von zwei grundlegenden Faktoren ab. Zum einen ist dies die Intensität der Kommunikation. Je stärker bzw. intensiver miteinander kommuniziert wird, desto ausgeprägter ist das Gefühl der Anwesenheit des oder der Kommunikationspartner. Zum anderen aber ist die soziale Präsenz abhängig von der Anzahl der Kanäle, über die das jeweilige Kommunikationsmedium verfügt.[18] Nach Short, Williams & Christie ist die Anwesenheit einer anderen Person umso stärker bewusst, je mehr Kanäle zur Verfügung stehen. Sie begründen dies damit, dass die Kommunikation umso informationsvielfältiger bzw. -reichhaltiger und persönlicher verlaufen kann, je mehr Kommunikationskanäle verfügbar sind. Das Gefühl der sozialen Anwesenheit steigt folglich mit der Anzahl der verfügbaren Kommunikationskanäle.[19] Dadurch wird deutlich, dass für die cvK allgemein eine geringe soziale Präsenz anzunehmen ist.

Weiterhin besteht ein enger Zusammenhang zwischen dem Grad der sozialen Präsenz und dem Grad der von den Kommunikationsteilnehmern subjektiv wahrgenommenen Distanz bzw. Anonymität in der Kommunikation.[20] So sind anonyme Kommunikationssituationen durch fehlendes Wissen über die Kommunikationspartner gekennzeichnet.[21] Durch eine nur geringe soziale Präsenz, also ein nur gering ausgeprägtes Gefühl der Anwesenheit anderer, sinkt das Gefühl der Vertrautheit und der Unmittelbarkeit.[22] Die wahrgenommene Distanz vergrößert sich. Quasi-gegensätzlich zur sozialen Präsenz vermindert sich der Grad der subjektiven Anonymität, je mehr Informationen über andere Beteiligte via das eingesetzte Kommunikationsmedium übertragen werden. Insofern ist anzunehmen, dass die dargestellte Reduktion der Informationsreichhaltigkeit bei der cvK den Grad der subjektiven Anonymität erhöht.

Somit sind für die cvK und damit auch für die Online-Befragung also ein geringer Grad an sozialer Präsenz und ein hoher Grad an subjektiver Anonymität anzunehmen. Relevant für diesen Beitrag ist die Frage, wie sich dies auf die in Online-Befragungen erreichbare Datengüte auswirkt.

Für eine Erhebungsmethode sind die Merkmale einer geringen sozialen Präsenz und einer hohen subjektiven Anonymität prinzipiell positiv zu bewerten. Sie ermöglichen ein offeneres und ehrlicheres Antwortverhalten der Probanden. Insbesondere ist anzunehmen, dass die Online-Befragung Antworten erhebt, die weniger durch Effekte der sozialen Erwünschtheit verzerrt werden. Unter den Effekten sozialer Erwünschtheit ist die Tendenz von Probanden zu verstehen, sich selbst in den eigenen Antworten vorteilhaft darzustellen, nämlich entsprechend den innerhalb einer Gesellschaft jeweils üblichen oder vorherrschenden allgemeinen sozialen Vorstellungen darüber, was gut oder richtig ist.[23] Diese Tendenz

---

17   Short et al. 1976: 65. Der Begriff der ‚Salienz' wird vorwiegend in der kognitiven Psychologie herangezogen. Er bezieht sich auf das schnelle Wahrnehmen von etwas, das aus seiner Umgebung heraussticht, und meint dessen Bedeutsamkeit (vgl. Hannover et al. 2004: 179).
18   Vgl. Köhler 2003: 26.
19   Vgl. Short et al. 1976: 65.
20   Vgl. Weisband & Atwater 1999: 633; Mühlenfeld 2004: 60; Taddicken 2008: 95ff.
21   Vgl. Sassenberg & Kreutz 1999: 62.
22   Vgl. Short et al. 1976: 72f.
23   Vgl. DeMaio 1984: 276; Hartmann 1991: 45.

gilt als eine der schwerwiegendsten Fehlerquellen in Bezug auf Befragungen[24], insbesondere bei unangenehmen Fragen, also Fragen nach heiklen bzw. tabuisierten Themen.[25] Effekte sozialer Erwünschtheit werden v.a. durch die Anwesenheit eines Interviewers bedingt.[26] Sie sind jedoch nicht notwendigerweise an die (körperliche oder verbale) Anwesenheit eines Interviewers gebunden. Prinzipiell können sie auch durch z. B. in einem Fragebogen deutlich werdende Erwartungen ausgelöst werden. Eine Befragung bildet selbst dann eine soziale Situation, wenn kein Interviewer (persönlich oder telefonisch) direkt in die Befragung integriert ist.[27]

Das (Antwort-)Verhalten der Probanden wird also durch die innerhalb der sozialen Situation der Befragung ausgedrückten Erwartungen und über die verschiedenen Kommunikationskanäle transportierten Kontextinformationen beeinflusst. Eine Reduktion derartiger unerwünschter Kontextinformationen kann diese Fehlerquelle insofern minimieren. Die Gefahr verzerrter Antworten wäre also bei einer Online-Befragung wesentlich geringer als bei einer Befragung, die mittels einer sozial präsenteren Kommunikationsmethode durchgeführt wird. Insofern sollte die geringere soziale Präsenz der Online-Befragung in Verbindung mit der höheren subjektiven Anonymität geringere Effekte der sozialen Erwünschtheit bedingen. Damit wäre eine positive Folge, nämlich ein positiver Methodeneffekt der Methode Online-Befragung anzunehmen.

Die Überprüfung dieser Annahme ist Gegenstand einer Reihe von empirischen Studien. Ein Überblick über den Stand der Forschung diesbezüglich wird nachfolgend gegeben. Dabei können geringere Verzerrungen durch Effekte der sozialen Erwünschtheit als Ausdruck einer höheren Datengüte verstanden werden.

4.   Effekte der sozialen Erwünschtheit in Online-Befragungen: Stand der Forschung

Um den Einfluss der Methode Online-Befragung auf die Effekte sozialer Erwünschtheit zu messen, werden in der Regel empirische Methodenvergleiche durchgeführt, die neben der Online-Befragung eine weitere Befragungsmethode integrieren. Vorwiegend handelt es sich dabei um Vergleiche zwischen Online- und schriftlichen Befragungen.

Insgesamt zeigt eine Sichtung verschiedener empirischer Studien zu diesem Thema, dass keine einheitlichen Ergebnisse bestehen. So kommt z.B. Fuchs zu dem Ergebnis, dass die Probanden der Online-Befragung genauso stark bzw. schwach anfällig sind für sozial erwünschte Antworten wie die Probanden der schriftlichen Befragung.[28] Ebenfalls finden weder Booth-Kewley, Edwards & Rosenfeld noch Hancock & Flowers Unterschiede im Antwortverhalten von Probanden der Online- und der schriftlichen Befragung in Bezug auf Effekte der sozialen Erwünschtheit.[29] Lautenschlager & Flaherty weisen in computeradministrierten Befragungen sogar höhere Effekte der sozialen Erwünschtheit als in schrift-

---

[24]   Vgl. Friedrichs 1990: 152.
[25]   Vgl. Schnell et al. 2005: 356.
[26]   Vgl. Sudman & Bradburn 1974: 40ff.; Tourangeau & Smith 1998: 449; de Leeuw et al. 2003: 223f.
[27]   Vgl. Atteslander 2006: 104.
[28]   Vgl. Fuchs 2003: 39.
[29]   Vgl. Booth-Kewley et al. 1992: 562, 564f.; Hancock & Flowers 2000: 173, 175ff.

lichen Befragungen nach.[30] Dies gilt gleichfalls für Rosenfeld, Booth-Kewley, Edwards & Thomas.[31]

Im Vergleich der Online-Befragung mit Befragungsmethoden, die einen Interviewer integrieren, können Studien von Mühlenfeld und Duffy, Smith, Terhanian & Bremer hervorgehoben werden. Sie weisen einheitlich geringere Verzerrungen aufgrund von Effekten der sozialen Erwünschtheit in Online-Befragungen als in persönlichen Interviews nach.[32]

Eine von Weisband & Kiesler durchgeführte Meta-Analyse belegt, dass in der Online-Befragung prinzipiell eine höhere Bereitschaft besteht, auf heikle Fragen ehrlich zu antworten. Hierfür wurden insgesamt 39 Studien herangezogen, die die Auskunftsbereitschaft der Probanden in verschiedenen Befragungsmethoden miteinander verglichen haben. Dabei stellten die Autorinnen fest, dass insgesamt eine signifikant höhere Auskunftsbereitschaft in Online-Befragungen und anderen selbst-administrierten, computergestützten Befragungen im Vergleich zu persönlichen Interviews besteht. Darüber hinaus zeigt sich, dass auch im Vergleich zur schriftlichen Befragung eine – wenngleich weniger stark ausgeprägte – Differenz im Antwortverhalten anzunehmen ist.[33]

Weiterhin sind Studien interessant, die sich explizit mit den Aspekten der sozialen Präsenz und der subjektiven Anonymität in Bezug auf Effekte der sozialen Erwünschtheit auseinandersetzen. Hinsichtlich des Konstruktes der sozialen Präsenz bestehen hierzu mehrere Studien, in Bezug auf die subjektiv wahrgenommene Anonymität leider nur wenige. Aus diesem Grund wird für die Anonymitätswahrnehmung exemplarisch nur ein Experiment von Joinson vorgestellt. Zur sozialen Präsenz werden nachfolgend mehrere Ergebnisse, insbesondere von Mühlenfeld und Taddicken erläutert.

Der experimentelle Methodenvergleich von Joinson integriert neben dem Vergleich online vs. schriftlich auch die Manipulation der Anonymität. Es wird die ausdrückliche Gewährleistung von Anonymität („All your answers are anonymous and cannot be linked to you.") variiert mit der Aufforderung zur Namensnennung („Make sure you put your name in the box.").[34] Wie erwartet sind die Effekte der sozialen Erwünschtheit in der Situation ‚Online-Befragung + Anonymitätszusicherung' am geringsten ausgeprägt und in der gegenteiligen Situation (‚schriftlich + Namensnennung') am stärksten. Es zeigen sich weiterhin aber auch signifikante Unterschiede bei objektiv gleichen Anonymitätsgraden. Die Online-Befragung produziert jeweils weniger sozial erwünschte Antworten als die schriftliche Befragung, was auf eine höhere subjektive Anonymität der Web-Befragung zurückgeführt wird.[35] Die Kommunikationsform ‚online' bedingt offenbar, dass die Nennung des eigenen Namens im Verlauf der Befragung verdrängt wird. Joinson formuliert dies wie folgt: „[…] sending answers into the ‚ether' of the Internet may lead participants to separate their non-anonymity from the receipt of the questionnaire and is being linked to them."[36]

Den Einfluss der sozialen Präsenz einer Befragungsmethode auf den Grad an sozialer Erwünschtheit in den Antworten analysiert Mühlenfeld. Er vergleicht die drei Befragungsmethoden ‚online', ‚persönlich' (in Form eines CAPI[37]) und ‚online-persönlich' (mittels

---

[30] Vgl. Lautenschlager & Flaherty 1990: 310, 312ff.
[31] Vgl. Rosenfeld et al. 1996: 269ff.
[32] Vgl. Mühlenfeld 2004: 155ff.; Duffy et al. 2005: 629, 638.
[33] Vgl. Weisband & Kiesler 1996: 6.
[34] Vgl. Joinson 1999: 435.
[35] Vgl. Joinson 1999: 434ff.
[36] Joinson 1999: 437.
[37] = Computer Assisted Personal Interview.

eines IAPI[38]) miteinander. Hinsichtlich ihrer sozialen Präsenz ist das online-gestützte persönliche Interview, das mittels Webcams realisiert wird, zwischen der persönlichen und der Online-Befragung zu verorten.[39] Um zu überprüfen, ob sich eine geringere soziale Präsenz tatsächlich positiv auf Verzerrungen mittels Effekte sozialer Erwünschtheit auswirkt, teilt Mühlenfeld 90 Probanden zufällig auf drei Experimentalgruppen auf. Diese werden jeweils mit identischen Fragebögen befragt, die zur Operationalisierung der Effekte sozialer Erwünschtheit sowohl die validierten Skalen SES-17 (Soziale-Erwünschtheits-Skala 17) von Stöber und die deutsche Version des BIDR (Balanced Inventory of Desirable Responding) von Musch, Brockhaus & Bröder[40] als auch einige zusätzliche unangenehme Fragen enthält. Die Ergebnisse bestätigen insgesamt den vermuteten Zusammenhang: Die Tendenz der Probanden, sozial erwünscht zu antworten, ist umso höher, je höher die soziale Präsenz der eingesetzten Befragungsmethode ist (vgl. Tabelle 1). Allerdings sind die Unterschiede nicht signifikant.[41]

Tabelle 1: Ausgewählte Ergebnisse eines Methodenvergleichs zwischen ‚online‘, ‚online-persönlich‘ und ‚persönlich‘.

Skala	Methode	n	$\bar{x}$ (Skalengesamtwerte)	SD
SES-17	online	29	15,66	1,05
	online-persönlich	30	15,83	,46
	persönlich	31	15,94	,25
Fremdtäuschung des BIDR	online	29	9,69	1,00
	online-persönlich	30	9,83	,46
	persönlich	31	9,94	,25
unangenehme Fragen	online	29	21,07	2,46
	online-persönlich	30	21,47	1,68
	persönlich	91	21,94	,25

Quelle: Mühlenfeld 2004: 154; eigene Darstellung.
Anmerkung: geringe Antwortwerte = geringe Effekte der sozialen Erwünschtheit.

Zwei andere Studien bestätigen diesen zwar geringen, doch bestehenden Zusammenhang. So können Couper, Tourangeau & Steiger einen Zusammenhang zwischen dem Grad an sozialer Präsenz und dem Grad der sozial erwünschten Antworten innerhalb der Methode Web-Befragung nachweisen. Hier werden in einem Feldexperiment mit über 3.000 Probanden unterschiedliche Web-Fragebogenversionen und Interaktionsstile systematisch variiert. In Anlehnung an die ‚Social Interface Theory‘ werden Fotos des Forschers auf der Einleitungsseite präsentiert, um Informationen über den visuellen Kommunikationskanal zu vermitteln. Die Ergebnisse zeigen, dass bei einer Erhöhung der sozialen Präsenz des Forschers

---

[38] = Internet Assisted Personal Interview.
[39] Vgl. Mühlenfeld 2004: 58f.
[40] Dabei interessieren insbesondere die Items zur Fremdtäuschung, die die klassische Form der sozialen Erwünschtheit erfassen (vgl. Paulhus 1984: 599; Musch et al. 2002: 121).
[41] Vgl. Mühlenfeld 2004: 153-158.

die soziale Erwünschtheit der Antworten leicht zunimmt.[42] Zu dem gleichen Ergebnis kommen Sproull, Subramani, Kiesler, Walker & Waters in einer kleineren Studie mit 130 Studierenden. Sie erhöhen ebenfalls über die Einblendung des Gesichts des Forschers im Web-Fragebogen die soziale Präsenz. Auch hier wird eine leicht erhöhte Verzerrung durch Effekte sozialer Erwünschtheit festgestellt.[43]

Um einen differenzierteren Vergleich zu ermöglichen, führt Taddicken einen empirischen Methodenvergleich durch, der drei verschiedene Befragungsmethoden integriert. So wird die Web-Befragung sowohl mit der telefonischen Befragung verglichen als auch mit der postalischen Befragung, die der Web-Befragung hinsichtlich der sozialen Präsenz ähnlicher ist. Der Vergleich der drei Befragungsmethoden wird als experimenteller Ansatz im Sinne eines Test-Retest-Ansatzes mit einer zweimaligen Befragung derselben Probanden realisiert. Das Forschungsdesign ist dabei zweistufig und beinhaltet verschiedene Experimentalgruppen (Gruppe 1: online vs. telefonisch; Gruppe 2: online vs. schriftlich, Kontrollgruppe: online).[44] Zur Operationalisierung der Effekte sozialer Erwünschtheit wird ebenfalls die Fremdtäuschungsskala des deutschen BIDR von Musch, Brockhaus & Bröder verwendet.[45]

Werden die Mittelwerte der addierten Gesamtskalen in den beiden Experimentalgruppen miteinander verglichen, wird deutlich, dass die Probanden zwischen den Methoden online und telefonisch im Mittel sehr signifikant voneinander verschieden antworten. Die Effekte sozialer Erwünschtheit sind in der Online-Befragung deutlich geringer. In der Gruppe 2, die sowohl online als auch schriftlich befragt wird, zeigt sich dieselbe Tendenz, jedoch weniger stark ausgeprägt. Die Mittelwertunterschiede sind hier nicht signifikant (vgl. Tabelle 2).

Tabelle 2: Mittelwerte der addierten Gesamtskala Fremdtäuschung des BIDR

Methode	n	$\overline{x}$ (Skalengesamtwerte)	SD	Differenz telefon. - online schriftl. - online	T	Signifikanz (zweiseitig)
telefonisch	193	35,34	6,38			
online	193	37,47	6,36	-2,13	-5,370	**,000**
schriftlich	228	35,67	6,34			
online	228	36,04	6,80	-,37	-1,087	,278

Quelle: Taddicken 2008: 227, 230; eigene Darstellung.
Anmerkung: hohe Antwortwerte = geringe Effekte der sozialen Erwünschtheit.

Um einen genaueren Eindruck über die aufgetretenen Antwortdifferenzen zwischen den verwendeten Befragungsmethoden zu erlangen, können ferner Mittelwertvergleiche für die einzelnen Items der Skala durchgeführt werden. Dabei finden sich im Vergleich der Antworten auf einzelne Items zwischen der telefonischen und der Online-Befragung insgesamt

---

[42] Vgl. Couper et al. 2001: 415f.
[43] Vgl. Sproull et al. 1996: 103, 114, 166 ff.
[44] Um den in einem Test-Retest-Ansatz zu erwartenden zeitlichen Effekten entgegenzuwirken, wurden die Experimentalgruppen zusätzlich gesplittet, sodass die Reihenfolge der Befragungsmethoden abwechselt.
[45] Eine Übersicht der verwendeten Items findet sich in Tabelle A-1 im Anhang.

mehrere nennenswerte Antwortdifferenzen, während im Vergleich der Antworten der schriftlichen und der Online-Befragung lediglich zu einem Item ein erwähnenswerter Unterschied aufgetreten ist.[46] Dies spiegelt sich ebenfalls in den Signifikanzen dieser Vergleiche wieder (Anzahl signifikanter Mittelwertunterschiede: 4 zu 1, vgl. Tabelle 3). Damit verfestigt sich das Bild, dass die Online-Befragung geringere Effekte der sozialen Erwünschtheit bedingt, v.a. im Vergleich zur telefonischen Befragung.

Tabelle 3: Anzahl und prozentualer Anteil statistisch bedeutsamer Unterschiede abhängiger Mittelwertvergleiche (t-Tests) über jeweils 10 Items zur Fremdtäuschung des BIDR

	online vs. telefonisch	online vs. schriftlich
Anzahl Items mit signifikanten Mittelwertunterschieden ($p < 0,05$)	3 (= 30%)	1 (= 10%)
Anzahl Items mit sehr signifikanten Mittelwertunterschieden ($p < 0,01$)	1 (= 10%)	0 (= 0%)

Quelle: Taddicken 2008: 228, 230; eigene Darstellung.

Um die Größenordnung der festgestellten Antwortdifferenzen zwischen den einzelnen Befragungsmethoden und damit ihre empirische Relevanz besser beurteilen zu können, wird außerdem für alle Mittelwertvergleiche das Effektmaß ‚Cohen's d' berechnet. Es bezeichnet die Differenz zwischen den Mittelwerten zweier Stichproben dividiert durch die jeweilige Merkmalsstreuung.[47] Cohen's d ermöglicht neben den Aussagen über einen statistisch signifikanten Zusammenhang die Einschätzung der Größe eines aufgetretenen Effekts und seiner Bedeutsamkeit.[48] Cohen selbst hat für eine Einschätzung der Effektstärken folgende Klassifizierung vorgenommen: Ein kleiner Effekt liegt bei d=0,2, ein mittlerer Effekt bei d=0,5 und ein großer Effekt bei d=0,8 vor.[49]

Wird diese Klassifizierung auf die vorliegenden Daten angewendet, zeigt sich auf Ebene einzelner Items das in Tabelle 4 dargestellte Ergebnis: Zum einen besteht ein deutlicher Unterschied zwischen den beiden Experimentalgruppen, zum anderen müssen die Effektstärken im Vergleich online vs. telefonisch als beachtenswert eingestuft werden. Auch wenn sich keine großen Effektstärken zeigen, so begründen die aufgetretenen Differenzen zwischen online und telefonisch doch kleine und mittlere Effekte. Zudem ist lediglich für zwei der zehn Items anzunehmen, dass kein Unterschied zwischen den beiden Befragungsmethoden aufgetreten ist. Die Effektstärken auf Ebene der Gesamtskalenwerte bestätigen dies: So liegt dieser in der Experimentalgruppe 1 bei d=0,334 (kleiner bis mittlerer Effekt) und in der Experimentalgruppe 2 bei nur d=0,056 (so gut wie kein Effekt).

---

[46] Vgl. hierzu die Tabellen A-2 und A-3 im Anhang.
[47] Vgl. Cohen 1988: 44.
[48] Vgl. Biemer 1988: 276.
[49] Vgl. Cohen 1988: 25.

Tabelle 4: **Anzahl und prozentualer Anteil der Unterschiede abhängiger Mittelwert vergleiche (t-Tests) und zugehörige Effektstärken bei jeweils 10 Items zur Fremdtäuschung des BIDR**

	online vs. telefonisch	online vs. schriftlich
Unterschiede mit kleiner Effektstärke	4 (= 40%)	1 (= 10%)
Unterschiede mit mittlere Effektstärke	4 (= 40%)	0 (= 0%)
Unterschiede mit großer Effektstärke	0 (= 0%)	0 (= 0%)

Quelle: Taddicken 2008: 234; eigene Darstellung.

Die vorgestellten Ergebnisse offenbaren insgesamt, dass die soziale Präsenz einen direkten Einfluss auf die Entstehung von Effekten der sozialen Erwünschtheit hat. Außerdem bestätigt sich die Vermutung, dass die Effekte der sozialen Erwünschtheit in der Web-Befragung im Vergleich zu Befragungsmethoden, in denen ein Interviewer oder Forscher sozial präsenter ist, geringer ausgeprägt sind. Im Vergleich zur schriftlichen Befragung ist ebenfalls von Unterschieden auszugehen, auch wenn nicht alle Studien diese nachweisen konnten. Allerdings handelt es sich hierbei um geringere Differenzen als beispielsweise zwischen der persönlichen und der Online-Befragung. Darin spiegelt sich die Rangfolge, die bezüglich der sozialen Präsenz der Kommunikationsformen aufgestellt wurde, wider. Die Annahme eines positiven Methodeneffekts der Online-Befragung, hervorgerufen durch eine vergleichsweise geringe soziale Präsenz in Verbindung mit einer relativ hohen subjektiven Anonymität, bestätigt sich also.

5. Negative Methodeneffekte der Online-Befragung?

Trotz dieser positiven Schlussfolgerung müssen auch negative Effekte durch die Verwendung der Methode Online-Befragung vermutet werden. Diese werden – wie gesagt – in der Methodenforschung jedoch weitaus weniger beachtet. Hierzu zählen beispielsweise Verzerrungen, die durch die technische Unterstützung entstehen können. Fuchs bezeichnet diese als Technologieeffekte. Beispielhaft können Uneinheitlichkeiten bei der Darstellung des Fragebogens (z.B. durch verschiedene Software/-versionen) oder das – kognitiv belastendere – Lesen am Bildschirm genannt werden.[50]

Vor dem Hintergrund der bisherigen Ausführungen müssen jedoch noch grundlegendere Verzerrungen auf Grund der angesprochenen besonders niedrigen sozialen Präsenz bzw. der hohen subjektiven Anonymität befürchtet werden. Durch die nur geringe Vielfalt an übertragbaren Informationen in der cvK kann es zu einer Entkontextualisierung sowohl der Kommunikation als auch der Kommunikatoren kommen.[51] Die Reduktion von Kontextin-

---

[50] Vgl. Fuchs 2000: 72.
[51] Vgl. Höflich 2003: 44; Gebhardt 2001: 2.

formationen hat Folgen für die Wahrnehmung der Kommunikatoren, deren Interpretation der Kommunikationsbeziehung und schließlich auf ihr Kommunikationsverhalten. So entsteht durch die Loslösung der Kommunikation aus dem alltäglichen sozialen Rahmen eine hohe Unverbindlichkeit des Kommunikationsverhaltens.[52] Zudem sind die sozialen Sanktionsmöglichkeiten in der cvK stark eingeschränkt. Es kann nicht über strafende Mimiken und Gestiken sanktioniert werden, was beispielsweise extreme und unhöfliche Kommunikationsweisen erleichtert. So lassen sich vergleichsweise häufig aggressive verbale Attacken in Chatforen u. a. nachweisen, das sog. ‚Flaming'.[53] Dies ist gleichfalls Beispiel als auch Beleg dafür, dass soziale Verhaltensregeln bzw. soziale Normen in der cvK allgemein eine geringere Rolle spielen.[54] Eine geringere Relevanz sozialer Normen und Verhaltensregeln ist mindestens für anpassungskonformes Verhalten anzunehmen. Anders als bei der inneren Übernahme sozialer Normen und Regeln (Einstellungskonformität) begründet sich anpassungskonformes Verhalten in erster Linie durch die Furcht vor sozialen Sanktionen.[55] Werden die Sanktionsmechanismen (weitgehend) außer Kraft gesetzt, mindert sich hier entsprechend die empfundene Gebundenheit an soziale Normen. Nonkonformes Verhalten wird erleichtert.

Für die Beurteilung der Erhebungsmethode Online-Befragung ist dies ein entscheidender Punkt. Sofern nicht nur das Verhalten der Kommunikatoren in der Online-Umgebung beeinflusst wird, sondern auch das Antwortverhalten von Probanden, müssen weitreichende negative Konsequenzen für die Datengüte von in Online-Befragung erhobenen Antworten angenommen werden.

Eine in diesem Zusammenhang interessante und sehr frühe Studie stammt von Kiesler & Sproull. Sie weisen in einem mehrstufigen empirischen Methodenvergleich zwischen online-basierter und schriftlicher Befragung mit insgesamt 151 Probanden (Studierende und wissenschaftliches Personal) zum einen einen signifikant geringeren Effekt der sozialen Erwünschtheit in Online-Befragungen nach. Zum anderen aber stellen die Autoren neben diesem positiven Effekt einen zweiten grundlegenden Unterschied zwischen den beiden Methoden fest: Die Probanden antworten extremer; ihre Antworten sind enthemmter und stärker Ich-bezogen.[56] Insofern stützt dieses Ergebnis die Befürchtung, dass die erhobenen Antworten zwar sozial weniger erwünscht sind, aber anderweitig verzerrt sein könnten.

Obgleich diese Ergebnisse bereits frühzeitig in der Entwicklungsgeschichte der Online-Befragung vorgestellt wurden, wurde dieser Gedanke nicht weiterverfolgt. Erst Taddicken hat sich ausführlich mit dieser Problematik auseinandergesetzt. Ihre theoretischen Überlegungen sowie ihre empirischen Ergebnisse zu dieser Thematik stützen gleichfalls die angesprochene Befürchtung, dass die Intensität sozialer Normen in Online-Befragungen geringer erlebt wird als in anderen Befragungsmethoden und sich auch auf das Antwortverhalten der Probanden auswirkt.[57]

Insofern muss ein negativer Effekt der Methode Online-Befragung vermutet werden, der als dem Effekt der sozialen Erwünschtheit gegensätzlich zu sehen ist und mit dem Vorteil der niedrigeren Effekte der sozialen Erwünschtheit einhergeht. Ein derartiger Effekt

---

[52] Vgl. Höflich 1999: 154.
[53] Vgl. Lea et al. 1992: 89; Pankoke-Babatz & Jeffrey 2002: 230; Hartmann 2004: 679; Joinson 2007: 79.
[54] Vgl. hierzu Kiesler et al. 1984; Kiesler et al. 1985; Kiesler & Sproull 1986; Sproull 1986; Sproull & Kiesler 1986, 1991; Taddicken 2008.
[55] Vgl. Popitz 2006: 73ff.
[56] Vgl. Kiesler & Sproull 1986: 410f.
[57] Vgl. Taddicken 2008: 279ff.

wird an anderer Stelle als ‚Effekt der sozialen Entkontextualisierung' eingeführt, da er durch die situative Herauslösung des Probanden aus dem sozialen Kontext begründet ist.[58] Durch diese Entkontextualisierung ist eine Einschränkung der externen Validität zu befürchten. Die Übertragbarkeit der Daten aus Online-Befragungen auf das soziale Alltagshandeln wäre dadurch eingeschränkt.

Dies stellt sich insbesondere für die Sozialforschung als problematisch dar, deren Zielsetzung es oftmals ist, gesellschaftliches Handeln zu erklären, zu deuten und / oder vorherzusagen. Für andere Forschungszwecke hingegen, insbesondere bei Forschungszielen mit individuellem Fokus, kann sich die Enthemmtheit bzw. der erhöhte Ich-Bezug der Probanden positiv auf die Güte der erhobenen Antworten auswirken. Es kommt zu einer höheren Selbstaufmerksamkeit der Probanden, also einer erhöhten Reflexion der eigenen Person. Der Proband setzt sich intensiver damit auseinander, wie er den gestellten Fragen begegnet. Für Selbstaussagen ist dementsprechend eine höhere Gültigkeit anzunehmen.[59] Insofern ist die Bewertung eines Methodeneffekts der sozialen Entkontextualisierung abhängig vom jeweiligen Forschungsziel einer Untersuchung.[60]

Eine verminderte Orientierung der Probanden an sozial erwarteten Verhaltensmustern kann aber auch unabhängig vom Untersuchungsgegenstand das Antwortverhalten beeinflussen. Die soziale Norm, auf Fragen, auch von Fremden, zu antworten und dies in aufrichtiger Art und Weise zu tun,[61] ist hier bedeutsam. Überlegtes und ehrliches Antwortverhalten zählt zum erwarteten Rollenmuster von Probanden in Befragungen. Eine verminderte Intensität dieser Norm kann zu unbedachten Antworten oder gar absichtlich unwahren ‚Spaßantworten' der befragten Personen führen. Ein solches Verhalten würde die Güte der erfragten Daten drastisch mindern.

6.   Fazit

Anhand der vorgestellten Überlegungen und empirischen Studien wurde gezeigt, dass die Messmethode Online-Befragung positive Methodeneffekte aufweist, v.a. im Vergleich zu sozial präsenteren und subjektiv weniger anonym erlebten Befragungsmethoden. Die Effekte der sozialen Erwünschtheit als eine der schwerwiegendsten Fehlerquellen der empirischen Sozialforschung werden gemindert. Es hat sich ein offeneres und ehrlicheres Antwortverhalten der Probanden bestätigt, so dass online bezüglich heikler Fragestellungen Daten von höherer Güte generiert werden können. Dieser positive Methodeneffekt der Online-Befragung tritt dabei insbesondere im Vergleich mit ‚persönlicheren' Befragungen auf. Weiterhin wurden Methodeneffekte dargelegt, die als ‚Effekt der sozialen Entkontextualisierung' bezeichnet wurden. Das – im Vergleich zur normalen Alltagskommunikation – ungewöhnlich hohe Anonymitätsempfinden und die nur gering wahrgenommene Präsenz anderer Personen können sich negativ auswirken, wenn die erhobenen Antworten Informationen über den sozialen Alltag liefern sollen. So wurde gezeigt, dass die Verhaltensrelevanz von sozialen Normen online geringer erlebt werden kann. Dies kann Ursache schwerwiegender Verzerrungen von online erhobenen Daten sein. Insbesondere für die Sozialforschung sind weitreichende Konsequenzen für die Generalisierbarkeit der Antworten aus

---

[58]   Vgl. Taddicken 2008: 153.
[59]   Vgl. Pryor et al. 1977: 526 f.; Taddicken 2008: 127ff., 130f.
[60]   Vgl. zu dieser Diskussion Taddicken 2008: 350ff.
[61]   Zumindest in westlichen Kulturkreisen kann dies so angenommen werden (vgl. Diekmann 2007: 440 f.).

Online-Befragungen zu befürchten. Ob bzw. in welchem Zusammenhang sich die soziale Entkontextualisierung der Probanden aber auch positiv auswirken kann, kann bislang nur vermutet werden. Die Forschungen hinsichtlich eines solchen Effekts und seiner Auswirkungen müssen zukünftig verstärkt werden.

Insgesamt gilt, dass fortan weiter zu untersuchen ist, für welche Fragestellungen die Online-Befragung sinnvoll eingesetzt werden kann. Ebenso wie jede andere Erhebungsmethode verfügt auch die Online-Befragung über methodenspezifische positive und negative Eigenschaften, die im Forschungsprozess entsprechend zu berücksichtigen sind. Dies ist Forschern jedoch nur möglich, sofern diese Merkmale und ihre Auswirkungen auf die erreichbare Datengüte bekannt und ausreichend erforscht sind.

Literatur

ADM (Arbeitskreis Deutscher Markt- und Sozialforschungsinstitute e. V.) (2006): Jahresbericht 2006. http://www.adm-ev.de/pdf/Jahresbericht_06.pdf (20.12.2007).

Atteslander, P. (2006): Methoden der empirischen Sozialforschung. Berlin.

Beck, K. (2006): Computervermittelte Kommunikation im Internet. München.

Biemer, P. P. (1988): Measuring Data Quality. In: Groves, R. M., Biemer, P. P., Lyberg, L. E., Massey, J. T., Nicholls, W. L. II. & Waksberg, J. (Hrsg.): Telephone Survey Methodology. New York, S. 273-282.

Booth-Kewley, S., Edwards, J. E. & Rosenfeld, P. (1992): Impression Management, Social Desirability, and Computer-Administration of Attitude Questionnaires: Does the Computer Make a Difference? In: Journal of Applied Psychology, 77 (4), S. 562-566.

Cohen, J. (1988): Statistical Power Analysis for the Behavioral Sciences. Hillsdale.

Couper, M. P., Tourangeau, R. & Steiger, D. M. (2001): Social Presence in Web Surveys. In: CHI, 3 (1), S. 412-417.

Daft, R. L. & Lengel, R. H. (1986): Organizational Information Requirements, Media Richness and Structural Design. In: Management Science, 32 (5), S. 554-571.

de Leeuw, E. D., Hox, J. J. & Kef, S. (2003): Computer-Assisted Self-Interviewing Tailored for Special Populations and Topics. In: Field Methods, 15 (3), S. 223-251.

DeMaio, T. (1984): Social Desirability and Survey Measurement: A Review. In: Turner, C. F. & Martin, E. (Hrsg.): Surveying Subjective Phenomena, Volume 2. New York, S. 257-282.

Diekmann, A. (2007): Empirische Sozialforschung. Grundlagen, Methoden, Anwendungen, Reinbek.

Döring, N. (2003): Sozialpsychologie des Internet. Die Bedeutung des Internet für Kommunikationsprozesse, Identitäten, soziale Beziehungen und Gruppen. Göttingen.

Duffy, B., Smith, K., Terhanian, G. & Bremer, J. (2005): Comparing Data from Online and Face-to-Face Surveys. In: International Journal of Market Research, 47 (6), S. 615-639.

Friedrichs, J. (1990): Methoden empirischer Sozialforschung. Opladen.

Fuchs, M. (2000): Interviewsituation in computergestützten Befragungen – zur Wirkung von Technologie-Effekten. In: Statistisches Bundesamt (Hrsg.): Neue Erhebungsinstrumente und Methodeneffekte. Spektrum Bundesstatistik, Bd. 15. Stuttgart, S. 71-92.

Fuchs, M. (2003): Kognitive Prozesse und Antwortverhalten in einer Internet-Befragung. In: Österreichische Zeitschrift für Soziologie, 4, S. 19-45.

Gebhardt, J. (2001): Inszenierung und Verortung von Identität in der computervermittelten Kommunikation. Rahmenanalytische Überlegungen am Beispiel des „Online-Chat". In: kommunikation@gesellschaft, 7. http://www.soz.uni-frankfurt.de/K.G/B7_2001_Gebhardt.pdf (10.12.2007).

Gräf, L. (1997): Locker verknüpft im Cyberspace – Einige Thesen zur Änderung sozialer Netzwerke durch die Nutzung des Internets. In: Gräf, L. & Krajewski, M. (Hrsg.): Soziologie des Internet. Handeln im elektronischen Web-Werk. Frankfurt am Main, S. 99-124.

Groves, R. M. (1989): Survey Errors and Survey Costs. New York.

Groves, R. M., Fowler, F. J., Jr., Couper, M. P., Lepkowski, J. M., Singer, E. & Tourangeau, R. (2004): Survey Methodology. Hoboken.

Hancock, D. R. & Flowers, C. P. (2000): Social Desirability Responding on World Wide Web and Paper-Administered Surveys. In: Annual Proceedings of Selected Research and Development Papers Presented at the National Convention of the Association for Educational Communications and Technology, Volumes 1-2, S. 173-179.

Hannover, B., Mauch, M. & Leffelsend, S. (2004): Sozialpsychologische Grundlagen. In: Mangold, R., Vorderer, P. & Bente, G. (Hrsg.): Lehrbuch der Medienpsychologie. Göttingen, S. 175-197.

Hartmann, P. (1991): Wunsch und Wirklichkeit. Wiesbaden.

Hartmann, T. (2004): Computervermittelte Kommunikation. In: Mangold, R., Vorderer, P. & Bente, G.: Lehrbuch der Medienpsychologie. Göttingen, S. 673-693.

Höflich, J. R. (1998): Computerrahmen und die undifferenzierte Wirkungsfrage – oder: Warum erst einmal geklärt werden muss, was die Menschen mit dem Computer machen. In: Rössler, P. (Hrsg.): Online-Kommunikation. Beiträge zu Nutzung und Wirkung. Opladen, S. 47-64.

Höflich, J. R. (1999): ,Sex, Lügen und das Internet' – Identität und Glaubwürdigkeit in computervermittelten Beziehungen. In: Rössler, P. & Wirth, W. (Hrsg.): Glaubwürdigkeit im Internet. Fragestellungen, Modelle, empirische Befunde. München, S. 141-156.

Höflich, J. R. (2003): Mensch, Computer und Kommunikation: theoretische Verortungen und empirische Befunde. Frankfurt am Main.

Joinson, A. N. (1999): Social Desirability, Anonymity, and Internet-Based Questionnaires. In: Behavior Research Methods, Instruments, & Computers, 31 (3), S. 433-438.

Joinson, A. N. (2007): Disinhibition and the Internet. In: Gackenbach, J. (Hrsg.): Psychology and the Internet. Intrapersonal, Interpersonal, and Transpersonal Implications. Burlington, S. 75-92.

Kiesler, S., Siegel, J. & McGuire, T. (1984): Social Psychological Aspects of Computer-Mediated Communication. In: American Psychologist, 39 (10), S. 1123-1134.

Kiesler, S. & Sproull, L. S. (1986): Response Effects in the Electronic Survey. In: Public Opinion Quarterly, 50, S. 402-413.

Kiesler, S., Zubrow, D., Moses, A. M. & Geller, V. (1985): Affect in Computer-Mediated Communication: An Experiment in Synchronous Terminal-to-Terminal Discussion. In: Human-Computer-Interaction, 1, S. 77-104.

Köhler, T. (2003): Das Selbst im Netz. Die Konstruktion sozialer Identität in der computervermittelten Kommunikation. Wiesbaden.

Lautenschlager, G. J. & Flaherty, V. L. (1990): Computer Administration of Questions: More Desirable or More Social Desirability? In: Journal of Applied Psychology, 75 (3), S. 310-314.

Lea, M., O'Shea, T., Fung, P. & Spears, R. (1992): ,Flaming' in computer-mediated communication. In: Lea, M. (Hrsg.): Contexts of Computer-Mediated Communication. New York, S. 89-112.

Mühlenfeld, H.-U. (2004): Der Mensch in der Online-Kommunikation. Zum Einfluss webbasierter, audiovisueller Fernkommunikation auf das Verhalten von Befragten. Wiesbaden.

Musch, J., Brockhaus, R. & Bröder, A. (2002): Ein Inventar zur Erfassung von zwei Faktoren sozialer Erwünschtheit. In: Diagnostica, 48 (3), S. 121-129.

Neuberger, C. (2007): Interaktivität, Interaktion, Internet. Eine Begriffsanalyse. In: Publizistik, 52 (1), S. 33-50.

Pankoke-Babatz, U. & Jeffrey, P. (2002): Documented Norms and Conventions on the Internet. In: International Journal of Human-Computer Interaction, 14 (2), S. 219-235.

Paulhus, D. L. (1984): Two-Component Models of Social Desirable Responding. In: Journal of Personality and Social Psychology, 3, S. 598-609.

Popitz, H. (2006): Soziale Normen. In: Pohlmann, F. & Eßbach, W. (Hrsg.): Soziale Normen. Frankfurt am Main, S. 59-263.

Pryor, J. B., Gibbons, F. X., Wicklund, R. A., Fazio, R. H. & Hood, R. (1977): Self-Focused Attention and Self-Report Validity. In: Journal of Personality, 45 (4), S. 513-527.

Pürer, H. (2003): Publizistik- und Kommunikationswissenschaft. Ein Handbuch. Konstanz.

Reid, E. M. (1995): Culture and Imagination. In: Jones, S. G. (Hrsg.): CyberSociety. Computer-Mediated Communication and Community. Thousand Oaks, S. 164-193.

Rice, R. E. & Love, G. (1987): Electronic Emotion: Socioemotional Content in a Computer-Mediated Communication Network. In: Communication Research, 14 (1), S. 85-108.

Rössler, P. (1998): Wirkungsmodelle: die digitale Herausforderung. Überlegungen zu einer Inventur bestehender Erklärungsansätze der Medienwirkungsforschung. In: Rössler, P. (Hrsg.): Online-Kommunikation. Beiträge zu Nutzung und Wirkung. Opladen, S. 17-46.

Rosenfeld, P., Booth-Kewley, S., Edwards, J. E. & Thomas, M. D. (1996): Responses on Computer Surveys: Impression Management, Social Desirability, and the Big Brother Syndrome. In: Computers in Human Behavior, 12 (2), S. 263-274.

Sassenberg, K. & Kreutz, S. (1999): Online Research und Anonymität. In: Batinic, B., Werner, A., Gräf, L. & Bandilla, W. (Hrsg.): Online Research. Göttingen, S. 61-75.

Schnell, R., Hill, P. B. & Esser, E. (2005): Methoden der empirischen Sozialforschung. München.

Short, J., Williams, E. & Christie, B. (1976): The Social Psychology of Telecommunications. London.

Sproull, L. (1986): Using Electronic Mail for Data Collection in Organizational Research. In: Academy of Management Journal, 29 (1), S. 159-169.

Sproull, L. & Kiesler, S. (1986): Reducing Social Context Cues: Electronic Mail in Organizational Communication. In: Management Science, 32 (11), S. 1492-1512.

Sproull, L. & Kiesler, S. (1991): Two-Level Perspective on Electronic Mail in Organizations. In: Journal of Organizational Computing, 2 (1), S. 125-134.

Sproull, L., Subramani, M., Kiesler, S., Walker, J. H. & Waters, K. (1996): When the Interface Is a Face. In: Human-Computer Interaction, 11, S. 97-124.

Stöber, J. (1999): Die Soziale-Erwünschtheits-Skala-17 (SES-17): Entwicklung und erste Befunde zu Reliabilität und Validität. In: Diagnostica, 45 (4), S. 173-177.

Sudman, S. & Bradburn, N. M. (1974): Response Effects in Surveys: A Review and Synthesis. Chicago.

Taddicken, M. (2007): „Methodeneffekte von Web-Befragungen – Freund oder Feind des Forschers?" In: Welker, M. & Wenzel, O. (Hrsg.): Online-Forschung 2007. Grundlagen und Fallstudien. Reihe: Neue Schriften zur Online-Forschung, Bd. 1, Köln, 2007, S. 85-102.

Taddicken, M. (2008): Methodeneffekte bei Web-Befragungen? Einschränkungen der Datengüte durch ein ‚reduziertes Kommunikationsmedium'? Köln.

Tourangeau, R. (2004): Survey Research and Societal Change. In: Annual Review of Psychology, 55, S. 775-801.

Tourangeau, R. & Smith, T. W. (1998): Collecting Sensitive Information with Different Modes of Data Collection. In: Couper, M., Baker, R. P., Bethlehem, J., Clark, C. Z. F., Martin, J., Nicholls, W. L. & O'Reilly, J. M. (Hrsg.): Computer Assisted Survey Information Collection. New York, S. 431-453.

Walther, J. B. (1992): Interpersonal Effects in Computer-Mediated Interaction. A Relational Perspective. In: Communication Research, 19 (1), S. 52-90.

Weisband, S. & Atwater, L. (1999): Evaluating Self and Others in Electronic and Face-to-Face Groups. In: Journal of Applied Psychology, 84 (4), S. 632-639.

Weisband, S. & Kiesler, S. (1996): Self Disclosure on Computer Forms: Meta-Analysis and Implications. CHI 96, Vancouver, http://www.acm.org/sigchi/chi96/proceedings/papers/Weisband/sw_txt.htm (10.12.2007)

Anhang

Tabelle A-1: Itemliste BIDR: Fremdtäuschung.

Itemkürzel	Itemformulierung
Fr1 (n)	Manchmal lüge ich, wenn ich muss.
Fr2 (n)	Es ist schon einmal vorgekommen, dass ich jemanden ausgenutzt habe.
Fr3	Ich fluche niemals.
Fr4 (n)	Manchmal zahle ich es lieber anderen heim, als dass ich vergebe und vergesse.
Fr5 (n)	Ich habe schon einmal zuviel Wechselgeld herausbekommen, ohne es der Verkäuferin zu sagen.
Fr6	Ich gebe grundsätzlich alles an, was ich zu verzollen habe.
Fr7 (n)	Manchmal fahre ich schneller, als es erlaubt ist.
Fr8 (n)	Ich habe Dinge getan, von denen ich anderen nichts erzähle.
Fr9	Ich nehme niemals Dinge an mich, die mir nicht gehören.
Fr10 (n)	Ich bin schon einmal wegen einer angeblichen Krankheit nicht zur Arbeit oder zur Schule gegangen.

Quelle: Musch, Brockhaus & Bröder 2002: 129, eigene Darstellung.
Anmerkung: (n) = negative Formulierung.

Tabelle A-2: Mittelwerte der einzelnen Items der Skala Fremdtäuschung des BIDR im Vergleich telefonische vs. Online-Befragung

Item	Methode	n	$\overline{x}$	SD	Differenz telefon. - online	T	Signifikanz (zweiseitig)
Fr1	telefonisch	201	3,22	1,02			
(n)	online	201	3,31	0,95	-,09	-1,257	,210
Fr2	telefonisch	205	2,95	1,19			
(n)	online	205	3,02	1,15	-,07	-,861	,390
Fr3	telefonisch	205	5,74	1,72			
	online	205	5,89	1,47	-,15	-1,164	,246
Fr4	telefonisch	203	2,61	1,08			
(n)	online	203	2,75	1,14	-,14	-1,766	,079
Fr5	telefonisch	205	3,65	1,47			
(n)	online	205	3,82	1,26	-,17	-2,006	**,046**
Fr6	telefonisch	205	3,11	2,19			
	online	205	3,76	2,06	-,64	-4,311	**,000**
Fr7	telefonisch	201	4,06	1,14			
(n)	online	201	3,99	1,05	,07	,856	,393
Fr8	telefonisch	202	3,53	1,35			
(n)	online	202	3,83	1,09	-,29	-2,936	**,004**
Fr9	telefonisch	205	3,05	2,12			
	online	205	3,28	1,89	-,23	-1,438	,152
Fr10	telefonisch	205	3,42	1,50			
(n)	online	205	3,62	1,35	-,20	-2,043	**,042**

Quelle: Taddicken 2008: 228; eigene Darstellung.
Anmerkung: Antwortskala: 1 – 7, hohe Antwortwerte = geringe Effekte der sozialen Erwünschtheit.

Tabelle A-3: Mittelwerte der einzelnen Items der Skala Fremdtäuschung des BIDR im Vergleich schriftliche vs. Online-Befragung

Item	Methode	n	$\bar{x}$	SD	Differenz schriftl. - online	T	Signifikanz (zweiseitig)
Fr1 (n)	schriftlich	234	3,31	,89			
	online	234	3,39	92	-,08	-1,215	,226
Fr2 (n)	schriftlich	234	2,85	1,09			
	online	234	2,96	1,03	-,11	-1,777	,077
Fr3	schriftlich	233	5,91	1,47			
	online	233	5,70	1,52	,21	2,449	**,015**
Fr4 (n)	schriftlich	234	2,81	1,10			
	online	234	2,85	1,3	-,05	-,609	,43
Fr5 (n)	schriftlich	233	3,31	1,41			
	online	233	3,42	1,34	-,11	-1,381	,69
Fr6	schriftlich	234	3,66	2,00			
	online	234	3,72	1,95	-,06	-,566	,572
Fr7 (n)	schriftlich	233	3,99	1,08			
	online	233	3,90	1,02	,09	1,285	,200
Fr8 (n)	schriftlich	233	3,62	1,18			
	online	233	3,75	1,14	-,13	-1,705	,089
Fr9	schriftlich	234	3,03	1,85			
	online	234	3,07	1,92	-,04	-,309	,758
Fr10 (n)	schriftlich	232	3,32	1,46			
	online	232	3,37	1,46	-,05	-,668	,505

Quelle: Taddicken 2008: 232; eigene Darstellung.
Anmerkung: Antwortskala: 1 – 7, hohe Antwortwerte = geringe Effekte der sozialen Erwünschtheit.

Stichprobenprobleme bei Online-Umfragen

Von Nina Baur & Michael J. Florian

1. Zum Verhältnis von Zufallsstichprobe und Inferenzstatistik

Geschlossene Online-Befragungen grenzen sich einerseits von offenen Befragungen, andererseits von anderen geschlossenen Befragungsmodi ab. Gegenüber anderen geschlossenen Befragungsmodi haben Online-Befragungen eine Reihe von Vorteilen, u. a. die schnellere Durchführbarkeit; die geringeren Erhebungskosten; den Wegfall von Interviewereinflüssen; eine geringere soziale Erwünschtheit; die Möglichkeit der Protokollierung des Befragtenverhaltens; erweiterte Möglichkeiten der optischen Darstellung, der komplexen Filterführung sowie der Variation der Fragereihenfolge.[1] Gegenüber offenen haben geschlossene Befragungen v. a. den Vorteil, dass Forschungsergebnisse inferenzstatistisch verallgemeinert werden können. Voraussetzung hierfür ist allerdings, dass eine Zufallsstichprobe aus der Zielgesamtheit vorliegt.[2] Um eine Zufallsstichprobe in der Praxis herstellen zu können, sind eine Reihe von Schritten erforderlich:[3]

– *Zunächst muss eine Zielgesamtheit definiert werden:* Bei Befragungen müssen alle Personen festgelegt werden, über die eine Aussage gemacht werden soll, z. B. die Mitglieder einer Organisation, die Nutzer eines bestimmten Webportals, die Internetnutzer insgesamt oder die allgemeine Bevölkerung.

– *Als nächstes muss die Auswahlgesamtheit identifiziert*, also eine Liste identifiziert oder erstellt *werden*, in der idealerweise alle Mitglieder der Zielgesamtheit erfasst werden. Beispiele für Auswahllisten bei anderen Befragungsmodi sind Einwohnermeldeamtdaten (für schriftlich-postalische Befragungen) oder das Gabler-Häder-Design (für Telefonumfragen).

– Diese Liste bildet die Auswahlgrundlage, d. h. die Befragten werden mit ihrer Hilfe nach einen Zufallsprinzip ausgewählt. Dabei können *Zufallsfehler* entstehen. Bedingung für eine *Zufallsstichprobe* ist dabei, dass jede Person aus der Gesamtheit eine berechenbare Chance hat, in die Stichprobe zu gelangen. Sind diese Chancen infolge des Designs ungleich verteilt, können sie später durch Designgewichtung berücksichtigt werden.[4]

– Kritisch sind dagegen sowohl Personen, die befragt werden, obwohl sie nicht zur Zielgesamtheit und damit nicht in die Stichprobe gehören (*Overcoverage*), als auch Personen, die eine Auswahlwahrscheinlichkeit von 0 haben, also aus der Auswahlgesamtheit fallen, obwohl sie zur Zielgesamtheit gehören (*Undercoverage*). Dies ist insofern ein Problem, da man inferenzstatistisch auf die Auswahlgesamtheit verallgemeinert, diese aber im Falle von Coverage-Problemen nicht mit der Zielgesamtheit übereinstimmt. Es können folglich *systematische Fehler* entstehen.

– Wenn vom Forscher kontaktierte Zielpersonen nicht an der Befragung teilnehmen (*Totalausfälle bzw. Nonresponse*), Zielpersonen die Befragung frühzeitig *abbrechen* oder ein-

---

[1] Vgl. Bandilla 2002; Diekmann 2007: 522-523.
[2] Vgl. Baur 2006; Behnke et al. 2006.
[3] Vgl. Dillmann 2000; Behnke et al. 2006; Baur 2006
[4] Vgl. Gabler 2006.

zelne Fragen nicht beantworten (*fehlende Werte bzw. Missing Values*), kann dies ebenfalls zu *systematischen Fehlern* führen.

Die induktive Statistik selbst versucht, die Wahrscheinlichkeit von Zufallsfehlern (mit Hilfe des Schätzens von Konfidenzintervallen bzw. des Testens von Hypothesen) zu quantifizieren, auch wenn man im Fall einer konkreten Stichprobe nie weiß, ob diese aufgetreten sind oder nicht. Problematisch sind systematische Fehler, da sie das Zufallsprinzip außer Kraft setzen, weshalb diese soweit wie möglich vermieden werden sollten.[5]

Diese Stichprobenprobleme können bei allen Befragungsmodi auftreten. Ziel dieses Beitrags ist es deshalb, die spezifische Form dieser Stichprobenprobleme und mögliche Lösungswege bei Online-Befragungen aufzuzeigen. Wir vertreten dabei die These, dass Online-Befragungen stichprobentheoretisch nicht generell abzulehnen sind, sondern dass dies von der Forschungsfrage sowie den Eigenheiten der Zielgesamtheit abhängt.

2. Zugangswege und Coverage-Probleme

Da das Internet nicht regional an einen bestimmten Personenkreis gebunden ist, sondern weltweit genutzt werden kann, und da – im Gegensatz etwa zum Telefonbuch oder Einwohnermeldeamtregister – keine Liste aller Internetnutzer existiert, liegen die ersten beiden Probleme bei der Stichproben-Ziehung für Online-Umfragen darin, die Auswahlgesamtheit abzugrenzen und Zugang zu den Befragten zu bekommen.[6] Couper und Coutts unterscheiden folgende Zugangsmöglichkeiten zu den Befragten:[7]

– *Typ 1: Web-Befragungen zu Unterhaltungszwecken*, die im Folgenden nicht weiter diskutiert werden, da sie nicht das Ziel der Wissenschaftlichkeit und Repräsentativität erreichen, aber auch nicht erreichen wollen.

– *Typ 2: Offene WWW-Umfragen* sind Befragungen mit uneingeschränkt selbst rekrutierter Teilnehmerschaft, d. h. auf einer Webseite erscheint ein Hinweis auf eine Befragung, und jeder kann so oft teilnehmen, wie er will.[8]

– *Typ 3: Befragungen mit selbstrekrutierten Freiwilligen-Panels (Access-Panel Variante 1)*, d. h. zu einem Thema werden per Aufruf Befragte gesucht. Ein Beispiel ist „Perspektive Deutschland" (www.perspektive-deutschland.de). Diese Form von Panels wird oft in der Marktforschung eingesetzt.

– *Typ 4: Intercept-Befragungen*, bei denen aus allen Besuchern einer Webseite eine Zufallsstichprobe gezogen wird. Alle ausgewählten Personen werden gebeten, an der Befragung teilzunehmen.

– *Typ 5: Befragungen mit listenbasierten Stichproben aus Populationen mit einem hohen Abdeckungsgrad*, etwa die Nutzer eines Portals oder Mitglieder einer Organisation (wie z. B. Unternehmen, Universitäten, Vereine, Interessensgruppen usw.), bei denen eine Komplettliste der Namen und E-Mail- bzw. Postadressen aller Nutzer oder Organisationsmitglieder vorliegt, so dass der Forscher entweder eine Zufallsstichprobe aus den Listenteilnehmern oder Vollerhebung aller Listenmitglieder anstreben kann.

---

[5]   Vgl. Behnke et al. 2006 sowie die Erläuterungen in Abschnitt 2.1.
[6]   Vgl. Dillmann 2000; Pötschke & Simonson 2001.
[7]   Vgl. Couper & Coutts 2006.
[8]   Vgl. Schoen 2004.

– *Typ 6: Web-Option bei Mixed-Mode-Befragungen,* d. h. es wird z. B. über das Einwohnermeldeamt eine Zufallsstichprobe aus der Zielpopulation gezogen. Die Zielpersonen können zwischen verschiedenen Befragungsformen wählen, z. B. schriftlich-postalisch *oder* online. Dies minimiert Aufwand und Kosten für die Befragten, setzt aber voraus, dass der Befragungsmodus sich nicht auf das Messergebnis auswirkt.

– *Typ 7: Befragungen mit einem vorrekrutierten Panel von Internetnutzern (Access-Panel Variante 2)* unterscheiden sich vom Typ 3 nur dahingehend, dass – ähnlich wie bei Intercept-Befragungen – aus allen Besuchern einer Webseite eine Zufallsstichprobe gezogen wird und nur diese Personen aufgefordert werden, an dem Panel teilzunehmen.

– *Typ 8: Befragungen mit einem vorrekrutierten Panel aus der Gesamtbevölkerung* ziehen eine Zufallsstichprobe aus der Gesamtbevölkerung. Sofern Zielpersonen noch keinen Internetanschluss haben, wird dieser vom Forscherteam bereitgestellt, was sehr hohe Kosten für das Forscherteam bzw. Marktforschungsinstitut verursacht, weshalb sich dies i. d. R. nur für *Access-Panels (Variante 3)* eignet.

Diese Typen sind stichprobentheoretisch unterschiedlich zu bewerten. Wir diskutieren die Stichprobenprobleme bei Online-Stichproben im Folgenden anhand dieser Typologie sowie anhand eines konkreten Forschungsbeispiels: Datenbasis ist eine Online-Umfrage unter Studierenden von zwei Berliner Hochschulen (TU Berlin / Fachhochschule für Wirtschaft) und einer Brandenburger Hochschule (Universität Potsdam) zum Thema „Studien- und Erwerbsorientierungen". Die Umfrage wurde im März 2007 mit Hilfe des Programms „Unipark" durchgeführt und ist methodisch insofern interessant, als dass aus Datenschutzgründen für die verschiedenen Universitäten verschiedene Zugangswege gewählt werden mussten:

– *Zugangsweg A* ist ein Beispiel für den Zugangsweg vom Typ 5. Bei der TU Berlin lag eine Adressdatei vor. Jede Zielperson erhielt ein persönliches Anschreiben und zwei Erinnerungsschreiben sowie eine persönliche ID, so dass jeder Zielperson eindeutig ein Fragebogen zugeordnet werden kann.

– *Zugangsweg B* ist ein Beispiel für den Zugangsweg vom Typ 3. Bei der Universität Potsdam und der Fachhochschule für Wirtschaft (FHW) wurden die Zielpersonen über einen zentralen Mailverteiler über die Studie informiert.

Dies ermöglicht, die Auswirkungen verschiedener Zugangswege auf die Stichprobe zu untersuchen. Insgesamt beantworteten 1.020 Personen den Fragebogen.

2.1. Undercoverage

Grundsätzlich lässt sich inferenzstatistisch *nur* auf die Auswahlgesamtheit schließen. Diese ist bei den verschiedenen Zugangswegen sehr unterschiedlich: Bei den Typen 1 bis 4 und 7 besteht sie aus den Internetnutzern der entsprechenden Webseite, wobei hierunter sowohl regelmäßige Nutzer und Personen fallen, die durch ihr spezifisches Surfverhalten auf die Webseite gestoßen sind, als auch Personen, die über andere Wege (Mund-zu-Mund-Propaganda, Werbung) auf die Umfrage hingewiesen wurden und die Webseite nur zu diesem Zweck aufsuchen. In diesen Fällen kann die Auswahlgesamtheit also nicht klar abgegrenzt werden. Beim Typus 5 besteht die Auswahlgesamtheit aus den Mitgliedern des entsprechenden Portals oder der Organisation; bei den Typen 6 und 8 hängt dies davon ab, wie die Auswahlliste zustande kam, kann also auch – z. B. beim ADM-Design – bevölkerungsrepräsentativ sind.[9]

Oft wollen Forscher anhand der Auswahlgesamtheit Aussagen über eine andere (Ziel-) Gesamtheit treffen, also (1) mittels einer Online-Befragung etwas über die Gesamtbevölkerung aussagen oder (2) vom Nutzerverhalten der Nutzerpopulation A (z. B. den Amazon-Nutzern) auf das Nutzerverhalten der Nutzerpopulation B (z. B. den eBay-Nutzern) schließen. Dies ist nur dann möglich, wenn Auswahl- und Zielgesamtheit übereinstimmen oder wenn die Auswahl- für die Zielgesamtheit repräsentativ ist. Bei der Bestimmung der Auswahlgesamtheit gilt es zu beachten, dass unterschiedliche Personen sich sowohl hinsichtlich ihres Internetzugangs als auch hinsichtlich ihres Nutzungsverhaltens sehr stark unterscheiden. Mit anderen Worten: Die Zwischenschaltung der Variablen „Internetzugang" und „Internetnutzung" beeinflusst die Zusammensetzung der Auswahlgesamtheit und hat auch einen Einfluß darauf, über welche Populationen man aufgrund einer Online-Befragung sinnvolle Aussagen treffen kann. In der Regel ist die Übertragbarkeit der Ergebnisse auf andere Populationen bei Online-Stichproben nicht oder nur eingeschränkt gegeben, da (1) sich die Internetnutzer an sich deutlich von der Gesamtbevölkerung unterscheiden und (2) sich verschiedene Nutzerpopulationen im Internet sehr stark voneinander unterscheiden.

Die begrenzte Verallgemeinerbarkeit auf die deutsche Gesamtbevölkerung zeigt sich sehr deutlich, wenn man diese mit den Internetnutzern vergleicht: Seit 1993 ist in Deutschland und weltweit die Zahl der Internetnutzer stark gestiegen[10], wobei nach einem zunächst schnellen Anstieg der Nutzungsraten dieses Wachstum mittlerweile abflaut.[11] Gleichzeitig variiert das Internetnutzungsverhalten international sehr stark. So nutzten 2004 innerhalb von Europa zwischen 14 (Türkei) und 76 Prozent der Bevölkerung (Malta und Schweden) das Internet, wobei die Nutzungsrate in Deutschland knapp über dem EU-Schnitt liegt:[12] Vier von zehn Deutschen haben *keinen Zugang zum Internet*,[13] wobei deutliche soziodemographische Unterschiede u. a. hinsichtlich folgender Faktoren existieren:

– *Alter:* Je jünger eine Person ist, desto eher hat sie einen Internetanschluss: 2007 nutzten neun von zehn der 14- bis 19-Jährigen das Internet, bei den 60- bis 69-Jährigen war es dagegen nur jeder Dritte und bei den ab 70-Jährigen nur noch jeder Achte.[14]

– *Bildung:* 2007 nutzten mit 92 Prozent fast alle Schüler das Internet. Bei denjenigen, die ihre Schulzeit beendet haben gilt: Je höher der Bildungsgrad, desto größer die Nutzungswahrscheinlichkeit. So nutzten vier von fünf Personen mit (Fach-)Hochschulabschluss das Internet, aber nur eine von drei Personen, die die Volksschule besucht, aber keine Lehre gemacht haben.[15]

– *Geschlecht:* Während vor zehn Jahren die Geschlechterunterschiede in der Internetnutzung noch sehr groß waren, gleichen sich diese immer stärker an. 2007 nutzen aber immer noch zwei Drittel der Männer gegenüber etwa jeder zweiten Frau das Internet.[16] Während unter 30-jährige Männer und Frauen sich kaum hinsichtlich ihres Nutzungsverhaltens unterscheiden, steigen die Geschlechterunterschiede mit dem Alter, so dass bei

---

[9] Vgl. Engel et al. 2004: 35.
[10] Vgl. Statistisches Bundesamt 2004a.
[11] Vgl. TNS Infratest 2007: 10.
[12] Vgl. Statistisches Bundesamt 2006a: 430.
[13] Vgl. Statistisches Bundesamt 2006a: 127; 2006b: 12; 2007a; 2007d.
[14] Vgl. TNS Infratest 2007: 12.
[15] Vgl. TNS Infratest 2007: 14.
[16] Vgl. TNS Infratest 2007: 13.

den ab 70-Jährigen etwa 20 Prozent der Männer, aber nur 6 Prozent der Frauen das Internet nutzen.[17] Der entscheidende Faktor bei Alters- und Geschlechterunterschieden scheint dabei der Bildungsgrad zu sein, denn infolge der Bildungsexpansion sind Jüngere im Schnitt am besten und ältere Frauen am schlechtesten gebildet.[18]

– *Berufsstatus:* Drei Viertel der Berufstätigen, aber nur vier von zehn Nicht-Berufstätigen nutzten 2007 das Internet.[19]

– *Einkommen:* Während etwa zwei Drittel der Haushalte mit Niedrigeinkommen (unter 1.300 € netto / Monat) keinen Zugang zum Internet haben, sind es bei Besserverdienenden (5.000 bis 18.000€ netto / Monat) nur etwa 15 Prozent.[20]

– *Familienstatus:* Weil Kinder für die Schule und zu Unterhaltungszwecken häufig das Internet nutzen, haben Paare mit Kindern und Alleinerziehende wesentlich häufiger einen Internetanschluss als Kinderlose.[21]

Selbst diejenigen, die prinzipiell Zugang zum Internet haben, unterscheiden sich deutlich in ihrem *Nutzungsverhalten*, sowohl was die Nutzungsfrequenz, als auch was die Art der besuchten Webseiten und Anwendungen betrifft: Das Internet kann privat zu Hause oder am Arbeitsplatz benutzt werden. 2006 hatten etwa 60 Prozent der Haushalte einen privaten Internetanschluss[22] und 46 Prozent der Beschäftigten hatten Internetzugang am Arbeitsplatz, wobei die Nutzungsrate im Versicherungs- und Kreditgewerbe, in Forschung und Entwicklung sowie in Datenverarbeitungsunternehmen besonders hoch, im Gastgewerbe besonders niedrig war.[23] Fasst man die verschiedenen Nutzungsorte zusammen, gehen 88 Prozent der Internetnutzer zu Hause, 36 Prozent am Arbeitsplatz, 15 Prozent am Ausbildungsplatz bzw. in der Schule oder Universität, 20 Prozent in der Wohnung einer anderen Person und 9 Prozent an sonstigen Orten ins Internet.[24] 56 Prozent dieser Personen nutzen das Netz (fast) täglich, 20 Prozent mindestens einmal in der Woche und 15 Prozent seltener[25], wobei es starke sozio-demographische Unterschiede in der Nutzungsdauer vor allem hinsichtlich Alter und Bildung gibt.[26] Fast alle nutzen das WWW privat zum Senden und Empfangen von E-Mails (85 Prozent der Internet-Nutzer im Jahr 2006) und zur Informationssuche über Waren und Dienstleistungen (83 Prozent).[27] Auch hinsichtlich der Art der Netzaktivitäten sind soziodemographische Unterschiede zu vermerken. So werden z. B. Chatrooms von einem großen Teil der Unter-25-Jährigen, kaum aber von älteren Personen genutzt, während v. a. Hochgebildete und 25- bis 54-Jährige Waren und Dienstleistungen online kaufen.[28]

Es gibt umgekehrt sehr unterschiedliche *Gründe, warum jemand das Internet nicht nutzt*, u. a. dass – insbesondere ältere – Personen befürchten, dass das Internet zu kompliziert sei bzw. ihnen die erforderlichen Kenntnisse fehlen; dass sie keinen Nutzen im Internet sehen; sowie dass Personen – v. a. mit niedrigem Einkommen – hohe Anschaffungs-

---

[17] Vgl. TNS Infratest 2007: 42.
[18] Vgl. statistisches Bundesamt 2006a: 527; TNS Infratest 2007: 44-45.
[19] Vgl. TNS Infratest 2007: 16.
[20] Vgl. Statistisches Bundesamt 2006a: 129.
[21] Vgl. Statistisches Bundesamt 2006a: 128-129.
[22] Vgl. Statistisches Bundesamt 2007a: 18.
[23] Vgl. Statistisches Bundesamt 2007b: 5; 56-59; siehe auch Statistisches Bundesamt 2007a; 2007c.
[24] Vgl. Statistisches Bundesamt 2007d: 26.
[25] Vgl. Statistisches Bundesamt 2007d: 26.
[26] Vgl. Statistisches Bundesamt 2006a: 527-528; 2006b: 14.
[27] Vgl. Statistisches Bundesamt 2007a: 18.
[28] Vgl. Statistisches Bundesamt 2006b: 19-21.

und Nutzungskosten scheuen.[29] Zu Hause können zusätzlich datenschutzrechtliche Bedenken sowie die Tatsache eine Rolle spielen, dass man das Internet an einem anderen Ort (z. B. Arbeitsplatz, Schule, Universität) nutzen kann.[30]

Infolgedessen unterscheiden sich Online- von Bevölkerungsstichproben nicht nur hinsichtlich soziodemographischer Merkmale, sondern oft auch hinsichtlich der Antwortverteilungen und Zusammenhangsmaße.[31] Selbst bei offline rekrutierten Access-Panels kann es zu solchen systematischen Verzerrungen kommen.[32] Eine Ausnahme sind junge, hochgebildete Personen[33], also genau die Gruppe, die das Internet stark nutzt.[34]

Es gibt zwar Versuche, diese systematischen Verzerrungen mit so genannten *Propensity-Gewichten*[35] statistisch zu berücksichtigen, der derzeitige Stand der Forschung deutet aber darauf hin, dass dies i. d. R. nicht gelingen kann, da sich ausgefallene Personen meist systematisch hinsichtlich einer ganze Reihe Charakteristika von den Umfrageteilnehmern unterscheiden und man ja gerade nicht weiß, wie diese geantwortet hätten.[36]

Stichprobentheoretisch bedeutet dies, dass es vom spezifischen Thema abhängt, ob eine konkrete Stichprobe geeignet ist, eine Aussage über die Zielgesamtheit zu treffen.[37] Es gilt also, jeweils im Einzelfall zu prüfen, für welche Gesamtheit sich anhand der Stichprobe sinnvolle Aussagen treffen lassen. Meist kann man aber von Stichproben, die online gezogen wurden (also die Zugangswege 1 bis 5 und 7), nicht auf die deutsche Bevölkerung oder – im Falle der Organisationsforschung – auf die Kunden etwa eines Unternehmens schließen.[38] Weiterhin unterscheiden sich die Internetnutzer untereinander so stark, dass man von den Nutzern einer spezifischen Webseite nicht auf die Internetnutzer im Allgemeinen schließen kann.

Geeignet scheinen dagegen Online-Stichproben etwa für Populationen mit einem hohen Abdeckungsgrad, etwa die Nutzer eines Internet-Portals oder für Organisationen, in denen fast alle Mitglieder einen Internetzugang haben und automatisch eine E-Mail-Adresse erhalten (z. B. Schulen, Universitäten, die meisten Unternehmen) (Typ 5).[39] Allerdings kann hier der *Zugang zur E-Mail-Adresse* bzw. einer anderen Adressinformation ein weiteres Problem darstellen, da man ohne diese die Gesamtheit nicht abgrenzen kann. Es muss ein

---

[29] Vgl. Statistisches Bundesamt 2006a: 527-528; Statistisches Bundesamt 2007a: 18.

[30] Vgl. Statistisches Bundesamt 2006c: 6; 2007a: 18.

[31] Vgl. Faas 2003a, 2006; Schoen 2004; Bandilla et al. 2001; Couper & Coutts 2006: 229-232; Engel et al. 2004.

[32] Vgl. Faas 2003b.

[33] Vgl. Bandilla et al. 2001.

[34] Psychologische Studien, die Online-Rekrutierungen mit herkömmlichen psychologischen Experimenten vergleichen, kommen bisweilen zu dem Schluss, dass sich die Ergebnisse nicht voneinander unterschieden. Dies liegt wohl aber eher daran, dass die meisten psychologischen Studien seit jeher mit – häufig männlichen – Studierenden, d. h. jungen, gebildeten Personen durchgeführt werden. Dies ist genau der Personenkreis, der über das Internet gut erreichbar ist.

[35] Vgl. Gabler 2006.

[36] Vgl. Faas 2003a; Behnke et al. 2006: 173-177. Gewichtungen arbeiten immer mit den im Datensatz vorhandenen Informationen. Bei systematischen Verzerrungen liegt aber das Problem gerade darin, dass Informationen über bestimmte Personenkreise komplett fehlen. So ist eine über 80-jährige Frau mit niedrigem Bildungsniveau, die das Internet aktiv nutzt und sich an einer Online-Umfrage beteiligt, nicht nur hinsichtlich ihres Internetverhaltens, sondern vermutlich auch hinsichtlich anderer Verhaltensweisen und Denkvorstellungen untypisch für über 80-jährige Frauen mit niedrigem Bildungsniveau. Genau diese Übereinstimmung hinsicht-lich der für Forschungsfrage relevanten Faktoren ist aber Voraussetzung für die Gewichtung (siehe auch Faas & Schoen in diesem Band).

[37] Vgl. Brenner 2002.

[38] Vgl. Bandilla 2002.

[39] Vgl. Diekmann 2007: 528; vgl. hierzu auch Lang 2005 und Weber & Brake 2005.

114

zentrales Adressregister existieren, zu dem der Forscher Zugang erhält. Dies war in unserer Beispielstudie bei Zugangsweg B der Fall. Bei Zugangsweg A lag dagegen nur eine Adressliste über 2.477 (von insgesamt 27.367) Studierende vor.

Ein erster Schritt der Bestimmung der Qualität der Stichprobe besteht deshalb darin, mögliche Verzerrungen der Stichprobe zu identifizieren. So vergleicht etwa Tabelle 1 die Anteile der Studierenden in der Stichprobe und in der Gesamtheit der drei Hochschulen, bezogen auf die Merkmale Geschlecht, angestrebtes Abschlussziel und Studiengang.

Bei Zugangsweg A zeigt sich die Problematik, die sich aus Adresslisten ergeben kann, die nicht die ganze Zielgesamtheit erfassen: Sieht man von dem Geschlecht ab, bei dem die Anteile in der Stichprobe fast identisch mit denen in der Gesamtheit der Studierenden sind, weichen die Anteile z. T. deutlich voneinander ab. Zu vermuten ist, dass aufgrund der geringen Anzahl der Studierenden in der Adressliste bereits die Auswahlgesamtheit systematische Verzerrungen in Bezug auf die Zielgesamtheit aufweist. Dies lässt sich teilweise dadurch erklären, dass es den Studierenden freigestellt ist, ihre E-Mail-Adresse der TU Berlin anzugeben.[40] Dies ist häufig bei Mitgliederlisten von Organisationen der Fall.

Bei Zugangsweg B fallen die Abweichungen insgesamt geringer aus (sind aber durchaus vorhanden!), was sich auch hier z. T. durch die Vergabepraxis und das Nutzungsverhalten des E-Mail-Verteilers erklärt: So melden sich an der Universität Potsdam die Studierenden zu den Kursen (fast) ausschließlich durch das Internet an, weshalb der zentrale E-Mail-Verteiler nahezu alle Studierenden erfasst. Auffällig ist bei Zugangsweg B, dass bei beiden Hochschulen die weiblichen Studierenden in der Stichprobe überrepräsentiert sind. So weicht der Anteil weiblicher Studierender bei der FHW mit 59 Prozent in der Stichprobe um sechs Prozentpunkte und bei der Universität Potsdam mit 67 Prozent um neun Prozentpunkte vom Anteil in der Gesamtheit der Studierenden der jeweiligen Hochschule ab.

---

[40] Die Studierenden erhalten seit 1.10.2006 bei der Immatrikulation eine E-Mail-Adresse von der TU Berlin, was ungefähr mit der Umstellung der Diplom-/Magister- auf Bachelor-/Master-Studiengänge zusammenfällt und so die starke Überrepräsentation von Bachelor- und Masterstudierenden in der Stichprobe erklärt, die in der Stichprobe einen Anteil von 59 Prozent bzw. 27 Prozent besitzen, im Gegensatz zu 7 Prozent bzw. 2 Prozent in der Gesamtheit der TU. Ob diese neue Zuweisungspraxis von E-Mail-Adressen auch Rückschlüsse auf die Abweichungen bei den Studiengängen zulässt, kann leider nur bedingt überprüft werden, da für die Studiengänge im Land Berlin nur das erste Fachsemester separat für die einzelnen Hochschulen aufgeführt wird. Diese Anteile weichen aber nur geringfügig von der Gesamtheit der Studierenden der TU Berlin ab. In Bezug auf Abschlussziele der Universität Potsdam weicht der Anteil der Diplomstudierenden (39 Prozent) am deutlichsten ab. Dieser liegt neun Prozentpunkte über dem Anteil in der Gesamtheit der Studierenden. Auch Magister- (26 zu 21 Prozent), Bachelor- (13 zu 10 Prozent) und Masterstudierende (3 zu 2 Prozent) sind in der Stichprobe stärker vertreten. Hingegen sind Studierende auf Staatsexamen (außer Lehramt) um 5 Prozentpunkte und Lehramtsstudierende (Staatsexamen und Bachelor / Master) sowie Promovierende, um jeweils 4 Prozentpunkte leicht unterrepräsentiert. Bei den Abschlusszielen der FHW Berlin ist zunächst der Anteil der Promovierenden (1 Prozent) in der Stichprobe erklärungsbedürftig. Diese werden in der amtlichen Statistik nicht aufgeführt, da Promotionsvorhaben grundsätzlich nicht an Fachhochschulen durchgeführt werden können. Dies gilt auch für die FHW, aber diese bietet Promotionsstipendien an. Insgesamt weichen die Anteile in der Stichprobe nur geringfügig von denen in der Gesamtheit der FHW ab. Die größte Abweichung besteht bei Bachelorstudierenden die 57 Prozent der Gesamtheit ausmachen, aber in der Stichprobe nur mit 54 Prozent vertreten sind. Die Anteile aller anderen Abschlüsse weichen in der Stichprobe um einen Prozentpunkt von den Anteilen in der Gesamtheit ab.

Tabelle 1: Soziodemographie der Universitäten und Befragten
(Anteile an der jeweiligen Gesamtheit in Prozent)

		TU Berlin		Universität Potsdam		FHW	
		Gesamt-heit (n= 27.367)	Stichprobe (Zugangs-weg A) (n=204)	Gesamt-heit (n= 18.003)	Stichprobe (Zugangs-weg B) (n=331)	Gesamt-heit (n= 5.070)	Stichprobe (Zugangs-weg B) (n=257)
		%	%	%	%	%	%
Ge-schlecht	Mann	64	63	42	33	49	41
	Frau	36	37	58	67	51	59
Ab-schluss-ziel	Bachelor (BA)	7	59	10	13	57	54
	Master (MA)	2	27	2	3	4	5
	Diplom und Fachhoch-schulabschluss	66	6	30	39	38	39
	Staatsexamen (außer Lehramt)	1	--	8	3	--	--
	Lehramt	5	--	13	9	--	--
	Lehramt (BA/MA)	1	--	8	4	--	--
	Magister	11	4	21	26	--	--
	Promotion	5	--	7	3	--	1
	Sonstiges	2	5	1	--	1	1
Studien-gang	Sprach- und Kulturwissen-schaften	15	6	38	41	--	--
	Rechts-, Wirtschafts-, Sozialwissen-schaften	23	27	28	41	91	100
	Kunst / Kunstwissen-schaft	2	--	2	2	--	--
	Sport / Sport-wissenschaft	--	--	5	3	--	--
	Mathematik / Naturwissen-schaft	23	40	24	12	7	>1
	Agrar-, Forst-Ernährungs-wissenschaft	6	7	1	1	--	--
	Ingenieurwis-senschaft	30	21	1	1	2	--
	Human-medizin / Gesundheits-wissen-schaften	>1	--	--	--	--	--
	Außerhalb der Studien-bereichs-gliederung	--	--	>1	--	--	--

Quelle: Amt für Statistik 2006a; 2006b / Universität Potsdam 2006

Insgesamt scheint das Nutzungsverhalten der universitären E-Mail-Verteiler bzw. -Verzeichnisse nach Studienphase fächerspezifisch deutlich zu variieren, wobei es vom universitären Kontext abzuhängen zu scheint, in welchen Fächern diese E-Mails besonders stark genutzt werden: So sind in der Stichprobe aus der TU Berlin vor allem Studierende der Mathematik und Naturwissenschaften mit 40 Prozent gegenüber 23 Prozent in der Gesamtheit erheblich überrepräsentiert. Bis auf die Agrar-, Forst-, und Ernährungswissenschaften weichen auch für die übrigen Fächer die Anteile der Studierenden in der Stichprobe von denen in der Grundgesamtheit deutlich ab. An der Universität Potsdam sind dagegen Mathematiker und Naturwissenschaftler um zwölf Prozentpunkte unterrepräsentiert, dafür die Rechts-, Wirtschaft- und Sozialwissenschaftler um 13 Prozentpunkte überrepräsentiert. Bei der FHW sind in der Stichprobe ausschließlich Studierende der Rechts-, Wirtschaft- und Sozialwissenschaften enthalten. Zusammenfassend lässt sich somit festhalten, dass die Ergebnisse für Zugangsweg B deutlich besser ausfallen als für Zugangsweg A. Dies ist wohl auf systematische Verzerrung zurückzuführen, die bereits in der Adressliste vorlagen.

2.2.   Overcoverage

Neben Undercoverage kann bei Online-Umfragen auch Overcoverage in dreierlei Hinsicht auftreten:

1) *Mehrfachantworten derselben Person*, d. h. dieselbe Person füllt den Fragebogen mehrfach aus, z. B. weil die Verbindung abgebrochen ist oder sie will, dass ihre Meinung „stärker" zählt.

2) *Nicht-intendierte Zielpersonen antworten, ohne ihre Identität zu verschleiern*, d. h. andere als intendierte Zielpersonen beantworten den Fragebogen. Dass dieses Problem durchaus existiert, verdeutlicht ein Blick auf Tabelle 2: Bei beiden Zugangswegen haben auch Studierende anderer Berliner und Brandenburger Hochschulen den Fragebogen beantwortet. Deutlich wird an den Zahlen für Zugangsweg A, dass Adresslisten auch Personen enthalten können, die sie theoretisch nicht enthalten sollten.

3) *Nicht-intendierte Zielpersonen antworten, verschleiern aber ihre Identität.* Ein Beispiel wäre eine Mitarbeiterumfrage, bei der Führungskräfte gebeten werden, einen Fragebogen auszufüllen, aber einige dieser Führungskräfte aus Zeitmangel einen Mitarbeiter bitten, den Fragebogen in ihrem Namen auszufüllen.

Man kann versuchen, das dritte Problem bei der Datenanalyse zu minimieren, indem man mit Hilfe von *Plausibilitätstests* die gravierendsten Fälle identifiziert[41], ohne Einsatz von Interviewern lässt es sich aber nicht grundsätzlich lösen. Für die ersten beiden Probleme gibt es dagegen zwei Lösungsmöglichkeiten:[42]

1) *Durch ein sauberes Screening zu Beginn der Befragung bzw. durch entsprechende Filterfragen kann man die betreffenden Fälle identifizieren.* So können in unserem

---

[41] Vgl. Lück 2008.

[42] Es gibt weiterhin Versuche (v. a. bei Zugangswegen vom Typ B, also über Verteilerlisten), die Problematik der Mehrfachbeantwortung durch dieselbe Person über das Setzen von Cookies zu lösen, die auch eine Wiederaufnahme ermöglichen. Dies ist allerdings nur bedingt eine Lösung: Erstens kann es sein, dass man eine Mehrfachbeantwortung nicht erkennt, weil z. B. Cookies nicht zugelassen wurden bzw. von Personen manuell gelöscht wurden oder eine Person den Fragebogen von verschiedenen Rechnern aus beantwortet. Zweitens können auch versehentlich korrekte Fälle aus dem Datensatz gelöscht werden, weil verschiedene Personen den Fragebogen vom selben Rechner aus (weiter) beantworten, ohne dass die Cookies vorher gelöscht wurden.

Beispiel alle Personen, die (bei Zugangsweg A) nicht an der TU Berlin bzw. (bei Zugangsweg B) nicht an der Universität Potsdam oder der FHW studieren, im Zuge der Datenbereinigung aus dem Datensatz gelöscht werden. Der Datensatz reduziert sich damit auf 792 Fälle.[43]

2) *Die Umfrage selbst wird nicht per E-Mail, sondern über eine Webseite administriert, wobei man den Fragebogen ohne persönliche ID nicht beantworten kann:* In einem persönlichen Anschreiben (per E-Mail oder postalisch) wird jeder Zielperson eine persönliche ID zugeteilt, die sicherstellt, dass jede Person nur einmal den Fragebogen ausfüllen kann und zudem eine Rücklaufkontrolle sowie Erinnerungsschreiben wie bei Offline-Umfragen ermöglicht.[44] Dieses Vorgehen ist allerdings nur möglich, sofern – wie bei Zugangsweg A in unserem Beispiel – eine *Auswahlliste* der Gesamtheit vorliegt, auf deren Basis die Auswahlgesamtheit sauber abgegrenzt und Zielpersonen ausgewählt werden können. Dies ist nur bei den Zugangswegen 4 bis 8 der Fall, nicht dagegen bei den Zugangswegen 1 bis 3. Stichproben der Typen 1 bis 3 sind deshalb grundsätzlich nicht zufallsgesteuert und entsprechend inferenzstatistisch i. d. R. nicht bearbeitbar.[45]

Tabelle 2:   Universitätszugehörigkeit der Befragten (Zugangswege A und B)

Hochschule	Zugangsweg A (Adressliste)	Zugangsweg B (Verteilerliste)	Gesamt
	n	n	n
Technische Fachhochschule (TFH)	2	11	13
Humboldt Universität (HU)	1	1	2
Universität Potsdam	**0**	**331**	**331**
Technische Universität (TU)	**204**	**0**	**204**
Freie Universität (FU)	3	6	9
Fachhochschule Potsdam (FHP)	0	1	1
Fachhochschule für Wirtschaft (FHW)	**0**	**257**	**257**
Studierender hat Frage nicht beantwortet	0	7	7
Studierender hat Studie vor Beantwortung der Frage abgebrochen	72	124	196
Gesamt	282	738	1.020

---

[43] Aus theoretischen Gründen werden für die weiteren Analysen auch Promovenden und Habilitanden ausgeschlossen (Zugangsweg A: n=1 / Zugangsweg B: n=13). Ziel der Studie sind Aussagen über Personen die in der Ausbildung stehen, was für diese Gruppe nicht gelten muss.

[44] Dies ist also ein grundsätzliches, stichprobentheoretisches Argument gegen das Versenden von Fragebögen per E-Mail: Wenn diese anonym per Post oder E-Mail zurückgeschickt werden, kann bei dieser Variante nicht sichergestellt werden, dass jede Zielperson (und nur diese) auch nur einmal den Fragebogen beantwortet hat. Auch eine Rücklaufkontrolle ist nicht möglich. Deshalb werden wir diese Variante der Online-Befragungen im Folgenden nicht mehr berücksichtigen, sondern nur noch über per Webseite administrierte Umfragen sprechen.

[45] Vgl. Couper & Coutts 2006.

3. Unit-Nonresponse (Totalausfälle)

Stichproben können nicht nur dadurch verzerrt werden, dass Zielpersonen gar nicht in die Ausgangsstichprobe gelangen, sondern auch durch Totalausfälle (= Unit-Nonresponse), also dadurch, dass eine Zielperson zwar in die Bruttostichprobe, nicht aber in die Nettostichprobe gelangt.[46] Die *Ausschöpfungsquoten* liegen bei anderen Zugangsmodi (etwa Face-to-Face oder telefonisch) i. d. R. bei maximal 50 bis 90 Prozent.[47] Sie sind bei Online-Befragungen meist deutlich niedriger als bei mündlichen Befragungsmodi, aber ähnlich denen schriftlich-postalischer Befragungen.[48] Bei einigen Populationen, wie etwa Studierenden, können dagegen Rücklaufquoten zwischen 50 und 80 Prozent erzielt werden.[49]

Tabelle 3: **Ausschöpfungsquoten (Zugangswege A und B)**

Ausschöpfungsquote bezogen auf die Gesamtheit ...	Zugangsweg A TU Berlin %	Zugangsweg B Universität Potsdam %	FHW %
... aller Studierenden der jeweiligen Hochschule	0,7	1,8	5,1
... aller auf der Auswahlliste verfügbaren E-Mail-Adressen	8,2	1,4	8,9 - 8,0

Wie Tabelle 3 verdeutlicht, liegen die Ausschöpfungsquoten in unserer Beispielstudie deutlich niedriger, nämlich – je nach Berechnungsgrundlage – bei 0,7 bzw. 8,2 Prozent für Zugangsweg A und zwischen 1,4 und 8,9 Prozent bei Zugangsweg B. Das Beispiel verdeutlicht auch, dass man bei der Berechnung dieses für (Online-)Befragungen zentralen Wertes vor z. T. sehr großen Schwierigkeiten steht. So muss man sich zunächst entscheiden, ob man als Basis der Berechnung die Gesamtheit der Organisationsmitglieder oder der verfügbaren Adressen verwendet. Beide Zahlen können schwer zu bestimmen sein. Beispielsweise besitzt die FHW eine dynamische Verteilerliste, so dass die Zahl der Personen auf dem Verteiler zum Erhebungszeitpunkt zwischen 2.900 und 3.200 lag. Deshalb kann die Ausschöpfungsquote nicht exakt bestimmt werden, sondern nur näherungsweise als zwischen 8,9 und 8,0 Prozent liegend.

Geringe Ausschöpfungsquoten sind nicht an sich problematisch, sondern nur, weil sie in der Regel mit systematischen Verzerrungen einhergehen. Allerdings können auch „schlecht" ausgeschöpfte Stichproben gute Qualität aufweisen.[50] Wichtiger als die Ausschöpfungsquote sind demnach die *Ausfallgründe* und ob diese mit dem Untersuchungsziel zusammenhängen, weshalb über die Stichprobenqualität nur von Fall zu Fall in Abhängigkeit von den spezifischen Daten und der Forschungsfrage entschieden werden kann.

---

[46] Vgl. Behnke et. al. 2006.
[47] Vgl. Schnell 1997; Baur 2006.
[48] Vgl. Couper & Coutts 2006: 224.
[49] Vgl. Couper & Coutts 2006. Ein generelles Problem beim Vergleich der Ausschöpfungsquoten verschiedener Studien ist, dass manche Forscher (und v. a. Marktforschungsinstitute) versuchen, ihre Ausschöpfungsquoten „schön" zu rechnen, indem z. B. möglichst viele Ausfälle als stichprobenneutral gewertet und deshalb nicht mit eingerechnet werden. Die hier präsentierten Zahlen basieren auf einer strengen Berechnung der Ausschöpfungsquote und sind eventuell auch deshalb niedriger als die manch anderer Studien.
[50] Vgl. Schneekloth & Leven 2003: 49-50.

Bei Online-Umfragen ist es schwierig, zwischen Ausfällen aufgrund nicht zustande gekommener Kontakte und Verweigerungen zu unterscheiden. In der Regel können keine Aussagen darüber getroffen werden, wie häufig welche Faktoren im Rahmen einer konkreten Studie zu Ausfällen führten. Gründe für *nicht zustande gekommene Kontakte* können u. a. sein:

– *Falsche oder nicht mehr benutzte (E-Mail-)Adressen*, sofern der Erstkontakt über diese Adresse hergestellt werden soll. Dabei sind die noch Aktiven – also diejenigen, deren Adressen stimmen – auch eher stärker an dem Thema der Liste bzw. des Portals interessiert.[51] Verwendet man – wie bei Zugangsweg A – ein persönliches Anschreiben per E-Mail, so kann die Zahl der ungültigen E-Mail-Adressen anhand von Fehlermeldungen weitgehend identifiziert werden. Nicht bestimmt werden kann dagegen die Zahl der nicht mehr verwendeten E-Mail-Adressen: Selbst wenn die Organisation ihren Mitgliedern (z. B. bei der Einschreibung) E-Mail-Adressen zuweist, heißt dies nicht, dass diese auch genutzt werden.

– *Technische Probleme:* Hohe Sicherheitseinstellungen aufgrund von Datenschutzbedenken der Zielpersonen bzw. alte Soft- und Hardware können dazu führen, dass bestimmte Komponenten nicht aktiviert werden können und komplexe Fragebögen deshalb nicht funktionieren. Langsame Modems, unzuverlässige Verbindungen oder ein teurer Internetprovider können zur Folge haben, dass das Ausfüllen der Befragung für den Befragten zeitliche und monetäre Kosten verursacht, die er nicht bereit ist, selbst zu tragen.[52] Über schnelle Verbindungen via DSL o. ä. verfügt nur jeder fünfte Privathaushalt,[53] und entgegen öffentlichen Diskussionen über die globale Erreichbarkeit können Bewohner ländlicher Räume in Ost- und Norddeutschland (schnelle) Internetverbindungen oft nicht einmal erwerben, wenn sie wollten, weil diese nicht angeboten werden.[54]

– *Zu kurze Erhebungsphase:* Verschiedene Bevölkerungsgruppen surfen zu unterschiedlichen Zeiten und unterschiedlich viel – sowohl allgemein[55] als auch auf bestimmten Webseiten[56] – und sind unterschiedlich aktiv auf Mailinglisten.[57] Ist die Studie zu kurz geschaltet, erreicht man nur die „Heavy Users". So zeigt Lukawetz,[58] dass jeweils etwa ein Viertel der Teilnehmer seiner Beispielstudie nach zwei, nach vier, nach zehn und nach 26 Tagen geantwortet hatte, wobei sich das Antwortverhalten der Späteren deutlich von dem der Früheren unterschied. Ähnliche Ergebnisse liefert unsere Beispielstudie: Die Studie war vom 16.02. (FHW), 19.02. (TU) bzw. 20.02. (Universität Potsdam) bis zum 05.04.2007 geschaltet und wurde bei Zugangsweg B durch eine einmalige Aufforderung eingeleitet, bei Zugangsweg A wurde nach dem 7. und 14. Tag an alle, die den Fragebogen noch nicht vollständig beantwortet hatten, ein persönliches Erinnerungsschreiben versandt. Wie Abbildung 1 zeigt, antworteten bei Zugangsweg B über 60 Prozent der Umfrageteilnehmer innerhalb der ersten zwei Tage, nach vier Tagen sind bereits über 80 Prozent erreicht. Danach steigt der Anteil der Teilnehmer deutlich langsamer und nach dem 29. Tag kommen nur noch zwei Personen hinzu. Ein sehr ähnliches Bild zeigt sich auch für Zugangsweg A, wobei nach jedem Erinnerungsschreiben die Antwortrate innerhalb der ersten vier Tage besonders hoch war. Für beide Zugangswege kann festgehalten werden, dass nach

---

[51] Vgl. Tuten et al. 2002.
[52] Vgl. Couper & Coutts 2006: 224; Tuten et al. 2002; Bosnjak et al. 2001.
[53] Vgl. Statistisches Bundesamt 2006c: 7.
[54] Vgl. Statistisches Bundesamt 2006a: 577; Spellerberg 2007.
[55] Vgl. Jäckel & Wollscheid 2004.
[56] Vgl. Lukawetz 2002.
[57] Vgl. Stegbauer & Rausch 2002.
[58] Vgl. Lukawetz 2002.

ca. 16 Tagen kaum noch Zuwächse zu verzeichnen sind, da zu diesem Zeitpunkt in beiden Fällen bereits 98 Prozent der endgültigen Befragtenzahl geantwortet hatten. Untersucht man regressionsanalytisch den Einfluss von Geschlecht, Alter und Studiengang auf den Tag der Beantwortung des Fragebogens, so lassen sich bei beiden Zugangswegen keine signifikanten Unterschiede hinsichtlich soziodemographischer Merkmale feststellen.

Abbildung 1:   Zeitliche Entwicklung des Rücklaufs der Zugangswege A (n=203) und B (n=575)

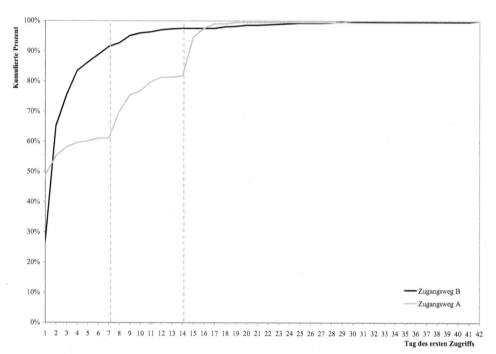

Quelle: Eigene Darstellung.

Darüber, ob und wie bei anderen Befragungsmodi gängige *Verweigerungsgründe*, wie etwa mangelnde Befragungsfähigkeit (aufgrund von Sprachproblemen oder Krankheit), Zeitknappheit oder mangelnde subjektive Kompetenz, auch bei Online-Befragungen wirken, ist noch relativ wenig bekannt. Sicher ist, dass folgende Faktoren häufig zu Verweigerungen führen:
– *Mangelnde Erfahrung im Umgang mit dem Internet*,[59] weshalb z. B. auch neue und unerfahrene Nutzer seltener in Access-Panels gelangen.[60]
– *Datenschutzbedenken*: Hierzu gehört das mangelnde Vertrauen darin, dass das Forscherteam die Daten vertraulich behandelt, was möglicherweise ein Grund dafür ist, dass die Teilnahmebereitschaft bei wissenschaftlichen Studien höher ist.[61] Die Zielpersonen können aber auch Bedenken hinsichtlich der Sicherheit der Internetverbindung haben. Schließlich

[59]   Vgl. El-Menouar & Blasius 2005; Couper & Coutts 2006: 224; Tuten et al. 2002.
[60]   Vgl. Diekmann 2007: 527.
[61]   Vgl. Bosnjak & Batinic 2002.

haben viele Personen nur einen beruflichen Online-Zugang, und ihr Arbeitgeber bewahrt Kopien von E-Mails der Mitarbeiter auf,[62] wobei das Ausfüllen von Fragebögen während der Arbeitszeit im schlimmsten Fall sogar ein Kündigungsgrund sein kann.

– *Desinteresse:* Befragte, die auf das Studienthema neugierig sind, die glauben, einen Beitrag zur (wissenschaftlichen) Forschung zu leisten, oder die die Studie als Gelegenheit zur Selbstreflexion sehen, sind eher bereit, an einer Studie teilzunehmen.[63]

Es ist noch weitgehend unklar, welche *Maßnahmen* ergriffen werden können, *um die Response-Raten zu erhöhen* (und kann mit unseren Daten auch nicht geklärt werden). Klar scheint zu sein, dass Incentives (wie Gutscheine, Bezahlung usw.) entweder keinen oder nur einen sehr geringen Effekt haben.[64] Vorankündigungen über ein persönliches Anschreiben mit der Bitte um Teilnahme; Erinnerungsschreiben; genaue Informationen, woher das Forscherteam die E-Mail-Adresse der Zielperson hat; die (Garantie der) Anonymität der Auswertung; Informationen über die Studienziele sowie ein garantierter Feedback über die Studienergebnisse erhöhen dagegen auch bei Online-Studien die Teilnahmebereitschaft.[65]

Auch unsere Beispielstudie deutet darauf hin, dass mit persönlichen Anschreiben (Zugangsweg A) eine vergleichsweise höhere Ausschöpfungsquote erreicht werden kann. Diese Aussage muss allerdings relativiert werden, wenn man die Ausschöpfungsquoten der Hochschulen von Zugangsweg B getrennt betrachtet: Auch an der FHW konnte eine Ausschöpfungsquote (8,0 bis 8,9 Prozent) erreicht werden, die der des Zugangswegs A entspricht.

Insgesamt schließen wir uns auf Basis unserer Daten der Empfehlung Archers[66] an, dass die Studie nach der Vorankündigung mindestens drei Wochen geschaltet werden sollte, wobei nach der ersten und zweiten Woche jeweils ein Erinnerungsschreiben folgen sollte, da – wie Abbildung 1 zu entnehmen ist – diese auch bei Studierenden zu wirken scheinen: Vergleicht man Zugangsweg A mit Zugangsweg B, so ist ein deutlicher Effekt der Erinnerungsschreiben zu erkennen. Betrachtet man nur die ersten zwei Tage nach den Erinnerungsschreiben, ist der Effekt des zweiten Erinnerungsschreibens sogar leicht größer. So ist in den drei Tagen nach den ersten Erinnerungsschreiben (inkl. Versandtag) ein Zuwachs von 61 auf 77 Prozent zu verzeichnen und nach dem zweiten von 82 auf 99 Prozent. Dies ist ein weiteres stichprobentheoretisches Argument für Zugangswege der Typen 5, 6 und 8, da i. d. R. nur bei diesen eine E-Mail- oder Postadresse der Zielpersonen bekannt ist, was die Voraussetzung für (eine möglichst personalisierte) Vorankündigung und Erinnerungsschreiben ist.

4.   Item-Nonresponse

4.1.   Fehlende Werte (Missing Values)

Schließlich können Zielpersonen zwar an der Umfrage teilnehmen, sich aber weigern, bestimmte Fragen zu beantworten – was zu so genannten fehlenden Werten (Missing Values) führt – oder gar das Interview abbrechen. Bei den fehlenden Werten ist zu unterscheiden zwischen realen fehlenden Werten (die etwa durch Nichtzutreffen, Nicht-Wissen oder Mei-

---

[62]   Vgl. Couper & Coutts 2006: 225.
[63]   Vgl. Bosnjak & Batinic 2002; Archer 2007.
[64]   Vgl. Tuten et al. 2002; Couper & Coutts 2006: 226.
[65]   Vgl. Bosnjak & Batinic 2002; Couper & Coutts 2006: 223.
[66]   Vgl. Archer 2007.

nungslosigkeit zustande kommen) und der Weigerung, als heikel, unsinnig oder uninteressant empfundene Fragen zu beantworten.[67] Während die realen fehlenden Werte aus der Perspektive der Stichproben- und Datenqualität geradezu erwünscht sind, können Antwortverweigerungen stark verzerrend sein.

Welche Fragen besonders häufig zu Antwortverweigerungen führen, hängt u. a. von den Eigenschaften der Befragten und deren soziokulturellen Zusammensetzung ab. So weiß man z. B., dass Ältere und gering Gebildete besonders häufig einzelne Fragen nicht beantworten oder die Befragung frühzeitig abbrechen.[68] In Deutschland sind Fragen zum Einkommen, Sexualität und politischen Extremismus besonders heikel.[69]

Insgesamt lag die Antwortquote bei unserer Beispielstudie bei fast allen Fragen bei über 96 Prozent. Allerdings waren bei offenen Fragen bzw. bei Fragen, bei denen die Antwort nicht angeklickt, sondern eingetippt werden musste (z. B. Fragen zur Dauer und Anzahl absolvierter Praktika), vermehrt Antwortverweigerungen zu beobachten. Eine Erklärungsmöglichkeit ist der erhöhte Tippaufwand, v. a. bei mehrzeiligen Antwortfeldern. Bei manchen Fragen kann Nichtwissen eine Rolle spielen, was z. B. erklären würde, dass 15 Prozent der Befragten, deren Eltern noch erwerbstätig waren, die Frage nach deren Berufen nicht beantworteten. Waren die Mutter bzw. Vater nicht erwerbstätig, lag die Verweigerungsquote sogar bei etwa 40 Prozent. Schließlich gibt es möglicherweise auch Bedenken gegenüber als politisch wahrgenommenen Fragen. So wurden u. a. Möglichkeiten und Ziele für die gewerkschaftliche Studierendenarbeit offen abgefragt. Zwei von drei Studierenden beantworteten diese Frage nicht. Zusätzlich sind gerade bei letzterem Fragetypen – wenn auch schwache – Kontexteffekte zu beobachten: Die Studierenden der Universität Potsdam tendierten eher dazu, die Frage zu beantworten, während die Studierenden der TU diese eher verweigern, wobei – wie oben dargestellt – in der Potsdamer Stichprobe Studierende der Sprach- Geistes- und Gesellschaftswissenschaften besonders stark vertreten sind, in der TU-Stichprobe v. a. die der Natur- und Ingenieurswissenschaften.

4.2. Abbrüche

Von der Nichtbeantwortung einzelner Fragen sind Abbrüche zu unterscheiden. Für unsere Beispielstudie lässt sich zunächst festhalten, dass die mit großem Abstand meisten Abbrüche auf der ersten Seite der Umfrage stattfanden. Bei Zugangsweg A lag die Abbruchquote auf der Einstiegsseite (also bevor eine einzige Frage beantwortet wurde) bei 10 und bei Zugangsweg B bei 15 Prozent. Da auf der Begrüßungsseite die Ziele der Befragung kurz beschrieben wurden und diese einen Link zur einer externen Seite mit ausführlicher Beschreibung und Datenschutzerklärung enthielt, sind mögliche Erklärungsfaktoren für die Abbrüche, dass Personen nicht der Auswahlgesamtheit angehörten oder die Studie für uninteressant hielten. Eine weitere Ursache kann die Ankündigung zu Beginn der Umfrage sein, dass diese ca. 20 Minuten Zeit in Anspruch nehmen würde. Insgesamt lässt sich daraus die Empfehlung ableiten, der Begrüßungsseite besondere Aufmerksamkeit zu widmen, um Zielpersonen zur Teilnahme zu motivieren und Personen, die nicht zur Auswahlgesamtheit gehören, nach Möglichkeit bereits hier zu filtern.

---

[67] Vgl. Bosnjak et al. 2001; Behnke et al. 2006.
[68] Vgl. De Leeuw 2001.
[69] Vgl. Behnke et al. 2006.

Aus anderen Studien ist bekannt, dass Befragte bei allen Befragungsmodi die Studie umso wahrscheinlicher abbrechen, je länger der Fragebogen ist,[70] wobei der Effekt bei Online-Befragungen besonders stark ist,[71] weil Befragte besonders leicht durch andere Webseiten, eingehende E-Mails oder gar durch Gespräche und andere Medien (Telefon, Radio) abgelenkt werden können. Wie lang der Fragebogen höchstens sein sollte, ist unklar. So empfehlen Tuten et al.[72] max. 25 bis 30 Fragen, Bosnjak und Batinic[73] eine max. Befragungsdauer von 10 bis 15 Minuten, wobei sie auch betonen, dass diese – bei von der Zielpopulation als relevant erachteten Themen und gut konstruierten Fragebögen – auch deutlich länger sein dürfen.

Unsere Beispielsstudie bestätigt letzteren Befund: Abbildung 2 zeigt den Verlauf der Abbrüche all derjenigen, die über die erste Seite hinaus klickten, und verdeutlicht, dass in unserem Beispiel die Abbruchquote sehr gering war: Je nach Zugangsweg beantworteten 84 bis 91 Prozent dieser Personen den gesamten Fragebogen, obwohl er ungewöhnlich lang war: Er umfasste je nach Filterführung zwischen 137 bis 178 Fragen. Da z. B. bei Itembatterien mehrere Fragen auf einer Webseite gestellt wurden, waren max. 92 Seiten zu beantworten. Die Abbruchquoten lassen sich nur für diese Seiten berechnen. Die durchschnittliche Beantwortungszeit lag bei etwa 21,5 Minuten.

Abbildung 2: Abbruchquoten im Befragungsverlauf

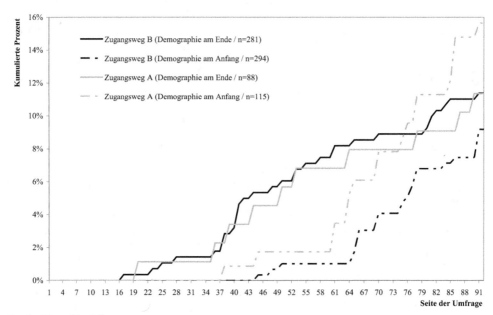

Quelle: Eigene Darstellung

---

[70] Vgl. Burchell 1992.
[71] Vgl. Tuten et al. 2002; Bosnjak & Batinic 2002.
[72] Vgl. Tuten et al. 2002.
[73] Vgl. Bosnjak & Batinic 2002.

Eine wichtige Frage ist, wann die Soziodemographie abzufragen ist: Ohne sie ist der Datensatz i. d. R. für die Auswertung wertlos, was dafür spricht, sie direkt am Anfang zu stellen, für den Fall, dass Personen die Befragung abbrechen. Andererseits empfehlen die meisten Methodenbücher, diese (zumindest bei mündlichen und schriftlich-postalischen Befragungen) am Ende zu stellen. Um dies zu überprüfen, wurden die Befragten in unserer Beispielsstudie zufällig in zwei Gruppen aufgeteilt. Der einen Gruppe wurden die Fragen zur Soziodemographie am Anfang, der anderen am Ende gestellt. Wie Abbildung 2 verdeutlicht, spricht nichts dagegen, Fragen zur Soziodemographie am Anfang zu stellen: Wurde die Soziodemographie am Anfang gestellt, lag die Abbruchwahrscheinlichkeit bei Zugangsweg A bei 16 Prozent, bei Zugangsweg B bei 9 Prozent. Wurde sie am Ende gestellt, lag die Abbruchwahrscheinlichkeit bei beiden Zugangswegen bei 11 Prozent. Möglicherweise wirken hier zwei gegenläufige Mechanismen: Stellt man die Fragen zur Soziodemographie am Anfang, erhöht dies das Misstrauen, stellt man sie am Ende, besteht keine Motivation, die „langweiligen" Fragen auch noch zu beantworten. Zu prüfen bleibt allerdings, ob sich dieser Befund unserer Studie auch auf andere Populationen übertragen lässt.

Betrachtet man die Abbruchraten im Zeitverlauf, so lässt sich festhalten, dass – je nach Zugangsweg und Fragebogenaufbau – fast alle Befragten die ersten 15 bis 45 Fragen beantworteten. Erst ab dem zweiten Drittel des Fragebogens nehmen die Abbruchquoten für alle Teilgruppen zu. Für die Gruppen des Zugangswegs A steigt die Abbruchquote ab hier relativ linear an. Bei Zugangsweg B verläuft die Kurve zunächst flacher, steigt dafür aber nach ca. dem zweiten Drittel steiler an. Die Verläufe sind für beide Zugangswege relativ identisch: Die meisten Abbrüche finden zwischen der 7. und 18. Minute statt, wobei die maximale Abbruchquote pro Minute bei 1 Prozent liegt. Danach nehmen die Abbrüche pro Minute leicht ab, und ab ca. 30 Minuten finden nur noch vereinzelt Abbrüche statt. Insgesamt lässt sich festhalten, dass die Fragebogenlänge auf das absolute Minimum beschränkt werden sollte und nach Möglichkeit 60 Seiten bzw. 20 Minuten Befragungszeit nicht übersteigen sollte, um die Abbruchquote zu minimieren.

Daneben ist die wichtigste Maßnahme, um fehlende Werte und Abbrüche zu vermeiden, ein *guter Fragebogen* (was aus Sicht der Datenqualität ohnehin wünschenswert ist).[74] Forscher sollten deshalb auch bei Online-Umfragen die gängigen Regeln der Formulierung einzelner Fragen und der Fragebogenreihenfolge beachten.[75] Offene und in Tabellen angeordnete Fragen erhöhen Abbruchquoten[76] und sollten deshalb vermieden werden. Filter sollten sauber gesetzt werden. Damit die Befragten die Befragung nicht abbrechen müssen, wenn sie nur eine einzige Frage nicht beantworten wollen, sollte, sofern dies die Datenqualität nicht beeinträchtigt, möglichst bei allen Fragen die Antwort „weiß nicht" oder „keine Angabe"[77] oder die Möglichkeit zugelassen werden, eine Frage unbeantwortet zu lassen und weiterzuklicken. Beachtet werden sollte bei der Beurteilung von Reihenfolgeeffekten, dass manche Befragten – die sogenannten „Lurkers" – sich zunächst alle Fragen anschauen und erst dann entscheiden, ob sie den Fragebogen beantworten oder nicht.[78] Ebenso wichtig ist ein gutes Layout, das aufwändige oder graphisch komplexe Designs vermeidet.[79] Die Fragen und die Antwort-Kategorien sollten einheitlich formuliert und angeordnet sein. Pull-down-

---

[74] Vgl. De Leeuw 2001; Engel et al. 2004; El-Menouar & Blasius 2005.

[75] Vgl. hierzu etwa Behnke et al. 2006 oder Diekmann 2007.

[76] Vgl. Knapp & Heidingsfelder 2001.

[77] Vgl. De Leeuw 2001.

[78] Vgl. Bosnjak et al. 2001.

[79] Vgl. Dillmann 2000.

Menüs und fehlende Navigationshilfen führen v. a. bei unerfahrenen Nutzern zu Abbrüchen.[80] Schließlich sind – auch bei Online-Umfragen – Maßnahmen der Fragebogenevaluation, insbesondere ein Pretest und Expertenvalidierungen, unverzichtbare Maßnahmen zur Sicherung der Qualität des Fragebogens und damit zur Minimierung der Abbruchquoten.

5. Fazit

Die Stichprobenziehung ist (nicht nur) bei Online-Befragungen ein sehr komplexer Vorgang. Es ist praktisch unmöglich, eine echte Zufallsstichprobe zu erzielen, da zu Coverage-Problemen Totalausfälle, fehlende Werte und Abbrüche hinzukommen, so dass die Stichprobenqualität bei vielen Online-Befragungen zweifelhaft ist und zumindest auf die Inferenzstatistik verzichtet werden sollte. Dies gilt jedoch nicht generell, sondern muss jeweils auf Basis einer konkreten Stichprobe für eine spezifische Forschungsfrage und Zielpopulation entschieden werden. Zusätzlich können Forscher eine Reihe von Maßnahmen ergreifen, um die Stichprobenqualität sicherzustellen oder zu verbessern, die wir hier beschrieben haben. Hierzu gehören u. a. die Wahl eines für den Zweck der Forschungsfrage geeigneten Zugangswegs, ein interessantes Befragungsthema, ein guter Fragebogen, geringe technische Voraussetzungen zur Beantwortung des Fragebogens, eine möglichst lange Erhebungsphase sowie persönliche Vorankündigungen und Erinnerungsmails mit genauen Informationen über die durchführende Institution, über Studienziele und über Maßnahmen zur Einhaltung des Datenschutzes. Um die Stärken und Schwächen einer spezifischen Stichprobe für andere Wissenschaftler transparent zu machen, sollten die getroffenen Maßnahmen dokumentiert werden, die Zielgesamtheit genau umrissen und die jeweilige Ausschöpfungsquote sowie bekannte Ausfallgründe beschrieben werden.

Literatur

Amt für Statistik Berlin-Brandenburg (2006a): Statistischer Bericht B III ½ - j / 06 – Studierende an Hochschulen im Land Brandenburg Wintersemester 2006//2007 Endgültiges Ergebnis. www.statistik-berlin-brandenburg.de/Publikationen/Stat_Berichte/2007/BIII1-2-e_j06.pdf (Zugriff: 02.02.08; 11:30Uhr).

Amt für Statistik Berlin-Brandenburg (2006b): Statistischer Bericht B III ½ - j 2006 – Studierende an Hochschulen im Land Berlin Wintersemester 2006/2007 Endgültiges Ergebnis. www.statistik-berlin-brandenburg.de /Publikationen/Stat_Berichte/2007/SB_160_1_2006J00.pdf (Zugriff: 02.02.08; 11:30Uhr).

Archer, T. M. (2007): Charactistics Associated with Increasing the Response Rates of Web-Based Surveys. In: Practical Assessment, Research & Evaluation, 12/12.

Bandilla, W. (2002): Web Surveys – An Appropriate Mode of Data Collection for the Social Sciences? In: Batinic, B., Reips, U.-D. & Bosnjak, M. (Hg.) (2002): Online Social Sciences. Seattle et al., S. 1-6.

Bandilla, W., Bosnjak, M. & Altdorfer, P. (2001): Effekte des Erhebungsverfahrens? Ein Vergleich zwischen einer Web-basierten und einer schriftlichen Befragung zum ISSP-Modul Umwelt. In: ZUMA-Nachrichten, 48, S. 7-28.

Baur, N. (2006): Ausfallgründe bei zufallsgenerierten Telefonstichproben am Beispiel des Gabler-Häder-Designs. In: Faulbaum, F. & Wolf, C. (Hrsg.) (2006): Stichprobenqualität in Bevölkerungsstichproben. Bonn, S. 159-184.

Behnke, J., Baur, N. & Behnke, N. (2006): Empirische Methoden der Politikwissenschaft. Paderborn u. a.

Bosnjak, M., Tuten, T. L. & Bandilla, W. (2001): Participaction in Web Surveys. A Typology. In: ZUMA-Nachrichten, 48, S. 7-17.

---

[80] Vgl. Bosnjak et al. 2001.

Bosnjak, M. & Batinic, B. (2002): Understanding the Willingness to Participate in Online Surveys. The Case of E-Mail Questionnaires. In: Batinic, B., Reips, U.-D. & Bosnjak, M. (Hg.) (2002): Online Social Sciences. Seattle et al., S. 81-92.

Brenner, V. (2002): Generalizability Issues in Internet-Based Survey Research: Implications for the Internet Addiction Controversy. In: Batinic, B., Reips, U.-D. & Bosnjak, M. (Hg.) (2002): Online Social Sciences. Seattle et al., S. 93-114.

Burchell, B. (1992): The Effect of Quaestionnaire Length on Survey Response. In: Quality & Quantity, 26, S. 233-244.

Couper, Mick & Coutts, E. (2006): Online Befragung. Probleme und Chancen verschiedener Online-Erhebungen. In: Diekmann, A. (Hrsg.) (2006): Methoden der Sozialforschung. Wiesbaden, S. 217-243.

De Leeuw, E. (2001): Reducing Missing Data in Surveys: An Overview of Methods. In: Quality & Quantity, 35, S. 147-160.

Diekmann, A. (2007): Empirische Sozialforschung. Grundlagen, Methoden, Anwendungen. Reinbek.

Dillman, D. A. (2000): Mail and Internet Surveys. The Tailored Design Method. New York et al.

El-Menouar, Y. & Blasius, J. (2005): Abbrüche bei Online-Befragungen. Ergebnisse einer Befragung von Medizinern. In: ZA-Informationen, 56, S. 79-92.

Engel, U., Pötschke, M., Schnabel, C. & Simonson, J. (2004): Nonresponse und Stichprobenqualität. Ausschöpfung in Umfragen der Markt- und Sozialforschung. Frankfurt a. M.

Faas, T. (2003a): Umfragen im Umfeld der Bundestagswahl 2002: Offline und Online im Vergleich In: ZA-Informationen 52, S. 120-135.

Faas, T. (2003b): Offline rekrutierter Access Panels: Königsweg der Online-Forschung? In: ZUMA-Nachrichten 53, S. 58-76.

Faas, T. (2006): Online-Umfragen. Potenziale und Probleme. In: Rehberg, K.-S. (Hrsg.) (2006): Soziale Ungleichheit, kulturelle Unterschiede. Frankurt a.M., S. 4815-4825.

Gabler, Siegfried (2006): Gewichtungsprobleme in der Datenanalyse. In: Diekmann, Andreas (Hrsg.) (2006): Methoden der Sozialforschung. Wiesbaden, S. 128-147

Jäckel, M. & Wollscheid, S. (2004): Mediennutzung im Tagesverlauf: Ausweitung des Angebots und Strukturen der Zeitverwendung. In: Statistisches Bundesamt (Hrsg.) (2004): Alltag in Deutschland. Analysen zur Zeitverwendung. Wiesbaden, S. 373-411.

Knapp, F. & Heidingsfelder, M. (2001): Drop-Out Analysis: The Effects of Research Design. In: Reips, U.-D. & Bosnjak, M. (Hrsg.) (2001): Dimensions of Internet Science. Lengerich et al., S. 221-230.

Lang, R. (2005): Organizational Survey. In: Kühl, S., Strodtholz, P. & Taffertshofer, A. (Hrsg.) (2005): Quantitative Methoden der Organisationsforschung. Ein Handbuch. Wiesbaden, S. 85-114.

Lück, D. (2008): Mängel im Datensatz beseitigen. In: Baur, N. & Fromm, S. (Hrsg.) (2008): Datenanalyse mit SPSS für Fortgeschrittene. Wiesbaden, S. 73-87.

Lukawetz, G. (2002): Empirically Quantifying Unit-Nonresponse-Errors in Online Surveys and Suggestions for Computational Correction Methods. In: Batinic, B., Reips, U.-D. & Bosnjak, M. (Hrsg.) (2002): Online Social Sciences. Seattle et al., S. 403-416.

Pötschke, M. & Simonson, J. (2001): Online-Erhebung in der empirischen Sozialforschung: Erfahrungen mit einer Umfrage unter Sozial-, Markt-, und Meinungsforschern. In: ZA-Informationen, 49, S. 6-28.

Schneekloth, U. & Leven, I. (2003): Woran bemisst sich eine „gute" Allgemeine Bevölkerungsumfrage? Analysen zu Ausmaß, Bedeutung und zu den Hintergründen von Nonresponse in zufallsbasierten Stichprobenerhebungen am Beispiel des ALLBUS. In: Zuma-Nachrichten, 27/53, S. 16-57.

Schnell, R. (1997): Nonresponse in Bevölkerungsumfragen. Ausmaß, Entwicklung und Ursachen. Opladen.

Schoen, H. (2004): Online-Umfragen – schnell, billig, aber auch valide? Ein Vergleich zweier Internetbefragungen mit persönlichen Interviews zur Bundestagswahl 2002. In: ZA-Informationen, 54, S. 27-52.

Spellerberg, A. (2007): Ländliche Räume in der hoch technisierten Dienstleistungsgesellschaft: Mitten drin oder draußen vor? Vortrag auf der Tagung „Peripherisierung – eine neue Form sozialer Ungleichheit?" der Sektion „Soziale Ungleichheit und Sozialstrukturanalyse" in der DGS. 22.-23.6.2007, Rostock.

Statistisches Bundesamt (Hrsg.) (2004a): IKT in Deutschland. Informations- und Kommunikationstechnologien 1995 – 2003. Computer, Internet und mehr. Wiesbaden.

Statistisches Bundesamt (Hrsg.) (2006a): Datenreport 2006. Zahlen und Fakten über die Bundesrepublik Deutschland. Bonn, S. 124-129; 430; 524-533; 577.

Statistisches Bundesamt (Hrsg.) (2006b): Informationstechnologie in Haushalten 2005. Tabellenanhang zur Pressebroschüre. Wiesbaden.

Statistisches Bundesamt (Hrsg.) (2006c): Informationstechnologie in Unternehmen und Haushalten 2005. Wiesbaden.

Statistisches Bundesamt (Hrsg.) (2007a): Entwicklung der Informationsgesellschaft. IKT in Deutschland. Ausgabe 2007. Wiesbaden.

Statistisches Bundesamt (Hrsg.) (2007b): IKT in Unternehmen. Nutzung von Informationstechnologie in Unternehmen. Ergebnisse für das Jahr 2006. Wiesbaden.

Statistisches Bundesamt (Hrsg.) (2007c): IKT in Unternehmen. Nutzung von Informationstechnologie in Unternehmen im europäischen Vergleich. Ergebnisse für das Jahr 2006. Wiesbaden.

Statistisches Bundesamt (Hrsg.) (2007d): Private Haushalte in der Informationsgesellschaft. Nutzung von Informations- und Kommunikationstechnologien (IKT) 2006. Wiesbaden.

Stegbauer, C. & Rausch, A. (2002): Lurkers in Mailing Lists. In: Batinic, B., Reips, U.-D. & Bosnjak, M. (Hrsg.) (2002): Online Social Sciences. Seattle et al., S. 263-274.

TNS Infratest (Hrsg.) (2007): (N)Onliner Atlas 2007. Eine Topographie des digitalen Grabens durch Deutschland. www.nonliner.de.

Tuten, T. L., Urban, D. J. & Bosnjak, M. (2002): Internet Surveys and Data Quality: A Review. In: Batinic, B., Reips, U.-D. & Bosnjak, M. (Hrsg.) (2002): Online Social Sciences. Seattle et al., S 7-26.

Universität Potsdam (2006): Studierende nach Abschlussarten und Fächergruppen (Stand: 29.11.2006). http://www.uni-potsdam.de/u/verwaltung/dezernat1/statistik/studenten/WS/stabschw.pdf (Zugriff: 02.02.08; 11:30Uhr). Graphik 1.

Weber, S. & Brake, A. (2005): Internetbasierte Befragung. In: Kühl, S., Strodtholz, P. & Taffertshofer, A. (Hrsg.) (2005): Quantitative Methoden der Organisationsforschung. Ein Handbuch. Wiesbaden, S. 59-84.

Coverage- und Nonresponse-Effekte bei Online-Bevölkerungsumfragen

Von Wolfgang Bandilla, Lars Kaczmirek, Michael Blohm & Wolfgang Neubarth

1. Einleitung und Hintergrund[1]

Kaum eine Technologie hat sich so schnell verbreitet und das mediale und kommunikative Verhalten weiter Bevölkerungskreise verändert wie das Internet. Es kann deshalb auch nicht überraschen, dass die Möglichkeiten dieser Technik innerhalb der Markt- und Sozialforschung zunehmend an Bedeutung gewinnen. Die auf das Jahr 2006 bezogenen Zahlen des *Arbeitskreises Deutscher Markt- und Sozialforschungsinstitute e.V.* (ADM)[2] weisen z.B. aus, dass beim Vergleich der gängigen Befragungsarten der Anteil von Online-Interviews auf mittlerweile 21 Prozent gestiegen ist und damit weit über dem traditionell-schriftlicher Befragungen liegt (acht Prozent). Der Anteil persönlich-mündlicher Interviews liegt mit 25 Prozent nur geringfügig höher, während telefonische Befragungen mit einem Anteil von 46 Prozent deutlich dominieren. Auch wenn nach wie vor Befragungen überwiegend interviewer-administriert (d.h. telefonisch oder persönlich-mündlich) durchgeführt werden, ist der kurze Zeitraum bemerkenswert, in dem die Online-Erhebung eine nennenswerte Größenordnung erreicht hat: Lag ihr Anteil im Jahr 2002 bei lediglich fünf Prozent, so hat er sich innerhalb von nur vier Jahren auf über 20 Prozent erhöht.

Ein Grund für diese Entwicklung dürfte in spezifischen Vorteilen der Online-Erhebung liegen: Als selbstadministrierte Erhebungsart bietet sie im Vergleich zu den interviewer-administrierten Befragungen deutliche Kostenvorteile. Hinzu kommen Zeitvorteile (d.h. vergleichsweise kurze Feldzeiten) und die Möglichkeit, den Befragungsprozess interaktiv zu gestalten.[3] Diese Vorteile werden gegenwärtig vor allem bei Studien im Bereich der Marktforschung genutzt, also einem Bereich, in dem bevölkerungsrepräsentative Aspekte keine oder nur eine untergeordnete Rolle spielen.

Eine grundlegend andere Situation ist jedoch gegeben, wenn die Ergebnisse einer Umfrage auf die Allgemeinbevölkerung generalisiert werden sollen. Nach wie vor verfügen weite Bevölkerungskreise über keinen Zugang zum Internet. Zwar nutzen nach den aktuellen Ergebnissen der ARD/ZDF-Online-Studie[4] 63 Prozent aller Personen ab 14 Jahren zumindest gelegentlich das Internet, was umgekehrt aber auch bedeutet, dass nahezu 40 Prozent nicht an Online-Befragungen teilnehmen können. Trotz der Dynamik, die bei der Verbreitung dieses neuen Mediums innerhalb weniger Jahre zu verzeichnen war (Anstieg zwischen 1997 und 2007 von sechs Prozent auf 63 Prozent), unterscheiden sich die Internetnutzer weiterhin in zentralen soziodemographischen Variablen wie Alter, Geschlecht und Bildungsabschluss von denjenigen, die über dieses Medium nicht erreicht werden können.

---

[1] Unser Dank gilt Mick Couper für wertvolle Anregungen und Kommentare.
[2] Vgl. ADM 2007.
[3] Vgl. u.a. Reips & Bosnjak 2001; Dillman 2007.
[4] Vgl. van Eimeren & Frees 2007: 363f.

Anhand des Merkmals Alter lassen sich die unterschiedlichen Realisierungsmöglichkeiten bzw. Grenzen von Online-Befragungen beispielhaft verdeutlichen. Sowohl die ARD/ZDF-Studie als auch andere Studien[5] kommen zu dem Ergebnis, dass bei der Altersgruppe der bis zu 30-Jährigen eine nahezu vollständige Internetnutzung gegeben ist. D.h. bei dieser Altersgruppe ist die Voraussetzung einer prinzipiellen Teilnahme an einer Online-Befragung gegeben – systematische Ausschlüsse von Befragten aufgrund eines fehlenden Zugangs zum Internet können bei dieser Altersgruppe weitgehend vernachlässigt werden (lässt man die Probleme der Stichprobenziehung einmal beiseite). Ein Beispiel für die erfolgreiche Realisierung einer Online-Befragung innerhalb dieser Altersgruppe stellt der HISBUS dar. Es handelt sich hierbei um eine repräsentative Befragung von Studierenden an deutschen Hochschulen, die vom HIS Hochschul-Informations-System durchgeführt wird.[6] Demgegenüber werden die (gegenwärtigen) Grenzen der Online-Erhebung sichtbar, wenn aus inhaltlichen Erkenntnisinteressen ältere Bevölkerungsgruppen im Fokus einer Befragung stehen. Laut Angaben der ARD/ZDF-Studie umfasst z.B. die Altersgruppe der ab 60-Jährigen in absoluten Zahlen ca. 20,4 Millionen Personen, von denen mit 25 Prozent lediglich ein Viertel das Internet nutzt. D.h. bei einer Online-Befragung wären drei Viertel dieser Altersgruppe (also ca. 15 Millionen Personen) systematisch von der Teilnahme ausgeschlossen.

Die Ergebnisse einer jüngst veröffentlichten amerikanischen Studie[7] belegen das dabei auftretende Problem: In dieser Studie wurde eine Zufallsstichprobe von Personen im Alter von 50 Jahren und älter entweder (1) traditionell oder (2) online zu gesundheitsbezogenen Themen befragt. Die Online-Erhebungsart war nur bei denjenigen Personen möglich, die über einen Internetzugang verfügten (ca. 30 Prozent der Gesamtstichprobe). Beim Vergleich der beiden Gruppen zeigen sich z.T. deutliche Unterschiede in den Ergebnissen, so dass sich allein auf der Basis der online erhobenen Daten nicht valide auf die Gesamtheit dieser Altersgruppe schließen lässt.

Anhand der einschlägigen Methodenliteratur[8] lassen sich die im zweiten Beispiel aufgezeigten Unterschiede mit „Undercoverage" erklären: Die angestrebte Grundgesamtheit bilden alle Personen im Alter 50+. Die Auswahlgesamtheit würden bei einer ausschließlich online durchgeführten Befragung nur diejenigen Personen darstellen, die über einen Zugang zum Internet verfügen (im vorliegenden Beispiel 30 Prozent). Der Fehler, der sich aus der Differenz von 70 Prozentpunkten zwischen angestrebter Grundgesamtheit und Auswahlgesamtheit ergibt, ist bekannt als Undercoverage Error. Die bei Umfragen zugrundeliegenden Stichprobendesigns haben jedoch üblicherweise das Ziel, diesen Fehler möglichst gering zu halten, d.h. eine große Übereinstimmung zwischen Grundgesamtheit und Auswahlgesamtheit anzustreben.[9]

Die hier dargestellte Problematik speziell bei Online-Befragungen in der Allgemeinbevölkerung ist nicht neu[10], und zur Lösung werden verschiedene Möglichkeiten vorgeschlagen, die im Folgenden kurz erwähnt werden. Die radikalste (jedoch auch sehr kostenintensive) Lösung besteht darin, allen Personen einer Zufallsstichprobe, die über keinen Zugang zum Internet verfügen, die für die Teilnahme an Online-Befragungen notwendige techni-

---

[5] Vgl. Medienpädagogischer Forschungsverbund Südwest 2007.
[6] Vgl. Müßig-Trapp et al. 2006.
[7] Vgl. Couper et al. 2007.
[8] Vgl. u.a. Groves et al. 2004.
[9] Vgl. hierzu auch Schnell et al. 2005: 272.
[10] Vgl. u.a. Couper 2000; Faas 2003.

sche Ausstattung zur Verfügung zu stellen. Dieser Ansatz wird seit einigen Jahren in den USA von Knowledge Networks[11] kommerziell umgesetzt. Eher unter akademischer Forschungsperspektive stehend startete das MESS-Projekt, das an der Universität Tilburg in den Niederlanden angesiedelt ist. Die Projekt-Website[12] gibt dabei Auskunft über die zur Realisierung dieses Projektes zur Verfügung stehenden finanziellen Mittel (13,9 Millionen Euro). Alternativ zu diesen sehr aufwändigen Vorhaben werden Möglichkeiten diskutiert, den Coverage Error durch eine Gewichtung der online erhobenen Daten zu reduzieren. Im Mittelpunkt stehen dabei vor allem „Propensity Score Adjustments (PSA)".[13] Die Ergebnisse derartiger Modellierungen sind nicht immer eindeutig und erfordern für eine umfassende Bewertung sicherlich noch weitere Forschungsaktivitäten. Hierzulande am bekanntesten ist das von der Unternehmensberatung McKinsey finanzierte Online-Umfrageprojekt „Perspektive Deutschland", bei dem eine solche Gewichtung bzw. Modellierung umgesetzt wurde.[14]

Gleichgültig welche gegenwärtigen Lösungsmöglichkeiten gesehen werden, es bleibt festzuhalten, dass die unterschiedlichen Nutzungen bzw. Online-Erreichbarkeiten und der damit verbundene Coverage Error ein gewichtiges Problem darstellen. Hierauf dürfte sich auch die nach wie vor und insbesondere in der akademisch ausgerichteten Umfrageforschung weit verbreitete Skepsis gegenüber Online-Bevölkerungsumfragen zurückführen lassen. Eine Situation, die Parallelen zu derjenigen aufweist, die zu Beginn telefonischer Interviews bestand.[15]

Diese Skepsis wird zusätzlich dadurch gefördert, dass Online-Befragungen (ähnlich wie schriftliche Befragungen) vergleichsweise geringe Teilnahmequoten[16] aufweisen.[17] D.h. neben dem Coverage Error ist (bei gegebenem Internetzugang) als potenziell weitere Fehlerquelle der Nonreponse-Error zu beachten, also der Fehler, der sich aus der Differenz zwischen den Angaben der Befragungsteilnehmer und der Befragtengesamtheit ergibt.

Mit der nachfolgend vorgestellten Studie wird der Versuch unternommen, diese beiden Fehler anhand adäquater empirischer Daten zu quantifizieren und somit eine bessere Einschätzung von Coverage- und Nonresponse-Effekten bei Online-Befragungen zu ermöglichen. Die Grundlage bilden dabei Daten der im Jahr 2006 durchgeführten Allgemeinen Bevölkerungsumfrage der Sozialwissenschaften (ALLBUS).

---

[11] Vgl. u.a. Dennis & Li 2003.
[12] Vgl. http://www.uvt.nl/centerdata/en/mess/.
[13] Vgl. Lee 2006.
[14] Vgl. Fries 2006; http://www.perspektive-deutschland.de.
[15] Vgl. Frey, Kunz & Lüschen 1990.
[16] Gemeint sind hier einmalige Online-Befragungen (Querschnitt-Befragungen) und nicht Online-Access-Panels, bei denen eine grundsätzlich anders gelagerte Ausgangssituation vorliegt.
[17] Vgl. u.a. Schonlau et al. 2002.

2.   Methode und Untersuchungsanlage

Die Berechnung der Coverage- und Nonresponse-Effekte setzte eine Studienkonzeption voraus, die es ermöglichte, zwischen folgenden Gruppen unterscheiden zu können: a) Internetnutzer vs. Nicht-Nutzer des Internet, b) zur Teilnahme an einer Online-Befragung bereite vs. nicht bereite Personen (bei vorhandenem Internetzugang) und c) Teilnehmer vs. Nicht-Teilnehmer einer Online-Befragung (bei vorhandener Teilnahmebereitschaft). Um dieses Ziel zu erreichen, erfolgte die Teilnehmerrekrutierung der hier beschriebenen Studie über den ALLBUS.

Beim ALLBUS handelt es sich um eine Umfrageserie zu Einstellungen, Verhaltensweisen und zur Sozialstruktur der Bevölkerung in der Bundesrepublik Deutschland, die seit 1980 in zweijährigem Abstand durchgeführt wird.[18] In persönlichen Interviews wird jeweils ein repräsentativer Querschnitt der bundesdeutschen Bevölkerung zu wechselnden Themenschwerpunkten befragt. Die Grundgesamtheit besteht dabei aus der erwachsenen Wohnbevölkerung (d.h. Deutschen und deutschsprachigen Ausländern in West- und Ostdeutschland). Als Serviceleistung für die sozialwissenschaftliche Forschung und Lehre werden die Daten allen interessierten Personen und Institutionen für Analysen zur Verfügung gestellt.

Bei der im Jahr 2006 durchgeführten ALLBUS-Erhebung, welche die Grundlage der hier vorgestellten Studie bildet, wurde die Stichprobe mit Hilfe eines zweistufigen Ziehungsverfahrens gebildet: Zunächst wurde eine Stichprobe von Gemeinden gezogen und anschließend wurden in den Gemeinden aus den Einwohnermelderegistern Personenadressen ausgewählt.[19] Befragt wurden insgesamt 3.421 Personen, davon 2.299 in West- und 1.122 in Ostdeutschland. D.h. es wurde ein disproportionaler Stichprobenansatz mit einem Oversampling in Ostdeutschland gewählt, um auch für die neuen Bundesländer eine ausreichende Fallzahl für differenzierte Analysen zur Verfügung zu stellen. Die Ausschöpfungsquote lag bei 40,2 Prozent in West- und 42,8 Prozent in Ostdeutschland. Zur Prüfung der Stichprobenqualität wurden die Verteilungen standarddemographischer Variablen der ALLBUS-Nettostichprobe mit den entsprechenden Verteilungen des Mikrozensus abgeglichen. Mit Ausnahme des bekannten Bildungs-Bias (Mittelschicht-Bias)[20] wurden keine gravierenden Abweichungen festgestellt.

Der thematische Schwerpunkt dieser ALLBUS-Umfrage bestand in „Einstellungen gegenüber ethnischen Gruppen". Zwei im Kontext dieses Schwerpunktes stehende Fragebatterien bildeten die Basis für die Analyse des Nonresponse Errors: Zum einen eine Frage, mit der anhand von vier Items „Einstellungen gegenüber in Deutschland lebenden Ausländern" erhoben wurden. Zum anderen eine Frage, in der acht Items die „wahrgenommenen Konsequenzen der Anwesenheit von Ausländern" erfassen.[21]

Die für diese Studie zentralen Fragen zur Internetnutzung und zur Bereitschaft, an einer Online-Befragung teilzunehmen, wurden am Ende der durchschnittlich 50 Minuten dauernden persönlichen Interviews gestellt. Die erste Frage bezog sich auf die private Internetnut-

---

[18]   Umfassende Informationen zum ALLBUS finden sich auf der Website der GESIS unter http://www.gesis.org/ Dauerbeobachtung/Allbus/.

[19]   Ausführlich hierzu Wasmer et al. 2007: 52.

[20]   Gemeint ist hier der Anteil von Personen mit niedrigen Bildungsabschlüssen, der bei derartigen Umfragen erfahrungsgemäß unter dem betreffenden Anteil des Mikrozensus liegt und bei dieser Umfrage ein mittleres Niveau aufweist. Vgl. hierzu Wasmer et al. 2007: 73f.

[21]   Der Wortlaut dieser Fragen findet sich im Anhang.

zung und lautete: „Nutzen Sie privat das Internet?" Die Einschränkung auf die private Nutzung wurde bewusst gewählt, da wir davon ausgehen, dass die Teilnahme an derartigen
Befragungen nur im privaten Umfeld und nicht z.B. während der Arbeitszeit erfolgen
kann.[22] Sofern die Frage nach der Nutzung bejaht wurde, folgte eine kurze Frage nach der
Nutzungshäufigkeit und die entscheidende Rekrutierungsfrage: „Wären Sie bereit, unser
Forschungsprojekt auch weiterhin durch Ihre Mitarbeit bei einer Internet-Umfrage zu unterstützen?" Wurde auch diese Frage bejaht, erfolgte die Aufnahme der E-Mail-Adresse durch
den Interviewer. Nach Abschluss der ALLBUS-Feldphase wurden alle befragungsbereiten
Personen mittels dieser E-Mail-Adressen eingeladen, an der Online-Befragung teilzunehmen.

Die hier beschriebene Vorgehensweise ermöglicht die Bildung der schon weiter oben
beschriebenen Vergleichsgruppen und damit die Berechnung von Coverage und Nonresponse Error anhand der in den ALLBUS-Interviews erhobenen Daten. Der Vorteil dieser
Untersuchungsanlage besteht darin, über den gesamten Rekrutierungsprozess hinweg das
Ausmaß der Fehler direkt ablesen zu können, da sowohl Daten aus der jeweils interessie-
renden Gesamtheit, wie auch den Antwortenden und den Nicht-Antwortenden vorliegen.
Bspw. errechnet sich der Coverage Error aus der Differenz der Mittelwerte der interessie-
renden Variablen zwischen Internetnutzern und Gesamtheit (hier: ALLBUS-Stichprobe).
Gleiches gilt für den Nonresponse Error, z.B. bei gegebener Teilnahmebereitschaft die
Differenz zwischen Antwortenden und der Gesamtheit teilnahmebereiter Personen.[23]

---

[22]   Ähnlich wie bei telefonischen oder persönlichen Interviews, die ausnahmslos über Privatanschlüsse bzw. in
       den Privathaushalten (und nicht am Arbeitsplatz!) erfolgen.
[23]   Zur Berechnung von Coverage und Nonresponse Error vgl. Groves et al. 2004: 54ff.

3. Ergebnisse[24]

Abbildung 1 gibt eine Übersicht zu den Fallzahlen, die im Rekrutierungsverlauf für eine Online-Befragung auftreten, sofern diese – wie im vorliegenden Fall – über persönliche und auf einer Zufallsstichprobe basierende Interviews erfolgt.

Abbildung 1: Rekrutierungsverlauf

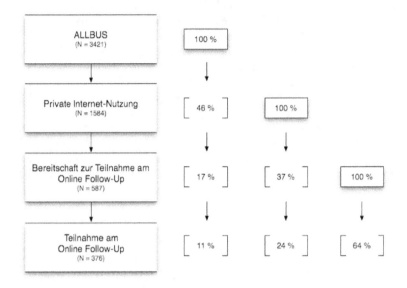

Auf den ersten Blick überraschend ist der mit 46 Prozent vergleichsweise geringe Anteil derjenigen, die zu privaten Zwecken das Internet nutzen. Andere Umfragen, wie z.B. die schon erwähnte ARD/ZDF-Studie kommen bzgl. der „gelegentlichen Onlinenutzung"[25] auf deutlich über 60 Prozent. Die Differenz dürfte zum einen auf die unterschiedlichen Auswahlgesamtheiten in beiden Studien zurückzuführen sein (ARD/ZDF: 14 Jahre und älter; ALLBUS: 18 Jahre und älter), zum anderen – und weitaus bedeutsamer für die Rekrutierung von Online-Befragungsteilnehmern – auf die Formulierung der Nutzungsabfrage: Bei der ARD/ZDF-Studie (deren Ziel nicht in der Rekrutierung von Befragungsteilnehmern besteht) wird allgemein und unabhängig von der Nutzungsart nach der Online-Nutzung gefragt. Beim ALLBUS wurde dagegen bewusst eine deutlich restriktivere Formulierung gewählt, bei der die Internutzung z.B. während der Arbeitszeit ausgeschlossen ist (und damit für Bevölkerungsumfragen, ähnlich wie in anderen Erhebungsmodi, geeigneter ist).

Des Weiteren überrascht der mit 37 Prozent geringe Anteil Befragungsbereiter bei vorhandenem Zugang zum Internet.[26] In der Frage nach der Bereitschaft zur Online-Teilnahme

---

24 Alle Ergebnisdarstellungen und Analysen berücksichtigen das personenbezogene West-Ost-Gewicht, um das Oversampling in Ostdeutschland auszugleichen.

25 Vgl. van Eimeren & Frees 2007: 364.

26 Hier spielt sicherlich die Erfahrung im Umgang mit dem Medium Internet eine Rolle, was sich z.B. darin zeigt, dass 54 Prozent derjenigen, die sich zur Teilnahme am Online Follow-Up bereit erklärten, täglich das Internet nutzen. Unter den nicht Teilnahmebereiten liegt der Vergleichswert bei 25 Prozent.

liegt offensichtlich eine weitere entscheidende Hürde im Rekrutierungsprozess, die – sofern sie erfolgreich genommen wurde – zu einer mit 64 Prozent hohen Teilnahmequote führt. Die im Rekrutierungsverlauf auftretenden Selektionsmechanismen kommen insbesondere beim Vergleich soziodemographischer Hintergrundmerkmale zum Ausdruck (vgl. Tab. 1).

Tabelle 1: Vergleich soziodemographischer Hintergrundmerkmale

	einfach		mittel		hoch		Summe Geschlecht %	Summe %
	18-39	40+	18-39	40+	18-39	40+		
	%	%	%	%	%	%		
ALLBUS (n = 3309)*								
Männer	5	15	5	9	5	9	48	
Frauen	3	17	7	12	6	7	52	
Summe Schulbildung/Alter	8	32	12	21	11	16		
Summe Schulbildung	40		33		27			100
Summe							100	
Internetnutzung (n = 1553)*								
Männer	5	8	7	9	10	13	52	
Frauen	3	5	11	10	10	9	48	
Summe Schulbildung/Alter	8	13	18	19	20	22		
Summe Schulbildung	21		37		42			100
Summe							100	

Spaltenüberschrift (oben, über einfach/mittel/hoch): Schulbildung

* Abweichungen zu den in Abbildung 1 aufgeführten Fallzahlen erklären sich durch fehlende Werte auf einzelnen Kovariaten.

Tabelle 1:   Vergleich soziodemographischer Hintergrundmerkmale (Fortsetzung)

	einfach		mittel		hoch		Summe Geschlecht %	Summe %
	18-39	40+	18-39	40+	18-39	40+		
	%	%	%	%	%	%		
Bereitschaft zur Online-Teilnahme (n = 576)*								
Männer	4	6	7	9	14	15	55	
Frauen	2	4	9	8	14	8	45	
Summe Schulbildung/Alter	6	10	16	17	28	23		
Summe Schulbildung	16		33		51			100
Summe							100	
Online-Teilnahme (n = 372)*								
Männer	2	5	5	11	15	16	54	
Frauen	2	4	10	8	14	8	46	
Summe Schulbildung/Alter	4	9	15	19	29	24		
Summe Schulbildung	13		34		53			100
Summe							100	

*   Abweichungen zu den in Abbildung 1 aufgeführten Fallzahlen erklären sich durch fehlende Werte auf einzelnen Kovariaten.

Die deutlichsten Unterschiede zwischen der ALLBUS-Gesamtgruppe und der Subgruppe der Internetnutzer zeigen sich bzgl. der Merkmale Alter und Schulabschluss[27]: Bezogen auf alle ALLBUS Befragten liegt der Anteil derjenigen, die über einen einfachen Schulabschluss verfügen und 40 Jahre und älter sind, bei 32 Prozent. Unter den Internetnutzern sind es lediglich 13 Prozent. Ein vollkommen gegensätzliches Bild zeigt sich bei der Alters-

---

[27]   Der entsprechenden Variable liegt die Frage nach dem allgemeinen Schulabschluss zugrunde: einfache Schulbildung (Volks-/Hauptschulabschluss), mittel (Realschulabschluss), hoch (Fachhochschulreife, Abitur). Nicht eindeutige Angaben (z.B. bei „anderer Schulabschluss") wurden nicht berücksichtigt („missing").

gruppe der 18- bis 39-Jährigen mit einem hohen Bildungsabschluss: Hier liegt der Anteil unter den Internetnutzern mit 20 Prozent nahezu doppelt so hoch im Vergleich zur entsprechenden Gruppe beim Gesamt-ALLBUS (11 Prozent). Diese Unterschiede sind bereits aus früheren Studien[28] bekannt und belegen auf der soziodemographischen Ebene den „Bias" (Verzerrung), der derzeit bei einer ausschließlich online durchgeführten Bevölkerungsbefragung auftreten würde.

Aber auch dann, wenn über einen Internetzugang die technischen Voraussetzungen zur Teilnahme an einer Online-Befragung gegeben sind, ist ein deutlicher Bias bei den Befragungsbereiten zu erkennen: Innerhalb dieser Gruppe sind im Vergleich zur Gesamtgruppe der Internetnutzer wiederum die „Jüngeren" mit einem hohen Bildungsabschluss überrepräsentiert (28 Prozent vs. 20 Prozent). Wird dagegen auf der letzten Rekrutierungsstufe die Bereitschaft zur Online-Teilnahme gegeben, so sind zumindest auf der soziodemographischen Ebene nur marginale Unterschiede zu den tatsächlich an der Online-Umfrage Teilnehmenden zu erkennen (28 bzw. 29 Prozent).

D.h. bei der Rekrutierung von Teilnehmern für eine Online-Befragung ist – zumindest nach diesen Ergebnissen – neben dem Coverage Error (fehlender Internetzugang) auch der hohe Anteil derjenigen zu beachten, die bei vorhandenem Zugang zum Internet nicht zur Online-Teilnahme bereit sind („Nonrespondents"). Zusammengefasst haben Jüngere mit hohem Bildungsabschluss eine erhöhte Wahrscheinlichkeit, die einzelnen (zwingend vorhandenen) Auswahlstufen bis zur tatsächlichen Teilnahme zu durchlaufen.

Wie wirken sich nun diese Unterschiede zwischen den verschiedenen Gruppen auf den Coverage bzw. Nonresponse Error substantieller Variablen aus? Die Beantwortung dieser Frage soll auf Grundlage zweier zentraler Fragebatterien zum Themenschwerpunkt des ALLBUS 2006 erfolgen. Erhoben wurden dabei das Ausmaß der Zustimmung zu „Einstellungen gegenüber in Deutschland lebenden Ausländern" (vier Items) und die „wahrgenommenen Konsequenzen der Anwesenheit von Ausländern" (acht Items). Die Beantwortung erfolgte über eine 7-stufige Zustimmungsskala mit den Endpunkten „stimme überhaupt nicht zu" (Wert 1) und „stimme voll und ganz zu" (Wert 7). Berechnet wurden Mittelwerte und Standardfehler für die jeweiligen Gesamt- und Subgruppen (vgl. Tabellen 2 und 3).

Nahezu durchgängig sind die im Rekrutierungsverlauf entstehenden soziodemographischen Unterschiede sowohl im Coverage als auch im Nonresponse Error zu erkennen. Die vergleichsweise stärkste Abweichung der Item-Mittelwerte ist zwischen Internetnutzern und der ALLBUS-Gesamtgruppe zu verzeichnen (Coverage Error).[29] Bei gegebenem Internetzugang ist der durch die fehlende Bereitschaft zur Online-Teilnahme bedingte Nonresponse Error nahezu ausnahmslos größer als der (zweite) Nonresponse Error, der bei gegebener Teilnahmebereitschaft durch die Nicht-Teilnahme verursacht wird. D.h. die wesentliche Hürde hinsichtlich der Generalisierbarkeit online erhobener Daten liegt in der Nicht-Erreichbarkeit derjenigen, die über keinen Internetzugang verfügen. Der bei vorhandenem Internetzugang zusätzlich auftretende Nonresponse Error fällt größtenteils geringer aus.

---

[28] Vgl. u.a. Bandilla 2003.
[29] Lediglich bei den Items „E" und „H" in Tabelle 3 fällt der Coverage Error geringer aus. Item „A" in Tabelle 3 zeigt diesbezüglich so gut wie keinen Unterschied.

Tabelle 2: **Coverage und Nonresponse Error bei „Einstellungen gegenüber in Deutschland lebenden Ausländern"**

	ALLBUS Gesamt (n=3185)*	Internet-nutzung (n=1491)*	Bereit-schaft Teil-nahme (n=560)*	Online-Teil-nahme (n=359)*	Coverage Error	Nonresponse Error		
	(1)	(2)	(3)	(4)	Internet-nutzung (2 zu 1)	Bereit-schaft (3 zu 2)	Teil-nahme (4 zu 3)	Gesamt (4 zu 1)
A) Ausländer: mehr Lebensstilanpassung[30]								
M	5.75	5.53	5.38	5.33	-0.22	-0.15	-0.05	-0.42
SE	.027	.041	.068	.083				
B) Ausländer: wieder heim bei knapper Arbeit								
M	3.22	2.78	2.71	2.63	-0.44	-0.07	-0.08	-0.59
SE	.035	.046	.074	.091				
C) Ausländer: polit. Betätigung untersagen								
M	3.33	2.97	2.80	2.67	-0.36	-0.17	-0.13	-0.66
SE	.038	.053	.084	.100				
D) Ausländer: sollten unter sich heiraten								
M	2.46	1.85	1.61	1.57	-0.61	-0.24	-0.04	-0.89
SE	.034	.039	.058	.069				

* Abweichungen zu den in Abbildung 1 aufgeführten Fallzahlen erklären sich durch fehlende Werte auf einzelnen Variablen.

Der Gesamt-Fehler (Coverage plus Nonresponse Error) bewegt sich bei der Mehrzahl der hier analysierten Items im Bereich zwischen 0.4 und 0.6, der Maximalwert liegt bei -0.89 (Item „D" in Tabelle 2).

---

[30] Vollständiger Wortlaut der Aussagen im Anhang

Tabelle 3: Coverage und Nonresponse Error bei „wahrgenommenen Konsequenzen der Anwesenheit von Ausländern"

	ALLBUS Gesamt (n=3185)	Internet-nutzung (n=1491)	Bereit-schaft Teil-nahme (n=560)	Online-Teil-nahme (n=359)	Coverage Error	Nonresponse Error		
	(1)	(2)	(3)	(4)	Internet-nutzung (2 zu 1)	Bereit-schaft (3 zu 2)	Teil-nahme (4 zu 3)	Gesamt (4 zu 1)
A) Ausländer tun die unschönen Arbeiten[31]								
M	4.16	4.17	4.18	4.30	0.01	0.01	0.12	0.14
SE	.032	.045	.073	.085				
B) Ausländer belasten unser soziales Netz								
M	4.06	3.73	3.49	3.41	-0.33	-0.24	-0.08	-0.65
SE	.032	.045	.071	.089				
C) Ausländer bereichern unsere Kultur								
M	4.17	4.46	4.58	4.65	0.29	0.12	0.07	0.48
SE	.032	.044	.069	.085				
D) Ausländer verknappen Wohnungen								
M	2.51	2.37	2.34	2.36	-0.14	-0.03	0.02	-0.15
SE	.029	.040	.065	.083				
E) Ausländer stützen die Rentensicherung								
M	3.75	3.88	4.09	4.24	0.13	0.21	0.15	0.49
SE	.033	.047	.075	.093				
F) Ausländer nehmen Arbeitsplätze weg								
M	3.36	3.03	2.84	2.73	-0.33	-0.19	-0.11	-0.63
SE	.032	.043	.072	.087				
G) Ausländer begehen häufiger Straftaten								
M	4.14	3.91	3.76	3.69	-0.23	-0.15	-0.07	-0.45
SE	.035	.050	.080	.101				
H) Ausländer schaffen Arbeitsplätze								
M	3.16	3.36	3.59	3.64	0.20	0.23	0.05	0.48
SE	.029	.041	.066	.081				

---

[31] Vollständiger Wortlaut der Aussagen im Anhang.

139

Nun könnte der Eindruck entstehen, dass derartige Abweichungen in den Mittelwerten auf einer 7-stufigen Antwortskala nicht übermäßig hoch sind oder zumindest die Items für eine grobe Schätzung im Alltag genügend genau sind. Um dieser Fehleinschätzung bzw. möglichen Fehlinterpretationen vorzubeugen, nachfolgend einige Prozentuierungsvergleiche für die vier Items, mit denen Einstellungen gegenüber in Deutschland lebenden Ausländern erhoben wurden.[32]

Hierzu wurden auf der 7-stufigen Antwortskala die Skalenwerte 1-3 zusammengefasst, die eine Ablehnung der Aussagen zum Ausdruck bringen.[33] In Tabelle 4 werden die entsprechenden Prozentwerte der Online-Teilnehmer denen des Gesamt-ALLBUS gegenüber gestellt. Zusätzlich wurde für die Gruppe der Online-Teilnehmer eine Gewichtung vorgenommen, indem deren Struktur nach den Hintergrundmerkmalen Alter, Geschlecht und Schulabschluss an diejenige des Gesamt-ALLBUS angeglichen wurde.

Tabelle 4: Prozentanteil „Ablehner" (Skalenwerte 1-3) bei 4 Ausländer-Items: Vergleich der Gesamtstichprobe mit den Online-Teilnehmern (gewichtet und ungewichtet)

	ALLBUS-Teilnehmer Gesamt	Online-Teilnehmer (ungewichtet)	Online-Teilnehmer (gewichtet)*	Differenz ALLBUS zu Online ungewichtet	Differenz ALLBUS zu Online gewichtet*
	%	%	%	Prozent-punkte	Prozent-punkte
A) Ausländer: mehr Lebensstilanpassung[34]	8,9	13,1	14,1	4,2	5,2
B) Ausländer: wieder heim bei knapper Arbeit	56,4	69,1	65,4	12,7	9,0
C) Ausländer: polit. Betätigung untersagen	55,4	68,8	60,8	13,4	5,4
D) Ausländer: sollten unter sich heiraten	71,2	91,4	90,5	20,2	19,3

* Anpassung an Demographiestruktur der Gesamtstichprobe ALLBUS anhand der Variablen Alter, Geschlecht und Schulabschluss.

Die Zahlen verdeutlichen, dass allein auf der Basis der Online-Teilnehmer keine auch nur halbwegs akzeptable Schätzung der Einstellungen aller ALLBUS-Teilnehmer (der Grundgesamtheit) möglich ist. Die Differenzen belaufen sich auf bis zu 20 Prozentpunkte und auch die Gewichtung führt nicht zu einer entscheidenden Verbesserung.

---

[32] Vgl. hierzu die Items aus Tabelle 2.
[33] Die Ablehnung der Aussagen ist gleichbedeutend mit einer positiven Einstellung gegenüber Ausländern. Vgl. hierzu die Formulierung der einzelnen Aussagen im Anhang.
[34] Vollständiger Wortlaut der Aussagen im Anhang

Ein anderes Bild zeigt sich, wenn die Online-Teilnehmer mit der Gesamtheit der Internetnutzer verglichen werden (Tabelle 5). Auch hier erfolgte zusätzlich eine Gewichtung der Online-Teilnehmer, allerdings zur Angleichung an die Struktur aller Internetnutzer. Dies ist plausibel, wenn bei einer Untersuchung alle Internetnutzer die Grundgesamtheit bilden.

Tabelle 5: Prozentanteil „Ablehner" (Skalenwerte 1-3) bei 4 Ausländer-Items: Vergleich der Internetnutzer mit den Online-Teilnehmern (gewichtet und ungewichtet)

	Internet-Nutzer Gesamt	Online-Teilnehmer (ungewichtet)	Online-Teilnehmer (gewichtet)*	Differenz ALLBUS zu	
				Online ungewichtet	Online gewichtet*
	%	%	%	Prozentpunkte	Prozentpunkte
A) Ausländer: mehr Lebensstilanpassung[35]	11,0	13,1	12,8	2,1	1,8
B) Ausländer: wieder heim bei knapper Arbeit	65,9	69,1	66,9	3,2	1,0
C) Ausländer: polit. Betätigung untersagen	62,4	68,8	65,4	6,4	3,0
D) Ausländer: sollten unter sich heiraten	85,1	91,4	91,2	6,3	16,1

* Anpassung an Demographiestruktur der Gesamtheit aller Internetnutzer anhand der Variablen Alter, Geschlecht und Schulabschluss.

Die Differenzen zur Gesamtheit der Internetnutzer bewegen sich in einem deutlich geringeren Umfang. Dies gilt sowohl für die ungewichteten Prozentwerte der Online-Teilnehmer als auch für die gewichteten Daten, die mit Ausnahme des Items „D" nur noch geringe Abweichungen zur Gesamtheit der Internetnutzer aufweisen. In diesem Ergebnis könnte ein Hinweis darauf gesehen werden, dass mit einer Online-Bevölkerungsumfrage zumindest eine Schätzung für eine Grundgesamtheit möglich ist, die über die (private) Nutzung des Internet zu definieren wäre.

4. Fazit und Ausblick

Ausgangspunkt unserer Studie war die Frage, wo die derzeitigen Grenzen einer online durchgeführten Bevölkerungsumfrage liegen. Anders als z.B. in der Marktforschung oder der experimentell-psychologischen Forschung, in der die Online-Methodik inzwischen eine

---

[35] Vollständiger Wortlaut der Aussagen im Anhang

weite Verbreitung gefunden hat[36], unterliegen allgemeine Bevölkerungsumfragen speziellen Anforderungen an die Stichprobenqualität. Entscheidend ist in diesem Zusammenhang die Frage, in welchem Ausmaß (zumindest gegenwärtig) bestimmte Bevölkerungsgruppen aufgrund eines fehlenden Zugangs zum Internet von der Teilnahme an Online-Befragungen ausgeschlossen sind. Die ALLBUS-Erhebung 2006 mit anschließendem Online Follow-Up bot die Möglichkeit, Coverage und Nonresponse Error exakt zu bestimmen.

Auf den ersten Blick geben unsere Ergebnisse diesbezüglich ein ernüchterndes Bild: Nicht einmal die Hälfte der im ALLBUS befragten Personen nutzt privat das Internet – nach wie vor sind es vorwiegend Jüngere mit einem mittleren bzw. hohen Bildungsabschluss. Der hiermit einhergehende Coverage Error zeigt sich beim Mittelwertvergleich substantieller Variablen.

Auf der anderen Seite ist bei gegebener Internetnutzung ein vergleichsweise geringer Nonresponse Error festzustellen, was für die Durchführbarkeit repräsentativer Online-Bevölkerungsumfragen spricht, sofern die Grundgesamtheit über die private Internetnutzung definiert wird. Zu beachten ist jedoch die aufgrund der notwendigen Rekrutierungsstrategie mit 37 Prozent geringe Teilnahmebereitschaft. Es bleibt abzuwarten, ob es sich hierbei aufgrund einer Unsicherheit im Umgang mit dieser neuartigen Befragungsart um ein temporäres Problem handelt oder um ein generelles Phänomen von Online-Umfragen. Bei anderen Rekrutierungsstrategien z.B. mit wiederholten Kontakten und möglichen Incentives sind durchaus höhere Teilnahmebereitschaften zu erreichen.[37] Antworten auf diese und ähnliche Fragen sind zu erhoffen aus aktuell anlaufenden Groß-Forschungsvorhaben, wie dem schon eingangs erwähnten MESS-Projekt in den Niederlanden oder hierzulande dem neuen von der *Deutschen Forschungsgemeinschaft* eingerichteten Schwerpunktprogramm „Survey Methodology".

Literatur

ADM Arbeitskreis Deutscher Markt- und Sozialforschungsinstitute (2007): Jahresbericht 2006. Frankfurt.

Bandilla, W. (2003): Die Internetgemeinde als Grundgesamtheit. In: ADM Arbeitskreis Deutscher Markt- und Sozialforschungsinstitute / Arbeitsgemeinschaft Sozialwissenschaftlicher Institute (ASI). Statistisches Bundesamt (Hrsg.): Online-Erhebungen. Sozialwissenschaftlicher Tagungsbericht. Band 7. Bonn, S. 71-83

Couper, M. P. (2000): Web Surveys. A Review of Issues and Approaches. In: Public Opinion Quarterly, 64, S. 464-494.

Couper, M. P., Kapteyn, A., Schonlau, M. & Winter, J. (2007): Noncoverage and Nonresponse in an Internet Survey. In: Social Science Research, 36, S. 131-148.

Dennis, M. J. & Li, R. (2003): Effects of Panel Attrition on Survey Estimates. Paper presented at the Annual Meeting of the American Association for Public Opinion Research.

Dillman, D. A. (2007): Mail and Internet Surveys – The Tailored Design Method. 2007 Update with New Internet, Visual, and Mixed-Mode Guide. New York.

Faas, T. (2003): Offline rekrutierte Access Panels: Königsweg der Online-Forschung? In: ZUMA Nachrichten, 53, S. 58-76.

Frey, J. H., Kunz, G. & Lüschen, G. (1990): Telefonumfragen in der Sozialforschung. Opladen.

Fries, R. (2006): Großumfragen im World Wide Web. Aachen.

---

[36] Die von der Deutschen Gesellschaft für Online Forschung (DGOF) unterstützte und aktuell im von Halem Verlag erscheinende Buchreihe „Neue Schriften zur Online-Forschung" gibt über die derzeitigen Entwicklungen einen umfassenden Überblick.

[37] Vgl. Scherpenzeel & Das 2007.

Groves, R. M., Fowler, F. J., Couper, M. P., Lepkowski, J. M., Singer, E. & Tourangeau, R. (2004): Survey Methodology. New Jersey.

Lee, S. (2006): Propensity Score Adjustment as a Weighting Scheme for Volunteer Panel Web Surveys. In: Journal of Official Statistics, 22, S. 329-349.

Medienpädagogischer Forschungsverbund Südwest (2007): JIM-Studie 2007 – Jugend, Information, (Multi-) Media. Stuttgart.

Müßig-Trapp, P., Bandilla, W. & Weber, S. (2006): Building Up a Student-Convenience-Panel: First Experiences (Recruitment and Registration Procedure). Paper presented at the General Online Research GOR06.

Reips U.-D. & Bosnjak, M. (2001): Dimensions of Internet Science. Lengerich.

Scherpenzeel, A. & Das, M. (2007): "True" Internet panels: Evidence from the Netherlands. Paper presented at GESIS-Workshop "Social Research and the Internet: Advances in Applied Methods and New Research Strategies" (Mannheim, November 07).

Schnell, R., Hill, P. B. & Esser, E. (2005): Methoden der empirischen Sozialforschung. München.

Schonlau, M., Fricker, R. & Elliott, M. (2002): Conducting Research Surveys Via E-mail and the Web. Santa Monica.

Van Eimeren, B. & Frees, B. (2007): ARD-Online-Studie 2007 – Internetnutzung zwischen Pragmatismus und YouTube-Euphorie. Media Perspektiven, 8/2007, S. 362-378.

Wasmer, M., Scholz, E. & Blohm, M. (2007)_ Konzeption und Durchführung der „Allgemeinen Bevölkerungsumfrage der Sozialwissenschaften" (ALLBUS) 2006. ZUMA Methodenbericht, 07/09.

Anlage

Wortlaut der in den Tabellen 2, 4 und 5 verwendeten Fragen und Items:

Frage: Bei dieser Frage geht es um die in Deutschland lebenden Ausländer. Auf dieser Liste stehen einige Sätze, die man schon irgendwann einmal gehört hat. Sagen Sie mir bitte zu jedem Satz, inwieweit Sie ihm zustimmen. Der Wert 1 heißt, dass Sie „überhaupt nicht zustimmen", der Wert 7 heißt, dass Sie „voll und ganz zustimmen". Mit den Werten dazwischen können Sie Ihre Meinung abstufen.

A) Die in Deutschland lebenden Ausländer sollten ihren Lebensstil ein bisschen besser an den der Deutschen anpassen.

B) Wenn Arbeitsplätze knapp werden, sollte man die in Deutschland lebenden Ausländer wieder in ihre Heimat zurückschicken.

C) Man sollte den in Deutschland lebenden Ausländern jede politische Betätigung in Deutschland untersagen.

D) Die in Deutschland lebenden Ausländer sollten sich ihre Ehepartner unter ihren eigenen Landsleuten auswählen.

Wortlaut der in den Tabelle 3 verwendeten Fragen und Items:

Frage: Wie ist es mit den folgenden Aussagen über die in Deutschland lebenden Ausländer? Bitte sagen Sie mir anhand der Skala, inwieweit Sie diesen Aussagen zustimmen. 1 = Stimme überhaupt nicht zu; 7 = Stimme voll und ganz zu.

A) Die in Deutschland lebenden Ausländer machen die Arbeit, die die Deutschen nicht erledigen wollen.

B) Die in Deutschland lebenden Ausländer sind eine Belastung für das soziale Netz.

C) Sie sind eine Bereicherung für die Kultur in Deutschland.

D) Ihre Anwesenheit in Deutschland führt zu Problemen auf dem Wohnungsmarkt.

E) Sie tragen zur Sicherung der Renten bei.

F) Sie nehmen den Deutschen Arbeitsplätze weg.

G) Sie begehen häufiger Straftaten als die Deutschen.

H) Die in Deutschland lebenden Ausländer schaffen Arbeitsplätze.

Fallen Gewichte ins Gewicht? Eine Analyse am Beispiel dreier Umfragen zur Bundestagswahl 2002

Von Thorsten Faas & Harald Schoen

1.　　Einleitung

Die Nutzung des Internet ist weltweit auf dem Vormarsch – und damit einhergehend auch der Einsatz von Online-Umfragen. Eine Umfrage via Internet durchzuführen ist für den Forscher vergleichsweise wenig kosten- und zeitintensiv. Allerdings haben diese Vorteile ihren Preis: Die größte Herausforderung besteht noch immer darin, bevölkerungsrepräsentative Ergebnisse zu gewinnen. Es ist eine Trivialität – aber dennoch wahr: Da die Durchführung von Online-Umfragen zwingend einen Zugang zum Internet voraussetzt, ein solcher Zugang in der Bevölkerung aber nicht universell gegeben ist, leiden einfache Online-Umfragen unter einem erheblichen Coverage-Problem. Die Herausforderungen beschränken sich allerdings keineswegs auf diesen Aspekt. Die Ziehung von Stichproben und die Rekrutierung von Probanden stellen ebenfalls potenzielle Problemquellen dar – die auch dann noch bestünden, wenn in der Bevölkerung universeller Zugang zum Internet gegeben wäre.[1]

Diese Probleme beschneiden die Aussagekraft von Online-Umfragen empfindlich. Denn sofern die Befragten keine Zufallsstichprobe aus der allgemeinen Bevölkerung oder auch nur aus der Gruppe der Internetnutzer darstellen, lassen sich aus Erkenntnissen über die online Interviewten keine belastbaren Schlüsse auf diese eigentlich interessierenden Populationen ableiten. Um diesem Problem beizukommen, wurden verschiedene Strategien vorgeschlagen: Ein Rat lautet, man müsse Daten aus Online-Umfragen nur geeignet gewichten, und schon erhalte man Ergebnisse, die auf interessierende Populationen übertragbar seien. Beispielsweise verwendet die bekannte Umfrage „Perspektive Deutschland" eine solche Technik. Dank Gewichtung, so ist dort zu lesen, „[...] können die nicht repräsentativen Aussagen der Online-Stichprobe so umgewichtet werden, dass sich die Ergebnisse wie die einer repräsentativen Umfrage in der Altersgruppe der 16- bis 69-Jährigen interpretieren lassen."[2] Allerdings sind auch Stimmen zu vernehmen, die diese und ähnliche Aussagen als allzu optimistisch erscheinen lassen. Sie weisen darauf hin, dass derartige Gewichtungsverfahren voraussetzungsreich sind und nicht zwangsläufig zum Ziel führen.[3] Allerdings liegen bislang nur wenige empirische Befunde zu dieser wichtigen Frage vor[4], im deutschen Sprachraum hat sie bislang kaum Beachtung gefunden.[5]

Einen Beitrag, diesen Mangel an empirischen Ergebnissen in bescheidenem Maße zu reduzieren, soll der vorliegende Aufsatz leisten. Er diskutiert Gewichtungsprozeduren zunächst theoretisch. Anschließend untersucht er an einem ausgewählten Beispiel aus der

---

[1]　Vgl. u.a. Couper 2000; Kemmerzell & Heckel 2001; Wildner & Conklin 2001; Hauptmanns & Lander 2003.
[2]　Perspektive Deutschland 2006: 128.
[3]　Vgl. z.B. Schonlau et al. 2007.
[4]　Vgl. u.a. Taylor 2000; Schonlau et al. 2004, 2007; Lee 2006.
[5]　Siehe aber Faas & Rattinger 2004.

politikwissenschaftlichen Forschung empirisch, inwieweit Gewichtungsverfahren bei Online-Umfragen auftretende Verzerrungen mindern können. Dazu werden die Ergebnisse einer offline durchgeführten Befragung von Internet-Nutzern mit den Befunden zweier Online-Erhebungen verglichen. Eine davon wurde auf der Basis eines (offline rekrutierten) Pools von Befragungswilligen durchgeführt, die zweite wurde als offene, für jedermann via WWW zugängliche Online-Umfrage realisiert. In diesem Vergleich werden schrittweise die Wirkungen unterschiedlich anspruchsvoller Gewichtungsverfahren untersucht. Abschließend werden wir die Ergebnisse kurz resümieren.

2. Repräsentativitätsprobleme und Gewichtungsverfahren

Für traditionelle Offline-Umfragen – ganz gleich, ob persönlich oder telefonisch durchgeführt – gibt es etablierte Verfahren zur Ziehung bevölkerungsrepräsentativer Stichproben und folglich zur Rekrutierung von Probanden. Umfrageforscher können sich offizieller Melderegister bedienen, um zunächst zufällig regionale Einheiten und innerhalb dieser eine Zufallsstichprobe der Bevölkerung zu ziehen. Alternativ können sich Forscher der so genannten Methode der *Random Routes* bedienen. Ebenfalls ausgehend von der zufälligen Auswahl regionaler Einheiten werden innerhalb dieser Einheiten zufällig Haushalte ausgewählt, indem zur Identifikation der Zielhaushalte vorher festgelegte Begehungsinstruktionen verwendet werden. Auch innerhalb der Haushalte erfolgt eine zufällige Auswahl der Zielperson, etwa anhand der Verteilung der Geburtstage im Haushalt. Telefonumfragen schließlich kombinieren Elemente aus beiden Ansätzen. Auf der Basis vorhandener Datenbanken mit Telefonnummern werden Telefonnummern gezogen. Durch zufällige Variation der letzten Ziffern der so ausgewählten Nummern können auch nicht aufgelistete Teilnehmer in die Stichprobe aufgenommen werden. Dies entspricht dem Register-basierten Ansatz, der allerdings an dieser Stelle nur Haushalte umfasst. Innerhalb der Haushalte werden Zielpersonen (analog zum Vorgehen bei *Random Routes*) zufällig ausgewählt.[6]

Die Crux der Online-Forschung besteht nun darin, dass keiner der skizzierten Ansätze sich auf das Internet und seine Nutzer übertragen lässt. Es existiert keine Liste der Internet-Nutzer, ebenso wenig ein dem Ansatz der *Random Routes* vergleichbares Verfahren. Und die zufällige Generierung etwa von E-Mail-Adressen mag zwar für Spammer in Frage kommen, sie scheidet aber als seriöses Verfahren zur Rekrutierung von Umfrageteilnehmern ebenfalls aus. Vor diesem Hintergrund kann es nicht verwundern, dass die Arbeitsgemeinschaft Deutscher Marktforschungsinstitute zu folgendem, noch immer gültigen Fazit kommt: „Online-Befragungen, die für die Zielgruppe der *Internetnutzer insgesamt* Anspruch auf Repräsentativität erheben, sollten gegenwärtig auf der Grundlage einer vorherigen Offline-Auswahl bzw. Offline-Rekrutierung mittels geeigneter Screening-Techniken durchgeführt werden, da gegenwärtig keine eindeutig definierte Online-Auswahlgrundlage von Internetnutzern existiert. Das heißt konkret: Es liegt weder eine vollständige und aktuelle Liste aller Internetnutzer vor, noch existieren Websites, deren Besucherstrukturen für die der Internetnutzer insgesamt repräsentativ sind. Deshalb ist eine Online-Auswahl bzw. Online-Rekrutierung der Teilnehmer nach dem Zufallsverfahren nicht möglich."[7]

---

[6] Vgl. dazu etwa Häder & Glemser 2004.
[7] ADM et al. 2001.

In der Praxis bedeutet dies, dass Befragte, die über die etablierten und gerade skizzierten Verfahren der Zufallsauswahl der klassischen Umfrageforschung ausgewählt werden, gefragt werden, ob sie einen Zugang zum Internet haben. Ist das der Fall, werden sie weiterhin eingeladen, sich als Befragte für zukünftige Online-Umfragen zur Verfügung zu stellen. Nehmen sie diese Einladung an, gehören sie ab sofort zu einem Pool von Internet-Nutzern, die als potenzielle Teilnehmer an künftigen Online-Umfragen zur Verfügung stehen. Daher spricht man auch von Access-Panels. Steht dann eine konkrete Online-Umfrage an, werden aus diesem Access-Panel zufällig Befragte ausgewählt und zur Teilnahme eingeladen. In einer idealen Welt liefert dieses mehrstufige Auswahlverfahren eine repräsentative Stichprobe der Gemeinde der Internet-Nutzer: Zunächst werden die Zielpersonen für die herkömmlichen Offline-Umfragen ausgewählt, die Onliner dieser Gruppe stellen sich für zukünftige Online-Befragungen zur Verfügung, aus denen dann wiederum für konkrete Umfragen zufällig Respondenten ausgewählt werden.

Allerdings ist vergleichsweise wenig darüber bekannt, ob und wie sich dieses Verfahren in der Praxis bewährt. Gewisse Zweifel scheinen angebracht, schließlich kann die Rekrutierungskette an jeder einzelnen Stelle brechen – mit der Folge systematischer Fehler. Diese setzen potenziell schon bei der Rekrutierung der Befragten für die ursprüngliche Offline-Befragung an: Die Ausschöpfungsquoten solcher Umfragen liegen heute selbst im besten Fall bei nur rund 50 Prozent. Wer von diesen Personen sich schließlich bereit erklärt, zukünftig an Online-Umfragen teilzunehmen, ist ebenfalls eine offene Frage. Wer gibt schon gern seine E-Mail-Adresse weiter? Die Ergebnisse von Kemmerzell und Heckel zeigen, dass nur etwa ein Viertel der Befragten diesen Schritt ging.[8] Dabei sind es, wie an anderer Stelle gezeigt werden konnte[9], vor allem erfahrene Internet-Nutzer, die sich für Online-Umfragen zur Verfügung stellen.

Angesichts all dieser Probleme kann es nicht verwundern, dass Umfrageforscher auch nach alternativen Wegen gesucht haben, um Stichproben von Internetnutzern zu ziehen und zu repräsentativen Ergebnissen zu gelangen. Eine einfache Lösung besteht natürlich darin, die Rekrutierung den (potenziellen) Befragten selbst zu überlassen. Man stelle eine Umfrage ins Netz und hoffe auf Teilnehmer. An solchen offenen Umfragen kann folglich jeder Internet-Nutzer, der davon erfährt, teilnehmen – potenziell sogar mehrfach. Auf den ersten Blick mag diese Art der „Rekrutierung" an das historische Fiasko von Literary Digest erinnern. Vor der US-Präsidentenwahl 1936 hatte diese Zeitschrift ebenfalls darauf verzichtet, Probanden systematisch zu rekrutieren. Stattdessen hatte man die Frage der Rekrutierung in die Hände der Zeitschrift der Leser gelegt. Auf der Basis der so „gezogenen" Stichprobe resultierte eine falsche Prognose des damaligen Wahlausgangs – im Gegensatz zur Prognose von George Gallup, der auf der Basis einer Zufallsstichprobe die Richtung des Ergebnisses traf und damit den Durchbruch für die moderne, auf Zufallsstichproben basierende Umfrageforschung schaffte.

Dennoch erleben solche offenen Umfragen im digitalen Zeitalter ein Revival. Prominentes Beispiel in Deutschland ist die schon erwähnte Umfrage „Perspektive Deutschland". Dabei handelt es sich um eine Reihe von Umfragen, die von einem Konsortium rund um die Unternehmensberatung McKinsey durchgeführt wurde. Jedermann kann während der jeweiligen Feldzeit unter www.perspektive-deutschland.de an den Umfragen teilnehmen.

---

8 Vgl. Kemmerzell & Heckel 2001.
9 Vgl. Faas 2003b.

Die Teilnehmerzahlen sind – auch dank massiver Werbung – beeindruckend. 2005 etwa nahmen mehr als 600.000 Internet-Nutzer an der Befragung teil.

Um keinen falschen Eindruck entstehen zu lassen: Natürlich sind sich die Verantwortlichen dieser (und vergleichbarer) Umfragen der damit verbundenen Probleme bewusst. Sie argumentieren allerdings, dass die Probleme beherrschbar seien. Terhanian und Bremer etwa, die ähnliche Umfragen in den USA durchgeführt haben, sehen das Problem der Literary-Digest-Umfrage weniger in der verzerrten Stichprobe selbst, sondern im Versäumnis der Verantwortlichen, „(...) to weight the characteristics of the final sample of respondents to reflect the characteristics of likely voters."[10] Bei entsprechender Gewichtung hätte, so das Argument, auch Literary Digest mit seiner Prognose das richtige Ergebnis getroffen.

Gewichtungsverfahren sind keine Erfindung des Internet-Zeitalters, sondern wurden und werden auch für offline durchgeführte Umfragen genutzt. Dabei lassen sich zwei Arten von Gewichten unterscheiden: Designgewichte und Anpassungsgewichte.[11] Erstere dienen dazu, aus dem Erhebungsdesign resultierende Verzerrungen zu korrigieren, so dass die Verteilungen nach Gewichtung jenen entsprechen, die sich bei einer Zufallsstichprobe mit gleich verteilten Auswahlwahrscheinlichkeiten ergeben würden. Ein klassisches Beispiel dafür sind Transformationsgewichte in zweistufigen Zufallsauswahlen. Auf der ersten Stufe werden – wie schon oben skizziert – zufällig Haushalte ausgewählt, anschließend innerhalb dieser Haushalte Personen per Zufall interviewt. Es liegt auf der Hand, dass die Auswahlwahrscheinlichkeit einer Person innerhalb eines Haushalts mit zunehmender Haushaltsgröße abnimmt. Im Ergebnis sind Personen aus Einpersonenhaushalten im Vergleich zu solchen aus Vier- oder Fünfpersonenhaushalten systematisch überrepräsentiert. Um dies zu korrigieren, werden aus den designbedingt unterschiedlichen Auswahlwahrscheinlichkeiten Designgewichte berechnet.

Anpassungsgewichte dienen demgegenüber nicht dazu, wohlbekannte Eigenschaften des Erhebungsdesigns zu kompensieren. Vielmehr sollen damit selektive Stichprobenausfälle ausgeglichen werden. Diese können beispielsweise darauf beruhen, dass bestimmte Personen schlechter erreichbar sind als andere oder es überproportional häufig ablehnen, ein Interview zu führen. Mit Anpassungsgewichten wird nun versucht, die gemeinsame Verteilung ausgewählter Merkmale in der Stichprobe mit der entsprechenden Verteilung in der Grundgesamtheit zur Deckung zu bringen. Häufig werden in Umfragen etwa die gemeinsamen Verteilungen soziodemographischer Merkmale in der Stichprobe an jene in der Grundgesamtheit angepasst. Das Ziel besteht darin, mit Hilfe dieser Gewichtungsprozedur trotz selektiver Ausfälle eine repräsentative Stichprobe zu gewinnen, die es erlaubt, Schlussfolgerungen auf die angezielte Grundgesamtheit zu ziehen.[12]

Bei den für Online-Erhebungen vorgeschlagenen Gewichtungen handelt es sich somit um Anpassungsgewichte. Die Wahrscheinlichkeit, überhaupt von einer Online-Umfrage zu erfahren, ist ebenso unterschiedlich in der Bevölkerung verteilt, wie die technischen Voraussetzungen für eine Beteiligung an solchen Umfragen – gleiches gilt für die Bereitschaft, an der Umfrage überhaupt teilzunehmen. Diese potenziellen Verzerrungen werden dadurch zu korrigieren versucht, dass die gemeinsame Verteilung sozialstruktureller und „psycho-

---

[10]   Terhanian & Bremer 2002: 3.
[11]   Vgl. u.a. Kish 1990; Gabler 2004.
[12]   Vgl. u.a. Rubin & Thomas 1996; Smith et al. 2000; Terhanian & Bremer 2002.

grafischer" oder „webografischer"[13] Merkmale in der Stichprobe an jene in einer offline befragten Stichprobe angepasst wird.[14] Wenn diese Prozedur zum Erfolg führen soll, müssen die Gewichtungsmerkmale mit der Teilnahmewahrscheinlichkeit stark zusammenhängen. Darüber hinaus müssen sich Teilnehmer und Nicht-Interviewte innerhalb der durch die Gewichtungsvariablen abgegrenzten Gruppen sehr ähnlich sein.[15] Ist dies nicht der Fall, unterscheiden sich also die befragten von den nicht befragten Personen in einer Gruppe, kann die Gewichtung zu ernsthaften Verzerrungen führen.[16] Die Tatsache, dass für Webumfragen, wie im obigen Beispiel, neben sozialstrukturellen auch „psychografische" Merkmale zur Gewichtung herangezogen werden, kann man als Versuch interpretieren, die Annahme plausibler zu machen, dass die zweite Bedingung tatsächlich erfüllt sei und die Gewichtung zu einer Anpassung der Randverteilungen an jene in der Grundgesamtheit führe.[17]

Ob dies tatsächlich gelingt, ist freilich eine empirische Frage. Denn auch wenn die Personen in einer Zelle der Gewichtungsmatrix in vielerlei Hinsicht homogen sind, können sie sich im Hinblick auf das jeweils betrachtete Merkmal doch unterscheiden. Eine sonst zur Anpassung der Randverteilungen gut geeignete Gewichtungsprozedur kann also bei der interessierenden Variablen erfolglos bleiben oder gar zu größeren Verzerrungen führen. Vor diesem Hintergrund kann es kaum überraschen, dass vorliegende Untersuchungen zu recht unterschiedlichen Aussagen über die Leistungsfähigkeit von Anpassungsgewichten für Online-Umfragen gelangen. So finden Varedian und Forsman in einer Marketingumfrage kaum positive Gewichtungseffekte.[18] Andere Autoren stellen dagegen in Untersuchungen zu diversen Themenfeldern fest, dass Anpassungsgewichtungen Verzerrungen in Randverteilungen reduzieren, aber nicht unbedingt völlig beseitigen.[19]

Der vorliegende Beitrag reiht sich in die Versuche ein, die Leistungsfähigkeit von Anpassungsgewichtungen bei Online-Umfragen empirisch zu untersuchen. Er betrachtet die Wirksamkeit unterschiedlich anspruchsvoller Gewichtungsprozeduren bei unterschiedlichen Arten von Umfragen unter Internet-Nutzern und vergleicht die resultierenden Ergebnisse miteinander. Einerseits handelt es sich um eine traditionelle Offline-Umfrage, in deren Rahmen auf der Basis von *Random Routes* Befragte ausgewählt wurden, die dann persönlich befragt wurden. Aus dieser Umfrage werden allerdings – um die Vergleichbarkeit zu erhöhen (und damit sämtliche Coverage-Probleme in der Folge des so genannten Digital Divides auszublenden) – nur die Internet-Nutzer berücksichtigt. Diese Umfrage wird als Vergleichsmaßstab für zwei Online-Umfragen verwendet. Eine davon wurde auf der Basis eines (offline rekrutierten) Pools von Befragungswilligen durchgeführt, die zweite wurde als offene, für jedermann via WWW zugängliche Online-Umfrage realisiert. Als Maßstab

---

[13] Schonlau et al. 2007.

[14] Diese Prozedur führt offensichtlich nur dann zu einer Anpassung an die Verteilungen in der Grundgesamtheit, wenn entweder Informationen aus einer Vollerhebung der Grundgesamtheit oder zumindest einer echten Zufallsstichprobe aus dieser vorliegen.

[15] Vgl. Arzheimer 2008.

[16] Problematisch sind vor allem Gewichte mit sehr hohen oder niedrigen Werten (Gabler 2004). Auf weitere technische Fragen, etwa die dürftige Besetzung von Zellen in der Gewichtungsmatrix, können wir hier nicht näher eingehen.

[17] Wirkungen von Gewichtungsprozeduren auf andere Schätzparameter behandeln wir hier nicht ausführlich. Es sei lediglich darauf verwiesen, dass Gewichtungen häufig mit erhöhten Varianzen und einer geringeren Präzision von Schätzungen einhergehen (Kish 1990: 127).

[18] Vgl. Varedian & Forsman 2003.

[19] Vgl. Taylor 2000; Isaksson & Forsman 2003; Schonlau et al. 2004, 2007; Lee 2006.

für den Vergleich wollen wir die Frage nach dem beabsichtigten Wahlverhalten heranziehen, da alle Umfragen im Umfeld der Bundestagswahl 2002 durchgeführt wurden.

3. Datengrundlage: Drei Umfragen vor der Bundestagswahl 2002

Ehe wir zu den empirischen Analysen kommen, sind zunächst noch einige Informationen zu den drei Umfragen zu geben. Tabelle 1 liefert Details zu den drei Umfragen. Grundlage der ersten Umfrage ist eine repräsentative Stichprobe der deutschen Staatsbürger ab einem Alter von 16 Jahren. Zwischen dem 12. August und dem 8. November 2002 wurden über Sample Points, *Random Routes* und – innerhalb der Haushalte – letzte Geburtstage insgesamt 3.263 Personen zufällig ausgewählt. Die Rücklaufquote dieser Befragung lag bei 63,8 Prozent. 1.076 der so ausgewählten Personen nutzten nach eigenen Angaben das Internet. Wir wollen mit Blick auf diese Umfrage im Weiteren von der „Offline-Umfrage" sprechen.

Die zweite Umfrage umfasst ebenfalls eine Zufallsstichprobe der deutschen Internet-Nutzer. Ingesamt 1.165 Personen wurden aus einem offline rekrutieren Access-Panel zufällig ausgewählt.[20] Die Feldzeit dieser Umfrage umfasste den Zeitraum vom 13. September bis zum 1. Oktober 2002; die Rücklaufquote (bezogen auf die zur Befragung eingeladenen Mitglieder des Access-Panels) lag in diesem Fall bei 73,5 Prozent. Hier wollen wir im Weiteren kurz vom „Access-Panel" sprechen.

Bei der dritten Umfrage handelt es sich um eine offene Online-Umfrage, die im Zeitraum vom 20. August bis zum 22. September 2002 unter www.wahlumfrage2002.de allen Internet-Nutzern offenstand.[21] Die Teilnehmer dieser Umfrage rekrutierten sich selbst – insgesamt 34.098 Personen taten dies. Der Aufbau der Umfrage war dabei modular: Nach einem Basismodul, das zu Beginn auszufüllen war, wurden die Teilnehmer eingeladen, drei weitere Zusatzmodule auszufüllen. Da einige der Fragen, die im weiteren Verlauf verwendet werden, erst in zwei Zusatzmodulen erhoben wurden, müssen wir uns auf Befragte beschränken, die das Basismodul sowie die beiden Zusatzmodule bearbeitet haben. Dies waren 9.189 Befragte.[22] Wenn wir in den folgenden Abschnitten auf diese Umfrage verweisen, sprechen wir nur kurz von der „Wahlumfrage".

Im Folgenden liegt der Fokus der Analyse auf dem (beabsichtigten und berichteten) Wahlverhalten der Befragten – zweifelsohne die zentrale Frage der Wahlforschung. In der empirischen Analyse vergleichen wir die Verteilungen dieser Variable, die resultieren, wenn man unterschiedlich anspruchsvolle Gewichtungsprozeduren einsetzt. An erster Stelle steht ein Vergleich, in der lediglich für die Offline-Umfrage ein Designgewicht verwendet wird: Da ostdeutsche Befragte dort bewusst überrepräsentiert wurden, wird nur diese Verzerrung korrigiert. Im zweiten Schritt wird die sozialstrukturelle Zusammensetzung der drei Stichproben (Alter, Geschlecht, Bildung) harmonisiert. Harmonisierung bedeutet in diesem wie den folgenden Schritten, dass die Verteilung der beiden Online-Umfragen an die Verteilung der Offline-Stichprobe angepasst wird. Eine vereinfachende Annahme muss dabei getroffen werden: Alle Variablen werden dichotomisiert, da sonst einzelne Zellen der zugrunde liegenden Matrix zu schwach besetzt wären (siehe hierzu auch den Anhang). Im

---

[20] Siehe auch Faas 2003b.

[21] Siehe auch Faas 2003a.

[22] Wie dieser Übersicht zu entnehmen ist, unterscheiden sich die drei Umfragen nicht nur hinsichtlich ihres Befragungs- und Rekrutierungsmodus, sondern auch hinsichtlich ihrer Feldzeit. Allerdings bleiben die verschiedenen Feldzeiten ohne Effekt, wie zeitlich differenzierte Analysen zeigen.

nächsten Schritt wird die Häufigkeit der Internet-Nutzung kontrolliert, da frühere Analysen gezeigt haben, dass gerade in Access-Panels routinierte Nutzer überrepräsentiert sind.[23] Schließlich werden im letzten Schritt auch substanzielle Variablen in die Gewichtung mit einbezogen, nämlich solche, die die Teilnahme an offenen Online-Umfragen wahrscheinlicher machen. Dazu wird die Internal Efficacy herangezogen.[24] Die Annahme dabei ist, dass Befragte, die sich für politisch einflussreich halten, auch häufiger an politischen Online-Umfragen teilnehmen.

Tabelle 1: Details zu den drei im Umfeld der Bundestagswahl 2002 durchgeführten Umfragen

	Offline-Umfrage	Access Panel	Wahlumfrage
Feldzeit	12. August bis 8. November	13. September bis 1. Oktober	20. August bis 22. September
Teilnehmer	3.263	1.165	9.189
Teilnehmer mit Internet-Nutzung	1.076	1.165	9.189
Rekrutierung	Zufällige Auswahl über Sample Points, Random Route und Last Birthday	Zufällige Auswahl aus einem Access-Panel	Selbstrekrutierung
Befragungsmodus	PAPI*	CASI*	CASI
Ausschöpfung	63,8%	76,1%	—

* PAPI = Paper and Pencil Interview, CASI = Computer Assisted Self-Administered Interview

4. Empirische Ergebnisse

Im ersten Schritt betrachten wir die Wahlabsicht der Respondenten in den drei Umfragen, nachdem die ungleichen Auswahlwahrscheinlichkeiten Ost- und Westdeutscher in der Off-line-Umfrage mittels Designgewichtung korrigiert wurden. Die Ergebnisse für diesen (wie auch die folgenden Vergleiche) liefert Tabelle 2. Demnach existieren beträchtliche Unter-schiede zwischen den drei Erhebungen – obwohl sie alle nur Internet-Nutzer umfassen. Die Union schneidet am besten auf der Basis der Offline-Umfrage ab, sie erreicht dort 31,6 Prozent. In den Online-Umfragen dagegen kommt sie nicht über ein Fünftel (in der offenen WWW-Umfrage) bzw. ein Viertel (im Access-Panel) der Stimmen hinaus. Die SPD auf der anderen Seite wird die Ergebnisse auf der Basis des Access-Panels bevorzugen: Dort be-kommt sie 41,1 Prozent, während sie in der Wahlumfrage2002 unter die Dreißigprozent-marke rutscht. Die kleinen Parteien schließlich – FDP, Grüne und PDS – schneiden in der offenen Online-Umfrage am besten ab. Gerade die Grünen erzielen dort mit rund einem Viertel der Stimmen ein außerordentlich gutes Ergebnis und avancieren damit zur zweit-stärksten Partei.

---

[23] Vgl. Faas 2003b.
[24] Vgl. Campbell et al. 1954; Balch 1974; Vetter 1997.

Tabelle 2: Verteilung der Wahlabsichten in den drei Umfragen in Abhängigkeit vom Gewichtungsverfahren (Prozent)

	CDU/CSU	SPD	Grüne	FDP	PDS	Sonstige
(1) Designgewicht						
Offline-Umfrage	31,6	37,7	14,6	9,0	5,3	1,8
Access-Panel	24,0	41,1	14,1	11,4	4,7	4,7
Wahlumfrage	20,9	28,9	25,7	16,1	5,5	2,9
(2) Designgewicht + Soziodemographie						
Access-Panel	23,7	40,8	14,4	11,5	5,0	4,7
	(-0,3)	(-0,3)	(+0,3)	(+0,1)	(+0,3)	(+0,0)
Wahlumfrage	21,9	32,4	22,9	14,4	5,3	3,2
	(+1,0)	(+3,5)	(-2,8)	(-1,7)	(-0,2)	(+0,3)
(3) Designgewicht + Soziodemographie + Internet-Nutzung						
Access-Panel	25,1	40,3	14,3	10,4	5,1	4,9
	(+1,4)	(-0,5)	(-0,1)	(-1,1)	(+0,1)	(+0,2)
Wahlumfrage	22,4	33,3	21,9	14,1	5,1	3,0
	(+0,5)	(+0,9)	(-1,0)	(-0,3)	(-0,2)	(-0,2)
(4) Designgewicht + Soziodemographie + Internet-Nutzung + Efficacy						
Access-Panel	24,9	40,5	14,7	10,6	4,7	4,7
	(-0,2)	(+0,2)	(+0,4)	(+0,2)	(-0,4)	(-0,2)
Wahlumfrage	23,1	33,4	21,5	13,8	5,0	3,3
	(+0,7)	(+0,1)	(-0,4)	(-0,3)	(-0,1)	(+0,3)

Die in Klammern angegebenen Werte geben die Unterschiede zur jeweils vorangegangenen Gewichtungsstufe an. Der Wert „+1,4" in der Spalte CDU/CSU im Abschnitt (3) bedeutet zum Beispiel, dass der Stimmenanteil für CDU und CSU bei zusätzlicher Berücksichtigung der Internetnutzung im Vergleich zu einem Design- und Soziodemographie-Gewicht um 1,4 Punkte ansteigt.

Abbildung 1 liefert anhand zweier Maßzahlen eine Visualisierung der Unterschiede der resultierenden Verteilungen: Die durchschnittliche sowie die maximale Abweichung einzelner Parteianteile für jedes Paar von Umfragen. Erwartungsgemäß erweist sich insbesondere die offene Internet-Umfrage als Ausreißer – sie weicht von den beiden anderen Umfragen deutlich ab. Aber auch zwischen den beiden anderen Umfragen ergeben sich deutliche Unterschiede – und dies, obwohl doch beide für sich in Anspruch nehmen wollen, eine Zufallsstichprobe von Internet-Nutzern zu liefern. Die oben skizzierten Annahmen, die dazu erfüllt sein müssten, scheinen sich in der Praxis aber nicht zu bewähren. Gerade das Access-Panel, dies konnte an anderer Stelle bereits gezeigt werden, scheint davon betroffen. Weitere Gewichtungsmaßnahmen jedenfalls scheinen vor diesem Hintergrund unerlässlich.

Abbildung 1: Überblick der Auswirkungen der verschiedenen Gewichtungsmaßnahmen

Mittlere Abweichung   Maximale Abweichung

 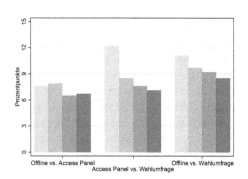

Soziodemografische Gewichtungen gehören zur etablierten Praxis in der Umfrageforschung. Dass sich bestimmte, sozialstrukturell definierte Personengruppen weniger gut als andere erreichen lassen, ist hinlänglich bekannt. Als Beispiel kann man auf ältere Frauen oder auch auf Personen mit geringerer formaler Bildung verweisen. Daher soll auch hier an erster Stelle für die – tatsächlich sehr unterschiedliche – Sozialstruktur der drei Stichproben kontrolliert werden. Allerdings genügt die Harmonisierung der Stichproben nach Alter, Geschlecht und Bildung nicht, um die zuvor beobachtbaren Unterschiede in der Verteilung der Wahlabsicht zum Verschwinden zu bringen. Obwohl sich die Werte aufgrund der Gewichtung erheblich verändern (und bis zu einem gewissen Grad auch annähern), bleiben die Muster der Unterschiede dennoch erhalten.

Die deutlichsten Unterschiede ergeben sich dabei für die offene Internet-Umfrage – wenig überraschend, denn in dieser Umfrage weichen die Verteilungen der nun harmonisierten sozialstrukturellen Variablen ursprünglich am deutlichsten ab.[25] Insbesondere die Anteile der Grünen und der FDP gehen um drei bzw. zwei Prozentpunkte zurück, während auf der anderen Seite Union und SPD nun besser abschneiden. Aus diesen Entwicklungen ergeben sich die geringer gewordenen Unterschiede zwischen dieser und den anderen beiden Umfragen. Die Unterschiede zwischen diesen beiden Umfragen wiederum bleiben von der zusätzlichen Gewichtung nahezu unberührt. Die zwischen ihnen beobachtbaren Unterschiede haben also keine sozialstrukturellen Ursachen, sondern müssen andere Quellen haben: Gerade die Intensität der Internet-Nutzung unterscheidet sich zwischen diesen beiden Gruppen – entsprechend wird im nächsten Schritt der Einfluss dieser Variablen näher analysiert.

---

[25] Im Anhang finden sich die Verteilungen der entsprechenden Variablen.

153

Tatsächlich verändern sich die Ergebnisse auf der Basis des Access-Panels durch die zusätzliche Berücksichtigung der Intensität der Internet-Nutzung deutlich. Inhaltlich bewegen sich dadurch erneut die Anteile von Grünen und FDP nach unten, während Union und SPD (letztere vor allem im Falle der offenen Internet-Umfrage) hinzugewinnen. Angesichts der Tatsache, dass sich sowohl im Access-Panel als auch der offenen Internet-Umfrage mehr Internet-affine Befragte befinden, kann man aus den Veränderungen folgern, dass diese Nutzer eher die beiden kleinen Parteien unterstützen, weniger dagegen SPD und Union.

Insgesamt – das zeigt Abbildung 1 – haben sich die Verteilungen der Wahlabsichten weiter angenähert. Die durchschnittliche Abweichung zwischen der Offline-Umfrage und der Umfrage auf der Basis des Access-Panels liegt nun bei rund zwei Prozentpunkten, während die mittlere Abweichung der offenen Internet-Umfrage zu den beiden anderen immer noch bei rund vier Prozentpunkten liegt. Dies ist weiterhin eine ganz erhebliche (mittlere) Abweichung. Noch viel größer fallen natürlich die maximalen Unterschiede aus – sie erreichen weiterhin Größenordnungen von bis zu neun Prozentpunkten. Bleibt die Frage zu klären, ob diese Unterschiede in der unterschiedlichen Bereitschaft, an Umfragen teilzunehmen, ihren Ursprung haben. Um diese (ansatzweise) testen zu können, wollen wir im letzten Schritt zusätzlich noch das politische Effektivitätsbewusstsein in die Gewichtungen einbeziehen.

Diese zusätzliche Maßnahme berührt erwartungsgemäß die offene Internet-Umfrage am stärksten – schließlich soll diese Variable die Teilnahme-Bereitschaft messen, welche sich wiederum am stärksten auf die Teilnahme an der offenen Internet-Umfrage auswirken sollte: Dort nämlich müssen die Befragten die Umfrage selbst finden und sich für die Teilnahme motivieren. Die Größenordnung der beobachtbaren Unterschiede ist allerdings vergleichsweise moderat – und die Folgen bemerkenswert: Die Unterschiede zwischen den Umfragen sind auch nach diesen umfangreichen Gewichtungsmaßnahmen immer noch beträchtlich. Das Unterfangen, die Unterschiede zwischen den Umfragen zu beseitigen, ist gescheitert, auch wenn sich die Verteilungen angenähert haben.

5.   Fazit

Ziel dieses Beitrags war es, verschiedene Verfahren zur Rekrutierung von Internet-Nutzern für Umfragen zu vergleichen und die Folgen der verschiedenen Verfahren für resultierende Verteilungen substanzieller Variablen zu beobachten. Ausgehend davon sollten dann verschiedene Gewichtungsmaßnahmen hinsichtlich ihrer Leistungsfähigkeit geprüft werden, um feststellen zu können, ob diese Maßnahmen Verzerrungen auffangen und korrigieren können. Wie die Ergebnisse zeigen, können – ausgehend von erheblichen Unterschieden in den Ausgangsverteilungen – die Gewichtungsmaßnahmen zwar einige dieser Unterschiede auffangen, ohne sie aber gänzlich beseitigen zu können. Die auf der Basis der offenen Internet-Umfrage basierenden Ergebnisse reagieren am stärksten auf die sozialstrukturelle Gewichtung, während die Intensität der Internet-Nutzung vor allem Unterschiede zwischen der Offline-Umfrage (in der „light" Internet-Nutzer präsenter sind) und den beiden Online-Umfragen verkleinert. Im letzten Schritt bewirkte auch die Aufnahme des politischen Effektivitätsbewusstseins noch einmal eine Annäherung der offenen Internet-Umfrage an die beiden anderen Umfragen.

Die Gewichtungen hatten also (positive) Folgen. Aber offenkundig waren die Zusammen-hänge zwischen den Gewichtungsvariablen und den substanziellen Variablen (hier also der Wahlabsicht) nicht stark genug, um die Unterschiede vollständig auszugleichen. Das über-rascht nicht. Wählen ist ein komplexer Prozess, der nicht durch einige wenige, ausgewählte Variablen determiniert wird. Es bleibt zu untersuchen, ob die Einbeziehung anderer sub-stantieller Variablen die Gewichtungsprozeduren noch effektiver machen könnte. Auch ist zu prüfen, wie sich die vorgestellten sowie weiter gehende Gewichtungsverfahren auf bi- und multivariate Zusammenhänge sowie die Präzision von Schätzungen auswirken. Diese Fragen stellen sich natürlich auch im Hinblick auf andere als die hier exemplarisch betrach-tete Wahlabsichtsfrage, die in der Politikwissenschaft von erheblichem Interesse ist. Auf diese Weise könnte die Forschung wichtige Erkenntnisse über die merkmals- und kontext-spezifische, aber auch die generelle Leistungsfähigkeit von Gewichtungsverfahren gewin-nen. Sie könnten dazu beitragen, die Möglichkeiten und Grenzen dieses Ansatzes, die Aus-sagekraft von Online-Umfragen zu steigern, besser abschätzen zu können.

Literatur

ADM Arbeitskreis Deutscher Markt- und Sozialforschungsinstitute e.V., ASI Arbeitsgemeinschaft Sozialwissen-schaftlicher Institute e.V., BVM Berufsverband Deutscher Markt- und Sozialforscher e.V. & D.G.O.F. Deutsche Gesellschaft für Online-Forschung e.V. (2001): Standards for Quality Assurance for Online Sur-veys. Frankfurt am Main.

Arzheimer, K. (2008): Gewichtungsvariation. In: Schoen, H., Rattinger, H. & Gabriel, O. W. (Hrsg.): Methodische Probleme der Wahl- und Einstellungsforschung, Baden-Baden (im Erscheinen).

Balch, G. I. (1974): Multiple Indicators in Survey Research: The Concept of 'Sense of Political Efficacy'. In: Political Methodology, 1, S. 1-43.

Campbell, A., Gurin, G. & Miller, W. E. (1954): The Voter Decides, New York.

Couper, M.P. (2000): Web Surveys: A Review of Issues and Approaches. In: Public Opinion Quarterly, 64, S. 464-494.

Faas, T. (2003a): www.wahlumfrage2002.de – Ergebnisse und Analysen, Bamberger Beiträge zur Politikwissen-schaft: Forschungsschwerpunkt Politische Einstellungen und Verhalten, Nr. II-11.

Faas, T. (2003b): Offline rekrutierte Access Panels: Königsweg der Online-Forschung? In: ZUMA-Nachrichten, 53, S. 58-76.

Faas, T. & Rattinger, H. (2004): Drei Umfragen, ein Ergebnis? Ergebnisse von Offline- und Online-Umfragen anlässlich der Bundestagswahl 2002 im Vergleich. In: Brettschneider, F., van Deth, J. & Roller, E. (Hrsg.): Die Bundestagswahl 2002. Analysen der Wahlergebnisse und des Wahlkampfes, Wiesbaden, S. 277-299.

Gabler, S., (2004): Gewichtungsprobleme in der Datenanalyse. In: Diekmann, A. (Hrsg.), Methoden der Sozialfor-schung, Wiesbaden, S. 128-147.

Häder, S. & Glemser, A. (2004): Stichprobenziehung für Telefonumfragen in Deutschland. In: Diekmann, A. (Hrsg.): Methoden der Sozialforschung, Wiesbaden, S. 148-171.

Hauptmanns, P. & Lander, B. (2003): Zur Problematik von Internet-Stichproben. In: Theobald, A., Dreyer, M. & Starsetzki, T. (Hrsg): Online-Marktforschung: Theoretische Grundlagen und praktische Erfahrungen, Wies-baden.

Isaksson A. & Forsman, G. (2004): A Comparison between Using the Web and Using the Telephone to Survey Political Opinions. Paper presented at the annual meeting of the American Association for Public Opinion Research, Sheraton Music City, Nashville, TN, Aug 16, 2003.

Kemmerzell, P. & Heckel, C. (2001): Grundgesamtheit und Stichprobe bei Online-Befragungen, repräsentativ zu was? In: Planung & Analyse, 4, S. 52-60.

Kish, L., (1990): Weighting: Why, When, and How. In: Proceedings of the Survey Research Methods Section. http://www.amstat.org/sections/srms/Proceedings/papers/1990_018.pdf (10.3.2008), S. 121-130.

Lee, S. (2006): Propensity Score Adjustment as Weighting Scheme for Volunteer Panel Web Surveys. In: Journal of Official Statistics, 22, S. 329-349.

Perspektive Deutschland (2006): Projektbericht Perspektive-Deutschland 2005/06. Die größte gesellschaftspolitische Online-Umfrage (URL: http://www.perspektive-deutschland.de/files/presse_2006/pd5-Projektbericht. pdf) (10.3.2008).

Rubin, D. B. & Thomas, N. (1996): Matching Using Estimated Propensity Scores: Relating Theory to Practice. In: Biometrics, 52, S. 254-268.

Schonlau, M., Fricker, R. D. Jr. & Elliott, M. N. (2002): Conducting Research Surveys via E-mail and the Web. Santa Monica, CA.

Schonlau, M., van Soest, A., Kapteyn, A., Couper, M. & Winter, M. (2004): Adjusting for Selection Bias in Web Surveys Using Propensity Scores: The Case of the Health and Retirement Study. In: Proceedings of the Section on Survey Statistics, American Statistical Association, S. 4326-4333.

Schonlau, M., Van Soest, A. & Kapteyn, A. (2007): Are ,Webographic' or Attitudinal Questions Useful for Adjusting Estimates from Web Surveys Using Propensity Scoring? In: Survey Research Methods, 1, S. 155-163.

Smith, P. J., Rao, J. N. K., Battaglia. M. P., Daniels, D. & Ezzati-Rice, T. (2000): Compensating for Nonresponse Bias in the National Immunization Survey Using Response Propensities. In: Proceedings of the Section on Survey Research Methods, American Statistical Association, S. 641-646.

Taylor, H. (2000): Does Internet Research 'Work'? Comparing Online Survey Results With Telephone Surveys. In: International Journal of Market Research, 42, S. 51-63.

Terhanian, G. & Bremer, J. (2003): A Multi-Method Approach for Reducing Error in Internet-Based Surveys of Non-Probability Samples. Paper presented at the 98th Annual Meeting of the American Political Science Association (APSA) in Boston, August 26th to September 1st, 2002.

Varedian, M. & Forsman, G. (2003): Comparing Propensity Score Weighting with other Weighting Methods: A Case Study on Web Data (Presented at the 2003 AAPOR meetings).

Vetter, A. (1997): Political Efficacy – Reliabilität und Validität, Wiesbaden.

Wildner, R. & Conklin, M. (2001): Stichprobenbildung für Marktforschung im Internet. In: Planung & Analyse, 2, S. 18-27.

Anhang – Verteilungen der Variablen, die in die Gewichte eingeflossen sind

Hinweis: Die folgenden Verteilungen sind ungewichtet – bei einer Ausnahme: Für die Offline-Umfrage wurde angesichts des Oversamplings für Ostdeutschland ein entsprechendes Designgewicht eingesetzt.

	Offline-Umfrage	Access Panel	Wahlumfrage
Geschlecht			
Mann	56,3	58,8	75,7
Frau	43,7	41,2	24,3
Alter			
Geburtsjahr < 1963	45,2	40,3	30,4
Geburtsjahr > 1962	54,8	59,7	69,6
Bildung			
Bis Realschule	52,1	49,9	20,4
Abitur und mehr	47,9	50,1	79,6

156

	Offline-Umfrage	Access Panel	Wahlumfrage

Internet-Nutzung

Häufigkeit der Nutzung

	Offline-Umfrage	Access Panel	Wahlumfrage
Mehrmals am Tag (5)	18,4	39,1	58,7
(Fast) Jeden Tag (4)	28,2	36,1	26,9
Mehrmals pro Woche (3)	38,0	21,0	11,3
Ein paar Mal im Monat (2)	12,8	3,0	2,1
Seltener (1)	2,6	0,8	0,9

Internet-Nutzung seit ...

1998 oder früher (5)	29,2	47,9	59,2
1999 (4)	18,6	21,3	15,4
2000 (3)	26,2	21,9	15,9
2001 (2)	18,0	7,8	7,0
2002 (1)	8,0	1,2	2,5

Index der Internet-Nutzung

Summe der beiden Indikatoren, dichotomisiert

Weniger erfahrener Nutzer (2-6)	42,2	15,4	12,0
Erfahrene Nutzer (7-10)	57,8	84,6	88,0

Politisches Effektivitätsbewusstsein

"Könnte führende Rolle in einer politischen Gruppe übernehmen"

Stimme voll und ganz zu (5)	15,7	12,5	33,8
Stimme eher zu (4)	31,0	29,5	36,3
Teils teils (3)	21,7	27,1	16,0
Stimme eher nicht zu (2)	22,2	24,5	11,0
Stimme überhaupt nicht zu (1)	9,5	6,5	2,9

"Politische Fragen kann ich gut verstehen"

Stimme voll und ganz zu (5)	25,9	17,4	40,2
Stimme eher zu (4)	44,0	44,2	46,1
Teils teils (3)	23,6	31,6	12,3
Stimme eher nicht zu (2)	5,3	5,7	1,2
Stimme überhaupt nicht zu (1)	1,2	1,1	0,2

Index des Effektivitätsbewusstseins

Summe der beiden Indikatoren, dichotomisiert

Geringes EB (2-7)	53,5	60,5	30,3
Hohes EB (8-10)	46,5	39,5	69,7

Die video-unterstützte Online-Befragung: Soziale Präsenz, soziale Erwünschtheit und Underreporting sensitiver Informationen

Von Marek Fuchs & Frederik Funke

1. Einleitung

Die Online-Befragung schickt sich an, einen bedeutsamen Platz unter den gängigen Daten-erhebungsmethoden zu erobern. Ein Blick in die Jahresstatistik des ADM[1] zeigt, dass mitt-lerweile ein gutes Fünftel der in den privaten Umfrage-Instituten laufenden Studien als selbst-administrierte Online-Befragung durchgeführt wird und auch in den akademischen Einrichtungen steht diese Befragungsmethode zusehends hoch im Kurs. Mitte der 1990er Jahre wurde die Methode der standardisierten Befragung vorwiegend von technisch Interes-sierten im Gewand der Online-Befragung neu erfunden; mittlerweile haben aber die etab-lierten Konzepte der Kognitionspsychologie[2] und der Survey Methodologie[3] Einzug in die Diskussion gehalten, was die Entwicklung und Evaluation dieses Befragungs-Modes pro-fessionalisiert und ein Bewusstsein für Probleme der Datenqualität geschaffen hat. Entspre-chend hat sich die Methodenforschung in den letzten Jahren systematisch mit der Güte der durch Online-Befragung gewonnenen Daten beschäftigt und kommt zu einem zufriedenstel-lenden Ergebnis: Es liegen eine Fülle von methodischen und methodologischen Evaluatio-nen[4] dieser neuen Befragungsart vor, die zeigen, dass die erarbeiteten Standards der empiri-schen Sozialforschung mit den technischen und methodischen Möglichkeiten des neues Befragungsmediums sinnvoll vereint werden können und dadurch Daten von akzeptabler bis guter Qualität entstehen.[5]

Seit den frühen Jahren der Online-Befragung wurde die These vertreten, dass diese nicht nur als gleichwertig zu anderen Formen der selbst-administrierten Befragung – vor allem der schriftlich-postalischen Befragung – anzusehen sei, sondern dass sie darüber hinaus die Chance biete, durch die Einbeziehung multimedialer Elemente zu Messungen zu gelangen, die mit Hilfe der klassischen selbst-administrierten Studien nicht möglich sind. Online-Fragebögen seien also nicht bloß eine digitalisierte Variante von Papierfragebögen.[6] Diese Annahme wurde vor allem durch die Hoffnung genährt, dass durch den Einsatz von multimedialen Elementen die Begrenzung auf die schrift-sprachliche Vermittlung der Fra-gestimuli überwunden werden könne. Allerdings hat es bis ins frühe 21. Jahrhundert gedau-ert, bis Hard- und Software sowie die Datennetze genug Leistung boten, um in nennenswer-tem Umfang Bilder, Grafiken und Ton in Online-Befragungen zu integrieren. Die Nutzung dieser multimedialen Elemente und die Erforschung ihres Einflusses auf die Qualität der

---

[1] Vgl. Arbeitskreis deutscher Markt- und Sozialforschungsinstitute 2006.
[2] Vgl. Sudman et al. 1996.
[3] Vgl. Groves et al. 2004.
[4] Vgl. z.B. Couper et al. 2005.
[5] Vgl. z.B. Bandilla et al. 2003; Funke 2007; Reips & Funke 2008.
[6] Vgl. Funke & Reips 2007.

gewonnenen Daten stecken bisher noch in den Anfängen. Bis jetzt dominiert in der Online-Befragung nach wie vor eine text-basierte Vermittlung der Fragen. Zwar gibt es bereits eine Reihe von Studien, in denen Bildmaterial oder Video-Clips integriert sind, auf denen beispielsweise von den Befragten zu beurteilende Logos, Produkte oder Werbe-Spots zu sehen seien. Bisher aber bleibt der Fragestimulus auch bei Verwendung von Bildern oder Videos text-basiert, d. h. Instruktionen und Folge-Texte werden text-basiert auf dem Bildschirm präsentiert. Eine erste Erweiterung dieses Ansatzes erfolgte in Studien, in denen zusätzlich zum Fragetext Bilder gezeigt werden, die die perzipierte Bedeutung des Fragetexts in eine bestimmte Richtung lenken.[7] Der Fragetext selbst bleibt aber auch in diesen Studien schrift-sprachlich. Zwar liegen mit A-CASI bzw. AV-CASI bereits Techniken zur auditiven bzw. audio-visuellen Vermittlung des Frageinhalts vor, in Online-Befragungen wird davon aber bisher kein Gebrauch gemacht.

Um einen Beitrag zur Untersuchung dieser Lücke zu leisten, analysieren wir am Beispiel zweier feld-experimenteller Studien den Einfluss der Verwendung von Video-Clips in Online-Befragungen, auf denen ein Interviewer zu sehen ist, der die Fragen vorliest. Anstelle einer schriftlichen Vermittlung der Fragekonzepte setzen wir dabei auf den audio-visuellen Übertragungskanal. Wir experimentieren damit, ob und gegebenenfalls in welcher Weise mit der Video-Unterstützung in Online-Befragungen ein Brückenschlag zwischen der traditionellen selbst-administrierten Befragung und der interviewer-administrierten Befragung geleistet werden kann.

Abgesehen davon, dass sich dieses Vorgehen für die Untersuchung spezieller Populationen (z. B. für die Befragung taubstummer Personen mit Hilfe der Gebärdensprache oder von Analphabeten)[8] eignet, liegt unserer Auffassung nach der Vorteil in zwei weiteren Besonderheiten: Zum einen führt die Verwendung von Videos im Vergleich zu den klassischen Formen der selbst-administrierten Befragung (einschließlich der traditionellen text-basierten Online-Befragung) zu einer Erweiterung der verwendeten Kommunikationskanäle, wodurch die Fragekonzepte besser vermittelt, das Frageverständnis intensiviert und dadurch die Datenqualität verbessert wird. Zum anderen gehen wir davon aus, dass eine video-unterstützte Online-Befragung für die Befragten kurzweiliger und einnehmender ist und daher eher bearbeitet wird.

Insbesondere der ersten Fragestellung gehen wir im vorliegenden Beitrag nach: Um den Einfluss eines vorab aufgezeichneten Video-Interviewers auf zentrale Größen der Datenqualität zu untersuchen, haben wir in zwei Online-Befragungen[9] eine Reihe randomisierter Feldstudien eingebaut, in denen wir die klassische text-gestützte Online-Befragung mit dem Video-Modus verglichen haben. Im Mittelpunkt standen dabei die Messung sozialer Erwünschtheit, sozialer Präsenz, Over- und Underreporting bei heiklen Fragen.

2.   Stand der Forschung

Online-Befragungen haben mittlerweile einen festen Platz im Kanon der selbst-administrierten Datenerhebungsmethoden. Die Forschung hat jedoch Hinweise darauf ergeben, dass die Qualität der mit Online-Befragungen gewonnenen Daten in mancher Hinsicht

---

[7]   Vgl. Couper et al. 2004; Couper et al. 2007.
[8]   Vgl. Gerich et al. 2003; Gerich & Lehner 2006.
[9]   Vgl. Fuchs & Funke 2007b, 2007c.

geringer ausfällt als die Datenqualität bei Face-to-face-Befragungen oder telefonischen Befragungen.[10] Weitere Befunde zeigen, dass sich die Online-Befragung nicht nur als selbst-administrierte Befragung von Interviewer-administrierten Befragungen unterscheidet, sondern dass auch im Vergleich mit klassischen selbst-administrierten Befragungen (Paper&Pencil, Mail) Differenzen bei der Datenqualität nachweisbar sind.[11] So werden Online-Fragebögen scheinbar kognitiv weniger intensiv bearbeitet und provozieren in stärkerem Maße Satisficing als andere selbst-administrierte Befragungen. Als Erklärung wird darauf verwiesen, dass die Navigation in einer Online-Befragung mehr Aufmerksamkeit des Befragten absorbiert als ein klassischer Papier-Fragebogen. Entsprechend könnte man die These vertreten, dass es sinnvoll und notwendig sei, die eigentlichen Fragebogenfragen offensiver zu präsentieren, um die Ablenkungen durch Navigation usw. zu kompensieren, z.B. durch Töne oder andere multimediale Elemente (animierte Grafiken, statische Bilder).

Nachdem Computer in Privathaushalten mittlerweile standardmäßig multimediafähig sind und das Breitband-Internet Einzug gehalten hat, verändert sich das Erscheinungsbild der Online-Befragung zusehends: Ermöglicht wird der Einsatz von Video-Clips und Audio-Elementen in den Rekrutierungs- und Einladungs-E-Mails[12] und in den Online-Fragebögen selbst. Im Zuge dieser Entwicklung werden Charakteristika von AV-CASI auf die Online-Befragung übertragen, indem zusätzliches Material in den Fragebogen eingebaut, das für die Fragebedeutung inhaltstragend ist, etwa von Konsumenten zu bewertende Produkte und Marken-Logos[13] oder Darstellungen von Personen oder sozialen Sachverhalten, die Teil komplexer Fragestimuli sind.[14] Zum anderen wird der Einsatz von androiden, sicht- oder hörbaren Sprechern oder Agents diskutiert (in Anlehnung an deren Einsatz in Audio-CASI[15] und Interactive Voice Response[16]), die die Administration des Fragebogens unterstützen.[17] Dies hat nicht nur für Personen mit Beeinträchtigungen der sinnlichen Wahrnehmung (Sehbehinderte/Blinde) und Analphabeten (oder Gehörlose mit einer geringen Lesekompetenz[18]) Vorteile, die in multimedial unterstützte Befragungen einbezogen werden können, sondern auch für Befragte ohne Zugangshürden (normale Seh- und Lesefähigkeit), weil der Fragestimulus nun nicht nur mit Hilfe der Schriftsprache transportiert wird, sondern gegebenenfalls zusätzlich unter Rückgriff auf Töne und Video-Elemente. Welchen – positiven oder negativen – Effekt die Einbeziehung von auf Video oder per Audio aufgezeichneten menschlichen oder androiden Interviewern auf die Beantwortung von Fragebogenfragen hat, ist aber bisher weitgehend ungeklärt. Auf jeden Fall verwischen die Grenzen zwischen der selbst-administrierten Online-Befragung und den interviewer-administrierten Befragungsarten in dem Maße, wie solche Sprecher als Personen, Figuren oder Agents in der Befragungssituation in Erscheinung treten, und damit Effekte der sozialen Präsenz hervorrufen.[19]

[10] Vgl. Dillman et al. 2001; Fricker et al. 2005.
[11] Vgl. Bates 2001; Fuchs 2003; Kaplowitz et al. 2004.
[12] Vgl. EMARSYS 2005; vgl. zum Einsatz von MMS in mobilen Online-Befragungen Fuchs 2008.
[13] Vgl. Neubarth & Kaczmirek 2007; Stanley 2007.
[14] Vgl. Couper et al. 2007.
[15] Vgl. Couper et al. 2003; Currivan et al. 2004; Moskowitz 2004.
[16] Vgl. Couper et al. 2004; Schneider et al. 2005.
[17] Vgl. Conrad et al. 2007.
[18] Vgl. Gerich et al. 2003.
[19] Vgl. Couper et al. 2001.

Andererseits – so die neueren Arbeiten zu den Visual-Design-Effekten[20] – zeichnen sich Online-Befragungen im Vergleich zu klassischen papier-gestützten selbst-administrierten Befragungen durch eine reichhaltigere und vielschichtigere Symbolsprache aus (Bilder, animierte Grafiken, grafische Elemente usw.), die die Aufmerksamkeit der Befragten auf sich zu ziehen vermag. Die vorliegenden Befunde aus dem Kontext der Erforschung des Visual-Designs legen die Vermutung nahe, dass Video- und Audio-Clips, die im Vergleich zu statischen Bildern eine deutlich massivere Intervention in den Frage-Antwort-Prozess darstellen, einen erheblichen Einfluss auf die Beantwortung der Fragebogenfragen haben sollten.

Damit stellt sich für die Weiterentwicklung von Online-Befragungen die Frage, wie Untersuchungsteilnehmer auf den Einsatz von Audio- oder Video-Elementen reagieren, ob sie durch diese Elemente zu einem vollständigeren Frageverständnis gelangen, ob sie den Frage-Antwort-Prozess ohne bzw. mit weniger Neigung zu Satisficing[21] durchlaufen, und ob die multimedialen Elemente die aus interviewer-administrierten Befragungen bekannten Antwortfehler provozieren[22] oder ob neue Aspekte des Measurement-Errors[23] die Datenqualität beeinträchtigen.

Es gilt, intendierte und nicht intendierte Effekte von multimedialen Elementen in Online-Fragebögen auf die Datenqualität zu unterscheiden. In der Literatur gibt es dazu bisher nur wenige Befunde: In einer etwas älteren Studie zum Einfluss von Grafiken in Web-Befragungen im Licht der Social-Interface-Theorie kamen Couper, Conrad und Steiger[24] trotz einer relativ großen Stichprobe zu dem Ergebnis, dass mit dem Fragebogen dargebotene Bilder des Forschers/Interviewers weder einen Einfluss auf sozial erwünschte Antworten noch auf das Impression Management oder auf die Bejahung heikler Fragen hat. Lediglich bezüglich geschlechtsstereotyper Antworten konnte ein statistisch signifikanter Einfluss festgestellt werden. Die Ergebnisse widersprechen damit den Befunden vorheriger Laborstudien[25], in denen sich ein deutlicher Einfluss des sicht- und hörbaren Sprechers nachweisen ließ.

Ausgehend von diesen Befunden wollen wir testen, ob stärkere Hinweise auf das Vorhandensein eines menschlichen Gegenübers in Web-Befragungen zu qualitativen Änderungen der Befragung in Richtung eines persönlichen Interviews führen. Dafür ersetzen wir den relativ schwachen Reiz der unbewegten Abbildung des Forschers/Interviewers – wie bei Couper und Kollegen[26] – durch ein Video des Interviewers. Im Gegensatz zu einem statischen Bild vermittelt ein Video ein deutlich breiteres Spektrum an (menschlichen) Reizen wie Stimme, Bewegung und Mimik. Dass der Video-Interviewer die Aktionen des Untersuchungsteilnehmers nicht wahrnehmen (also auch nicht intervenieren oder gar sanktionieren) kann, ist – auch für den Antwortenden – offensichtlich. Aber durch den Einsatz des Video-Interviewers soll verdeutlicht werden, dass sich im Hintergrund der Studie echte Menschen befinden, die die gegebenen Antworten zur Kenntnis nehmen, interpretieren und bewerten können. Der Video-Interviewer nimmt somit eine Stellvertreterfunktion ein und

---

[20] Vgl. Christian & Dillman 2004; Couper et al. 2004; Tourangeau et al. 2004.
[21] Vgl. Krosnick & Alwin 1987.
[22] Vgl. Bronner et al. 2003 ; Bronner & Kuijlen 2007.
[23] Vgl. Groves et al. & Tourangeau 2004.
[24] Vgl. Couper et al. 2001.
[25] Vgl. z.B. Nass et al. 1994.
[26] Vgl. Couper et al. 2004.

symbolisiert – durch das Ansprechen möglichst vieler Kommunikationskanäle – die Interaktivität der der Befragung zugrunde liegenden Beziehung.

Die Tatsache, dass wir anstelle eines starren Fotos Video-Aufnahmen von Interviewern einsetzen, führt uns zu der Annahme, dass diese nicht nur als neutrale Informationsübermittler wahrgenommen werden, sondern dass die Befragten ihnen menschliche Qualitäten zuschreiben. Das Antwortverhalten sollte somit weniger dem in einer selbst-administrierten Befragung und mehr dem in einer interviewer-administrierten Befragung gleichen. Je präsenter aber der Interviewer erscheint, desto größer ist auch die Wahrscheinlichkeit, dass die gesamte Kommunikation von Effekten beeinflusst wird, die aus persönlichen Interviews bekannt sind.[27] Eine zentrale Quelle für Verzerrungen in Interviews ist die durch die soziale Präsenz hervorgerufene soziale Erwünschtheit,[28] was bei heiklen bzw. sensitiven Verhaltensweisen analog zum Face-to-Face-Interview zu Underreporting führt.[29] Wegen der Nähe der video-unterstützten Online-Befragung zum Face-to-Face-Interview gehen wir davon aus, dass die soziale Präsenz zu sozialer Erwünschtheit in den video-unterstützten Online-Befragung führt und diese zu Underreporting und folglich zu einer systematischen Unterschätzung von sensitiven Verhaltensweisen.

3.   Methode

3.1.   Experiment 1

Im März und April 2007 wurden in einem ersten experimentellen Zugang 918 Befragte aus dem Online-Panel der Studierenden der Universität Kassel zur Teilnahme an einer Befragung über den Konsum von Alkohol, Nikotin und illegalen Drogen eingeladen. Um an der Untersuchung teilzunehmen, mussten sich die Studierenden mit ihren persönlichen Zugangsdaten im Online-Panel der Universität Kassel einloggen und wurden von dem Mitgliederbereich des Panels auf die jeweilige Befragung geleitet. Die Teilnehmer an der Untersuchung wurden per Zufallsverfahren einer von zwei Fragebogenvarianten (siehe Abbildung 1) zugewiesen: Fragebogenvariante 1 bestand aus einer traditionellen textbasierten Online-Befragung, bei der alle inhaltstragenden Elemente durch Schriftsprache ausgedrückt und vermittelt wurden. Die Befragung war interaktiv gestaltet und bediente sich des klassischen One-Question-Per-Page-Ansatzes.

Die hier besonders im Zentrum stehende Experimentalgruppe wurde auf eine ansonsten inhaltsgleich gestaltete Befragung mit Hilfe einer auf Video aufgezeichneten Interviewerin geleitet (alle Befragten sahen Videos der gleichen Interviewerin), die die Fragetexte vortrug. Auch die ggf. vorhandenen Instruktionen zur Beantwortung der Frage waren nicht schrift-sprachlich auf dem Bildschirm sichtbar, sondern wurden von der Interviewerin gesprochen. Die einzigen schrift-sprachlichen Elemente waren die anzuklickenden Antwortkategorien, die in Anordnung und Formulierung vollständig identisch mit der textbasierten Online-Befragung gehalten wurden (vgl. Abbildung 1). Auch die Fragereihenfolge und die Formulierung der einzelnen Fragen waren in beiden Varianten einheitlich.

---

[27]   Vgl. Krysan & Couper 2003; Richman et al. 1999.
[28]   Vgl. Anderson 2008; im deutschsprachigen Raum Musch et al. 2002.
[29]   Vgl. Fendrich & Vaughn 1994.

Das in der Video-Befragung gezeigte Bild hatte Ausmaße von 240 Pixeln in der Breite und 180 Pixeln in der Höhe. Gezeigt wurden die Videos im Flash-Format, so dass als einzige technische Voraussetzung der weit verbreitete Flash-Player vorhanden sein musste. Die Videos wurden im so genannten Pushmode automatisch gestartet und liefen bis zu ihrem Ende. Die Befragten hatten allerdings die Möglichkeit, das Video beliebig oft erneut anzusehen, bevor sie eine Frage beantworteten.

Abbildung 1: Versionen in Experiment 1
(links: video-unterstützte Version, rechts: text-basierte Version)

Quelle: Eigene Darstellung

Zu Beginn der Befragung wurde mit Hilfe einer Testseite festgestellt, ob auf dem Rechner des teilnehmenden Befragten alle technischen Voraussetzungen gegeben waren. Es wurde die Funktionsweise des Lautsprechers/Kopfhörers und des Flash-Players überprüft. Im Falle, dass die technischen Voraussetzungen für die Teilnahme nicht gegeben waren, wurden die Befragten gebeten, zu einem späteren Zeitpunkt von einem anderen Computer aus an der Befragung mitzuwirken.

Der Kernfragebogen bestand aus einer Reihe von unterschiedlich sensitiven Fragen zum Konsum von Alkohol, Nikotin und anderen Drogen. Diese Themenbereiche wurden gewählt, um möglichst heikle Fragen stellen zu können, bei denen wir uns größere Effekte der Interviewer-Administration erhofften als bei weniger sensitiven Einstellungs- und Verhaltensfragen. Zusätzlich zu diesen sensitiven Fragen wurde eine aus vier Items bestehende Skala zur sozialen Erwünschtheit erhoben, die aus dem ALLBUS übernommen wurde.[30] Hinzu kamen eine Kurzskala zur sozialen Präsenz[31] sowie eine Skala zur Erhebung der persönlichen Einbindung („Involvement") des Befragten in die Untersuchung.[32]

Obwohl in beiden Teilgruppen exakt gleich viele Befragte (je 459 Studierende) eingeladen wurden, lag die Teilnahmequote im Video-Mode bei lediglich 44 Prozent, während sie in der traditionellen text-basierten Online-Befragung 51 Prozent betrug (Nettostichprobe n = 404). Wir vermuten, dass dieser Unterschied vor allem auf die Ankündigung in der Einladungs-E-Mail zurückzuführen ist, in der das Befragungsthema genannt wurde und für die

---

[30] Die Skala wurde bereits früher in selbst-administrierten Untersuchungen von Kindern, Jugendlichen und jungen Erwachsenen eingesetzt (vgl. z. B. Fuchs et al. 2003; Fuchs et al. 2005).
[31] In Anlehnung an Witmer & Singer 1998.
[32] Vgl. Gerhard et al. 2001.

Teilnehmer an der Video-Befragung zusätzlich der Hinweis enthalten war, dass in der Befragung Videoclips eingesetzt würden. Hierfür gibt es bisher zwei mögliche Deutungen: (1) Entweder lässt sich unsere Annahme, wonach die überwiegende Mehrzahl der von den Studierenden genutzten Computer über die technischen Voraussetzungen für die Teilnahme an der Video-Befragung verfügt, nicht bestätigen. In diesem Fall wäre die geringere Teilnahmequote im Video-Mode die Folge technischer Zugangsschwierigkeiten. (2) Oder aber die Studierenden, die in der Einladung zur Video-Befragung den Hinweis gelesen haben, dass im Rahmen dieses relativ heiklen Themas „Alkohol, Nikotin und andere Drogen" Videos genutzt würden, in denen ihnen Fragen vorgelesen werden, fürchteten, dass das Setting, in dem sie sich beim Lesen der Einladungs-E-Mail befinden (z. B. in der elterlichen Wohnung, an einem öffentlichen Ort oder ähnlichem) nicht dazu angetan ist, Videos mit diesen privaten Themen und Inhalten abzuspielen. In diesem Fall wäre die geringere Teilnahmequote im Video-Mode also die Folge einer „induzierten sozialen Präsenz". Die Befragten würden gar nicht unmittelbar auf den im Video sichtbaren Interviewer reagieren, sondern viel mehr auf die in ihrer eigenen Umgebung anwesenden Personen. Diese Deutung wäre im Einklang mit den Analysen von Aquillino und Kollegen[33], wonach es für die Effekte Dritter im Interview wesentlich darauf ankommt, ob eine weitere Person und ggf. wer anwesend ist: Während Fremde so gut wie keinen Einfluss haben[34], kommt Familienmitgliedern, Freunden oder anderen relevanten Personen durchaus eine Wirkung auf das Antwortverhalten zu. Während in einer text-basierten Online-Befragung der Kontext, in dem sich der Befragte befindet, nur eine geringe Rolle für das Antwortverhalten und die Teilnahmebereitschaft spielt, weil nur Personen, die unmittelbar neben oder hinter dem Befragten in den Bildschirm schauen, die Fragen und das Antwortverhalten wahrnehmen können, erweitert die Verwendung von Videos in Online-Befragungen diesen relevanten Kontext in der Befragungssituation. Beim Abspielen von Video mit Ton werden auch Personen, die sich im weiteren Umkreis um den vor dem Computer sitzenden Befragten befinden, auf den Frageinhalt aufmerksam. Darauf reagieren Befragte, indem sie bereits bei der Einladung in der auf das Abspielen von Videos hingewiesen wird, ihre Teilnahme verschieben oder sogar ganz vermeiden.

Welche dieser beiden Erklärungen für die geringere Teilnahmebereitschaft der Befragten im Video-Mode zutrifft, lässt sich anhand der vorliegenden Daten nicht abschließend entscheiden. Allerdings ergibt die Verteilung der Lokalität, in der sich der Befragte beim Beantworten des Fragebogens befand, einen Hinweis darauf, dass die Befragten im Video-Mode tatsächlich weniger öffentliche Räume und vorzugsweise private Umgebungen gewählt haben. So ist der Anteil derjenigen, die die Befragung in ihrem eigenen Raum, in der elterlichen Wohnung, in der eigenen Wohnung oder in einer Wohngemeinschaft ausgefüllt haben, deutlich höher als in der textbasierten Online-Befragung. Allerdings ist der Anteil der Befragten im Video-Mode, die angeben, dass Personen im Raum oder in der Umgebung den Inhalt von Fragebogenfragen mitlesen oder hören konnten, in der video-unterstützten Online-Befragung – trotz dieser vermuteten „Vermeidungsstrategie" – noch deutlich höher als in der textbasierten Online-Befragung ($p < 0{,}01$). Eine Erklärung für diesen Befund ist, dass die Frage im Video-Mode anders verstanden wurde. Unter „Umgebung" könnte ein größerer räumlicher Bereich verstanden worden sein, da die Stimme des Interviewers in

[33] Vgl. Aquilino & LoSciuto 1990; Aquilino 1994.
[34] Siehe auch Couper et al. 2003.

einem größeren Radius Aufmerksamkeit erregen kann, als der entsprechende Text auf dem Bildschirm.

3.2. Experiment 2

Auf Basis der ersten Untersuchung (und der in Kapitel 5.1 zusammengefassten Ergebnisse) wurden im Juli und August 2007 erneut Teilnehmer aus dem studentischen Online-Panel der Universität Kassel zur Teilnahme an einer Befragung zum Thema „Partnerschaft und Sexualität" eingeladen. Insgesamt haben sich 1.148 Befragten vollständig an der Untersuchung beteiligt (hinzu kommen einige Abbrecher und Lurker). Davon wurden 880 in das hier zur Diskussion stehende Experiment zum Vergleich von klassischer text-basierter und video-unterstützter Online-Befragung geleitet. Die übrigen 268 Fälle nahmen an einem anderen Experiment teil (dieses Teilsample wird im Folgenden nicht berücksichtigt). Alle Befragten wurden mit einer standardmäßigen Text-E-Mail zur Teilnahme an der Untersuchung im Rahmen des Online-Panels der Universität Kassel eingeladen. In dieser Einladungs-E-Mail wurde – anders als im ersten Experiment – nicht explizit auf die bevorstehende Befragung mit Hilfe von Videos aufmerksam gemacht, um mode-spezifischen Nonresponse zu vermeiden. In der Einladung wurde auf ein Gewinnspiel unter allen Teilnehmern hingewiesen, in dem fünf Buchgutscheine einer örtlichen Buchhandlung verlost wurden. Eine Woche nach der ersten Einladung wurde eine Erinnerungs-E-Mail an alle Nichtteilnehmer ausgesendet; einige Tage später erfolgte eine zweite Erinnerung. Insgesamt entspricht die Zahl von 1.148 Teilnehmern einer Ausschöpfungsquote von 49 Prozent, was angesichts des betriebenen Aufwandes während der Feldarbeit und angesichts der Tatsache, dass die Studie großteils während der Semesterferien durchgeführt wurde, als zufriedenstellend bewertet werden kann.

Alle Studierenden, die sich zur Teilnahme an der Untersuchung bereiterklärt hatten, beantworteten zunächst einige einführende Fragen, bevor festgestellt wurde, ob sie über die technischen Voraussetzungen zum Abspielen und Hören von Videos verfügen. Anschließend wurden alle Befragten, die über die technischen Voraussetzungen verfügten, in einem Between-Subjects-Design auf eine von 14 experimentellen Fragebogenvarianten (siehe Abbildung 2) geleitet. Zwei dieser experimentellen Varianten waren reine Textversionen, die als Kontrollgruppen für die video-unterstützten Online-Fragebögen fungierten. Die übrigen zwölf Varianten unterschieden sich in dem Geschlecht des eingesetzten Interviewers (jeweils die Hälfte der Versionen wurde von einem Mann bzw. einer Frau administriert, siehe Abbildung 3). Außerdem wurden nur vier der zwölf experimentellen Versionen vollständig video-unterstützt erhoben. Um Lerneffekte und Messfehler überprüfen zu können, haben wir in einigen Versionen nur den ersten bzw. zweiten Teil des Fragebogens mit Hilfe von Video-Interviewern (diesmal hatten die Videos eine Breite von 300 Pixeln und eine Höhe von 330 Pixeln) erhoben, während der jeweilige andere Teil mit Hilfe von klassischen text-basierten Fragebogenfragen erhoben wurde.

Eine weitere Differenzierung der eingesetzten Fragebogenversionen ergab sich durch die Implementierung von Experimenten zur Ermittlung von Messfehlern. Dabei wurde zum einen mit verschiedenen Fragereihenfolgen operiert und zum anderen mit Antwortreihenfolgeneffekten. Dieses relativ aufwändige Design ermöglicht es uns, nachfolgend nicht nur soziale Erwünschtheit, soziale Präsenz und andere Konstrukte, die mit Hilfe von Skalen gemessen wurden, zu ermitteln, sondern zudem auch die Ergebnisse dieser Experimente zu

Messfehlern zwischen den verschiedenen Fragebogenvarianten und insbesondere zwischen der text-basierten und der video-unterstützten Online-Befragung zu vergleichen.

Abbildung 2: Experimentelle Versionen in der Untersuchung 2

Version	1. Teil des Fragebogens			2. Teil des Fragebogens		
1		Mann	+			+
2	Video	Mann	-	Text		-
3		Frau	+			+
4		Frau	-			-
5			+		Mann	+
6	Text		-	Video	Mann	-
7			+		Frau	+
8			-		Frau	-
9		Mann	+		Mann	+
10	Video	Mann	-	Video	Mann	-
11		Frau	+		Frau	+
12		Frau	-		Frau	-
13	Text		+	Text		+
14			-			-

Quelle: Eigene Darstellung

Um methodische Fragestellungen bearbeiten zu können, haben wir den inhaltlichen Teil der ersten Befragung um einen weiteren Teil ergänzt. Dieser Teil wurden zum Teil auf dieselbe Art präsentiert, wie die übrige Befragung (Text – Text oder Video – Video) oder im jeweils komplementären Mode (Text – Video oder Video – Text). Die Präsentation der Items im Komplementärmode ermöglicht die Vergleichbarkeit der Bewertung des inhaltlichen Frageteils, ohne dass dies mit dem Befragungsmode konfundiert wäre.

Abbildung 3: Video-unterstützte Fragebogenversionen in Experiment 2
(Text-Version nicht dargestellt)

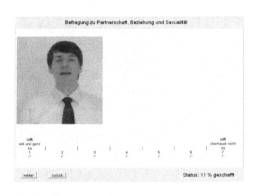 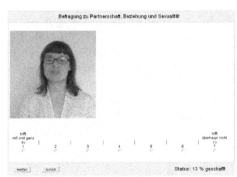

Quelle: Eigene Darstellung

Im Block soziale Erwünschtheit wurden den Teilnehmern die zehn Items (z. B. „Ich weiß immer, warum ich etwas mag.", „Ich kann Kritik selten vertragen.") umfassende Subskala zu Selbsttäuschung der deutschen Kurzversion des BIDR (Balanced Inventory of Desirable Responding)[35] zur Bewertung vorgelegt. Anschließend wurde soziale Präsenz[36] mit jeweils drei Items der beiden Subskalen Co-Presence und wahrgenommenes Frageverständnis (eigene Übersetzung) erhoben.

4. Ergebnisse

4.1. Ergebnisse Studie 1

Um das Ausmaß der durch den Interviewer induzierten sozialen Präsenz zu ermitteln, haben wir eine aus drei Items bestehende Skala verwendet (vgl. Tabelle 1). Entgegen unseren Erwartungen ergaben sich für die video-unterstützte Online-Befragung bei zwei der drei Items Befunde, die auf eine geringere soziale Präsenz hinweisen ($p < 0{,}05$ für diese beiden Items). Auch der aus den drei Items berechnete additive Index für die soziale Präsenz zeigt ein signifikantes Ergebnis: Die Messwerte zeigen an, dass die wahrgenommene soziale Präsenz in der video-unterstützten Online-Befragung um 0,6 Skalenpunkte geringer ausfällt als in der textbasierten Online-Befragung (je geringer der Indexwert, desto höher ist die gemessene Dimension ausgeprägt). Allerdings hatten diese Unterschiede bei der sozialen Präsenz nur geringe Konsequenzen für die innere Anteilnahme und Einbeziehung der Befragten in den Frage-Antwort-Prozess. Mit Hilfe einer aus vier Items bestehenden Skala zur Messung des „Involvements"[37] (was mit persönlicher Einbindung oder kognitiver Anteilnahme übersetzt werden kann) ergibt sich nur bei einem der vier Items ein signifikanter Effekt zuungunsten der video-unterstützten Online-Befragung. Bei den drei übrigen Items sind beide Befragungsarten statistisch gesehen nicht voneinander zu unterscheiden. Allerdings zeigt der aus diesen vier Items gebildete additive Index eine signifikante Differenz an, die darauf hindeutet, dass die innere Anteilnahme der Befragten in der text-basierten Online-Befragung leicht höher ausgeprägt ist.

Trotz dieser überraschenden Befunde haben wir in einem weiteren Schritt den möglichen Einfluss der im Video sichtbaren Interviewerin auf das Antwortverhalten ermittelt. Zu diesem Zweck haben wir eine kurze, aus vier Items bestehende Skala zur sozialen Erwünschtheit administriert, mit deren Hilfe wir ermitteln wollten, ob sich die traditionelle textbasierte Online-Befragung und die videounterstützte Online-Befragung hinsichtlich dieses Messfehlers unterscheiden. Die Ergebnisse zeigen, dass nur bei einem dieser vier Items ein signifikanter Unterschied auftritt, der entsprechend unseren Erwartungen zuungunsten der video-unterstützten Online-Befragung ausfällt. In diesem Fall ist der Anteil derer, die eine als sozial erwünscht eingestufte Antwort geben, in der text-basierten Online-Befragung um 10 Prozentpunkte ($p < 0{,}05$) geringer als in der videounterstützten Online-Befragung. Bei den drei anderen Items gibt es keine signifikanten Unterschiede; gleiches gilt auch für den auf Basis der vier Items berechneten Index für die soziale Erwünschtheit.

---

[35] Vgl. Musch et al. 2002.
[36] Vgl. Harms & Biocca 2004.
[37] Witmer & Singer 1998; Gerhard et al. 2001.

Tabelle 1:   Messung sozialer Präsenz und sozialer Erwünschtheit

	Text-basierte Version	Video-unterstützte Version	Total	
Soziale Präsenz				
Ich dachte, ich unterhalte mich mit einer Person. (3)	3.9	3.9	3.9	n. s.
Ich hätte bei einer Befragung, bei der mir ein Interviewer gegenüber sitzt, genauso geantwortet. (3)	1.6	1.9	1.7	*
Ich fühlte mich von den Fragen persönlich angesprochen. (3)	2.5	2.7	2.6	*
Index „Soziale Präsenz" (4)	8,0	8,6	8,3	*
Involvement				
Ich habe mich sehr auf die einzelnen Fragen konzentriert. (3)	2,0	2,1	2,0	*
Ich konnte mir die in den Fragen angesprochenen Themen gut vorstellen. (3)	1,8	1,9	1,8	n. s.
Ich habe sehr auf die Details in den Fragen geachtet. (3)	1,9	2,0	1,9	n. s.
Ich habe genau überlegt, was ich antworte. (3)	1,8	1,9	1,8	n. s.
Index „Involvement" (4)	7,4	7,9	7,6	*
Soziale Erwünschtheit				
Ich sage immer, was ich denke. (1)	53%	55%	54%	n. s.
Ich bin manchmal ärgerlich, wenn ich meinen Willen nicht bekomme. (2)	18%	28%	22%	*
Ich bin immer gewillt, einen Fehler, den ich mach, auch zuzugeben. (1)	77%	78%	77%	n. s.
Ich habe gelegentlich mit Absicht etwas gesagt, was die Gefühle des Anderen verletzen könnte. (2)	50%	42%	47%	n. s.
Index „Soziale Erwünschtheit"	2,0	2,0	2,0	n. s.

Anmerkung: (1) Prozent Zustimmung. (2) Prozent Ablehnung. (3) arithmetisches Mittel einer Skala von 1 = „stimme sehr zu" bis 5 = „stimme überhaupt nicht zu". (4) Je geringer der ausgewiesene Wert, desto stärker ausgeprägt die gemessene Dimension. Die Items zur sozialen Erwünschtheit wurden in dem Mode gemessen, in dem auch die inhaltlichen Fragen administriert wurden. * $p < 0,05$.

Anhand dieser vorläufigen Ergebnisse können wir festhalten, dass die Einführung eines Video-Interviewers also nicht zu einer erhöhten Belastung der Messwerte mit sozialer Erwünschtheit führt. Die Ergebnisse werfen die Frage auf, warum die Video-Interviewerin zwar von den Befragten nur so wenig zur Kenntnis genommen wird, anhand unserer Mess-instrumente zunächst nur einen den Erwartungen sogar widersprechenden Einfluss auf die Intensität („Involvement") der kognitiven Verarbeitung der Fragebogenfragen hat und nicht auf die soziale Erwünschtheit einzuwirken scheint. Weil es sich um eine relativ kleine Stichprobe handelt (n = 404) und die verwendeten Messinstrumente die eigentlich interes-sierenden Konzepte der sozialen Erwünschtheit, der kognitiven Verarbeitung der Frageboge-genfragen und vor allem der sozialen Präsenz unzureichend erfassen, wollen wir die Ergeb-nisse dieser ersten Studie nicht überbewerten. Allerdings wird uns die Frage noch beschäf-tigen, warum die im Video sichtbare Person nicht zu den Verzerrungen führt, die aus münd-lich persönlichen Interviews bekannt sind. Unserer Vermutung nach hat dies vor allem mit der Asynchronität der Kommunikation in der video-unterstützten Befragung zu tun.[38]

4.2.   Ergebnisse – Studie 2

Bei der Messung der sozialen Präsenz stehen wir vor dem Problem, dass sich die video-unterstützte Online-Befragung durch die bildliche Darstellung eines Interviewers oder Sprechers ganz offensichtlich von der text-basierten Online-Befragung unterscheidet. Ent-sprechend könnten wir nur in der video-unterstützten Befragung nach eben dieser sozialen Präsenz des Interviewers fragen – in der text-basierten Befragung würde es wenig Sinn haben, nach der sozialen Präsenz eines nicht vorhandenen Interviewers zu fragen. Wir be-nötigen also ein Messinstrument, das die soziale Präsenz misst, ohne sich direkt auf den bildlich sichtbaren Interviewer zu beziehen. Die besondere Schwierigkeit bestand darin, die soziale Präsenz so zu messen, dass diese Frage auch sinnvoll von denjenigen Befragten beantwortet werden können, die an der klassischen text-basierten Befragung teilnehmen und keine Video-Clips mit Interviewern sehen.

Daher haben wir uns bei der Messung der sozialen Präsenz auf zwei auf Harms und Bi-occa[39] zurückgehende Dimensionen der sozialen Präsenz beschränkt, die unabhängig von der Sichtbarkeit eines Interviewers sind: „co-presence" und „perceived message understan-ding". Damit wird zwar nur sehr indirekt gemessen, ob und in welchem Ausmaß die Befra-gung aus Sicht der Teilnehmer den Eindruck einer direkten sozialen Situation erweckt hat, aber alle Dimensionen der sozialen Präsenz, die sich direkt auf die Sichtbarkeit der Inter-viewers bezogen hätten, würden zwangsläufig in der text-basierten Version der Befragung zu sehr geringen Werten führen.

Die Items zur Erhebung des „perceived message understanding" haben wir für die spe-zifische Situation in einer Online-Befragung modifiziert. Die Ergebnisse zeigen (vgl. Ta-belle 2), dass sich die traditionelle textbasierte Befragung und die video-unterstützte Befra-gung hinsichtlich des ermittelten Skalenwertes für den Summenindex nicht unterscheiden. Für beide Versionen errechnen wir annähernd den gleichen Messwert für „perceived mes-sage understanding" von 10,7 bzw. 10,8 Punkten. Auch eine Unterscheidung nach männ-lichem und weiblichem Interviewer ergibt keine signifikante Differenz. Die Betrachtung der zugrunde liegenden Items bestätigt diesen Befund: Die beiden Befragungs-Modes unter-scheiden sich hinsichtlich des „perceived message understanding" nicht.

---

[38]   Vgl. Hancock et al. 2004.
[39]   Vgl. Harms & Biocca 2004.

Tabelle 2: Ergebnisse zur sozialen Präsenz und zur sozialen Erwünschtheit nach Modus der Befragung

	Video-Version					
	männl. Inter-view.	weibl. Inter-view.	Total	Text-Version	Total	
Soziale Präsenz – „Perceived Message Understanding"						
Mir war immer klar, was von mir gefragt wurde.(1)	71%	75%	73%	75%	75%	n. s.
Die Fragen waren leicht zu verstehen.(1)	86%	85%	85%	83%	85%	n. s.
Die Fragen waren schwer zu verstehen.(1)	3%	2%	2%	3%	3%	n. s.
Summenindex „Perceived Message Un-derstanding" (arithmetisches Mittel)	10,7	10,8	10,7	10,8	10,8	n. s.
Soziale Präsenz – „Co-Presence"						
Ich habe beim Antworten daran gedacht, dass ich mich in einer Befragung/in ei-nem Interview befinde.(1) (3)	24%	31%	27%	55%	40%	***
Die Befragungssituation/Die Interviewsitua-tion war mir gegenwärtig.(1) (3)	21%	35%	33%	67%	49%	***
Die Befragung/Das Interview hat meine Aufmerksamkeit auf sich gezogen.(1) (3)	51%	53%	52%	68%	60%	***
Summenindex „Co-Presence" (arith-metisches Mittel)	9,8	10,9	10,4	13,6	11,9	***
Soziale Erwünschtheit						
Der erste Eindruck, den ich von anderen Menschen gewinne, bewahrheitet sich meistens.(+) (1)	30%	32%	31%	32%	31%	n. s.
Ich bin nicht immer mir selbst gegenüber ganz ehrlich gewesen.(-) (2)	22%	27%	25%	25%	25%	n. s.
Ich weiß immer, warum ich etwas mag.(+) (1)	34%	39%	36%	30%	33%	+
Es fällt mir schwer, einen beunruhigenden Gedanken beiseite zu drängen.(-) (2)	8%	10%	9%	9%	9%	n. s.
Manchmal verpasse ich etwas, weil ich mich einfach nicht schnell genug ent-scheiden kann.(-) (2)	29%	32%	31%	36%	33%	+
Ich bin ein völlig rational denkender Mensch.(+) (1)	23%	18%	20%	19%	20%	n. s.
Ich kann Kritik selten vertragen.(-) (2)	26%	33%	29%	29%	29%	n. s.
Ich bin mir meiner Urteile sehr sicher.(+)(1)	37%	36%	36%	37%	37%	n. s.
An meinen Fähigkeiten als Liebhaber habe ich schon gelegentlich gezweifelt.(-) (2)	36%	33%	35%	34%	34%	n. s.
Ich weiß immer die Gründe für meine Handlung.(+) (1)	21%	28%	24%	29%	27%	+
Summenindex „Soziale Erwünschtheit" (arithmetisches Mittel)	41,8	42,5	42,1	42,1	42,1	n. s.

Anmerkung: Die Differenzierung der Befragten nach „Video" und „Text" erfolgte nach dem verwendeten Mode für den überwiegenden Teil der inhaltlichen Fragen; wegen des Cross-Over-Designs wurden die hier berichteten Fragen für einen Teil der Befragten, die den Hauptteil der Untersuchung mit der video-unterstützten Befragung bearbeitet hatten, als text-basierte Online-Befragung administriert – und umgekehrt.
(+) Zustimmung bzw. (-) Ablehnung des Befragten indiziert soziale erwünschte Antworten. (1) Prozent der Kate-gorien 6 und 7 auf einer Skala von 7 = „trifft voll und ganz zu" bis 1 „trifft überhaupt nicht zu". (2) Prozent der Kategorien 1 und 2 auf der gleichen Skala. (3) Für Befragte, denen diese Items mit Hilfe der Video-Befragung gestellt wurden, enthielt die Frageformulierung das Wort „Interview" anstelle des Worts „Befragung" – unabhän-gig von der Befragungs-Version im Hauptteil der Befragung. + p < 0,10; * p < 0,05; *** p < 0,001.

Dieser für uns überraschende Befund führt uns zu der Vermutung, dass die wahrgenomme-ne soziale Präsenz in einer videounterstützten Online-Befragung nur schwach ausgeprägt ist bzw. dass die soziale Präsenz eines sichtbaren Interviewers nur wenig Einfluss auf die Be-antwortung der Fragebogenfragen haben kann (wir werden darauf in der Diskussion der weiteren Arbeitsschritte noch einmal zurückkommen).

Als zweite Dimension sozialer Präsenz haben wir die „social co-presence" mit einer e-benfalls aus drei Items bestehenden Skala gemessen, die wir für die Zwecke unserer Befra-gung leicht modifiziert haben.[40] Die Items beziehen sich darauf, ob und in welchem Aus-maß den Befragten die Befragungssituation gegenwärtig ist, ob den Befragten jeweils prä-sent war, dass sie sich in einer Befragung befanden und in welchem Ausmaß die Befragung ihre Aufmerksamkeit auf sich gezogen hat. Zu unserer Überraschung – aber in Einklang mit den Befunden zum Involvement aus dem ersten Experiment – zeigen die Ergebnisse, dass Befragte in der video-unterstützten Version bei allen drei Items höchstsignifikant weniger zustimmen als die Teilnehmer an der text-basierten Befragung. Entsprechend zeigt auch der aus diesen drei Items gebildete Summenindex eine höhere soziale Co-Präsenz bei den Teil-nehmern an der text-basierten Befragung (13,6 Punkte im Vergleich zu 10,4 Punkten bei den Teilnehmern an der Video-Version; $p < 0,001$). Dies deutet darauf hin, dass die Teil-nahme an einer video-unterstützten Online-Befragung andere Assoziationen und Erwartun-gen evoziert, die nicht mit denen der Teilnehmer an der text-basierten Befragung überein-stimmen. Entsprechend dieser Überlegung fällt auf, dass die Teilnehmer an der text-basierten Online-Befragung die gesamte Befragungssituation wesentlich als selbst-administriert interpretieren, wohingegen die Teilnehmer an der videounterstützten Online-Befragung diese schwerpunktmäßig als interviewer-administriert wahrnehmen (vgl. Abbil-dung 4, $p < 0,001$).

Während drei Viertel der Befragten in der text-gestützten Variante die Befragung als tendenziell, überwiegend oder ausschließlich selbst-administriert wahrnehmen (75 Prozent), ist der vergleichbare Anteil unter den Teilnehmern an der video-unterstützten Befragung mit 43 Prozent ($p < 0,001$) deutlich geringer. Hier interpretiert die relative Mehrheit der Befragten (50 Prozent) das Vorgehen als interviewer-administriert. Wir folgern daraus, dass die Befragten die video-unterstützte Befragung schwerpunktmäßig mit einer interviewer-administrierten Befragung vergleichen, und daher im Kontrast dazu die video-unterstützte Befragung mit aufgezeichneten Interviewern als wenig lebendig und real wahrnehmen. Befragte in der text-basierten Befragung hingegen vergleichen diese zu einem beträchtli-chen Teil mit der klassischen papier-gestützten selbst-administrierten Befragung (z. B. der schriftlich-postalischen Befragung) und bewerten die text-basierte Befragung im Kontrast dazu. Entsprechend sind die von den Befragten wahrgenommenen Unterschiede zwischen text-basierter und video-unterstützten Online-Befragung nicht nur auf faktische Differenzen in der Administration der Befragung – und damit auf differentielle Mode-Effekte –, sondern auch auf unterschiedliche Vergleichsmaßstäbe im Video- und im Text-Mode zurück zu führen. Damit stellt sich das bereits im Zusammenhang mit den Ergebnissen von Experi-ment 1 diskutierte Problem, wie die soziale Präsenz unabhängig von der Befragungsform gemessen werden kann, als komplexes Messproblem: Die Indikatoren müssen nicht nur sinnvoll in Befragungen mit und ohne Video-Unterstützung administriert werden können; zugleich müssen wir darauf achten, dass die Befragten sie in den beiden verglichenen Mo-des vor dem Hintergrund möglichst identischer subjektiver Vergleichsmaßstäbe beurteilen.

---

[40]   Vgl. Harms & Biocca 2004.

Abbildung 4: Wahrnehmung der Befragung als selbst-administrierte bzw. interviewer-administrierte Befragung nach Befragungs-Mode

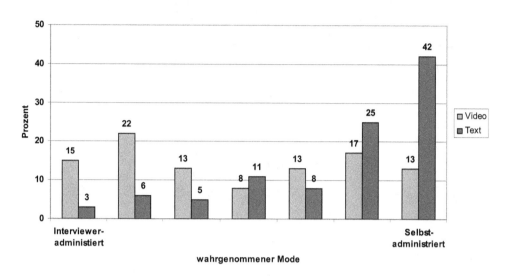

Quelle: Eigene Darstellung.

Insgesamt zeigen die Ergebnisse zur sozialen Präsenz, dass die Befragten in der video-unterstützten Version in geringerem Ausmaß den Eindruck hatten, sich in einer Befragung/einem Interview zu befinden. Dies ist ganz wesentlich darauf zurückzuführen, dass die Befragten in der Video-Version diese Erfahrung mit einem mündlich-persönlichen Interview vergleichen, während die Befragten in der text-basierten Online-Befragung ihre Erfahrung im Kontrast zu einer traditionellen schriftlichen Befragung zu sehen scheinen. Dass diese unterschiedlichen Vergleichsmaßstäbe keinen Einfluss auf das „perceived message understanding" haben, weckt allerdings Zweifel, ob die unterschiedliche Wahrnehmung der Befragungssituation mit und ohne Video-Interviewer tatsächlich zu Differenzen im Antwortverhalten führt. Vor diesem Hintergrund prüfen wir nun unsere These, wonach die ursprünglich angenommene und in den Daten nur zum Teil sichtbare höhere soziale Präsenz in der video-unterstützten Online-Befragung zu höherer sozialer Erwünschtheit und damit zu einem Underreporting von sensitiven Verhaltensweisen führt.

Entsprechend haben wir in einem weiteren Analyseschritt das Ausmaß der sozialen Erwünschtheit in der video-unterstützten Online-Befragung im Vergleich zur text-basierten Online-Befragung ermittelt. Dazu haben wir in dieser Untersuchung – anders als in der ersten Studie (vgl. Kapitel 5.1), in der eine aus vier Items bestehende reduzierte Skala zum Einsatz kam – eine auf Musch und Mitarbeiter[41] zurückgehende, aus zehn Items bestehende Subskala zu Selbsttäuschung der deutschen Kurzversion des BIDR verwendet. In Übereinstimmung mit dem ersten Experiment zeigen die Ergebnisse, dass sich die beiden Versionen der Online-Befragung mit und ohne Video-Unterstützung nicht statistisch signifikant voneinander unterscheiden: Sowohl für die text-basierte Online-Befragung wie für die video-unterstützte Online-Befragung errechnen wir einen Wert des additiven Summenindex

---

[41]   Vgl. Musch et al. 2002.

für die soziale Erwünschtheit von 42,1 Punkten. Geringe Differenzen ergeben sich bei der video-unterstützten Befragung mit einem weiblichen Interviewer (42,5) bzw. einem männlichen Interviewer (41,8), die jedoch zu klein sind, als dass sie inhaltlich bedeutsam oder statistisch signifikant wären. Auch in der differenzierten Betrachtung der einzelnen Items stellen wir fest, dass die Unterschiede zwischen text-basierter und video-unterstützter Online-Befragung gering und statistisch nicht gesichert sind. Damit gilt es festzuhalten, dass sich auch das zweite Glied unserer ursprünglich angenommenen Kausalkette von der sozialen Präsenz, die zu höherer sozialer Erwünschtheit und in der Folge zu Underreporting von sensitiven Verhaltensweisen führt, nicht halten lässt.

Tabelle 3: **Under- bzw. Overreproting von sensitiven Verhaltensweisen**

| | Video-Version | | | | | |
	männl. Inter-view.	weibl. Inter-view.	Summe	Text-Version	Summe	
Sexuelle Praktiken						
Homoerotische Fantasien (1)	60%	64%	62%	64%	63%	n. s.
Pornographische Zeitschriften oder Videos angesehen (1)	92%	91%	91%	94%	93%	+
Sich beim Sex schon einmal jemand anderen vorgestellt, als die Person, mit der Sie zusammen waren (1)	63%	60%	61%	62%	62%	n. s.
Onaniert oder masturbiert (1)	94%	95%	95%	94%	94%	n. s.
Jemanden oral befriedigt (1)	89%	88%	89%	85%	87%	n. s.
Analsex gehabt (1)	36%	37%	37%	39%	38%	n. s.
Mit mehreren Personen gleichzeitig Sex gehabt (1)	8%	9%	9%	11%	10%	n. s.
Frotteurismus betrieben (1)	12%	12%	12%	15%	13%	n. s.
Weitere sensitive Items						
Geschlechtskrankheit gehabt	13%	17%	15%	17%	16%	n. s.
Anzahl Sexualpartner	8,5	8,1	8,3	8,5	8,4	n. s.
Noch keinen Geschlechtsverkehr gehabt	5%	8%	6%	7%	7%	n. s.

Anmerkung: (1) Prozent der Kategorien „schon mal gemacht" oder häufiger. + p < 0,10.

Dennoch haben wir in einem dritten Schritt überprüft, in welchem Ausmaß die Befragten in den beiden Versionen der Online-Befragung angeben, Verhaltensweisen praktiziert zu haben, die im Kontext von standardisierten Befragungen gemeinhin als heikel oder sensitiv gelten. Weil wir nicht sicher sein können, ob die Instrumente zur Erfassung insbesondere der sozialen Präsenz, aber auch – abgeschwächt – zur sozialen Erwünschtheit tatsächlich in der Lage sind, die ursächlichen Faktoren für diesen möglichen Antwortfehler adäquat abzubilden, überprüfen wir etwaige Unterschiede zwischen der klassischen text-basierten Online-Befragung und der video-unterstützten Online-Befragung also auch auf der Ebene der Antworten zu sensitiven Fragen. Nachdem der Grad der Sensitivität in hohem Maße von der untersuchten Population abhängt, mussten wir ein Thema wählen, das aus Sicht von Studierenden als heikel angesehen wird. Um das Ausmaß der Sensitivität abschätzen zu können, haben wir uns auf Befunde in der Literatur gestützt, die belegen, dass Fragen zu sexuellen Praktiken auch von Studierenden durchaus als heikel eingestuft werden.[42]

Unterschiede zwischen der video-unterstützten und der text-basierten Online-Befragung würden wir als Hinweis auf einen möglichen Messfehler interpretieren: Im Falle sozial positiv bewerteter Verhaltensweisen würden wir als Folge der auf dem Video sichtbaren Interviewer mit größeren Häufigkeiten rechnen; im Falle sozial negativ bewerteter Handlungen wäre Underreporting in der video-unterstützten Befragung zu erwarten. Die Ergebnisse zeigen jedoch (siehe Tabelle 3), dass sich bei keiner der erhobenen sensitiven Verhaltensweisen statistisch signifikante Unterschiede in der Häufigkeit ergeben, mit der die Befragten diese Verhaltensweisen berichten. Weder für verschiedene sexuelle Praktiken noch für andere sensitive Themen finden wir nennenswerte Unterschiede, die auf ein systematisches Underreporting in der video-unterstützten Online-Befragung hindeuten würden. Zwar ergeben sich kleinere Prozentsatzdifferenzen, mit der die abgefragten sexuellen Praktiken berichtet werden; da sich aber kein klarer Trend zugunsten der klassischen text-basierten Online-Befragung ergeben und zudem in keinem Fall das statistische Signifikanzniveau von 0,05 erreicht wird, schließen wir einen systematischen Effekt der video-unterstützten Befragung zunächst aus.

5. Zusammenfassung der Ergebnisse und Diskussion

Die bisher vorliegenden Befunde verdeutlichen, dass sich die ursprüngliche Annahme, wonach die video-unterstützte Online-Befragung zu einer stärker ausgeprägten sozialen Präsenz und dadurch zu einer höheren sozialen Erwünschtheit im Antwortverhalten führen würde, modifiziert werden muss. Nach den vorliegenden Ergebnissen scheint es zwar bei einer der beiden gemessenen Dimensionen der sozialen Präsenz, der „social co-presence", signifikante Unterschiede zu geben, diese legen jedoch eher eine höhere soziale Präsenz in der text-basierten Befragung nahe. Bei der zweiten gemessenen Dimension, dem „perceived message understanding", gibt es keine nachweisbaren Differenzen zwischen text-basierter und video-unterstützter Version. Wie auf Basis dieser Teilbefunde zu erwarten, treten keine Unterschiede bei der sozialen Erwünschtheit auf, und auch ein systematisches Underreporting von sensitiven Verhaltensweisen tritt in der video-unterstützten Online-Befragung nicht zu Tage.

Zwar werden die beiden Versionen der Online-Befragung durchaus als eher selbst-administriert (text-basierte Version) bzw. stärker interviewer-administriert (video-unterstützte Version) wahrgenommen. Doch folgen daraus keine stärkere soziale Präsenz und keine verstärkte soziale Erwünschtheit. Dieser Befund hat uns am meisten überrascht und zur Weiterentwicklung unseres theoretischen Ansatzes geführt. Auffällig ist nämlich, dass eine beträchtliche Teilgruppe der Befragten in der video-unterstützten Version das Vorgehen als selbst-administriert wahrgenommen hat (vgl. Abbildung 4).

Auf Basis dieser Befundlage gehen wir nunmehr davon aus, dass die soziale Präsenz des Interviewers zwar bei der Administration der einzelnen Fragebogenfragen durchaus eine Rolle spielen kann, nicht aber bei deren Beantwortung. Da zwar die Frageinhalte von einer auf Video sichtbaren Person vorgelesen werden, aber die Antworten nach wie vor mit Hilfe der Maus und Tastatur selbst-administriert in das System eingegeben werden, vermuten

---

[42] Vgl. Mühlenfeld 2004.

wir, dass die soziale Präsenz lediglich die ersten Phasen des Frage-Antwort-Prozesses (Frageverständnis und Generierung der Antwort) tangierten, nicht aber die Formatierung und das gegebenenfalls stattfindende Editing der Antwort.[43] Dies würde erklären, warum die soziale Erwünschtheit und das gegebenenfalls daraus folgende Underreporting von sensitiven Verhaltensweisen in der videounterstützten Online-Befragung nicht stärker auftritt, als in der traditionellen textbasierten Online-Befragung. Warum allerdings nicht die erwarteten Unterschiede bei der wahrgenommenen sozialen Präsenz auftreten, lässt sich mit Hilfe dieser Spezifikation des theoretischen Modells noch nicht erklären. Möglicherweise werden wir in Zukunft mit ausgefeilteren Instrumentarien und gezielt auf unsere Anwendungskontexte entwickelten Instrumenten die soziale Präsenz erheben müssen, um Unterschiede zwischen den beiden Online-Befragungsversionen nachweisen zu können.

Anders als in den Labor-Studien von Nass und Kollegen[44], in denen bei Verwendung von Audio-Elementen Effekte im Sinne sozial erwünschten Antwortverhaltens auftraten, können wir derartige Antwortmuster nicht vorweisen. Allerdings stehen die von uns vorgelegten Befunde durchaus im Einklang mit den Ergebnissen von Couper und Kollegen[45] zum Einsatz von Audio-CASI: Danach finden sich keine Hinweise auf ein geringeres Underreporting bei sensitiven Verhaltensweisen, wenn Audio-CASI im Vergleich zu Text-CASI verwendet wird.

Dass die video-unterstützte Online-Befragung einen Einfluss auf den Befragten und auf die kognitive Verarbeitung der administrierten Fragebogenfragen hat, lässt sich anhand einiger durchgeführter Experimente zum Frageverständnis nachweisen (hier nicht im Detail berichtet). So können wir zeigen, dass in der video-unterstützten Online-Befragung Textteile von Fragen intensiver wahrgenommen werden und bei der Beantwortung späterer Fragen nachhaltiger wirken als in der text-basierten Online-Befragung. Zum Nachweis dieses Phänomens haben wir in einer experimentellen Variation einer Fragebogenfrage in einer Version des Fragebogens eine bestimmte Information dem Befragten mitgeteilt, während die gleiche Information in der anderen Fragebogenvariante nicht enthalten war. Zu einem späteren Zeitpunkt im Fragebogen wurde dann eine Fragebogenfrage administriert, die sich auf diese Information bezog; entsprechend den experimentellen Bedingungen sollten sich Unterschiede im Antwortverhalten bei dieser späteren Frage zeigen. Vergleicht man dieses Experiment für die video-unterstützte Online-Befragung einerseits und die textbasierte Befragung andererseits, so stellt man fest, dass die zusätzliche Information in der video-unterstützten Online-Befragung einen größeren Einfluss auf das Antwortverhalten bei der entsprechenden Frage hat als in der text-basierten Befragung. Dies verdeutlicht unseres Erachtens, dass die video-unterstützte Administration von Fragetexten eine größere Aufmerksamkeit vom Befragten für die enthaltene Information erzeugt, als dies eine reine textbasierte Online-Befragung zu erreichen vermag.

In ganz ähnlicher Weise haben wir in einem zweiten (ebenfalls hier nicht im Detail dargestellten) Experiment überprüft, in welcher Weise eine Spezifikation eines Fachbegriffes im Rahmen einer Fragebogenfrage zu einer Veränderung des Antwortverhaltens führt.[46] Dazu haben wir nach der Anzahl der bisherigen Sexualpartner gefragt und dabei den Begriff „Sexualpartner" mit einer Spezifikation als Teil des Fragetextes definiert. Während in der Kontrollgruppe keine Spezifikation des Begriffes im Fragetext enthalten war, wurde in

---

[43] Vgl. zu dem hier zugrunde gelegten Modell Sudman, Bradburn & Schwarz 1996.
[44] Vgl. Nass et al. 1997; Nass et al. 1999; Nass & Brave 2005.
[45] Vgl. Couper et al. 2003.
[46] Vgl. Beatty et al. 2007.

zwei experimentellen Gruppen jeweils eine Definition des Begriffes angegeben, die in einer Version an den Anfang des Fragetextes gestellt wurden und in der anderen Fassung ans Ende des Fragetextes. Die Ergebnisse zeigen, dass die Definition des verwendeten Begriffes „Sexualpartner" einen Einfluss auf die Anzahl der berichteten Sexualpartner hat: Wenn diese Definition gegeben wird, verändert sich die berichtete Anzahl der Sexualpartner.

Im Kontext der hier berichteten Befunde ist nun interessant, dass in der klassischen text-basierten Version diese Definition vor allem dann zur Kenntnis genommen wird, wenn sie am Beginn der jeweiligen Fragebogenfrage eingeführt wird. In der video-unterstützten Befragung können wir auch dann einen Effekt der Definition nachweisen, wenn diese am Ende der Frage eingeführt wird. Dieser Befund verdeutlicht, dass sich die kognitive Verarbeitung von Fragetexten und die Aufmerksamkeit für die einzelnen Elemente der Fragebogenfrage in der video-unterstützten Online-Erhebung von derjenigen in der text-basierten Online-Befragung unterscheiden.

Auch wenn mit diesem Befund noch kein vollständiger Test unserer theoretischen Annahmen über den Frage-Antwort-Prozess in den video-unterstützten Online-Befragungen gelungen ist, interpretieren wir die Ergebnisse doch als erste Belege und Anhaltspunkte für die Richtigkeit dieses Modells und als Hinweis auf eine verbesserte Datenqualität im Vergleich zur klassischen text-basierten Online-Befragung.

Die beiden hier vorgestellten Untersuchungen wurden mit einer rein studentischen, also relativ jungen, gebildeten und interneterfahrenen Population durchgeführt. Eine Übertragung auf die allgemeine Bevölkerung bzw. auf andere spezielle Populationen ist also nicht ohne weiteres zulässig. Zudem muss eingeschränkt werden, dass wir bisher lediglich den Fragetext video-administriert haben; andere Aufgaben eines Interviewers in der Face-to-Face-Befragung, wie z. B. Feedback, Motivation und Information bei Rückfragen, sind von uns bisher nicht im Video-Mode administriert worden. Daher bleibt die Frage, ob die video-unterstützte Befragung auch dann noch in diesem bisher sehr vorteilhaften Licht erscheint, wenn wir weitere Schritte und Phasen des Frage-Antwort-Prozesses in die Video-Unterstützung einbeziehen.

Schließlich müssen wir einräumen, dass wir das zentrale Konzept der „sozialen Präsenz" in den beiden hier referierten Studien bisher nur eingeschränkt operationalisiert haben. Während die soziale Erwünschtheit und das Over- bzw. Underreporting auf relativ soliden Messungen in beiden Modes basiert, ist die Erfassung der sozialen Präsenz nur schwer mit einem einheitlichen Instrumentarium in der video-unterstützten und in der klassischen text-basierten Online-Befragung möglich. Hierauf werden wir zukünftig mehr Aufmerksamkeit verwenden müssen.

Nachdem wir uns bisher schwerpunktmäßig auf sensitive Themen konzentriert haben, anhand derer wir hofften, Unterschiede im Antwortverhalten leichter nachweisen zu können, werden wir zukünftig auch auf weniger heikle Themenbereiche eingehen, um die Funktionsweise der video-unterstützten Online-Befragung bei allgemeinen, weniger sensitiven Fragestellungen überprüfen zu können. Dabei werden wir auch Fragebogenfragen verwenden, die sich auf schwieriger zu verstehende Konzept beziehen, die ggf. einer Erläuterung oder Erklärung bedürfen, um adäquat beantwortet werden zu können.

In der ferneren Zukunft schwebt uns weiter ein Vergleich der von uns verwendeten humanen Sprecher mit interviewenden Agents – also computeranimierten Kunstfiguren – vor. In Anlehnung an die von den Conrad und Schober in den USA entwickelten Methode der agent-gestützten Befragung[47] denken wir an eine Applikation dieser Agents in video-unterstützten Online-Befragungen.

Insgesamt ist die Arbeit an der video-unterstützten bzw. multimedialen Online-Befragung von dem Gedanken getragen, dass diese von der Verbindung mit Aspekten der Interviewer-Administration profitieren kann, ohne dass die erhobenen Daten in vollem Umfang von den bekannten Einschränkungen der Daten aus mündlich-persönlichen Befragungen betroffen sind. In weiterführenden Analysen werden wir dazu die These überprüfen, dass die kognitive Aufmerksamkeit für die Fragebogenfragen durch den Befragten bei gesprochenen Fragetexten größer ist, als wenn diese sie sich lesend erarbeiten müssen. Daraus sollte eine gründlichere Verarbeitung der enthaltenen Fragebestandteile folgen und schließlich eine Beantwortung der Frage mit Daten von höherer Qualität resultieren. Unseres Erachtens bietet die audio-visuelle Administration der Online-Befragung daher nicht nur Vorteile für Personen mit einer Leseschwäche oder Analphabeten[48], sondern auch bei Befragungen in der allgemeinen Bevölkerung.

Literatur

Anderson, A. H. (2008): Video-Mediated Interactions and Surveys. In: Conrad, F. G. & Schober, M. F. (Hrsg.): Envisioning the survey interview of the future. New York, S. 95-118.

Aquilino, W. S. (1994): Interview Mode Effect in Surveys of Drug and Alcohol Use. A Field Experiment. In: Public Opinion Quarterly, 58, S. 210-240.

Aquilino, W. S. & Lo Sciuto, L. (1990): Effects of Interview Mode on Self-Reported Drug Use. In: Public Opinion Quarterly, 54, S. 362-395.

Arbeitskreis Deutscher Markt- und Sozialforschungsinstitute e.V. (2006): Jahresbericht 2006. Frankfurt am Main.

Bandilla, W., Bosnjak, M. & Althofer, P. (2001): Effekte des Erhebungsverfahrens? Ein Vergleich zwischen einer Web-basierten und einer schriftlichen Befragung zum ISSP-Modul Umwelt. In: ZUMA Nachrichten, 49, S. 7–28.

Bates, N. (2001): Internet versus Mail as a Data Collection Methodology from a High-Coverage Population. Vortrag auf der jährlichen Konferenz der AAPOR, Montreal (Kanada) (5.-9. August 2001)

Beatty, P., Fowler, F. & Cosenza, C. (2007): New Experiments on the Optimal Structure of Complex Survey Questions. Vortrag auf der zweiten Konferenz der European Survey Association, Prag (25.-29. Juni 2007)

Bosnjak, M. (2003): Web-basierte Fragebogenuntersuchungen. Methodische Möglichkeiten, aktuelle Themen und Erweiterungen. In: Informationszentrum Sozialwissenschaften & Arbeitskreis Sozialwissenschaftlicher Institute (Hrsg.): Online-Erhebungen. Bonn, S. 109-133.

Bronner, F. & Kuijlen, T. (2007): The Live or Digital Interviewer. A Comparison between CASI, CAPI and CATI with Respect to Differences in Response Behaviour. In: International Journal of Market Research, 49, S. 167-190.

Bronner, F., Tchaoussoglou, C. & Ross, R. (2003): The Virtual Interviewer. Amsterdam.

Christian, L. M. & Dillman, D. A. (2004): The Influence of Graphical and Symbolic Language Manipulations on Responses to Self-Administered Questions. In: Public Opinion Quarterly, 68, S. 57-80.

Christian, L. M., Dillman, D. A. & Smyth, J. D. (2007): The Effects of Mode and Format on Answers to Scalar Questions in Telephone and Web Surveys. In: Lepowski, J. M. et al. (Hrsg.): Advances in Telephone Survey Methodology. New York, S. 250-275.

Conrad, F. G., Schober, M. F. & Coiner, T. (2007): Bringing Features of Human Dialogue to Web Surveys. In: Applied Cognitive Psychology, 21, S. 165-187.

Cooley, P. C., Rogers, S. M., Turner, C. F., Al-Tayyib, A. A., Willis, G. & Ganapathi, L. (2001): Using Touch Screen Audio-CASI to Obtain Data on Sensitive Topics. In: Computers in Human Behavior, 17, S. 285-293.

Couper, M. P. (2000): Usability Evaluation of Computer Assisted Survey Instruments. In: Social Science Computer Review, 18, S. 384-396.

---

[47] Vgl. Schober & Conrad 2008.
[48] Vgl. Gerich, Lehner, Fellinger & Holzinger 2003.

Couper, M. P. (2005): Technology Trends in Survey Data Collection. In: Social Science Computer Review, 23, S. 486-501.

Couper, M. P., Singer, E. & Tourangeau, R. (2003): Understanding the Effects of Audio-CASI on Self-Reports of Sensitive Behavior. In: Public Opinion Quarterly, 67, S. 385-395.

Couper, M. P., Singer, E. & Tourangeau, R. (2004): Does Voice Matter? An Interactive Voice Response (IVR) Experiment. In: Journal of Official Statistics, 20, 3, S. 551-570.

Couper, M. P., Tourangeau, R. & Conrad, F. G. (2007): Visual Context Effects in Web Surveys. In: Public Opinion Quarterly, 71, S. 623-634.

Couper, M. P., Tourangeau, R. & Kenyon, K. (2004): Picture this! Exploring Visual Effects in Web Surveys. In: Public Opinion Quarterly, 68, S. 255-266.

Couper, M. P., Tourangeau, R. & Steiger, D. M. (2001): Social Presence in Web Surveys. In: SIGCHI ~ ACM Special Interest Group on Computer-Human Interaction (Hrsg.): Proceedings of the SIGCHI Conference on Human Factors in Computing Systems. New York, S. 412-417.

Couper, M. P., Traugott, M. W. & Lamias, M. J. (2001): Web Survey Design and Administration. In: Public Opinion Quarterly ,65, S. 230-253.

Currivan, D., Nyman, A., Turner, C. & Biener. L. (2004): Does Telephone Audio Computer-Assisted Self-Interviewing Improve Accuracy of Prevalence Estimates of Youth Smoking? In: Public Opinion Quarterly, 68, S. 542-564.

de Leeuw, E. D. (1992): Data Quality in Mail, Telephone and Face-to-Face Surveys. Amsterdam.

Dillman, D. A., Phleps, G., Tortora, R., Swift, K., Kohrell, J. & Berck, J. (2001): Response Rate and Measurement Differences in Mixed Mode Surveys Using Mail, Telephone, Interactive Voice Response and the Internet. Empfangen am 11. 11. 2007 von http://www.sesrc.wsu.edu/dillman/papers/Mixed%20Mode%20ppr%20_with% 20Gallup_%20POQ.pdf

EMARSYS (2005): Video-E-Mails – kommen sie auch an? Zustellbarkeit und Darstellung von Multimedia-E-Mails. EMARSYS eMarketing Systems (Ms.).

Fendrich, M. & Vaughn, C. M. (1994): Diminished Lifetime Substance Use over Time: An Inquiry into Differential Underreporting. In: Public Opinion Quarterly, 58, S. 96-123.

Fricker, S., Galesic, M., Tourangeau, R. & Yan, T. (2005): An Experimental Comparison of Web and Telephone Surveys. In: Public Opinion Quarterly, 69, S. 370-392.

Fuchs, M. (2003): Kognitive Prozesse und Antwortverhalten in einer Internet-Befragung. In: Österreichische Zeitschrift für Soziologie, 28, 4, S. 19-45.

Fuchs, M. (2008): Mobile Web Survey: A Preliminary Discussion of Methodological Implications. In: Conrad, F. G. & Schober, M. F. (Hrsg.): Envisioning the Survey Interview of the Future. New York, S. 77-94.

Fuchs, M. & Funke, F. (2007a): The Impact of Audiovisual Elements in Web Surveys. Vortrag auf dem Workshop Internet Survey Methodology (ISM), Lillehammer (Norwegen) (17.-19. September 2007)

Fuchs, M. & Funke, F. (2007b): Using Audio and Video Clips in Web Surveys – Feasibility and Impact on Data Quality. Vortrag auf der 60. Tagung der World Association for Public Opinion Research, Berlin (19.-21. September 2007)

Fuchs, M. & Funke, F. (2007c): Video Web Survey. Results of an Experimental Comparison With a Text-based Web Survey. In: Trotman, M. et al. (Hrsg.): Challenges of a Changing World. Proceedings of the Fifth International Conference of the Association for Survey Computing. University of Southampton, 12.-14. September 2007. Berkeley, S. 63-80.

Fuchs, M., Lamnek, S. & Wiederer, R. (2003): Querschläger. Jugendliche zwischen rechter Ideologie und Gewalt. Opladen.

Fuchs, M., Lamnek, S., Luedtke, J. & Baur, N. (2005): Gewalt an Schulen. 1994 – 1999 – 2004. Wiesbaden.

Funke, F. (2007): Improving Data Quality in Web Surveys with Visual Analogue Scales. Vortrag auf der zweiten Konferenz der European Survey Association, Prag (25.-29. Juni 2007)

Funke, F. & Reips, U.-D. (2007): Datenerhebung im Netz: Messmethoden und Skalen. In: Welker, M. & Wenzel, O. (Hrsg.): Online-Forschung 2007: Grundlagen und Fallstudien. Köln, S. 52-76.

Gerhard, M., Moore, D. & Hobbs, D. (2001): Continuous Presence in CVEs: Towards the Evaluation of a Hybrid Avatar-Agent Model for User Representation. International Conference on Intelligent Virtual Agents (IVA 2001). Madrid (Spanien) (10.-11. September 2001)

Gerich, J. & Lehner, R. (2006): Video Computer-Assisted Self-Administered Interviews for Deaf Respondents. In: Field Methods, 18, S. 267-283.

Gerich, J., Lehner, R., Fellinger, J. & Holzinger, D. (2003): Animaqu – eine computerbasierte Befragung als Möglichkeit zur Erfassung besonderer Zielgruppen. In: ZUMA Nachrichten, 52, S. 35-54.

Groves, R. M., Fowler F. F., Couper, M. P., Lepkowski, J. M., Singer, E. & Tourangeau, R. (2004): Survey Methodology. New York.

Hancock, J. Thom-Santelli, J. & Ritchie, T (2004): Deception and Design: The impact of Communication Technologies on Lying Behavior. Conference on Computer Human Interaction. Vienna, Austria, S. 130.-136.

Harms, C. & Biocca, F. (2004): Internal Consistency and Reliability of the Networked Minds Social Presence Measure. In: Alcaniz, M. & Rey, B. (Hrsg.): Seventh Annual International Workshop: Presence 2004. Valencia, S. 246-251.

Kaplowitz, M., Hadlock, T. & Vevinde, R. (2004): A Comparison of Web and Mail Survey Response Rates. In: Public Opinion Quarterly, 68, S. 94-101.

Kinsey, S. H., Thornberry, J. S., Carson, C. P. & Duffer, A. P. (1995): Respondent Preferences toward Audio-CASI and how that Affects Data Quality. In: American Association for Public Opinion Research (Hrsg.): Proceedings of the Survey Research Methods Section, American Statistical Association (1995). Fort Lauderdale, Florida, S. 1223-1228.

Krosnick, J. A. & Alwin, D. F. (1987): An Evaluation of a Cognitive Theory on Response-Order Effects in Survey Measurement. In: Public Opinion Quarterly, 51, S. 201-219.

Krysan, M. & Couper, M. P. (2003): Race in the Live and the Virtual Interview: Racial Deference, Social Desirability, and Activation Effect in Attitude Surveys. In: Social Psychology Quarterly, 66, S. 364-383.

Moskowitz, J. M. (2004): Assessment of Cigarette Smoking and Smoking Susceptibility among Youth: Telephone Computer-Assisted Self-Interviews versus Computer-Assisted Telephone Interviews. In: Public Opinion Quarterly, 68, S. 565-587.

Mühlenfeld, H.-U. (2004): Der Mensch in der Online-Kommunikation: Zum Einfluss webbasierter, audiovisueller Fernkommunikation auf das Verhalten von Befragten.Wiesbaden.

Musch, J., Brockhaus, R. & Bröder, A. (2002): Ein Inventar zur Erfassung von zwei Faktoren sozialer Erwünschtheit. In: Diagnostica, 48, S. 121-129.

Nass, C., Moon, Y. & Carney, P. (1999): Are People Polite to Computers? Responses to Computer-Based Interviewing Systems. In: Journal of Applied Social Psychology, 29, S. 1093-1110.

Nass, C., Moon, Y. & Green, N. (1997): Are Machines Gender Neutral? Gender-Stereotypic Responses to Computers with Voices. In: Journal of Applied Social Psychology, 27, S. 864-876.

Nass, C. & Brave, S. (2005): Wired for Speech. How Voice Activates and Advances the Human-Computer Relationship. Cambridge.

Neubarth, W. & Kaczmirek, L. (2007): Applications of the Document Object Model (DOM) in Web-Surveys. Vortrag auf dem Workshop Internet Survey Methodology (ISM), Lillehammer (Norwegen) (17.-19. September 2007)

Richman, W. L., Kisler, S., Weisband, S. & Drasgo, F. (1999): A Meta-Analytic Study of Social Desirability Distortion in Computer-Administered Questionnaires, Traditional Questionnaires, and Interviews. In: Journal of Applied Psychology, 84, S. 754-775.

Schneider, S. J., Cantor, D. & Hagerty-Heller, T. (2005): Interactive Voice Response (IVR). In: Best, S. J. & Radcliff, B. (Hrsg.): Polling America: An Encyclopedia of Public Opinion, Bd. 2. Westport, CT, S. 349-356.

Schober, M. F. & Conrad, F. G. (2008): Survey Interviews and New Communication Technologies. In: Conrad, F. G. & Schober, M. F. (Hrsg.): Envisioning the Survey Interview of the Future. New York, S. 1-30.

Stanley, N. (2007): Watch What I Do: Using Graphical Input Controls in Web Surveys. In: Trotman, M. et al. (Hrsg.): Challenges of a Changing World. Proceedings of the Fifth International Conference of the Association for Survey Computing. University of Southampton, 12.-14. September 2007, Berkeley, S. 81-92.

Sudman, S., Bradburn, N. & Schwarz, N. (1996): Thinking About Answers. The Application of Cognitive Processes to Survey Methodology. San Francisco.

Tourangeau, R., Couper, M. P. & Conrad, F. G. (2004): Spacing, Position, and Order: Interpretive Heuristics for Visual Features of Survey Questions. In: Public Opinion Quarterly, 68, S. 368-393.

Walker, J. H., Sproull, L. & Subramani, M. R. (1994): Using a Human Face in an Interface. In: Adelson, B., Dumais, S. & Olson, J. S. (Hrsg.): Proceedings of the SIGCHI Conference on Human Factors in Computing Systems: Celebrating Interdependence. New York, S. 85-91.

Witmer, B. G. & Singer, M. J. (1998): Measuring Presence in Virtual Environments: A Presence Questionnaire. In: Presence, 7, S. 225-240.

Qualitative Evaluationsforschung im Internet – Online-Foren als Werkzeuge interpretativer Sozialforschung

Von Udo Kelle, Alexandra Tobor & Brigitte Metje

1. Einleitung

Evaluation ist ein Schlüsselbegriff moderner Verwaltung, weil rationale bürokratische Herrschaft im Sinne Max Webers ein besonderes Augenmerk auf die Transparenz von Prozessen und Strukturen und auf die nachvollziehbare Wirksamkeit von Interventionen legen muss. Evaluationen unterliegen aber auch allen Schwächen und Problemen bürokratischer Prozesse, beispielsweise jenen Effizienz- und Effektivitätsverlusten, die entstehen, wenn relevante Akteure durch hierarchische Strukturen und Regularien sich in ihren Partizipationswünschen beschränkt fühlen und deshalb Kooperation verweigern und Interventionsmaßnahmen durch Untätigkeit behindern und unterlaufen.

Solche Probleme lassen sich im Kontext einer methodenkritischen empirischen Sozialforschung untersuchen, die sich im Forschungsprozess reflexiv mit dem eigenen Instrumentarium auseinandersetzt, auf das Evaluatoren oft nur routinemäßig und unreflektiert zurückgreifen. Standardisierte Fragebögen etwa, wie sie häufig bei der Evaluation der Qualität von universitärer Lehre eingesetzt werden, werden oft an den Relevanzsetzungen und lebensweltlichen Bezügen von Studierenden vorbei entwickelt. Wir werden diese Kritik im Folgenden detailliert entfalten und zeigen, wie durch den Einbezug qualitativer Verfahren Probleme aufgedeckt und ausgeglichen werden können, die durch eine Beschränkung auf standardisierte Verfahren entstehen. Hierbei werden wir uns auf die Gruppendiskussion in Online-Foren als eine neue Methode interpretativer Sozialforschung konzentrieren, die besondere Stärken im Kontext einer partizipativen Evaluationsforschung an Universitäten aufweist. Wir werden dabei ausführlich ein Methodenexperiment mit einem Online-Forum zur Untersuchung spezifischer universitärer Lehr- und Lernbedingungen in der Form eines kurzen Feldberichts vorstellen und zeigen, wie Online-Gruppendiskussionen zur Exploration lebensweltlichen Handlungswissens Studierender dienen können, das dadurch als Ressource für Qualitätsentwicklung nutzbar wird. Abschließend sollen auch die spezifischen Stärken und Schwächen der bislang kaum genutzten Methode der Gruppendiskussion in einem Forum in Abgrenzung zu anderen Verfahren thematisiert und die besonderen Aufgaben und Herausforderungen, denen sich Moderatoren von Online-Gruppendiskussionen stellen müssen, diskutiert werden.

Unsere Untersuchung verstehen wir dabei als einen Beitrag zur sozialwissenschaftlichen Methodenintegration: Durch eine Verbindung quantitativer und qualitativer Methoden können dabei Validitätsprobleme empirischer Sozialforschung[1] beschrieben und gezielt bearbeitet werden. In unserem Fall kann etwa der Einbezug qualitativer Methoden in die Evaluationsforschung zu einer Verbesserung standardisierter Instrumente dienen.

---

[1] Zur Bedeutung von wechselseitiger Methodenkritik, deren wesentliche Funktion in einer Aufdeckung und Bearbeitung von Validitätsproblemen liegt (Vgl. Kelle 2007: 227 ff.).

2.   Evaluation der „Qualität von Lehre" – vom Messparadigma zur partizipatorischen Sozialforschung

Mit dem „Bologna-Prozess", der europaweiten Einführung gestufter Studiengänge, wächst an den deutschen Universitäten das Interesse an der Sicherung und Entwicklung der Qualität der Lehre[2] unter Einbeziehung von Studierenden, wobei die seit den späten 1990er Jahren gesetzlich vorgesehenen Regeln[3] zu einer regelmäßigen Evaluation der Lehre von den Akteuren an den Hochschulen zunehmend wahrgenommen und umgesetzt werden. Als Standard hat sich dabei inzwischen die Befragung von Studierenden in Lehrveranstaltungen mit Hilfe eines (oftmals zweiseitigen) Kurzfragebogens durchgesetzt, in welchem verschiedene Aspekte des Dozentenverhaltens und manchmal auch weitere Variablen (wie die Räumlichkeiten, die Beteiligung der anderen Seminarteilnehmer, das Interesse der Befragten am Stoff...) erhoben werden. Die Konstruktion solcher Instrumente, etwa das zur Zeit in Deutschland weit verbreitete „Heidelberger Inventar zur Lehrveranstaltungsevaluation (HILVE-II)"[4] oder die „Fragebögen zur Evaluation von Seminaren oder Vorlesungen (FESEM und FEVOR)"[5], folgt dem gängigen Messparadigma der quantitativen psychologischen und sozialwissenschaftlichen Forschung. Demnach wäre „Qualität" eine Eigenschaft einer Lehrperson oder einer Veranstaltung, die sich durch Indikatoren feststellen lässt, welche in Form von Fragebogenitems Studierenden vorgelegt werden. Diese werden in der Literatur als kompetente Beurteiler eingeschätzt, weil sie fachspezifische Erfahrungen in puncto Lehrqualität haben und durch Vergleiche zwischen Lehrenden gute von schlechter Lehre abgrenzen können.[6] Qualität könnte demnach durch Studierendenurteile gemessen werden, wobei der Mittelwert der Urteile eine mehr oder weniger gute (d.h. mit einem Messfehler behaftete) Schätzung der wahren Veranstaltungs- oder Dozentenqualität darstellen würde. Naturgemäß würde dann die Genauigkeit der Messung mit der Zahl der abgegebenen Urteile steigen (d.h. die Qualität der Veranstaltung lässt sich umso zuverlässiger feststellen, je mehr Studierende ein Urteil abgeben, zusätzlich ist die Qualität eines Dozenten umso besser messbar, je mehr Veranstaltungen beurteilt wurden).

Während sich nun die Präzision, Genauigkeit und Zuverlässigkeit einer Messung durch eine Wiederholung von Messoperationen (also durch häufigere Befragung großer Studierendenzahlen) sichern lässt, kann ein anderer Aspekt der Qualität solcher Messinstrumente hiermit nicht geklärt werden: Ist das, was die Instrumente messen, tatsächlich die „Qualität von Lehre" (oder etwas anderes, wie die Beliebtheit des Dozenten)? Folgt man dem klassischen Messparadigma, so lässt sich eine solche Frage nach der Inhaltsvalidität eines Messinstrumentes nicht allein aufgrund statistischer Operationen beantworten, sondern nur durch eine theoretische Klärung des Begriffs der „Lehrqualität" und durch eine inhaltliche Diskussion, ob dessen theoretisch relevante Aspekte durch die verwendeten Items angemessen operationalisiert worden sind. Bei der Konstruktion von Fragebögen zur Messung von Lehrqualität wird hier in der Regel pragmatisch und eklektisch vorgegangen, wie Rindermann deutlich macht: Oft werden vom Entwickler subjektiv als relevant erachtete Fragen

---

[2]   Vgl. Rindermann: 2001: 31.
[3]   http://www.bmbf.de/pub/HRG_20050126.pdf oder http://www.hof.uni-halle.de/steuerung/doku/HE_HG2004 1214.pdf.
[4]   Vgl. Rindermann 2001: 384.
[5]   Vgl. Staufenbiel 2001: 58-61.
[6]   Vgl. Rindermann 2001: 24.

aus bereits existierenden Instrumenten übernommen[7] und nur bei manchen Untersuchungen werden zuerst Studierende und Lehrende offen nach Merkmalen guter Lehre befragt, um fach- und veranstaltungsspezifische Kriterien zu identifizieren. Nun lässt sich leicht durch Inspektion vorstellen, dass sich die in Deutschland allgemein eingesetzten Instrumente hinsichtlich der erfragten Veranstaltungs- und Dozentenmerkmale stark ähneln: Häufig verwendete Items beziehen sich in der Regel auf die „Planung und Darstellung"[8], d.h. Strukturiertheit und Gliederung der Veranstaltung, auf die „Interessantheit und Relevanz", auf „Schwierigkeit und Umfang"[9] des Stoffes oder auf das Verhalten des Dozenten gegenüber Veranstaltungsteilnehmern.[10]

Die Erhebung solcher Variablen mag pragmatisch hochgradig sinnvoll erscheinen, aus hochschuldidaktischen Theorien sind sie jedoch nur selten abgeleitet. Auch bezogen auf die Situation in den Vereinigten Staaten kommen Ory und Ryan[11] zu der Einschätzung, dass die meisten Items nicht aufgrund theoretischer Modelle oder Erwägungen zur Inhaltsvalidität aufgenommen werden, sondern dass lediglich Fragen aus verschiedenen bereits verwendeten Instrumenten zu neuen Fragebögen zusammengestellt werden. In einer Metaanalyse von Studien, in denen allgemeingültige Faktoren zur Messung der Lehrqualität identifiziert werden sollten, stellen Ory und Ryan[12] folgerichtig fest, dass in keiner dieser Arbeiten ein eindeutiges Set von relevanten Faktoren gefunden werden konnte. Das ist besonders deswegen interessant, weil die USA auf eine langjährige Forschungstradition studentischer Lehrveranstaltungsevaluation zurückblickt, seit 1927 Remmers und Brandenburg die erste Arbeit zu dieser Thematik veröffentlicht haben.[13] Doch noch 70 Jahre später konstatierten Marsh und Dunkin[14], dass die eingesetzten Fragebögen nur in seltenen Fällen auf der Basis theoretischer Erkenntnisse entwickelt werden. Ory und Ryan[15] kommen sogar zu dem Schluss, dass keine verbindlichen Kriterien für effektive Lehre existieren und dass die Erhebungen auch heute noch mit der gleichen Problematik belastet sind, die 1982 schon von Doyle benannt wurde: „It seems most unlikely that any one set of characteristics will apply with equal force to teaching of all kinds of material to all kinds of students under all kinds of circumstance [...]. To try to prepare such a list entails substantial risk."[16]

Es muss nun überhaupt fraglich bleiben, ob es sinnvoll sein kann, eine allgemeine Theorie effektiver Lehre zu entwickeln, die für alle wissenschaftlichen Disziplinen und Veranstaltungsformen Gültigkeit besitzt. Solange aber ein solcher allgemeingültiger theoretischer Rahmen nicht existiert, muss auch die Inhaltsvalidität von Standardinstrumenten zur Lehrveranstaltungsevaluation fraglich bleiben. In der Tat werden solche Instrumente in der Literatur oft kritisch betrachtet – das Problem besteht dabei weniger in einer mangelnden Augenscheinvalidität (also in der Relevanz der Items), sondern eher in der Item- und der

---

[7] Vgl. Rindermann 2001: 57.
[8] Vgl. Staufenbiel 2000: 179; Skala, in der Einzelitems mittels einer konfirmatorischen Faktorenanalyse zusammengefasst wurden.
[9] Vgl. Staufenbiel 2000: 179; Skalen, in denen Einzelitems mittels einer konfirmatorischen Faktorenanalyse zusammengefasst wurden.
[10] Vgl. Staufenbiel 2000: 179; Skala, in der Einzelitems mittels einer konfirmatorischen Faktorenanalyse zusammengefasst wurden.
[11] Vgl. Ory & Ryan 2001: 32.
[12] Vgl. Ory & Ryan 2001: 31.
[13] Vgl. Kulik 2001: 9.
[14] Vgl Marsh & Dunkin 1997: 250; nach Rindermann 2001: 37.
[15] Vgl Ory & Ryan 2001: 32.
[16] Doyle 1982: 27; nach Ory & Ryan 2001: 32.

Sampling-Validität, wie Onwuegbuzie und Kollegen[17] deutlich machen: Wenn keine allgemeingültigen Kriterien für gute oder effektive Lehre definiert werden können, ist es auch kaum möglich, zu entscheiden, welche Items dieses Konstrukt zuverlässig repräsentieren und ob die für ein Instrument ausgewählten Fragen eine repräsentative Stichprobe aus einem hypothetischen Universum von Items[18] darstellen.

Das Problem ist weder theoretisch noch methodisch ohne weiteres lösbar. Eine universelle Theorie guter Lehre setzt eine allgemeine Verständigung darüber voraus, was denn allgemeingültige Kriterien guter Lehre in allen Fächern und allen Veranstaltungen sein könnten. Ein Hochschullehrer und eine Studentin der Philosophie, eine Professorin und ein Student der Zahnmedizin werden jeweils unterschiedliche Vorstellungen davon haben, was Ziele von Universitätslehre sein sollten: In einer offenen Gesellschaft, in der Debatten darüber geführt werden, ob das Ziel einer Universitätsausbildung primär in Fachwissen oder eher in Kritikfähigkeit, autonomen Denken, Persönlichkeitsentwicklung oder Beschäftigungsfähigkeit besteht (und wie diese verschiedenen Kriterien, wenn sie denn alle gleichzeitig verfolgt werden, zu gewichten wären), ist es schwer vorstellbar, dass ein solcher Konsens ohne weiteres und schnell erreicht werden kann. Dabei hat eine allgemeine Diskussion hierüber noch kaum begonnen. Schließlich muss auch berücksichtigt werden, dass zumindest in Universitäten, die durch die westliche Wissenschaftstradition geprägt sind, den Lehrenden eine gewisse Autonomie bei der Definition von Zielen für gute Lehre zugestanden wird. Aber auch dort, wo ein gesellschaftlicher Konsens über solche Ziele existiert, können sich diese und die dazugehörigen Kriterien wandeln. So wird etwa in Deutschland im Rahmen des Bologna-Prozesses zunehmend mehr Wert auf die Beschäftigungsfähigkeit der Absolventen gelegt, und Aspekte wie „Schlüsselqualifikationen" oder „Praxiseinbindung" gewinnen eine stärkere Bedeutung als früher.[19]

Weil also Definitionen guter Lehre Gegenstand gesellschaftlicher Kontroversen sind und zudem sozialem und politischem Wandel unterliegen, müssten Instrumente zur Erfassung von Lehrqualität die jeweils unterschiedlichen Wertvorstellungen und Kriterien verschiedener Akteure berücksichtigen. Hier zeigen sich grundlegende Probleme eines methodischen Ansatzes, der sich auf quantitative Forschung mit standardisierten Instrumenten beschränkt: Es werden immer nur jene Aspekte in den Blick genommen, die der Forscher für relevant erachtet – Relevanzsetzungen und Handlungsziele der Akteure im Feld, konkret der Dozenten und Studierenden, bleiben dabei möglicherweise unberücksichtigt. Bei der Befragung von Studierenden mit standardisierten Items besteht immer die Gefahr, dass nur solche Aspekte erfasst werden, die für die Betroffenen gar nicht relevant oder nur von untergeordnetem Interesse sind. Standardisierte Instrumente können zwar anhand der vorab definierten Variablen und Dimensionen gewisse Feedbackinformationen für Lehrende liefern, die eine Voraussetzung für die Optimierung von Lehre bilden können, bieten aber in der Regel kaum Raum für spontane und über die erfragten Dimensionen hinausreichende Kritik und Anregungen. Somit können grundlegende Unzufriedenheits- und auch Verbesserungspotentiale unentdeckt bleiben, zumal die gängigen Instrumente primär die Performanz des Dozenten, den Erfolg seiner Didaktik und den Arbeitsaufwand der Studierenden zu erfassen suchen. Unberücksichtigt bleiben etwa zahlreiche Dimensionen des Studiums, die den Studierenden auch veranstaltungsunabhängig begegnen. Hierzu zählen z.B. Gruppenar-

---

[17]   Vgl. Onwuegbuzie et al. 2007: 118.
[18]   Vgl. Diekmann 2007: 258.
[19]   Vgl. Hochschulrektorenkonferenz 2007: 332.

beit, das Anfertigen von Referaten, Essays und Seminararbeiten und die persönlichen Lern- und Organisationsstrategien. Im Bereich universitärer Lehr- und Lernprozesse können Kontextbedingungen für Studierende Relevanz erlangen, von denen Lehrende kaum Kenntnis haben und die deshalb mit den zur Zeit vorliegenden Instrumenten gar nicht erhoben werden. Angesichts der Relevanz des Selbststudiums ist etwa die Frage von Bedeutung, inwieweit universitäre Lehre förderliche Bedingungen für Arbeitsgruppen, für die Entwicklung individueller Lehr- und Lernstrategien und wissenschaftlicher Arbeitstechniken bieten kann. Da der Erfolg des Studiums wesentlich von den Kompetenzen abhängt, die ein Studierender während seiner akademischen Laufbahn entwickelt, müssten solche Aspekte bei der Evaluation von Lehre eigentlich eine wichtige Rolle spielen. Hier Anknüpfungspunkte für eine Qualitätsentwicklung in der Lehre zu finden, ist eine echte Herausforderung für die empirische Sozialforschung mit ihrem Methodenarsenal – die Beschränkung auf standardisierte Fragebögen erweist sich hier schnell als problematisch.[20] Wenn Fragebogenkonstrukteure nicht über gute Theorien und über umfangreiches Wissen zu allen relevanten Aspekten guter Lehre auch aus Studierendensicht verfügen, ist nicht nur die Inhaltsvalidität des Instruments beschränkt, auch die Motivation der Studierenden, sich einer solchen Befragung zu unterziehen, wird nicht sehr hoch sein. In der Tat stoßen Lehrveranstaltungsevaluationen oft auf ein erstaunlich geringes Interesse unter Studierenden: Dann wenn man von der üblichen Paper-und-Pencil Befragung in der Lehrveranstaltung zur standardisierten Online-Befragung übergeht, sinkt die Beteiligungsbereitschaft oft in erschreckendem Maße. Eine entsprechende Initiative am Fachbereich Gesellschaftswissenschaften und Philosophie der Universität Marburg, bei dem die allgemein zugängliche E-Learning Internetplattform ILIAS genutzt wurde, zeigte trotz zahlreicher Aufforderungen an Studierende und Dozenten extrem niedrige Rücklaufquoten, die im Durchschnitt zwischen 10 und 20 Prozent, in einigen Veranstaltungen sogar unter 5 Prozent lagen. Studierende beantworten Fragebögen zur Lehrevaluation zwar, wenn sie direkt in der Veranstaltung darum gebeten werden, fehlt aber die soziale Kontrolle, dann zeigen sie oft nur geringes Interesse.

Wir gehen davon aus, dass alle Instrumente empirischer Sozialforschung, standardisierte Fragebögen ebenso wie qualitative Interviews, jeweils spezifische Stärken, aber auch Probleme aufweisen. Die Stärke standardisierter Instrumente besteht in der Objektivität und Zuverlässigkeit der Datenerhebung, ein wesentliches Problem bei ihrem Einsatz besteht aber darin, dass die Relevanzsetzungen der Befragten leicht durch die Vorgaben der Forscher in Form von vorab konstruierten, vorgegebenen Fragen überblendet werden.[21] Durch den Einsatz alternativer Verfahren, insbesondere qualitativer Methoden, lassen sich diese Schwächen oft ausgleichen. Dies lässt sich bereits in standardisierten Fragebögen ansatzweise realisieren, etwa indem im Anschluss an eine Item-Batterie einige offene Fragen gestellt werden. Manche Lehrevaluationsfragebögen bieten die Möglichkeit, veranstaltungsspezifische Stärken und Probleme unstandardisiert in eigenen Worten zu formulieren oder relevante Aspekte zu benennen, die mit dem Fragebogen nicht erhoben worden sind. Gerade dieser Einblick in studentische Prioritätensetzungen und Änderungswünsche kann Lehrende gezielt für konkrete Verbesserungspotentiale sensibilisieren. Da die Bearbeitung des Fragebogens durch die Studierenden jedoch oft unter Zeitdruck (etwa in den letzten 15 Minuten der letzten Sitzung eines Seminars) erfolgt, haben Ideen, deren Entwicklung Zeit

---

[20] Das bedeutet natürlich nicht, dass der Einsatz standardisierter Instrumente in der Evaluationsforschung grundsätzlich verfehlt wäre – nur die Beschränkung auf diese Techniken in einem „Monomethodendesign" führt zu Validitätsproblemen (Vgl. Kelle 2007: 227 ff.).

[21] Vgl. Kelle 2007: 35.

kostet, oft keine große Chance, geäußert zu werden. Überwiegend qualitative Lehrveranstaltungsevaluationen mit offenen Interviews oder Gruppendiskussionen lassen sich aber wegen des unverhältnismäßig großen Erhebungs- und Aufwertungsaufwands oft nur punktuell realisieren (wie etwa in einem Projekt an der Universität Halle in Veranstaltungen mit weniger als 15 Studierenden in Form von moderierten Gruppendiskussionen[22], oder, wie in einem Forschungsprojekt an der Universität Marburg, in größeren Veranstaltungen mit einer begrenzten Zahl von Studierenden[23]). Im folgenden möchten wir einige Überlegungen vortragen, wie durch einen gezielten Einbezug von Verfahren qualitativer Online-Forschung in die Evaluationsforschung Informationen erhoben werden können, die zur Verbesserung der Qualität von Lehre und auch zur Erhöhung der Validität standardisierter Instrumente verwendbar sind.

3. Die Gruppendiskussion im Internetforum als Methode interpretativer Sozialforschung

In der qualitativen Evaluationsforschung kann man Daten mit Hilfe von Einzelinterviews oder in Gruppendiskussionen erheben. Die Methode der Gruppendiskussion wurde in den 1940er Jahren von Robert Merton als „Focused Interview" eingeführt[24] und dann in den folgenden Jahrzehnten insbesondere in der Marktforschung eingesetzt. Dort ist es ein wesentliches Ziel der Methode, die spezifischen Sichtweisen und den Sprachgebrauch von Kunden zu explorieren.[25] In der englischen und amerikanischen Soziologie wurden Focus Groups lange als reine Marktforschungsmethode betrachtet und vernachlässigt.[26] In Deutschland gingen erste Impulse für eine theoretisch begründete Anwendung von Arbeiten der Frankfurter Schule aus[27], eine vertiefte Ausarbeitung des Verfahrens wurde durch Ralf Bohnsack[28] geleistet, der dabei an die Wissenssoziologie Karl Mannheims anknüpfte. Demzufolge repräsentieren Gruppendiskussionsteilnehmer in ihren Aussagen „milieuspezifische Sinnzuschreibungen und Orientierungen"[29] anhand von Codes, die immer wieder auf ähnliche Weise reproduziert werden, wenn Personen aus demselben Milieu bzw. derselben „Interpretive Community" zusammentreffen. Kommunikationsinhalte in Gruppendiskussionen entwickeln sich demzufolge nicht zufällig oder emergent, sondern beruhen auf gemeinsamen biographischen Erfahrungshintergründen.[30] Gruppenmeinungen werden demnach im Gespräch nicht produziert, sondern lediglich aktualisiert.[31] Vertreter der interaktionistischen Perspektive hingegen vertreten die Ansicht, dass die Ergebnisse von Gruppendiskussionen temporären Charakter besitzen und vor allem situative Aushandlungsprozesse der Gruppe widerspiegeln.[32] Wird im Kontext eines interaktionistischen Ansatzes das Hauptaugenmerk auf soziale Mikroprozesse und Aushandlungsmodalitäten gerichtet, kann

---

[22] Vgl. Rindermann 2001:273.
[23] Vgl. z.B. Dresing et al.: 2006; Kuckartz et al. 2007.
[24] Vgl. Merton et al. 1956.
[25] Vgl. Stewart & Shamdasani 1998.
[26] Vgl. Gaiser 2008.
[27] Vgl. Mangold 1960.
[28] Vgl. Bohnsack 2003: 374ff.
[29] Vgl. Bohnsack 2003: 374.
[30] Vgl. Loos & Schäffer 2001: 27.
[31] Vgl. Ernst 2006: 196.
[32] Vgl. Lamnek 2005: 430.

anhand von Gruppendiskussionen nachvollzogen werden, „(…) wie Meinungen im sozialen Austausch gebildet und vor allem verändert, wie sie durchgesetzt bzw. unterdrückt werden.“[33] Mit beiden Theoriesträngen gehen wir davon aus, dass die Methode für die Evaluation von Lern- und Lehrprozessen besonders gut nutzbar ist, weil sich hier Deutungsmuster und Handlungsorientierungen von Akteuren in realen sozialen Prozessen interaktiv entfalten können. Dies gilt insbesondere für die Qualität von Lehre – hier können die Befragten Themen ansprechen, die ihnen wichtig sind, ohne durch die Operationalisierungsversuche von Forschern festgelegt zu werden.

Ganz neue Möglichkeiten für die Gestaltung von Gruppendiskussionen bietet nun die sich seit Mitte der 1990er entwickelnde Online-Forschung („E-Social Science“)[34]: Der größte Vorteil besteht hier in der Zugänglichkeit des Mediums für die Forschungssubjekte, die das Setting mit geringerem Aufwand nutzen können als in den klassischen Face-to-Face-Situationen der Datenerhebung. Der Aufwand, den Forschungssubjekte für eine sozialwissenschaftliche Datenerhebung eingehen wollen und können, wird sehr oft überschätzt. Insbesondere Studierende bringen oft wenig Motivation für zusätzliche Termine an der Universität auf, während sie aber oft lange Zeit im Internet verbringen, das für viele ein alltägliches Arbeits- und Kommunikationsinstrument darstellt. Hierbei haben Virtual Communities, die zumeist über Internetforen organisiert sind, eine erhebliche Attraktion gerade für jüngere User[35], die hier nicht nur teilnehmen, um Informationen zu sammeln, sondern auch, um Freundschaften aufzubauen, um soziale Unterstützung zu erhalten oder um sich zu entspannen.

Die Nutzung von Internetforen für Gruppendiskussionen wird allerdings bislang kaum in der Literatur diskutiert: Zwar werden Online-Gruppendiskussionen bereits häufig in der Marktforschung und auch gelegentlich für die Evaluation an Hochschulen eingesetzt[36], die Literatur zu virtuellen Gruppendiskussionen (darunter auch der erste über diese Methode veröffentlichte Handbucharticle[37]) beschreibt jedoch nahezu ausschließlich die Verwendung von E-Mail-Listen oder von Chats. Was sind aber nun die Besonderheiten einer forumsgestützten Online-Gruppendiskussion? Von zentraler Bedeutung ist hier die Unterscheidung zwischen „synchroner Kommunikation“ einerseits, bei der Teilnehmer (etwa in einem Chat) unmittelbar aufeinander reagieren können, und „asynchroner Kommunikation“ andererseits, bei der (auch längere) Beiträge an eine Liste oder ein Forum gepostet werden, die dann zu verschiedenen Zeiten gelesen und beantwortet werden können. Die asynchrone Interaktion in einem Forum hat spezifische Vorteile und Nachteile gegenüber der synchronen Interaktion in einem Chat und der asynchronen Interaktion über eine E-Mail-Liste:

- Durch die zeitliche Unabhängigkeit werden größere Reflexionsräume als in einer synchronen Gruppendiskussion zur Verfügung gestellt. Anders als in einem Chat, wo Teilnehmer und Moderatoren sich zu einem festgelegten Zeitpunkt vor ihren Computern zusammenfinden und wo hohe Aufmerksamkeit und schnelle Reaktionszeiten gefordert sind, bietet ein Forum die Möglichkeit, längere Beiträge zu verfassen, auf die die Moderatoren ausführlich (z.B. durch Rückfragen) eingehen können. Im Forum besteht noch stärker als im Chat die Möglichkeit, ohne Reaktionszwang zu diskutieren, wobei die Beteiligungsquote guten Aufschluss über die faktische Relevanz der vorgegebenen oder

---

[33] Vgl. Flick 2002: 178.
[34] Vgl. Bampton & Cowton 2002; Rezabek 2000; Gaiser 2008.
[35] Vgl. Ridings & Gefen 2004.
[36] Vgl. Rezabek 2000.
[37] Vgl. Gaiser 2008.

sich spontan entwickelnden Themen geben kann. Die Struktur eines Forums, in dem sich die Diskussion auf unterschiedliche Threads verteilt, bietet die Möglichkeit, dass eine Vielzahl von Themen gleichzeitig diskutiert werden, wobei Themen und Diskussionsverlauf stark durch die Beteiligten strukturiert werden können, deren Relevanzen damit in den Vordergrund rücken.

- Allerdings hat das Forum auch Nachteile gegenüber dem informelleren Chat: Ein Chat ist ungezwungener und spontaner (was sich nicht nur am Gebrauch von Smileys und Abkürzungen zeigt, sondern auch daran, dass das Niveau schnell nach unten abrutschen kann). Teilnehmer, die Schwierigkeiten haben, durchdachte Sätze zu formulieren, sind oft schwerer für eine Forumsdiskussion als für einen Chat zu gewinnen. Die Dropout-Rate ist zudem in einer asynchronen Internetgruppendiskussion gegenüber einem Chat relativ hoch und konstituiert eigene Probleme.[38]

Insgesamt erfordert eine Online-Gruppendiskussion besondere Fertigkeiten und Fähigkeiten der Moderierenden und zum Teil erhebliche Bemühungen bei der Rekrutierung der Teilnehmer, bei der Initiierung von Diskussionen und bei deren Aufrechterhaltung. Diese Bemühungen können aber auch durch eine Fülle von dichten Beschreibungen und reichem Material belohnt werden, wie die Ergebnisse unserer Studie zeigen.

4.   Gruppenarbeit als studentisches Handlungsproblem – ein Feldbericht

Die folgende Untersuchung wurde in einem Lehrforschungsprojekt zur Evaluation der Lehre im Wintersemester 2006/07 am Studiengang Soziologie der Universität Marburg[39] durchgeführt. Als Versuche, studentische Face-to-Face-Gruppendiskussionen zum Thema „Gruppenarbeit" zu initiieren, an organisatorischen Problemen und der mangelnden Motivation der Teilnehmenden scheiterten, entstand die Idee, die Möglichkeiten des Internetportals „StudiVZ" für eine Internetgruppendiskussion zu nutzen. StudiVZ, das nach dem Vorbild des amerikanischen „Facebook" Studierende über persönliche Profile miteinander vernetzt, ist für ein solches Vorhaben eine gut nutzbare Umgebung, da es die Option anbietet, themenspezifische Foren (in StudiVZ „Gruppen" genannt) zu eröffnen. Hierbei kann auch der Datenschutz (zumindest gegenüber Außenstehenden) gewahrt werden: Moderatoren können das Forum nur für solche Nutzer öffnen, die in die Gruppe persönlich eingeladen werden. Zudem sind die Teilnehmenden gut erreichbar, weil StudiVZ für viele Beteiligte fester Bestandteil der eigenen Lebenswelt ist.

Im Sinne einer partizipatorischen Evaluationsforschung wurde die Thematik der Gruppendiskussion von den studentischen Teilnehmern der Forschungsgruppe selbständig festgelegt. Die Strukturierung der Veranstaltung durch Referate, die in Gruppen mehrerer Studierender vorbereitet werden, stellt schließlich eine bedeutsame Praxistradition geistes- und gesellschaftswissenschaftliche Fächer dar. Gruppenarbeit ist ein fester Bestandteil studentischer Arbeitsorganisation und somit auch unmittelbar relevant für die „Qualität der Lehre", wird aber in standardisierten Fragebögen aufgrund des fehlenden Bezugs zu konkreten Lehrveranstaltungen und dem Lehrstil der Dozenten nicht einbezogen. Und auch, wenn man diesen Aspekt in quantitativen Instrumenten berücksichtigen wollte, würde lokales Wissen der Studierenden sehr hilfreich sein für die Formulierung entsprechender Items.

---

[38] Vgl. Rezabek 2000.
[39] Vgl. Gottmann, Pfeffer & Tobor 2007.

Ziel unseres Methodenexperiments war es, das Potential der qualitativen Online-Diskussion zur Exploration der Stärken und Schwächen studentischer Gruppenarbeit zu nutzen. Hierbei konnten wir in dreierlei Hinsicht allgemeinere methodische und methodologische Einsichten gewinnen: erstens hinsichtlich die Rekrutierung von Teilnehmern für Online-Gruppendiskussion, zweitens bezogen auf die Strukturierung der Diskussion durch Threads und durch Vignetten sowie drittens, was spezifische Probleme der Online-Gruppendiskussion und sich daraus ergebende Besonderheiten der Moderatorenrolle angeht.

4.1. Rekrutierung von Teilnehmern

Für Focus Groups werden üblicherweise Menschen mit ähnlichen Erfahrungen und geteilten lebensweltlichen Wissensbeständen rekrutiert. Um bei unserer Untersuchung die Zielgruppe homogen zu halten, wurden Studierende gesellschaftswissenschaftlicher Fächer angesprochen, in denen eine ähnliche Referatekultur existiert (insbesondere Soziologie, Philosophie und Politikwissenschaften).

In ihrer Untersuchung zum Einfluss der Rekrutierungsmethode auf die Teilnahmebereitschaft an einer Online-Studie kamen Chesney und Kollegen[40] zu dem Ergebnis, dass die persönliche Anrede in einer E-Mail-Einladung von großer Bedeutung ist. Auch in unserem Projekt war die Beteiligungsbereitschaft nach dem Erhalt einer persönlich adressierten E-Mail wesentlich höher als nach dem Versenden anonymer Gruppen-E-Mails. Generell scheint die Rekrutierung nach dem Schneeballprinzip unter Verwendung persönlicher Kontaktnetzwerke eine Rekrutierungsstrategie mit größerer Erfolgsaussicht zu sein als „kalte" Kontaktversuche. Das durch persönlichen Kontakt in sozialen Netzwerken aufgebaute Vertrauen und die dort existierenden Reziprozitätsbeziehungen bilden eine zentrale Ressource für die empirische Datenerhebung in den Sozialwissenschaften, die in ihrer Bedeutung in vielen empirischen Studien eher heruntergespielt werden, da Schneeballstichproben keinen guten Ruf hinsichtlich ihrer Repräsentativität haben. Da eine qualitative Studie aber ohnehin nicht Repräsentativität im technischen Sinne (d.h. eine Abbildung von Populationsparametern durch Stichprobenstatistiken), sondern eine Exploration bislang unbekannter Sinnwelten anstrebt, stellte dies für uns kein großes Problem dar. Der Feldzugang erfolgte über persönliche Kontaktnetzwerke der Forschergruppe und bundesweit über StudiVZ-Gruppen zur Soziologie. Die Teilnehmenden wurden rekrutiert durch eine schriftliche (elektronische) Einladung per private Messages, in der das Forschungsvorhaben knapp vorgestellt wurde und Informationen über Initiatoren, Projekt, Datenschutz und die Art der Durchführung gegeben wurden. Auch bei der Rekrutierung der Teilnehmer bot StudiVZ gute Bedingungen aufgrund der häufigen Frequentierung der Plattform durch den Großteil der User.

Aus der Marktforschung ist bekannt, dass Teilnahmebereitschaft wesentlich von der Betroffenheit vom Thema abhängt. Bei der studentischen Zielgruppe musste Betroffenheit nicht künstlich hergestellt werden. Wir konnten in unserer E-Mail-Einladung an das Bedürfnis nach studentischen Mitbestimmungsrechten appellieren (wofür viele Studierende angesichts der gerade in vielen Ländern eingeführten Studiengebühren besonders sensibilisiert waren). Durch Neuzugänge und Drop-Outs variierte die Teilnehmerzahl zwischen 15 und 20 Personen, dauerhaft aktiv teilgenommen haben 13 Personen. Insgesamt bieten sich

---

[40] Vgl. Chesney 2006.

für zukünftige Projekte dieser Art die Intranet-Lehrplattformen von Universitäten an. Mit der wachsenden Umsetzung von Konzepten des „E-Learning" und des „Blended Learning" eröffnen sich hier neue Möglichkeiten für partizipative Formen der Evaluationsforschung.

4.2.   Initiierung durch Threads und Vignetten

Eine thematisch breit angelegte Online-Gruppendiskussion erfordert eine Vorstrukturierung. Die Thread-Struktur eines Forums lässt sich dabei nutzen, um parallel laufende Diskussionen zu initiieren. Das geschieht durch das Eröffnen eines (oder mehrerer) Threads durch ein Ausgangsposting, das einen Diskussionsanreiz enthält. Früh benennt vier wesentliche Funktionen eines Impulstextes für Gruppendiskussionen: Er muss erstens zur Kommunikation animieren, zweitens eine Vertrauensebene aufbauen, drittens die Forschungsabsicht deutlich machen und viertens den Forschungssubjekten einen großen Spielraum anbieten.[41] Früh schlägt zudem vor, „(…) besonders am Textanfang eher befremdende, vielleicht auch provozierende oder manche ‚Onliner' auch belustigende Formulierungen" zu verwenden, um Neugierde zu wecken. Dass man Menschen eher mit Unterhaltung zum Mitdiskutieren anregt als mit Aufgabenstellungen, die „Arbeit" implizieren, ist keine neue Erkenntnis – als Problem könnte sich dabei herausstellen, dass Humor, insbesondere Ironie und Sarkasmus, immer Gefahr läuft, nicht von allen verstanden zu werden. Hier ist es wichtig, seine Zielgruppe zu kennen und – soweit möglich – auch ihr Humorverständnis.

Um möglichst viele Aspekte der Gruppenarbeits-Problematik zu erfassen, wurden fünf Threads mit unterschiedlichen Schwerpunkten eröffnet: Jeweils ein Thread über „gute Erfahrungen" und „schlechte Erfahrungen" mit Gruppenarbeit, ein Thread über die Unterschiede zwischen Gruppenarbeit an der Uni und Gruppenarbeit in der Schule, ein Thread zur Planung von Gruppenarbeiten und schließlich die Diskussion eines Fallbeispiels. In diesem letzten Thread wurde mit einer Vignette gearbeitet, in der eine fiktive (aber durchaus realistische) Episode aus dem studentischen Leben geschildert wurde.

„Solidarisch handeln heißt, freiwillig die Suppe auszulöffeln, die andere sich eingebrockt haben", behelligt uns Prof. Querulix. Wie steht es bei euch mit Solidarität? Ein Fallbeispiel: Uwe (22) schläft. Auf dem Handy ist er nicht erreichbar, als Gisela und Wendelin ihn zu erreichen versuchen. Gisela und Wendelin haben sich heute abermals getroffen, um ihre gemeinsame Gruppenarbeit zu besprechen und sich gegenseitig auf den neusten Stand zu bringen. Uwe hat gefehlt, wie so viele Male zuvor. Man kann Uwe seine persönlichen Probleme ansehen. Internetsucht, Kiffen, chronische Müdigkeit, vielleicht sogar eine Depression. Er tut sich sehr viel schwerer als die Anderen, in der Uni mitzukommen. Wie würdest du als Mitglied der Gruppe reagieren? Bedenke, dass Uwe das Ergebnis deiner Arbeit gefährdet (denn diese wird kollektiv benotet), bedenke aber auch, dass du nicht viel Zeit hast, den Therapeuten und Nachhilfelehrer zu spielen – oder doch?"

Diese Geschichte wurde auffällig affektgeladen diskutiert, wobei die Heterogenität persönlicher Wertesysteme sichtbar wurde. Das Spektrum reichte dabei von „keine solidarität für unsolidarische. wer nicht arbeiten will, soll auch nicht essen…" oder „ich kann die Welt nicht alleine retten...das mag jetzt hart klingen, aber gerade unter den gegebenen Voraussetzungen der knappen Arbeitszeit würde ich ziemlich sicher nicht die Zeit mit Uwe verschwenden" bis hin zu Statements wie dem folgenden „…wenn ich hier so höre wie manche auf ego das studium durchreiten und auf andere mit problemen scheissen dann verliert so einer wie der uwe garantiert noch mehr die kraft und die hoffnung was zu schaffen.."

---

[41]   Vgl. Früh 2000.

Ein wesentlicher Vorteil von Online-Diskussionen ist darin zu sehen, dass Meinungen, die auf Widerspruch oder Entrüstung stoßen, den weiteren Verlauf der Diskussion weniger festlegen als in klassischen Gruppendiskussionen. In Face-to-Face-Diskussionen haben wir dagegen die Erfahrung gemacht, dass ein einziger extremer Kommentar die ganze Diskussion in eine völlig neue (von den Moderatoren nicht beabsichtigte und ggf. problematische) Richtung lenken kann, weil Teilnehmer regelmäßig an zuletzt geäußerte Aussagen anknüpfen und die Versuche Einzelner, zum Thema zurückzukehren, häufig ohne Erfolg bleiben. Im Internetforum dagegen werden Postings von einzelnen Diskutanten auch häufig völlig ignoriert, wobei die affektive Stimmung oft wieder neutralisiert werden kann. Der Umstand, dass die Gruppenteilnehmer sich nicht alle zum selben Zeitpunkt auf der Diskussionsplattform einfinden und somit eine natürliche Distanz mitbringen, sobald sie sich einloggen, führt ebenfalls zu einer gewissen Affektkontrolle, die verhindert, dass eine Diskussion aufgrund von Meinungsverschiedenheiten emotional eskaliert.

4.3. Spezifische Probleme und die Rolle von Moderatoren

Insbesondere zu Beginn der Diskussion liefen Beiträge eher zögerlich ein und auch in späteren Phasen kam die Diskussion immer wieder ins Stocken. Gründe hierfür können sein:

- *Das Fehlen eines festen zeitlichen Rahmens*: Im Gegensatz zu einer Chatdiskussion fehlte die Bindung an einen festen Termin. So fühlte sich niemand verpflichtet, sofort zu antworten.
- *Unsicherheit*: Teilnehmer, die ein leeres Forum vorfinden, haben möglicherweise Schwierigkeiten, die ersten Postings einzusenden: Es fehlt nicht nur der Orientierungsrahmen, man möchte auch keine Fehler machen und etwa den Unmut der Diskussionsleitung auf sich ziehen.
- *Hoher Anspruch an die eigenen Postings*: Im Unterschied zum Chat, in dem Floskeln ausgetauscht werden, die gesprochener Sprache nahe kommen, zwingt ein Forum dazu, vollständige Sätze zu bilden. So wird die Teilnahme zur Hausaufgabe und verliert ihre Ungezwungenheit.

Anfangsschwierigkeiten wurden in unserem Projekt überwunden, indem einige wenige Teilnehmende, zu denen gute Kontakte bestanden, gebeten wurden, zu einigen Threads etwas beizusteuern. Als sich dann die Threads füllten, wurde eine zweite Einladung an alle Beteiligten verschickt, mit dem Hinweis, dass die Deadline näher rücke und man an weiteren Beiträgen interessiert sei. Dabei wurde versucht, mögliche Ängste zu nehmen, indem betont wurde, dass es darum gehe, Meinungen einzuholen, und nicht darum, perfekte Sätze von literarischer Qualität zu produzieren. Abschließend wurde demjenigen, der die meisten Beiträge verfasst, eine Kinokarte angeboten. In den darauf folgenden Tagen verdreifachte sich durch diese einfachen Maßnahmen die Anzahl der Postings.

Auch eine verebbende Diskussion stellt Moderatoren vor besondere Herausforderungen. In der methodischen Debatte um Gruppendiskussionsverfahren werden die Aufgaben von Diskussionsleitern durchaus unterschiedlich definiert. So plädiert Ernst[42] dafür, dass Gruppendiskussionsteilnehmer entsprechend den Prinzipien qualitativer Forschung weitgehend selbst entscheiden sollten, welche Facetten des Leitthemas sie ansprechen. Vorgegeben wird lediglich eine Ausgangsfragestellung, die möglichst vage und offen formuliert wird,

---

[42] Vgl. Ernst 2006: 197.

um die (milieuspezifische) Unkenntnis des Forschers zu demonstrieren und detaillierte Darstellungen anzuregen.[43] Den Moderatoren fällt dann lediglich die Aufgabe zu, einzugreifen, wenn der Diskussionsprozess ins Stocken gerät, oder am Ende der Diskussion Nachfragen zu Themen zu stellen, die von den Teilnehmern selbst nicht angesprochen wurden. Demgegenüber ist Flick[44] der Auffassung, dass der Diskussionsprozess stärker gesteuert werden muss, wenn auch nur ansatzweise eine Vergleichbarkeit der Ergebnisse verschiedener Diskussionsrunden erzielt werden soll. Eingriffsmöglichkeiten reichen von einer thematischen Steuerung durch eine Lenkung und Vertiefung der Diskussion bis zu einer Beeinflussung der Diskussionsdynamik durch gezielte provokative Interventionen. Die Eigendynamik der Gruppe sollte sich aber auch bei stärkerer Lenkung durch den Forscher entwickeln können.[45] Das oberste Ziel bei der Durchführung einer Gruppendiskussion besteht schließlich „in der Herstellung von Selbstläufigkeit."[46]

Bislang liegen nur wenig empirisch fundierte Erkenntnisse oder theoretische Beiträge vor, die sich im Sinne eines Regelwerkes für wissenschaftlich orientierte Online-Moderatoren nutzen lassen.[47] Die Eigenheiten asynchroner Kommunikation in einem Online-Forum erfordern aber auf jeden Fall ein neues Verständnis von Moderationsaufgaben. Außerhalb von Forschungskontexten werden Online-Moderatoren von einem Forumsbetreiber eingesetzt, um ihre Diskussionsplattform vor unerwünschten Inhalten zu schützen. In der Regel kommt Moderatoren dann die Aufgabe zu, User zu sanktionieren, wenn sie gegen die „Netiquette" verstoßen oder die Regeln des Forums missachten. In der Online-Forschung können solche Kontrollaufgaben ebenfalls nötig werden, die eigentliche Funktion der Moderierenden besteht jedoch darin, die Gruppendiskussion in Gang zu halten. Die entsprechenden Kompetenzanforderungen lassen sich aus den strukturellen Gegebenheiten eines Internetforums ableiten: Asynchrone computervermittelte Kommunikation ist gekennzeichnet durch das Fehlen eines verbindlichen raum-zeitlichen Rahmens für die Diskussionsteilnehmer. Deren aktive Teilnahme hängt also nicht mehr vom typischen Handlungsdruck einer Face-to-Face-Zusammenkunft ab, sondern wird maßgeblich von ihrer Eigenmotivation bestimmt. Der Motivierung von Teilnehmern müssen deshalb vor Beginn der Online-Diskussion eingehende Überlegungen gewidmet werden.

Als weitere Einschränkung tritt hinzu, dass sich die Rolle des Moderators als eines hierarchisch abgegrenzten Forschungsleiters in Online-Gruppendiskussionen tendenziell abschwächt. Moderatoren eines Online-Forums sehen ihre Diskutanten nicht und werden nicht von ihnen gesehen, was jedoch den Vorteil haben kann, dass hierdurch Verzerrungen durch asymmetrische Beziehungskonstellationen vermieden werden. Die Fokussierung auf Inhalte unter Ausblendung von paraverbalen Signalen und situativen Einflüssen kann dazu führen, dass Teilnehmer es leichter als in klassischen Gruppendiskussionen finden, Meinungen offen und angstfrei zu äußern. Durch das Fehlen visueller und paraverbaler Kommunikationselemente sind Online-Moderatoren dann jedoch wiederum auf reine Textdaten zurückgeworfen, deren emotionale Färbung sich schwer erschließt. Allerdings haben sie dafür die Möglichkeit, auf jeden Beitrag einzugehen, ohne den „Flow", der ja in einem Online-Diskussionsforum nicht existiert, zu unterbrechen. Das eröffnet die Möglichkeit, Diskussionen von großer thematischer Tiefe und Aspektvielfalt anzustoßen.

---

[43] Vgl. Bohnsack 2003: 380-381.
[44] Vgl. Flick 2002: 179.
[45] Vgl. Flick 2002: 174-175.
[46] Vgl. Loos & Schäfer 2001: 51.
[47] Vgl. Gaiser 2008; Stevens 2007; Rezabek 2000.

5. Ausblick: Stärken und Probleme virtueller Gruppendiskussionen

Qualitative Methoden können die lebensweltliche Handlungspraxis von Akteuren als Ressource nicht nur für wissenschaftliche Grundlagenforschung, sondern auch für Qualitätsentwicklung und Strukturverbesserungen im Rahmen von Evaluationsforschung nutzbar machen. Online-Gruppendiskussionen haben dabei ein großes Potenzial zur Thematisierung der Relevanzsetzungen von Akteuren im Feld. So wurden in unserer Untersuchung (trotz der Beschränkung auf den Themenkomplex „Gruppenarbeit") ohne Zutun der Moderation andere Themenfelder gestreift, die spezifische Probleme von Studierenden mit der Lehre beleuchteten. Hierbei wurden sowohl alltagsweltliche Situationen von den Teilnehmern reflektiert als auch generalisierende Aussagen getroffen, die beispielsweise Informationen über die Bedeutung von Veranstaltungsformen geben konnten – so wenn die Vorteile von Blockseminaren erörtert wurden, die offenbar besondere Möglichkeiten für Selbststudium und produktive Gruppenarbeit eröffnen können. Hierdurch entstehen wertvolle Einsichten für Qualitätsmanager und Fragebogenentwickler – es kann z.B. deutlich werden, dass die Veranstaltungsform von ähnlicher Bedeutung ist wie die didaktische Kompetenz der Lehrenden für die Qualität der Lehre. Auf diese Weise können Daten einer Online-Gruppendiskussion im Rahmen einer fruchtbaren Methodenintegration zur Item-Generierung für quantitative Fragebögen genutzt werden.

Das Internetforum erweist sich vor allem deswegen als ein gutes Werkzeug zur Produktion von reichem Datenmaterial und von dichten Beschreibungen, weil es durch die Asynchronität der Interaktion den Teilnehmern erhebliche Reflektionsräume zur Verfügung stellt und die Möglichkeit bietet, durchdachte Beiträge zu verfassen. Die Nutzer können darüber hinaus ohne Reaktionszwang untereinander diskutieren, wobei die Intensität einer Diskussion Aufschluss über die Relevanz der erfragten Themenfelder geben kann.

Diesen Vorteilen entsprechen aber auch gesteigerte Anforderungen an die Teilnehmenden und Moderatoren. Bei asynchroner computervermittelter Kommunikation ist die für Gruppendiskussionen so wichtige Selbstläufigkeit oft nur schwer zu erreichen. Sie muss daher unterstützt werden, indem die Diskussion immer wieder neu aufgegriffen wird, wenn sie Gefahr läuft, zu verebben oder sich in eine nicht angestrebte Richtung hin zu verselbständigen. Im Vergleich mit Moderationsaufgaben bei der klassischen Gruppendiskussion verlagert sich also der Verantwortungsbereich des Moderators von einer eher non-direktiven Diskussionsleitung auf die Aufrechterhaltung der Diskussion durch Teilnehmermotivierung über einen längeren Zeitraum.

Qualitative und quantitative Verfahren haben jeweils spezifische Stärken und Schwächen (die sich ggf. ergänzen können) und sind jeweils für unterschiedliche Zwecke mehr oder weniger gut geeignet. Die Online-Gruppendiskussion zeigt ihre Stärken als Methode zur Exploration von spezifischen Problemlagen und Qualitätskriterien aus Sicht von Studierenden, die etwa eine umfassende Diskussion über Qualitätsstandards an einem Studiengang oder in einem Fach anregen kann. Der relativ große Aufwand, der zur Initiierung eines Online-Forums notwendig ist, lässt dieses Verfahren (von Ausnahmen in besonders online-aktiven Seminaren abgesehen) für konkrete Lehrveranstaltungsevaluationen wenig geeignet erscheinen. Hier wird man eher auf Face-to-Face-Gruppendiskussionen und auf standardisierte Fragebögen zurückgreifen, wobei zu hoffen bleibt, dass hier in Zukunft qualitativ hochwertige Instrumente – vielleicht sogar auf der Grundlage von Ergebnissen virtueller Gruppendiskussionen – konstruiert werden, in denen beispielsweise fachspezifische Qualitätskriterien und ein breites Spektrum von für Studierende und Lehrende relevanten Aspekten guter Lehre adäquat abgebildet werden können.

Literatur

Bampton, R. & Cowton, C. J. (2002): The E-Interview. In: Forum Qualitative Social Research, 3/2. [http://www.qualitative-research.org/fqs-texte/2-02/2-02bamptoncowton-e.htm; 11.7.2008].

Bohnsack, R. (2003): Gruppendiskussion. In: Flick, U., von Kardorff, E. & Steinke, I. (Hrsg.): Qualitative Forschung: Ein Handbuch. Reinbek, S. 369- 384.

Chesney, Thomas (2006): The Effect of Communication Medium on Research Participation Decisions. Journal of Computer-Mediated Communication, 11/3, article 10. [http://jcmc.indiana.edu/vol11/issue3/chesney.html; 30.6.2008].

Diekmann, A. (2007): Empirische Sozialforschung: Grundlagen, Methoden, Anwendungen. Reinbek.

Doyle, K. O. (1982): Evaluating Teaching. San Francisco.

Dresing, T., Kuckartz, U., Rädiker, S. & Stefer, C. (2006): Qualitative Evaluation in 100 Stunden. [http://www.uni-marburg.de/fb21/ep/publikationen/leseprobequalitativeevaluation; 30.6.2008].

Ernst, S. (2006): Die Evaluation von Qualität-Möglichkeiten und Grenzen von Gruppendiskussionsverfahren. In: Flick, U. (Hrsg.): Qualitative Evaluationsforschung: Konzepte, Methoden, Umsetzungen. Reinbek, S. 183-213.

Flick, U. (2002): Qualitative Sozialforschung: Eine Einführung. Reinbek.

Früh, Doris (2000): Online-Forschung im Zeichen des Qualitativen Paradigmas. Methodologische Reflexion und empirische Erfahrungen In: Forum Qualitative Social Research, 1/3. [http://217.160.35.246/fqs-texte/3-00/3-00frueh-d.htm; 11.7.2008].

Gaiser, Ted (2008): Online focus groups. In: Fielding, N., Lee, R. M. & Blank, G. (Hrsg.): The Sage Handbook of Online Research Methods. London/Beverly Hills, S. 290-306.

Hochschulrektorenkonferenz (2007): Bologna-Reader II: Neue Texte und Hilfestellungen zur Umsetzung der Ziele des Bologna-Prozesses an deutschen Hochschulen. Bonn.

Kelle, U. (2007): Die Integration qualitativer und quantitativer Methoden in der empirischen Sozialforschung: Theoretische Grundlagen und methodologische Konzepte. Wiesbaden.

Kuckartz, U., Dresing, T., Rädiker, S. & Stefer, C. (2007): Qualitative Evaluation. Der Einstieg in die Praxis. Wiesbaden.

Kulik, J.A. (2001): Student Ratings: Validity, Utility and Controversy. In: New Directions for Institutional Research, 109, S. 9-25.

Lamnek, S. (2005): Qualitative Sozialforschung: Lehrbuch. Weinheim.

Loos, P. & Schäffer, B. (2001): Das Gruppendiskussionsverfahren. Opladen.

Mangold, W. (1960): Gegenstand und Methode des Gruppendiskussionsverfahrens. Frankfurt.

Marsh, H. W. & Dunkin, M. J. (1997): Students☐ Evaluations of University Teaching: A Multidimensional Perspective. In: Perry, R. P. & Smart, J. C. (Hrsg.): Effective Teaching in Higher Education: Research and Practice. New York, S. 241-320.

Merton, R. K., Fiske, M., Kendall, P. L. (1956): The Focused Interview: A Manual of Problems and Procedures. Glencoe, Il.

Onwuegbuzie, A. J., Witcher, A. E., Collins, K. M. T., Filer, J. D., Wiedmaier, C. D. & Moore, C. W. (2007): Students☐ Perceptions of Characteristics of Effective College Teachers: A Validity Study of a Teaching Evaluation Form Using a Mixed-Methods Analysis. In: American Educational Research Journal, 44/1, S. 113-160.

Ory, J. C. & Ryan, K. (2001): How Do Student Ratings Measure Up to a New Validity Framework? In: New Directions for Institutional Research, 109, Spring, S. 27-44.

Remmers, H. H. & Brandenburg, G. C. (1927): Experimental Data on the Purdue Rating Scale for Instruction. In: Educational Administration and Supervision, 13, S. 519-527.

Ridings, C. M. & Gefen, D. (2004): Virtual Community Attraction. Why People hang out online. In: JCMC 10/1, Article 4. [http://jcmc.indiana.edu/vol10/issue1/ridings_gefen.html; 30.5.2008].

Rezabek, R. (2000). Online Focus Groups: Electronic Discussions for Research. In: Forum Qualitative Sozialforschung, 1/1). [http://www.qualitative-research.org/fqs-texte/1-00/1-00rezabek-e.htm; 11.7.2008].

Rindermann, H. (2001): Lehrevaluation. Einführung und Überblick zu Forschung und Praxis der Lehrveranstaltungsevaluation an Hochschulen mit einem Beitrag zur Evaluation computerbasierten Unterrichts. Landau.

Staufenbiel, T. (2000): Fragebogen zur Evaluation von universitären Lehrveranstaltungen durch Studierende und Lehrende. In: Diagnostica, 46/4, S. 169-181.

Staufenbiel, T. (2001): Universitätsweite Evaluation von Lehrveranstaltungen in Marburg: Vorgehen, Instrumente, Ergebnisse. In: Keiner, E. (Hrsg.): Evaluation (in) der Erziehungswissenschaft. Weinheim/Basel, S. 43-61.

Stevens, B. (2007): Best Practices for Online Qualitative Research. In: Quirk's Marketing Research Review, S. 57.

Stewart, D. W. & Shamdasani, P. N. (1998): Focus Group Research. Exploration and Discovery. In: Bickman, L. & Rog, D. J. (Hrsg.): Handbook of Applied Social Research Methods. Thousand Oaks, S. 505-526.

http://www.bmbf.de/pub/HRG_20050126.pdf [30.6.2008].

http://www.hof.uni-halle.de/steuerung/doku/HE_HG20041214.pdf [30.6.2008].

Prozessdaten online erheben: Verschiedene Methoden im Überblick

Von Michael Schulte-Mecklenbeck & Ryan O. Murphy

1. Einführung

Die Online-Befragung bietet seit mehreren Jahren eine Ergänzung und oft sogar Alternative zu klassischen Befragungsmethoden. Der sich aufdrängende Vergleich von online- und offline erhobenen Daten wird in der Literatur breit diskutiert und zeichnet die Online-Befragung meist mit guten Noten aus.[1] Wie in diesem Band deutlich wird, sind die Einsatzmöglichkeiten dieser Methode weit gestreut und beinhalten qualitative wie quantitative Verfahren, die für sozialwissenschaftliche wie auch kommerzielle Fragestellungen eingesetzt werden. Online- wie Offline-Befragungen haben gemeinsam, dass die erhobenen Daten in die Kategorie der Input-Output-Daten fallen.[2] Dieser Beitrag möchte eine zusätzliche Datenebene beleuchten, die für Online-Befragungen gleichermaßen interessant ist wie für Online-Experimente: die Sammlung von Prozessdaten. Der Begriff Prozessdaten meint in diesem Zusammenhang, dass mehrere Datenpunkte pro Nutzer registriert und verarbeitet werden.

Welchen Mehrwert kann die Erhebung von zusätzlichen Daten bringen? Ist man beispielsweise daran interessiert, mehr über die Nutzbarkeit[3] einer Webseite herauszufinden, so kann man die Nutzer nach der Verwendung der Seite befragen. Vieles wird allerdings zu diesem Zeitpunkt schon wieder vergessen sein. Ein genaueres Bild lässt sich z. B. mit der Prozessmethode des „lauten Denkens" herausfinden, in der die Nutzer parallel zur Bearbeitung der Seite ihre Gedanken verbalisieren (siehe unten). Die daraus resultierenden verbalen Protokolle geben detailliert Auskunft über Probleme bei der Bearbeitung oder Hinweise auf offene Fragen des Nutzers. Wählt man einen noch höheren Auflösungsgrad, so ist die Registrierung von Augenbewegungen das Mittel der Wahl. Die Verweilzeiten auf verschiedenen Teilen der Webseite können mit dieser Prozessmethode im Detail analysiert werden.

Eine Vielzahl von Methoden erfüllt den Anspruch, Prozessdaten zu erheben. Die Liste der „klassischen" Prozessmethoden enthält unter anderem *Informationstafeln*[4], die Registrierung von *Augenbewegungen*[5], die Methode der *aktiven Informationssuche*[6] oder das *Laute Denken*.[7] *Informationstafeln* sind, in den ersten Versionen, Tafeln, auf denen Briefumschläge mit Informationskärtchen befestigt sind. Der Teilnehmer nimmt ein Kärtchen aus einem Briefumschlag und steckt es nach dem Lesen wieder zurück. Der Forscher no-

---

[1]   Vgl. Pötschke 2004; Li et al. 2004; Dillmann & Bowker 2001.
[2]   Ein Input ist in diesem Zusammenhang die jeweilige Aufgabe, ein Output die Reaktion des Probanden, z. B. das Ankreuzen einer Antwort in einer Multiple-Choice-Aufgabe. Pro Aufgabe gibt es bei Input-Output-Daten also nur einen Datenpunkt bzw. eine Reaktion, die dann interpretiert wird.
[3]   Engl. „Usability"; siehe z.B. die Webseite von Jackob Nielsen, einem der führenden Usability-Experten: http://www.useit.com/.
[4]   Vgl. Payne 1976; engl.: „Information Boards".
[5]   Vgl. Russo 1978; engl.: „Eye-Tracking".
[6]   Vgl. Huber, Wider & Huber 1997; engl.: „Active Information Search".
[7]   Vgl: Ericsson & Simon 1980; engl.: „Thinking Aloud".

tiert dabei die Reihenfolge der betrachteten Informationen. Über die Anzahl und Art der betrachteten Informationen können Rückschlüsse auf die Suchstrategien getroffen werden. Eine Weiterentwicklung der Informationstafeln stellen die dynamischen Informationstafeln dar, die etwa in der Politikwissenschaft eingesetzt werden.[8] In dieser Methode entscheidet der Teilnehmer zuerst, welche Informationen auf der Informationstafel angezeigt werden sollen, um dann die einzelnen Zellen zu inspizieren. Bei der Registrierung von *Augenbewegungen* wird mittels einer Infrarotlichtquelle ein Reflex auf der Hornhaut erzeugt (Cornea Reflex), der mit einer Infrarotkamera aufgenommen wird. In frühen Versionen dieses Werkzeuges wurden die Augenbewegungsvideos dann von Hand ausgewertet. Mittlerweile gibt es ausgefeilte Computerprogramme, die diese Aufgabe übernehmen und eine Vielzahl von Parametern[9] registrieren.[10] Bei der *Methode der aktiven Informationssuche* bearbeitet der Nutzer ein Problem, zu dem er Fragen stellen kann. Die Fragen werden mit vorbereiteten Texten auf Karten beantwortet. Diese Methode ermöglicht dem Nutzer freies Explorieren einer Aufgabe. Dem Forscher wird ein unbeeinflusster Einblick in die Informationsselektion des Nutzers geboten.[11] *Lautes Denken* wurde Anfangs hauptsächlich in der Problemlöse-Forschung eingesetzt. In dieser Methode wird der Nutzer aufgefordert, Gedanken, die ihm während einer Aufgabe durch den Kopf gehen, zu verbalisieren. Dies kann retrospektiv (also nach dem Ende eine Aufgabe) oder parallel (gleichzeitig mit einer Aufgabe) durchgeführt werden. Lautes Denken ist auch außerhalb der Problemlöse-Forschung eine beliebte Methode, z.B. in der Expertenbefragung.[12]

Das Hauptaugenmerk wird in diesem Kapitel allerdings nicht auf die eben genannten, klassischen Prozessmethoden[13] gelegt, sondern auf Methoden, die sich durch eine weitere Gemeinsamkeit auszeichnen: den Ort der Datenerhebung. Die im Folgenden vorgestellten Methoden erheben Daten online über das Internet und ermöglichen den Schritt aus dem Labor und der Universität hinaus in die (Online-)Welt. Um den Überblick zu erleichtern, werden wir kurz das Konzept der Informationsumgebung erklären, das die Einteilung der verschiedenen Methoden erleichtert.

2.   Informationsumgebungen

Befragungen und Experimente können als Exploration von Informationsumgebungen verstanden werden. In einer Befragung ist die Informationsumgebung die Liste von Fragen, die ein Teilnehmer bearbeitet. In einem Experiment, wie auch in einer Studie, in der Prozessdaten gesammelt werden, sind es die Aufgaben. Vor allem bei der Prozessdatenanalyse variieren solche Umgebungen in Strukturierungsgrad und Datenvolumen oft stark. Strukturierungsgrad meint in diesem Zusammenhang das Ausmaß der Informationsaufbereitung, die ein Forscher vor einem Experiment durchführen muss. In einer Studie mit Informationsta-

---

[8]   Vgl. Lau & Redlwask 2006.

[9]   Fixationen: das Verweilen des Auges auf einer fixen Position des Stimulus für mindestens 200-300 Millisekunden. Während einer Fixation wird die meiste Information aufgenommen und verarbeitet (vgl. Rayner 1998). Sakkaden: willkürliche, schnelle Augenbewegungen. Pupillendilatation: die Größe der Pupille.

[10]   Wir stellen weiter unten das Programm „Flashlight" vor, das die Aufnahme von Augenwegungen in einer webbasierten Version nachbildet.

[11]   Wir stellen weiter unten das Programm „WebDiP" vor, das die online Informationssuche eines Nutzers aufzeichnet.

[12]   Vgl. Ericsson 2006.

[13]   Vgl. Schulte-Mecklenbeck et al. 2008.

feln müssen die vorhandenen Informationen zuerst in Alternativen und Attribute eingeteilt werden – es handelt sich also um eine stark strukturierte Informationsumgebung. In einer Studie, die Blickbewegungsdaten sammelt, können z.B. Bilder von Autos ohne strukturelle Veränderung verwendet werden.

Wir teilen die fünf später vorgestellten Online-Methoden (MouselabWeb, MindMapWeb, Slider, Flashlight und WebDiP) anhand ihrer Struktur ein, wobei die Menge der gesammelten Information die abhängige Variable darstellt (siehe Abbildung 1). Zwei Gruppen von Methoden lassen sich unterscheiden: In der *stark strukturierten Gruppe* benötigt MouseLabWeb klar strukturierte Stimuli. Der Forscher bietet diese meist in Form einer Informationsmatrix dar. MouseLabWeb hat gleichzeitig das höchste Datenvolumen. MindMapWeb ermöglicht es, die Konstruktion einer Mind Map zu verfolgen. Der Forscher stellt die zu organisierenden Informationen einzeln zur Verfügung und der Nutzer kann diese ordnen. Slider gibt Auskunft über Feinadjustierungen auf bi-polaren Skalen. Hier gibt der Forscher die Skalierung mit den Endpunkten vor, der Nutzer justiert die Skala dann nach Belieben. In der *zweiten Gruppe* finden sich Methoden, wie WebDip oder Flashlight, die *gering strukturierte Stimuli* verwenden. Flashlight hilft, den Suchpfad auf visuellen Stimuli zu registrieren und bildet somit die Datengewinnung einer Augenbewegungskamera nach. Die Stimuli müssen statisch und auf einem Bildschirm abbildbar sein. WebDiP liefert die Sequenz und Häufigkeit von Stichwörtern in einer Informationssuchaufgabe. Der Forscher bereitet hier eine Datenbank mit Informationen vor, die der Nutzer dann selbständig durchsuchen kann.

Abbildung 1: Datenvolumen und Strukturierungsgrad von Informationsumgebungen

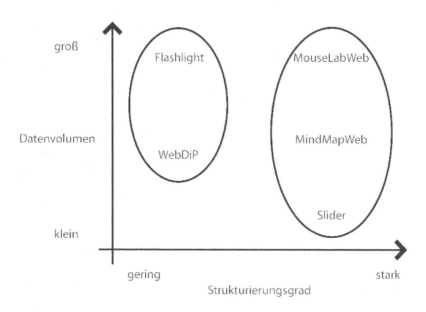

Quelle: Eigene Darstellung

Man kann unschwer erkennen, dass die eben genannten Methoden die Bearbeitung verschiedenster Fragestellungen zulassen. Die Selektion der richtigen Methode zu einer Fragestellung stellt dabei einen entscheidenden Schritt in der Planung einer Befragung oder eines Experimentes dar. Passen Frage und Methode nicht zusammen, werden oft zu viele Daten auf einem zu detaillierten Level erhoben – dies führt zu Problemen, die Ergebnisse aus der Datenflut herauszulösen. Im Gegensatz dazu führt das andere Extrem (zu wenige Daten auf einem zu oberflächlichen Level) dazu, dass Effekte unentdeckt bleiben. Wir werden den Punkt der Methodenselektion nochmals in der Diskussion aufgreifen, zuvor aber die einzelnen Methoden detaillierter darstellen.

2.1. Stark strukturierte Informationsumgebungen

Der Forscher bereitet die vorhandenen Informationen in dieser Gruppe von Methoden stark auf und stellt sie gezielt zur Verfügung. Das wohl älteste Tool zur Gewinnung von stark strukturierten Prozessdaten ist Mouselab.

2.1.1. Mouselab(Web)

Die Grundidee der Informationstafeln wurde in einer computerisierten Version erstmals von Payne, Bettman und Johnson[14] verwendet und erhielt den Namen *Mouselab*. Die Namensgebung rührt daher, dass Mouselab einen Monitor und eine Maus für die Informationspräsentation bzw. -eingabe verwendet. Die Bewegung des Mauscursors in einen der Zellenbereiche (z.B. die dritte Zelle in der ersten Reihe in Abbildung 2) zeigt den vorher verdeckten Inhalt an. Nachdem die Maus aus dem Zellenbereich herausbewegt wurde, wird der Inhalt wieder verdeckt. Im Jahr 2004 wurde Mouselab für den Online-Einsatz neu programmiert und steht seither in verschiedenen Versionen zur Verfügung. Die wohl am meisten genutzten Versionen basieren entweder auf den Programmiersprachen Javascript[15] oder Java.[16] Mouselab(Web) ist ideal, um Informationen, die sich in Matrix-Form (2x2, 2x3, ...) organisieren lassen, darzustellen und zu untersuchen (siehe Abbildung 2 für eine 2x4 Matrix eines Spiels mit 2 Optionen). Es besteht natürlich auch die Möglichkeit, von diesem Standardformat abzuweichen.[17] Folgende Daten werden in einem Mouselab(Web)-Experiment aufgezeichnet: Anzahl und Länge von Zellenöffnungen, Sequenz der Zellenöffnungen und gegebenenfalls die Entscheidung. Die Anzahl und Länge der Zellenöffnungen sind hoch korreliert, darum werden diese beiden Maße oft kombiniert und unter dem Begriff *Aufmerksamkeit* gegenüber einer Zelle zusammengefasst. Die Aufmerksamkeit ist umso größer, je größer die beiden Einzelkomponenten werden, und lässt sich somit grafisch als Fläche in sogenannten *Attention Plots*[18] abbilden.

---

[14] Vgl. Payne et al. 1993.
[15] Vgl. Willemsen & Johnson 2004: http://www.mouselabweb.org/.
[16] Vgl. Payne 2005: https://www.fuquaworld.duke.edu/blab/MouseLabExperimenter.jsp.
[17] Andere Formate werden z.B. in Willemsen et al. (2006) oder Schulte-Mecklenbeck & Hirsch (2008) verwendet.
[18] Ein Beispiel für solche Plots findet sich in Johnson, Schulte-Mecklenbeck & Willemsen (2008: 267). Die Größe der einzelnen Rechtecke korrespondiert mit der Aufmerksamkeit gegenüber der jeweiligen Zelle, die Länge der Pfeile zwischen den Zellen bildet die mittlere Anzahl der Übergänge zwischen zwei Zellen ab.

Abbildung 2: MouselabWeb-Matrix für ein Spiel mit 2 Optionen

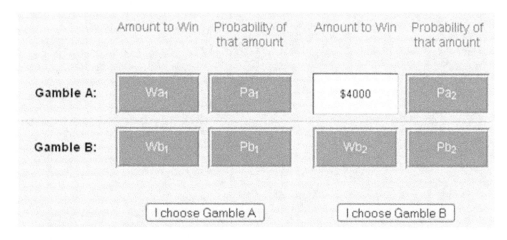

Quelle: Eigene Darstellung

In diesen Plots findet sich auch die aufsummierte und gemittelte Sequenz der Zellenöffnungen wieder. Die gemittelten Abfolgen der Zellenöffnungen werden als Pfeile zwischen den Zellen dargestellt. Es ergibt sich somit ein Eindruck, gegenüber welchen Zellen die Aufmerksamkeit größer war und welche Reihenfolgen der Zellenöffnung am häufigsten waren.

2.1.2. MindMapWeb

Als zweites Beispiel für eine stärker strukturierte Methode soll *MindMapWeb*[19] vorgestellt werden, das die mittlerweile klassische Idee einer Mind Map[20] in einer Online-Version nutzt. In diesem Programm, das unter Zuhilfenahme von dynamischem HTML[21] erstellt wurde, kann der Forscher sogenannte *Knoten*[22] anlegen, die im eigentlichen Experiment vom Nutzer angeordnet werden. Im Beispiel in Abbildung 3 lautet die Aufgabe, Risikofaktoren der globalen Erwärmung in Relation zueinander zu setzen und diese Relationen dann zu bewerten. Der Nutzer kann dazu die vorgegebenen Knoten verschieben, uni- oder bidirektionale Pfeile (Relationen) zwischen den einzelnen Knoten setzen und dann diese Relationen einzeln, z.B. auf einer Skala von 1-100, gewichten. Das Programm zeichnet die Reihenfolge auf, in der Knoten bewegt werden, die Ausgangs- sowie Endposition und die Zeit, die der Nutzer für eine Aufgabe braucht. Weiterhin werden die Relationen zwischen den Knoten und deren Gewichte gespeichert. Dadurch ist es möglich, z.B. mittels Netzwerkanalyse, ein genaues Bild der strukturellen Zusammenhänge und der Repräsentation einer Aufgabe zu erhalten.

---

[19]   Vgl. Böhm et al. 2008.
[20]   Vgl. Collins & Quillian 1969.
[21]   Vgl. http://de.wikipedia.org/wiki/Dynamisches_HTML.
[22]   Engl.: „Nodes".

Abbildung 3: Verschiedene Knoten und Relationen in MindMapWeb

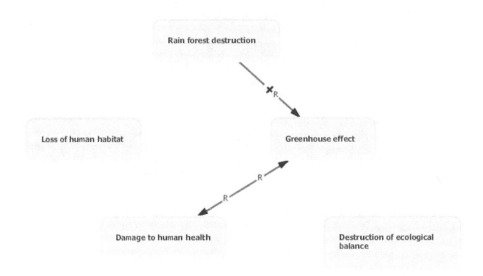

Quelle: Eigene Darstellung

MindMapWeb stellt ein interessantes Instrument für die Erforschung von Inhalten dar, bei denen der Nutzer zwar Anhaltspunkte über die relevanten Informationen erhält, dann allerdings die Relationen zwischen den Informationen selbst definieren muss.

2.1.3. Slider

In der stark strukturierten Gruppe liefert *Slider* die geringste Datenmenge bei einem Strukturierungsgrad, der dem klassischen Fragebogen nahe kommt. Die gesammelte Datenmenge geht allerdings über eine simple Antwort auf einer Ja/Nein-Skala hinaus. Slider registriert, unter Zuhilfenahme von Javascript, Cursorbewegungen auf einer bi-polaren Skala sowie die Zeit, die ein Nutzer mit einer Aufgabe verbringt. Dies kann in mehrerer Hinsicht nützlich sein: In einem Fragebogen können Feinjustierungen des Nutzers analysiert werden, da jede Cursorposition gespeichert wird. In einem Experiment kann Slider z.B. als Eingabetool verwendet werden, um die Verteilung von verschiedenen Geldbeträgen in einer Entscheidungssituation zu testen (siehe Abbildung 4). Durch Verschieben des Cursors wird die Zuteilung der Geldbeträge automatisch aktualisiert und gespeichert.

Abbildung 4: Verteilungsspiel in Slider

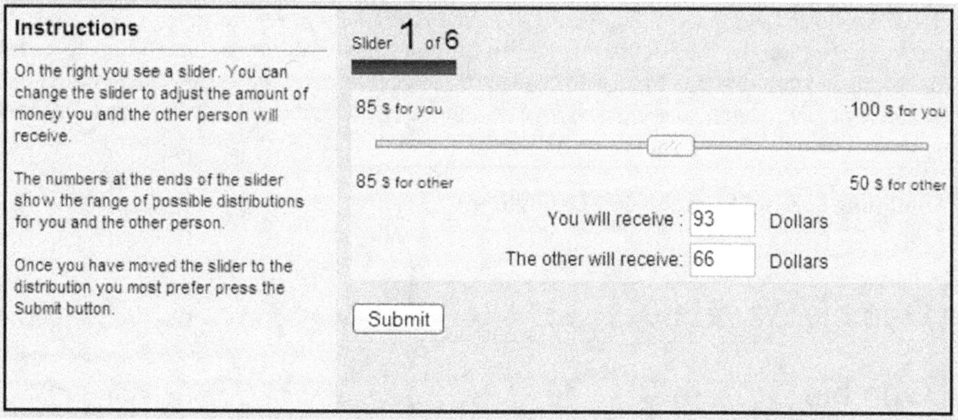

```
Instructions                          Slider 1 of 6
                                      ▬▬▬▬
On the right you see a slider. You can
change the slider to adjust the amount of
money you and the other person will    85 $ for you                          100 $ for you
receive.
                                       ├──────────────────────[═══]──────────────────┤
The numbers at the ends of the slider
show the range of possible distributions  85 $ for other                        50 $ for other
for you and the other person.
                                              You will receive :  93    Dollars
Once you have moved the slider to the         The other will receive:  66    Dollars
distribution you most prefer press the
Submit button.                              [ Submit ]
```

Quelle: Eigene Darstellung

Der Nutzer kann die Verteilung der Geldbeträge nach verschiedenen Gesichtspunkten wie Fairness, Altruismus oder Egoismus durchführen. Fair wäre in diesem Zusammenhang z.B. eine gleichmäßige Aufteilung der Geldbeträge (weiter links auf der Skala in Abbildung 4), altruistisch wäre das Bevorzugen des Partners, egoistisch wäre das Bevorzugen der eigenen Person (weiter rechts auf der Skala in Abbildung 4). Dem Forscher ermöglichen die Prozessdaten (Cursorbewegungen, Verweilzeiten) einen genaueren Einblick in die Strategien von verschiedenen Nutzern und somit eine Kategorisierungsmöglichkeit.

2.2.   Geringstrukturierte Informationsumgebungen

Geringstrukturierte Informationsumgebungen stellen flexiblere Möglichkeiten der Stimulusgestaltung zur Verfügung. Es kann hier leicht vom einfachen Matrix-Format abgewichen werden. Ein Vorteil der folgenden Methoden ist somit, dass die Vorstrukturierung der Informationsumgebungen durch den Forscher wegfällt. Dies ist vor allem bei Fragestellungen wichtig, in denen nicht das Verwenden von vorhandenen Informationen, sondern die Exploration der Informationsumgebung im Mittelpunkt steht.

2.2.1. Flashlight

Flashlight[23] bietet von den hier vorgestellten Methoden die größte Freiheit in der Gestaltung von Stimuli. Jegliche Art von statischen Stimuli, die in Bildform dargeboten werden können, lassen sich verwenden. Als Beispiel soll hier die Wahl zwischen zwei einfachen Spielen dienen. Diese Art von Stimuli ist in der Entscheidungsforschung[24] beliebt, da sie eine kontextunabhängige, relativ reine Form einer Entscheidung darstellen. In Abbildung 5 (linke Hälfte) wird die Entscheidung zwischen zwei Spielen A und B dargestellt. In Spiel A

---

[23]   Vgl. Schulte-Mecklenbeck et al. 2008.
[24]   Vgl. Slovic & Lichtenstein 1968; Russo & Dosher 1983.

erhält man 2500 Punkte mit Wahrscheinlichkeit .33 und in Spiel B erhält man 2400 Punkte mit Wahrscheinlichkeit .34. Der Stimulus (siehe Abbildung 5, linke Hälfte) wird durch einen Weichzeichner unkenntlich gemacht (siehe Abbildung 5, rechte Hälfte). Nur ein runder Ausschnitt um den Mauscursor zeigt den Stimulus unverfälscht an. Durch Bewegen des Mauscursors kann nun das Spiel vom Nutzer erkundet werden. Diese Bewegung bildet das Suchmuster der Augen, das normalerweise mit einer Augenbewegungskamera registriert wird, gut nach.

Abbildung 5: Spiel-Stimulus in Flashlight

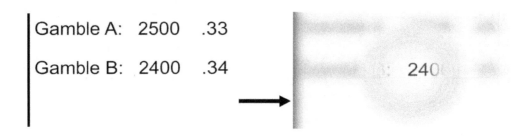

Quelle: Eigene Darstellung

Die Bewegungen der Maus werden zehn Mal pro Sekunde (also mit einer Auflösung von 10 Hz) registriert. Dies ist zwar im Vergleich zu gängigen Augenbewegungskamera-Modellen eine relativ geringe Auflösung[25], für viele Fragestellungen ergibt sich allerdings eine ausreichende Datendichte. Die gesammelten Daten geben Auskunft über Fixationen (Anzahl und Länge) sowie die Sequenz der Informationsaufnahme. Verschiedene Stimuli-Arten werden gegenwärtig (2008) getestet: Dazu gehören Spiele (wie schon für Mouse-labWeb beschrieben), visuelle Suchaufgaben (auf einem Bild soll ein Ziel [roter Punkt] gesucht werden) und einfache arithmetische Aufgaben. Neben der schon erwähnten Einschränkung der Auflösung soll noch auf eine weitere Einschränkung der Methode hingewiesen werden: Es ist nur möglich, statische Stimuli zu verwenden, dynamische Stimuli wie Videos können nicht verarbeitet werden.

2.2.2. Web Decision Processes – WebDiP

In vielen Entscheidungssituationen suchen Menschen zuerst nach Informationen.[26] Diese Suche dient einerseits der Orientierung und andererseits dem Wunsch, eine gute Entscheidung zu treffen. *WebDiP*[27] registriert diesen Suchprozess in einem vorgefertigten Informationsraum. Der Forscher stellt im ersten Schritt Informationen, die eine Entscheidungssituation beschreiben, in einem Frage-Antwort-Format zusammen. Ein Beispiel für eine Entscheidung ist die Wahl zwischen zwei Impfungen. Zuerst wird man versuchen, mehr über

---

[25]   Viele Modelle haben eine Mindestauflösung von 50-60 Hz, Highend-Modelle erreichen eine Maximalauflösung von über 1000 Hz.

[26]   Die Suchmaschine Google (http://www.google.com) wird heute häufig dafür verwendet.

[27]   Vgl. Schulte-Mecklenbeck & Neun 2005.

die Impfungen herauszufinden. Auf die Frage: „Gibt es eine Impfung gegen die Krankheit" würde die Antwort z.B. lauten: „Es sind zwei Impfstoffe vorhanden." Dann kann man gezielt nach Informationen über diese beiden Impfstoffe suchen. Eine Vielzahl solcher Frage-Antwort-Paare wird vom Forscher in der WebDiP-Datenbank gespeichert. Der Nutzer bearbeitet das Problem, indem er einen Suchbegriff in eine Maske eingibt (siehe Abbildung 6). Der Suchbegriff, z.B. „Krankheit", wird dann von WebDiP an die Datenbank weitergegeben und der Nutzer erhält eine Liste mit Fragen, die zum Stichwort „Krankheit" gefunden wurden. Er klickt dann auf eine für ihn relevante Frage und erhält die Antwort angezeigt. Wichtig bei diesem Beispiel ist, dass der Forscher zwar die Informationen in der Datenbank vorgibt, der Nutzer aber frei in diesen Informationen navigiert. Dadurch erhält der Forscher Einblick in die Repräsentation der Informationsumgebung des Nutzers, ähnlich wie das auch bei MindMapWeb beschrieben wurde. Die verwendeten Suchwörter, die im zweiten Schritt geöffneten Fragen sowie die Zeit, die für eine Aufgabe verwendet wurde, werden gespeichert.

Abbildung 6: WebDiP Eingabemaske

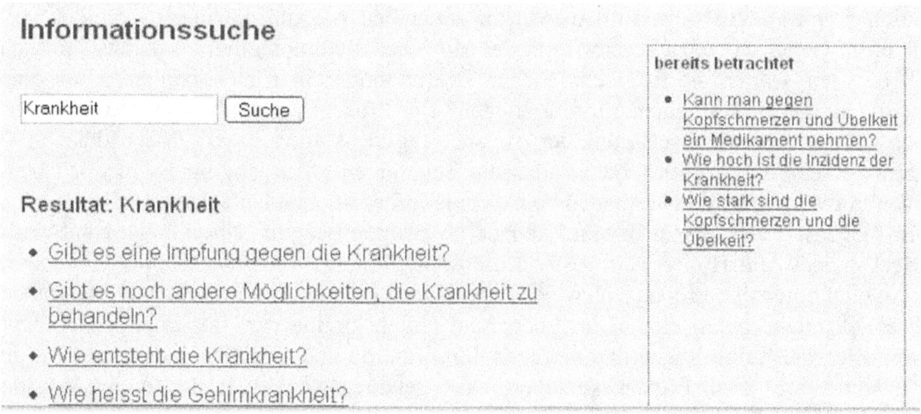

Quelle: Schulte-Mecklenbeck & Neun 2005

Im nächsten Schritt möchten wir näher auf den Vergleich von verschiedenen Forschungsmethoden eingehen, um genaueres über deren Validität[28] herausfinden zu können.

2.3.   Vergleich der verschiedenen Methoden

Wenn neue Forschungsmethoden vorgestellt werden, ist der Vergleich mit etablierten Methoden wichtig. Für dieses Kapitel ist dabei vor allem der Vergleich zwischen im Labor und online erhobenen Daten wichtig. Die Erhebung von Daten über das Internet löste Ende der 1990er Jahre eine breite Diskussion aus, ob die online erhobenen Daten mit den klassisch in Labor, Hörsaal oder Feld gesammelten Daten vergleichbar sind.[29] Hier kamen viele Impul-

---

[28]   Vgl. Huber 2005.
[29]   Ein Überblick zu dieser Diskussion wird von Batinic 1999 gegeben.

se aus der eher kommerziellen Richtung (z.B. der Marktforschung) und der Fokus wurde zuerst vor allem auf Fragebogenstudien und E-Mail-Erhebungen gerichtet. Erst mit verbesserten Möglichkeiten der Online-Programmierung wurden Experimente interessanter und in die Diskussion aufgenommen.[30] Verschiedene Ansätze sind für den Vergleich von bestehenden Methoden und neuen Zugängen möglich. Wir wollen sowohl stark als auch gering strukturierte Methoden betrachten und anhand von zwei Beispielen Unterschiede und Gemeinsamkeiten diskutieren.

Ein Beispiel für eine Studie zu stark strukturierten Erhebungsverfahren stellt die Unterschuchung von Lohse und Johnson dar[31]: Sie verglichen die Informationsaufnahme durch Mouselab mit Daten, die mit einer Augenbewegungskamera erhoben wurden. Der Vergleich zwischen den Verfahren basiert auf verschiedenen abhängigen Variablen, wie die Bearbeitungszeit einer Aufgabe, die Anzahl der Fixationen und dem Prozentsatz der betrachteten Information.[32] Die Bearbeitungszeit der Aufgaben lag bei Mouselab um 67 Prozent höher als bei der Analyse der Augenbewegungen. Dieser Unterschied lässt sich vor allem durch den Umstand erklären, dass für Mausbewegungen immer Augen- und Handbewegung notwendig sind, während bei der Augenbewegungskamera Augenbewegungen ausreichen. Ein ähnliches Bild findet sich bei der Anzahl der Fixationen: Deutlich mehr Fixationen (im Durchschnitt 120) werden in der reinen Augenbewegungs-Bedingung gefunden. Im Gegensatz dazu kommt es in der Mouselab-Bedingung nur zu durchschnittlich 66 Fixationen. Haben die unterschiedlichen Bearbeitungszeiten und Fixationen nun eine Auswirkung auf die betrachteten Informationen? Der Prozentsatz der betrachteten Informationen war zwischen Mouselab und der Augenbewegungskamera praktisch der gleiche (90 Prozent versus 93 Prozent). Obwohl also die Zeit für eine Aufgabe unterschiedlich war, wurden trotzdem in beiden Methoden beinahe alle Informationen betrachtet.

Im Gegensatz zum ersten Beispiel standen im zweiten Beispiel, einer Studie von Schulte-Mecklenbeck und Huber, gering strukturierte Verfahren im Mittelpunkt der Analyse[33]: Die Autoren boten den Probanden zweier Experimente die gleichen Entscheidungsaufgaben in WebDiP (siehe oben) einmal im Labor und einmal online dar. Das erste Experiment verwendete eine Zufallsstichprobe in der Online-Version und eine Studentenstichprobe in der Laborversion. Zwei Ergebnisse sollen hervorgehoben werden: In der Online-Version haben 36 Prozent der Teilnehmer das Experiment nicht beendet, in der Laborversion hingegen wurde das Experiment von allen Teilnehmern bis zum Ende bearbeitet. Was könnte diesen Unterschied erklären? Die Nutzer in einem Online-Experiment haben immer eine sehr einfache Möglichkeit, aus dem Experiment auszusteigen – sie schließen ihren Browser. In einem Laborexperiment kommt es hingegen sehr selten vor, dass ein Teilnehmer einfach aufsteht und den Raum verlässt. Man begegnet also sehr unterschiedlichen Dropout-Raten, wenn man Online-Experimente mit Laborexperimenten vergleicht. Ein zweites Ergebnis dieses Experimentes ist der Unterschied in der Menge der verwendeten Informationen zwischen dem Labor und dem Online-Experiment. In der Online-Stichprobe wurden weniger Informationen kürzer betrachtet, in der Labor-Stichprobe war sowohl der Umfang als auch die Länge der Betrachtungszeiten größer. Da dieser Effekt auch auf die beiden unterschied-

---

[30] Vor- und Nachteile von Online-Forschung sowie wichtige Punkte bei Online-Experimenten werden z.B. von Reips 2002 diskutiert.

[31] Vgl. Lohse & Johnson 1996.

[32] Weitere abhängige Variablen werden in Lohse & Johnson (1996: 31-33) detailliert erläutert.

[33] Vgl. Schulte-Mecklenbeck & Huber 2003.

lichen Stichproben zurückgeführt werden kann[34], wurde in einem zweiten Experiment aus der gleichen Population (Studenten) rekrutiert und eine Zufallszuteilung zur Online- und Laborversion vorgenommen. Die Ergebnisse aus dem ersten Experiment wurden hier repliziert. Trotz der beschriebenen Unterschiede war die Struktur der betrachteten Information[35] in beiden Experimenten vergleichbar. Dies deutet, wie auch schon in der Studie von Lohse und Johnson[36], darauf hin, dass zwar Unterschiede im Umfang der aufgenommenen Information zwischen Methoden und Orten der Datenerhebung bestehen, allerdings strukturell durchaus vergleichbare Ergebnisse gefunden werden.

3.   Diskussion

Wir haben in diesem Beitrag Methoden zur Online-Prozessdatenerhebung vorgestellt. Die Auflistung erhebt nicht den Anspruch vollständig zu sein. Vielmehr haben wir Methoden ausgesucht, die frei verfügbar und leicht anzuwenden sind. Zwei Dimensionen wurden zur Einteilung der verschiedenen Methoden gewählt: die Menge der resultierenden Daten und der Strukturierungsgrad der Stimuli.

Da die Wahl einer passenden Methode einen wichtigen Schritt in einem Forschungsprojekt darstellt, soll sie im Folgenden genauer diskutiert werden. Bei der Auswahl einer Methode in Bezug auf die Forschungsfrage gilt die Devise, dass man besser „nicht mit Kanonen auf Spatzen schießen" sollte. Kann man die Forschungsfrage relativ genau eingrenzen, ist es sinnvoll, strukturierte Verfahren zu verwenden, da die resultierenden Daten klare Aussagen über die Verwendung einzelner Informationseinheiten zulassen. MouseLabWeb, MindMapWeb oder Slider liefern genaue Betrachtungszeiten und Navigationsmuster für ein breites Spektrum von Stimuli. Je weniger strukturiert eine Informationsumgebung ist, je mehr man also an der Frage interessiert ist, wie sich ein Nutzer durch die Informationen bewegt, desto mehr sollte man sich in den Bereich der wenig strukturieren Methoden begeben. WebDiP oder Flashlight helfen hier, ein genaueres Bild der Suchmuster zu erhalten. Der recht simple Ratschlag, eine passende Methode zu einer Fragestellung zu wählen, wird oft ignoriert. Dies kann bei Prozessmethoden gerade wegen des großen Datenvolumens fatale Folgen bei der Datenauswertung mit sich bringen. Es ist viel schwieriger, aus einer großen Datenmenge die relevanten Daten herauszufiltern, als in einer kleinen Datenmenge eine einfache Zuordnung der vorhandenen Daten zu den Forschungsfragen zu treffen.

Weiterhin sollte auf das Zusammenspiel von Online- und Labor-Methoden eingegangen werden. Diskutiert man Online- versus Offline-Methoden, trifft man oft auf die Aussage, dass die Leichtigkeit, mit der Daten online erhoben werden könnten, mit – im Vergleich zum Labor – geringer Kontrolle bezahlt werden muss. Natürlich liegt darin etwas Wahres. Der Forscher legt im Labor Wert darauf, dass der Nutzer ungestört ist, dass das Experiment verstanden wird, dass ohne Unterbrechung gearbeitet wird. Man kann diese Punkte online zwar nur schwer beeinflussen, allerdings nach der Datenerhebung durchaus, z.B. durch Analyse von Aufgabenzeiten, erschließen. Etwas schwieriger wird es, den Status, den ein Forscher im Labor hat, online nachzubilden. Dieser Status garantiert, dass Nutzer Experimente in einem Labor zu einem hohen Prozentsatz abschließen. Fällt die Anwesenheit des

---

[34]   Oder aber auch auf die mangelnde externe Validität von Laborexperimenten. Auf diese soll allerdings in diesem Zusammenhang nicht eingegangen werden.

[35]   Also wie die Probanden die Aufgaben exploriert haben.

[36]   Vgl. Lohse & Johnson 1996.

Forschers weg, verändert sich die Dropout-Rate stark. Unser Vorschlag ist, aus der Not eine Tugend zu machen und die Vorteile der jeweiligen Forschungsorte zu nutzen und zu kombinieren. Ein Beispiel wäre eine Augenbewegungs-Laborstudie mit einer Online-Flashlight-Studie zu kombinieren. Im ersten Schritt werden Daten im Labor erhoben (hohe Kontrolle, kein Dropout). Dies ist aufwändig, führt allerdings zu exzellenter Datenqualität in Bezug auf die Auflösung. Im zweiten Schritt wird das gleiche Experiment mit Flashlight online durchgeführt (geringere Kontrolle, höherer Dropout). Die geringere Auflösung in Flashlight (siehe oben) wird hier mit einer viel einfacheren Datenerhebung wettgemacht, es ist zeitlich egal ob man 10 oder 100 Nutzer in ein Online-Experiment aufnimmt. Durch die größere Anzahl an Nutzern erhöht sich allerdings die statistische Aussagekraft einer Untersuchung und auch kleine Effekte, die eventuell im Labor nicht gezeigt werden können, werden leichter nachgewiesen.

Die Betrachtung des Informationsaufnahme-Prozesses in einem Experiment oder in einer Befragung gibt Auskunft über Vorgänge, die sonst verborgen bleiben würden. Diese zweite Ebene der Datenerhebung kann in vieler Hinsicht hilfreich sein, eine Fragestellung detaillierter zu beantworten. Vor allem die Online-Datenerhebung stellt einen einfachen Weg dar, um schnell an große Datenmengen zu gelangen, die dann für sich stehend oder in Kombination mit Labordaten analysiert werden können.

Literatur

Batinic, B., Werner, A., Gräf, L. & Bandilla, W. (1999): Online Research. Göttingen.

Böhm, G., Pfister, H. R. & Schulte-Mecklenbeck, M. (2008): Mapping the Mind in an Environmental Decision Task. Manuskript in Vorbereitung.

Collins, A. & Quillian, R. (1969): Retrieval Time from Semantic Memory. In: Journal of Verbal Learning and Verbal Behavior, 8, S. 240-247.

Dillman, D. A. & Bowker, D. K. (2001): The Web Questionnaire Challenge to Survey Methodologies. In: Reips, U.-D. & Bosnjak, M. (Hrsg.): Dimensions of Internet Science. Lengerich, S. 159- 177.

Ericsson, K. A. (2008): Protocol Analysis and Expert Thought: Concurrent Verbalizations of Thinking During Experts' Performance on Representative Tasks. In: Ericsson, K. A., Charness, N., Feltovich, P. J. & Hoffman, R. R. (Hrsg.): The Cambridge Handbook of Expertise and Expert Performance. Oxford, S. 223-241.

Ericsson, K. A. & Simon, H. A. (1980): Verbal Reports as Data. In: Psychological Review, 87, S. 215-251.

Huber, O. (2005): Das psychologische Experiment (3. Auflage). Bern.

Huber, O., Wider, R. & Huber, O. W. (1997): Active Information Search and Complete Information Presentation in Naturalistic Risky Decision Tasks. In: Acta Psychologica, 95, S. 15-29.

Johnson, E. J., Schulte-Mecklenbeck, M. & Willemsen, M. C. (2008): Process Models Deserve Process Data: Comment on Brandstätter, Gigerenzer & Hertwig (2006). In: Psychological Review, 115/1, S. 263-272.

Lau, R. R. & Redlwask, D. (2006): How Voters Decide: Information Processing during an Election Campaign. New York: Cambridge University Press.

Li, H., Berrens, R. P., Bohara, A. K., Jenkins-Smith, H. C., Silva, C. L. & Weimer, D. L. (2004): Telephone versus Internet Samples for a National Advisory Referendum: Are the Underlying Stated Preferences the Same? In: Source Applied Economics Letters, 11/3, S. 173-176.

Lohse, G. & Johnson, E. J. (1996): A Comparison of Two Process Tracing Methods for Choice Tasks. In: Organizational Behavior and Human Decision Processes, 68/1, S. 28-43.

Payne, J. W. (1976): Task Complexity and Contingent Processing in Decision Making: An Information Search and Protocol Analysis. In: Organizational Behavior and Human Performance, 16, S. 366-387.

Payne, J. W. (2005): Mouselab Experimenter. Available from https://www.fuquaworld.duke.edu/blab/MouseLabExperimenter.jsp.

Payne, J. W., Bettman, J. R. & Johnson, E. J. (1993): The Adaptive Decision Maker. New York.

Pötschke, M. (2004): Schriftlich oder online? Methodische Erfahrungen aus einer vergleichenden Mitarbeiterbefragung. Vortrag auf der German Online Research, 2004, Essen.

208

Rayner, K. (1998): Eye Movements in Reading and Information Processing: 20 Years of Research. In: Psychological Bulletin, 124/3, S. 372-422.

Reips, U.-D. (2002): Standards for Internet-Based Experimenting. In: Experimental Psychology, 49/4, S. 243-256.

Russo, J. E. & Hunt, H. K. (1978): Eye Fixations Can Save the World: A Critical Evaluation and Comparison with Other Information Processing Methodologies. In: Advances in Consumer Research, 5, S. 561-570.

Russo, J. E. & Dosher, B. A. (1983): Strategies for Multiattribute Binary Choice. In: Journal of Experimental Psychology: Learning, Memory, and Cognition, 9, S. 676-696.

Slovic, P. & Lichtenstein, S. (1968): Relative Importance of Probabilities and Payoffs in Risk Taking. In: Journal of Experimental Psychology Monograph, 78/3, S. 1-18.

Schulte-Mecklenbeck, M., Kühberger, A. & Ranyard, R. (2008): The Handbook of Process Tracing Methods in Decision Making. Manuskript in Vorbereitung.

Schulte-Mecklenbeck, M., Murphy, R. O. & Hutzler, F. (2008): Flashlight – An Online Eye-Tracking Addition. Manuskript in Vorbereitung.

Schulte-Mecklenbeck, M. & Hirsch, B. (2008): The Influence of Different Presentation Formats on Controlling Decisions of Managers. Manuskript in Vorbereitung.

Schulte-Mecklenbeck, M. & Neun, M. (2005): WebDiP – A Tool for Information Search Experiments on the World-Wide-Web. In: Behavior Research Methods, 37/2, S. 293-300.

Schulte-Mecklenbeck, M. & Huber, O. (2003): With or Without the Experimenter: Information Search in the Laboratory and on the Web. In: Behavior Research Methods, Instruments & Computers, 35/2, S. 227-235.

Skitka, L. J. & Sargis, E. G. (2006): The Internet as Psychological Laboratory. In: Annual Review of Psychology, 57, S. 529-555.

Willemsen, M. C., Böckenholt, U. & Johnson, E. J. (2006): How Losses Affect Choice: Loss Encoding, Gain Enhancement and a Comparison of Three Theories. Unveröffentlichtes Manuskript.

Willemsen, M. C. & Johnson, E. J. (2005): MouselabWEB: Performing Sophisticated Process Tracing Experiments in the Participants Home! Vortrag: Society for Computers in Psychology, 2005, Minneapolis.

Teil 3: Fallstudien

Können offene Online-Umfragen dynamische Prozesse der Einstellungsentwicklung erfassen?

Von Ansgar Wolsing & Thorsten Faas

1. Einleitung

Wahlkämpfe stellen eine Herausforderung dar. Dies gilt sowohl für Parteien und Kandidaten, die unter großen Anstrengungen versuchen, die Wähler von ihrer Botschaft zu überzeugen, als auch für die Wähler, die in diesen Phasen intensivierter politischer Kommunikation den Überblick behalten und Entscheidungen treffen müssen. Es gilt aber auch – und diese Perspektive soll hier im Vordergrund stehen – für den Wahlkampfforscher. Wahlkämpfe zu analysieren und ihre möglichen Effekte sichtbar zu machen und zu erklären stellt den Forscher zunächst vor theoretische, insbesondere aber vor methodische Probleme.

Die Erklärung eines Wahlkampfeffekts setzt voraus, dass sich Veränderungen in den Einstellungen und Verhaltensabsichten der Bevölkerung mit Ereignissen des Wahlkampfes eindeutig in Verbindung bringen lassen. Diese Verknüpfung zwischen Einstellungsänderungen und Ereignissen in der realen Welt (und nicht bloß unter experimentellen Bedingungen) herzustellen erfordert eine kontinuierliche, feinkörnige Beobachtung der Wahlbevölkerung. Lazarsfeld et al. haben dazu seinerzeit in ihrer Studie in Erie County auf ein siebenwelliges Panel zurückgegriffen, um die Veränderungen, die sich im Laufe eines Wahlkampfes vollziehen, sichtbar zu machen.[1] Die zweite Bedingung – die Zuordnung zu Ereignissen – konnte trotz dieser Innovation hingegen nur eingeschränkt erfüllt werden, da die Respondenten in monatlichen Abständen befragt wurden, so dass zwischen den einzelnen Erhebungen eine ganze Reihe von Ereignissen stattfinden konnte. Wovon Einstellungsveränderungen dann ausgelöst wurden, musste unter solchen Umständen offen bleiben.

In jüngerer Vergangenheit wurde mit dem Rolling Cross-Section-Design (RCS) eine neue Methode zur Analyse von Wahlkämpfen entwickelt.[2] Die Grundidee eines solchen Designs besteht darin, die Durchführung einer auf einer Zufallsstichprobe basierenden Querschnittsbefragung so über den Wahlkampf hinweg zu spreizen, dass die Befragten jedes einzelnen Tages jeweils in sich eine Zufallsstichprobe aus der Grundgesamtheit konstituieren. Da die Befragten zufällig auf einzelne Erhebungstage verteilt werden, dürfen sich ihre Einstellungen und Verhaltensabsichten auch nur zufallsbedingt unterscheiden. Treten also überzufällige Unterschiede von einem Erhebungstag auf den nächsten auf, so muss dafür ein reales externes (Wahlkampf-)Ereignis verantwortlich sein, das sich ob des Abstands von nur einem Tag auch vergleichsweise leicht identifizieren lässt. Auf dem Reißbrett ist dieses Design von bestechender Eleganz und Erklärungskraft – in der Praxis aber setzt es eine penibel genaue Feldadministration und -logistik voraus, die in der Konsequenz erhebliche Kosten verursacht.[3]

---

[1]   Vgl. Lazarsfeld et al. 1944.
[2]   Vgl. Johnston & Brady 2002; Schmitt-Beck et al. 2006.
[3]   Siehe hierzu und zu weiteren Details auch den Bericht zur ersten deutschen RCS-Studie anlässlich der Bundestagswahl 2005 (Schmitt-Beck et al. 2006).

Im Rahmen dieses Beitrags wollen wir prüfen, ob offene Online-Umfragen zumindest ansatzweise eine Alternative zu diesem aufwändigen Verfahren der RCS-Studie bieten können, ob sie also reale Dynamik, die sich in einem Wahlkampf abspielt, abbilden können. Unerlässliche Grundbedingung dazu ist, dass sich die Befragtenstruktur im betrachteten Zeitraum – etwa mit Blick auf die sozialstrukturelle Zusammensetzung – nicht ändert, daher impliziert unsere Fragestellung auch automatisch eine Analyse der Entwicklung der Teilnehmerstruktur offener Online-Umfragen. Auch damit betreten wir methodisches Neuland: Unsere Analyse berührt damit nämlich zugleich einen Gegenstandsbereich, der – völlig unabhängig von Wahlkämpfen – von Interesse, aber bislang kaum erforscht ist.

Werfen wir vor diesem Hintergrund zunächst einen Blick auf Online-Umfragen im Allgemeinen: Gerade was die hier interessierenden offenen Online-Umfragen[4] betrifft, die für jedermann zugänglich über das World Wide Web (WWW) durchgeführt werden, stehen sich glühende Verfechter und flammende Gegner gegenüber – und beide haben durchaus Argumente auf ihrer Seite. Für diese Form der Datenerhebung sprechen die vergleichsweise günstigen Kosten der Durchführung, vor allem aber auch die Möglichkeit, eine große – im analogen Zeitalter nahezu unvorstellbare – Zahl potenzieller Teilnehmer in kürzester Zeit erreichen zu können. Dies sind auch genau die Hintergründe, die Online-Umfragen als Instrument zur Wahlkampfbeobachtung grundsätzlich reizvoll machen. Allerdings lassen sich auch gewichtige Gegenargumente anführen. Gegen Online-Umfragen sprechen vor allem die weiterhin existierenden Probleme bei der Gewährleistung von Repräsentativität[5]: Online-Umfragen erfordern zwingend technische Zugangsvoraussetzungen, die in der Gesellschaft – Digital Divide – weiterhin ungleich verteilt sind.[6] Darin besteht aber keineswegs die einzige Barriere. Selbst bei gegebenen technischen Möglichkeiten müssen potenzielle Teilnehmer von Online-Umfragen erfahren, um sich dann die Frage zu stellen, ob sie teilnehmen wollen oder nicht. Auch diese beiden Faktoren – Kenntnisnahme und Teilnahmebereitschaft – sind, so ist anzunehmen, in der Gesellschaft keineswegs gleich verteilt.

Was bedeutet dies für die Beobachtung von Wahlkampfdynamik? An den ungleich verteilten Zugangsmöglichkeiten zum World Wide Web wird sich während eines Wahlkampfes kaum etwas ändern. Für die anderen beiden Barrieren muss dies aber nicht in gleichem Maße gelten. So könnte eine Online-Umfrage während ihrer Feldzeit zunehmend an Bekanntheit gewinnen, was sich auch auf die Teilnehmerstruktur auswirken könnte. Gerade bei längerer Feldzeit könnte so zumindest die Hürde der Kenntnisnahme zunehmend an Bedeutung verlieren. Unterstützung erfährt diese Vermutung aus dem Bereich der Diffusionstheorie. Danach erfolgt die Aneignung einer Innovation in vier Schritten: Am Ausgangspunkt des Prozesses steht die Kenntnisnahme von einer Neuheit (knowledge); es folgt die Phase der Persuasion, in der ein Individuum eine Einstellung gegenüber der Innovation entwickelt; auf Grundlage dieser Einstellung trifft das Individuum eine Entscheidung für oder gegen die Adoption und Implementation einer Innovation (decision). In der vierten Phase schließlich sucht das Individuum Bestätigung (confirmation) für seine Entscheidung.[7] Weiterhin postuliert die Theorie, dass nicht alle potenziellen Konsumenten zum gleichen Zeitpunkt in die jeweiligen Entscheidungssituationen kommen, woraus sich wiederum ein bestimmtes Muster der Verbreitung neuer Innovationen in die Gesellschaft

---

[4] Andere Typen von Online-Umfragen wollen wir hier nicht betrachten (Vgl. hierzu u. a. Couper 2000; Schonlau et al. 2002).

[5] Vgl. z.B. Alvarez et al. 2003; Couper 2000.

[6] Vgl. z.B. van Dijk & Hacker 2003; van Eimeren & Frees 2007; Korupp & Szydlik 2005.

[7] Vgl. Schenk 2007: 409-410.

hinein ergibt. Ein neues Produkt wird demnach zunächst von einer Avantgarde so genannter „Innovatoren" (*innovators*) genutzt, ehe auch sukzessive „frühe Übernehmer" (*early adopters*), die „frühe Mehrheit" (*early majority*), die „späte Mehrheit" (*late majority*) sowie schließlich auch die „Nachzügler" (*laggards*) diese Neuheiten akzeptieren und verwenden.[8]

Cum grano salis gilt dies auch für eine neu gestartete offene Online-Umfrage: Auch von ihr müssen potenzielle Teilnehmer erst erfahren, sich dann eine Meinung dazu bilden und schließlich eine Entscheidung treffen, ob sie an der Umfrage teilnehmen wollen oder nicht. Einzig der vierte Schritt – die Bestätigung – spielt in diesem Kontext keine Rolle. Für die Verbreitung und Akzeptanz einer Umfrage ließe sich vor diesem Hintergrund erwarten, dass zunächst vor allem Innovatoren und frühe Übernehmer erreicht werden können. Damit das Wissen um die Existenz der Online-Umfrage auch andere Gruppen erreichen kann, muss erst eine gewisse Zeit vergehen. Diese schubweise Verbreitung der Kenntnis über eine solche Umfrage ist nicht per se problematisch. Solange der Gegenstand der Umfrage nicht mit den für diese Entwicklung verantwortlichen Faktoren zusammenhängt, bleibt dies ohne Folgen. In dem Moment allerdings, indem sich *Innovatoren* und *Laggards* – um die beiden Extremgruppen herauszugreifen – auch hinsichtlich der substanziell interessierenden Variablen unterscheiden, hat die Diffusion inhaltlich bedeutsame Konsequenzen, die man positiv wie negativ deuten kann. Positiv gewendet gewinnt eine offene Online-Umfrage dank zunehmender Diffusion an Repräsentativität, da mehr und mehr Bevölkerungssegmente erreicht werden. Allerdings darf man diesen (vermeintlichen) Vorteil gerade im Falle von offenen Online-Umfragen nicht überbewerten: Ob offene Online-Umfragen jemals wirklich repräsentative Ergebnisse liefern können, bleibt mehr als fraglich. Nachteilig wirken sich diese Diffusionsprozesse für die Beobachtung von Wahlkampfdynamik aus. Beobachtet man nämlich im Laufe einer Feldzeit Veränderungen in den Antworten, so muss offen bleiben, ob dies auf die zunehmende Diffusion der Umfrage (und den damit verbundenen veränderten Charakter der Teilnehmerschaft) zurückzuführen ist, oder ob es sich dabei um substanzielle Veränderungen der Bevölkerungsmeinung handelt. Auf dieser Basis realen Wandel diagnostizieren zu wollen, ist nicht in belastbarer Art und Weise möglich. Dies ginge nur, wenn man wüsste, dass sich die Teilnehmer einer Online-Umfrage ausschließlich (und dauerhaft) aus der Bevölkerung insgesamt oder zumindest einem homogenen Bevölkerungssegment (etwa Innovatoren) rekrutieren. Dann könnte man nämlich folgern, dass beobachtete Änderungen in den gemessenen Einstellungen der Befragungsteilnehmer auf reale Veränderungen der Einstellungen zumindest in dieser Gruppe zurückzuführen sind.

Wir wollen daher genau dieser Frage der Diffusion von Online-Umfragen, über die bislang wenig bekannt ist, nachgehen. Im ersten Schritt wollen wir dazu die zeitliche Entwicklung von Verteilungen solcher Merkmale prüfen, die auf individueller Ebene unveränderlich sind. Dies gilt natürlich für sozialstrukturelle Merkmale wie Alter, Geschlecht, Bildung sowie regionale Herkunft. Im zweiten Schritt betrachten wir dann analog eine substanzielle Variable, von der man ebenfalls annehmen kann, dass sie auf individueller Ebene stabil ist – nämlich die Parteiidentifikation. Wenn wir innerhalb der Feldzeit einer offenen Online-Umfrage feststellen, dass sich die Verteilungen dieser Variablen im Zeitverlauf ändern, deutet dies auf eine zunehmende Diffusion unserer Umfrage und damit einhergehend qualitative Verschiebungen der Teilnehmerschaft hin. Die damit verknüpfte Problematik wollen wir im dritten Schritt verdeutlichen. Dort nämlich rückt das beabsichtigte Wahlverhalten

---

[8] Vgl. Rogers 2003; Schenk 2007: 417-418.

der Befragten in den Mittelpunkt des Interesses. Hier ist a priori keineswegs klar, dass diese Variable – selbst bei konstanter Teilnehmerstruktur – im Zeitverlauf stabil ist. Das Wahlverhalten ist auch auf individueller Ebene eine dynamische Größe – in der heutigen Zeit mehr denn je. Allerdings ist es mit Blick auf die Dynamik dieser Variable von zentraler Bedeutung zu wissen, *warum* sich Verschiebungen ergeben. Beobachten wir tatsächlich Veränderungen in den Einstellungen? Oder beobachten wir lediglich die Konsequenzen einer veränderten Teilnehmerstruktur? Zunächst aber müssen wir noch einige Details zu unserer Datenbasis bereitstellen.

2. Datengrundlage: wahlumfrage2005.de

Die wahlumfrage2005.de wurde als offene Online-Umfrage mit selbst rekrutierten Teilnehmern zwischen dem 11. August und dem 18. September 2005, dem Tag der Bundestagswahl 2005, durchgeführt.[9] In der etwa sechswöchigen Feldzeit verzeichnete die Umfrage über 22.000 Aufrufe[10], ca. 12.500 Besucher beantworteten zumindest einige Fragen, knapp 10.000 den kompletten Fragebogen. Um diese Fallzahlen zu erreichen, wurde die Umfrage sowohl online als auch offline beworben. Neben der Bekanntmachung in persönlichen Netzwerken wurden Hinweise auf die Umfrage in politischen Diskussionsforen im Internet platziert und über Mailverteiler verbreitet. Des Weiteren wurde versucht, die Adresse der wahlumfrage2005.de auf anderen Informationsangeboten zur Bundestagswahl 2005 im Internet zu veröffentlichen. Im Zeitverlauf ließ sich zudem beobachten, dass auch andere – von uns nicht kontaktierte – Websites den Link aufnahmen und weiterverbreiteten. Schließlich wurden die Befragten nach Ausfüllen des Fragebogens gebeten, die Online-Umfrage an Freunde und Bekannte weiterzuempfehlen. Dieser Bitte kamen zahlreiche Befragte nach; an rund 1.000 Personen wurde der Link zur wahlumfrage2005.de so über unsere Website weitergeleitet.

Auch in traditionellen Medien fand die wahlumfrage2005.de Beachtung. Über die Pressestelle der Universität Duisburg-Essen wurden zwei Pressemitteilungen herausgegeben – die erste zum Start der Umfrage, die zweite wenige Tage vor dem TV-Duell vom 4. September 2005. Verschiedene Lokalzeitungen sowie die NRW-Regionalausgabe der tageszeitung (taz NRW) berichteten über unsere Umfrage. Außerdem fand die wahlumfrage2005.de Platz in der Berichterstattung zur Bundestagswahl lokaler Radiosender. Schließlich wurden im Fernsehen mehrere Beiträge gesendet, in denen die wahlumfrage2005.de erwähnt wurde. Das größte Publikum erreichte dabei wohl das ARD-Mittagsmagazin. Als weitere TV-Formate berichteten die „Aktuelle Stunde" des WDR sowie das SAT.1-Regionalprogramm „17:30".

---

[9] Eine Spiegelung der ursprünglichen Website – allerdings mit deaktivierter Umfrage – findet sich unter http://www.ansgar-wolsing.de/wahlumfrage2005.

[10] Es muss allerdings davon ausgegangen werden, dass ab der dritten Woche ein nicht zu vernachlässigender Anteil von so genannten „Bots" – dies sind Programme, die automatisiert Websites aufsuchen – verursacht wurde, vor allem durch Webcrawler von Suchmaschinen. Indiz dafür ist die auffällige Häufung von Aufrufen der Seite zu ganz bestimmten Sekunden des Tages über mehrere Tage hinweg. Nach Feststellung des Problems wurden technische Vorkehrungen getroffen, diese maschinellen Zugriffe einzuschränken. Zudem hat eine nicht zu bestimmende Zahl von Nutzerinnen und Nutzern den Fragebogen interessehalber durchgeklickt. Dies war möglich, da die Beantwortung der Fragen nicht zwingend notwendig war, um zur jeweils folgenden Seite des Fragebogens zu gelangen.

Abbildung 1: Teilnehmerzahlen der wahlumfrage2005.de im Zeitverlauf

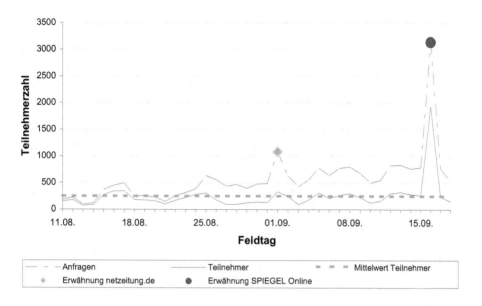

Quelle: wahlumfrage2005.de

Auf zwei Ereignisse ist an dieser Stelle gesondert hinzuweisen, da sie für besonders hohe Zugriffszahlen auf die wahlumfrage2005.de sorgten. Am 1. September berichtete die netzeitung.de über die durch unsere Umfrage ermittelten Erwartungen an das TV-Duell zwischen Angela Merkel und Gerhard Schröder.[11] Während die Umfrage im Tagesmittel etwa 250 Besucher verzeichnete, riefen an diesem Tag der Berichterstattung über 1.000 Personen die Umfrage auf (vgl. Abbildung 1). Noch größere Bekanntheit erlangte unsere Umfrage durch eine Erwähnung in einem Artikel zur Bundestagswahl, der am 16. September mehrere Stunden prominent auf der Startseite von Spiegel Online und in mehreren anderen Beiträgen verlinkt war.[12] Innerhalb dieser Zeit nahmen über 3.000 Internetnutzer an der Umfrage teil, knapp 2.000 füllten den kompletten Fragebogen aus. Dies eröffnet uns die Möglichkeit zu analysieren, wie ein solcher externer Schock, der so oder in ähnlicher Form jederzeit in offenen Online-Umfragen (für den Forscher bemerkt oder unbemerkt) auftreten kann, auf die Ergebnisse der Umfrage wirkt. In unserem Fall stammt rund ein Fünftel aller Teilnehmer aus diesem Kontext.[13]

Der Fragebogen der wahlumfrage2005.de umfasste etwa 50 etablierte Fragen der empirischen Wahlforschung. Im Rahmen dieses Beitrags interessieren vor allem die erfassten sozialstrukturellen Merkmale, die regionale Herkunft (ermittelt über das Kfz-Kennzeichen des Landkreises des jeweiligen Befragten), die Parteiidentifikation sowie schließlich die

---

[11] Online abrufbar unter http://www.netzeitung.de/medien/355773.html (zuletzt 10.07.2008).
[12] Online abrufbar unter http://www.spiegel.de/politik/deutschland/0,1518,374817,00.html (zuletzt 10.07.2008).
[13] Die Erwähnung in der netzeitung.de, die der wahlumfrage2005.de ebenfalls überdurchschnittlich viele Seitenaufrufe bescherte, wird dagegen im Folgenden nicht weiter berücksichtigt, da sich zwar die Zahl der Besucher, nicht aber die Zahl der Umfrageteilnehmer signifikant erhöhte (vgl. Abbildung 1).

Wahlabsicht. Für diese Variablen berechnen wir die täglichen Anteile der Männer, der unter 30-Jährigen, der Befragten mit Abitur, die Anteile von Befragten aus Nordrhein-Westfalen bzw. Bayern sowie die Anteile der Befragten, die sich mit einer der fünf im Bundestag vertretenen Parteien identifizieren bzw. diesen ihre Stimme zu geben beabsichtigen. An diesen Anteilswerten interessiert zunächst in einer immanenten Betrachtung ihre Entwicklung im Verlauf der Feldzeit. Da die einzelnen Tagesanteile stark schwanken, nutzen wir zur Aufdeckung der Entwicklung ein Verfahren der Datenglättung: Dazu unterziehen wir die Tagesmittelwerte einer robusten LOWESS-Glättung.[14] Zugleich interessiert der Vergleich der gemessenen Anteilswerte zu anderen, wahren Werten bekannter Grundgesamtheiten, um die Qualität unserer Ergebnisse abschätzen zu können. Dazu ziehen wir sowohl Werte für die Grundgesamtheit der deutschen Bevölkerung insgesamt als auch Werte für die Gesamtheit der deutschen Internetnutzer heran. Die entsprechenden sozialstrukturellen Werte (Alter, Geschlecht, Bildung, regionale Herkunft) für die Gesamtbevölkerung sind dem Internetangebot des Statistischen Bundesamtes entnommen, die Werte für die Gruppe der Internetnutzer wurden anhand der Daten für 2005 der ARD-ZDF-Online-Studie[15] sowie des (N)Onliner-Atlas[16] errechnet. Die „wahren" Verteilungen der Parteiidentifikation sowie der Wahlabsicht im Vorfeld der Bundestagswahl 2005 stammen aus dem von Rüdiger Schmitt-Beck und Thorsten Faas durchgeführten Projekt „Kampagnendynamik 2005", in dessen Rahmen die erste RCS-Studie in Deutschland durchgeführt wurde. Als echte, telefonisch erhobene RCS-Studie kann diese Studie für sich reklamieren, bevölkerungsrepräsentativ Entwicklungen im Wahlkampf 2005 abzubilden.[17] Leider bietet diese Studie allerdings keine Möglichkeit, Internetnutzer präzise zu identifizieren, so dass sich der Vergleich auf die Gesamtbevölkerung beschränken muss.[18]

3.   Sozialstrukturelle Merkmale im Zeitverlauf

Vor diesem Hintergrund können wir uns nun im ersten Schritt sozialstrukturellen Merkmalen, d.h. konkret dem Geschlecht, dem Alter sowie der formalen Bildung der Befragten, zuwenden. Dazu betrachten wir die Tagesanteile der männlichen Befragten, der Befragten im Alter von unter 30 Jahren sowie der Befragten mit Abitur. Würde sich die Teilnehmerstruktur unserer Befragten im Zeitverlauf nicht ändern, sollten hier waagerechte Linien resultieren, die höchstens zufallsbedingt, aber ohne Trend oszillieren. Idealerweise sollten die Werte auch in der Nähe der wahren Werte der Internetnutzer (oder der Bevölkerung insgesamt) liegen. Abbildung 2 zeigt für die drei Merkmale sowohl die wahren Werte der Grundgesamtheit(en) in Form horizontaler Linien als auch die aus Umfragen stammenden Anteilswerte.

---

14   Vgl. Cleveland 1994; Salgado-Ugarte & Shimizu 1995. Als Bandbreite haben wir durchweg 0,5 verwendet.
15   Vgl. van Eimeren & Frees 2007, Tabelle 3 (Daten für 2005, Internetnutzung in den letzten 4 Wahlen).
16   Vgl. TNS Infratest 2005.
17   Vgl. Schmitt-Beck et al. 2006.
18   Es besteht lediglich die Möglichkeit, Befragte, die auf die Frage „Nutzen Sie politische Informationsangebote im Internet?" eine andere Option als „Habe kein Internet / nutze nie politische Angebote im Internet" wählten, als Internetnutzer zu identifizieren. Diese Frage ist offenkundig nicht optimal, da sie nicht sauber zwischen keinem Zugang zum Internet und keiner Nutzung von politischen Internetangeboten trennt. Wir werden diese Frage lediglich verwenden, um tendenzielle Hinweise auf mögliche Unterschiede zwischen Gesamt- und Internetbevölkerung zu identifizieren.

Abbildung 2: Entwicklung sozialstruktureller Merkmale der Teilnehmer der wahlumfrage2005.de im Zeitverlauf im Vergleich zu den tatsächlichen Verteilungen in der Bevölkerung und der Internetpopulation

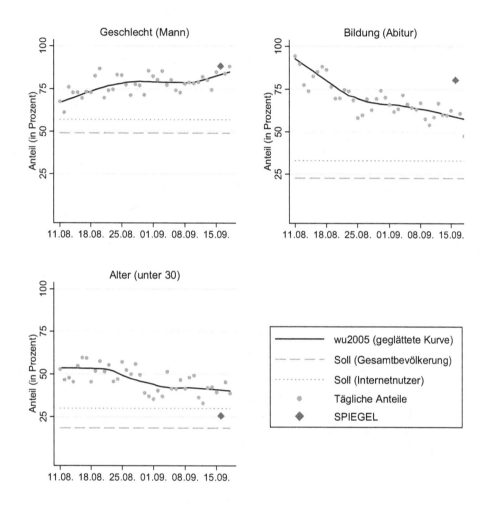

Quelle: wahlumfrage2005.de; Bevölkerungsdaten: Statistisches Bundesamt.
Internetpopulation: eigene Berechnungen auf Grundlage von van Eimeren & Frees 2007; TNS Infratest 2005.

Was zunächst die Unterschiede zwischen den horizontalen Linien betrifft, so spiegeln diese den „Digital Divide" wider, der in erheblichem Maße mit den drei hier betrachteten Variablen zusammenhängt. Der typische Internet-Nutzer ist in der Tendenz auch weiterhin männlich, jung und hoch gebildet. Das interessiert aber nur am Rande. Im Mittelpunkt des Interesses steht die Frage, ob sich die Teilnehmerstruktur der wahlumfrage2005.de im Ver-

219

lauf der Feldzeit verändert hat. Dies war in erheblichem Ausmaß der Fall. In allen drei Teilgrafiken zeigen sich klare Trends. In zwei von drei Fällen nähern sich die Werte dabei im Zeitverlauf den wahren Werten zumindest der deutschen Internetgemeinde an. Im Falle der Bildung geht der Anteil der Abiturienten, der (wenig verwunderlich bei einer Umfrage aus dem universitären Umfeld) bei nahezu 100 Prozent startet, deutlich zurück, auch der Anteil junger Befragten nimmt im Verlauf der Feldzeit ab und nähert sich dem wahren Wert der Internetnutzer zunehmend an. Gleichwohl lässt sich nicht das allgemeine Fazit ziehen, dass die Teilnehmerstruktur im Verlauf der Feldzeit repräsentativer wurde, denn das dritte betrachtete Merkmal – das Geschlecht – zeigt zwar auch einen Trend, der allerdings in die falsche Richtung zeigt. Der Anteil männlicher Befragter nimmt im Zeitverlauf sogar von ohnehin schon überdurchschnittlichem Wert ausgehend weiter zu.

Die Erwähnung der wahlumfrage2005.de am 16. September 2005 auf Spiegel Online und der dadurch ausgelöste Ansturm auf unsere Umfrage versetzt uns weiterhin in die Lage, die Auswirkungen dieses externen Schocks auf die sozialstrukturelle Zusammensetzung der Stichprobe zu prüfen. Tatsächlich finden sich für zwei der drei betrachteten Variablen an diesem Tag deutliche Abweichungen vom allgemeinen Trend: Der Anteil Befragter unter 30 Jahren sinkt, während der Anteil der Abiturienten an diesem Tag in einer beachtlichen Größenordnung steigt. Der Anteil der Männer nimmt dagegen, wenn überhaupt, nur unmerklich zu. Außer einem Hinweis auf die besondere Leserstruktur von Spiegel Online veranschaulichen diese Ergebnisse die virulente Gefahr, der offene Online-Umfragen jederzeit ausgesetzt sind: Externe Schocks können die Rekrutierungsbasis einer Online-Umfrage in kaum nachvollziehbarer Weise verschieben. Im Falle eines Spiegel-Artikels ist dies noch einigermaßen transparent. Das muss aber nicht automatisch der Fall sein. Die Erwähnung in einem (internen) Newsletter etwa könnte sehr wohl einen ähnlichen Effekt haben, gerade auch im Vorfeld von Wahlen, in dem Parteien verstärkt versuchen, Einfluss auf veröffentlichte Umfragewerte aller Art zu nehmen, bliebe aber völlig im Verborgenen. Darauf wird noch zurückzukommen sein.

Mit Tabelle 1, die die Ergebnisse eines linearen Regressionsmodells zeigt, wollen wir ergänzend überprüfen, inwieweit die Ergebnisse der Inspektion von Abbildung 1 auch nach statistischen Testkriterien bedeutsam sind. Dazu setzen wir die täglichen Anteilswerte in einer bivariaten Regression in eine lineare Beziehung zum Erhebungstag. Wie die Tabelle zeigt, verschieben sich die Anteile aller drei betrachteten Variablen im Zeitverlauf erheblich: Mit jedem Erhebungstag steigt der Anteil der Männer im Mittel um 0,3 Prozentpunkte, während der Anteil junger Befragter um 0,5, der Anteil der Befragten mit Abitur um 0,7 Prozentpunkte sinkt. Bei einer Feldzeit von insgesamt 39 Tagen ergeben sich daraus erhebliche Unterschiede: Im Vergleich zum vorhergesagten Wert des Starttages liegen die vorhergesagten Anteile für den Finaltag um rund zwölf (Geschlecht), 18 (Alter) bzw. sogar 25 Prozentpunkte (Bildung) höher bzw. niedriger – dies bei einer insgesamt hohen Erklärungskraft der Modelle. Bezieht man in einem zweiten Schritt zusätzlich den Tag der Erwähnung auf Spiegel Online als Dummy-Variable in das Modell mit ein, so erweisen sich auch die Abweichungen an diesem Tag im Fall des Alters und des Bildungsgrades als signifikant: Der Anteil Befragter unter 30 Jahren sank um etwa 13 Prozentpunkte, der Anteil Befragter mit Abitur stieg dagegen um 25 Prozentpunkte.

Tabelle 1: Entwicklung sozialstruktureller Merkmale der Teilnehmer der wahlumfrage2005.de im Zeitverlauf (Angaben in Prozent)

	Geschlecht (Mann)	Alter (unter 30)	Bildung (Abitur)
Konstante	71,7***	58,2***	82,2***
$b_{Feldzeit}$	0,3***	-0,5***	-0,7***
R^2	31,9	43,0	53,2
Konstante	71,9***	57,7***	83,1***
$b_{Feldzeit}$	0,3***	-0,4***	-0,8***
$b_{Spiegel}$	5,9	-13,4*	24,8***
R^2	32,4	48,1	66,1

$* p < .05, ** p < .01, *** p < .001$

Quelle: wahlumfrage2005.de

Insgesamt also finden wir deutliche Hinweise auf eine Diffusion der Umfrage: Gerade jüngere und hoch gebildete Befragte stoßen im Sinne der Innovatoren und frühen Übernehmer – aber natürlich auch bei einer seitens einer Universität durchgeführten Umfrage im Sinne sozialer Ähnlichkeit – früher auf die Umfrage als andere Teilnehmer; nach und nach allerdings diffundiert die Umfrage. Jedoch verbirgt sich dahinter keineswegs ein Automatismus: Dies belegen sowohl der externe Schock durch die Erwähnung der Umfrage auf Spiegel Online, insbesondere aber auch die Ergebnisse hinsichtlich des Geschlechts: Hier entfernen sich die Ergebnisse im Zeitverlauf zunehmend von der tatsächlichen Verteilung in der Bevölkerung.

4.   Regionale Herkunft im Zeitverlauf

Nach der sozialstrukturellen Betrachtung wollen wir uns nun der regionalen Verbreitung annehmen. Zunächst greifen wir exemplarisch zwei Bundesländer heraus: Nordrhein-Westfalen und Bayern. Abbildung 3 zeigt in analoger Weise wie für die sozialstrukturellen Merkmale die Entwicklung der Anteile der Befragten an beiden Ländern. Tatsächlich zeigen sich hier sehr deutlich regionale Diffusionsmuster. Nordrhein-Westfalen – das „Mutterland" der Umfrage – ist sehr früh sehr stark vertreten: An den ersten vier Tagen stammen drei von vier Teilnehmern von dort. Im Laufe der Zeit allerdings sinkt der Anteil, um sich ab Anfang September rund um den wahren Anteil der Nordrhein-Westfalen in Deutschland einzupendeln. Umgekehrt sieht es in der Startphase der Umfrage für Bayern aus: Hier ist der Anteil der Bayern deutlich zu gering. In der Folgezeit allerdings pendelt sich auch dieser Wert rund um seinen Zielwert ein; diese Anpassung gelingt dabei noch deutlich früher als im Falle Nordrhein-Westfalens. Allerdings ist, was die einzelnen Tageswerte betrifft, auf einen Ausreißer hinzuweisen. Der 24. August weist einen viel zu hohen Bayern-Anteil auf. Einem erkennbaren externen Schock – ähnlich dem Spiegel-Tag – lässt sich dies zunächst nicht zuordnen, die Gründe müssen im Dunkeln bleiben. Forscher wissen bei offenen Online-Umfragen nie genau, was wann wie im Feld passiert.

Abbildung 3:   **Entwicklung der regionalen Herkunft der Teilnehmer der wahlumfrage2005.de im Zeitverlauf im Vergleich zu den tatsächlichen Verteilungen in der Bevölkerung und der Internetpopulation am Beispiel von Bayern und Nordrhein-Westfalen**

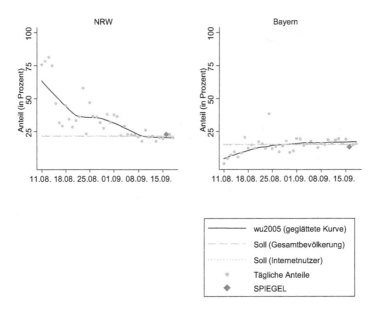

Quelle: wahlumfrage2005.de; Statistisches Bundesamt; eig. Berechnungen auf Grundlage von TNS Infratest 2005.

Entsprechend der Analyse der sozialstrukturellen Merkmale haben wir auch die Entwicklung der regionalen Herkunft im Zeitverlauf auf ihre statistische Signifikanz überprüft. Die Ergebnisse der Regressionsmodelle zeigt Tabelle 2. Der Anteil Befragter aus Bayern steigt mit jedem Feldtag um 0,2 Prozentpunkte, der Anteil von Teilnehmern aus Nordrhein-Westfalen sinkt von einem deutlich zu hohen Ausgangswert um 1,2 Prozentpunkte pro Tag. Der externe Schock durch die Verlinkung der wahlumfrage2005.de durch Spiegel Online übt keinen signifikanten Effekt auf die Entwicklung der Anteile Befragter aus Nordrhein-Westfalen und Bayern aus.

    Abschließend wollen wir uns zu diesem Punkt den Vorteil, den geographische Merkmale wie die Verteilung der Umfrageteilnehmer auf Bundesländer gegenüber sozialstrukturellen Merkmalen haben, zu Nutze machen und die Ergebnisse auch kartographisch darstellen. Diese Karten zeigt Abbildung 4. Sie belegen eindrucksvoll anhand der Abweichungen der beobachteten von den wahren Werten den tatsächlich stattfindenden regionalen Diffusionsprozess. Die farbliche Darstellung gibt das Maß der Über- bzw. Unterschätzung der Länderanteile wieder: Weiße Flächen geben an, dass Teilnehmer aus den so markierten Bundesländern zu weniger als einem Viertel ihres wahren Anteils an der Gesamtbevölkerung unter den Befragten der wahlumfrage2005.de vertreten sind; eine schwarze Fläche,

222

dass der Teilnehmeranteil eines Bundeslandes um mehr als 75 Prozent übertroffen wird. Eine gute Repräsentation ist dann erreicht, wenn ein Bundesland in einer mittleren Graustufe unterlegt ist. Mit Ausnahme von Woche 6 unserer Feldzeit verzichten wir dabei auf eine separate Darstellung der Abweichungen von der Verteilung der das Internet nutzenden Bevölkerung, da die Ergebnisse identisch sind.

Tabelle 2: **Entwicklung der regionalen Herkunft der Teilnehmer der wahlumfrage2005.de im Zeitverlauf im Vergleich zu den tatsächlichen Verteilungen in der Bevölkerung und der Internetpopulation am Beispiel von Bayern und Nordrhein-Westfalen (lineare Regression; Angaben in Prozent)**

	NRW	Bayern
Konstante	56,8***	10,4***
$b_{Feldzeit}$	-1,2***	0,2**
R^2	58,0	15,6
Konstante	56,8***	10,2***
$b_{Feldzeit}$	-1,2***	0,2***
$b_{Spiegel}$	8,6	-5,3
R^2	58,6	17,5

* $p < .05$, ** $p < .01$, *** $p < .001$

Quelle: wahlumfrage2005.de

Abbildung 4 zeigt, dass sich ausgehend von einem „Epizentrum" in Nordrhein-Westfalen in der ersten Woche die Anteile der Bundesländer unter den Teilnehmern der wahlumfrage2005.de allmählich an die tatsächlichen Bevölkerungsanteile angleichen. Ab den Wochen 4 und 5 resultieren hierbei nahezu optimale Verteilungen. Dass Sachsen-Anhalt und das Saarland bezogen auf die Gesamtbevölkerung diese Werte in der letzten Woche der Befragung nicht erreichen, überrascht nicht, waren dies 2005 doch die beiden Bundesländer mit dem geringsten Anteil an Internetnutzern. Über nahezu die komplette Feldzeit überrepräsentiert sind dagegen die beiden Stadtstaaten Berlin und Hamburg, die die höchste Internetnutzungsdichte aufweisen. Diese Verzerrungen bleiben auch bestehen, wenn man die unterschiedlich verteilte Internetnutzung berücksichtigt. Lediglich im Fall des Saarlands schwächt sich diese Verzerrung ab. Die Erwähnung der wahlumfrage2005.de auf Spiegel Online in der letzten Feldwoche mildert hier in Bezug auf die regionale Herkunft die Verzerrungen ab; dies stellt sich heraus, wenn man die Wochenanteile unter Ausschluss des Tags der Verlinkung betrachtet. Dieser positive Effekt kann dadurch erklärt werden, dass es sich bei Spiegel Online um ein Nachrichtenportal handelt, dessen Leserschaft sich hinsichtlich der sozialstrukturellen Zusammensetzung von der Bevölkerung unterscheiden mag, aber durch seine überregionale Bekanntheit Internetnutzer in ganz Deutschland erreicht.

Abbildung 4: **Entwicklung der regionalen Herkunft der Teilnehmer der der wahlumfrage2005.de im Zeitverlauf**

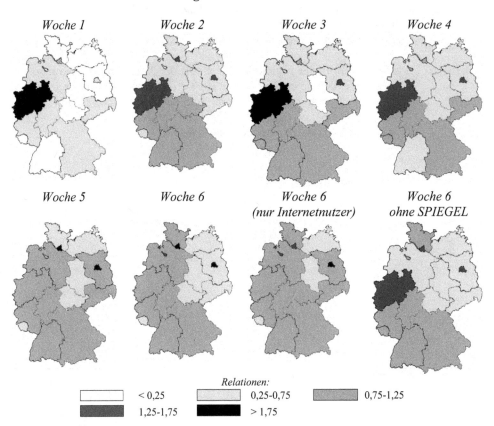

Quelle: wahlumfrage2005.de; Statistisches Bundesamt.

Festzuhalten bleibt jedenfalls, dass die wahlumfrage2005.de in den sechs Wochen ihrer Feldzeit zu deutschlandweiter Prominenz gelangte – auch, aber nicht nur dank der Hilfe von Spiegel Online. Während sich die sozialstrukturelle Diffusion als sehr schwierig erwies und nicht vollends gelungen ist, gilt für die regionale Diffusion das Gegenteil. So erfreulich dies ist – für Wahl- und Wahlkampfforschung ist es von nachgelagertem Interesse, da regionale Herkunft weder theoretisch noch empirisch eine allzu bedeutsame Variable ist. Einzig die Stärke der PDS in Ostdeutschland sowie der Nexus zwischen Bayern und der CSU berühren diese Dimension.

5. Substanzielle Variablen im Zeitverlauf

5.1. Parteiidentifikation

Verlassen wir damit den Bereich sozialstruktureller Variablen und wenden uns substanziellen Variablen zu. Dazu betrachten wir zunächst die Parteiidentifikation, die zumindest in der orthodoxen Sicht[19] als langfristig stabile politische Einstellung verstanden wird, quasi als eine „psychologische Parteimitgliedschaft".[20] Dementsprechend sollten die Tagesanteile von Befragten, die sich mit einer bestimmten Partei identifizieren, in der kurzen Feldzeit von wenigen Wochen keinen bedeutsamen Schwankungen unterworfen sein. Wie schon bei den sozialstrukturellen Merkmalen, so kann auch hier die Stabilität der Anteile von Personen mit Parteibindung gleichsam als Maß für die Qualität der Daten herangezogen werden.[21] In der RCS-Studie bestätigt sich dies auch weitestgehend. Ausgehend von sozialstruktureller Homogenität der Teilnehmer der einzelnen Erhebungstage (Daten nicht ausgewiesen) setzt sich dies auch für die Verteilung der Parteiidentifikationen fort. Eindeutige Trends sind hier nicht zu erkennen.

Für die offene Online-Umfrage lassen dagegen die schon berichteten sozialstrukturellen Befunde auch für die Verteilung der Parteiidentifikationen nichts Gutes erwarten, schließlich ist wohl bekannt, dass zwischen Parteibindungen und sozialstrukturellen Merkmalen Zusammenhänge bestehen. Tatsächlich zeigt Abbildung 5 erhebliche Schwankungen der Verteilung der Parteiidentifikationen, die von flachen, horizontalen Linien weit entfernt sind. Der Anteil unionsgebundener Befragter liegt erwartungsgemäß deutlich unter den zeitgleich im Rahmen der RCS-Studie erhobenen Daten, nähert sich aber innerhalb der ersten zwei Wochen den wahren Werten an. Am Ende der Feldzeit wird der Anteil der Unionsanhänger dann sogar leicht überschätzt. Hinzuweisen ist aber auf den 24. August, an dem ein Wert für die Union von über 50 Prozent resultiert. Dies ist zugleich der Tag, an dem auffallend viele Bayern an unserer Umfrage teilgenommen haben. Auf die geglättete Kurve allerdings wirkt sich dieser einmalige Ausreißer nicht aus.

Der Anteil der SPD-Anhänger unter den Befragten der wahlumfrage2005.de ist dagegen vergleichsweise stabil und schwankt in eher schmalen Bandbreiten um 30 Prozent. Den markantesten Entwicklungen ist der Anteil der Anhänger der Grünen in der wahlumfrage2005.de unterworfen. Von einem Ausgangswert von rund 30 Prozent ausgehend entwickelt sich der Anteil im Zeitverlauf in Richtung der RCS-Werte und stabilisiert sich zur Mitte der Feldzeit in etwa auf Höhe von zwölf Prozentpunkten. Der Anteil von Personen, die sich mit der PDS identifizieren, liegt zwar durchweg über den Vergleichswerten, ist aber im Trend sehr stabil. Ähnlich verhält es sich zunächst mit den Tagesanteilen der FDP-Anhänger unter den Befragten der wahlumfrage2005.de, allerdings wachsen am Ende der Feldzeit diese Anteile doch leicht an. Schließlich deuten sich auch an dieser Stelle Besonderheiten der Leserschaft des Online-Portals des Spiegels an: An dem Tag, an dem die wahlumfrage2005.de dort prominent verlinkt war, fiel der Anteil der Unions-Anhänger ab; zugleich konnten die Grünen einen deutlich höheren Anteil von Anhängern verbuchen.

---

[19]   Vgl. Campbell et al. 1960.
[20]   Converse 1969: 144.
[21]   Vgl. Schmitt-Beck et al. 2006: 38.

Abbildung 5: Entwicklung der Anteile von Parteianhängern im Zeitverlauf in der wahlumfrage2005.de und der RCS-Studie

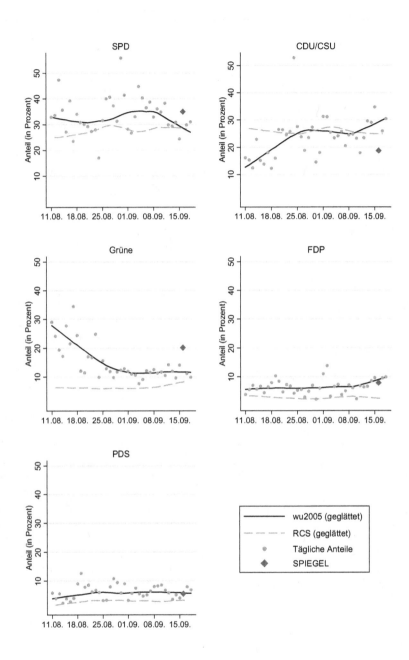

Quelle: wahlumfrage2005.de, Kampagnendynamik 2005.

Überprüft man die Ergebnisse der graphischen Analyse wie schon die Entwicklung der Verteilung sozialstruktureller Merkmale und der regionalen Herkunft in einem linearen Regressionsmodell, so erweisen sich die sinkenden Anteile der Grünen-Anhänger sowie die steigenden Anteile von Befragten, die sich mit der CDU/CSU identifizieren, als signifikant.[22] Entsprechend weisen diese beiden Modelle auch eine vergleichsweise hohe Modellgüte auf. Dies gilt für die anderen drei Parteien nicht. Hier resultieren weder merkliche Regressionskoeffizienten noch hohe Anteile erklärter Varianz.[23] Die relative Stabilität der Anteile von Personen mit Bindung an die FDP oder die PDS zeigt sich auch in der Regressionsanalyse: Der Effekt der Feldzeit ist gleich null. In Anbetracht des Verständnisses der Parteiidentifikation als langfristig stabile Einstellung muss alles in allem konstatiert werden, dass die Anteile der Befragten mit Bindung an eine bestimmte Partei in der wahlumfrage2005.de gerade bei Union und Grünen zu stark schwanken. Die Ergebnisse bezüglich der sozialstrukturellen Merkmale finden hier ihre Fortsetzung – die Teilnehmerstruktur ist sehr fluide und variabel, was dynamische Analysen mehr als zweifelhaft erscheinen lässt. Das wollen wir abschließend mit der Betrachtung der Wahlabsichten verdeutlichen.

5.2.   Wahlabsichten

Auf eines ist bei der Analyse der Entwicklung der Wahlabsichten zu Beginn nochmals hinzuweisen: In der „heißen Phase" des Bundestagswahlkampfs 2005 gab es eine Menge Dynamik im Elektorat, vermutlich sogar mehr denn je.[24] Das zeigen gerade die Ergebnisse auf der Basis der RCS-Studie: Der SPD gelang eine eindrucksvolle Aufholjagd, während die Union nach einer frühzeitigen Mobilisierung ihrer Anhänger eher an Unterstützung zu verlieren drohte. Auch bei den kleinen Parteien, allen voran der FDP, zeigte sich in der letzten Woche vor der Wahl Dynamik – sie konnte in dieser Woche erheblich zulegen.[25] Vor diesem Hintergrund und in Relation dazu müssen die Ergebnisse der offenen Online-Umfrage bewertet werden.

Hier wird zu Beginn der Feldzeit der Anteil von Personen, die der CDU/CSU ihre Stimme geben wollen, offenkundig unterschätzt; dieser liegt zunächst etwa 30 (!) Prozentpunkte unter den RCS-Werten für die Gesamtbevölkerung (vgl. Abbildung 6).[26] Im Zeitverlauf nähern sich diese Werte an – was auf die gegenläufige Entwicklung in wahlumfrage2005.de und RCS-Studie zurückzuführen ist: Während der Stimmenanteil der CDU/CSU in der Online-Umfrage steigt, nimmt er in der bevölkerungsrepräsentativen Befragung ab. Selbst in der Endphase sind die Ergebnisse alles andere als zufriedenstellend, es ergeben

---

[22]   Auf die Darstellung des Regressionsmodells wird hier verzichtet.

[23]   Im Falle der SPD ist allerdings darauf hinzuweisen, dass die Entwicklung dort zunächst durch einen Anstieg zur Mitte der Feldzeit, dann durch eine Rückkehr in Richtung der Ausgangswerte gekennzeichnet ist, was die lineare Regression nicht auffangen kann.

[24]   Vgl. z.B. Schmitt-Beck & Faas 2006.

[25]   Einbezogen werden die Wahlabsichten solcher Befragten, die angaben, zumindest „vielleicht" bei der Bundestagswahl 2005 ihre Stimme abgeben zu wollen. „Weiß-Nicht"-Antworten und Antwortverweigerungen wurden ausgeschlossen.

[26]   Ein Teil dieses Unterschieds geht auf Unterschiede zwischen Offlinern und Onlinern zurück. Doch selbst wenn man – wie oben skizziert – die Gruppe der Internetnutzer auch in der RCS-Erhebung einzugrenzen versucht, bleibt ein Unterschied von über 15 Prozentpunkten zur offenen Online-Umfrage bestehen.

sich auch dann noch gegenläufige Entwicklungen.[27] Die Dynamik des Stimmenanteils der Union – so muss festgehalten werden – konnte mit den Daten der offenen Online-Umfrage nicht adäquat beobachtet werden.

Abbildung 6:   Entwicklung der Wahlabsichten im Zeitverlauf in der wahlumfrage2005.de und der RCS-Studie

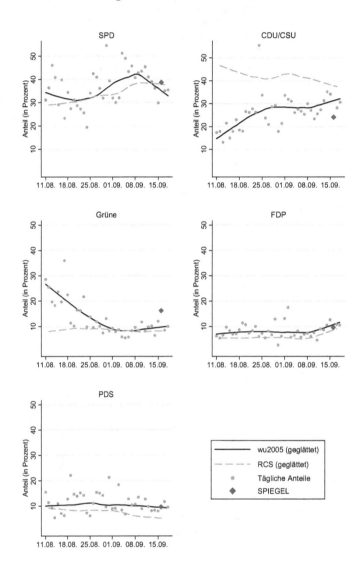

Quelle: wahlumfrage2005.de, Kampagnendynamik 2005.

---

[27] Die beiden geglätteten Kurven der Union sind über den kompletten Zeitraum hinweg mit r=-.88 korreliert; selbst wenn man die Betrachtung auf den Zeitraum ab dem 1. September beschränkt, liegt die Korrelation der Zeitreihen immer noch bei r=-.90.

Dies gilt zumindest in der ersten Phase des Beobachtungszeitraums auch für den Grünen-Anteil, der in der wahlumfrage2005.de deutlich überschätzt wird. Allerdings nähert sich dieser allmählich den wahren Werten der Grundgesamtheit an und erreicht diese etwa ab der vierten Feldwoche. Der Anteil der Befragten, die angaben, die SPD wählen zu wollen, steigt in der wahlumfrage2005.de wie in der RCS-Studie anfangs deutlich an. Ab der fünften Feldwoche kehrt sich auch die Entwicklung des SPD-Anteils ins Negative um – allerdings ist zugleich auch in den RCS-Daten eine Stagnation zu beobachten. Bei den Stimmenanteilen der FDP ist bemerkenswert, dass die Trendlinien der wahlumfrage2005.de und der RCS-Studie nahezu parallel verlaufen; auch der Anstieg des Stimmenanteils der FDP in der letzten Woche vor der Bundestagswahl findet sich in den Daten der wahlumfrage2005.de ebenso wieder wie in den RCS-Daten. Der Stimmenanteil der PDS schließlich liegt über den Zahlen für die Gesamtbevölkerung, zudem entwickeln sich die Kurven im Zeitverlauf sogar tendenziell auseinander anstatt aufeinander zu. Insgesamt sind die Zahlen also eher wenig ermutigend.

Dies wollen wir abschließend prüfen, indem wir ein Regressionsmodell schätzen. Um eine mögliche Annäherung der im Rahmen der wahlumfrage2005.de erhobenen Stimmenanteile in Richtung der repräsentativen Tageswerte der RCS-Studie analysieren zu können, betrachten wir dazu aber an dieser Stelle nicht wie zuvor die Absolutwerte, sondern die betragsmäßigen Abweichungen der Tagesanteile der Parteien in wahlumfrage2005.de und RCS-Studie. Tabelle 4 zeigt die Resultate der linearen Regression bezogen auf die Gesamtbevölkerung. Die Annäherung der Stimmenanteile der Union und der Grünen an die bevölkerungsrepräsentativen Werte der RCS-Studie erweisen sich dabei als statistisch bedeutsam. Die Distanz zwischen dem Stimmenanteil der Grünen in wahlumfrage2005.de und RCS-Studie verringert sich sogar so stark, dass sie über die gesamte Felddauer betrachtet am Ende praktisch null beträgt. Die Stimmenanteile von FDP, SPD und PDS entwickeln sich in keine bestimmte Richtung.

Was externe Schocks anbetrifft, so bleibt ein solcher zumindest mit Blick auf den Spiegel an dieser Stelle aus – die Anteile der Wahlabsichten verändern sich an diesem Tag nicht signifikant. Dennoch kann man an anderer Stelle auf die Existenz eines externen Schocks schließen – nämlich am 24. August, jenem Feldtag, an dem Teilnehmer aus Bayern deutlich überrepräsentiert waren. Dieser Tag stellt in der wahlumfrage2005.de auch einen Ausreißer dar, was den Anteil von Personen angeht, die der CDU/CSU zuneigten und dieser Partei ihre Stimme geben wollten: Mehr als die Hälfte der Befragten gaben an, die Union zu favorisieren. Diese Koinzidenz scheint nicht allein darauf zurückzuführen sein, dass sich die Union in Bayern auf eine breite Anhängerschaft verlassen kann. In der Woche um den 24. August gaben normalerweise rund 50 Prozent der aus Bayern stammenden Umfrageteilnehmer eine Parteibindung bzw. eine Wahlabsicht zu Gunsten der Union an; an besagtem 24. August waren es jedoch über 80 Prozent. Man darf spekulieren, ob etwa in einem internen Newsletter der CSU zur Teilnahme an der Umfrage aufgerufen worden ist oder eine ähnliche Erwähnung für diese hohen CSU-Anteile verantwortlich sein könnte. Letztendlich bleibt den Organisatoren jedoch verborgen, worauf dieser Extremwert zurückzuführen ist.

Tabelle 3: Betragsmäßige Differenzen zwischen den Tagesanteilen der in der wahlumfrage2005.de und der RCS-Studie zur Bundestagswahl 2005 geäußerten Wahlabsichten (Angaben in Prozent)

	SPD	CDU/CSU	Grüne	FDP	PDS
Konstante	7,8***	25,5***	11,6***	2,9***	4,1***
$b_{Feldzeit}$	-0,1	-0,5***	-0,3***	-0,0	0,0
R^2	4,1	55,0	37,8	0,3	0,4
Konstante	7,6***	25,8***	12,1***	2,8**	4,1
$b_{Feldzeit}$	-0,1	-0,5***	-0,4***	-0,0	0,0
$b_{Spiegel}$	-4,0	6,3	9,7	-1,5	-0,4
R^2	5,7	57,0	44,2	1,3	0,4

$* \ p < .05, ** \ p < .01, *** \ p < .001$

Quelle: wahlumfrage2005.de, Kampagnendynamik 2005.

6. Fazit und Ausblick

Gegenstand dieses Beitrags war die Frage, ob man mittels offener Online-Umfragen dynamische Entwicklungen von Einstellungen und Verhaltensabsichten beobachten kann. Unser Fazit fällt diesbezüglich sehr skeptisch aus. Aufgrund mangelnder Feldkontrolle ist es letztlich nicht möglich, Dynamik im Wahlkampf zu beobachten. Beobachtbare Veränderungen können – wie unsere Analysen zeigen – drei Quellen haben: An erster Stelle ist dies zunehmende Diffusion der Umfrage. Das hat sowohl die Betrachtung der sozialstrukturellen Zusammensetzung der Teilnehmerschaft, vor allem aber auch die regionale Diffusion der Umfrage gezeigt. Beides war im Zeitverlauf keineswegs konstant, vielmehr gab es erhebliche Veränderungen. Zweitens konnten wir verschiedene Hinweise auf externe Schocks finden: Sowohl der Einfluss eines Links auf Spiegel Online als auch ein nicht klar zuordenbarer Effekt am 24. August, in dessen Folge Bayern- und vor allem CSU-Anteile rapide anstiegen, sprechen dafür. Beide Ereignisse finden ihren Niederschlag in verschiedenen hier betrachteten Variablen. Die Existenz dieser beiden Typen von Effekten macht es unmöglich, den dritten Einfluss auf mögliche Veränderungen zu isolieren. Der Wahlkampf 2005 – das hat die RCS-Umfrage gezeigt – war von erheblicher Dynamik, gerade auch im beabsichtigen Wahlverhalten, geprägt. Allerdings ließ sich das in belastbarer Art und Weise nur mit diesen Daten feststellen; die Daten der offenen Online-Umfragen waren dafür in zu starkem Maße kontaminiert. Für diesen Zweck sind die Daten nicht zu gebrauchen – die Mühe, die die saubere Durchführung einer RCS-Studie erfordert, ist tatsächlich von Nöten, um zu belastbaren Ergebnissen zu kommen. Mal eben eine offene Online-Umfrage ins Netz zu stellen ist in keinster Weise ein Ersatz für die Beobachtung von Wahlkampfdynamik.

Unabhängig davon bleibt auch in Bezug auf offene Online-Umfragen Verschiedenes fest-zuhalten. Ihre Teilnehmerstruktur ist im Feldverlauf erheblichen Verschiebungen unterwor-fen. Auf der einen Seite erreicht man zwar sehr schnell sehr viele Teilnehmer, auf der ande-ren Seite hat es seine Zeit gebraucht, bis unsere Umfrage bundesweit bekannt geworden war. Zwischen der Kürze der Zeit und der Tiefe des Raumes besteht hier offenkundig ein Konflikt; allgemeiner gesprochen verschärft die sehr kurze Feldzeit die ohnehin fragliche Repräsentativität von offenen Online-Umfrage (selbst für die Gruppe der Internetnutzer) noch weiter.

Wir wollen dennoch positiv schließen. Offene Online-Umfragen mögen keinen Infor-mationsgehalt besitzen, was wahre Werte der Grundgesamtheit oder auch die Abbildung realer Wahlkampfdynamik betrifft. Richtig eingesetzt können sie aber etwa durch die Inte-gration von Online-Experimenten wertvolle Zusatzinformationen liefern: Bei allen Proble-men externer Validität ist die interne Validität solcher Experimente davon unberührt. Auch das war bei der wahlumfrage2005.de der Fall und hat zu interessanten Befunden geführt.[28] 10.000 Teilnehmer an einer Reihe von Experimenten können sich dabei wahrlich sehen lassen, wenn man bedenkt, dass viele andere Experimente mit ihrer Teilnehmerzahl kaum den zweistelligen Zahlenraum verlassen. Kurzum: Offene Online-Umfragen können – wie jedes Instrument – ihren Sinn und Zweck haben, wenn man sie sinnvoll einsetzt. Die Ge-winnung repräsentativer Ergebnisse gehört allerdings ebenso wenig wie die Abbildung realer Dynamik dazu.

Literatur

Alvarez, R., Sherman, R. & van Beselaere, C. (2003): Subject Acquisition for Web-Based Surveys. In: Political Analysis, 11, S. 23-43.

Cleveland, W. S. (1994): The Elements of Graphing Data. Murray Hill.

Converse, P. E. (1969): Of Time and Partisan Stability. In: Comparative Political Studies, 2, S. 139-171.

Couper, M. (2000): Web Surveys. A Review of Issues and Approaches. In: Public Opinion Quarterly, 64, S. 464-494.

Faas, T. (2003): Offline rekrutierte Access Panels: Königsweg der Online-Forschung? In: ZUMA-Nachrichten, 53, S. 58-76.

Johnston, R. & Brady, H. E. (2002): The Rolling Cross-section Design. In: Electoral Studies, 21, S. 283-295.

Korupp, S. E. & Szydlik, M. (2005): Causes and Trends of the Digital Divide. In: European Sociological Review, 21, S. 409-422.

Lazarsfeld, P. F., Berelson, B. R. & Gaudet, H (1944): The People□s Choice: How the Voter Makes up his Mind in a Presidential Campaign. New York.

Rogers, E. M. (2003): Diffusion of Innovations, 5. Auflage. New York u.a.

Salgado-Ugarte, I. H. & Shimizu, M. (1995): Robust Scatterplot Smoothing: Enhancements to Stata□s ksm. In: Stata Technical Bulletin, 25, S. 25-29.

Schenk, M. (2007): Medienwirkungsforschung, 3., vollständig überarbeitete Auflage. Tübingen.

Schmitt-Beck, R. & Faas, T. (2006): The Campaign and its Dynamics at the 2005 German General Election. In: German Politics, 15/4, S. 393-419.

Schmitt-Beck, R., Faas, T. & Holst, C. (2006): Der Rolling Cross-Section Survey - ein Instrument zur Analyse dynamischer Prozesse der Einstellungsentwicklung. Bericht zur ersten deutschen RCS-Studie anlässlich der Bundestagswahl 2005. In: ZUMA-Nachrichten, 58, S. 13-49.

Schonlau, M., Fricker, R.D. Jr. & Elliot, M.N. (2002): Conducting Research Surveys via E-Mail and the Web. Santa Monica, CA.

---

[28]   Vgl. dazu Wolsing 2005; Wolsing & Faas 2007.

TNS Infratest (2005): (N)Onliner Atlas 2005. Eine Topographie des digitalen Grabens durch Deutschland. URL: http://www.initiatived21.de/fileadmin/files/NOA_Umzug/NOA_Atlanten/NONLINER-Atlas2006.pdf (zuletzt 06.03.2008).

van Dijk, J. & Hacker, K. (2003): The Digital Divide as a Complex and Dynamic Phenomenon. In: The Information Society, 19, S. 315-326.

van Eimeren, B & Frees, B. (2007): ARD/ZDF-Online-Studie 2007. Internetnutzung zwischen Pragmatismus und Youtube-Euphorie. In: Media Perspektiven, 8/2007, S. 362-378.

Wolsing, A. (2005): Wie das Fragebogenlayout Antwortverhalten beeinflusst. Experimente im Rahmen einer Online-Umfrage im Vorfeld der Bundestagswahl 2005. Universität Duisburg-Essen.

Wolsing, A. & Faas, T. (2007): Frau Merkel ist Frau Merkel ist Frau Merkel? Online-Experimente zur Wahrnehmung von Spitzenpolitikern. In: Gassen, V., Hofer, L., Rinke, E. M., Stollen, T., Wolf, C. (Hrsg.): Düsseldorfer Forum Politische Kommunikation. Schriftenreihe DFPK – Band 2. Münster u.a., S. 311-327.

Ein Online-Panel zur Analyse von Studienbiographien. Qualitätssicherung von Lehre und Studium durch webbasierte Sozialforschung

Von Philipp Pohlenz, Jan-Peter Hagenmüller & Frank Niedermeier

1.   Einleitung

Die akademische Ausbildung an Hochschulen steht zunehmend vor einem Legitimationsproblem bezüglich des Umgangs mit öffentlich bereit gestellten Ressourcen. In der Kritik stehen eine als ineffektiv wahrgenommene Organisation und schlechte Studienbedingungen an den Hochschulen. Als Resultat werden zu lange Studienzeiten und hohe Abbruchquoten diagnostiziert und geschlossen, dass mit der Lebenszeit der Studierenden verantwortungslos umgegangen und der gesellschaftliche Ausbildungsauftrag sowohl von der Hochschule im Ganzen, als auch von einzelnen Lehrenden nicht angemessen wahrgenommen werde.[1] Um die gleichzeitig steigende Nachfrage nach Bildungsangeboten befriedigen zu können, vollziehen Hochschulen einen Wandel zu Dienstleistungsunternehmen, deren Leistungsfähigkeit sich an der Effizienz ihrer Angebote bemisst. Die Hochschulen werden zu Marktakteuren, die sich in der Konkurrenz um „Kunden" gegen ihre Wettbewerber durchsetzen, indem sie Qualität und Exzellenz unter Beweis stellen. Eine interne Qualitätsentwicklung des Angebotes ist dementsprechend die zentrale Voraussetzung für die erfolgreiche Teilnahme am Marktgeschehen. Für diese werden daher Verfahren der Informationssammlung hinsichtlich etwaiger vorhandener Optimierungsbedarfe benötigt, die eine angemessene (interne) Leistungsbeurteilung sowie die Entwicklung von Verbesserungsstrategien ermöglichen.

Zur entsprechenden internen Bewertung von Leistungen in Studium und Lehre haben sich seit den 1990er Jahren Verfahren der (Lehr-)Evaluation etabliert.[2] Kennzeichnend war in der Phase der Einführung dieser Verfahren, dass sie hauptsächlich zur internen Optimierung von Lehr-/Lernprozessen eingesetzt wurden; sei es als Kommunikation zwischen Lehrenden und Lernenden über Verbesserungsmöglichkeiten der konkreten Lehrpräsentation oder als institutionelle Stärken-Schwächenanalyse von Studiengängen gefolgt von der Vereinbarung und Durchführung von „Follow-up"-Maßnahmen zur Qualitätsentwicklung bspw. von Curricula. Vergleichsweise neu ist dagegen die Forderung, Evaluation zum Bestandteil umfassender Qualitätsmanagementsysteme zu machen. In diesen sollen die hochschulinternen Aktivitäten mit externen Anforderungen und Vorstellungen über angemessene Qualitätssicherungsverfahren verknüpft und Evaluationsergebnisse zur Grundlage von Steuerungsentscheidungen gemacht werden.[3] Darüber hinaus wird in zunehmendem Maße von Evaluationsverfahren erwartet, dass sie Aussagen zu den Wirkungen von Studium und Lehre im Sinne eines Qualifizierungserfolges der Studierenden und ihren „Learning-Outcomes" ermöglichen. Diese sollen ihrerseits helfen, eine Beurteilung der Ausbildung als

---

[1]   Vgl. z.B. Schröder 2003; Enders & Schimank 2001.
[2]   Vgl. Kromrey 2000; 2001.
[3]   Vgl. bspw. Kultusministerkonferenz 2005.

Bilanzierung der mit einem bestimmten Input (Lehrmittel und -personal, Zeit, etc.) erreichten Effekte (z.B. Kompetenzerwerb, Qualifizierung, „Employability", etc.) zu begründen.

Die Verwendung von Evaluationsergebnissen für Management- oder Steuerungsentscheidungen setzt voraus, dass sie einwandfrei den Gegenstand widerspiegeln, der durch die Evaluation beschrieben werden soll – im vorliegenden Falle die Qualität von Lehre und Studium. Vorauszusetzen ist also neben einer sachadäquaten Interpretation von Evaluationsergebnissen auch eine Datenbasis, die die Gegenstände der Evaluation valide und reliabel darstellt. Hinsichtlich der Abschätzung von *Wirkungen* der Ausbildung besteht dabei das Problem, dass der Nachweis kausaler Effekte, die sich auf die verschiedenen Ausbildungsbestandteile zurückführen lassen, hohe methodische Anforderungen an das entsprechend eingesetzte Evaluationsdesign stellt. Diese werden in der alltäglichen Evaluationspraxis jedoch kaum eingelöst. Nicht zuletzt diese methodologischen Probleme haben dazu geführt, dass Evaluationsverfahren, sofern sie für Steuerungszwecke und für Leistungsbewertungen eingesetzt werden, von kontroversen Diskussionen begleitet werden[4] und vielfach über eine nur gering ausgeprägte Akzeptanz bei den „Evaluierten" verfügen.

Mit Blick auf einen wirkungsorientierten Informationszweck von Ergebnissen der Lehrevaluation müssen methodische Anforderungen und Schwierigkeiten bei der Konzeption von Evaluationsdesigns berücksichtigt werden. Diese bestehen u.a. darin, dass der zeitlichen Dimension, die der Frage studentischen Kompetenzerwerbs innewohnt, Rechnung getragen werden muss. Lernerfolg und Kompetenzerwerb sind als das Ergebnis von Prozessen zu sehen, die über einen bestimmten Zeitraum hinweg, hier: die Dauer des Studiums, ablaufen.[5] Um diese Prozesshaftigkeit seriös in einem Evaluationsdesign abzubilden, bedarf es zunächst einer Datenerhebung, die im zeitlichen Längsschnitt organisiert ist und die Studienbiographien individueller Studierender zum Untersuchungsgegenstand macht. Entsprechende Forschungen im Paneldesign – so der Terminus Technicus für Studien, die Messungen an denselben Personen zu verschiedenen Zeitpunkten vornehmen – zu realisieren, ist vergleichsweise aufwändig und kostenintensiv. Der vorliegende Beitrag stellt eine Lösung vor, mit der es möglich ist, Paneldaten online zu erheben und für die genannten Untersuchungen von Studienbiographien zu benutzen. Die Diskussion dieses Ansatzes wird in den genannten Problemkreis methodologischer Anforderungen, die an eine wirkungsorientierte Evaluation zu stellen sind, eingebettet.

2.   Längsschnittdaten in der Lehrevaluation: Analyse von Studienverläufen

Evaluation hat den Zweck, „Prozesse transparent zu machen, Wirkungen zu dokumentieren und Zusammenhänge aufzuzeigen, letztlich um Entscheidungen treffen zu können – z.B. mit dem Ziel, Ablaufprozesse effektiver zu gestalten, den Input effektiver einzusetzen, den Output zu erhöhen, den Wirkungsgrad zu verbessern, die Nachhaltigkeit zu sichern, etc. Das heißt Evaluationen können – wie Qualitätsmanagementsysteme – dazu beitragen, die Qualität eines Programms (…) zu verbessern."[6] Unter Programmen wird in der Terminologie der Evaluationsforschung ein komplexes Handlungsmodell verstanden, bei dem unter

---

[4]   Vgl. z.B. Spiel & Gössler 2000.

[5]   Zumindest sind die während des Studiums erzielten Qualifizierungserfolge der hauptsächliche Gegenstand der Lehrevaluation. Das lebenslange Lernen, auch über die Dauer des Hochschulstudiums hinaus, als Leitbild der Lernkultur, ist davon unberührt.

[6]   Vgl. Stockmann 2000: 219.

Einsatz bestimmter Ressourcen und angemessener Handlungsstrategien spezifische Ziele, wie bspw. Verhaltensänderungen angestrebt werden.[7] Bezogen auf den Anwendungsfall der Evaluation von Lehre und Studium ließe sich der Begriff des Programms insofern anwenden, als Studiengänge die akademische und berufliche Qualifizierung der Studierenden zwischen Aufnahme und Abschluss ihres Studiums zur Aufgabe haben und dieses Ziel unter Einsatz verschiedener personeller und sächlicher Ressourcen zu erreichen versuchen.

Der Nachweis, dass sich ein studentischer Lernerfolg oder Kompetenzerwerb ursächlich auf das Einwirken der von der Hochschule vorgehaltenen Ressourcen des Lehr-/Lernprozesses zurückführen lässt, ist streng genommen allerdings nur unter bestimmten Voraussetzungen zu führen. Diese bestehen darin, dass die Evaluation als experimentallogisches Forschungsdesign konzipiert wird.[8] In diesem müssten Experimental- und Kontrollgruppen vorhanden sein, die es ermöglichen würden, Störfaktoren statistisch zu kontrollieren. Bezogen auf den vorliegenden Anwendungsfall von Lehre und Studium könnte ein Störfaktor bspw. in der unterschiedlichen Wochenarbeitszeit liegen, die Studierende aufwenden müssen, um ihren Lebensunterhalt zu verdienen. Sofern sich ein Studienerfolg bzw. -misserfolg auch auf die in verschiedenem Maße zur Verfügung stehende Studienzeit zurückführen lässt, muss die Annahme der kausalen Verknüpfung von Studienerfolg und Studienprogramm als durch den Einfluss des Störfaktors „Zeitbudget" verzerrt gelten.

Lehrevaluation findet jedoch unmittelbar im aktiven Feld des laufenden Studienbetriebes statt. Studium und Lehre können daher kaum als soziales Experiment mit Kontrollgruppen konzipiert werden. Die Mitglieder der Kontrollgruppe müssten – eben zum Zweck der Kontrolle – von der Teilnahme am Studium ausgeschlossen werden oder es müssten andere Merkmale statistisch kontrolliert werden.[9] Bislang wurde daher vielfach von dem wirkungsorientierten Anspruch der Evaluation abgerückt und eine Fokussierung auf die Beschreibung von Prozessen der Leistungserbringung vorgenommen. Im Vordergrund steht in entsprechenden Implementationsforschungen[10] die beratende Funktion der Evaluation für die Programmverantwortlichen. Zwar sind die entsprechenden Evaluationsergebnisse kaum im Sinne einer Erfolgs- oder Wirkungskontrolle zu interpretieren, da die „Forschung den Gegenstand der Bewertung selbst fortlaufend beeinflusst und verändert".[11] Allerdings sind sie für die Zwecke der Qualitätssicherung und -entwicklung von Programmen durchaus geeignet. Sie sind als dynamisches Entwicklungsmodell zu sehen, das auch auf die Begrenzung unerwünschter Programmeffekte zielt.[12]

In jüngster Zeit steht in der Diskussion über die Leistungsfähigkeit von Hochschulen jedoch wie oben beschrieben, verstärkt die Frage nach dem „Outcome" (z.B. im Sinne einer Kompetenzentwicklung oder berufsfeldbezogenen Qualifizierung der Studierenden), der unter Einsatz eines bestimmten Inputs (in Form von Lehrleistungen, Sachmitteln, Betreuungsleistungen, etc.) erreicht wurde, im Mittelpunkt.[13] Es scheint absehbar, dass sich der Einsatz von Evaluationen zukünftig verstärkt auf die Analyse der Zielerreichung eines Programms und mithin auf die Frage nach dessen Wirkungen im oben beschriebenen Sinne ausrichten wird. Eine diese Entwicklung berücksichtigende, methodologische Neubestim-

---

[7] Vgl. Mittag & Hager 2000; Hellstern & Wollmann 1984.
[8] Vgl. Kromrey 2001.
[9] Vgl. Kromrey 2000; 2001a.
[10] Vgl. Kromrey 2001a.
[11] Vgl. Kromrey 1995: 318.
[12] Vgl. Kromrey 1995: 318.
[13] Vgl. z.B. Akkreditierungsrat 2006.

mung der Evaluationspraxis von Lehre und Studium wird entsprechend notwendig. Schwierigkeiten, die sich wie (oben beschrieben) aus der zumeist fehlenden Möglichkeit ergeben, experimentallogische Forschungsdesigns zu realisieren, müssen entsprechend zum Gegenstand der Weiterentwicklung von Forschungsmethoden und Evaluationsdesigns gemacht werden.

Die verstärkte Berücksichtigung von Längsschnittdaten in der Evaluation von Lehre und Studium stellt aus vorliegender Sicht einen möglichen ersten Schritt in diese Richtung dar. Bereits 1996 betonte der Wissenschaftsrat die besondere Aussagefähigkeit von im zeitlichen Längsschnitt erhobenen Daten zur Qualität von Lehre und Studium.[14] Studienbegleitende Längsschnittdaten zur Untersuchung von Studienbiographien werden hier als besonders aufschlussreich angesehen, weil sie Rückschlüsse auf die Arbeitsmarktrelevanz im Studium vermittelter Qualifikationen erlauben. Zudem ermöglichen sie Analysen, die in Studienverlaufsperspektive die Entwicklung in interessierenden Merkmalen und Einschätzungen betrachten.[15] Längsschnittdaten erlauben es beispielsweise, den beruflichen Werdegang von Studierenden oder aber Gründe für den Studienabbruch in Bezug zur Studienbiographie zu setzen. Daten, die im Verlauf der Studienbiographie erhoben werden, können entsprechend eine wichtige Prognoserelevanz bspw. für Bestimmungsgründe des Studienabbruchs entfalten. Sie können dabei helfen, diesbezügliche „Risikogruppen" zu identifizieren und die auf diese zielenden Beratungsleistungen der Hochschulen zu spezifizieren und damit zu verbessern. Abbildung 1 zeigt schematisch verschiedene mögliche Zeitpunkte (t_1 - t_3) und Inhalte für die verschiedenen Wellen einer Studienverlaufsbetrachtung.

Abbildung 1: Mögliche Befragungswellen in der längsschnittlichen Evaluation

Quelle: Eigene Darstellung.

Wiederholungsbefragungen, die an den gleichen Personen durchgeführt, also im Paneldesign organisiert werden, erlauben es im Rahmen von Kausalanalysen auch, Entwicklungen der Studienbiographie als Funktion von Drittvariablen zu analysieren.[16] Der oben exemplarisch genannte Einfluss von Faktoren, wie dem unterschiedlichen Zeitbudget, könnte entsprechend als Determinante in die kausale Erklärung von Studien(miss-)erfolg einbezogen werden. Längsschnittdaten können dementsprechend die oben angesprochene Diskussion um die Anforderungen, die an wirkungsorientierte Evaluationsdesigns zu richten sind, in entscheidender Weise bereichern. Sie ermöglichen es, hypothesengeleitete Erklärungsmodelle zur Qualität von Lehre und Studium unter Einbezug verschiedener Einflussgrößen kausalanalytisch zu untersuchen und dabei die zeitliche Dimension des Studienverlaufs zu

---

[14]   Vgl. Wissenschaftsrat 1996.
[15]   Vgl. Engel & Pohlenz 2001: 145.
[16]   Vgl. Engel & Pohlenz 2001: 145

berücksichtigen. Durch eine hypothesengeleitete Untersuchung von Wirkungszusammenhängen wird die theoretische Reflexion über den Evaluationsgegenstand bereichert, die in der Evaluationsforschung vielfach gefordert wird.[17] Im Konzept der theoriebasierten Evaluation, welches dementsprechend seit einiger Zeit verstärkt in der Evaluationsliteratur aufgegriffen wird,[18] werden aus einer „Theorie des Programms" Hypothesen abgeleitet, die mittels geeigneter, hypothesentestender Analyseverfahren geprüft werden. Unter einer Programmtheorie sind dabei die mit der Konzeption des Programms verbundenen impliziten und expliziten Annahmen sowie die an diese Annahmen geknüpften Programmaktivitäten zu verstehen.[19] „Evaluation seeks to discover whether programmes work; programmes are theories. Therefore it follows that: evaluation is theory-testing".[20] Die Gleichsetzung von Programmen und Theorien hebt dabei auf die Tatsache ab, dass der Planung und Durchführung eines jeden Programms eine (theoretische) Annahme über die Art der Auswirkung dieser Programmdurchführung vorangeht, die ihrerseits letztlich Gegenstand der entsprechenden Evaluation ist. Die Stärke des Ansatzes der theoriebasierten Evaluation wird darin gesehen, dass sie dazu beiträgt, der Komplexität des Wirkungsgeflechts von Programmaktivitäten und den Einflüssen der Programmumwelt gerecht zu werden. „One of the involuntary virtues of the theory-driven approach to evaluation is that it forces us to contemplate programmes in their true and awesome complexity. By starting with the programme theory, one understands immediately just how many and varied the processes are that may lead to an intervention's success or failure."[21]

Kausalanalysen lassen sich insbesondere mit dem Ansatz linearer Strukturgleichungsmodelle (LISREL) realisieren.[22] Diese erlauben es im Fall der Untersuchung von Längsschnittdaten, theoretisch formulierte Wirkmodelle empirisch zu prüfen und dabei messfehlerbereinigte Schätzungen der Veränderungen in den interessierenden Parametern zwischen zwei Messzeitpunkten vorzunehmen. Wiederholungsmessungen, die zu den einbezogenen Indikatorvariablen (bspw. studentische Qualitätseinschätzungen zu Lehre und Studium) durchgeführt werden, sind durch Messfehler belastet (zufälliges Antwortverhalten, Lerneffekte, etc.), so dass eine Trennung der „wahren" Veränderungen im Zeitverlauf von zufälligen Abweichungen über die Messzeitpunkte hinweg zunächst nicht möglich ist. Dem Ansatz linearer Strukturgleichungsmodelle liegt dagegen gerade die Idee der Schätzung messfehlerbereinigter, latenter (also nicht unmittelbar messbarer) theoretischer Konstrukte durch ihnen zugeordnete manifeste, also unmittelbar mess- bzw. beobachtbare Indikatorvariablen zugrunde.[23] Durch die Berücksichtigung von Messfehlern in der Schätzung von Effekten können über eine empirische Bestätigung des theoretisch formulierten Wirkmodells Aussagen zur kausalen Verknüpfung der in das Modell einbezogenen Variablen gemacht werden.

Auch wenn der beschriebene Ansatz nicht für sich in Anspruch nehmen kann, die methodischen Probleme bei der Untersuchung kausaler Effekte des Studiums auf den Kompetenzerwerb der Studierenden gänzlich zu lösen – nach wie vor ist das Fehlen experimentallogischer Settings nicht behoben – kann doch davon gesprochen werden, dass durch die längsschnittliche Untersuchung von Studienbiographien ein relevanter Beitrag zur diesbe-

---

[17] Vgl. z.B. Schmidt 2005
[18] Vgl. Knaap 2004
[19] Vgl. Knaap 2004; Pawson 2003.
[20] Vgl. Pawson 2003: 472.
[21] Vgl. Pawson 2003: 483.
[22] Vgl. Jöreskog 1973.
[23] Vgl. Engel & Reinecke 1994.

züglichen Diskussion geleistet werden kann. Dieser besteht in der Möglichkeit, Determinanten der Veränderungen in den studentischen Einstellungen, Qualitätseinschätzungen und Leistungen zu untersuchen, die sich im Zeitverlauf des Studiums ergeben. Auch wenn die Anwendung des beschriebenen Designs mit einem hohen methodischen Aufwand verbunden ist, spricht vieles dafür, dessen Einsatz zu routinisieren, um die entsprechenden Informationen zu Studienbiographien regelmäßig vorhalten zu können.

Nachfolgend soll ein Online-Panel beschrieben werden, durch welches die internetbasierte Realisierung von Studien im Paneldesign unterstützt wird. Die Erhebung von Längsschnittdaten – und insbesondere von solchen im Paneldesign – ist üblicherweise vergleichsweise aufwändig und kostenintensiv. Neben der erstmaligen Rekrutierung der Panelmitglieder muss ein regelmäßiger telefonischer oder postalischer Kontakt mit ihnen gehalten werden, um die Teilnahmebereitschaft an den Befragungen und Datenerhebungen aufrecht zu erhalten. Durch den Einsatz des Online-Panels vereinfacht sich die beschriebene Panelpflege, eine nahezu kostenneutrale Erhebung von Daten im Paneldesign wird ermöglicht.

3.   Internetgestützte Durchführung von Längsschnittstudien: Das Online-Panel

Im Rahmen eines Forschungsprojekts zur studienbiographischen Begleitung internationaler Studierender an der Universität Potsdam konnte, gefördert durch den Deutschen Akademischen Austauschdienst (DAAD), die Konzeption und Prototyp-Implementierung eines Online-Panels realisiert werden.[24] Dieses wurde an der Hochschule weiterentwickelt und steht mittlerweile für die Teilnahme von Studierenden der Universität an Wiederholungsbefragungen zu ihrer Qualitätseinschätzung des Studiums sowie zu verschiedenen Aspekten hinsichtlich ihrer Studienleistungen zur Verfügung. Das Online-Panel beruht auf der oben beschriebenen Idee, Studierende im zeitlichen Längsschnitt ihrer Studienbiographie wiederholt zu ihren Qualitätseinschätzungen und zu bestimmten Leistungsdaten zu befragen. Dabei wird ein Befragungszyklus aufgegriffen, der in einem offline durchgeführten Paneldesign bereits erprobt wurde. Hier wurden Studierende im Zeitverlauf und zu unterschiedlichen Studienphasen und -ereignissen befragt.[25]

Bei der Rekrutierung für das Online-Panel wurde darauf geachtet, die Studierenden auf unterschiedlichen Wegen – sowohl online, als auch offline – anzusprechen. Zum einen wurde auf Flyern in Mensen und Cafeterien sowie bei der Übergabe der Universitäts-Chipkarte an Erstimmatrikulierte für eine Teilnahme geworben. Dieser bewusste Medienbruch sollte sicherstellen, dass eine möglichst große Anzahl von Studierenden zumindest vom Online-Panel gehört hat, bevor sie zu einem späteren Zeitpunkt noch einmal per E-Mail eingeladen wurden. Insgesamt bietet sich die Nutzung von Online-Medien für Datenerhebungen bei Studierenden besonders an, weil für diese Gruppe der Umgang mit den Neuen Medien und die Nutzung des Internet inzwischen nahezu selbstverständlich sind.[26]

---

[24]   Weitere Informationen über das Online-Panel können unter www.up-panel.de eingesehen werden.
[25]   Vgl. Engel & Pohlenz 2001.
[26]   Vgl. Deutsches Studentenwerk 2002. Als problematisch könnte sich in diesem Zusammenhang eher die Tatsache erweisen, dass die Studierenden der Universität Potsdam zwar alle einen E-Mail-Account zugewiesen bekommen, diesen aber nicht notwendigerweise nutzen. Die von den Studierenden auch genutzten E-Mail-Adressen, die von privaten Internetdienstanbietern vorgehalten werden, sind nicht bekannt und können

Effekte der Selbstselektion aufgrund des Mediennutzungsverhaltens sind entsprechend bei der Rekrutierung nicht zu erwarten.

Begleitend erschien ein Artikel über das Online-Panel in der Potsdamer Universitätszeitung „Portal".[27] Sowohl auf den Flyern, als auch in der E-Mail-Einladung wurde durch die Ankündigung der Teilnahme an der Verlosung von Gutscheinen ein zusätzlicher Anreiz zur Registrierung im Online-Panel gegeben. Welchen Einfluss dies auf die Bereitschaft zur Registrierung besaß, wurde besonders dadurch deutlich, dass die Registrierungszahl nach einer Erinnerungsmail kurz vor Ablauf der gesetzten Einschreibungsfrist, in der die Teilnahme an der Verlosung noch deutlicher als Anreiz formuliert war, im Vergleich zur ersten Einladung gesteigert werden konnte. Insgesamt haben sich bis Ende 2007 699 Studierende im Online-Panel registriert. Angesichts der über 18.000 Studierenden der Universität mutet diese Zahl zunächst vergleichsweise klein an, ist aber vor dem Hintergrund, dass es sich um die Ausschöpfung der ersten Rekrutierungsphase handelt, durchaus als Erfolg zu werten. Die Bemühungen um die weitere Rekrutierung werden weiter mit Nachdruck betrieben.

Von den Studierenden werden im Zuge der Registrierung Kontaktdaten, in der Regel Name und E-Mail-Adresse sowie Stammdaten erhoben, welche vom Panel-Betreiber zu keinem Zeitpunkt miteinander in Verbindung gebracht werden können. Das heißt konkret, dass Namen oder E-Mail-Adressen nicht mit den Stammdaten und nicht mit späteren Antwortdaten der Panelisten in Zusammenhang gebracht werden können. Auf diese Weise wird die vollkommene Anonymität der Studierenden im Online-Panel sichergestellt.

Abbildung 2: Registrierung von Panelisten im Verlauf

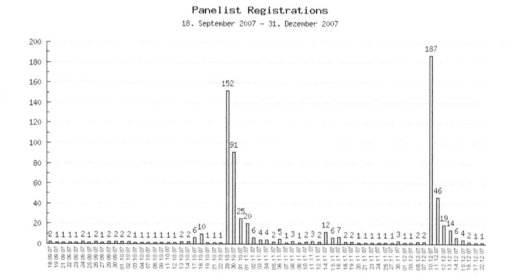

Quelle: Sociolutions Panel-Admin.

---

entsprechend für die Rekrutierung nicht genutzt werden. Diese erfolgte daher auch mittels der beschriebenen verschiedenen Online- und Offline-Medien.

[27] Eine Kurzversion ist unter http://www.uni-potsdam.de/portal/okt07/studiosi/online-panel.htm (Stand Februar 2008) einzusehen.

Stammdaten bezeichnen die persönlichen Angaben zu zentralen Hintergrundvariablen (Alter, Geschlecht, Studienfach, etc.), die von den Panelisten gemacht werden müssen. Sie dienen u.a. zur Gruppierung von Panelisten sowie zur Ziehung von Stichproben bei Befragungen, die nur bestimmte Subgruppen Studierender einbeziehen, und sie erlauben die diesbezüglich differenzierte Auswertung der erhobenen Antwortdaten. Abbildung 3 zeigt ausschnitthaft die Befragung zur Erhebung der Stammdaten während der Registrierung im Online-Panel.

Abbildung 3: Stammdatenerhebung im Online-Panel

Quelle: http://www.up-panel.de.

Vergleicht man die Grundgesamtheit der Potsdamer Studierenden anhand der Kriterien Geschlecht, Fakultätszugehörigkeit und Herkunft mit den registrierten Panelisten, so ergibt sich das in Tabelle 1 dargestellte Bild. Dieses zeigt, dass die Struktur der Studierenden, die sich bislang am Panel beteiligen, durchaus mit derjenigen der Gesamtheit der Studierenden der Universität Potsdam übereinstimmt. Lediglich männliche und ausländische Studierende sind unterrepräsentiert, während Frauen leicht überrepräsentiert sind. Im Falle der ausländischen Studierenden wird das Ergebnis verschiedener Studien bestätigt, dass internationale Studierende bei der Teilnahme an Befragungen eher zurückhaltend sind, was auf verschiedene Aspekte, nicht zuletzt auf Sprachschwierigkeiten, zurückgeführt wird.[28]

Differenzierte Analysen hinsichtlich der Repräsentativität der Komposition des Panels für die Grundgesamtheit der Studierenden der Universität Potsdam liegen noch nicht vor. Diese sind insofern unerlässlich, als die berichteten Übereinstimmungen zwischen Stich-

---

[28] Vgl. z.B. Isserstedt & Schnitzer 2002: 24 ff.

probe und Grundgesamtheit nur sehr bedingt Aussagen zur Repräsentativität der Panelisten für die Studierenden insgesamt erlauben. So könnten andere relevante Merkmale wie die Studienmotivation, die ihrerseits möglicherweise die studentische Teilnahmebereitschaft und das Antwortverhalten beeinflusst, trotz der sozialstrukturellen Übereinstimmung von Stichprobe und Grundgesamtheit (hinsichtlich Geschlechterverteilung und Zusammensetzung der studierten Fächer) durchaus unterschiedlich verteilt sein. Zukünftige diesbezügliche Untersuchungen werden die Frage der Datenqualität in den Blick nehmen, um die Aussagefähigkeit der mit dem Panel durchgeführten Studien und damit ihre Qualität zu sichern.

Tabelle 1: **Verteilung der Studierenden in Grundgesamtheit und Online-Panel**

	Grundgesamtheit Studierende WS 2007/08		Teilnehmer am Online-Panel*		Differenz in %-Punkten
	N	%	N	%	
Studierende nach 1. Fach					
Gesamtzahl	18.880		491		
Frauen	11.018	58,0	320	65,2	+7,2
Männer	7.862	42,0	157	32,0	-10,0
Keine Angabe	--	--	14	2,9	
Studierende nach Fakultät					
Juristische Fakultät	1.903	10,0	22	4,5	-5,5
Philosophische Fakultät	5.706	30,0	151	30,8	+0,8
Humanwissenschaftliche Fakultät	3.017	16,0	84	17,1	+1,1
Wirtschafts- und Sozialwissenschaftliche Fakultät	3.348	18,0	120	24,4	+6,4
Mathematisch-Naturwissenschaftliche Fakultät	4.906	26,0	106	21,6	-4,4
Keine Angabe			8	1,6	
Studierende nach Herkunft					
Ausländische Studierende	1.899	10	13	2,6	-7,4

* Anzahl der Panelisten, die die Stammdatenbefragung vollständig ausgefüllt haben.

Nachdem die erste Phase der Rekrutierung von Panelmitgliedern abgeschlossen wurde, sind erste Befragungen Studierender zu ihrer Einschätzung der Qualität von Lehre und Studium im Rahmen einer Pilotphase in Vorbereitung. Diese werden mehrfach im Studienverlauf durchgeführt und berücksichtigen die unterschiedlichen Urteilskategorien, die für die verschiedenen Studienphasen relevant sind. So werden bspw. Studienanfänger zu ihrer Einschätzung der Betreuung beim Übergang von der Schule in die Hochschule befragt, während bei der Befragung von Fortgeschrittenen u.a. Aspekte der Prüfungsorganisation zum Untersuchungsgegenstand gemacht werden (vgl. auch Abb. 1). Aus dieser studienbegleitenden Forschungsperspektive werden wichtige Erkenntnisse zur Frage des Verbleibs von

Absolventen und zu ihren Dispositionen hinsichtlich eines geglückten Berufseinstieges erwartet. Aufgrund der erst kürzlich vorgenommenen Inbetriebnahme des Online-Panels, können hier noch keine Ergebnisse von Längsschnittuntersuchungen präsentiert werden. Erfahrungen mit offline erhobenen Paneldaten bestätigen allerdings das Potenzial des beschriebenen Ansatzes.[29]

4.   Ausblick

Längsschnittdaten können eine wichtige Funktion für die Qualitätssicherung von Studium und Lehre entwickeln. Diese ergibt sich aus einer veränderten Qualitätsvorstellung der akademischen Ausbildung, die ihrerseits in einer steigenden Lernerzentrierung und der Bildung von praxis- und berufsrelevanten Handlungskompetenzen besteht. Ziel der Ausbildung ist inzwischen weniger die Akkumulation fester Wissensbestände als vielmehr die Fähigkeit, Anwendungswissen zu erwerben und die Fähigkeit zu entwickeln, (lebenslanges) Lernen zu lernen. Dementsprechend bezieht sich auch die Beurteilung der Qualität der Ausbildung zunehmend auf den Ausbildungsprozess, der die entsprechenden Kompetenzen vermittelt. Die längsschnittliche Analyse von Studienbiographien eröffnet dementsprechend die Möglichkeit, einerseits auf der Individualebene Studienverläufe nachzuzeichnen und andererseits, die Bedingungen von Lernerfolg bzw. -misserfolg zu ermitteln. Dies impliziert, den Einsatz neuer Lerntechnologien und -paradigmen (bspw. Portfoliotechniken zur Leistungsbewertung[30]) durch eine methodisch anspruchsvolle, auf den zeitlichen Verlauf von Lernprozessen bezogene Evaluation zu begleiten. Diese Lernparadigmen beziehen sich auf die genannte Lernerzentrierung, die Förderung der Selbstreflexion über den eigenen Lernfortschritt sowie den Erwerb von Handlungskompetenzen. Der Beitrag von Längsschnittdaten für die Qualitätsentwicklung kann dementsprechend darin bestehen, Lernerfolg im Sinne einer Veränderung (bspw. hinsichtlich des Wissenszuwachses oder der Lernprogression) zwischen zwei (oder mehr) Zeitpunkten zu dokumentieren und zur Grundlage für eine Beurteilung von Lerndispositionen und Lernprogression zu machen.

Literatur

Akkreditierungsrat (2006): Kriterien zur Akkreditierung von Studiengängen. URL: http://www.akkreditierungs-rat.de/fileadmin/Seiteninhalte/Beschluesse_AR/b_Kriterien_Studieng.pdf (zuletzt 17.12.2007).

Deutsches Studentenwerk (Hrsg.) (2002): Computernutzung und Neue Medien im Studium. Ergebnisse der 16. Sozialerhebung des Deutschen Studentenwerks. URL: http://www.studentenwerke.de/erheb/computernutzung_und_neue_medien_im_studium.pdf (Stand Februar 2008).

Enders, J. & Schimank, U. (2001): Faule Professoren und vergreiste Nachwuchswissenschaftler. In: Stölting, E. & Schimank, U. (Hrsg.): Die Krise der Universitäten. Wiesbaden, S. 159-178.

Engel, U. & Reinecke, J. (1994): Panelanalyse. Grundlagen, Techniken, Beispiele. Berlin u.a.

Engel, U. & Pohlenz, P. (2001): Lehre und Studium im Spiegel studentischer Bewertungen: Über das Potsdamer Modell der Lehrevaluation. In: Spiel, C. (Hrsg.): Evaluation universitärer Lehre – zwischen Qualitätsmanagement und Selbstzweck. Münster u.a., S. 131-150.

Hellstern, G.-M. & Wollmann, H. (1984): Evaluierung und Evaluationsforschung. Ein Entwicklungsbericht. In dies. (Hrsg.): Handbuch der Evaluierungsforschung. Opladen, S. 17-91.

---

[29]   Vgl. Engel & Pohlenz 2001.
[30]   Vgl. z.B. Winter 2006: 187 ff.

Isserstedt, W. & Schnitzer, K. (2002): Internationalisierung des Studiums: Ausländische Studierende in Deutschland – Deutsche Studierende im Ausland. Ergebnisse der 16. Sozialerhebung des Deutschen Studentenwerks (DSW) durchgeführt durch HIS Hochschul-Informations-System. Bonn.

Jöreskog, K. G. (1973): A General Method for Estimating a Linear Structural Equation System. In: Goldberger, A. & Duncan, O. (Hrsg.): Structural Equation Models in Social Sciences. New York/London, S. 85-112.

Knaap, P. van der (2004): Theory-based Evaluation and Learning: Possibilities and Challenges. In: Evaluation, 10/1, S. 16-34.

Kromrey, H. (1995): Evaluation. Empirische Konzepte zur Bewertung von Handlungsprogrammen und die Schwierigkeit ihrer Realisierung. In: Zeitschrift für Sozialisationsforschung und Erziehungssoziologie, 15/4, S. 313-336.

Kromrey, H. (2000): Qualität und Evaluation im System Hochschule. In: Stockmann, R. (Hrsg.): Evaluationsforschung. Grundlagen und ausgewählte Forschungsfelder. Opladen, S. 234-258.

Kromrey, H. (2001): Studierendenbefragungen als Evaluation der Lehre? Anforderungen an Methodik und Design. In: Engel, U. (Hrsg.): Hochschul-Ranking. Zur Qualitätsbewertung von Studium und Lehre. Frankfurt/Main, S. 11-48.

Kromrey, H. (2001a): Evaluation – ein vielschichtiges Konzept. Begriff und Methodik von Evaluierung und Evaluationsforschung. Empfehlungen für die Praxis. In: Sozialwissenschaften und Berufspraxis, 24/2, S. 105-132.

Kultusministerkonferenz (2005): Qualitätssicherung in der Lehre. URL: http://www.kmk.org/doc/beschl/BS_050922_Qualitaetssicherung_Lehre.pdf (zuletzt: 16.12.2007).

Mittag, W. & Hager, W. (2000): Ein Rahmenkonzept zur Evaluation psychologischer Maßnahmen. In: Hager, W. Patry, J.-L. & Brezinger, H. (Hrsg): Evaluation psychologischer Interventionsmaßnahmen. Standards und Kriterien. Bern u.a., S. 102-128.

Pawson, R. (2003): Nothing as Practical as a Good Theory. In: Evaluation, 9/4, S. 471-490.

Schröder, T. (2003): Leistungsorientierte Ressourcensteuerung und Anreizstrukturen im deutschen Hochschulsystem. Ein nationaler Vergleich. Berlin.

Schmidt, Uwe (2005): Zwischen Messen und Verstehen. Anmerkungen zum Theoriedefizit in der deutschen Hochschulevaluation. URL: http//evanet.his.de/evanet/positionen/positionen-2005.php#Schmidt (Stand September 2007).

Spiel, C. & Gössler, M. (2000): Zum Einfluss von Biasvariablen auf die Bewertung universitärer Lehre durch Studierende. In: Zeitschrift für Pädagogische Psychologie, 14/1, S. 38-47.

Stockmann, R. (2000): Evaluation in Deutschland. In ders. (Hrsg.): Evaluationsforschung. Grundlagen und ausgewählte Forschungsfelder. Opladen, S. 11-40.

Winter, F. (2006): Leistungsbewertung. Eine neue Lernkultur braucht einen anderen Umgang mit Schülerleistungen. Reihe Grundlagen der Schulpädagogik, Bd. 49. Stuttgart.

Wissenschaftsrat (1996): Empfehlungen zur Stärkung der Lehre in den Hochschulen durch Evaluation. Bonn.

Online-Befragungen in der Wissenschaftsforschung[1]

Von Falk Schützenmeister & Maike Bußmann

1.   Einleitung

Auch wenn standardisierte, auf Zufallsstichproben basierte Befragungen in vielen Professionen verbreitet sind, werden sie in der empirischen Wissenschaftsforschung selten verwendet. Lange waren ethnographische Beobachtungen der Laborarbeit auf der Mikroebene und bibliometrische Analysen auf der Makroebene die bevorzugten Methoden. Zwar gab es bereits in den 1970er Jahren eine Reihe von fragebogenbasierten Untersuchungen der wissenschaftlichen Arbeit[2] an Universitäten und in der Industrie[3], doch wurden diese später nur von wenigen fortgesetzt. Individualdaten sind u.a. dann von Interesse, wenn Fragen der Forschungsorganisation, der Projektplanung und der wissenschaftlichen Karriere untersucht werden sollen. Zwei Studien des Instituts für Soziologie der Technischen Universität Dresden haben gezeigt, dass Online-Befragungen die etablierten Methoden der Wissenschaftsforschung sinnvoll ergänzen können. Besonders für kleinere Projekte mit einem begrenzten Budget eröffnen sie neue Möglichkeiten.

In der *ersten* Studie wurden Professoren deutscher Universitäten zur Drittmittelforschung und ihrem Wissenschaftsverständnis befragt (DMF, Feldphase Ende 2005). Dabei standen u.a. die Ziele ihrer Forschungsprojekte sowie die Einstellungen zu Normen des wissenschaftlichen Ethos im Mittelpunkt (519 ausgefüllte Fragebögen). Mit der *zweiten* Studie, an der Atmosphärenchemiker aus insgesamt 31 Ländern teilnahmen, wurden Disziplinenbildungsprozesse und die Formen interdisziplinärer Forschungskooperationen untersucht (ATC, Feldphase Ende 2006/Anfang 2007, 346 ausgefüllte Fragebögen). Diese Studie ist ein Beispiel für die Befragung einer internationalen wissenschaftlichen Gemeinschaft, die nicht über berufliche Positionen oder über die Zugehörigkeit zu Forschungsorganisationen, sondern über Publikationen zu einem bestimmten Feld definiert wurde. Durch je zwei Nachfassaktionen konnten Ausschöpfungsquoten von 34 Prozent (DMF) und 37 Prozent (ATC) erreicht werden. Beide Studien wurden in Anlehnung an die von Don Dillman entwickelte *Tailored/Total Design Method* (TDM)[4] durchgeführt. Ziel dieses Verfahrens ist die Erhöhung der Ausschöpfungsquote durch eine Optimierung der Feldkontrolle, die in Befragungsverfahren ohne *Face-to-Face*-Interaktion schwierig ist.

Anhand der Dresdner Studien sollen die Vor- und Nachteile von Online-Befragungen in der Wissenschaftsforschung und Besonderheiten der Befragungen von *Scientific Communities* diskutiert werden. Der Schwerpunkt liegt auf den Auswahlverfahren, der Implementierung und den Determinanten des Rücklaufs. Die Daten, die sowohl für die Befragten als auch für diejenigen vorliegen, die nicht geantwortet haben, erlauben es zu untersuchen, in

---

[1]   Einige der Ergebnisse entstanden im Rahmen des vom Bundesministerium für Bildung und Forschung (BMBF) geförderten Projektes „Problemorientierte Forschung und wissenschaftliche Dynamik: Das Beispiel der Klimaforschung".
[2]   Vgl. z.B. Berelson 1960; Hagstrom 1965; Crane 1972.
[3]   Vgl. z.B. Cotgrove & Box 1970.
[4]   Vgl. Dillman 2007.

welchen Wissenschaftlergruppen eine Teilnahme wahrscheinlicher ist und wo Verzerrungen aufgrund der Nichtteilnahme zu erwarten sind.

2. Probleme von Wissenschaftlerbefragungen

Wissenschaftler werden in verschiedenen Situationen gebeten, Fragebögen auszufüllen: Am häufigsten sind wohl *Evaluationsstudien*. Für die Wissenschaftsforschung können sich aus dieser „Konkurrenz" Probleme ergeben. Evaluationsstudien werden mitunter *ad hoc* von Verwaltungen durchgeführt, nicht selten ohne den Standards der empirischen Sozialforschung zu genügen. Ihre hohe Frequenz kann nicht nur eine „Befragungsmüdigkeit"[5], sondern auch die Erwartung erzeugen, dass eine Teilnahme an Umfragen Konsequenzen für die eigene Arbeit und die Karriere haben könnten. Deshalb wurde in den hier vorgestellten Studien nicht nur eine anonymisierte Auswertung der Daten zugesichert, sondern auch darauf hingewiesen, dass kein Zusammenhang mit der Evaluation von Forschung und Lehre besteht. Seltener sind *Expertenbefragungen*, deren Ziel die Identifikation eines wissenschaftlichen Konsenses oder Dissenses zu gesellschaftlich relevanten Fragen ist.[6] Als ein Spezialfall können dabei Delphi-Studien gelten. Verbreiteter sind dagegen *Befragungen unter den Nutzern* von Online-Diensten, Datenbanksystemen und anderen Serviceleistungen, die an die Bedürfnisse von Wissenschaftlern angepasst werden sollen. Diese verschiedenen Arten der Erhebung werden zunehmend online durchgeführt. Dieser Beitrag konzentriert sich auf zwei *sozialwissenschaftliche Befragungen*, deren Ziel die Produktion von Daten für den statistischen Test von Forschungshypothesen war.

Reine Online-Befragungen, die verallgemeinerbare Aussagen über die Bevölkerung erlauben, sind immer noch schwer zu realisieren. Sie sind mit *Problemen der Auswahl* (Stichprobenziehung) und – weil nur ein (wenn auch wachsender) Teil der Bevölkerung über Internetzugänge verfügt[7] – mit *Problemen der Erreichbarkeit* konfrontiert. Für die Erforschung von Wissenschaftlern bieten Online-Befragungen dagegen Vorteile. Besonders dann, wenn internationale Wissenschaftlergemeinden untersucht werden sollen, können Probleme der Auswahl und der Erreichbarkeit, die bei postalischen, telefonischen oder gar *Face-to-Face*-Befragungen von Wissenschaftlern bestehen, gelöst werden. Wissenschaftler erscheinen als eine ideale Befragungspopulation, da sie überdurchschnittlich gebildet sind[8] und angenommen werden kann, dass die meisten von ihnen ein großes Interesse für ihr Feld, aber auch für die Angelegenheiten ihrer Profession haben.[9] Weiterhin kann davon ausgegangen werden, dass die meisten Wissenschaftler auch Internetnutzer sind, was eine Voraussetzung für den Einsatz von Online-Befragungen ist.[10] Bereits 2002 nutzten über 90 Prozent der deutschen Wissenschaftler das Internet.[11] Ihrer Teilnahme entgegen stehen ein knappes Zeitbudget und eine hohe interorganisationelle Mobilität, vor allem am Anfang der Karriere.

---

5   Einige Rückmeldungen von Befragten lassen auf eine solche „Überforschung" schließen. So schrieb einer der deutschen Befragten in ATC, dass er innerhalb eines Jahres sieben Aufforderungen erhalten hatte, einen Fragebogen auszufüllen.

6   Für die Klimaforschung vgl. z.B. Bray & Storch 1999.

7   Vgl. z.B. Bandilla et al. 2001; Batinic 2003: 13; Welker et al. 2005: 38.

8   Zum Zusammenhang zwischen Bildung und Befragungsteilnahme vgl. z.B. Groves 2004: 205f.

9   Zur Bedeutung des Interesses der Befragten am Thema einer Studie vgl. Groves et al. 2004.

10   Vgl. Van Selm & Jankowski 2006.

11   Vgl. Dumont et al. 2002.

Wie in der gesamten Online-Forschung ist es auch bei Wissenschaftlerbefragungen kompliziert, Auswahlverfahren zu entwickeln, in denen die Chance für jedes Element der Grundgesamtheit bekannt ist, in die Stichprobe zu gelangen. Die Befragung von Mitgliedern von Organisationen, für die Listen vorliegen, ist dabei eine verbreitete Lösung.[12] In der Wissenschaftsforschung kann in einigen Ländern auf nationale Verzeichnisse von Wissenschaftlern zurückgegriffen werden. Oft beinhalten diese aber entweder nur besonders produktive Wissenschaftler (z.B. *American Men & Women of Science*) oder nur die Inhaber bestimmter beruflicher Positionen, wie z.B. Professoren (Deutsches Hochschullehrerverzeichnis).

Die primären Sozialstrukturen der Wissenschaft sind wissenschaftliche Gemeinschaften, Spezialgebiete und Disziplinen. Die Frage, was die Zugehörigkeit eines Wissenschaftlers zu einer Disziplin oder gar zu einem Spezialgebiet konstituiert, wann sie beginnt und wann sie endet, ist jedoch zumindest an ihren Rändern schwer zu beantworten.[13] Die Mitgliedschaft in Fachgesellschaften kann als ein Proxy für die Disziplinenzugehörigkeit verwendet werden. Mitunter lassen sich die Kontakt- und Teilnehmerlisten großer Konferenzen im Internet finden. Doch repräsentieren diese nur Teile wissenschaftlicher Gemeinschaften. Eine Alternative besteht in der Analyse der Strukturen der wissenschaftlichen Kommunikation auf der Basis des *Science Citation Indexes* (SCI). Damit werden Publikationen zur Grundlage der Auswahl gemacht. Der Zugang zum ganzen Spektrum bibliometrischer Analysemöglichkeiten im SCI ist aber mit erheblichen Kosten verbunden. In der Studie ATC wurde daher auf die in vielen Universitätsbibliotheken vorhandene Rechercheversion zugegriffen, die nur basale Analysen zulässt.[14]

Bei postalischen Bevölkerungsbefragungen besteht eine hohe Wahrscheinlichkeit dafür, dass die Angeschriebenen die Briefe – ähneln sie nicht zu sehr Werbeanschreiben – auch selbst öffnen. Im Fall führender Wissenschaftler ist aber damit zu rechnen, dass Sekretariate unter Umständen eine Gatekeeper-Funktion ausüben oder dass sich die angeschriebenen Personen zum Zeitpunkt des Eintreffens des Schreibens nicht am Institut aufhalten. Wissenschaftler sind häufig auf Konferenzen, Forschungsreisen oder Gastaufenthalten. Verwendet man ein E-Mail-Anschreiben, scheint die Wahrscheinlichkeit höher, dass leitende und viel reisende Persönlichkeiten den Betreff einer E-Mail selbst in ihrem Posteingang lesen. Viele E-Mail-Nutzer sind auch auf Reisen erreichbar, mitunter haben sie unterwegs sogar mehr Zeit, ihre Post zu bearbeiten.

Die Entscheidung für oder gegen eine Teilnahme nach einer erfolgreichen Kontaktierung ist von verschiedenen Faktoren abhängig, einige ähneln denen in postalischen Befragungen, andere sind für Online-Befragungen spezifisch.[15] Online-spezifisch ist z.B. die Gefahr, dass die Zielpersonen durch Spamfilter einen erfolgreichen Kontakt von vornherein verhindern, wobei die Gatekeeper-Funktion auf eine Software übertragen wird. Damit wird die Abgrenzung zwischen Problemen der Erreichbarkeit und der Teilnahmeentscheidung unscharf, z.B. dann, wenn alle E-Mails, die das Wort „Umfrage" in der Betreffzeile haben, automatisch gelöscht werden.

---

[12] Postalische Befragungen, die auf solchen Stichproben beruhen, erreichen hohe Ausschöpfungsquoten. So berichten Blumenthal, Campbell, Anderson, Causino & Louis (1997) von 64% in einer Befragung über das Publikationsverhalten von Medizinprofessoren der 50 US-Universitäten, die die meisten Forschungsgelder vom *National Institute of Health* (NIH) erhielten.

[13] Vgl. Crane 1972: 13; Woolgar 1976.

[14] ISI Web of Knowledge.

[15] Zum systematischen Vergleich von postalischen und Online-Befragungen vgl. Dillman 2007; Deutskens et al. 2006; Sax et al. 2003.

Online-spezifische Gefahren der Antwortverzerrung können z.B. daraus resultieren, dass Fragebögen am Bildschirm flüchtiger gelesen werden als auf dem Papier oder Mausklicks an der falschen Stelle platziert werden. Abschließend kann festgehalten werden, dass bei Online-Befragungen unter Wissenschaftlern kaum andere Probleme zu erwarten sind als bei anderen Populationen. Effekte, die von den kognitiven Fähigkeiten der Befragten abhängen, dürften aber geringer ausfallen.

Im Folgenden soll die Spezifik von Online-Befragungen anhand der von uns durchgeführten Studien diskutiert werden. Dabei werden einzelne methodische Entscheidungen und die mit ihnen verbundenen Probleme dargestellt.

3. Auswahlverfahren

Die Feldkontrolle und die experimentelle Erhöhung der Ausschöpfungsquote im Rahmen der TDM setzen den Einsatz eindeutig definierter und abgrenzbarer Stichproben voraus. Die hier vorgestellten Studien basieren auf Auswahlverfahren, die von der Benutzung des Internets durch die zu befragenden Personen unabhängig waren. Bei online gewonnenen Stichproben besteht das Problem, dass eine repräsentative Zufallsauswahl nicht möglich ist, die auf eine Grundgesamtheit hoch gerechnet werden könnte[16], es sei denn, die Populationen sind durch spezifische Muster der Internetnutzung definiert. Zwar sind die meisten Wissenschaftler auch Internetnutzer, doch lassen sie sich nicht durch solche Nutzungsmuster eindeutig identifizieren. Die Stichprobe von DMF wurde offline gezogen. Die Chance, in die Stichprobe von ATC zu kommen, war ebenfalls von den Internetnutzungsprofilen unabhängig; sie hing von Publikationen, Konferenzteilnahmen und der Beteiligung der Wissenschaftler in Politikberatungsprozessen ab. Doch kann nicht von einer reinen Offline-Stichprobe gesprochen werden, da die der Auswahl zugrunde liegenden Informationen auch durch Internetrecherchen gewonnen wurden.

In DMF wurde die Grundgesamtheit anhand institutioneller Kriterien als die Menge aller ordentlichen Professoren an deutschen Universitäten (außer Kunst-, Musik- und Fachhochschulen) definiert, was eine Zufallsauswahl aus dem *Deutschen Hochschullehrer-Verzeichnis*[17] gestattete. Die Aktualität dieses Verzeichnisses blieb aber hinter den Erwartungen zurück. Neben denen, die eine ordentliche Professur innehatten, enthielt es auch Honorar-, außerordentliche sowie emeritierte Professoren. Die Informationen darüber waren unzuverlässig. Unter denen, die den Fragebogen beantwortet haben, gaben 7 Prozent berufliche Positionen an, die nicht der Definition der Grundgesamtheit entsprachen.[18] In der Stichprobe ist der Anteil vermutlich höher. Aufgrund der mangelnden Aktualität des Verzeichnisses ist davon auszugehen, dass nicht alle neu berufenen Professoren enthalten waren (*Noncoverage*).

Die Stichprobe wurde gezogen, indem auf jeder Seite des Hochschullehrer-Verzeichnisses nach einem festen Schlüssel zwei Personen ausgewählt und in eine Datenbank übertragen wurden.[19] Die Einträge wurden auch dann übernommen, wenn sie keine E-Mail-

---

[16] Vgl. Heckel 2003: 83.
[17] Vgl. Deutscher Hochschulverband 2005.
[18] Fragestellung: Was für eine Professur haben Sie derzeit inne? C3, C4, W2, W3, Sonstige.
[19] Die Auswahl erfolgte durch eine vorgegebene Kombination von Spalte und Zeile, die auf jeder Seite angewandt wurde (eine Seite enthielt 4 Spalten). Präsentierte der Eintrag eine Person, die nicht der Grundgesamt-

Adresse enthielten. In solchen Fällen wurde versucht, die fehlenden Adressen auf den Internetseiten der Universitäten zu ermitteln. Da in der Studie auch die Arbeitsbedingungen und die Karriere von Professorinnen untersucht wurden, Frauen aber immer noch nur einen kleinen Teil der Professorenschaft stellen (9,8 Prozent in der ersten Stichprobe), wurde eine zusätzliche Professorinnenstichprobe gezogen. Die Brutto-Stichprobe enthielt 1684 Elemente (davon 1481 in Stichprobe 1 und 203 in der Professorinnenstichprobe 2). Für 112 Stichprobenelemente konnte durch die Internetrecherche keine E-Mail-Adresse ermittelt werden, weil die Zielpersonen – meist wegen Emeritierung – nicht mehr an den Universitäten angestellt waren. In der Stichprobe 1 entsprach dies ca. 7 Prozent der ursprünglichen Auswahl, in der Frauenstichprobe – vermutlich wegen des geringeren Durchschnittsalters – nur 2 Prozent. In der Mehrzahl der Disziplinen konnten 3-5 Prozent der Adressen nicht ermittelt werden, bei den Medizinern waren es 14 Prozent.[20] Während des E-Mail-Versandes der Erstanschreiben verursachten ca. 8 Prozent der Adressen eine Fehlermeldung. Einige gingen auf Tippfehler zurück, die korrigiert werden konnten, andere ungültige Adressen konnten durch eine zusätzliche Internetrecherche aktualisiert werden, so dass ein neuer Kontaktversuch möglich wurde. Die Zahl der Personen, deren E-Mail-Adresse (nach der zusätzlichen Recherche) keine Fehlermeldung hervorrief, betrug 1512 (90 Prozent der ursprünglichen Auswahl). Die Berechnungen der (bereinigten) Ausschöpfungsquoten in Abschnitt 5 beziehen sich auf diesen Wert.

In ATC wurden die Wissenschaftler aufgrund ihrer im *Science Citation Index* (SCI) verzeichneten *Beiträge* zu einzelnen Forschungsthemen der atmosphärischen Chemie[21] (sieben verschiedene Themen), von Konferenzbeiträgen[22] (drei Konferenzen) und der Mitarbeit in UNEP/WMO *Assessment Panels*[23] (fünf verschiedene *Assessment Reports*) ausgewählt. Die Grundgesamtheit wurde als die Menge aller Wissenschaftler definiert, die regelmäßig Beiträge zur atmosphärischen Chemie publizieren. Einbezogen wurden alle Wissenschaftler, die in den letzten fünf Jahren mindestens drei Beiträge zu mindestens einem der ausgewählten Themen veröffentlicht hatten. Dieses strenge Kriterium wurde nötig, um einmalige Ko-Autorenschaft von Studenten oder Wissenschaftlern aus anderen Disziplinen auszufiltern. Die wiederholte Mitarbeit von Wissenschaftlern anderer Disziplinen in interdisziplinären Publikationen im Themenfeld der atmosphärischen Chemie wurde dagegen als Beitrag zur disziplinären Kommunikation gewertet.[24] Dadurch, dass die Grundgesamtheit über regelmäßige Beiträge zur wissenschaftlichen Kommunikation, nicht über akademische Titel oder die Zugehörigkeit zu Organisationen definiert wurde, wurden auch produktive Doktoranden und Postdoktoranden einbezogen. Mit der Anzahl der Kriterien, die die ausgewählten Personen erfüllten, liegt für die Analyse der Teilnahmebereitschaft ein Maß für die Zentralität der Befragten in der atmosphärischen Chemie vor. Auch in ATC konnten nicht für alle Stichprobeneinheiten gültige E-Mail-Adressen gefunden

---

heit angehörte, wurde die nächste dieser Position folgende Person ausgewählt, die die vorgegebenen Kriterien erfüllte.

[20] Mediziner vs. Rest der Population, Kendalls $\tau=-.07$, $p=0.01$**.

[21] Ausgewählt wurden die Wissenschaftler, die in den letzten 10 Jahren mindestens drei Aufsätze publizierten, deren Zusammenfassungen (*abstracts*) die Worte *ozone depletion, aerosol, air pollution, carbon cycle, tropospheric ozone, trace gases* oder *atmospheric chemistry* enthielten.

[22] XVIII *Ozone Symposium* des IO3C 2004, die IGAC *Conference* 2004, *7th International Carbon Dioxide Conference* 2005.

[23] WMO/UNEP 1998, 2002, 2006, IPCC 1995, 2001.

[24] Überlegungen zum Verhältnis von Disziplinarität und Interdisziplinariät, die auf den Ergebnissen von ATC beruhen, siehe Schützenmeister 2008.

werden. Dabei bestand ein signifikanter Unterschied zwischen denen, die nur zwei Auswahlkriterien (73 Prozent gültige E-Mail-Adressen) erfüllten, und jenen, bei denen mehr als
zwei Kriterien zutrafen (96 Prozent gültige Adressen). Von den beim Versand fehlerhaften
E-Mail-Adressen konnten 58 nicht korrigiert werden. Insgesamt wurden 939 Atmosphärenchemiker kontaktiert. ATC beruht damit nicht auf einer Zufallsauswahl, sondern auf einer
Vollerhebung auf der Basis gültiger Adressen.

Anhand der offen gestellten Frage nach der Disziplinenzugehörigkeit[25] ließ sich das
Auswahlverfahren für ATC evaluieren. 93 Prozent der Befragten gaben eine Subdisziplin
der Atmosphärenwissenschaften an (*amospheric science, atmospheric chemistry, atmospheric physics, meteorology*). Über 82 Prozent der Forschungsgebiete der Befragten[26]
ließen sich auch von einem „informierten Laien" der atmosphärischen Chemie zuordnen.
Nicht überprüfen lässt sich, wie viele der produktiven Atmosphärenchemiker nicht in die
Stichprobe gelangten.

4.   Design und Implementierung

Die eingesetzten Fragebögen waren für Web-Befragungen umfangreich. Die Bildschirmsei-
ten enthielten jeweils mehrere Fragen (2 bis 4) zu einem Themenkomplex und oft mehrere
Unterfragen (*items*). Ob es ratsam ist, mehrere Fragen auf eine Web-Seite zu platzieren,
wird häufig diskutiert. Auf der einen Seite werden Kontexteffekte befürchtet, auf der anderen führen Fragebögen mit einer Frage pro Seite schneller zur Ermüdung, da sich die Zahl
der nötigen Klicks deutlich erhöht.[27] Generell sollte vermieden werden, dass man scrollen
muss, um an das Ende einer Seite zu gelangen. Der deutschsprachige Fragebogen zur
Drittmittelforschung umfasste 16 (39 Fragen, 68 *items*), der englischsprachige zur atmosphärischen Chemie 19 Seiten (44 Fragen, 83 *items*). Dabei war der Anteil der Fragen zur
Arbeitsorganisation, zu den eingeworbenen Drittmitteln, zur Mitarbeit in Politikberatungsprozessen und zur Karriere hoch. Meinungs- und Einstellungsfragen wurden auf die Kern-
thesen beschränkt und betrafen die Rolle der Wissenschaft in der Gesellschaft sowie Probleme des Forschungsmanagements. Gemessen an dem Anteil der Befragten, die mit dem
Ausfüllen begonnen hatten, aber ihre Teilnahme abbrachen, bevor sie das Ende des Fragebogens erreicht hatten (DMF 3 Prozent, ATC 4 Prozent), erwies sich die Länge der Fragebögen als akzeptabel.

Der Einsatz kommerzieller Befragungsplattformen schied aus Kostengründen aus. Da
die im Internet verfügbaren kostenlosen Software-Tools nicht geeignet schienen, wurde ein
Script mit der Programmiersprache PHP und dem Datenbanksystem MySQL erstellt. So
konnte die für die TDM notwendige Rücklaufkontrolle implementiert werden. Die Antworten wurden in einer separaten Datenbank abgelegt, die Nummer der zuletzt besuchten Seite
aber als Kontaktinformation in die Adressdatenbank zurückgespielt. Somit konnte beobachtet werden, wie lange das Ausfüllen des Fragebogen dauerte (DMF ca. 15 min., ATC ca. 20
min) und auf welchen Seiten es zu Abbrüchen kam. Der Nachteil, dass die Anonymität
nicht durch technische Vorkehrungen gesichert war, sondern der Zusicherung der anonymi-
sierten Datenverarbeitung vertraut werden musste, wurde durch die Vorteile der Feldkon-

---

[25]   Fragestellung: How would you describe the disciplinary frame you work in? (offen, Mehrfachnennungen).
[26]   Fragestellung: What is/are your main research interest(s)? (offen, Mehrfachnennungen).
[27]   Zur Diskussion siehe Couper et al. 2001: 244f.

trolle (persönliche Erinnerungsschreiben) aufgehoben.[28] Aufgrund der Annahme, dass Wissenschaftler mit verschiedenen Computersystemen arbeiten, die z.T. hohe Sicherheitseinstellungen haben, wurden die Ausgaben des Scripts auf HTML-Code beschränkt. Auf technische Verfahren der Konsistenzkontrolle von Eingaben wurde verzichtet.[29] Inkonsistenzen in den Daten waren dennoch selten. Der mehrstufige Pretest bestand aus *think aloud tests* mit einer Papier- und später einer Online-Version des Fragebogens, sowie einem Testlauf mit einem kleinen Teil der Stichprobe, um das Funktionieren der Software und verschiedene Versionen des Anschreibens zu testen.

Später wurden alle Mitglieder der Stichprobe mit einer E-Mail kontaktiert, in der sie persönlich mit ihrem Namen angesprochen und um die Teilnahme gebeten wurden. Als Sponsoren wurde die TU Dresden sowie in ATC zusätzlich das BMBF[30] angegeben. Die E-Mails enthielten eine URL (www.science-studies.de/?login=...), mit der auch die Zugangsdaten an das Script übertragen wurden. Außerdem war ein manuelles Login für den Fall vorgesehen, dass das verwendete E-Mail-Programm die URL nicht automatisch in einen Link umwandelte. Durch diese Personalisierung konnten nur die ausgewählten Wissenschaftler an der Befragung teilnehmen. Die E-Mails konnten weder rechtlich noch technisch als Spam betrachtet werden, was allerdings nicht ausschließt, dass sie als solcher wahrgenommen wurden. Bei einer Unterbrechung der Beantwortung konnte mit dem Link (bzw. dem manuellen Login) an die Stelle des Abbruchs zurückgekehrt werden. Da nach dem Senden der letzten Seite der Link unbrauchbar wurde, war ein doppeltes Ausfüllen unmöglich. Sowohl die E-Mail als auch das Fragebogenformular enthielten einen Link zur Projekthomepage, auf der zusätzliche Informationen und verschiedene Möglichkeiten der Rückmeldung zu finden waren. Außerdem konnte der Fragebogen als PDF-File heruntergeladen und mit der Post anonymisiert zurückgeschickt werden. Von dieser Möglichkeit wurde nur wenig Gebrauch gemacht (DMF 3 Prozent, ATC 2 Prozent aller Antworten).

Es wurden je zwei Nachfassaktionen durchgeführt, die erste nach ein bis zwei Wochen, die zweite nach weiteren drei bis vier Wochen. Es wurden die Personen erneut mit einer E-Mail kontaktiert, die noch nicht geantwortet hatten, auch diejenigen, die das Fragebogenformular zwar geöffnet, aber nicht ausgefüllt hatten. Dabei wurden wiederholt die Zugangsdaten zu dem Fragebogen gesendet. Angesichts der Wissenschaftlerstichprobe wurde versucht, an die Standards guter Forschung zu erinnern und betont, dass die Teilnahme möglichst aller wichtig sei, um verlässliche Daten zu erhalten.

Leider kann aus den vorliegenden Daten nicht geschlossen werden, wer die E-Mails öffnete.[31] Aus den protokollierten Daten ist aber ersichtlich, wie viele der Kontaktierten auf den Fragebogen zugegriffen haben, sich dann aber gegen eine Teilnahme entschieden. In DMF öffneten 48 Prozent der Kontaktierten das Web-Formular, in ATC waren es 53 Prozent. Von den Personen, die die erste Seite des Fragebogens öffneten, füllten in beiden

---

[28] Vgl. auch Reuband 2001; Schützenmeister 2002.

[29] Die Nützlichkeit einer technischen Eingabekontrolle ist durchaus umstritten, weil sie zum einen frustrierend sein kann, wenn Eingaben bemängelt werden und der Prozess des Ausfüllens stockt. Zum anderen können sie Artefakte produzieren, wenn die Befragten versuchen, die Eingaben auf dem schnellsten Weg formal konsistent zu machen (Vgl. Couper 2008: 64).

[30] Bundesministerium für Bildung und Forschung, wörtliche Formulierung im E-Mail-Anschreiben: *German Federal Ministry for Education and Research*.

[31] Zwar kann man eine elektronische Bestätigung über das Öffnen der E-Mail anfordern. Diese Information wird aber nur generiert, wenn das von der kontaktierten Person auch gewünscht bzw. nicht unterbunden wurde. Über diese Unzuverlässigkeit des Verfahrens hinaus werden so u.U. Zweifel an der Vertraulichkeit der Umfrage erzeugt.

Umfragen ungefähr die gleiche Anzahl den Fragebogen vollständig aus (DMF 69 Prozent, ATC 68 Prozent). Mehrere offene Fragen auf der ersten Seite der Fragebögen erwiesen sich u.U. als ungünstig.

5.   Analysen der Teilnahme

Im Rahmen der Studien wurden – sofern es die Fallzahlen zuließen – verschiedene Methodenexperimente durchgeführt. Dabei wurden die Betreffzeile, das Zugangsverfahren zum Fragebogen und der Zeitpunkt des Erstversandes variiert. Diese Experimente gingen a) von der Annahme aus, dass eine Entscheidung für oder gegen eine Teilnahme oft bereits im allerersten Moment des Kontaktes getroffen wird. Eine gute Formulierung der Betreffzeile schien daher besonders wichtig. Desweiteren wurde b) angenommen, dass ein hoher Aufwand – z.B. mehrere Klicks, um den Fragebogen zu öffnen – eine höhere Belastung für den Befragten darstellt[32], die eine Teilnahme unwahrscheinlicher macht. Allerdings bedarf es c) eines gewissen Aufwandes, um eine Vertrauensbasis herzustellen. Deswegen sollten Ziele der Befragung, der Sponsor und die Verfahren der Datenverarbeitung erläutert werden. Die Frage war aber, ob dies in einem kurzen E-Mail-Text geleistet werden kann oder ob der „Umweg" über eine offizielle, gut gestaltete Webseite zusätzliches Vertrauen schaffen kann. Zudem wurden Variationen des Rücklaufs in Abhängigkeit des Erstversand-Datums untersucht. Getestet wurde auch, ob sich eine aufwendige Nachrecherche von ungültigen Adressen im Internet lohnt.

Tabelle 1 enthält eine Übersicht über die in DMF durchgeführten Methodenexperimente sowie die Ausschöpfungsquoten in einigen Untergruppen der Stichprobe. Dabei wurden diejenigen Disziplinen aufgenommen, in denen die Ausschöpfungsquoten signifikant von der Gesamtausschöpfungsquote abwichen.

In der Tabelle sind jeweils die Ausschöpfungsquoten nach dem Erstanschreiben und nach zwei Erinnerungsschreiben enthalten. Die Ergebnisse der Experimente lassen sich aus dem Rücklauf nach dem Erstanschreiben ableiten. Die Erinnerungsschreiben wurden dagegen für alle Teilstichproben mit dem Design erstellt, das im Erstanschreiben die höchste Ausschöpfung erzielt hatte (im Folgenden als Referenzstichprobe bezeichnet). Der Anteil der Wissenschaftler, die erst in einer der Nachfassaktionen antworteten, ist sehr hoch (bis zu 59 Prozent aller Antworten in Teilstichprobe 2). Mit den optimierten Erinnerungsschreiben konnten die Effekte ungünstiger Designentscheidungen (Zeile 2 und 3), nicht aber die Effekte ungünstiger Versandzeitpunkte (Zeile 4 und 5) ausgeglichen werden. Weil die ausgedruckten und anonym zurückgesandten Fragebogen in der Analyse nicht zugeordnet werden konnten, werden die Ausschöpfungsquoten etwas unterschätzt. Einige Stichprobeneinheiten (ca. 1 Prozent) fließen in der Folge fälschlicherweise als *Nonresponse* in die Analyse ein.

---

[32]   Zum Konzept des *Respondent Burden* siehe Bradburn 1978.

Tabelle 1: Zusammenfassung der Methodenexperimente in DMF

	(a) Ausschöpfungsquote nach Erstanschreiben	(b) Ausschöpfungsquote nach zwei Erinnerungsschreiben	(c) Logit-Modell für (a)	(d) Logit-Modell für (b)	(e) N
Methodenexperimente					
(1) Referenzstichprobe (Erstanschreiben Do 1.11.2006, Betreffzeile „Studie", direktes Login)	25,8 %	39,4 %	-	-	66
(2) Betreffzeile „Umfrage" sonst wie (1)	17,5 %	42,9 %	-.52	.13	63
(3) Login über Homepage sonst wie (1)	16,2 %	38,4 %	-.63 *	-.08	198
(4) Erstanschreiben Fr 10.11. sonst wie (1)	16,5 %	31,3 %	-.60 *	-.38	316
(5) Erstanschreiben Mi 15.11. sonst wie (1)	13,5 %	30,8 %	-.87 **	-.41	874
(6) Nachrecherchierte Adressen, Erstanschreiben Mi., 22.11., sonst wie (1)	13,6 %	27,3 %	-.81	-.60	44
Befragtenmerkmale					
(7) Geschlecht (weiblich)	16,3 %	35,7 %	-.07	-.12	325
(8) Wirtschaftswissenschaften	13,0 %	20.8 %	-.27	-.73**	77
(9) Ingenieurswissenschaften	8,5 %	22.5 %	-.73 **	-.59**	142
(10) Rechtswissenschaften	8,2 %	19,2 %	-.81 *	-.80**	73
(11) Philosophie und Religionswissenschaften	16,7 %	46,7 %	-.01	.46*	60
Gesamtausschöpfungsquote (ohne anonyme Rücksendungen)	14,9 %	33,7 %	--	--	1561

Signifikanzniveaus: * p<.05, ** p<.01

Geht eine E-Mail unbekannter Herkunft in ein elektronisches Postfach ein, hängt es von der Vertrauenswürdigkeit der Senderadresse und dem Inhalt der Betreffzeile ab, ob sie geöffnet wird oder nicht. Sowohl in DMF als auch in ATC wurden alle E-Mails von dem Universitäts-Account eines Professors versendet. Löste das E-Mail-Programm die entsprechenden Informationen im Header der E-Mail auf, erschien „Prof. ..." als Absender. In einer Vorstudie unter den Professoren der TU Dresden wurden verschiedene Formulierungen der Betreffzeile getestet. Dabei stellte sich die Verwendung der Worte „Umfrage" oder „Befragung" als nachteilig heraus. In DMF wurde dieses Ergebnis reproduziert, indem die Effekte der zwei Betreffzeilen „Studie zur Wissenschaft in der Gesellschaft" mit der Betreffzeile „Umfrage zur Wissenschaft in der Gesellschaft" verglichen wurden. Die Ausschöpfungsquoten nach dem Erstanschreiben wichen unter sonst konstanten Bedingungen, wenn auch vermutlich aufgrund der geringen Fallzahlen nicht signifikant, voneinander ab (25,8 Prozent vs. 17,5 Prozent)[33]. In den Erinnerungsschreiben wurde dann einheitlich das Wort „Studie" verwendet. Im Pretest von ATC erzielte die Betreffzeile „Study on Research Organization in Atmospheric Chemistry" einen etwas günstigeren Rücklauf als „Study on Research Organization in Climate Research". Dies scheint insofern plausibel, da eine Befragungsteilnahme wahrscheinlicher wird, wenn sich die kontaktierte Person durch das Thema direkt angesprochen fühlt. Wissenschaftler lassen sich über ihre Disziplinen oder Spezialgebiete besonders gut erreichen, weil sie ein Bestandteil ihrer professionellen Identität sind. In der Studie wurde deswegen die erste Variante gewählt.

Im zweiten Experiment wurde untersucht, wo die Informationen, die den Befragten zur Teilnahme bewegen sollten, am besten platziert werden. In der Referenzstichprobe wurden der Zweck der Umfrage, der Sponsor, die Bedienungshinweise und alternative Wege der Teilnahme im Text der E-Mail präsentiert, wobei der direkte Link zum Fragebogen bereits im zweiten Absatz enthalten war. Die Experimentalgruppe wurde dagegen mit einer kurzen E-Mail angeschrieben, die einen Link zur Projekthomepage enthielt. Diese war im offiziellen *Corporate Design* der TU Dresden gestaltet, enthielt aber sonst denselben Text wie die E-Mail der Referenzstichprobe. Links neben dem Text befand sich ein Login-Formular. Mit der Benutzung des Links aus der E-Mail wurden die individuellen Zugangsdaten in das Formular kopiert (halbautomatisiertes Login).[34] Es musste nur ein Button betätigt werden, um zum Fragebogen zu gelangen. Trotz des ästhetisch ansprechenderen Erscheinungsbildes und des offiziellen Charakters der Projekthomepage betrug die Ausschöpfungsquote in dieser Experimentalgruppe nach dem Erstanschreiben nur 16,2 Prozent verglichen mit den 25,8 Prozent[35] der Referenzstichprobe. Ein möglichst schneller Zugang von dem E-Mail-Anschreiben zum Fragebogen scheint demnach besonders wichtig.

Die größte Varianz der Ausschöpfungsquoten ergab sich aufgrund der unterschiedlichen Zeitpunkte des Erstanschreibens. Es ist anzunehmen, dass es innerhalb des akademischen Jahres Phasen gibt, in denen mehr Zeit zur Verfügung steht, an Studien teilzunehmen. Doch scheint schwer bestimmbar, wann ein guter Zeitpunkt ist, Wissenschaftler um ihre Teilnahme in einer Befragung zu bitten. So unterschieden sich die Teilstichproben (1), (4) und (5) nur bezüglich des Datums des Erstversands, die disziplinäre Zusammensetzung war ähnlich, die Ausschöpfungsquoten wichen aber stark voneinander ab. In (5) betrug sie nur reichlich die Hälfte der Referenzstichprobe (13,5 Prozent vs. 25,8 Prozent).[36] In ATC konnten ähnliche Instabilitäten beobachtet werden. Angesichts dieses Befundes zeigt sich die Wichtigkeit wiederholter Erinnerungsschreiben, weil sie die Chance erhöhen, dass eine der E-Mails zu einem günstigen Zeitpunkt eintrifft. Die Teilstichprobe (6) macht deutlich, dass die Nachrecherche von beim Erstversand ungültigen E-Mail-Adressen lohnend ist, auch wenn in dieser Gruppe eine etwas niedrigere Ausschöpfungsquote von 27,3 Prozent erzielt wurde.

Die Teilnahmewahrscheinlichkeiten für die Mitglieder verschiedener Disziplinen unterschieden sich signifikant (siehe Tabelle 1). Da die DMF im Einleitungstext als eine Untersuchung zur Forschungsarbeit eingeführt wurde, ist die Ausschöpfungsquote unter den Wissenschaftlern der Disziplinen niedrig, in denen nicht alle Professoren Forschung im

---

[33]   Kendalls τ=-.10, p=.26 (n.s.).
[34]   Vgl. Herwegh & Loosveldt 2003.
[35]   Kendalls τ=.-11, p=.08+.
[36]   Kendalls τ=.-09, p=.00**.

klassischen Sinne betreiben (Wirtschaftswissenschaften, Ingenieurswissenschaften und Rechtswissenschaften). Schwer zu interpretieren ist aber die überdurchschnittlich hohe Ausschöpfungsquote in der Philosophie und in den Religionswissenschaften.[37] Die Variable Geschlecht hatte erwartungsgemäß keinen Einfluss auf die Teilnahmebereitschaft. In Tabelle 1, Spalten (c) und (d), sind die Ergebnisse noch einmal in zwei Logitmodellen, einmal für die Antworten nach dem Erstanschreiben und einmal nach zwei Erinnerungsschreiben, zusammengefasst.

In der weltweiten Befragung von Atmosphärenchemikern (ATC) wurde auf Designexperimente weitgehend verzichtet, weil es schwierig war, die Zusammensetzung der Teilstichproben bezüglich der Länder und der Forschungsorganisationen zu kontrollieren.[38] In der Stichprobe spiegelte sich die Dominanz der US-amerikanischen Wissenschaftler in der atmosphärischen Chemie wider. Ihr Anteil an den gültigen Adressen betrug 38 Prozent, gefolgt von deutschen (13 Prozent), britischen (7 Prozent) und japanischen Wissenschaftlern (7 Prozent). Die Ausschöpfungsquoten blieben sowohl in den USA als auch in Großbritannien hinter dem Durchschnitt (37 Prozent) zurück. Die Teilnahmebereitschaft war in einigen kleineren Ländern Europas und in Neuseeland höher. Überraschend war die hohe Teilnahmebereitschaft in den Staaten der ehemaligen Sowjetunion (vor allem Russland GUS, 43 Prozent). Signifikant ($p < .1$) waren die Abweichungen vom Durchschnitt allerdings nur in Frankreich und Neuseeland. Es traten keine systematischen Verzerrungen bezüglich der Sprache auf, Wissenschaftler aus Ländern, deren erste Sprache nicht Englisch war, nahmen ebenso häufig teil, wie die aus englischsprachigen Ländern (37,2 Prozent vs. 35,4 Prozent).[39] Dass die geringere Ausschöpfung unter den Wissenschaftlern frankophoner Länder (Frankreich und Belgien, 25 bzw. 27 Prozent) auf Sprachbarrieren zurückgeht, scheint unwahrscheinlich. Dagegen war eine geringere Beteiligung afrikanischer Wissenschaftler erwartbar. Doch ist die Datenbasis zu dünn, um signifikante Aussagen zu treffen.

Bezüglich der Teilnahme von Wissenschaftlern unterschiedlicher Forschungsorganisationen lassen sich nur insofern systematische Aussagen treffen, als Wissenschaftler aller Organisationstypen erreicht wurden und es keine signifikanten systematischen Unterschiede zwischen Universitätswissenschaftlern und solchen anderer Forschungsorganisationen gab. Über Wissenschaftler in der Industrie können keine Aussagen getroffen werden, weil sie in der atmosphärischen Chemie kaum eine Rolle spielen. In Tabelle 2 sind die partiellen Ausschöpfungsquoten für alle Organisationen enthalten, für die zehn und mehr Mitglieder in die Stichprobe gelangten.

---

[37] Gesamtausschöpfungsquoten in allen Disziplinenkategorien: Agrarwissenschaften 45%, Biologie 39%, Wirtschaftswissenschaften 21%, Chemie 38%, Erziehungswissenschaften 32%, Geschichtswissenschaften 33%, Geowissenschaften 37%, Ingenieurswissenschaften 23%, Rechtswissenschaften 19%, Linguistik 35%, Mathematik 28%, Medizin 30%, Philosophie und Religion 47%, Psychologie 29%, Physik 39%, Sonstige 48%.

[38] Die folgenden Analysen stützen sich auf bivariate Analysen, weil die betrachteten Variablen nicht unabhängig voneinander sind. Daher wäre in Korrelationsmodellen mit erheblichen Kollinearitätsproblemen zu rechnen. So sind bestimmte Typen der Forschungsorganisation spezifisch für nationale Wissenschaftssysteme. Andere Variablen (z.B. Sprache) wurden aus dem Land, in dem ein Wissenschaftler arbeitete, abgeleitet.

[39] Kendalls $\tau=-.02$, p=.57 (n.s.).

Tabelle 2:   Ausschöpfungsquoten in ATC nach Ländern und Organisationen

	Stich-probe	gültige Adressen N	bereinigte Ausschöpfungs-quote	Einzelne Organisationen (N>9)
USA	376	352	34%	NASA (61) 34%, NOAA (49) 41%, NCAR (39) 36%, University of California, alle Standorte (28) 46%, University of Colorado (14) 36%, Harvard University (12) 25%, andere US-Universitäten (91) 33%, US Militär (10) 10%
Germany	131	124	39%	MPI (39) 36%, Forschungszentrum Jülich (16) 56%, Universität Bremen (15) 39%, Forschungs-zentrum Karlsruhe (10) 20%, sonstige Universitä-ten in Deutschland (22) 46%
Großbritannien	71	66	33%	UK Met Office (15) 40%, Cambridge University (13) 23%
Japan	64	63	40%	NIES (15) 40%, Universität Tokio (12) 33%
Frankreich	59	55	25%	CNRS (30) 28%
Kanada	42	40	40%	University of Toronto (12) 50%
Italien	24	22	41%	
Schweiz	23	22	45%	
Neuseeland	20	19	53%	NIWA (14) 60%
Australien	20	17	41%	CSIRO (11) 36%
Niederlande	20	17	47%	
Europa sonstige	75	73	40%	Europäische Universitäten außer Deutschland und Cambridge (72) 42%, Dänisches Institut für Meteorologie (10) 30%
Asien (außer Japan)	20	19	32%	
Staaten der ehe-maligen Sowjet-union	16	14	43%	
Afrika	12	12	25%	
Südamerika	10	10	40%	
Gesamt	**997**	**929**	**37%**	**Gelistete Organisationen entsprechen 65% der gültigen Adressen**

Anmerkung: Aufgenommen wurden Länder mit 20 und mehr Fällen in der Stichprobe, sowie Organisationen, für die mehr als 10 Stichprobeneinheiten vorlagen.

Erwartungsgemäß niedrig war die Teilnahmebereitschaft der Wissenschaftler des US-Militärs. Die Beteiligung von NASA[40]-Wissenschaftlern war leicht unterdurchschnittlich (33 Prozent), während die Wissenschaftler der NOAA, der führenden US-amerikanischen Organisation in der Klimaforschung, überdurchschnittlich oft teilnahmen (41 Prozent). Ein ähnlich inkonsistentes Bild zeigt sich bei den US-amerikanischen Universitäten. Der hohen Ausschöpfung innerhalb des staatlichen *University of California*-Systems (46 Prozent) steht die geringe Teilnahme von Harvard-Wissenschaftlern gegenüber (25 Prozent). In Deutschland war die Ausschöpfungsquote unter den Wissenschaftlern der Max-Planck-Institute durchschnittlich. Einen großen Unterschied gab es dagegen zwischen den Forschungszentren in Jülich (56 Prozent) und Karlsruhe (20 Prozent), bei denen es sich um vergleichbare Organisationen handelt. Nahmen von der Universität Bremen nur 39 Prozent der kontaktierten Wissenschaftler teil, waren es unter denen anderer deutscher Universitäten 46 Prozent. Es müssen offenbar verschiedene intervenierende Variablen – wie z.B. die Organisationskultur oder spezifische Ereignisse, die organisatorische Entscheidungen prägen, sowie die einzelnen Forschungsprojekte in den Organisationen – in Betracht gezogen werden.

Der verwendete Indikator für die Zentralität der ausgewählten Wissenschaftler in der wissenschaftlichen Kommunikation ist nur eine grobe Annäherung. Weil der Indikator aufgrund der Suchanfragen mit verschiedenen Stichworten und der Einbeziehung anderer Aktivitäten wie Konferenzbesuche und Assessment-Tätigkeit gebildet wurde, verweist er eher auf die Vielseitigkeit eines Wissenschaftlers als auf die Frequenz seiner Publikationen, wobei beides miteinander zusammenhängen dürfte. Der Indikator hatte einen Einfluss auf die Teilnahmewahrscheinlichkeit, der nicht zufällig sein dürfte. In der Hälfte der Stichprobe, in der nur zwei Auswahlmerkmale zutrafen (N=472), betrug die endgültige Ausschöpfungsquote (ohne Berücksichtigung anonymisierter Rücksendungen) 33,5 Prozent. Unter den Befragten, die fünf Merkmale erfüllten, betrug sie 37,8 Prozent (N=368) und bei denen, die sechs und mehr erfüllten, 43,3 Prozent (N=99).[41]

In der atmosphärischen Chemie spielen die UNEP/WMO-*Assessments* über das Ausmaß der Schädigung der Ozonschicht bzw. über den Klimawandel eine wichtige Rolle. Diese Zusammenfassungen des Wissensstandes für politische Entscheidungsträger werden unter dem Mandat der Unterzeichnerstaaten internationaler Klimaschutzabkommen ausgearbeitet. Die politisch initiierten Verfahren haben zum Ziel, den wissenschaftlichen Konsens zu identifizieren und „gesichertes Wissen" von den bestehenden Unsicherheiten abzugrenzen. Nach anfänglichen Problemen der politisch motivierten Auswahl von Autoren und Gutachtern – die hier nicht im einzelnen diskutiert werden können – besteht heute die Tendenz, möglichst viele Wissenschaftler in die Assessment-Prozesse einzubeziehen. Während die Auswahl der Autoren inzwischen weitgehend der wissenschaftlichen Gemeinschaft überlassen bleibt, ist praktisch jeder Wissenschaftler und jede Wissenschaftlerin aufgerufen, an dem offenen Review-Verfahren teilzunehmen.[42] In unserer Stichprobe nahmen 491 Wissenschaftler (52 Prozent) als *Author*, *Contributor* oder *Reviewer* an solchen Assessment-

---

[40] Abkürzungen: NASA – National Aeronautic and Space Administration, NOAA – National Oceanic and Atmospheric Administration, NCAR – National Center for Atmospheric Research, MPI – Max Planck Institut, NIES – National Institute for Environmental Studies, CNRS – Centre National de la Recherche Scientifique, NIWA – National Institute of Water & Atmospheric Research, CSIRO – Australian Commonwealth Scientific and Research Organization.

[41] Kendalls τ=.06, p=.07+.

[42] Zur Übersicht über die Entstehung des IPCC-Verfahrens siehe Siebenhüner 2002.

Prozessen teil[43], wobei 27 Prozent aufgrund ihrer Teilnahme in die Stichprobe gelangten, weil sie weniger als zwei der anderen Auswahlmerkmale erfüllten. Die Einbindung in die Assessment-Prozesse ist von den anderen Auswahlkriterien (Publikationen und Konferenzteilnahme) nicht unabhängig, auch hier lässt sich der Effekt beobachten, dass viel zitierte bzw. anderweitig aktive Wissenschaftler eher in die Assessment-Prozesse einbezogen werden.[44] So waren nur 27 Prozent der Wissenschaftler mit zwei anderen Publikationsmerkmalen in die Assessmentprozesse eingebunden. Bei denjenigen, die mehr Publikationsmerkmale erfüllten, waren es dagegen 45 Prozent.[45] Daraus ergibt sich die Vermutung, dass die Teilnahmebereitschaft von der Beteiligung an Assessment-Prozessen abhängt. Dann bestünde die Gefahr, dass mit Umfragen vor allem solche Wissenschaftler erreicht würden, die auch außerhalb des Labors, z.B. politisch oder in der Öffentlichkeit, aktiv sind – Wissenschaftler, die „reine" Grundlagenforschung bevorzugen, dagegen aber seltener. Ein solcher Zusammenhang konnte in den vorliegenden Daten aber nicht festgestellt werden. Die Ausschöpfung war sowohl bei den in den Assessmentprozessen engagierten Wissenschaftlern als auch bei den nichtbeteiligten nahezu identisch (35,7 vs. 36,7).[46]

6.   Diskussion

Auch wenn es noch zu früh ist, die Ergebnisse zu verallgemeinern, konnte gezeigt werden, dass Online-Befragungen für die Wissenschaftsforschung ein brauchbares Instrument sind. Selbst die Befragung einer internationalen, weltweit verstreuten wissenschaftlichen Gemeinschaft lieferte brauchbare Ergebnisse. Dabei ist man nicht unbedingt auf Selbstrekrutierungsverfahren (z.B. in *Newsgroups*) angewiesen. Im Fall von Wissenschaftlerpopulationen gibt es verschiedene Auswahlmethoden, die unabhängig von den Internetnutzungsmustern der Wissenschaftler sind.

Es hat sich gezeigt, dass eine Listenauswahl die Grundgesamtheit nur dann besser repräsentieren kann, wenn die Liste zuverlässig aktualisiert wird. Das war beim Hochschullehrerverzeichnis nicht der Fall. Bei kompliziert zu erhebenden Grundgesamtheiten werden die Probleme der Auswahl unter Umständen auf die Listenerstellung verschoben, wo sie kaum kontrolliert werden können. Das Auswahlverfahren, das in der Befragung zur atmosphärischen Chemie (ATC) eingesetzt wurde, führte zu einer etwas besseren Ausschöpfungsquote, obwohl die Befragung international und in englischer Sprache durchgeführt wurde. Eine Listenauswahl ist also nicht per se besser. War die Definition der Grundgesamtheit in DMF zu eng (ordentliche Professoren deutscher Universitäten), um die Bandbreite der wissenschaftlichen Arbeit abzubilden, war sie in ATC insofern zu weit, dass sie Gruppen enthielt, bei denen mit einer geringen Teilnahme zu rechnen war. Mit einer Einengung der Definition der Grundgesamtheit könnten bessere Ergebnisse erzielt werden.

Als größtes Problem erwies sich, dass die Ausschöpfungsquoten in Abhängigkeit des Versanddatums bei sonst konstanten Bedingungen erheblich schwankten. So gab es Tage, an denen bereits das Erstanschreiben einen Rücklauf von bis zu 26 Prozent produzierte, während er sich an anderen auf nur knapp 10 Prozent belief. Diese Schwankungen haben

---

[43]   Berücksichtigt wurden IPCC 1995, IPCC 2001, WMO/UNEP 1998, WMO/UNEP 2002, WMO/UNEP 2006.

[44]   In der Wissenschaftsforschung wird diese Tatsache in der Folge von Robert Merton oft als Matthäus-Effekt bezeichnet, siehe Merton (1988).

[45]   Kendalls τ=-.33, p=.00**.

[46]   Kendalls τ=-.01, p=.76 (n.s).

sicher etwas mit den Zyklen der universitären Arbeit (Konferenzen, Lehrverpflichtungen etc.) zu tun. Offen bleibt, ob sich „gute" oder „schlechte" Wochen innerhalb des akademischen Jahres bestimmen lassen, wenn man nur genügend Experimente durchführen würde, oder ob die Unterschiede in unterschiedlichen Disziplinen oder nationalen Wissenschaftssystemen zu groß sind, um sie kontrollieren zu können. Die höchsten Ausschöpfungsquoten wurden in beiden Studien am Anfang des Semesters erreicht. Eine weitere Vermutung, die sich vor allem bei der Durchführung von ATC herauskristallisierte, ist, dass die Tageszeit des E-Mail-Versandes eine Rolle spielen könnte. So schien die Ausschöpfungsquote für US-amerikanische Wissenschaftler höher, wenn die E-Mails kurz vor 9 Uhr Ortszeit eintrafen. Eine plausible Erklärung wäre, dass die meisten E-Mail-Programme die neuesten Nachrichten zuerst anzeigen. Es wäre also günstig, Aufforderungen zur Befragungsteilnahme so zu versenden, dass sie eintreffen, kurz bevor die kontaktierte Person das E-Mail-Programm öffnet. Es bleiben also noch viele methodische Fragen offen, die nur dann systematisch beantwortet werden können, wenn Online-Befragungen unter Wissenschaftlern vermehrt durchgeführt werden.

Literatur

Bandilla, W., Bosnjak, M. & Altdorfer, P. (2001): Effekte des Erhebungsverfahrens? Ein Vergleich zwischen einer Web-basierten und einer schriftlichen Befragung zum ISSP-Modul Umwelt. In: ZUMA-Nachrichten, 49, S. 7-28.

Batinic, B. (2003): Internetbasierte Befragungsverfahren. In: Österreichische Zeitschrift für Soziologie, 28, S. 7-18.

Berelson, B. (1960): Graduate Education in the United States. New York u.a.

Blumenthal, D., Campbell, E. G., Anderson, M. S., Causino, N. & Louis, K.S. (1997): Withholding Research Results in Academic Life Science. Evidence from a National Survey of Faculty. In: The Journal of the American Medical Association, 299, S. 1224-1228.

Bradburn, N. (1978): Respondent Burden. In: Proceedings of the Survey Research Methods Section, American Statistical Association. http://www.amstat.org/sections/SRMS/proceedings/

Bray D. & von Storch, H. (1999): Climate Science: An Empirical Example of Postnormal Science. In: Bulletin of the American Meteorological Society, 80/3, S. 435-455.

Cotgrove, S. F. & Box, S. (1970): Science, Industry and Society. London.

Couper, M. P. (2008): Technology and the Survey Interview. In: Conrad, F. G. & Schoner, M. (Hrsg.): Envisioning the Survey Interview of the Future. Hoboken, NJ.

Couper, M. P., Traugott, M. W. & Lamias, M. J. (2001): Web Survey Design and Administration. In: Public Opinion Quarterly, 65, S. 230-253.

Crane, D. (1972): Invisible Colleges. Chicago.

Deutscher Hochschullehrerverband (Hrsg.) (2005): Hochschullehrer-Verzeichnis. München.

Deutskens, E., de Ruyter, K. & Wetzels, M. (2006): An Assessment of Equivalence Between Online and Mail Surveys in Service Research. In: Journal of Service Research, 8, S. 346.

Dillman, D. (2007): Mail and Internet Surveys. Hoboken, NJ.

Dumont, K., Neumann, J. & Frindte, W. (2002): Determinanten der E-Mail-Nutzung bei Wissenschaftlern. In: Zeitschrift für Medienpsychologie, 14, S. 23-33.

Groves, R. M. (2004): Survey Error and Survey Costs. Hoboken, NJ.

Groves, R. M., Presser, S. & Dipko, S. (2004): The Role of Topic Interest in Survey Participation Decisions. In: Public Opinion Quarterly, 68/1, S. 2-31.

Hagstrom, W. O. (1965): The Scientific Community. Carbondale.

Heckel, C. (2003): Online gewonnene Stichproben – Möglichkeiten und Grenzen. In: Arbeitskreis für Deutsche Markt- und Sozialforschungsinstitute (ADM), Arbeitsgemeinschaft Sozialwissenschaftliche Institute (ASI) und Statistisches Bundesamt (Hrsg.): Online Erhebungen 5. Wiss. Tagung. Bonn, S. 83-94.

Heerwegh, D. & Loosveldt, G. (2003): An Evaluation of the Semiautomatic Login Procedure to Control Web Survey Access. In: Social Science Computer Review, 21/2, S. 223-234.

IPCC (1995): Climate Change 1995 – The Science of Climate Change. Cambridge, MA.

IPCC (2001): Climate Change 2001: The Scientific Basis. Cambridge, MA.

Merton, R. K. (1988): The Matthew Effect in Science II: Cumulative Advantage and the Symbolism of Intellectual Property. In: Isis, 79, S. 606-623.

Reuband, K.-H. (2001): Möglichkeiten und Probleme des Einatzes postalischer Befragungen. In: Kölner Zeitschrift für Soziologie und Sozialpsychologie, 53, S. 307-333.

Sax, L. J., Gilmartin, S. K. & Bryant, A. N. (2003): Assessing Response Rates and Nonresponse Bias in Web and Paper Surveys. In: Research in Higher Education, 44/4, S. 409-432.

Schützenmeister, F. (2002): Die Bereitschaft, sich wieder befragen zu lassen, in postalischen Erhebungen. In: Zeitschrift für Soziologie, 31, S. 138-154.

Schützenmeister, F. (2008): Disziplinarität und Interdisziplinarität in der atmosphärischen Chemie. In: Mayntz, R., Neidhardt, F., Weingart, P. & Wengenroth, U. (Hrsg.): Wissensproduktion und Wissenstranfer. Berlin (erscheint demnächst).

Siebenhüner, B. (2002): How Do Scientific Assessments Learn? – Part 1. In: Environmental Science & Policy, 5, S. 411-420.

Van Selm, M. & Jankowski, N. W. (2006): Conducting Online Surveys. In: Quantity & Quality, 40, S. 435-456.

Welker, M., Werner, A. & Scholz, J. (2005): Online Research: Markt- und Sozialforschung mit dem Internet. Heidelberg.

WMO/UNEP (1998; 2002; 2006): Scientific Assessment of Ozone Depletion. Geneva.

Woolgar, S. W. (1976): The Identification and Definition of Scientific Collectivities. In: Lemaine, G., MacLeod, R., Mulkay, M. & Weingart, P. (Hrsg.): Perspectives on the Emergence of Scientific Disciplines. Mouton u.a., S. 23-246.

Speziell und hochengagiert –
Eine Online-Befragung der deutschen Klimaforscher

Von Senja Post

1.   Einleitung

Den Klimawandel kann man als ein wissenschaftliches und als ein gesellschaftliches Problem betrachten. Wissenschaftlich betrachtet stellt er sich als eine große Zahl von isolierten, sehr spezifischen Einzelproblemen dar. Ein Beispiel für ein wissenschaftliches Problem ist die Auswirkung kosmischer Partikel auf den Strahlungshaushalt der Atmosphäre. Solche Probleme werden in einem langwierigen Forschungsprozess nach und nach zugespitzt und gelöst, der Wissensbestand so ständig erweitert. Gesellschaftlich betrachtet stellt sich der Klimawandel als ein ganzheitliches Problem dar, das verschiedene, gesellschaftlich relevante Fragestellungen aufwirft. Ein Beispiel hierfür ist, wie die Menschen angemessen mit der erwarteten Klimaänderung umgehen sollten. Solche gesellschaftlichen Probleme werden durch die Durchsetzung von Handlungsalternativen, beispielsweise im Küstenschutz, gelöst.

Der Klimawandel ist seit drei Jahrzehnten Gegenstand der Medienberichterstattung.[1] Für Klimaforscher bedeutet dies, dass sie sich mit dem Klimawandel in zwei grundlegend unterschiedlichen Zusammenhängen auseinandersetzen: Erstens beschäftigen sie sich im langfristig angelegten Forschungsprozess mit dem Klimawandel *als Wissenschaftler*. Zweitens beurteilen sie die Angemessenheit der öffentlichen Klimadiskussion *als sachverständige Mediennutzer*. Beide Zusammenhänge greifen vermutlich ineinander. Befragt man die Klimaforscher zum Sachstand der Klimaforschung und zur Klimaberichterstattung, hat man es aus den genannten Gründen mit einer Population zu tun, die in verschiedener Hinsicht thematisch in hohem Maße interessiert und engagiert ist. Eine Online-Befragung von deutschen Klimaforschern im Sommer 2006 brachte eine Rücklaufquote von 56 Prozent. Im vorliegenden Beitrag wird die Beteiligung der Klimaforscher diskutiert. Hierzu werden zunächst einige Charakteristika dieser in hohem Maße spezialisierten und engagierten Population herausgearbeitet und die Eignung einer Online-Befragung erörtert. Im Anschluss daran wird die Durchführung der Online-Befragung der deutschen Klimaforscher beschrieben und zuletzt diskutiert.

2.   Engagement und Erreichbarkeit der Klimaforscher

Der Einsatz von Online-Befragungen wird in der empirischen Sozialforschung häufig kritisch gesehen.[2] Als Probleme der Online-Umfrageforschung gelten die ungleiche Erreichbarkeit von Mitgliedern verschiedener Grundgesamtheiten sowie die vergleichsweise hohe Unverbindlichkeit von E-Mail-Kontakten und die damit verbundene geringe Teilnahmebe-

---

[1]   Vgl. Weingart et al. 2000; Peters & Heinrich 2005.
[2]   Vgl. z. B. Schnell et al. 2005: 377-386.

reitschaft der potenziellen Befragten.[3] Der Einsatz von Online-Befragungen sei deswegen für heterogene Populationen nach wie vor problematisch, hingegen eigne sie sich bei „sehr speziellen, hochmotivierten Teilpopulationen."[4]

Die *Erreichbarkeit der Mitglieder einer Grundgesamtheit* ist eines der grundlegenden Probleme bei Online-Umfragen. Der Hauptgrund hierfür ist, dass nicht alle Teile der Bevölkerung E-Mail und Internet gleichermaßen nutzen.[5] So gibt es auf der einen Seite nach wie vor Bevölkerungsteile, die E-Mail und Internet gar nicht nutzen. Auf der anderen Seite gibt es Bevölkerungs- oder Berufsgruppen, die täglich eine Fülle von E-Mails erhalten und deswegen Spam-Filter aktivieren und E-Mails schnell und teilweise ungelesen aus ihrem Postfach löschen. Zu einer hohen Rücklaufquote und zu validen Ergebnissen führen Online-Befragungen nur, wenn die Mitglieder der Grundgesamtheit regelmäßig und gleichermaßen E-Mail und Internet nutzen.

Die *Bereitschaft zur Teilnahme* an schriftlichen Befragungen kann man auf zwei Variablen zurückführen: auf das Befragungsdesign und auf die Befragten.[6] Zu den Merkmalen des Befragungsdesigns gehören zum Beispiel das Format und der Informationsgehalt der Anschreiben, das Anbieten von Aufwandsentschädigungen und das Arrangement des Fragebogens. Für Online-Umfragen wurde gezeigt, dass die persönliche Anrede in E-Mails mit der Aufforderung zur Teilnahme und die Kontaktaufnahme im Vorfeld der Umfrage die Unverbindlichkeit der E-Mail-Kontakte reduziert und die Teilnahmebereitschaft positiv beeinflusst.[7] Zu den Merkmalen der Befragten gehören zum Beispiel ihr Bildungsgrad, ihre Wertvorstellungen und persönlichen Einstellungen. Einen erheblichen positiven Einfluss auf die Teilnahmebereitschaft haben das Engagement der Befragten für das Untersuchungsthema[8] und eine positive Einstellung zum Studieninteresse.[9] Forscher haben die Möglichkeit, durch bestimmte Informationen in den Anschreiben das Interesse der Befragten für das Thema der Umfrage zu erhöhen. Trotzdem bleibt es in hohem Maße abhängig vom Thema und von verschiedenen Eigenschaften der Befragten.[10] Insgesamt ist davon auszugehen, dass personalisierte Anschreiben und ein hohes Engagement der Befragten der Unverbindlichkeit von E-Mail-Kontakten in Online-Umfragen entgegen wirken und somit die Teilnahmebereitschaft erhöhen.

Wissenschaftler, die zu ihrem Spezialgebiet befragt werden, zählen bei Online-Umfragen aus zwei Gründen zu den ergiebigsten Befragungspopulationen.[11] Erstens kann man davon ausgehen, dass Wissenschaftler regelmäßig und in hohem Maße E-Mail und Internet nutzen und auf diesen Wegen erreichbar sind. Bereits 2002 nutzten 90 Prozent der deutschen Wissenschaftler das Internet.[12] Zweitens kann man davon ausgehen, dass Wissenschaftler ein großes thematisches Interesse an einer Befragung zum Wissensstand ihres Forschungsgebietes aufbringen. Dies wirkt sich vermutlich positiv auf ihre Teilnahmebereitschaft aus.[13]

---

[3]   Vgl. Schnell et al. 2005: 377-386.
[4]   Schnell et al. 2005: 386.
[5]   Vgl. Dillman 2007.
[6]   Vgl. Helgeson et al. 2002.
[7]   Vgl. Cook et al. 2000; Heerwegh 2005.
[8]   Vgl. Van Kenhove et al. 2002.
[9]   Vgl. Helgeson et al. 2002.
[10] Vgl. Wijnen et al. 2007.
[11] Vgl. den Beitrag von Schützenmeier & Bußmann im vorliegenden Band.
[12] Vgl. Dumont et al. 2002; vgl. auch den Beitrag von Schützenmeier & Bußmann im vorliegenden Band.
[13] Zum Einfluss des Engagements für ein Thema auf die Teilnahmebereitschaft vgl. z. B. Kenhove et al. 2002.

Die Klimaforschung weist als Wissenschaftsdisziplin drei Besonderheiten auf, die Konsequenzen für das Engagement und für die Erreichbarkeit der Klimaforscher erwarten lassen. Die *erste* Besonderheit betrifft die *Klimaforscher als Wissenschaftler*. Forschungsergebnisse besitzen in der Klimaforschung oft eine politische Dimension, weil verschiedene wissenschaftliche Befunde unterschiedliche politische Handlungsprogramme nahelegen.[14] Manche Klimaforscher verorten nicht nur die naturwissenschaftliche Erforschung des Klimasystems in den Gegenstandsbereich der Klimaforschung, sondern auch die Ableitung konkreter Handlungsprogramme.[15] Je nach Einschätzung des Wissensstandes unterscheiden sich die Klimaforscher somit hinsichtlich der Maßnahmen, die sie vorschlagen und gutheißen. Das heißt, dass Kontroversen in der Klimaforschung nicht nur mit rein wissenschaftlichen, sondern teilweise auch mit politisch-ideologischen Argumenten ausgetragen werden.[16] Dies dürfte das Engagement der Klimaforscher für bestimmte Fragestellungen auf ihrem Forschungsgebiet erhöhen.

Die *zweite* Besonderheit der Klimaforschung betrifft die *Klimaforscher als sachverständige Mediennutzer*. Befunde der Klimaforschung sind seit drei Jahrzehnten Gegenstand der Medienberichterstattung.[17] Die Mediendarstellungen rufen bei den Klimaforschern verschiedene Reaktionen hervor.[18] Sie können die dargestellten Sachverhalte beurteilen und sich zum Beispiel entscheiden, als Experten an der öffentlichen Debatte mitzuwirken oder sich herauszuhalten. Für einige Klimaforscher erschließt sich in der öffentlichen Debatte ein Feld neben der Wissenschaft, auf dem sie sich unter Berufung auf ihre wissenschaftliche Autorität profilieren und politischen Einfluss ausüben können. Zudem wirken sich die Mediendarstellungen auf die Karrieren einzelner Wissenschaftler und auf die Weiterentwicklung ganzer Forschungsrichtungen aus. Die Medien erzeugen durch ihre Themenschwerpunkte einen gesellschaftlichen Wissensbedarf und je nach Schwerpunkt der Klimaberichterstattung erhalten bestimmte Forschungsrichtungen somit mehr oder weniger ideelle und finanzielle Förderung.[19]

Um in der öffentlichen Debatte Gehör zu finden, müssen sich die Klimaforscher den Vorlieben der Medien für bestimmte Informationen und Darstellungsweisen anpassen. Hierzu gehören zum Beispiel die Vereinfachung komplexer wissenschaftlicher Befunde oder die Betonung von beunruhigenden Informationen.[20] Die Entscheidung, auf eine bestimmte Art und Weise an der öffentlichen Diskussion mitzuwirken oder sich herauszuhalten, fällen die Klimaforscher nicht nur auf der Grundlage ihrer Forschungen, sondern auch auf Basis ihrer politischen Überzeugungen. Die Klimaforscher tragen mit anderen Worten nicht nur sachbezogene wissenschaftliche Kontroversen aus, sondern sie sind auch gespalten in einem ideologischen Konflikt über den verantwortungsvollen Umgang mit den Ergebnissen der Klimaforschung in der Gesellschaft.[21] Dies dürfte zu einem hohen Engagement der Klimaforscher für die Belange der Klimaforschung, für die Forschungsförderung und für die öffentliche Klimadiskussion führen.

---

[14] Vgl. Bundesministerium für Bildung und Forschung 2003; Zwischenstaatlicher Ausschuss für Klimaänderung 2002a und 2002b.
[15] Vgl. Houghton 2004.
[16] Vgl. Houghton 2004: 197-215; 227 ff.
[17] Vgl. Weingart et al. 2000.
[18] Vgl. Post 2008: 106-125; vgl. auch Kepplinger 2007.
[19] Vgl. Kepplinger & Post 2008.
[20] Vgl. Post 2008.
[21] Vgl. Mangini 2007; Rahmstorf 2007.

Die *dritte* Besonderheit der Klimaforschung betrifft die *Grundgesamtheit der Klimaforscher*. Die Klimaforschung kann man als eigenständige Disziplin von anderen Naturwissenschaften nur schwer abgrenzen. Dies hat Konsequenzen für die Bestimmung der Grundgesamtheit und die Identifizierung ihrer Mitglieder. Dieses Problem ist Gegenstand des folgenden Abschnitts.

3.   Abgrenzung und Erfassung der Grundgesamtheit

Ein Blick auf das Klimasystem der Erde verdeutlicht, wie komplex und umfassend der Untersuchungsgegenstand der Klimaforschung ist. Zum Klimasystem gehören die Atmosphäre, die Gewässer, Eismassen, Schnee und Frost, die Biosphären auf der Erde und in den Gewässern sowie das Erdreich. Die Komponenten des Klimasystems sind über unterschiedliche Energie-, Massen- und Impulseinflüsse aneinander gekoppelt. Beispiele hierfür sind der Wärmeaustausch zwischen der Luft und dem Ozean oder der Wasseraustausch zwischen Gewässern, Atmosphäre und Land durch Kondensation und Niederschlag. Das Klimageschehen läuft in einer Vielzahl von klein- und großräumigen Prozessen ab. Kleinste Staubpartikel in der Atmosphäre beeinflussen zum Beispiel als Kondensationskerne die Wolkenbildung. Umgekehrt beeinflusst als größter Klimaantrieb die Sonnenaktivität das gesamte Klimageschehen auf der Erde. Aufgrund ihres Untersuchungsgegenstandes ist die Klimaforschung ein Forschungsgebiet, das eine Vielzahl von Disziplinen integriert. Die klimatisch relevanten Abläufe an Land, im Eis, in den Gewässern, den Biosphären und in der Atmosphäre sowie die Austauschprozesse zwischen diesen Komponenten finden in physikalischen, chemischen, biologischen und geologischen Prozessen statt. Fachlich erweitert wird das Gebiet der Klimaforschung durch die aufwendigen geologischen Verfahren, die zur Rekonstruktion vergangener Klimate angewendet werden. Hinzu kommen die mathematisch hoch komplizierten Klimamodelle, die aufgestellt werden, um Aussagen über das Klima der Zukunft zu ermöglichen.[22]

Neben das Problem ihrer schwierigen Abgrenzung nach außen tritt als zweites Problem die unüberschaubare innere Struktur und Organisation der Klimaforschung in Deutschland. Ein Klimaforscher fasst die Situation anschaulich zusammen: „Die Klimaforscher in Deutschland sind ganz und gar nicht organisiert und ich wundere mich manchmal, wer sich alles als Klimaforscher bezeichnet. Es gibt (...) keinen Verband mit alleinigem Vertretungsanspruch, sondern Sektionen in einzelnen Fachverbänden. Da gibt es die DMG [*Deutsche Meteorologische Gesellschaft*], die DPG [*Deutsche Physikalische Gesellschaft*], die Chemiker, die Biologen. Viele der Wissenschaftler gehören keinem Verband an, weil die manchmal den Geruch von Kleintierzüchterverein haben und von Pensionären dominiert werden."[23] Hieraus ergeben sich folgende Konsequenzen für die Abgrenzung und die Erfassung der Grundgesamtheit der deutschen Klimaforscher: Die Klimaforscher können

---

[22]   Die Schwierigkeit, die Klimaforschung trennscharf von anderen Disziplinen abzugrenzen, wird auch im Rahmen einer ausgiebigen Recherche deutscher universitärer Einrichtungen zur Klimaforschung deutlich. Schwerpunkte zur Klimaforschung sind in den deutschen Universitäten in unterschiedlichen Fächern verortet: Zum Teil gibt es eigenständige Institute für Meteorologie oder für Klimatologie. Häufig sind Teilgebiete der Klimaforschung in den Universitäten auch als einzelne Lehrstühle unterschiedlichen Fachbereichen zugehörig wie zum Beispiel für Geowissenschaften, Chemie, Physik, Biologie, Umweltwissenschaften und Ökologie.

[23]   Aus der E-Mail eines Klimaforschers vom 18.1.2006.

weder aufgrund ihrer Zugehörigkeit zu bestimmten Disziplinen, noch aufgrund ihrer Mitgliedschaften in bestimmten Fachgesellschaften erfasst werden.

Als Abhilfe wurde eine formale Definition herangezogen. Die Grundgesamtheit der deutschen Klimaforscher wird danach anhand zweier formaler Kriterien wie folgt eingegrenzt: Als Klimaforscher gelten alle Wissenschaftler, die *erstens* naturwissenschaftlich zu einem oder zu mehreren Ausschnitten des Klimasystems forschen (*Objektkriterium*), und deren Arbeit *zweitens* von anderen Klimaforschern zur Kenntnis genommen wird (*Gruppenkriterium*). Durch das Objektkriterium wird der Tatsache Rechnung getragen, dass an der Erforschung des Klimasystems fast alle Naturwissenschaften beteiligt sind.[24] Das Gruppenkriterium sichert die für einen erfolgreichen Forschungsprozess notwendige Voraussetzung einer Forschungsgemeinschaft, die auf die Arbeiten ihrer Mitglieder Bezug nimmt.[25] Diese Definition schließt als Klimaforscher beispielsweise einen Weltraum-Physiker ein, der mit seiner Forschung zu den Auswirkungen kosmischer Partikel auf atmosphärische Prozesse Beiträge zur Klimaforschung leistet – einschränkend unter der Bedingung, dass seine Forschung von anderen Klimaforschern wahrgenommen wird. Sie schließt hingegen einen Ökonomen aus, der sich mit den Folgen einer Klimaänderung auf das Wirtschaftswachstum befasst.

Diese formale Definition wurde basierend auf den Gesprächen und Schriftwechseln mit elf Sachverständigen im Vorfeld der Studie empirisch umgesetzt. Die Aufnahme der Klimaforscher ging von dem Webauftritt der *Deutschen Meteorologischen Gesellschaft* (DMG) aus.[26] Nur zwei der Sachverständigen meinten, die DMG sei eine Fachgesellschaft, deren Mitglieder die Grundgesamtheit der deutschen Klimaforscher verkörperten. Die weitaus meisten bezeichneten sie aber als eine durchaus relevante Zusammenkunft von Klimaforschern in Deutschland. Die Aufnahme der Klimaforscher in die Grundgesamtheit beruht daher nicht auf den Mitgliedschaften in der DMG und auch nicht auf ihrem E-Mail-Verteiler. Sie beruht auf der Zugehörigkeit zu den universitären und außeruniversitären Forschungsinstituten, die als relevante Einrichtungen zur Klimaforschung im Service-Bereich der DMG-Webseiten gelistet sind.[27] Ergänzend wurde eine vergleichbare Liste von Forschungseinrichtungen zur Klimaforschung hinzugezogen, die auf den Webseiten der *Past Global Changes* (PAGES), einer geowissenschaftlichen Vereinigung, bereitgestellt ist.[28] Auch auf diese Webseite wurde in den Gesprächen im Vorfeld der Studie verwiesen. Beide Listen sind nahezu identisch und bestätigen das große Spektrum an naturwissenschaftlichen Disziplinen, die an der Klimaforschung beteiligt sind. Die Liste der PAGES ergänzt die Liste der DMG lediglich um einige wenige geologische Institute, an denen schwerpunktmäßig an der Rekonstruktion vergangener Klimate gearbeitet wird. Mit dem ersten Auswahlschritt, der Erfassung der Forschungseinrichtungen über die Linklisten der DMG und PAGES, wurde das Gruppenkriterium, also die Sichtbarkeit der Forschung für andere Klimaforscher, erfüllt.

---

[24] An den Projektionen über zukünftige Klimaentwicklungen sind ganz maßgeblich auch Sozial- und Wirtschaftswissenschaftler beteiligt, die die Zukunftsszenarien über die Entwicklungen der Weltbevölkerung, des weltweiten Energieverbrauchs und des Wirtschaftswachstums entwerfen. Die vorliegende Studie behandelt dagegen ausschließlich die naturwissenschaftlichen Klimaforscher.

[25] Vgl. Merton 1985.

[26] Vgl. http://www.dmg-ev.de/gesellschaft/links/links.htm.

[27] Dieses Verfahren unterscheidet sich von vorherigen Befragungen zur Klimaforschung, die ausschließlich an Mitglieder der DMG, Wissenschaftler des Hamburger Max Planck Institutes für Meteorologie und des Meteorologischen Institutes der Universität Hamburg adressiert waren (Vgl. Bray et al. 2005).

[28] Vgl. http://www.pages-igbp.org/about/national/germany/research.html.

In einem zweiten Auswahlschritt wurde das Objektkriterium, also die naturwissenschaftliche Forschung zum Klimasystem, erfüllt. Dazu wurden alle Professoren aus jedem Institut aufgenommen, die ihren Lebensläufen und Publikationslisten nach erkennbar zum Thema Klima gearbeitet hatten.[29] In diesem Verfahren wurden vorerst 278 Professoren identifiziert.

4.   Rücklaufentwicklung und Antwortverhalten

Die Durchführung der Online-Umfrage erfolgte in einer Vollerhebung der 278 identifizierten Professoren zwischen Juni und August 2006. Die Wissenschaftler erhielten insgesamt vier Anschreiben per E-Mail: Nach einer Vorankündigung wurden im Abstand von jeweils einer Woche drei E-Mails mit Aufforderungen zur Teilnahme und einem Link zur Online-Umfrage verschickt. Ende Juli erfolgte zudem ein Erinnerungsanruf.[30] In allen Anschreiben wurden die Klimaforscher persönlich mit ihrem Namen angeschrieben. Um die Aufmerksamkeit der Klimaforscher zu erregen, war im Betreff-Feld jeder E-Mail die Frage „Wie berichten die Medien über Klimafragen?" angegeben. Im Anschreiben wurde zudem die gesellschaftliche Relevanz dieser Frage hervorgehoben. Außerdem wurde betont, dass die Studie einen Beitrag zur Verbesserung der Klimaberichterstattung leisten könne und dass jede individuelle Einschätzung für die Aussagekraft der Studie sehr wichtig sei. In der zweiten und dritten Aufforderung zur Teilnahme wurde zudem bemerkt, dass viele Klimaforscher bereits an der Umfrage teilgenommen hätten und dass die Einschätzungen zum Sachstand des Klimawandels und die Ansichten zur Klimaberichterstattung teilweise weit auseinandergingen. Um den Aufwand für die Befragten gering zu halten und einen möglichst hohen Rücklauf zu erzielen, wurde die Teilnahme trotz der in früheren Studien geäußerten Bedenken nicht durch ein Passwort kontrolliert.[31]

Von den 278 angeschriebenen Wissenschaftlern schieden 39 aus, 5 davon aufgrund einjähriger oder längerer Forschungsaufenthalte im Ausland. Die restlichen 34 Wissenschaftler erklärten, dass sie sich selbst nicht als Klimaforscher verstehen. Bereinigt liegt die Grundgesamtheit damit bei N=239. Den Fragebogen vollständig bearbeitet und abgeschickt haben 133 Klimaforscher. Die Rücklaufquote beträgt 56 Prozent und ist für eine Online-Umfrage ungewöhnlich hoch. Dies kann als ein erster Hinweis auf ein großes Interesse der Klimaforscher an der Umfrage gedeutet werden.

Auf ein großes Interesse der Klimaforscher an der Umfrage kann man auch schließen, wenn man ihre Reaktionen auf die einzelnen Kontakte betrachtet. Generell war ihre Reak-

---

[29]   Der Entscheidung, in die Grundgesamtheit der deutschen Klimaforscher nur Professoren aufzunehmen, liegt folgende Überlegung zugrunde: Aufgrund der jahrelangen Klimaberichterstattung und des großen gesellschaftlichen Wissensbedarfs an bestimmten Fragestellungen der Klimaforschung kann nicht ausgeschlossen werden, dass einige Forschungsbereiche finanziell besser ausgestattet sind als andere. Auf die personelle Ausstattung einzelner Professuren bezogen kann also nicht ausgeschlossen werden, dass sie je nach Forschungsgebiet durch mehr oder weniger Mitarbeiter unterstützt werden. Durch die Professur als weiteres Zulassungskriterium für die Aufnahme der Klimaforscher in die Grundgesamtheit sollte ein möglicher Überhang bestimmter Ansichten vermieden werden, der eine direkte Konsequenz des öffentlichen Interesses an bestimmten Fragestellungen und nicht eine Folge des normalen Forschungsprozesses ist.

[30]   Vgl. Dillman 2007.

[31]   Vgl. Bray et al. 2005. Die Einwände gegen eine ungeschützte Teilnahme unterstellen eine Täuschungsabsicht, welche zum einen eine grobe Infragestellung wissenschaftlicher Integrität darstellt und daher zum anderen – sollte es überhaupt Täuschungsversuche geben – quantitativ sicherlich unerheblich sind. Hinzu kommt, dass Mehrfachteilnahmen im Datensatz als Dubletten leicht erkennbar und daher einfach herauszunehmen sind.

tionsbereitschaft ausgesprochen hoch. Bereits die Vorankündigung veranlasste zahlreiche Klimaforscher, unaufgefordert per E-Mail ihre Teilnahme zuzusagen oder ihr Interesse an der Studie zu signalisieren. Viele hielten die Forschungsfrage für eine wichtige Sache. Ähnlich spontan war das Antwortverhalten vieler Klimaforscher nach der ersten Aufforderung zur Teilnahme (vgl. Abbildung 1). 18 Prozent der angeschriebenen Klimaforscher füllten den Online-Fragebogen innerhalb der ersten 24 Stunden aus. Die ersten Antworten gingen bereits ein, während die letzten Aufforderungen zur Teilnahme noch versandt wurden. Viele Klimaforscher schickten zudem E-Mails mit ergänzenden, teilweise ausführlichen Bemerkungen zu ausgewählten Aspekten der Umfrage. Manche schickten zur Information Links zu aktuellen Medienberichten über die Klimaforschung. Einige Klimaforscher baten um die Ergebnisse nach Abschluss der Studie. Eine Woche nach der ersten Teilnahmeaufforderung lag die Rücklaufquote bereits bei 26 Prozent. Die zweite Aufforderung zur Teilnahme erfolgte am siebten Tag der Erhebungsphase. Sie bewirkte nochmals einen sprunghaften Anstieg der Rücklaufquote auf 40 Prozent. Sie erhöhte sich bis zur dritten Teilnahmeaufforderung auf 49 Prozent. Vom dritten Anschreiben hin bis zum Abschluss der Feldphase stieg die Rücklaufquote schließlich noch auf 56 Prozent. Die vierte Aufforderung zur Teilnahme, die per Telefon erfolgte, erzielte nur noch vereinzelte zusätzliche Teilnehmer. Dies lag auch daran, dass die Klimaforscher in ihren Büros nur vereinzelt telefonisch zu erreichen waren.

Abbildung 1: Rücklaufentwicklung der Online-Befragung der Klimaforscher

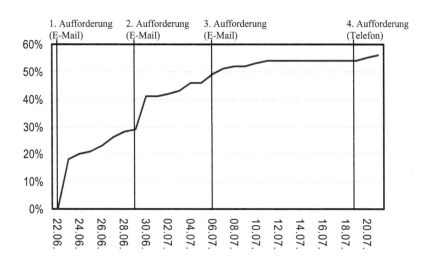

Quelle: Eigene Darstellung

Die schließlich befragten Klimaforscher spiegeln die Vielfalt der Einzeldisziplinen in der Klimaforschung wider, zeigen zugleich eine Konzentration auf die Fächer Chemie, Physik, Geologie und Meteorologie (vgl. Abbildung 2). Ein häufiges Argument gegen den Einsatz von Online-Umfragen ist, dass ältere Menschen nach wie vor schlechter über E-Mail zu erreichen sind als jüngere. Dass dies auf die Klimaforscher nicht zutrifft, zeigt die ausgewogene Altersstruktur der Befragten: 19 Prozent der befragten Professoren sind zwischen 30 und 45, 42 Prozent sind zwischen 45 und 55 Jahren. 39 Prozent der Klimaforscher sind 56 oder älter.

Abbildung 2: Das fachliche Spektrum der befragten Klimaforscher
– Offene Frage mit drei möglichen Nennungen –

Frage: „Was haben Sie studiert?"

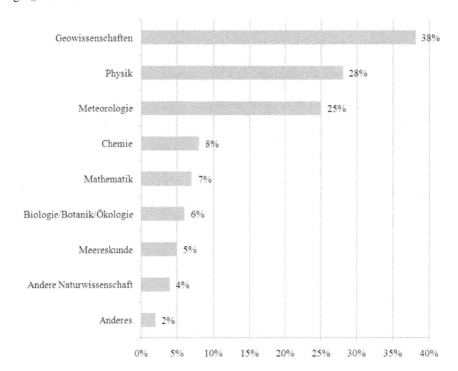

Quelle: Eigene Darstellung.

Der sprunghafte Anstieg der Teilnehmerzahl in den ersten 24 Stunden jeweils nach der ersten und der zweiten schriftlichen Aufforderung zur Teilnahme ist besonders bemerkenswert: Zusammengenommen handelt es sich bei diesen Spontanteilnehmern um 71 Befragte, also um mehr als die Hälfte der 133 Studienteilnehmer. Diese 71 besonders spontanen Teilnehmer kann man den restlichen etwas zögerlicheren 62 Teilnehmern gegenüberstellen. Auf diese Weise wurden Zusammenhänge zwischen der Spontaneität oder Zögerlichkeit bei der Teilnahme und den Ansichten der Befragten zu den Sachfragen der Klimaforschung und zur Klimaberichterstattung sowie ihrem Engagement in der öffentlichen Klimadebatte überprüft.

Die spontanen und die zögerlichen Teilnehmer unterscheiden sich nicht in ihren Ansichten zum Sachstand der Klimaforschung. In beiden Gruppen sind die Ansichten zu den Ursachen des Klimawandels, zu seinen Gefahren, zu den Klimaschwankungen der Vergangenheit und zur Berechenbarkeit des Klimas ähnlich verteilt. Sie unterscheiden sich auch nicht in ihren Ansichten zur Klimaberichterstattung. In beiden Gruppen gibt es jeweils ähnlich viele Klimaforscher, die meinen, die Medien berichteten zu viel oder zu wenig über die menschlichen Ursachen des Klimawandels, oder machten die Notwendigkeit zum Klimaschutz hinreichend oder unzureichend deutlich.

Worin sich die spontanen und die zögerlichen Teilnehmer allerdings unterscheiden, ist ihr Engagement in der öffentlichen Klimadebatte: Diese Unterschiede werden umso größer, je aktiver die Rolle der Klimaforscher in der öffentlichen Debatte ist. Von den spontanen und den zögerlichen Teilnehmern berichten fast alle (97 % und 93 %), dass die Medien schon „oft" oder „gelegentlich" über „ihre wissenschaftlichen Arbeiten berichtet" haben. Hier gibt es keine Unterschiede. Kleinere Unterschiede ergeben sich bei der Frage, ob die Klimaforscher „in den letzten zwei Jahren mit einem Journalisten über Probleme der Klimaforschung gesprochen" haben. Diese Frage bejahen etwa gleich viele Klimaforscher unter den spontanen (76 %) und den zögerlichen (74 %) Teilnehmern. Die zögerlichen Teilnehmer (26 %) verneinen diese Frage verglichen mit den spontanen (17 %) jedoch relativ häufig.

Tabelle 1: **Zusammenhang zwischen der Spontaneität der Teilnahme und dem aktiven Engagement in der öffentlichen Klimadebatte**

Frage: „Haben Sie schon einmal einen Beitrag über die Klimaentwicklung in den Medien veröffentlicht?"

	Spontane Teilnehmer (n=71) %	Zögerliche Teilnehmer (n=62) %	Summe (n=133) %
„Ja, oft."	7	5	6
„Ja, gelegentlich."	43	30	37
„Nein, nie."	46	66	55
Keine konkrete Angabe	4	-	2
Summe*	100	101	100

* Rundungsfehler bei Werten abweichend von 100 %.

Am deutlichsten werden die Unterschiede bei der Frage, ob die Klimaforscher selbst schon einmal „einen Beitrag über die Klimaentwicklung in den Medien veröffentlich haben" (Tabelle 1). Insgesamt 50 Prozent der spontanen Teilnehmer berichten, sie hätten „oft" oder „gelegentlich" „einen Beitrag über die Klimaentwicklung in den Medien veröffentlicht". Bei den zögerlichen Teilnehmern sind dies nur 35 Prozent. Umgekehrt hat die Mehrheit der zögerlichen Teilnehmer (66 %) den eigenen Angaben zufolge noch „nie" einen Beitrag in den Medien veröffentlicht. Bei den spontanen Teilnehmern sind dies hingegen nur 46 Prozent.

Insgesamt stehen die Klimaforscher in sehr regem Kontakt mit den Medien. Nur sehr wenige Klimaforscher verneinen, in Kontakt mit Journalisten zu stehen oder mit den eigenen Forschungsergebnissen von den Medien aufgegriffen worden zu sein. Unterschiede zwischen den 71 spontanen und den 62 zögerlichen Teilnehmern ergeben sich durch ihre Motivation, sich selbst aktiv in die öffentliche Klimadebatte einzubringen. Diese Unterschiede sind unabhängig von ihren Interpretationen des Sachstands der Klimaforschung und von ihren Ansichten zur Klimaberichterstattung.

5.   Diskussion

Die Klimaforscher zeigten in der Online-Befragung zum Wissensstand der Klimaforschung und zur Qualität der Klimaberichterstattung eine sehr hohe Teilnahmebereitschaft. Aus ihren Reaktionen und aus der Rücklaufentwicklung kann man für die Umfrageforschung einige Folgerungen und Forschungsfragen ableiten. Sie betreffen erstens die *Erreichbarkeit* von Wissenschaftlern bei Expertenbefragungen und zweitens den Einfluss, den das *Engagement* der Befragten für das Befragungsthema auf ihre Teilnahmebereitschaft hat.

Die angeschriebenen Professoren waren durchweg sehr gut per E-Mail zu erreichen. Auf einzelne E-Mail-Kontakte reagierten nicht nur die Befragungsteilnehmer, sondern auch viele derjenigen, die aus verschiedenen Gründen ihre Teilnahme an der Befragung ablehnten. Vereinzelte Wissenschaftler bemerkten in ihren Antworten, dass sie die Aufforderung zur Teilnahme im Ausland erreicht hatte. Dies ist ein Hinweis darauf, dass E-Mails für einige Wissenschaftler ein mobiles Kommunikationsmittel sind, über das sie durchgängig zu erreichen sind. Telefonisch waren die Klimaforscher hingegen nur sehr vereinzelt in ihren Büros anzutreffen. Dies hing zum Teil vermutlich auch mit dem Zeitpunkt der Telefonerhebung zu Beginn der vorlesungsfreien Zeit zusammen. Dennoch kann man für die Befragung der Klimaforscher festhalten, dass die Kontaktaufnahme per E-Mail gegenüber dem Telefon der weitaus sicherere Modus war. Man kann davon ausgehen, dass das Internet bei Wissenschaftlerbefragungen ein in hohem Maße geeigneter Kommunikationsmodus ist, weil er dem mobilen und flexiblen Arbeitsalltag der Wissenschaftler am meisten entgegen kommt.[32]

Die Teilnahmebereitschaft und die Reaktionsgeschwindigkeit der Klimaforscher waren außerordentlich hoch. Ihre zahlreichen und teilweise ausführlichen Kommentare dokumentierten ihr großes Interesse an der Studie. An den Reaktionen mancher Klimaforscher wurde deutlich, dass sie durchaus erwarteten, dass die Studie nach ihrer Fertigstellung öffentliche Aufmerksamkeit erlangen würde. Nicht nur die hohe Teilnahmebereitschaft, sondern auch die Spontaneität des Antwortverhaltens eines Großteils der Studienteilnehmer waren in der Online-Befragung der Klimaforscher augenfällig. Jeweils nach der ersten und der zweiten Aufforderung zur Teilnahme stieg der Rücklauf sprunghaft während der ersten 24 Stunden an. Mehr als die Hälfte aller Studienteilnehmer antworteten an diesen beiden Tagen der vierwöchigen Feldphase.

Alle Befragten berichteten, dass sie in regem Kontakt zu den Medien stehen. Eine Gegenüberstellung der spontanen und zögerlichen Studienteilnehmer zeigte aber, dass eine hohe Antwortgeschwindigkeit der Teilnehmer mit einem besonders hohen Engagement in der öffentlichen Klimadebatte einherging. Die Antwortgeschwindigkeit der Teilnehmer war

---

[32]   Vgl. auch den Beitrag von Schützenmeier und Bußmann im vorliegenden Band.

zudem unabhängig von ihren fachlichen Ansichten zum Wissensstand der Klimaforschung und von ihrer Kritik an der Klimaberichterstattung. Dies ist ein Hinweis darauf, dass die Kritiker und die Befürworter der aktuellen Klimadebatte in ähnlichem Maße zur Teilnahme an der Umfrage motiviert waren.

Wenn man die Spontaneität der Teilnahme als einen Indikator für eine besonders hohe Teilnahmebereitschaft ansieht, kann man daraus folgern, dass die Aktivität in der öffentlichen Debatte sich positiv auf die Bereitschaft, an der Befragung teilzunehmen, auswirkte. Dies schlug sich generell in der Teilnahmebereitschaft der Klimaforscher und bei den spontanen Teilnehmern auch in ihrer Antwortgeschwindigkeit nieder. Möglicherweise war ihre Teilnahme für einige auch ein Weg, auf die Studienergebnisse zum Wissensstand der Klimaforschung und zu den Mediendarstellungen und somit auf die Inhalte der öffentlichen Klimadebatte einzuwirken.

Van Kenhove, Wijnen und De Wulf wiesen für postalisch-schriftliche Befragungen einen positiven Einfluss des Engagements für das Befragungsthema auf die Teilnahmebereitschaft nach.[33] Das Engagement hatte hingegen keinen Einfluss auf die Antwortgeschwindigkeit der Befragungsteilnehmer.[34] In der Online-Umfrageforschung sollte die Annahme, dass das thematische Engagement einen Einfluss auf die Antwortgeschwindigkeit der Befragten hat, noch einmal aufgegriffen und getestet werden. Bei Online-Befragungen und Teilnahmeaufforderungen, die per E-Mail verschickt werden, ist die spontane Entscheidung für die Teilnahme möglicherweise ausschlaggebend für die Teilnahmebereitschaft. Dies ist plausibel, wenn man die Geschwindigkeit des Kommunikationsmodus Internet und das persönliche Mailbox-Management bedenkt. Häufig erhalten Menschen, die gut über E-Mail zu erreichen sind, regelmäßig eine Fülle von E-Mails, die sie täglich abarbeiten. Hier lässt sich folgende Annahme aufstellen: Je länger die E-Mail mit einer Aufforderung zur Teilnahme an einer Online-Befragung unbeachtet bleibt, desto geringer wird die Wahrscheinlichkeit der Teilnahme. Das Verhältnis zwischen dem Engagement für das Befragungsthema und der Antwortgeschwindigkeit einerseits und das Verhältnis zwischen der Antwortgeschwindigkeit und der Teilnahmebereitschaft andererseits wären vermutlich lohnenswerte Ansatzpunkte in der Online-Umfrageforschung.

Literatur

Bray, D., von Storch, H. & Rau, S. (2005): Der Klimawandel. Sichtweisen und Interpretationen. Ergebnisse des Projektes. Gekürzte Fassung, abrufbar unter http://www.dmgev.de/gesellschaft/aktivitaeten/pdf/klima-wandel.pdf.

Bundesministerium für Bildung und Forschung (2003): Herausforderung Klimawandel. Berlin: BMBF.

Cook, C., Heath, F. & Thompson, R. L. (2000): A Meta-Analysis of Response Rates in Web- or Internet-Based Surveys. In: Educational and Psychological Measurement, 60, S. 821-836.

Dillman, D. A. (2007): Mail and Internet Surveys: The Tailored Design Method. Hoboken.

Dumont, K., Neumann, J. & Frindte, W. (2002): Determinantem der E-Mail-Nutzung bei Wissenschaftlern. In: Zeitschrift für Medienpsychologie, 14, S. 23-33.

Heerwegh, D. (2005): Effects of Personal Salutations in E-Mail Invitiations to Participate in a Web Survey. In: Public Opinion Quarterly, 69, S. 588-598.

---

[33]   Vgl. Van Kenhove, Wijnen & De Wulf 2002.
[34]   Vgl. Van Kenhove, Wijnen & De Wulf 2002.

Hegelson, J. G., Voss, K. E. & Terpening, W. D. (2002): Determinants of Mail-Survey Response: Survey Design Factors and Respondent Factors. In: Psychology & Marketing, 19, S. 303-328.

Houghton, J. (2004): Global Warming. The Complete Briefing. Cambridge.

Kepplinger, H. M. (2007): Reciprocal Effects: Toward a Theory of Mass Media Effects on Decision Makers In: International Journal of Press/Politics, 12, S. 3-23.

Kepplinger, H. M. & Post, S. (2008): Der Einfluss der Medien auf die Klimaforschung. In: Natur und Geist. Das Forschungsmagazin der Johannes Gutenberg-Universität Mainz, 24, S. 25-28.

Mangini, A.: Ihr kennt die wahren Gründe nicht. Am Freitag erscheint der zweite Teil des Weltklimaberichts – Warum ich Einspruch erhebe. In: Frankfurter Allgemeine Zeitung vom 5.4.2007, S. 35.

Merton, R. K. (1985): Entwicklung und Wandel von Forschungsinteressen: Aufsätze zur Wissenschaftssoziologie. Frankfurt/Main.

Peters, H.-P. & Heinrichs, H. (2005): Öffentliche Kommunikation über Klimawandel und Sturmflutrisiken. Bedeutungskonstruktion durch Experten, Journalisten und Bürger. Forschungszentrum Jülich.

Post, S. (2008): Klimakatastrophe oder Katastrophenklima? Die Berichterstattung über den Klimawandel aus Sicht der Klimaforscher. München.

Rahmstorf, S. (2007): Die Wahrheit zum Klima. In: Frankfurter Allgemeine Zeitung vom 10.4.2007, S. 35.

Schnell, R., Hill, P. B. & Esser, E. (2005): Methoden der empirischen Sozialforschung. 7. völlig überarbeitete und erweiterte Auflage. München und Wien.

Schützenmeier, F. & Bußmann, M. (2008): Online-Befragungen in der Wissenschaftsforschung. Beitrag im vorliegenden Band.

Van Kenhove, P., Wijnen, K. & De Wulf, K. (2002): The Influence of Topic Involvement on Mail-Survey Response Behavior. In: Psychology & Marketing, 19, S. 293-301.

Weingart, P., Engels, A. & Pansegrau, P. (2000): Risks of Communication. Discourse on Climate Change in Science, Politics, and the Mass Media. In: Public Understanding of Science, 9, S. 261-283.

Wijnen, K., Vermeir, I. & Van Kenhove, P. (2007): The Relationships between Traits, Personal Values, Topic Involvement, and Topic Sensitivity in a Mail Survey Context. In: Personality and Individual Differences, 42, S. 61-73.

Zwischenstaatlicher Ausschuss für Klimaänderung: Klimaänderung 2001 (2002a): Zusammenfassungen für politische Entscheidungsträger, Bern.

Zwischenstaatlicher Ausschuss für Klimaänderung: Klimaänderung 2001 (2002b): Synthesebericht, Bern.

Vergleich verschiedener Befragungszeiträume bei Online-Befragungen von Betroffenen mit Essstörungen und deren Angehörigen[1]

Von Dorette Wesemann, Alexandra Grunwald & Martin Grunwald

1. Einführung

Essstörungen wie Magersucht (Anorexia Nervosa), Ess-Brech-Sucht (Bulimia Nervosa) und Binge Eating Disorder sind insbesondere bei Jugendlichen und jungen Erwachsenen weit verbreitete, zum großen Teil chronisch verlaufende psychische Erkrankungen. Aktuelle Übersichtsstudien schätzen die Inzidenz in den westlichen Industrieländern auf 8 Neuerkrankungen je 100.000 Personen pro Jahr für Magersucht und 13 Neuerkrankungen je 100.000 Personen pro Jahr für Ess-Brech-Sucht.[2] Darüber hinaus sind auch andere Formen gestörten Essverhaltens verbreitet, die nicht alle diagnostische Kriterien einer dieser beiden Erkrankungen erfüllen. Trotz spezialisierter Präventions- und Therapieprogramme, sowie zunehmender Aufklärung und Problematisierung der Gefahr von Essstörungen in den Medien werden die Erfolge von Interventionen kritisch eingeschätzt.[3] Nur etwa 6 Prozent der Betroffenen mit Ess-Brech-Sucht und etwa ein Drittel der Betroffenen von Magersucht suchen eine Beratungsstelle auf oder nutzen ein ambulantes oder stationäres Therapieangebot; sie bleiben langfristig unbehandelt.[4] Essstörungen gehen regelmäßig mit Scham- und Schuldgefühlen und infolgedessen mit einem hohen Maß an sozialer Isolation einher.[5] Die frühestmögliche Einbindung der Betroffenen in Angebote professioneller Beratung und Intervention ist allerdings aufgrund der gravierenden Folgeschäden, wie Störungen der Regelblutung, Osteoporose, Zahnschäden, Herz-Kreislauferkrankungen und Leber- oder Nierenversagen, besonders geboten. Die Mortalitätsrate aufgrund von Magersucht oder deren Folgeerkrankungen wird auf 10 Prozent geschätzt.[6]

An dieser Stelle setzen internetbasierte Interventionsangebote an. Unter internetbasierter Intervention verstehen wir Angebote der Behandlung psychischer und psychosomatischer Störungen mit psychologischen Mitteln über das Medium Internet.[7] Internetbasierte Interventionen können beispielsweise als moderierte Gruppenchats, einmalige, SSL-verschlüsselte Online-Beratungen, längerfristige begleitende E-Mail-Kontakte oder multimodale Therapieprogramme realisiert werden. Viele dieser Angebote wurden für ambulante oder

---

[1] Dieser Beitrag wurde durch Mittel der Deutschen Forschungsinitiative Essstörungen e.V., der Unabhängigen Patientenberatung Deutschland gGmbH, sowie durch die Medizinische Fakultät der Universität Leipzig unterstützt.

[2] Vgl. Hoek 2006; Hoek & van Hoeken, 2003.
[3] Vgl. z.B. Fairburn & Harrison, 2003: 409.
[4] Vgl. Hoek 2006: 392.
[5] Vgl. Fairburn & Harrison 2003: 407; 408.
[6] Vgl. Hoek 2006: 391.
[7] Vgl. Ott 2003: 129.

stationäre Patienten entwickelt[8]; andere Interventionen wurden als niederschwellige Angebote konzipiert, die für eine breite Zielgruppe offen sind.[9]

Betroffene von Essstörungen sind eine der größten Zielgruppen internetbasierter Interventionen.[10] Aufgrund ihres Geschlechts (weiblich) und Alters (im Durchschnitt 15-35 Jahre) gehört das Medium Internet für essgestörte Patientinnen zum Alltag.[11] Internetbasierte Interventionsangebote werden besonders stark akzeptiert, weil die Anonymität, die für Betroffene von Essstörungen eine große Bedeutung hat, im Internet gewährleistet werden kann.[12] Evaluationen und Effektanalysen dieser Angebote zeigten günstige Wirkungen, z.B. die Verbesserung des Körperselbstbildes der Betroffenen[13], die Reduktion emotionaler Belastungen[14] und die Erhöhung der Akzeptanz weiterführender Interventionen.[15]

Evaluationen internetbasierter Interventionsangebote wurden bislang zumeist in Form von Online-Befragungen vorgenommen. Allerdings sind die Ergebnisse dieser Untersuchungen kaum zu generalisieren. Zunächst differieren die zugrunde liegenden internetbasierten Interventionen in vielen Punkten. Ein systematischer Vergleich unterschiedlicher internetbasierter Settings wurde bisher nicht durchgeführt; es wurden Vergleiche von Online- und Offline-Interventionen vorgenommen.[16] Die Drop-Out-Raten während der Intervention wurden nur in wenigen Arbeiten näher untersucht. Hohe Drop-Out-Raten bis über 50 Prozent wurden häufig registriert.[17] Bei niederschwelligen Angeboten scheinen höhere Drop-Out-Raten aufzutreten.[18] Darüber hinaus blieb bei der Durchführung von Online-Befragungen eine Reihe von methodischen Fragen ungeklärt.

Der vorliegende Beitrag geht auf die methodischen Aspekte von Online-Befragungen zu internetbasierten Interventionen ein. Die Grundlage der Ausführungen bilden 28 Originalstudien und 4 Meta-Analysen[19] zu internetbasierten Interventionen, die seit dem Jahr 2000 in internationalen Fachzeitschriften publiziert worden sind. Die referierten Studien spiegeln quantitativ nicht exakt, aber in den wesentlichen Inhalten den aktuellen Stand der Forschung wider. Ein besonderes Augenmerk wurde auf Untersuchungen zu Essstörungen gelegt.

2.   Online-Befragungen zu internetbasierten Interventionen

Die methodischen Aspekte der Untersuchungen zu internetbasierten Interventionen selbst unterlagen bisher selten einer umfassenden Analyse. Zunächst lassen sich die Erhebungen hinsichtlich ihrer Methodik in standardisierte Befragungen, Betroffenen- und Experteninterviews, Logfileanalysen und Inhaltsanalysen unterteilen. Die folgenden Ausführungen

---

[8]   Vgl. z.B. Yager 2001; Wolf et al. 2005.
[9]   Vgl. z.B. Grunwald & Busse 2003; Grunwald & Wesemann 2007, 2006b, Wesemann & Grunwald 2008.
[10] Vgl. Ott 2003: 136. Weiterhin wurden Verfahren für depressive Störungen, Angststörungen, Suchterkrankungen und Posttraumatische Belastungsstörungen entwickelt.
[11] Vgl. Eichenberg 2004: 82.
[12] Vgl. Grunwald 2003: 191; Grunwald & Wesemann 2006b: 222.
[13] Vgl. Winzelberg et al. 2000.
[14] Vgl. Zabinski et al. 2004.
[15] Vgl. Robinson & Serfaty 2003; Grunwald & Wesemann 2006b; Wesemann & Grunwald 2008.
[16] Vgl. Wantland et al. 2004.
[17] Vgl. z.B. Andersson et al. 2002; Lenert al. 3003; Ljotsson et al. 2007. Einen Überblick dazu geben Ott 2003; Hänggi 2006.
[18] Vgl. Hänggi 2006: 175.
[19] Vgl. Ott 2003; Copeland & Martin 2004; Wantland et al. 2004; Ybarra & Eaton 2005.

beziehen sich nur auf standardisierte Befragungen zur Evaluation internetbasierter Interventionen.

Überblicksarbeiten verglichen die einschlägigen Untersuchungen zumeist nach *allgemeinen methodischen Standards* wie Randomisierung und Kontrollgruppendesign. Die Anzahl derjenigen Studien, die diesen Ansprüchen genügen, ist in den letzten Jahren kontinuierlich gestiegen.[20] Die *Rücklaufquoten* und deren Einflussfaktoren bei Evaluationen zu internetbasierten Interventionen wurden bisher nicht in Meta-Analysen einbezogen. Der Erkenntnisstand und die Fragestellungen der Online-Forschung zu diesem Thema wurden kaum in die Methodendiskussion integriert. Bei den einzelnen Untersuchungen divergieren die Rücklaufquoten teilweise erheblich. Carrard et al. berichten bei n=45 Teilnehmern von einem Rücklauf von 64 Prozent für die Postmessung und von 51 Prozent bei der Follow-up-Untersuchung.[21] Richards & Alvarenga verzeichneten bei n=14 Teilnehmern keinen Abbruch bei Post- und Follow-up-Untersuchung.[22] Bei einer Studie mit vier Follow-ups wurde zunächst ein Anstieg, dann eine Reduktion der Rücklaufquoten verzeichnet. Das erste Follow-up nach vier Wochen betrug 53 Prozent (n=158), das zweite Follow-up nach acht Wochen bereits 65 Prozent, das dritte Follow-up nach 16 Wochen 66 Prozent und nach 32 Wochen 59 Prozent der Teilnehmer.[23] Als wichtige Einflussgrößen auf den Rücklauf lassen sich der Befragungsmodus, die Motivation der Teilnehmer und der zeitliche Abstand der Untersuchung zur Intervention benennen:

a) Befragungsmodus
Die Durchführung der Evaluationen erfolgte in unterschiedlichen Modi. Zumeist wurden Online-Befragungen[24] (Web-basierte und E-Mail-basierte Befragungen) an die Intervention angeschlossen. Vereinzelt wurden aber auch Offline-Befragungen mittels Postzustellung[25] durchgeführt.

b) Motivation
Darüber hinaus wurde vereinzelt auch der Einsatz von Motivatoren (z.B. Gutscheine[26], Rückfragen über Telefon und E-Mail[27]) genutzt, um den Rücklauf bei Online-Befragungen zu erhöhen. Hänggi wies anhand personalisierter Webseitenaufrufe nach, dass die Befragungsteilnehmer zu den Hochmotivierten des vom Autor evaluierten Anti-Stress-Trainings gehörten.[28]

c) Zeitlicher Abstand Befragung - Intervention
Die von uns betrachteten Untersuchungen divergierten hinsichtlich des Untersuchungsdesigns. Studien niederschwelliger Angebote wurden als Ex-post-facto-Untersuchungen durchgeführt[29]; weiterhin existieren Prä-Post-Vergleiche[30], und in den weitaus meisten

---

[20] Vgl. z.B. Ott 2003; Wantland et al. 2004.
[21] Vgl. Carrard et al. 2006.
[22] Vgl. Richards & Alvarenga 2002.
[23] Vgl. Clarke et al. 2002.
[24] Vgl. z.B. Zabinski 2001, 2004; Robinson & Serfaty 2001, 2003; Anderson et al. 2005; Grunwald & Wesemann 2006a, b.
[25] Vgl. z.B. Wolf et al. 2005; Kordy et al. 2006.
[26] Vgl. Clarke et al. 2002.
[27] Vgl. Patten 2003.
[28] Vgl. Hänggi 2006: 175.
[29] Vgl. z.B. Grunwald & Wesemann 2006b; Wesemann & Grunwald 2008.

der von uns betrachteten Untersuchungen wurden zusätzlich eine oder zwei Follow-up-Messungen vorgenommen.

Der zeitliche Abstand der Follow-up-Messungen zur durchgeführten Online-Intervention variierte stark. Der geringste Zeitabstand betrug laut derzeitigem Kenntnisstand ein Monat nach Ende der Intervention[31], es wurden aber auch Befragungen nach eineinhalb Monaten[32], drei[33], vier[34], sechs[35], acht[36], neun[37] oder 12[38] Monaten durchgeführt. Der Drei-Monatsabstand wurde demnach am häufigsten für Follow-up-Messungen gewählt.

Es wurde bereits gezeigt, dass der zeitliche Abstand zwischen Online-Befragungen und internetbasierter Intervention einen Einfluss auf das Antwortverhalten der Teilnehmer hat. Bei zunehmendem Abstand zur Intervention verringerten sich die Rücklaufquoten teilweise erheblich, wodurch auf Einbußen in der Repräsentativität der Ergebnisse geschlussfolgert werden kann.[39] Die unterschiedlichen Rücklaufquoten lassen auf spezifische Zielgruppen schließen, die sich in ihren Charakteristika zum Einen von der Gesamtzahl der Teilnehmer der internetbasierten Intervention, zum Anderen auch von den Teilnehmern ähnlicher anderer Interventionen unterscheiden. Derartige, durch den Zeitabstand zwischen Online-Befragung und Intervention bedingte Verzerrungen würden demzufolge zu einer eingeschränkten Aussage über die Effektivität internetbasierter Interventionen und zu einer verringerten Vergleichbarkeit von Untersuchungen führen.

3. Fragestellung

Die Grundlage der für den vorliegenden Beitrag formulierten Fragestellung bildeten die Online-Befragungen zur Erfassung der Wirkung einer spezifischen internetbasierten Intervention, der Online-Beratung des *ab-server*. Der von der Deutschen Forschungsinitiative Essstörungen (DFE e.V.) in Zusammenarbeit mit der Medizinischen Fakultät der Universität Leipzig gegründete *„Informations- und Beratungsserver zu Anorexia nervosa und Bulimia nervosa"* (www.ab-server.de) stellt für Betroffene von Essstörungen und deren Angehörige eine kostenfreie Online-Beratung zur Verfügung. Interessierte Personen können per SSL-Verschlüsselung anonymen Kontakt zu professionellen Online-Beratern aufnehmen.[40]

---

[30] Vgl. Winzelberg et al. 2000.
[31] Vgl. Ström, Pettersson & Andersson 2000; Woodruff et al. 2001; Clarke et al. 2002.
[32] Vgl. Lange et al. 2001; Clarke et al. 2002.
[33] Vgl. Winzelberg et al. 2000; Robinson & Serfaty 2003; Tate, Wing & Winett 2001; Richards & Alvarenga 2002; Patten 2003.
[34] Vgl. Celio et al. 2000; Clarke et al. 2002.
[35] Vgl. Harvey-Berino et al. 2002; Anderson et al. 2005; Hänggi 2006.
[36] Vgl. Clarke et al. 2002.
[37] Vgl. Krishna et al. 2003.
[38] Vgl. Andersson et al. 2002.
[39] Vgl. Grunwald & Wesemann 2006b: 222.
[40] Eine ausführliche Beschreibung des Projektes und der Online-Beratung findet sich bei Grunwald (2003) und Grunwald, Wesemann & Krause (2006). Es wurden bereits Evaluationen der Online-Beratung durch Online-Befragungen durchgeführt (Wesemann & Grunwald 2008; Grunwald & Wesemann 2006a; 2006b).

276

Im vorliegenden Beitrag werden nun zwei Online-Befragungsstrategien verglichen, die sich hinsichtlich des zeitlichen Abstands zwischen Intervention (Online-Beratung) und Online-Befragung unterscheiden:

a) *„Post-Blockerhebung"*: variabler zeitlicher Abstand zwischen Online-Beratung und Online-Befragung (drei Monate bis zwei Jahre);

b) *„Post-Punkterhebung"*: standardisierter zeitlicher Abstand von drei Monaten (90 Tagen) zwischen Online-Beratung und Online-Befragung.

Die Erhebungen wurden im Rahmen von Ex-post-facto-Designs, d.h. nicht im Prä-Post-Vergleich umgesetzt. Ebenso entfielen weitere Nacherhebungen (Follow-ups). Dieses Vorgehen wurde gewählt, um den Zugang zu der Online-Beratung nicht durch zusätzliche Barrieren zu verstellen, wie z.B. durch Befragungen im Vorfeld (Prä-Messungen), die mit einer partiellen Aufgabe der Anonymität verbunden sind.

Die zwei Erhebungsstrategien werden im vorliegenden Beitrag hinsichtlich ihrer Auswirkungen auf Aspekte der Repräsentativität der Ergebnisse untersucht. Zum Einen wird vermutet, dass die Motivation, an der Online-Befragung teilzunehmen, durch den konstant geringen Zeitabstand bei der Post-Punkterhebung im Vergleich zur Post-Blockerhebung erhöht war, was positive Auswirkungen auf die Rücklaufquoten sowie auf andere Aspekte des Antwortverhaltens (fehlerhaft bzw. unvollständig ausgefüllte Fragebögen, Ansehen des Fragebogens ohne Beantwortung, freiwillige Angaben) haben sollte. Durch die Erhöhung des Rücklaufs korrekt ausgefüllter Fragebögen wird eine bessere Ausschöpfung der Stichprobe der Befragungsteilnehmer erwartet, so dass die Ergebnisse der Online-Befragung einen präziseren Rückschluss auf die Einschätzungen der Ratsuchenden zulassen.

Zum Anderen wird angenommen, dass zwischen Post-Blockerhebung und Post-Punkterhebung Unterschiede in grundlegenden Charakteristika der Teilnehmergruppen (Alter, Geschlecht, Vorerfahrung mit professioneller Hilfe) bestehen, die Ausdruck spezifischer Selektionsprozesse sein können. Vermutlich haben an der Post-Blockerhebung überdurchschnittlich viele hochmotivierte Personen, Erwachsene und / oder Personen teilgenommen, die von der Online-Befragung in hohem Maße profitiert haben, da sich das Ausfüllen des Fragebogens durch die teilweise bereits lang zurückliegende Intervention möglicherweise schwierig gestaltete. In der Post-Punkterhebung sollten diese Effekte durch den konstant geringen Zeitabstand minimiert werden, so dass sich hier ein stärker durchmischtes und damit repräsentativeres Abbild der ratsuchenden Betroffenen und Angehörigen ergibt. Die Unterschiede zwischen den Stichproben der Post-Block- und Post-Punkterhebung sollten in den Unterschieden bei den persönlichen Angaben erkennbar sein.

4.   Methodik

Zur Erfassung der Wirkung und der Effekte der Online-Beratung des ab-server wurden zwei Online-Fragebögen a) für Betroffene von Essstörungen sowie b) für Angehörige konstruiert. Diese Fragebögen enthielten 17 Items, wobei es sich ausschließlich um geschlossene Fragen mit Antwortvorgaben handelte. Teilweise waren Mehrfachantworten möglich.

Abbildung 1: Erhebungsmodi der Post-Block- und Post-Punkterhebung

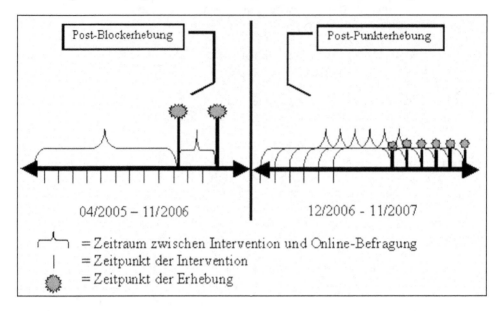

Quelle: Eigene Darstellung

Betroffene und Angehörige, die die Online-Beratung in Anspruch nehmen wollten, erhielten die Möglichkeit, ihr freiwilliges Einverständnis zur Teilnahme an einer Online-Befragung abzugeben. Diese Ratsuchenden konnten eine E-Mail-Adresse angeben, an die zum entsprechenden Erhebungstermin die Anfragen zur Teilnahme an der Online-Befragung versandt wurden. Diese Anfragen enthielten zwei Links, die jeweils auf die Online-Fragebögen für Betroffene und für Angehörige verwiesen. Die Zuordnung zu den Gruppen „Betroffene" und „Angehörige" oblag somit den Adressaten selbst.

Von April 2005 bis November 2006 wurden die Effekte der Intervention zu zwei Terminen erfasst („Post-Blockerhebung"). Die Anfragen wurden bei dieser Erhebungsform zum Stichtag an alle Ratsuchenden verschickt, unabhängig davon, wie lange die Intervention zurücklag. Der Abstand zwischen Intervention und Online-Befragung betrug mindestens drei Monate bis zu zwei Jahre. Von Dezember 2006 bis November 2007 wurde die Online-Befragung jeweils drei Monate (90 Tage) nach der Intervention angefragt („Post-Punkterhebung"). In Abbildung 1 sind die zwei Befragungsstrategien schematisch dargestellt.

Bei der *Post-Blockerhebung* wurden insgesamt 728 Anfragen zur Teilnahme an der Online-Befragung versandt, von denen 671 Anfragen (92,2 Prozent) korrekt zugestellt werden konnten. Insgesamt 168 Teilnehmer füllten den Online-Fragebogen vollständig und korrekt aus, weitere 20 Teilnehmer füllten den Online-Fragebogen unvollständig oder unkorrekt aus, und 78 Personen sahen sich den Online-Fragebogen lediglich an, ohne ihn auszufüllen (siehe Tabelle 1).

Tabelle 1:   **Daten zur Erhebung und zum Antwortverhalten der Teilnehmer**

	Post-Blockerhebung		Post-Punkterhebung		Gesamt	
	N	Anteil / Anfragen Post-Block-erhebung (%)	N	Anteil / Anfragen Post-Punkt-erhebung (%)	N	Anteil / Anfragen Gesamt (%)
Versandte Anfragen	728	100,0	343	100,0	1071	100,0
Korrekte Zustellung	671	92,2	331	96,5	1002	93,6
Korrekt ausgefüllte Fragebögen	168	63,1	127	76,5	295	68,3
Fehlerhaft ausgefüllte Fragebögen	20	7,5	5	3,0	25	5,7
Nur ange-sehene Fragebögen	78	29,3	34	20,5	112	25,9

N   Anzahl der Teilnehmer

Im Zeitraum der *Post-Punkterhebung* wurden insgesamt 343 Anfragen zur Teilnahme an der Online-Beratung versandt. Von diesen konnten 96,5 Prozent korrekt zugestellt werden, die von 127 Personen vollständig und von 5 Personen fehlerhaft bzw. unvollständig ausgefüllt wurden. 34 Personen sahen sich den Fragebogen an, ohne ihn auszufüllen (siehe Tabelle 1). Aus der Differenz der korrekt zugestellten Anfragen zu korrekt und fehlerhaft ausgefüllten Fragebögen ergibt sich ein Gesamtrücklauf der Online-Befragung von 31,9 Prozent.

5.   Ergebnisse

5.1.   Vergleich der Rücklaufquoten

Zur Feststellung der Rücklaufquoten wurde der Quotient von verschickten Anfragen zur Online-Befragung und insgesamt ausgefüllten Fragebögen gebildet. Für die Post-Blockerhebung ergab sich ein Rücklauf von 28,0 Prozent, für die Post-Punkterhebung wurde ein Rücklauf von 39,9 Prozent festgestellt. Dieser Unterschied zwischen den Rücklaufquoten wurde mittels Chi²-Test nach Pearson statistisch geprüft. Es wurde ein statistisch hochsignifikanter Unterschied nachgewiesen (Chi²=14,35; p $\leq$ 0,001). Des Weiteren wurden innerhalb der Post-Blockerhebung die Rücklaufquoten dreier Gruppen mit unterschiedlichen Zeitabständen zwischen Intervention und Online-Befragung berechnet. Für den Zeitabstand > 9 Monate (n=263) betrug der Rücklauf 25 Prozent, für den Zeitabstand vier bis neun Monate (n=299) war ein Rücklauf von 31 Prozent zu verzeichnen, und bei einem Zeitabstand von kleiner oder gleich vier Monaten (n=440) wurde ein Rücklauf von 35 Prozent festgestellt, d.h. der Rücklauf erhöhte sich bei geringer zeitlicher Distanz. Die Unterschiede zwischen den drei Gruppen waren signifikant (Chi²= 6,16; p=0,046).

5.2. Vergleich des Antwortverhaltens der Befragungsteilnehmer

Zum Vergleich des Antwortverhaltens der Teilnehmer wurden die Häufigkeiten der korrekt ausgefüllten, der fehlerhaft bzw. unvollständig ausgefüllten und der nur angesehenen Fragebögen der Post-Blockerhebung und der Post-Punkterhebung verglichen und mit Chi²-Tests auf Signifikanz geprüft. Hypothesenkonform ließ sich feststellen, dass der Anteil der fehlerhaft ausgefüllten und nur angesehenen Fragebögen in der Post-Punkterhebung geringer war als in der Post-Blockerhebung (siehe Tabelle 1). Der Anteil korrekt ausgefüllter Fragebögen in der Post-Punkterhebung lag deutlich höher. Allerdings konnte nur für die Unterschiede bei den korrekt ausgefüllten Fragebögen ein signifikanter Effekt nachgewiesen werden (Chi²=18,96; p ≤ 0,001). Bei fehlerhaft bzw. unvollständig ausgefüllten Fragebögen (Chi²=1,97; p=0,161) sowie nur angesehenen Fragebögen (Chi²=0,41; p=0,523) wurden keine auf 5 Prozent-Niveau signifikanten Unterschiede zwischen beiden Erhebungsformen festgestellt.

5.3. Vergleich freiwilliger Zusatzangaben

Den Befragten wurde an zwei Stellen innerhalb der Fragebögen die Möglichkeit gegeben, zusätzliche Angaben zu machen. Zum Einen konnten sie ihre Einwilligung zu einer Benachrichtigung über die Ergebnisse der Online-Befragung geben, indem sie ihre E-Mail-Adresse in ein Textfeld eintrugen. Zum Anderen erhielten sie die Möglichkeit, zusätzliche Bemerkungen zur Online-Beratung in einem separaten Textfeld anzufügen. Die Häufigkeit dieser freiwilligen Zusatzangaben wurde für die zwei Erhebungsformen separat erfasst, verglichen und mit Chi²-Tests auf signifikante Unterschiede geprüft. Grundlage dieses Vergleichs bildeten die korrekt ausgefüllten Fragebögen beider Erhebungsformen (N= 295). In Tabelle 2 sind die Ergebnisse der Unterschiedstestung aufgeführt.

Es konnte eine Zunahme der Angabe der E-Mail-Adresse von 63,7 Prozent auf 68,5 Prozent sowie freiwilliger Zusätze in Textfeldern von 9,5 Prozent auf 11,8 Prozent bei der Post-Punkterhebung gegenüber der Post-Blockerhebung festgestellt werden. Allerdings wiesen diese Unterschiede keine Signifikanz auf dem 5 Prozent-Niveau auf.

Tabelle 2:   Vergleich der freiwilligen Angaben der Teilnehmer

Freiwillige Angaben	Post-Blockerhebung		Post-Punkterhebung		Chi²	p
	N	Anteil an Stichprobe Post-Blockerhebung (%)	N	Anteil an Stichprobe Post-Punkterhebung (%)		
E-Mail-Adresse	107	63,7	87	68,5	0,74	0,388
Nutzung von Textfeldern	16	9,5	15	11,8	0,40	0,526
Gesamt	168		166			

N   Anzahl der Teilnehmer
Chi²   Kennwert des statistischen Tests
p   Wahrscheinlichkeit der Annahme der Nullhypothese

5.4. Vergleich von Stichprobencharakteristika

5.4.1. Alter

Grundlage des Vergleichs von Stichprobencharakteristika bildeten die Angaben in den korrekt / vollständig ausgefüllten Fragebögen beider Erhebungsformen (N=295). Da es sich bei den Befragten um zwei heterogene Gruppen von Ratsuchenden handelte, Betroffene von Essstörungen und deren Angehörige, wurden die Auswertungen zu dieser Fragestellung für diese beiden Gruppen getrennt durchgeführt. In Abbildung 2 ist die Altersverteilung der befragten Betroffenen und Angehörigen in der Post-Block- und Post-Punkterhebung dargestellt.

Demnach sind über die Hälfte der befragten Betroffenen (57,9 Prozent der Post-Blockerhebung bzw. 58,7 Prozent der Post-Punkterhebung) unter 25 Jahre alt, gefolgt von der Gruppe der 26-35jährigen (31,7 Prozent der Post-Blockerhebung; 19,6 Prozent der Post-Punkterhebung). Im Vergleich der beiden Erhebungsformen stellten ältere Betroffene in der Post-Punkterhebung einen größeren Anteil.

Für die Stichprobe der befragten Angehörigen ergibt sich ein heterogenes Bild. In der Post-Blockerhebung dominierten die unter 25jährigen (33,3 Prozent) sowie die 26-35-jährigen (26,2 Prozent), während in der Post-Punkterhebung die höchsten Anteile auf die Altersgruppen der 26-35jährigen (34,3 Prozent) und 46-55jährigen (25,7 Prozent) entfielen. Sowohl bei den befragten Betroffenen als auch bei den Angehörigen waren die durchschnittlichen Alterswerte in der Post-Punkterhebung tendenziell höher (siehe Tabelle 3).

Abbildung 2: Altersverteilung der Teilnehmer (Betroffene)

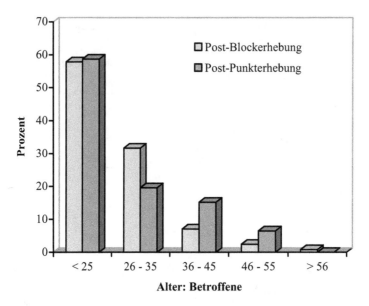

Quelle: Eigene Darstellung

Abbildung 3: Altersverteilung der Teilnehmer (Angehörige)

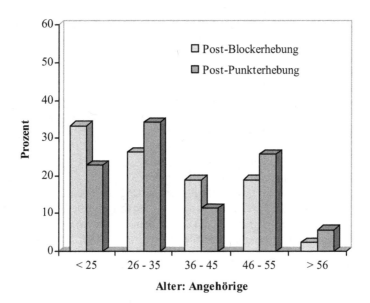

Quelle: Eigene Darstellung.

Tabelle 3: Unterschiede im Alter der Betroffenen und Angehörigen

	Durchschnittliches Alter Post-Blockerhebung	Durchschnittliches Alter Post-Punkterhebung	Mann-Whitney-U	p
Betroffene	26,27	27,68	5439,5	0,438
Angehörige	32,85	36,27	654,5	0,410

Mann-Whitney-U	Kennwert des statistischen Tests
p	Wahrscheinlichkeit der Annahme der Nullhypothese

Die statistische Prüfung der Altersunterschiede in beiden Erhebungsformen ergab sowohl bei den befragten Betroffenen als auch bei den Angehörigen keine signifikanten Altersunterschiede auf dem 5 Prozent-Niveau.

5.4.2. Geschlecht

Bei der Analyse der Geschlechtsverteilung ließ sich erwartungsgemäß sowohl bei den Betroffenen als auch bei den Angehörigen eine Dominanz der weiblichen Befragten feststellen. In der Post-Blockerhebung betrug der Anteil der betroffenen Frauen 98,4 Prozent, in der Stichprobe der Angehörigen waren 64,3 Prozent weiblich. In der Post-Punkterhebung betrug der Anteil weiblicher Betroffener 95,7 Prozent und der Anteil weiblicher Angehöriger 71,4 Prozent. Die statistische Überprüfung mittels des Chi²-Tests nach Pearson ergab keine signifikanten Unterschiede in der Geschlechterverteilung zwischen den Erhebungsformen auf dem 5 Prozent-Niveau (Betroffene: Chi²=2,33; p=0,219; Angehörige: Chi²= 1,88; p=0,505).

5.4.3. Vorerfahrung mit professioneller Hilfe

Weiterhin wurden die Unterschiede zwischen beiden Erhebungsformen in den Angaben der Befragten zu ihrer Erfahrung mit professioneller Hilfe vor der Intervention betrachtet. Den befragten Betroffenen standen auf die entsprechende Frage die Antwortmöglichkeiten „keine Vorerfahrung", „wurde bereits beraten" und „war bereits in therapeutischer Behandlung" zur Verfügung. Den Angehörigen lagen nur die ersten beiden Antwortmöglichkeiten vor. In Tabelle 4 sind die Häufigkeitsverteilungen der Angaben zu dieser Frage aufgeführt.

Den Daten lässt sich entnehmen, dass die Anteile beratungserfahrener Betroffener und Angehöriger unter den Befragten der Post-Punkterhebung höher waren als unter den Befragten der Post-Blockerhebung, wogegen die Anteile von Befragten mit keiner Vorerfahrung geringer ausgeprägt waren. Die mittels Chi²-Tests durchgeführten statistischen Prüfungen ergaben jedoch keine Signifikanz auf dem 5 Prozent-Niveau.

Tabelle 4:   **Unterschiede in der Vorerfahrung mit professioneller Hilfe**

		Anteile an Stichprobe Post-Blockerhebung (%)	Anteile an Stichprobe Post-Punkterhebung (%)	Chi²	p
Betroffene	Keine Vorerfahrung	55,6	48,9	0,94	0,332
	Beratung	4,8	9,8	2,09	0,148
	Therapie	37,3	32,6	0,51	0,474
Angehörige	Keine Vorerfahrung	76,2	65,7	1,03	0,311
	Beratung	14,3	20,0	0,44	0,505

Chi²   Kennwert des statistischen Tests
p   Wahrscheinlichkeit der Annahme der Nullhypothese

6.   Diskussion

Im vorliegenden Beitrag wurde der Frage nachgegangen, welcher Einfluss dem Zeitabstand zwischen internetbasierter Intervention und Online-Befragungen auf die Repräsentativität der Ergebnisse zugeschrieben werden kann. Hierzu wurden das Antwortverhalten und grundlegende Charakteristika der Teilnehmer in zwei unterschiedlichen Erhebungsmodi (Post-Blockerhebung; Post-Punkterhebung) untersucht. Es wurde bestätigt, dass die Rücklaufquoten sowie die Anzahl korrekt und vollständig ausgefüllter Fragebögen durch die Post-Punkterhebung erhöht werden konnten. Dies deckt sich mit Tendenzen, die in einer vorangegangenen Untersuchung festgestellt wurden.[41] Dieses Ergebnis lässt darauf schließen, dass ein geringer Zeitabstand, wie er in der Post-Punkterhebung durch eine Standardisierung auf drei Monate erreicht wurde, die Motivation der Ratsuchenden bestärkte, an der Online-Befragung teilzunehmen.

Zwischen den Stichproben der beiden Erhebungsformen wurden keine signifikanten Unterschiede in den persönlichen Angaben und den Angaben zur Vorerfahrung mit professioneller Hilfe festgestellt, spezifische Selektionsprozesse in der Stichprobe aufgrund der unterschiedlichen Zeitabstände ließen sich somit nicht nachweisen. Hierbei muss einschränkend bedacht werden, dass die Anzahl der im Fragebogen aufgeführten persönlichen Angaben – zur Gewährleistung der Anonymität der Teilnehmer der niederschwelligen Online-Beratung – auf grundlegende Aussagen begrenzt wurde. Die tendenziellen Unterschiede, die zwischen beiden Stichproben festgestellt wurden, sind möglicherweise Ausdruck

---

[41]   Vgl. Grunwald & Wesemann 2006b: 222.

von Selektionsprozessen, die bei wachsenden Zeitabständen in der Stichprobe der Post-Blockerhebung wirksam wurden.

Ebenso können diese Unterschiede auch das Resultat unterschiedlicher Grundgesamtheiten ratsuchender Betroffener und Angehöriger sein, auf die mithilfe des hier genutzten Designs nur mittelbare Rückschlüsse möglich sind. Hänggi wies auf die starke Selektivität in Richtung hochmotivierter Teilnehmer bei Online-Befragungen zu niederschwelligen internetbasierten Interventionen hin.[42] Derartige Selektionsprozesse können hier weder für die Post-Blockerhebung noch für die Post-Punkterhebung ausgeschlossen werden.

Die hier untersuchten Erhebungsformen erfolgten nicht im Rahmen von Prä-Post-Messungen, sondern wurden ausschließlich als Post-Messungen durchgeführt. Die Übertragbarkeit der Ergebnisse auf Untersuchungen im Prä-Post-Design ist möglicherweise nicht in vollem Umfang gegeben. Dennoch lassen sich einige allgemeine Schlussfolgerungen für die Durchführung von Evaluationen bei internetbasierten Interventionen ziehen: Die Festlegung des Zeitpunktes für eine Befragung nach einer internetbasierten Intervention geschah bisher zumeist aufgrund störungsspezifischer oder pragmatischer Aspekte. Die vorliegenden Ergebnisse zeigen allerdings, dass der Zeitabstand zwischen internetbasierter Intervention und Online-Befragung als explizite Einflussgröße einbezogen werden kann. Insbesondere niederschwellige internetbasierte Interventionsangebote, bei denen hohe Drop-Out-Quoten zu verzeichnen sind und die daher auf ein repräsentatives Feedback besonders angewiesen sind[43], können von einer solchen zeitlichen Standardisierung profitieren. Doch auch bei der Evaluation von internetbasierten Interventionsprogrammen, bei denen mit größeren Teilnehmergruppen gleichzeitig gearbeitet wird, lohnt sich die Festlegung eines für den Rücklauf günstigen Zeitpunktes bei einer nachfolgenden Befragung. In künftigen Studien sollte der Einfluss des zeitlichen Abstandes zwischen Intervention und Online-Befragung auf die Stichprobenselektion weitergehend untersucht werden.

Literatur

Andersson, G., Bergström, J., Holländare, F., Carlbring, P., Kaldo, V. & Ekselius, L. (2005): Internet-Based Self-Help for Depression: Randomized Controlled Trial. In: British Journal of Psychiatry, 187, S. 456-461.

Andersson, G., Stromgren, T., Ström, L. & Lyttkens, L. (2002) Randomized Controlled Trial of Internet-Based Cognitive Behavior Therapy for Distress Associated with Tinnitus. In: Psychosomatic Medicine, 64, S. 810-816.

Carrard, I., Rouget, P., Fernandez-Aranda, F., Volkard, A. C., Damoiseau, M. & Lam T. (2006): Evaluation and Deployment of Evidence Based Patient Self-Management Support Program for Bulimia Nervosa. In: International Journal of Medical Informatics, 75, S. 101-109.

Clarke, G., Reid, E., Eubanks, D., O'Connor, E., DeBar, L. L., Kelleher, C. & Nunley, S. (2002): Overcoming Depression on the Internet (ODIN): A Randomized Trial of an Internet Depression Skills Internet Program. In: Journal of Medical Internet Research, 3, S. e14.

Copeland, J. & Martin, G. (2004): Web-Based Interventions for Substance Use Disorders: A Qualitative Review. In: Journal of Substance Abuse Treatment, 26, S. 109-116.

Eichenberg, C. (2004): Essstörungen: Informations- und Interventionsangebote im Internet. In: Psychotherapie im Dialog, 1, S. 82-85.

Fairburn, C. G. & Harrison, P. J. (2003): Eating Disorders. In: The Lancet, 261, S. 407-416.

Grunwald, M. (2003): Essstörungen: Wird das Internet als Informationsquelle von Betroffenen und Angehörigen genutzt? In: Ott, R. & Eichenberg, C. (Hrsg.): Klinische Psychologie im Internet. Göttingen, S 190-206.

---

[42] Vgl. Hänggi 2006: 175.
[43] Vgl. Hänggi 2006: 172.

Grunwald, M. & Busse, J. C. (2003): Online Consulting Service for Eating Disorders – Analysis and Perspectives. In: Computers in Human Behavior, 19, S. 469-477.

Grunwald, M. & Wesemann, D. (2007): Special Online Consulting for Patients with Eating Disorders and their Relatives – Analysis of User Characteristics and E-Mail Content. In: CyberPsychology & Behavior, 10, S. 57-63.

Grunwald, M. & Wesemann, D. (2006a): Onlineberatung bei Essstörungen: Analysen zu Nutzergruppen und Inhalten. In: Psychiatrische Praxis, 33, S. e1-8.

Grunwald, M. & Wesemann, D. (2006b): Individual Use of Online-Consulting for Persons Affected with Eating Disorders and their Relatives. Evaluation of an Online Consulting Service (www.ab-server.de). In: European Eating Disorders Review, 14, S. 218-225.

Grunwald, M., Wesemann, D. & Krause, K. (2006): Online-Beratung für Patienten mit Essstörungen: Erfahrungen und Ergebnisse. In: Schaeffer, D. & Schmidt-Kaehler, S. (Hrsg.): Lehrbuch Patientenberatung. Bern, S. 257-274.

Hänggi, Y. (2006): Kann web-basierte Stressprävention erfolgreich sein? Erfahrungen mit dem Online-Elterntraining zur Bewältigung von Familienstress. In: Zeitschrift für Klinische Psychologie und Psychotherapie, 35/3, S. 169-177.

Harvey-Berino, J., Pintauro, S. J. & Gold, E. C. (2002): The Feasibility of Using Internet Support for the Maintenance of Weight Loss. In: Behavior Modification, 26, S. 103-116.

Hoek, H. W. (2006): Incidence, Prevalence and Mortality of Anorexia Nervosa and other Eating Disorders. In: Current Opinion in Psychiatry, 19, S. 389-394.

Hoek, H. W. & van Hoeken, D. (2003): Review of the Pprevalence and Incidence of Eating Disorders. In: International Journal of Eating Disorders, 34, S. 383-396.

Knaevelsrud, C., Jager, J. & Marcker, A. (2004): Internet-Psychotherapie: Wirksamkeit und Besonderheiten der therapeutischen Beziehung. In: Verhaltenstherapie, 14, S. 174-183.

Kordy, H., Golkaramnay, V., Wolf, M. & Bauer, S. (2006): Internetchatgruppen in Psychotherapie und Psychosomatik. Akzeptanz und Wirksamkeit einer Internet-Brücke zwischen Fachklinik und Alltag. In: Psychotherapeut, 51, S. 144-153.

Krishna, S., Francisco, B. D., Balas, E. A., Konig, P., Graff, G.R. & Madsen, R. W. (2003): Internet-Enabled Interactive Multimedia Asthma Education Program: A Randomizd Trial. In: Pediatry, 111, S. 503-510.

Lange, A., Rietdijk, D., Hudcovicova. M., Ven. J. P. van de, Schrieken, S. & Emmelkamp, P. M. G. (2003): Interapy. A Controlled Randomized Trial of the Standardized Treatment of Posttraumatic Stress through the Internet. In: Journal of Consulting and Clinical Psychology, 71, S. 901-909.

Lange, A., Ven, J. P. van de, Schrieken, B. & Smit, M. (2004): ‚Interapy' Burn-out: Prävention und Behandlung von Burnout über das Internet. In: Verhaltenstherapie, 14, S. 190-199.

Lenert, L., Munoz, R. F., Stoddard, J., Dulucchi, K., Bansod, A., Skoczen, S., Perez-Stable & E. J. (2003): Design and Pilot Evaluation of an Internet Smoking Cessation Program. In: Journal of American Medical Informatics Association, 10, S. 16-20.

Ljotsson, B., Lundin, C., Mitsell, K., Carlbring, P., Ramklint, M. & Ghaderi, A. (2007): Remote Treatment of Bulimia Nervosa and Binge Eating Disorder: A Randomized Trial of Internet-Assisted Cognitive Behavioural Therapy. In: Behaviour Research and Therapy, 45, S. 645-661.

Ott, R. (2003): Das Internet und die Klinische Psychologie: Analyse der Implikationen. In: Ott, R. & Eichenberg, C. (Hrsg.): Klinische Psychologie und Internet. Potenziale für klinische Praxis, Intervention, Psychotherapie und Forschung. Göttingen, Bern, Toronto, Seattle, S. 13-20.

Patten, S. B. (2003): Prevention of Depressive Symptoms Through the Use of Distance Technologies. In: Psychiatric Services, 5, S. 396-398.

Perrez, M. & Baumann, U. (1991): Systematik der klinisch-psychologischen Intervention: Einleitung. In: Perrez, M. & Baumann, U. (Hrsg.): Lehrbuch klinische Psychologie. Band 2: Intervention. Bern, S. 19-33.

Proudfoot, J. G. (2004): Computer-Based Treatment for Anxiety and Depression: Is it Feasible? Is it Effective? In: Neuroscience and Biobehavioral Reviews, 28, S. 353-363.

Richards, J. C. & Alvarenga, M. E. (2002): Extension and Replication of an Internet-Based Treatment Program for Panic Disorder. In: Cognitive Behaviour Therapy, 31, S. 41-47.

Robinson, P. & Serfaty, M. (2003): Computers, E-Mail, and Therapy in Eating Disorders. In: European Eating Disorders Review, 11, S. 210-221.

Ström, L., Pettersson, R. & Andersson, G. (2000): A Controlled Trial of Self-Help Treatment of Recurrent Headache Conducted via the Internet. In: Journal of Consulting and Clinical Psychology, 68, S. 722-727.

Tate, D. F., Jackvony, E. H. & Wing, R. R. (2003): Effects of Internet Behavioral Counseling on Weight Loss in Adults at Risk for Type 2 Diabetes. In: Journal of American Medical Association, 289, S. 1833-1836.

Tate, D. F., Wing, R. R. & Winett, R. A. (2001): Using Internet Technology to Deliver a Behavioral Weight Loss Program. In: Journal of American Medical Association, 285, S. 1172-1177.

Wantland, D. J., Portillo, C. J., Holzemer, W. L., Slaughter, R. & McGhee, E. M. (2004): The Effectiveness of Web-Based vs. Non-Web-Based Interventions: A Meta-Analysis of Behavioral Change Outcomes. In: Journal of Medical Internet Research, 6/4, S. e40.

Wesemann D. & Grunwald M. (2008, im Druck): Online-Beratung für Betroffene von Essstörungen und ihre Angehörige – Befragungsergebnisse zu Wirkung und Nutzen des Beratungsangebotes des ab-server. In: Psychotherapeut.

Wesemann, D. & Grunwald, M. (2008, im Druck): Online Discussion Groups for Bulimia Nervosa. An Inductive Approach to Internet-Based Communication Between Patients. In: International Journal of Eating Disorders.

Winzelberg, A. J., Eppstein, D., Eldredge, K. L., Wilfley, D., Dasmahapatra, R., Dev, P. & Taylor, C. B. (2000): Effectiveness of an Internet-Based Program for Reducing Risk Factors for Eating Disorders. In: Journal of Consulting and Clinical Psychology, 68, S.346-350.

Wolf, M., Maurer, W. J., Dogs, P. & Kordy, H. (2005): E-Mail in der Psychotherapie – ein Nachbehandlungsmodell via Electronic Mail für die stationäre Psychotherapie. In: Psychotherapie Psychosomatik, Medizinische Psychologie, 56, S. 138-146.

Woodruff, S. I., Edwards, C.C., Conway, T. L. & Elliott, S. P. (2001): Pilot Test of an Internet Virtual World Chat Room for Rural Teen Smokers. In: Journal of Adolescent Health, 29/4, S. 239-243.

Yager, J. (2001): E-Mail as a Therapeutic Adjunct in the Outpatient Treatment of Anorexia Nervosa: Illustrative Case Material and Discussion of the Issues. In: International Journal of Eating Disorders, 29, S. 125-138.

Ybarra, M. L. & Eaton, W. W. (2005): Internet-Based Mental Health Interventions. In: Mental Health Services Research, 7/2, S. 75-87.

Zabinski, M., Pung, M. A., Wilfley, D. E., Eppstein, D. L., Winzelberg, A. J., Celio, A. & Taylor, C. B. (2001): Reducing Risk Factors for Eating Disorders: Targeting At-Risk Woman with a Computerized Psychoeducational Program. In: International Journal of Eating Disorders, 29, S. 401-408.

Zabinski, M., Wilfley, D. E., Calfas, K. J., Winzelberg, A. J. & Taylor, C. B. (2004): An Interactive Psychoeducational Intervention for Woman at Risk of Developing an Eating Disorder. In: Journal of Consulting and Clinical Psychology, 72/5, S. 914-919.

Die Sifa-Langzeitstudie: Design und Umsetzung einer Online-Erhebung zur Tätigkeit von Fachkräften für Arbeitssicherheit

Von Nina Kahnwald & Thomas Köhler

1.   Die Sifa-Langzeitstudie

Die „Langzeitstudie zur Wirksamkeit der Tätigkeit von Fachkräften für Arbeitssicherheit" (Sifa-Langzeitstudie) wird im Auftrag des Hauptverbands der Berufsgenossenschaften im Zeitraum 2004 bis 2011 durchgeführt.[1] Die Fachkraft für Arbeitssicherheit ist eine durch das Arbeitssicherheitsgesetz vorgeschriebene Stelle in einem Unternehmen oder einer Behörde. Fachkräfte für Arbeitssicherheit haben die Aufgabe, den Arbeitgeber beim Arbeitsschutz und bei der Unfallverhütung in allen Fragen der Arbeitssicherheit zu unterstützen und zu beraten, die Betriebsanlagen und Arbeitsverfahren sicherheitstechnisch zu überprüfen, die Durchführung des Arbeitsschutzes und der Unfallverhütung zu beobachten und durch Maßnahmen wie Schulungen darauf hinzuwirken, dass sich alle Beschäftigten den Anforderungen des Arbeitsschutzes entsprechend verhalten.[2]

Ziele der Sifa-Langzeitstudie sind die Untersuchung (a) der Wirksamkeit der Fachkräfte für Arbeitssicherheit (bezogen auf das Unternehmen und im Hinblick auf die Beschäftigten), (b) der Voraussetzungen und Förderungsmöglichkeiten für eine wirksame Tätigkeit sowie (c) langfristiger sicherheits- und gesundheitsbezogener Veränderungsprozesse in Organisationen. Es handelt sich bei der Sifa-Langzeitstudie um einen auf vier Messzeitpunkten basierenden Längsschnitt in Form einer repräsentativen Online-Befragung von Fachkräften für Arbeitssicherheit aus allen Wirtschaftszweigen der gesetzlichen Unfallversicherungen, erweitert um zwei vertiefende Befragungen in ausgewählten Unternehmen mit jeweils drei Messzeitpunkten. Der zeitliche Ablauf dieser drei Bestandteile der Untersuchung – Basisstudie sowie ergänzend hierzu eine Vertiefungs- und eine Validierungsstudie – ist in Abbildung 1 dargestellt.

In enger Abstimmung mit den Auftraggebern wurde für die Basisstudie ein umfangreicher Fragebogen entwickelt, der 268 Items in den folgenden Kategorien enthält: Tätigkeiten der Fachkräfte für Arbeitssicherheit, Wirksamkeit der Fachkräfte für Arbeitssicherheit, betriebliche Rahmenbedingungen im Unternehmen, externe Einflussfaktoren und persönliche Daten. Aufbauend auf den Erkenntnissen zur Wirksamkeit der Fachkräfte für Arbeitssicherheit aus der Basiserhebung werden in der Vertiefungsstudie Begründungszusammenhänge hinterfragt. Eingeladen werden zur Vertiefungsstudie alle Teilnehmer, die sich auch an der Basisstudie beteiligt haben. Die Validierungsstudie wird ergänzend in ca. 300 derjenigen Betriebe durchgeführt, welche durch Fachkräfte, die sich bereits an der Basisuntersuchung beteiligt haben, betreut werden. Diese Validierungsstudie dient der Sammlung von

---

[1]   Vgl. http://www.sifalangzeitstudie.de/.
[2]   Vgl. http://www.dguv.de/inhalt/praevention/strat_praev/aufgabe_ueber/sifa/.

Erkenntnissen zur Wirksamkeit der Fachkräfte für Arbeitssicherheit aus Fremdsicht (Führungskräfte, Betriebsräte, Betriebsärzte).

Die Grundgesamtheit der Sifa-Langzeitstudie sind alle Fachkräfte für Arbeitssicherheit, die ihre Ausbildung seit 2001 nach einer neuen Ausbildungskonzeption begonnen haben. Da jedes Jahr etwa 2000 Fachkräfte für Arbeitssicherheit neu ausgebildet werden, war zu Beginn der Langzeitstudie mit deutlich über 6000 ausgebildeten Fachkräften für Arbeitssicherheit zu rechnen, die im Rahmen einer Vollerhebung alle angesprochen wurden.

Alle Teilnehmer der Studie wurden mittels eines Blended-Learning-Konzepts ausgebildet. Blended Learning ist ein Lehr-/Lernkonzept, das eine didaktisch sinnvolle Verknüpfung von Präsenzveranstaltungen und virtuellem Lernen auf der Basis neuer Informations- und Kommunikationsmedien vorsieht.[3] Im konkreten Fall erfolgte die Ausbildung unter Einsatz von CD-ROMs mit interaktiven Lerneinheiten sowie Präsenzveranstaltungen. Nach Abschluss der Ausbildung zur Fachkraft für Arbeitssicherheit ist daher mit einer überdurchschnittlichen Medienkompetenz der Absolventen zu rechnen. Diese Annahme wird durch eine unveröffentlichte Befragung von 1260 Sifas durch das Berufsgenossenschaftliche Institut Arbeit und Gesundheit (BGAG) gestützt: 24,1 Prozent der befragten Sifas schätzten ihre Medienkompetenz als sehr umfassend ein, weitere 36 Prozent als umfassend.

Fachkräfte für Arbeitssicherheit wurden bereits in verschiedenen Kontexten unter Verwendung unterschiedlicher Methoden befragt. Im Folgenden werden zwei Studien in Kürze vorgestellt, um einen Vergleich mit der Sifa-Langzeitstudie zu ermöglichen. Pröll berichtet im Rahmen einer Offline-Befragung leitender Fachkräfte für Arbeitssicherheit in Großunternehmen zum Thema Medien-Einsatz einen Netto-Rücklauf von 34,5 Prozent.[4] Der Zugang zur Zielgruppe erfolgte hierbei unpersönlich über den jeweiligen Betrieb, was auch den Einsatz von Erinnerungsschreiben unmöglich machte. Der Fragebogen war mit 31 Fragen deutlich kürzer als der bei der Sifa-Langzeitstudie eingesetzte. Eine internationale Online-Querschnittstudie unter Fachkräften für Arbeitssicherheit erzielte 2003 für die Schweiz unter 620 eingeladenen Teilnehmern einen Rücklauf von 44 Prozent.[5] Der Fragebogen wurde mit der Erhebungstechnologie Sphinx erstellt, die auch für die erste Welle der Sifa-Langzeitstudie verwendet wurde, und bestand aus 182 Fragen zu vergleichbaren Themenbereichen. Für die Beantwortung des Fragebogens wurde eine Bearbeitungszeit von 45-60 Minuten angegeben.

Im Folgenden werden zunächst allgemeine methodische Fragen im Zusammenhang mit Online-Längsschnittstudien diskutiert und im Anschluss daran Ablauf und Ergebnisse der Sifa-Langzeitstudie im Detail vorgestellt. Hierbei liegt ein Schwerpunkt auf dem für umfangreiche Längsschnittstudien unerlässlichen Einsatz passender Incentives.

2. Zur Methode der Online-Längsschnitt-Befragung

Methodisch stellt die Sifa-Langzeitstudie eine Spielart der Mitarbeiterbefragung dar, die betriebsübergreifend sowohl festangestellte als auch freiberuflich tätige Mitarbeiter befragt, die in demselben Tätigkeitsfeld arbeiten. In Mitarbeiterbefragungen werden Mitarbeiter in Unternehmen systematisch nach ihren Meinungen und Einstellungen zu Themen, die be-

---

[3] Vgl. Sauter et. al 2004.
[4] Vgl. Pröll 1991.
[5] Vgl. http://www.enshpo.be/ens/ens01.nsf/52b2da8b666e069080256aaa002ab228/ba63d57c46c78f96c1256f
0f00437589/$FILE/Switzerland_with_text.pdf.

deutsam für das Erreichen der Ziele der Organisation sind, befragt – mit der Absicht, die Daten zu Statistiken bzw. Trendaussagen zu verdichten.[6] Sie stellen ein Diagnoseinstrument dar und sind damit Grundlage gestalterischer Maßnahmen.[7] Da die Sifa-Langzeitstudie über mehrere Erhebungswellen Mitarbeiter mehrerer Unternehmen befragt, handelt es sich in diesem Fall um eine Benchmarking-Umfrage, bei der die Einordnung der Befunde relativ zu Normen im Vordergrund steht.[8] Neben der Zielgruppe (Mitarbeiter) zeichnet sich das Design der Sifa-Langzeitstudie durch die Anlage als Längsschnittuntersuchung sowie die Durchführung als Online-Erhebung aus. Auf beide Aspekte wird im Folgenden näher eingegangen, bevor Durchführung und Ergebnisse der Studie vorgestellt und diskutiert werden.

Während bei einer Querschnittuntersuchung zu einem Zeitpunkt eine einmalige Erhebung der Eigenschaften bei einer Stichprobe vorgenommen wird, bestehen Längsschnittdesigns aus wiederholten Erhebungen zu verschiedenen Zeitpunkten. Als Quasi-Längsschnitt bzw. replikative Querschnittsuntersuchung oder Trenderhebung werden Studien bezeichnet, bei denen die Werte der gleichen Variablen zu mehreren Zeitpunkten mit jeweils unterschiedlichen Stichproben erhoben werden, so dass Veränderungen auf Aggregatebene nachvollzogen werden können. Beim Paneldesign (der „echten Längsschnittstudie") werden die Werte der gleichen Variablen zu mehreren Zeitpunkten auf der Grundlage einer identischen Stichprobe erhoben, so dass Veränderungen auf der individuellen Ebene nachvollzogen werden können. Panelerhebungen sind informativer als Trenderhebungen und diese wiederum informativer als Querschnitterhebungen, d.h. Panelerhebungen können auch über aggregierte Trends und Trenderhebungen über Querschnitte informieren, was umgekehrt nicht gilt, weil letztere anders als Panelerhebungen nichts über individuelle Veränderungen bei den Befragten aussagen.[9] Dabei muss jedoch beachtet werden, dass gerade bei langfristigen Längsschnittstudien die Aussagen der Stichprobe nicht in jedem Falle auch für spätere Generationen, z.B. für 20 Jahre jüngere Personen, repräsentativ sind. Wenn über einen sehr langen Zeitraum erhoben wird, kann sich zudem die Bedeutung eines Messinstruments verändern oder die Ergebnisse können durch Erinnerungs-, Übungs- oder Gewohnheitseffekte verfälscht werden.

Vorrangiges Ziel von Längsschnittstudien ist die Erfassung von Veränderungen im Laufe der Zeit sowie die Isolierung der Faktoren, die Veränderungen beeinflussen. Längsschnittdesigns werden also vor allem zur Überprüfung von Zusammenhangs- und Veränderungshypothesen eingesetzt, wie auch im Falle der Sifa-Langzeitstudie.

Mögliche Probleme und Schwächen von Längsschnitt-Untersuchungen[10] liegen neben dem hohen Zeitaufwand vor allem im Ausfall von Untersuchungsteilnehmern im Laufe der Zeit (Drop-Out), der die Stichprobe systematisch verändern kann. Neben diesem mit Längsschnittstudien verbundenen Problem des Drop-Outs bieten sich durch das Studien-Design jedoch auch Möglichkeiten, die Effekte des Drop-Outs im Rückgriff auf die bereits vorliegenden Daten einzuschätzen und so zu prüfen, ob die Repräsentativität der Stichprobe gefährdet ist.[11]

---

[6] Vgl. Borg 2000.
[7] Vgl. Domsch 1991.
[8] Vgl. Domsch 1991: 22.
[9] Vgl. Diekmann 1997: 267f.
[10] Vgl. z.B. Bortz & Döring 2006: 566.
[11] Vgl. Magnusson & Bergmann 1993: 15.

3.   Online-Befragungen

Online-Befragungen[12] im Internet sind im Vergleich mit klassischen Papier- und Bleistift-Befragungen mit einigen Vor- und Nachteilen verbunden. Zwei wesentliche Vorteile von Online-Befragungen sind darin zu sehen, dass der Zugriff auf Online-Fragebögen in der Regel örtlich und zeitlich unbegrenzt möglich ist (Prinzip der Alokalität und Asynchronität). Ein weiterer entscheidender Vorteil beim Einsatz von Online-Befragungen besteht in der zielgruppenspezifischen Gestaltung des Befragungsinstruments, denn durch Filterführung, Plausibilitätschecks oder Konsistenzprüfungen kann das Instrument direkt an die jeweiligen Nutzergruppen und ihren spezifischen Hintergrund angepasst werden. Ein weiterer Aspekt, der immer wieder als Vorteil von Online-Befragungen ins Feld geführt wird, sind die geringeren Kosten, die bei der Gestaltung webbasierter Online-Studien anfallen. Zwar muss der entsprechende Fragebogen programmiert werden, jedoch stehen diesen „zusätzlichen" Kosten im Vergleich zur Papier- und Bleistift-Befragung erheblich geringere Kosten bei der Stichprobenakquisition gegenüber (z.B. keine Druck- und Versandkosten, geringe Kosten für Einladung der Teilnehmer und Nachfassaktionen).[13] Grundsätzlich kann festgehalten werden, dass mit steigendem Stichprobenumfang und vor allem bei wiederholtem Einsatz des Instrumentes die Effizienz von Online-Befragungen im Vergleich zu konventionellen Befragungen steigt. Hinzu kommen (finanzielle) Vorteile beim Datenmanagement (z.B. durch das Entfallen manueller Dateneingaben). Ein weiteres Argument für die Nutzung von Online-Erhebungen ist die hohe Qualität der gewonnenen Daten, da Fehl- oder Falscheingaben bei der Dateneingabe per Hand oder Scanner nicht auftreten. Auch im Bezug auf Rücklauf-Quoten erzielen Online-Befragungen vergleichbare Ergebnisse wie Offline-Erhebungen.[14]

Aus methodischer Perspektive als problematisch sind Online-Befragungen jedoch dann zu betrachten, wenn nicht alle Mitglieder der Grundgesamtheit online erreichbar sind, da die Gefahr besteht, eine selektive Stichprobe zu erhalten.[15] Für die Sifa-Langzeitstudie ist in diesem Zusammenhang vor allem die Verfügbarkeit von PC und Internetzugang in den Betrieben ein kritischer Faktor. Nach einer empirischen Erhebung des Statistischen Bundesamtes[16] werden mittlerweile über alle betrachteten Wirtschaftszweige und Größenklassen hinweg in 84 Prozent aller Unternehmen Computer in den Geschäftsabläufen eingesetzt. Der Anteil der Betriebe, die über einen Zugang zum Internet verfügten, belief sich im Jahr 2004 auf 78 Prozent aller Unternehmen. Diese Quoten sind in Unternehmen mit bis zu 20 Mitarbeitern jedoch geringer. Nach §2 Abs. 2 des Arbeitssicherheitsgesetzes (ASiG) ist der Arbeitgeber verpflichtet, der Fachkraft für Arbeitssicherheit eine umfassende Aufgabenwahrnehmung zu ermöglichen. Darunter kann neben der räumlich-sachlichen Ausstattung i. d. R. auch ein Internetzugang als büroüblich verstanden werden, etwa um auf aktuelle Informationen zum Arbeitsschutz (z.B. das Vorschriften- und Regelwerk der Berufsgenossenschaft) zugreifen zu können. Es kann nicht eindeutig geklärt werden, inwieweit sich die Stichprobe der Fachkräfte für Arbeitssicherheit, die per Online-Befragung im Rahmen der Sifa-Langzeitstudie rekrutiert wird, unter Umständen systematisch von der Gruppe der Sicherheitsfachkräfte unterscheidet, die entweder keinen Internetzugang haben oder das

---

[12]   Vgl. als Überblick z.B. Batinic 1997; Batinic et al. 1999.
[13]   Vgl. hierzu Welker et. al. 2005: 69.
[14]   Vgl. hierzu Welker et. al. 2005: 69.
[15]   Vgl. Bandilla 1999.
[16]   Vgl. Statistischen Bundesamt 2005: 13.

Internet nicht nutzen bzw. sich nicht an Online-Befragungen beteiligen. Im Hinblick auf die obigen Angaben ist jedoch davon auszugehen, dass sich keine systematische Verzerrung der Ergebnisse durch die Entscheidung für eine Online-Befragung ergibt und dass Abweichungen von der Grundgesamtheit, wenn überhaupt, lediglich für Fachkräfte für Arbeitssicherheit, die in Mikro- und Kleinunternehmen tätig sind, zu erwarten sind.

Da Teilnehmer in Online-Befragungen nicht durch einen Interviewer unterstützt werden, hat die Fragebogenlänge einen wesentlichen Einfluss auf die Abbrecherquote, die nach Bosnjak[17] ab zehn Minuten Länge deutlich ansteigt. Da der Fragebogen der Sifa-Langzeitstudie mit 45-60 Minuten Bearbeitungszeit überdurchschnittlich umfangreich ist, lag ein Fokus auf der Entwicklung eines differenzierten Incentive-Systems, um die zu erwartenden Drop-Out-Raten weitestmöglich zu reduzieren.

Ein weiterer kritischer Aspekt bei Online-Befragungen besteht in unterschiedlichen Software- bzw. Hardware-Ausstattungen der jeweiligen Befragungsteilnehmer.[18] Ursachen hierfür können Unterschiede in Browsertypen, Bildschirmauflösung oder der Bandbreite des Internetzugangs sein. Die Online-Instrumente sollten folglich so gestaltet sein, dass entsprechende technische Probleme minimiert werden. Jenseits der technischen Voraussetzungen gilt es, den Online-Fragebogen im Hinblick auf Ergonomie und Benutzerführung so zu gestalten, dass auch ungeübte Computernutzer leicht in der Lage sind, die Befragung durchzuführen. Schwierigkeiten beim Ausfüllen einer Online-Umfrage sollten allerdings bei Mitgliedern einer Stichprobe, die im Rahmen ihrer Ausbildung bereits an computergestützten Selbstlernphasen teilgenommen haben, nur in geringem Umfang zu erwarten sein.

Schließlich werden Online-Befragungen auch hinsichtlich der Vergleichbarkeit der gemessenen Konstrukte diskutiert.[19] Mit dem Aufkommen dieser Methodik thematisiert eine Reihe von Studien mögliche Unterschiede zwischen schriftlichen und internetbasierten Erhebungen und Experimenten sowie eventuelle theoretische Konsequenzen.[20] Dabei zeigen diese Befunde, dass die Wahl der Untersuchungsmethode Konsequenzen für die Beurteilung bestimmter theoretischer Konstrukte hat, die insbesondere mit persönlichkeits- und sozialpsychologischen Variablen zusammenhängen. Nun handelt es sich bei dieser Korrelation nicht um einen methodischen Fehler, der sinnvollerweise durch ein entsprechendes Design adäquat zu berücksichtigen wäre. Vielmehr besteht eine konzeptuelle Verschiedenheit eben dieser persönlichkeits- und sozialpsychologischen Variablen unter den Bedingungen computervermittelter Kommunikation („virtuelle Gemeinschaften") gegenüber Face-to-Face-Kommunikation („Kleingruppen"). Diese Verschiedenheit kommt dann in den unterschiedlichen Untersuchungssituationen in Form spezifisch aktivierter Konstrukte zum Tragen und führt zu einer charakteristischen Veränderung derselben. In der Markt- und Sozialforschung kann dann die Antwort der Befragten unter Online-Bedingungen realistischer ausfallen als bei einer Papier- und Bleistift-Erhebung.[21] Die diesen Daten zugrunde liegenden Konstrukte sind folgerichtig durch die Untersuchungsbedingungen verändert worden. In der Konsequenz ist gerade bei der Beurteilung persönlichkeits- und sozialpsychologischer Phänomene, wie sie in der Online-Kommunikation auftreten, auf die Konfundierung von Methode und Konzept zu achten.

---

[17] Vgl. Bosnjak 2002.
[18] Vgl. Welker et. al. 2005: 76.
[19] Vgl. Köhler 2003.
[20] Vgl. Tse et al. 1995; Smith 1997; Weible & Wallace 1998; Mehta & Sivadas 1998; vgl. auch den Beitrag von Taddicken in diesem Buch.
[21] Vgl. Smith 1997; Schuldt & Totten 1994.

Gerade bei Online-Erhebungen kann es zu Interessenkonflikten zwischen den vielfältigen Möglichkeiten der Datenerfassung und -speicherung und den Individualrechten der untersuchten Personen kommen.[22] So sind beispielsweise für die temporäre Speicherung der erhobenen Daten auf einem Server besondere Sicherheitsvorkehrungen zu treffen, um einen Zugriff Dritter auf die Daten auszuschließen. Zudem ist, wie bei Offline-Befragungen auch, sicherzustellen, dass Adress- und Befragungsdaten voneinander getrennt erhoben und gespeichert werden. Um diesen Anforderungen für die Sifa-Langzeitstudie zu entsprechen, wurde ein entsprechendes Datenschutzkonzept erarbeitet und mit dem Auftraggeber sowie den Datenschutzbeauftragten der Auftragnehmer abgestimmt. Wesentliche Elemente dieses Konzeptes sind die eingeschränkte Teilnahme an der Studie nur für eine bestimmte Gruppe von Fachkräften für Arbeitssicherheit, die vollständige Anonymisierung der Stichprobe, sowie die Beschränkung auf gruppen- und branchenbezogene Auswertungen. Da Einladungen zu Umfragen nur an persönliche E-Mail-Adressen verschickt werden dürfen, wenn eine Einverständniserklärung des Empfängers vorliegt[23], wurden die Kontaktdaten der potenziellen Teilnehmer nicht direkt durch die Auftraggeber zur Verfügung gestellt.

Um eine längsschnittliche Auswertung auf Grundlage eines personenbezogenen Matchings der Daten zu ermöglichen, musste eine geeignete Methodik entwickelt werden, die auch die Erfordernisse der Pflege einer derart großen und weit verteilten Stichprobe über einen so langen Zeitraum zuverlässig berücksichtigt. Dieses Problem wurde mit Hilfe eines Codesystems gelöst, durch das Datensatz und Teilnehmer einander über mehrere Erhebungswellen hinweg zuzuordnen sind. Der Code wurde nach erfolgter Auswertung der jeweiligen Welle von den Befragungsdaten abgetrennt und bei den Datenschutzbeauftragten der Auftragnehmer als vertrauenswürdiger Stelle hinterlegt. Darüber hinaus wurden zu Beginn jeder Befragung auf die Informationen zum Datenschutz und die Datenschutzerklärung der Sifa-Langzeitstudie verwiesen.[24] Die Teilnehmer konnten jederzeit die Befragung beenden sowie über die Löschung ihrer personenbezogenen Daten verfügen.

4.   Ablauf und Erhebungstechnologie

Sowohl Vertiefungs- als auch Validierungsstudie der Sifa-Langzeitstudie werden zu je drei Messzeitpunkten durchgeführt. Die erste Erhebung der Basisstudie wurde im Zeitraum Dezember 2004 bis Dezember 2006 durchgeführt und ist mittlerweile abgeschlossen. Die Erhebungen sowohl der Vertiefungs- als auch der Validierungsstudie begannen Mitte 2006 und wurden Mitte 2008 beendet.

4.1.   Akquise und Zugang zum Fragebogen

Die Akquise der Teilnehmer erfolgte über zwei Wege: Mit Hilfe einer von der Forschungsgemeinschaft der Sifa-Langzeitstudie erstellten Präsentationsmappe wurde die Studie in einer Präsenzveranstaltung nach dem in die Ausbildung integriertem Praktikum, also nach dem Erwerb praktischer Berufserfahrung, durch die Dozenten vorgestellt. Hierbei erfolgte

---

[22]   Vgl. ADM 2001: 5.
[23]   Vgl. Welker et.al 2005: 59.
[24]   Vgl. http://www.sifa-langzeitstudie.de/datenschutz.html.

eine direkte Sammlung der E-Mail-Adressen von Fachkräften für Arbeitssicherheit, die sich zur Teilnahme bereit erklärten. Die Akquise der Teilnehmer, die ihre Ausbildung bereits abgeschlossen hatten, erfolgte aus Datenschutzgründen direkt durch die Berufsgenossenschaften in Form mehrmaliger Mailing-Aktionen. Nach erfolgter Anmeldung erhielten die Teilnehmer eine Einladung mit einem persönlichen Link zur Befragung per E-Mail zugeschickt. Bei Abbruch oder Nicht-Teilnahme erfolgten bis zu drei Nachfassaktionen.

Abbildung 1: Studienverlauf der Sifa-Langzeitstudie

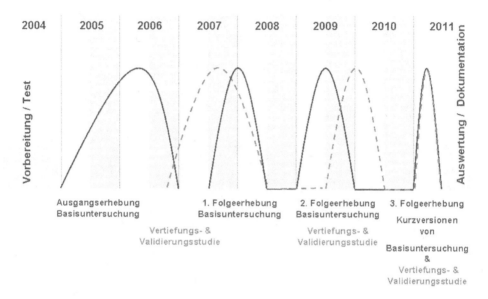

Quelle: Eigene Darstellung.

4.2. Basisstudie

Zur technischen Umsetzung des Fragebogens der Basisstudie wurde die Erhebungstechnologie Sphinx[25] ausgewählt. Mit Hilfe der Sphinx-Software wurde der Fragebogen für die Basisstudie technisch in zwei identischen Fassungen realisiert: als Online-Version und alternativ auf Papier. Als Antwortformate wurden Matrixfragen mit Einfach- oder Mehrfachauswahl, Drop-Down-Menüs und freie Texteingaben verwendet. Der Zeitbedarf für das Ausfüllen des Fragebogens lag bei ca. 45 Minuten. Der Ablauf der Befragung gestaltete sich folgendermaßen: Für die an der Langzeitstudie interessierten Fachkräfte wurde in einer vom Fragebogen getrennt angelegten Datenbank ein Account angelegt und sie erhielten eine Einladung mit der Beschreibung des Teilnahme-Ablaufs. Die Studienteilnehmer meldeten sich zuerst auf der Website www.SIFA-langzeitstudie.de/fragebogen an. Bei der ersten Anmeldung wurden sie aus Datenschutzgründen zur Individualisierung des Passwortes aufgefordert. Anschließend konnte der Befragte den Online-Fragebogen aufrufen und

---

[25] Vgl. http://www.sphinx-survey.de.

mit der Beantwortung beginnen. Die Befragung konnte jederzeit unterbrochen und später fortgesetzt werden.

Abbildung 2: Teilnehmer an der Basisstudie (1. Welle)

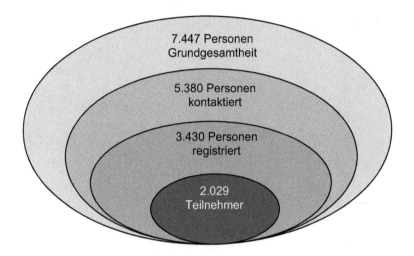

Quelle: Eigene Darstellung.

Wie in der Abbildung 2 dargestellt, wurden von einer Grundgesamtheit von 7.447 Fachkäften insgesamt 5.380 kontaktiert, von denen sich im November 2007 3.430 als Teilnehmer registriert hatten. Von dieser Gruppe wiederum füllten anschließend 2.029 Befragte den Fragebogen vollständig aus, was einer Rücklaufquote von 37,7 Prozent entspricht. Der im Vergleich mit der oben beschriebenen SUVA-Umfrage um 6,3 Prozent geringere Rücklauf lässt sich, aufgrund der ansonsten sehr ähnlichen Bedingungen, vermutlich auf die Tatsache zurückführen, dass es sich bei der Sifa-Langzeitstudie um ein Längsschnittdesign mit vielen Erhebungswellen handelt. Die ‚Verpflichtung' über einen längeren Zeitraum scheint für einen Teil der potenziellen Teilnehmer abschreckend zu sein. Die Papier-Variante wurde von 20 Befragten (1,3 Prozent) genutzt. Diese relativ geringe Anzahl zeigt, dass die Online-Version sehr gut angenommen wurde. Obwohl die zweite Welle der Basisstudie zum Zeitpunkt der Drucklegung dieses Beitrags noch nicht vollständig abgeschlossen ist, lassen sich über die Rücklauf- und Abbrecherquoten bereits erste Aussagen machen.

Von den 2.029 Teilnehmern der ersten Welle wurden bisher 1.859 per E-Mail zur zweiten Welle der Basisstudie eingeladen. Hiervon konnten 196 nicht erreicht werden, was einer Ausfallquote von 10,5 Prozent durch Wechsel der E-Mail-Adresse oder aus ähnlichen Gründen entspricht. Von der aktuellen Netto-Stichprobe von 1.663 haben sich bisher 1.070 Teilnehmer (64,3 Prozent) an der zweiten Welle beteiligt, 890 (53,5 Prozent) haben den Fragebogen bereits vollständig ausgefüllt, 180 (10,8 Prozent) haben den Fragebogen unterbrochen und werden durch Nachfassmails daran erinnert, ihn zu vervollständigen.

4.3.   Vertiefungs- und Validierungsstudie

Im Gegensatz zu Basis- und Vertiefungsstudie, an der nur Sifas teilnehmen, werden in der Validierungsstudie auch je ein Geschäftsführer, Betriebsrat und Betriebsarzt aus einem von der teilnehmenden Fachkraft betreuten Unternehmen befragt. Von diesen drei Personengruppen lagen allerdings keine direkten Kontaktdaten vor, so dass diese über die zugehörige Fachkraft angesprochen werden mussten. Eine weitere Schwierigkeit bestand in der Anforderung, jedem Teilnehmer zusätzlich zum internetbasierten Fragebogen eine zuordenbare Papier- und Bleistift-Version des eigenen Fragebogens (als PDF-Dokument) zur Verfügung zu stellen. Zu diesem Zweck wurde für jeden Teilnehmer zunächst ein individueller achtstelliger Zugangscode (aus Zahlen und Buchstaben) generiert. Dies bedeutet, dass für die etwa 2.000 Sifas sowie für ebenso viele Geschäftsführer, Betriebsräte und Betriebsärzte insgesamt ca. 6.000 individuelle Online- sowie Papier- und Bleistift-Fragebögen erstellt werden mussten.

Im Gegensatz zur Basisstudie wurde als Befragungssoftware jedoch nicht Sphinx, sondern die für eine reine Online-Befragung besser geeignete Software Unipark[26] gewählt, da die individuellen Papierversionen ohnehin nicht über dasselbe System realisierbar wären. Insgesamt wurden so vier Fragebögen für die jeweiligen Zielgruppen erstellt, die 22-27 Fragen verteilt auf 13-25 Seiten beinhalten. Die Versionen für Betriebsärzte und Betriebsräte enthalten je eine, diejenige für die Sifa zehn Verzweigungen.

Für Erstellung und Versand der individualisierten PDF-Versionen musste eine separate Lösung gefunden werden, da in Unipark das Versenden von individuellen Mailanhängen im Rahmen von Serienmails nicht möglich ist. Im zweiten Schritt wurden daher ein plattformunabhängiges Pascal-Script für die Erstellung sowie ein PHP-Script für den halbautomatischen Versand der Einladungsmails programmiert.

Von den 2.029 Teilnehmern der Basisstudie haben bisher 1.026 Sifas an der Vertiefungs- und Validierungsstudie teilgenommen. Von diesen zogen insgesamt ca. 200 die Papier- und Bleistift-Version dem Ausfüllen des Fragebogens im Internet vor. Dieser im Vergleich zur Basisstudie höhere Anteil an Papierfragebögen ergibt sich aus dem Ablauf der Validierungsstudie. Da es Aufgabe der teilnehmenden Fachkraft für Arbeitssicherheit war, Geschäftsführer, Betriebsrat und Betriebsarzt für die recht umfangreiche Erhebung zu gewinnen, haben diese es in etwa 10 Prozent der Fälle vorgezogen, die Studie im persönlichen Gespräch vorzustellen und zu diesem Zweck die Fragebögen ausgedruckt und direkt zum Ausfüllen übergeben. Dieser indirekte Zugang zu weiteren betrieblichen Akteuren in der Validierungsstudie durch die teilnehmenden Fachkräfte für Arbeitssicherheit erwies sich als äußerst schwierig. Daher wurden in diesem Fall zusätzlich betriebliche Akteure durch die Auftraggeber direkt angesprochen, um die für die Auswertung erforderlichen Daten von 300 Betrieben gewinnen zu können.

---

[26]   Vgl. http://www.unipark.de.

Abbildung 3: Screenshot des mit Unipark erstellten Online-Fragebogens

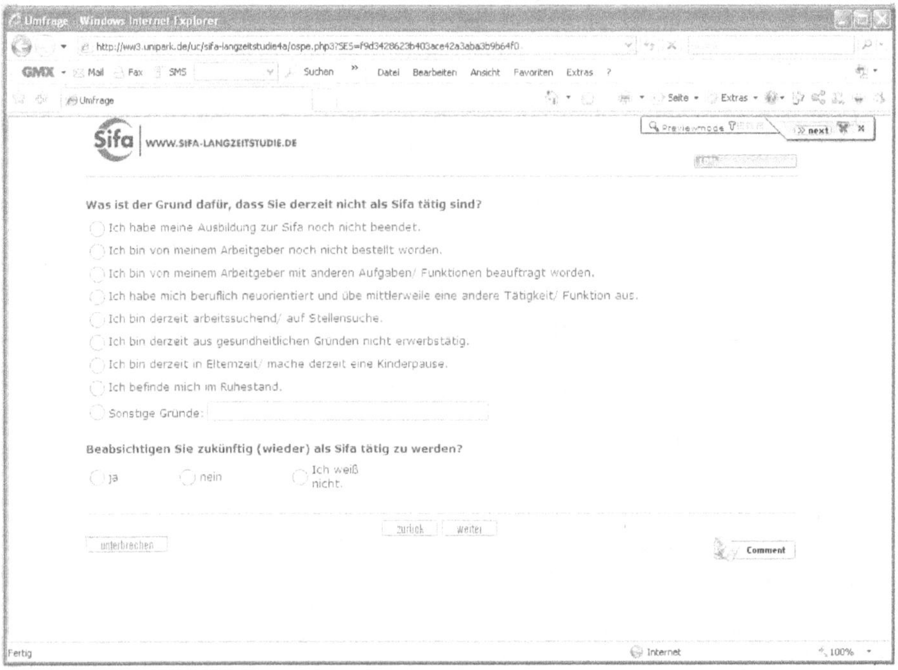

Quelle: Eigene Darstellung.

4.4.   Anreizsystem

Sogenannte Incentives oder Prämien werden generell zur Kompensierung von entstandenen Kosten oder Aufwand im Rahmen von Befragungen vergeben. Ziel ist hierbei, durch geeignete Anreize die Teilnahmemotivation zu steigern und die Tendenzen zum Abbruch der Befragung zu verringern. Für die Auswahl von Incentives hat der Arbeitskreis Deutscher Markt- und Sozialforschungsinstitute (ADM) folgende Standards zur Qualitätssicherung für Online-Befragungen erstellt[27]: (1) Das Incentive darf nicht der alleinige Grund für die Teilnahme an der Untersuchung sein und (2) es sollte verhindert werden, dass Personen mehrfach an einer Befragung teilnehmen können (Cookie bzw. Abfrage der E-Mail-Adresse). Generell kann unterschieden werden zwischen materiellen Incentives wie z.B. Gutscheine, Sachprämien, Bonus-Punktsysteme (z.B. Payback) oder Verlosungen von Geldbeträgen bzw. Sachprämien und nicht-materiellen Incentives wie z.B. das Spenden eines Geldbetrages pro Teilnehmer an wohltätige Organisationen oder die Übermittlung der Untersuchungsergebnisse an interessierte Teilnehmer.

Mögliche Probleme beim Einsatz von Incentives liegen zum einen in der Verzerrung der Stichprobe, da z.B. der relative Wert von Geldprämien für Personen unterschiedlichen Einkommens verschieden ist, oder in der Verringerung der Datenqualität z.B. durch reines

---

[27]   Vgl. ADM 2001.

298

Durchklicken (Missing Values) bzw. kürzere freie Eingaben. Die Herausforderung bei der Incentivierung von Umfragen liegt somit in der Abwägung zwischen der Erhöhung der Teilnahmebereitschaft und den angesprochenen negativen Effekten durch die Incentives.[28]

Für den Einsatz materieller Incentives in Online-Studien konnte Göritz durch Meta-Analysen eine durchschnittliche Steigerung der Teilnahmequote um 2,8 Prozent und eine Steigerung der Rate derer, die den Fragebogen komplett ausfüllten, um 4,2 Prozent bestimmen.[29] Zu den Effekten nicht-materieller Incentives liegen bisher unklare bzw. widersprüchliche Ergebnisse vor. Da jedoch zu vermuten ist, dass diese vor allem intrinsisch motivierte, also besonders gewissenhafte Teilnehmer ansprechen[30], sollten auch nicht-materielle Incentives in die Erwägungen zum Forschungs-Design einbezogen werden. Zur Incentivierung von Erhebungen mittels Online-Panels konnte im Experiment gezeigt werden, dass Vorab-Geschenke zwar die Teilnahme-Rate zu Beginn erhöhen, dieser Effekt sich jedoch über mehrere Erhebungswellen wieder verliert. Während sich in der Beteiligung zunächst kein Unterschied zwischen dem Einsatz von Bonuspunkten gegenüber Geld-Verlosungen zeigte, wurden im Laufe mehrerer Erhebungswellen Bonuspunkte attraktiver als Geldprämien.[31]

Da die Anforderungen an die Teilnehmer der Sifa-Langzeitstudie durch die umfangreichen Fragebögen und die Teilnahme an verschiedenen Studien mit jeweils mehreren Wellen ungewöhnlich hoch sind, wurde viel Sorgfalt auf die Entwicklung eines differenzierten Anreizsystems verwendet. Bei der Auswahl der Incentives für die Sifa-Langzeitstudie wurde auf tätigkeitsbezogene Anreize zur Studienteilnahme und eine Kombination verschiedener materieller und nicht-materieller Maßnahmen gesetzt. Eingesetzt werden: eine Kommunikations- und Informationsplattform (Sifa-Community), Verlosungen, die kostenlose Teilnahme an Ergebnis-Workshops, der kostenlose Zugriff auf Arbeitsmaterialien (Arbeitsschutz-Center), Prämien und ein Bonuspunkte-System.

Parallel zur offiziellen Webseite der Sifa-Langzeitstudie (www.sifa-langzeitstudie.de) wurde mit der Sifa-Community (www.sifa-community.de) eine Informations- und Kommunikationsplattform für alle Studienteilnehmer geschaffen. Zu Beginn der Überlegungen zur Medienkonzeption stand die in der Ausschreibung des Projekts gewünschte Entwicklung von Konzepten, die die Fortführung der projektbezogenen Internetplattform über die Förderdauer hinaus sichern können, sowie die Forderung nach Motivation und Schulung der Teilnehmer durch Informationsangebote und elektronische Lerninhalte. Zudem ergaben Vorgespräche, dass die über ganz Deutschland verteilte Zielgruppe vor allem in kleinen Unternehmen relativ isoliert ist und ein hohes Interesse an Austausch mit anderen Sifas nach der Ausbildung besteht. Auch in einer kleineren Vorstudie (N=40) gaben über 60 Prozent der Teilnehmer an, dass bessere Möglichkeiten des Austauschs mit Kollegen ihre Arbeit deutlich verbessern würden. Ein Ergebnis, das sich nach Abschluss der ersten Erhebungswelle auch deutlich in den Angaben zu genutzten und verstärkt gewünschten Lernformen der Teilnehmer widerspiegelt, wie die folgende Abbildung zeigt

Die aufgrund dieser Vorüberlegungen entwickelte Sifa-Community soll in erster Linie den Erhalt und die Motivation der Stichprobe über die Laufzeit der Studie hinweg unterstützen. Besonders durch die Möglichkeit des Austauschs, die an die Teilnahme der Studie

---

[28] Vgl. Welker et al. 2005: 49.
[29] Vgl. Göritz 2006.
[30] Vgl. Göritz 2005: 4.
[31] Vgl. Göritz 2005: 4.

geknüpft ist, kann die Motivation zur (weiteren) Mitarbeit hergestellt, bestärkt bzw. auf-rechterhalten werden. Die Sifa-Community ist seit Dezember 2005 online.

Abbildung 4: Genutzte und gewünschte Lernformen der Sifas

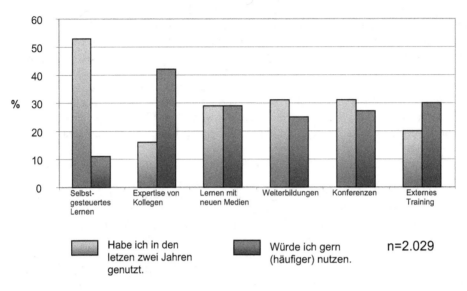

Quelle: Eigene Darstellung.

Die Sifa-Community umfasst die folgenden fünf Bereiche:

- Studie: Informationen und Ergebnisse zur Sifa-Langzeitstudie
- Austausch: Mitgliederprofile und Diskussionsforen
- Wissen: exklusive redaktionelle Beiträge und aktuelle Meldungen
- Praxis: Checklisten und Arbeitsmaterialien
- Einstellungen: Verwaltung von Benachrichtigung bei neuen Beiträgen, eigenem Profil etc.

Die Vorteile für die Studienteilnehmer liegen vor allem im Erfahrungsaustausch mit ande-ren Fachkräften für Arbeitssicherheit und der Möglichkeit, berufsbezogene Probleme, Fra-gen und Ideen ortsunabhängig miteinander zu diskutieren. Zudem kann die Sifa-Commu-nity über die Funktion der Profile als Netzwerk fungieren, das es ermöglicht, Kollegen mit ähnlichen Interessen, Schwerpunkten oder Wohnorten zu identifizieren und direkt per E-Mail zu kontaktieren. Außerdem kann der Zugriff auf Zwischen-Ergebnisse der Studie jederzeit über die Sifa-Community erfolgen. Die Bereiche Wissen und Praxis bieten Hin-tergrundinformationen und praktische Arbeitshilfen für die Sifa-Tätigkeit. Erhofft wird, eine Effizienzsteigerung der Tätigkeit der beteiligten Fachkräfte durch die schnellere Lö-sung von im Arbeitsalltag auftretenden Problemen, die Vermehrung des eigenen Wissens durch informelle Lernaktivitäten und die Vernetzung mit anderen Sifas zu erreichen.

300

Abbildung 5: Screenshot der Sifa-Community nach erfolgtem Login

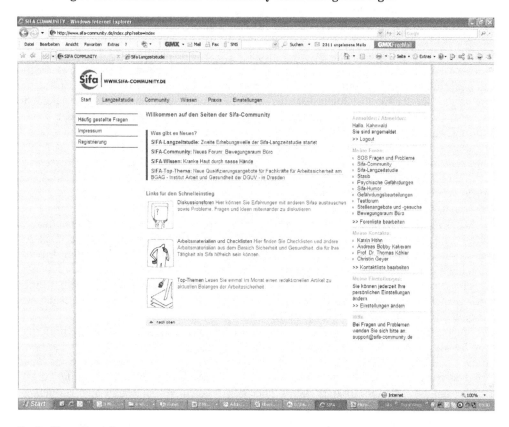

Quelle: Eigene Darstellung.

Die Sifa-Community wurde gut angenommen und hatte Ende 2007 knapp 850 registrierte Mitglieder, was ca. 40 Prozent der Studienteilnehmer entspricht. Vor allem nach Einrichtung der Benachrichtigungsfunktion, die über neue Forenbeiträge per E-Mail informiert, ist die Diskussion in den Foren in Gang gekommen, und es werden täglich neue Beiträge von Community-Mitgliedern eingestellt.

Mit dem Einverständnis der Auftraggeber wurde die Sifa-Community Ende 2007 für alle Fachkräfte, die sich registrieren, geöffnet. Diese Maßnahme hat zum einen den Zweck, das in der Community vorhandene Know-how zu verbessern und Wissen breiter zugänglich zu machen. Zum anderen sollen hierüber auch kontinuierlich neue Studienteilnehmer gewonnen werden, um die Stichprobe aufzufüllen und die erwarteten Abbrecher-Quoten zu reduzieren. Seit Anfang 2008 stieg die Mitgliederzahl auf derzeit 1.030 (Stand 08. April 2008).

Nach jeweils 500 ausgefüllten Fragebögen wird unter den jeweiligen Teilnehmern ein Wochenende in Dresden für zwei Personen verlost. Ein Bericht über die Gewinner der Verlosung erfolgt jeweils durch Medien (Zeitschriften, Newsletter etc.) des Hauptverbands der Berufsgenossenschaften, über die Internetpräsenz der Sifa-Langzeitstudie (www.sifa-langzeitstudie.de) sowie über den Newsletter der Sifa-Community.

Darüber hinaus besteht für Teilnehmer der Sifa-Langzeitstudie die Möglichkeit des Besuchs der Ergebnis-Workshops im Berufsgenossenschaftlichen Institut Arbeit und Gesundheit (BGAG) in Dresden, die zu jeder Erhebungswelle abgehalten werden. Die Kosten hierfür werden vom Auftraggeber übernommen. Der erste Ergebnis-Workshop der Sifa-Langzeitstudie fand im Februar 2007 statt und wurde im Voraus über einen Newsletter beworben. Bei der Veranstaltung diskutierten Experten aus Praxis und Forschung gemeinsam mit ca. 60 Studienteilnehmern die ersten Befunde der Untersuchung. Ziel der Veranstaltung war es, über die Ergebnisse der Studie einen konstruktiven Erfahrungsaustausch anzuregen. Nach den Eröffnungsvorträgen zu den Ergebnissen der ersten Welle der Sifa-Langzeitstudie erarbeiteten die Teilnehmer in sechs parallelen Arbeitskreisen Vorschläge zur Verbesserung des Arbeitsalltages von Fachkräften. Die Vorschläge wurden im Open Space vorgestellt. Eine ausführliche Dokumentation zur Veranstaltung wurde in der Sifa-Community und auf der Studien-Webseite veröffentlicht.

Mit dem Arbeitsschutzcenter des Universum-Verlags erhielt jeder Studienteilnehmer ein Jahr lang freien Zugriff auf ansonsten kostenpflichtige berufsbezogene Inhalte. Das Arbeitsschutzcenter enthält das Online-Lexikon „Sicherheit und Gesundheit bei der Arbeit", das eine Verknüpfung von Fachartikeln und Rechtsquellen mit Gesetzen, Verordnungen, Regeln sowie Referenzen auf Originaldokumente im Internet beinhaltet. Zudem werden umfangreiche Arbeitsmittel in Form von Checklisten, Präsentationen und Arbeitsblättern, Formularen und Vordrucken bereitgestellt.

Nach Abschluss der ersten Welle der Basiserhebung wurde vor Start der Vertiefungs- und Validierungsstudie ein USB-Stick mit dem aufgedrucktem Logo der Sifa-Langzeitstudie sowie den Ergebnisberichten der ersten Welle an interessierte Teilnehmer verschickt. Aus Datenschutzgründen wurde der Link zu einem Bestellformular online für die Adressangabe genutzt. Der Link hierfür wurde über den Studien-Newsletter an alle Teilnehmer verteilt. Von ca. 2.000 Teilnehmern haben knapp 800 einen USB-Stick online angefordert. Der positive Rücklauf zu dieser Aktion verdeutlicht die Attraktivität der Mischung von materiellen und nicht-materiellen Prämien.

Entgegen den Erwartungen wurde das Angebot des Arbeitsschutzcenters nicht ausreichend angenommen, so dass mit Start der zweiten Welle der Basiserhebung alternativ ein Bonus-Punkte-System eingerichtet und vorgestellt wurde, mit dem über alle Befragungen und Erhebungswellen hinweg sogenannte Sifa-Points gesammelt werden. Diese können zu festgelegten Zeitpunkten gegen Preise eingetauscht werden.

4.   Zusammenfassung und Ausblick

Bei der vorliegenden Studie handelt es sich um eine der größten und komplexesten online durchgeführten Längsschnitt-Erhebungen im betrieblichen Kontext. Die Herausforderungen bei der Entwicklung und Implementation des komplexen Designs aus Online- und schriftlichen Bestandteilen, Erhebungs- und Datenerfassungsmethodik sowie für Erhebung und anonymisiertes Matching mehrerer Untersuchungsgruppen von der Fachkraft bis zum Betriebsarzt wurden eingangs dargestellt. Die aus methodologischen Erwägungen zu berücksichtigenden Unterschiede zwischen Online- und schriftlicher Erhebungsmethodik, wie sie bei der Beurteilung persönlichkeits- und sozialpsychologischer Phänomene relevant sind, spielen bei der vorliegenden Fragestellung keine Rolle.

Das Beispiel-Szenario der Sifa-Langzeitstudie zeigt, dass für die Wahl angemessener materieller und nicht-materieller Incentives eine möglichst umfassende Analyse der Zielgruppe hilfreich ist. Gerade im Falle einer Längsschnittstudie ist es zudem wichtig, eine kontinuierliche Anpassung aufgrund der Akzeptanz durch die Teilnehmer vorzunehmen, wie im Falle der Einführung eines Bonus-Punkt-Systems. Auch wenn die Evaluation der Sifa-Community noch nicht erfolgte, gibt es viele Hinweise (z.B. Nachfragen und Feedback auf Newsletter), dass die in der Sifa-Langzeitstudie eingesetzten Incentives die Motivation zur Teilnahme erhöhen.

Trotz des ungewöhnlich langen Erhebungsinstruments und der häufigen Befragungen durch die Kombination mehrerer Studien, weist der Rücklauf in der Vertiefungsstudie sowie in der darauf folgenden zweiten Welle der Basiserhebung darauf hin, dass es gelingen kann, eine Stichprobe von etwa 1.000 Teilnehmern auch für die weiteren Erhebungswellen zu motivieren. Die in diesem Beitrag geschilderten Erfahrungen sind in den weiteren Betrieb der Studie eingeflossen, welcher derzeit mit der zweiten Erhebungswelle der Basisstudie fortgesetzt wird.

Literatur

Arbeitskreis Deutscher Markt- und Sozialforschungsinstitute (2001): Standards zur Qualitätssicherung für Online-Befragungen. Abrufbar unter: http://www.adm-ev.de/pdf/Onlinestandards_D.PDF.

Bandilla, W. (1999): WWW-Umfragen – Eine alternative Datenerhebungstechnik für die empirische Sozialforschung?. In: Batinic, B. et.al (Hrsg.): Online Research. Methoden, Anwendungen und Ergebnisse. Göttingen.

Batinic, B. (1997): Internet für Psychologen. Göttingen.

Batinic, B., Werner, A., Gräf, L. & Bandilla, W. (1999): Online-Research. Methoden, Anwendungen und Ergebnisse. Göttingen.

Borg, I. (2000): Führungsinstrument Mitarbeiterbefragung: Theorien, Tools und Praxiserfahrungen. Göttingen.

Bortz, J. & Döring, N.(2006): Forschungsmethoden und Evaluation. Heidelberg.

Bosnjak, M. (2002): (Non-)Response bei Webbefragungen. Aachen.

Diekmann, A. (1997): Empirische Sozialforschung. Grundlagen, Methoden, Anwendungen. Reinbek.

Domsch, M. & Schneble, A.(Hrsg.) (1992): Mitarbeiterbefragungen. Heidelberg.

Göritz, A. (2005): Incentives in Web-based Studies. What to Consider and How to Decide. (WebSM Guide No.2) http://www.websm.org/uploadi/editor/goeritz2005-incentives.pdf [Abruf am 10.3.08].

Göritz, A. (2006): Incentives in Web Studies: Methodological Issues and a Review. In: International Journal of Internet Science, 1/1.

Kahnwald, N. & Köhler, T. (2005): Aufbau einer Online-Community für die nicht-formale Weiterbildung. In: Lattemann, C. & Köhler, T. (Hrsg.): Multimediale Bildungstechnologien I: Anwendungen und Implementation. Frankfurt am Main.

Köhler, T. (2003): Selbst im Netz? Die Konstruktion des Selbst unter den Bedingungen computervermittelter Kommunikation. Opladen.

Magnusson, D. & Bergman L. (1993): Data Quality in Longitudinal Research. Cambridge.

Mehta, R. & Sivadas, E. (1995): Comparing Response Rates and Response Content in Mail versus Electronic Mail Surveys. In: Journal of the Market Research Society, 4.

Pröll, U. (1991): Arbeitsschutz und neue Technologien. Opladen.

Sauter, W., Sauter, A. & Bender, H. (2004): Blended Learning. Effiziente Integration von E-Learning und Präsenztraining. München.

Schuldt, B. A. & Totten, J. W. (1994). Electronic Mail versus Mail Survey Response Rates. In: Marketing Research, 1.

Smith, C. B. (1997): Casting the Net: Surveying an Internet Population. In: Journal of Computer-Mediated Communication, 1.

Statistisches Bundesamt (2005): Informationstechnologie in Unternehmen und Haushalten 2004. http://www. destatis.de/download/d/veroe/pb_ikt_04.pdf am 06.04.2008

Trimpop, R., Schmauder, M., Wienhold, L., Hamacher, W., Köhler, T., Kalveram, A. B., Höhn, K., Simon, A. & Kahnwald, N. (2005): Sifa-Langzeitstudie: Repräsentative Evaluation der Wirksamkeit der Tätigkeit von Fachkräften für Arbeitssicherheit im Rahmen einer achtjährigen Längsschnitterhebung. In: Packebusch, L. & Weber, B. (Hrsg.): Psychologie der Arbeitssicherheit und Gesundheit. 13. Workshop 2005. Heidelberg.

Trimpop, R., Winterfeld, U., Strothotte, G., Wienhold, L. & Köhler, T. (2007): Wirksamkeitsfaktoren im Arbeitsschutz: Ablauf und Gestaltung der SIFA-Langzeitstudie. 14. Workshop 2007. Kröning.

Tse, A. C., Tse, K. C., Yin, C. H., Ting, C. B., Yi, K. W., Yee, K. P. & Hong, W. C. (1995). Comparing two Methods of Sending out Questionnaires: E-Mail versus Mail. In: Journal of the Market Research Society, 4.

Weible, R. & Wallace, J. (1998): Cyber Research: The Impact of the Internet on Data Collection. In: Marketing Research, 1.

Welker, M., Werner, A. & Scholz, J.(2005): Online-Research. Markt- und Sozialforschung mit dem Internet. Heidelberg.

Online-Vignettenexperimente.
Methode und Anwendung auf spieltheoretische Analysen

Von Roger Berger[1], Marta Burek & Christiane Saller

1.　Einleitung

Laborexperimente zur empirischen Überprüfung von theoretischen Beziehungen haben in den Sozialwissenschaften in letzter Zeit an Bedeutung gewonnen. Insbesondere die experimentelle Überprüfung von spieltheoretischen Befunden, die auch diesem Beitrag zu Grunde liegt, ist populär.[2] Ein zentraler methodischer Vorteil des Experiments gegenüber anderen sozialwissenschaftlichen Methoden besteht dabei in der Neutralisierung von Drittvariableneffekten durch zufällige Zuweisung der Probanden auf die Experimentalbedingungen. Auch kann damit tatsächliches Verhalten, statt nur berichtetes (wie z.B. in Befragungen), be-obachtet werden. Weiterhin ist das Laborexperiment die am besten geeignete Methode, um kausale Zusammenhänge zu untersuchen, soweit dies in den Sozialwissenschaften möglich ist. Allerdings hat die Methode auch einige Nachteile. So können international vergleichende Experimente, wie sie z.B. in der Surveyforschung üblich sind, nur mit allseitig e-normem Aufwand realisiert werden. Selbst dann sind die realisierten Fallzahlen aber gering. Außerdem sind dem klassischen Laborexperiment auch andere Grenzen gesetzt. So können faktisch nur Situationen überprüft werden, die zu Gewinnen führen, aber keine in denen Verluste aufgeteilt werden. Weiterhin zeigen die Probanden im Labor oft Reaktivität und demonstrieren z.B. gegenüber den Experimentatoren sozial erwünschtes Verhalten.[3] Die beiden letzten Faktoren führen gerade in der Untersuchung von sozialen Dilemmata zu verzerrten Ergebnissen. Durch die künstliche Laborwelt des Experiments ist außerdem oft die Generalisierbarkeit der Ergebnisse für andere Situationen fraglich. Überträgt man das Design eines Laborexperiments auf eine Vignettenanalyse, so lassen sich bis zu einem gewissen Grad dessen Vorteile beibehalten und die Nachteile verringern. Die klassische Vignettenanalyse auf Papier führt allerdings schnell zu anderen, insbesondere organisatorischen Problemen. Die Online-Implementierung eines Vignettenexperiments kann hier Abhilfe schaffen.

Die Vorteile aber auch die Grenzen dieser Methode werden im Folgenden dargestellt. Dazu wird im nächsten Kapitel die Methode der Online-Vignettenanalyse erläutert. Im dritten Abschnitt werden zwei konkrete Beispiele vorgestellt, mit denen Fragestellungen aus der Vertrauensforschung untersucht wurden. Auf deren (spiel-)theoretisches Gerüst wird dabei nur insoweit eingegangen, als es zum Verständnis der Methode und der damit gewonnen Resultate notwendig ist. Im abschließenden vierten Kapitel wird eine Bewertung der Methode vorgenommen, sowie Vorschläge zur Interpretation von entsprechenden Resultaten gemacht und geeignete Einsatzbereiche benannt.

[1]　Der Beitrag von Roger Berger wurde durch ein Stipendium des Schweizerischen Nationalfonds (Nr. PA-108952/1) an der Universität Leipzig gefördert.
[2]　Als Übersicht zur fast unüberschaubaren Zahl von entsprechenden Experimenten z.B. Camerer 2003; Kagel & Roth 1995; Fehr & Gintis 2007.
[3]　Vgl. Diekmann 2007; Hoffmann et al. 2000.

2. Online-Vignettenanalysen

Die Darstellung der Methode erfolgt in zwei Schritten: Zuerst wird das Prinzip der klassischen Vignettenanalyse beschrieben. Anschließend wird dessen Übertragung auf den Online-Bereich dargestellt.

2.1. Die Methode der Vignettenanalyse

Die Methode der Vignettenanalyse, auch faktorieller Survey genannt, wurde von P. H. Rossi[4] entwickelt. Es handelt sich um ein experimentelles Design, dessen Grundprinzip darin besteht, Befragte mit kurzen hypothetischen Beschreibungen von Situationen oder Personen – den Vignetten – zu konfrontieren und ihre Reaktion darauf zu messen.[5] Die Vignetten können völlig abstrakt oder auch annähernd realistisch sein. Die klassische Form ist eine schriftliche Darstellung der Vignettensituation. Denkbar ist allerdings auch eine visuelle Darbietung in einer kurzen Filmsequenz und die anschließende Erhebung der Respondentenreaktion.[6] In den Vignetten werden bestimmte Faktoren variiert. Diese Faktoren („Dimensionen" genannt) werden ebenso wie ihre Ausprägungen („Level") auf Grund theoretischer Überlegungen ausgewählt. Eine Dimension kann etwa die Anonymität eines Interaktionspartners mit den Ausprägungen „Freund" und „Fremder" sein. Die experimentelle Grundidee besteht nun darin, die Dimensionen und ihre Ausprägungen systematisch so zu variieren und zu kombinieren, dass die theoretisch interessierenden Zusammenhänge in einzelnen Vignetten abgebildet werden. Anhand der Reaktion der Befragten auf die Vignetten können die Zusammenhänge dann empirisch überprüft werden.

Die Vignettenanalyse ist damit eine nicht-explorative Methode, die erfordert, dass a priori Zusammenhangshypothesen oder zumindest eine klare deskriptive Fragestellung vorliegt. Mit einer Vignette können mehrere theoretische Zusammenhänge auf einmal und dank des Befragungsdesigns mit einer hohen Fallzahl geprüft werden. Allerdings steigt dabei die Zahl der Vignetten proportional zur Anzahl der Dimensionen und der Ausprägungen schnell an. Möchte man z.B. den Einfluss des Alters (gemessen in fünf Kategorien) und der Bildung (gemessen in vier Kategorien) auf eine bestimmte Einstellung (gemessen in drei Kategorien) erheben, ergeben sich schon 60 (=5x4x3) unterschiedliche Vignetten. Dabei muss beachtet werden, dass die Dimensionen per Definition keine Korrelation untereinander aufweisen, da sie zufällig kombiniert werden. Dies ist einer der Einwände gegen die Methode, da in der Realität oft entsprechende Zusammenhänge bestehen.[7] So ist etwa der Raucher-Status in der Realität durchaus nicht zufällig auf Alter und Geschlecht verteilt, wie es für die entsprechende „Vignettenwelt" zutrifft. Dies könnte Einfluss auf das Verhalten der Befragten haben. Allerdings wird dies in der Vignettenanalyse zu Gunsten der Möglichkeit in Kauf genommen, einzelne Zusammenhänge unkonfundiert mit anderen zu analysieren.[8] Das Problem kann außerdem abgeschwächt werden, wenn alle Vignetten mit Merkmalskombinationen, die in der Realität nicht vorkommen (z.B. ein rauchendes Kind,

---

[4] Vgl. Rossi 1979.
[5] In der Marktforschung ist die Methode als Conjoint Analyse bekannt. Dort sind die Vignetten auch Beschreibungen von Produkten.
[6] Vgl. Eifler 2007.
[7] Vgl. Faia 1980.
[8] Vgl. Rossi & Alves 1980.

ein erwerbstätiger Rentner) aus dem Erhebungsinstrument ausgeschlossen werden. Eine Reduktion der Vignettenzahl ist meist sowieso notwendig, da die Zahl der möglichen Vignetten die Zahl der von den Befragten beantwortbaren, wie auch der organisatorisch präsentierbaren überschreitet. Falls die Anzahl der abgefragten Vignetten deshalb nicht aus inhaltlichen Gründen genügend eingeschränkt werden kann, wird im Feld normalerweise nur eine Zufallsauswahl von Vignetten präsentiert. Deshalb ist es auch üblich, dass nicht alle Befragten alle Vignetten präsentiert bekommen. Vielmehr werden die Vignetten in so genannte Sets aufgeteilt und diese dann jeweils einer Befragtengruppe vorgelegt. Denn je nach Länge der Vignetten kann nur eine beschränkte Anzahl davon durch einen einzelnen Befragten beantwortet werden. Zwanzig Vignetten pro Befragten gelten dabei als sinnvolle Anzahl.[9] Die Befragten beantworten die Vignetten dabei in zufälliger Reihenfolge, um Reihungseffekte zu vermeiden. Die normalerweise herrschende anonyme Befragungssituation verhindert zudem zumindest direkte Einflüsse sozialer Erwünschbarkeit durch die Interviewer. Allerdings dürften andere ähnliche Effekte (auch bei der Online-Vignettenanalyse) weiter bestehen, wie unten noch gezeigt wird.

Die Auswahl der Befragten kann auf verschiedenem Wege erfolgen. Wenn die Vignettenanalyse nicht zu deskriptiven Zwecken eingesetzt wird, ist eine zufällige bzw. für eine bestimmte Population repräsentative Auswahl nicht notwendig, solange eine allfällige Verzerrung der Stichprobe nicht mit den untersuchten Variablen korreliert.

2.2. Die Online-Implementierung[10]

Die Online-Vignette unterscheidet sich nicht prinzipiell von der klassischen Papier-und-Stift-Version. Die theoretischen Grundlagen und der Anwendungsbereich bleiben dieselben. Allerdings erleichtert die Online-Implementierung einer Vignettenanalyse deren Durchführung in mehrfacher Hinsicht.

So wird die Generierung der Vignetten und die Zusammenstellung der Sets nicht wie im klassischen Fall von Hand und auf Papier vorgenommen. Liegen die Vignetten in relativ abstrakter Form vor, können diese vom Rechner selbst generiert werden, indem im Grundtext jeweils die verschiedenen Ausprägungen einer Dimension eingefügt werden (also etwa „eine Frau" und „ein Mann" auf der Geschlechtsdimension). Bei komplexeren Vignetten ist dies u.U. nicht möglich und der Text jeder Vignette muss einzeln verfasst werden. Jedoch kann in jedem Fall bei der Variierung von metrischen Variablen (Alter, Einkommen) auf die Kategorisierung verzichtet werden und jeweils zufällig ein Wert innerhalb eines bestimmten Intervalls eingefügt werden. Ebenso kann auf die Verwendung von Vignettensets verzichtet werden, ohne die eine klassische Befragung mit Vignetten auf Papier nicht durchführbar wäre. Jeder Befragte bekommt einfach eine zufällige Auswahl aus dem verwendeten Vignettenuniversum zugewiesen. Auch die zufällige Variation der Vignettenreihenfolge kann online problemlos erfolgen. Für die Befragten steigt dadurch auch die Übersichtlichkeit, da ihnen immer nur eine Vignette präsentiert wird. Dies verhindert auch das Vor- und Zurückblättern im Fragebogen, das unter Umständen zu verzerrten Antworten

---

[9]   Vgl. Beck & Opp 2001: 291.
[10] Auf eine weitergehende Darstellung der technischen Vorgehensweise wird hier verzichtet. Allerdings kann die Online-Umsetzung einer Vignettenanalyse nur erfolgen, wenn entsprechende EDV-Expertise zur Verfügung steht. Spezielle Erhebungswerkzeuge existieren hierzu nicht und es muss mit den üblichen Instrumenten der Online-Programmierung gearbeitet werden.

führen kann. Weiterhin stehen am Bildschirm zusätzliche formale und technische Mittel zur Verfügung (Farben, Pop-Ups, Hinweistexte etc.), die die Les- und Beantwortbarkeit der Vignetten erhöhen. Für die Verwendung von visuellen Vignetten als Erhebungsinstrument ist die Online-Implementierung in idealer Weise geeignet, seit die Übertragungsraten im Internet die problemlose Wiedergabe von kurzen Filmsequenzen ermöglichen. Für die Stichprobenziehung können im Prinzip alle Verfahren verwendet werden, die auch bei anderen Online-Befragungen zur Anwendung kommen, solange die Erfordernisse der Fragestellung (deskriptiv oder hypothesenprüfend) beachtet werden. Wie unten gezeigt wird, kann eine Online-Implementierung aber auch dann vorteilhaft sein, wenn die Respondenten nicht direkt über das Internet kontaktiert und befragt werden.

Bei der Online-Vignettenanalyse entfällt auch die Dateneingabe, da die gewonnenen Informationen leicht in ein entsprechendes Statistikprogramm eingespielt werden können.[11] Gleichzeitig erlaubt die automatische Datenregistrierung auch, zusätzliche Daten über das Antwortverhalten der Respondenten zu erheben. Aus der durchschnittlichen Beantwortungszeit für eine Vignette, die leicht gemessen werden kann, lässt sich etwa auf Verständnisprobleme schließen. Im nächsten Abschnitt werden zwei Anwendungen der Online-Vignettenanalyse dargestellt.

3.   Zwei Anwendungsbeispiele

Manche Fragestellungen können in Experimenten nicht überprüft werden, weil die Entscheidungssituation im Labor nicht hergestellt werden kann. Die zwei folgenden Studien aus der spieltheoretisch fundierten Vertrauensforschung stehen exemplarisch dafür. Bevor darauf eingegangen wird, erfolgt eine kursorische Darstellung des Vertrauensproblems.

3.1.   Vertrauensvergabe und Vertrauenshonorierung

Viele soziale Interaktionen geschehen nur, wenn ein Akteur (der Treugeber) einem Anderen einen gewissen Vertrauensvorschuss gewährt, den dieser (der Treuhänder) nicht enttäuschen sollte. So vertraut man darauf, dass man geliehene Gegenstände zurückbekommt und dass einen in Beziehungen der Partner nicht betrügt. Modellhaft kann das Vertrauensproblem gut anhand von Transaktionen bei Online-Auktionen wie eBay skizziert werden. Der Käufer als Treugeber vertraut darauf, dass der Anbieter tatsächlich das annoncierte Produkt verkauft und es bei einer erfolgreichen Auktion auch versendet. Anschließend vertraut der Verkäufer, dass der Käufer auch den vereinbarten Preis zahlt.[12] Würde hier kein Vertrauen vergeben, käme der Warentausch nicht zu Stande, und sowohl der Käufer als auch der Anbieter würden sich schlechter stellen. Allerdings ist die Vertrauensgewährung auch immer mit dem Risiko behaftet, dass man betrogen wird. In der spieltheoretischen Vertrauensforschung sind zur Überwindung dieses Dilemmas verschiedene Mechanismen untersucht worden, durch die das Problem gelöst werden kann (Reputation, Sanktionen, wiederholte

---

[11]   Wir gehen nicht weiter auf die statistische Analyse von Vignettendaten ein. Über entsprechende Verfahren informieren z.B. Hox et al. 1991.

[12]   Für eine Darstellung der Vertrauensproblematik bei eBay und der Rolle von Reputation dabei siehe z.B. Berger & Schmitt 2005; Diekmann & Wyder 2002; Houser & Wooders 2006.

Interaktionen, etc.).[13] Im Folgenden interessieren zwei spezifische Fragestellungen zum Vertrauensproblem. In der ersten Studie wird die Frage gestellt, ob es eine Rolle spielt, von wem die Informationen über einen Treuhänder stammen. In der zweiten Studie wird in Polen und Deutschland international vergleichend mit demselben Instrument erhoben.

3.2. Studie 1: Der Einfluss von unterschiedlichen Informantentypen

3.2.1. Theoretischer Bezugsrahmen

Menschen sind in der Lage, aus den eigenen Erfahrungen mit einem Treuhänder zu lernen.[14] Hat ein Treuhänder in der Vergangenheit gegebenes Vertrauen honoriert, würde ihm eher wieder vertraut werden. Ist der Treugeber jedoch von einem Treuhänder schon einmal enttäuscht worden, wird er diesem nicht mehr vertrauen. Dasselbe trifft auf die Erfahrungen von dritten Personen zu.[15] Haben diese gute Erfahrungen mit einem bestimmten Treuhänder gemacht, so wird dieser eine gute Reputation haben und ihm wird entsprechend häufiger vertraut werden. Für eine schlechte Reputation gilt das Umgekehrte.[16] Allerdings muss der Treugeber nun wiederum der entsprechenden Information vertrauen, das heißt eine Einschätzung darüber vornehmen, wie glaubwürdig die erhaltene Information ist. Deshalb wird hier die Frage untersucht, ob Informationen, die von Freunden stammen, einen anderen Einfluss auf die Vertrauensvergabe haben als Informationen von fremden Personen.

3.2.2. Erhebungsmethode

Um diese Vermutung zu testen, werden die Vertrauensentscheidungen eines Treugebers erhoben, in Abhängigkeit davon, ob er positive oder negative Informationen zum Treuhänder von einem Freund oder einem Fremden erhalten hat. Während man im Labor durchaus simulieren kann, dass der Proband entsprechende Informationen von einem Fremden erhält, ist die Konstruktion der Information von Freunden nur schwierig durchführbar.

Mit einer Vignettenanalyse konnte das Problem umgangen werden. Die Konstruktion der Vignetten dazu erfolgte in mehreren Schritten. Zuerst musste eine adäquate Rahmenhandlung gefunden werden. Für die Fragestellung war es wichtig, dass externe Sanktionsmechanismen weitgehend ausgeschlossen werden können, dass die Vertrauenssetzung zeitlich eindeutig vor der Entscheidung des Treuhänders erfolgt und dass die Situation einmalig ist, das heißt, dass es nicht zu wiederholten Interaktionen unter denselben Akteuren kommt. Deshalb wurden die folgenden zwei Situationen ausgewählt, die diesen Ansprüchen genügen:[17]

---

[13] Für eine Darstellung der Vertrauensproblematik aus spieltheoretischer Sicht siehe z.B. Raub 1999, Voss 1998.
[14] Vgl. Homans 1958.
[15] Vgl. Axelrod 1987: 132.
[16] Bei Online-Auktionen ist dieser Mechanismus institutionalisiert, indem die Teilnehmer einen entsprechenden Index haben, der ihre Reputation ausweist.
[17] Die fett gedruckten Satzteile werden jeweils variiert und kombiniert.

Vignette 1 (Konzert):

> „Deine Lieblingsband gibt bald ein Konzert in Deiner Stadt. Leider ist es bereits ausverkauft und Karten sind nur sehr schwer zu bekommen. In einem Fan-Forum im Internet findest Du jemanden, der noch zwei Karten anbietet. Zuerst sollst Du das Geld überweisen und anschließend schickt derjenige die Tickets per Post. **Ein anderer Forumsteilnehmer / Ein Freund von Dir** schaltet sich in den Dialog mit ein und sagt, er kenne den Verkäufer und **hat selbst schon Karten bei diesem gekauft, was auch gut geklappt hat / wollte ebenfalls schon mal bei diesem Karten kaufen und nachdem der Verkäufer das Geld hatte, schickte dieser die Karten jedoch nicht.**
>
> Überweist Du das Geld? (Ja / Nein)

Vignette 2 (Trödelmarkt):

> „Du besuchst einen Trödelmarkt und findest einen wunderbaren Fernseher zu einem günstigen Preis. Der Händler versichert Dir, dass der Fernseher funktioniert, aber überprüfen kannst Du das erst zu Hause und selbst reparieren kannst Du den Fernseher auch nicht, falls der Händler nicht die Wahrheit gesagt hat. **Ein anderer Kunde bekommt das Gespräch mit / Ein Freund von Dir ist ebenfalls dabei** und meint er hätte schon bei diesem Händler einen Fernseher gekauft **und der hat funktioniert / und dieser hat dann nicht funktioniert.**
>
> Kaufst Du den Fernseher?   (Ja / Nein)

In der ersten Situation wurde absichtlich nicht auf bekannte Online-Auktionshäuser zurückgegriffen, da diese zum einen selbst über gewisse Sanktionsmechanismen verfügen und zum anderen schon ein Basisvertrauen in die entsprechende Institution existiert. Auch die zweite Situation liefert eine Rahmenhandlung, die allen Ansprüchen genügt. Zusätzlich lassen beide Situationen einen anwesenden Freund oder Fremden plausibel erscheinen. Der alleinige Effekt von Vertrauensentscheidungen kann gemessen werden, wenn man den Probanden die Vignette jeweils ohne den Teil vorlegt, in welchem eine dritte Person auftaucht. Da es sich bei den Probanden um Studenten handelt, ist die Du-Anrede gewählt worden und auch die Rahmenhandlungen „Konzert" und „Trödelmarkt" passen weitgehend zu den Interessen der ausgewählten Probanden.

Die Online-Implementierung erfolgte über ein Tool zur Erstellung von Fragebögen auf einer separaten Homepage. Die Vignetten wurden den Probanden in zufälliger Reihenfolge präsentiert, wobei jeder Proband nur eine Vignette pro Rahmenhandlung beantwortete.[18] Eventuelle Reihenfolgeeffekte konnten so minimiert werden. Die Daten wurden mit der Eingabe der Probanden direkt in eine Datenbank übertragen, so dass auch die Daten von unvollständig ausgefüllten Fragebögen verwertbar waren.

---

[18] In der Studie gab es noch zwei weitere Rahmenhandlungen, die für die hier interessierende Fragestellung keine Relevanz haben.

Vor der Erhebung wurde ein einwöchiger Pretest durchgeführt. Dazu wurden 16 beliebige Studenten angeschrieben, mit der Bitte, die Vignetten auszufüllen. Das Augenmerk lag dabei nicht nur auf dem Inhalt, sondern auch auf der einwandfreien technischen Funktionsweise der Datenerhebung über den Online-Fragebogen. Es wurde überprüft, ob die Randomisierung fehlerfrei funktionierte und Mehrfachteilnahmen sowie eine Korrektur der einmal abgegebenen Antworten ausgeschlossen werden konnten. Außerdem konnte so untersucht werden, ob das Erhebungsinstrument mit verschiedenen Browsern kompatibel war.

Die Auswahl der Probanden beschränkte sich auf Studenten, die über das Internet relativ leicht zu kontaktieren sind. Die Auswahl musste nicht notwendigerweise zufällig erfolgen, da in der Studie nur Zusammenhänge untersucht wurden. Deshalb wurden alle Fachschaften dreier Universitäten in Deutschland, deren E-Mail-Adressen frei zugänglich sind, angeschrieben. Sie wurden auf die Homepage mit der Befragung im Internet aufmerksam gemacht und gebeten, auch andere Studenten auf die Umfrage zu verweisen. Innerhalb von zwei Wochen nahmen insgesamt 373 Personen an der Erhebung teil. Nach einer Datenbereinigung ergab dies 1318 verwertbare Antwortentscheidungen.[19]

3.2.3. Resultate

Aus der Summe aller Entscheidungen der Probanden kann nun jeweils die Vertrauens- bzw. Misstrauensrate berechnet werden. Dies ist die bedingte Wahrscheinlichkeit, zu vertrauen bzw. kein Vertrauen zu vergeben, gemessen in Prozentanteilen der jeweiligen Vignettenbedingung. Da es sich bei der Vertrauens- und Misstrauensrate um Gegenwahrscheinlichkeiten handelt, ist es ausreichend, eine der beiden Raten innerhalb einer Bedingung zu interpretieren. Die Auswertung der Daten zeigt, dass – in Übereinstimmung mit bisherigen Resultaten[20] – negative Informationen einen stärkeren Effekt auf die Misstrauensrate haben, als positive Informationen auf die Wahrscheinlichkeit zu vertrauen. Unter der Bedingung, dass positive Informationen über den Treuhänder vorliegen, vertrauen in der Konzert- und der Trödelmarktsituation zusammen insgesamt 47,4 Prozent aller Treugeber.[21] Haben die Treugeber dagegen negative Informationen erhalten, entscheiden sie sich insgesamt in 84,1 Prozent der Fälle dem Treuhänder zu misstrauen.[22] Dieser Zusammenhang zwischen der Wahrscheinlichkeit zu vertrauen und der Art der Information ist hoch signifikant (r=0,34 auf einem Signifikanzniveau von α=0,00).[23]

Stellt man diese Ergebnisse denjenigen gegenüber, in denen der Treugeber keinerlei Informationen über den Treuhänder erhält, so zeigen die jeweiligen Differenzen Effektstärken an. Ohne Zusatzinformationen vertrauen insgesamt 40 Prozent der Treugeber und 60 Prozent schenken dem Treuhänder kein Vertrauen. Dies ergibt eine Erhöhung der Vertrauensrate um 7,4 Prozentpunkte im Falle positiver Information und Reduktion um 24,1 Prozentpunkte im Falle negativer Information.

Der starke Einfluss von negativen Informationen zeigt sich auch daran, dass in diesem Fall die Quelle der Information nicht entscheidend ist. Betrachtet man nur die Konzertsituation,

---

[19] Für die hier vorgestellte Fragestellung waren jedoch nur etwa 1/10 der Fälle relevant.

[20] Vgl. z.B. Dasgupta 1988.

[21] Die Misstrauensrate beträgt damit 52,6 Prozent.

[22] Dementsprechend vertrauen bei negativer Information immer noch 15,9 Prozent.

[23] Als Zusammenhangsmaß wird jeweils der Korrelationskoeffizient r nach Pearson mit dem dazugehörigen Signifikanzniveau α verwendet. Dieser kann für Zusammenhänge zwischen metrischen, wie auch dichotomen Variablen herangezogen werden.

so vertrauen bei negativer Information über den Treuhänder von Freunden noch 10,0 Prozent der Treugeber. Stammt die negative Information von Fremden, so sinkt die Vertrauensvergabe sogar auf 7,7 Prozent. Dieser Unterschied zwischen Fremden und Freunden ist erwartungsgemäß nicht signifikant (r=0,04 mit α=0,82). Für die analoge Analyse der Trödelmarktsituation sind die Resultate nicht so eindeutig. Erstaunlicherweise vertrauen 31,8 Prozent der Treugeber dem Treuhänder auch dann, wenn ein Freund schlechte Erfahrungen mit ihm gemacht hat. Hat dagegen ein Fremder schlechte Erfahrungen mit dem Treuhänder gemacht, vertrauen ihm nur 7,1 Prozent. Diese unerwartete Differenz von 24,7 Prozentpunkten ist signifikant (r=0,28 mit α=0,08). Zwar sind für diese Anomalie einige Ad-Hoc-Erklärungen denkbar.[24] Im präsentierten theoretischen Rahmen und im Vergleich mit den anderen empirischen Resultaten ist jedoch nicht erkennbar, worauf sie zurück zu führen ist.

Bei positiver Reputation spielt die Beziehung, die der Treugeber zum Informanten hat, durchaus eine Rolle. Die positive Information eines Fremden steigert die Vertrauensrate in der Konzertkartensituation von 10,0 Prozent auf 33,3 Prozent und in der Trödelmarktsituation von 7,7 Prozent auf 25,0 Prozent. Kommen die Informationen zur guten Reputation des Treuhänders dagegen von einem Freund, steigt die Vertrauensrate in der ersten Situation auf 73,3 Prozent und in der zweiten auf 53,3 Prozent. Damit zeigt sich ein signifikanter Unterschied zwischen dem Einfluss positiver Information von Fremden und Freunden auf die Vertrauensentscheidung vor allem in der Konzertsituation (r=0,40 mit α=0,028). In der Trödelmarktsituation ist dieser Zusammenhang schwächer (r=0,28 mit α=0,14). Zudem zeigt sich wiederum, dass in der Trödelmarktsituation die Quelle der Information offenbar eine geringere Rolle spielt als beim Erwerb von Konzertkarten. Betrachtet man beide Situationen zusammen, so zeigt sich der Einfluss der Art der Information deutlicher. Bei einer schlechten Reputation des Treugebers spielt es nur eine geringe Rolle, ob der Treuhänder davon von Fremden oder Freunden erfahren hat (r=0,19 mit α=0,12). Ist der Ruf des Treuhänders jedoch positiv, so führt diese Information zu signifikant häufigerer Vertrauensvergabe, wenn sie von Freunden statt Unbekannten kommt (r=0,34 mit α=0,01). Diese Befunde dürften valide sein, denn ein sozial erwünschtes Verhalten ist beim Treugeber nicht zu erkennen.[25]

Allerdings dürfte die Stichprobe etwas verzerrt in Richtung prinzipiell kooperativer Personen sein, da diese schließlich freiwillig an der Erhebung teilgenommen haben. Dadurch werden die allgemeinen Kooperationsraten eher überschätzt, der betrachtete Zusammenhang bleibt davon aber unbeeinflusst, solange innerhalb der Stichprobe der Probanden kein Merkmal selektiv auf eine Experimentalbedingung zugewiesen wurde. Durch die zufällige Zuweisung der Vignetten ist dies aber sehr unwahrscheinlich. Eine Verzerrung könnte nur noch auftreten, wenn bei der Beantwortung der Vignetten eine Gruppe von Probanden mit einem bestimmten Merkmal, das mit dem untersuchten Zusammenhang korreliert (z.B. alle diejenigen, die nie etwas auf den Rat von Freunden geben) selektiv bei bestimmten Kombinationen (z.B. wenn in der Vignette Freunde vorkommen) die Antwort verweigert haben. Dies kann für die beobachteten Probandenmerkmale wie Alter und Geschlecht und mit Blick auf die 91,1 Prozent der Probanden, die alle hier verwendeten Vignetten beantwortet haben, ausgeschlossen werden.

---

[24] So könnte man etwa argumentieren, dass der Treuhänder sich den wunderbaren Fund nicht von Freunden schlecht machen lassen will und ihn deshalb trotzdem kauft.

[25] Im Gegensatz etwa zum Verhalten des Treuhänders, für den die Norm lautet, dass er nicht betrügen soll.

3.3. Studie 2: Vergleichende internationale Studien mit Online-Vignettenexperimenten

3.3.1. Theoretischer Bezugsrahmen

Um kulturell bedingte Verhaltensunterschiede zu erheben, ist meist ein hoher zeitlicher und finanzieller Aufwand nötig. Dies gilt auch für die Vignettenanalyse, wenn sie in Papierform durchgeführt wird. Insbesondere die Vignettensetbildung und die zufällige Reihung der Vignetten werden bei der Durchführung der gleichen Studie in verschiedenen Ländern kompliziert. Eine Online-Implementierung der Studie erleichtert diesen internationalen Vergleich erheblich. Im Wesentlichen müssen dazu lediglich die Vignetten übersetzt werden. Wie Camerer[26] darstellt, gibt es bei experimentellen kulturübergreifenden Studien jedoch vier methodische Schwierigkeiten, die auch bei einem Vignettenexperiment beachtet werden müssen. Dies sind, neben der Höhe der Auszahlungen, die unter Umständen gezahlt werden, die korrekte Übersetzung der Vignetten, der Einfluss des Versuchsleiters, der variieren kann, sowie kulturelle Effekte, die häufig unbekannt und deshalb nur schwer identifizierbar sind. Bei einer Online-Vignettenerhebung können die ersten drei Einflüsse ausgeschlossen werden, da alle Probanden die gleichen Vignetten mit denselben Interviewanweisungen bekommen und auch keine unbekannten Versuchsleiter anwesend sind. Mehr Beachtung sollte jedoch kulturellen Unterschieden geschenkt werden. Vor allem bei der Stichprobenziehung könnten z.B. unterschiedliche Verteilungen in der Internetanschlussdichte in verschiedenen Ländern oder Unterschiede in der Studentenpopulation die Ergebnisse verzerren. Solche Unterschiede im Antwortverhalten könnten dann fälschlicherweise als kulturell bedingt aufgefasst werden.[27]

Obschon in der Spieltheorie a priori von homogenen Akteuren ausgegangen wird, hat sich gezeigt, dass offenbar kulturell geprägte Unterschiede im Entscheidungsverhalten für bestimmte Interaktionen bestehen.[28] Um robuste Befunde zu finden, ist es deshalb sinnvoll, dieselbe Untersuchung mit kulturell unterschiedlichen Stichproben zu replizieren, um eventuell bestehende Differenzen zu eruieren, wie es hier mit polnischen und deutschen Probanden gemacht wurde.

3.3.2. Erhebung

Zur Untersuchung von kulturell bedingten Unterschieden bei der Vertrauensvergabe wurde eine Online-Vignettenanalyse in Deutschland und Polen durchgeführt. Bei beiden Untersuchungen wurden Studenten befragt, allerdings auf zwei unterschiedliche Weisen. Bei der deutschen Studie wurden Studenten per E-Mail aufgefordert, an der Erhebung teilzunehmen, indem die Fachschaftsverteiler verschiedener Universitäten angeschrieben wurden. Innerhalb von vier Wochen nahmen 631 Studenten an der Befragung teil und gaben 2302 verwertbare Vignettenentscheidungen ab. 71 Prozent der Vignetten wurden dabei innerhalb der ersten 10 Tage beantwortet. In Polen füllten Studenten die Erhebung innerhalb verschiedener Kurse nach Aufforderung durch ihre Dozenten aus. Die Erhebung dauerte dort insgesamt drei Wochen. Jeder der insgesamt 175 Teilnehmer beantwortete dabei wie in

---

[26] Vgl. Camerer 2003 (Kapitel 2).

[27] Als einfachste Kontrollmöglichkeit sollten demographische Variablen wie Alter und Geschlecht der Befragten erhoben werden, um grobe Verzerrungen zu kontrollieren.

[28] Vgl. z.B. Buchan et al. 2002; Henrich et al. 2004; Hermann et al. 2008; Roth et al. 1991.

Deutschland vier Vignetten. Durch die geringe Anzahl der zu beantwortenden Vignetten gab es kaum Probanden, die die Erhebung abgebrochen haben.[29] Allerdings ist bei der deutschen Erhebung, wie oben bereits beschrieben, eine kooperativ verzerrte Stichprobe zu erwarten, während dies für die polnische Stichprobe nicht zutrifft.

In beiden Studien wurden die gleichen Vignetten zur Beschreibung des Vertrauensspiels verwendet. Dabei wurden unterschiedliche Vignetten für eine Gewinnsituation und eine Verlustsituation geschaffen. Die Fragestellung bestand dabei darin, ob in Vertrauenssituationen, in denen Verluste abgewehrt werden müssen, weniger Kooperation auftritt als in solchen, in denen gemeinsame Gewinne realisiert werden können.[30] In diesen beiden Basisvignetten wurden jeweils die Vertrauensrolle, das Geschlecht des Gegenübers sowie der „Schatten der Zukunft"[31] variiert. Es wurde darauf geachtet, dass die beschriebenen Situationen in beiden Ländern bekannt und in die Lebenswelt von Studenten eingebettet waren. In Vorgesprächen mit polnischen Studenten sowie durch die Durchführung eines Pretests mit polnischen Jugendlichen wurden sowohl Verständnisprobleme korrigiert, als auch die Realitätsnähe der einzelnen Vignetten geprüft. Um nicht Normen oder Werte, sondern Verhalten zu messen, sollten die dargestellten Vignetten für den Befragten möglichst erlebbar sein. Da in den beschriebenen Situationen sowohl Bekannte, als auch Fremde als potenzielle Interaktionspartner plausibel erscheinen mussten, bot sich die Situation des Urlaubes an. Die Vignetten für die Position des Treugebers in der Gewinn- und Verlustsituation lauten:

Vignette1 (Gewinn):

> „Während eines Urlaubs machst Du eine Wanderung. **Ein Mann, /Eine Frau, den (die) Du zufällig am Morgen getroffen hast / dein(e) langjähriger(e) Freund(in) Paul(a)**, begleitet Dich. Ihr findet eine Videokamera, die jemand dagelassen hat, weil sie kaputt ist. Ihr nehmt sie mit. Nun habt Ihr zwei Möglichkeiten: Entweder Ihr verkauft die defekte Kamera im Urlaub, wobei Ihr 200 € bekommt. Jeder hat dann 100 €. Oder aber **der Mann / die Frau / Paul / Paula** nimmt die Kamera mit nach Hause, lässt sie reparieren und kann sie für 400 € verkaufen. **Er / Sie** überweist Dir dann Deinen Teil von 200 €."
>
> Wie entscheidest Du Dich?
>
> - Ich vertraue drauf, dass **der Mann / die Frau / Paul / Paula** mir die 200 € überweist sobald die Kamera repariert und verkauft wurde und gebe **ihm / ihr** die Kamera mit.
> - Ich vertraue **dem Mann / der Frau / Paul / Paula** nicht, und möchte die Kamera noch im Urlaub verkaufen.

---

[29] 2 Prozent fehlende Werte in Polen und 11 Prozent in Deutschland.
[30] Vgl. zu dieser Frage z.B. Cherry et al. 2002; Güth & Kliemt 2003; Poppe & Valkenberg 2003; Raub & Snijders 1997; van Assen et al. 2006.
[31] Vgl. Axelrod 1987.

Vignette 2 (Verlust):

„Im Urlaub mietest Du ein kleines Häuschen zusammen mit **einem Mann / einer Frau, den (die) Du gerade kennen gelernt hast / Paul / Paula einem(r) langjährigen Freund(in).** Nach einer Feier hat das Ferienhaus leider diverse Schäden von sich getragen. **Der Mann/ Die Frau / Paul / Paula** und Du müsst zusammen die Schäden beheben. Dafür gibt es zwei Möglichkeiten. Entweder Ihr übergebt das Haus mit den Schäden Eurem Vermieter. Dieser wird dann eine Rechnung über 800 € stellen, jeder von Euch muss 400 € bezahlen. Oder Ihr behebt die Schäden selbst. Das Material und die investierte Zeit würden insgesamt 600 € kosten. Allerdings muss **der Mann/ die Frau / Paul / Paula** sofort abreisen. Er kann Dir nur 100 € dalassen. **Er / Sie** verspricht den Rest zu überweisen, wenn **er / sie** zu Hause ist.

Wie entscheidest Du Dich?

- Ich schieße die 500 € vor und repariere den Schaden. Ich vertraue, dass **der Mann / die Frau / Paul / Paula** mir die verbleibenden 200 € überweist, sobald **er / sie** wieder zu Hause ist.
- Ich vertraue **dem Mann / der Frau / Paul / Paula** nicht und wir übergeben das Haus dem Vermieter. Jeder muss 400 € bezahlen.

3.3.3. Resultate

Analysiert man die Antworten der Treugeber, so zeigen sich folgende Resultate. In Polen vertrauen 55,5 Prozent der Probanden auf eine Honorierung durch den Treuhänder. In Deutschland sind es 79,7 Prozent. Eingedenk der oben vermuteten Verzerrung der deutschen Stichprobe sollte dieser Unterschied jedoch nicht überinterpretiert werden. Dies gilt umso mehr, als in beiden Samples auch von Effekten sozialer Erwünschtheit ausgegangen werden muss.[32] Wird in der Vignette vorgegeben, dass der Treugeber den Treuhänder kennt, verschwindet dieser Unterschied zwischen den Vertrauensraten völlig (Deutschland: 80,6 Prozent; Polen: 80,7 Prozent). Ist der Treuhänder dagegen unbekannt, so zeigen sich große Unterschiede zwischen den beiden Ländern. Nur 32,2 Prozent der polnischen Studenten schenken einem Unbekannten Vertrauen, während in Deutschland die Kooperationsrate unverändert hoch bei 77,4 Prozent liegt. Damit hat die Anonymität des Treuhänders in Polen einen starken Einfluss auf die Vertrauensvergabe, nicht aber in Deutschland (Polen: $r=0,48$ mit $\alpha=0,00$; Deutschland: $r=0,04$ mit $\alpha=0,35$). Außerdem unterscheidet sich die Vertrauensvergabe in den beiden Ländern in Abhängigkeit vom Geschlecht des Treuhänders. In Polen wird insbesondere den Frauen viel stärker vertraut (60,9 Prozent) als den Männern (49,4 Prozent), und zwar unabhängig vom Geschlecht des Treugebers selbst ($r=0,12$ mit $\alpha=0,13$). Ein solcher Einfluss ist in Deutschland nicht festzustellen ($r=-0,02$ mit $\alpha=0,63$). In Deutschland scheinen also die Eigenschaften des Treuhänders keinen Einfluss auf die Vertrauensvergabe des Treugebers zu haben. Für polnischen Treugeber beeinflussen diese Eigenschaften die Vertrauensentscheidung dagegen relativ stark. Umgekehrt verhält

---

[32] So geben in Deutschland nur 3,7 Prozent der Treuhänder an, Vertrauen nicht zu honorieren. Dieser Wert dürfte unterschätzt werden. Dies gilt wahrscheinlich auch für Polen, wo der Wert 14,4 Prozent beträgt.

es sich mit Unterschieden in der Verlustsituation. Während in Polen die Kooperationsbereitschaft bei drohenden Verlusten (51,8 Prozent) nur wenig kleiner ist als bei möglichen Gewinnen (58,9 Prozent), ist in Deutschland erstens gerade der umgekehrte Zusammenhang zu finden, der zweitens auch stärker ist (Vertrauen bei Verlusten: 87,8 Prozent; bei Gewinnen: 62,8 Prozent). Dies resultiert in einen signifikanten Einfluss der Vertrauenssituation auf die Vertrauensentscheidung in Deutschland (r=0,293 mit α=0,00), aber nicht in Polen (r=0,071 mit α=0,35).

Damit zeigen sich tatsächlich kulturelle Differenzen bei der Vertrauensvergabe. Dabei muss allerdings beachtet werden, dass die deutsche Stichprobe auf Grund der freiwilligen Teilnahme hin zu kooperativen Probanden verzerrt ist. Dies kann für die polnische Stichprobe nicht unterstellt werden. Dieser Umstand kann die insgesamt höheren Vertrauensraten in Deutschland teilweise erklären. Allerdings scheint das generalisierte Vertrauen in Deutschland im internationalen Vergleich tatsächlich recht hoch und eindeutig höher als in Polen zu sein.[33] Dies bestätigt auch den Befund, dass die deutschen Treugeber Vertrauen eher unbedingt setzen, die polnischen dagegen die Informationen zum Treuhänder berücksichtigen. In Deutschland sind eher Eigenschaften der Situation bei der Vertrauensvergabe wichtig. Sie wird durch einen drohenden Verlust wahrscheinlicher.

So können insgesamt kulturelle Unterschiede in den Vertrauensraten, vor allem aber in den unterschiedlichen Einflüssen auf die Vertrauensraten gemessen werden. Dieser letzte Befund ist auf Grund des verwendeten Designs valider. Die im Vergleich zur vorherigen Studie weniger standardisierte Erhebungssituation könnte z.B. zu unterschiedlichen Effekten sozialer Erwünschbarkeit geführt haben (die geringere Anonymität der Probanden in Polen könnte etwa zu erhöhten Angaben zur Kooperationsbereitschaft führen). Dies hätte Auswirkungen auf die gemessene Vertrauensrate, nicht jedoch auf die eruierten Einflüsse auf die Vertrauensvergabe, die von den Eigenschaften des Treuhänders und der Situation ausgehen. Durch die zufällige Zuteilung der Vignetten werden diese aufgehoben. Dies gilt solange die Verzerrung nicht mit dem untersuchten Zusammenhang selbst korreliert. Das wäre z.B. dann der Fall, wenn die soziale Erwünschtheit sich nur auf die Angaben zur Vertrauenswürdigkeit von weiblichen Treuhändern auswirken würde, nicht aber auf diejenige von männlichen.

4. Diskussion und Bewertung der Methode

Abschließend erfolgt eine Diskussion von Vor- und Nachteilen der Methode und der Interpretationsmöglichkeiten der Resultate, sowie von geeigneten Anwendungsgebieten. Die Vignettenanalyse an sich weist Vor- und Nachteile auf. Zu den Vorteilen gehört insbesondere das zu Grunde liegende experimentelle Design, das eine hohe Drittvariablenkontrolle, die Untersuchungen von unkonfundierten Einzeleffekten und damit u.U. auch kausale Analysen erlaubt. Dies kann auch bei Fragestellungen geschehen, die sonst kaum oder nur schwierig mit einem experimentell kontrollierten Design untersucht werden können. Als gewichtiger Nachteil erweist sich, dass in Vignetten nie reales, sondern immer nur beabsichtigtes Verhalten gemessen wird, das nicht zwingend mit ersterem korreliert.[34]

---

[33] Vgl. dazu z.B. Bjørnskov 2006; Delhey & Newton 2004.
[34] Vgl. Eifler 2007.

Die Online-Vignettenanalyse weist gegenüber der klassischen Papierversion weiterhin die folgenden Vorteile auf: Sie ist organisatorisch weniger aufwändig. Deshalb kann die Erhebung mit geringeren finanziellen und personellen Ressourcen durchgeführt werden, als es ansonsten der Fall ist. Wiederholungen der Analyse, z.B. für einen internationalen Vergleich oder als Replikation, sind deshalb verhältnismäßig schnell und günstig durchzuführen. Die online erzielte Datenqualität ist potenziell höher. Denn einerseits kann leicht auch metrisches Skalenniveau erreicht werden und die Clusterung der Daten ist durch die stärkere Streuung der Vignetten auf die Respondenten geringer, andererseits können fehlende Werte durch entsprechende Hinweise bzw. Programmierungen besser reduziert werden. Weiter sind Fragereihungseffekte leicht zu umgehen. All dies kann mit einer hohen und schnell zu erreichenden Fallzahl kombiniert werden, da per Internet mit geringem Einsatz sehr viele Kontakte hergestellt werden können. Allerdings muss erwähnt werden, dass dies nur gilt, wenn die allgemeinen Mindeststandards für Erhebungen eingehalten werden. So ist die Replikation einer obigen Erhebung in Italien vollständig gescheitert, weil nicht beachtet wurde, dass der Erhebungszeitpunkt genau in der italienischen Hauptferienzeit („ferragosto") lag. Ebenso ist zu erwarten, dass der Rücklauf quantitativ und qualitativ abnimmt, sobald der Fragebogen bzw. die enthaltenen Vignetten zu lang und zu kompliziert werden, da online keinerlei Möglichkeit besteht, die Beantwortungssituation zu kontrollieren und bei Verständnisproblemen kein Betreuer zur Verfügung steht wie z.B. im Labor.

Als gewichtigster Nachteil der Online-Vignettenanalyse erweist sich jedoch die im Online-Bereich immer noch problematische Stichprobenziehung. Dies bezieht sich einerseits auf die Repräsentativität von Stichproben, wenn deskriptive Aussagen bezüglich einer Grundgesamtheit gemacht werden sollen. Die Vignettenanalyse ist daher besser zur Hypothesenüberprüfung geeignet. Andererseits besteht ein Problem auch darin, dass die Befragtenpopulation und die Antwortsituation nur dann bekannt sind und deshalb kontrolliert werden können, wenn die Befragung unter Aufsicht geschieht, wie oben für das polnische Sample beschrieben. Die Online-Vignettenanalyse ist jedoch insbesondere dann vorteilhaft, wenn dies gerade nicht zutrifft. Dann kann aber weder beobachtet werden, wer die Vignetten beantwortet hat, noch wie und unter welchen Umständen dies geschehen ist. Will man nun die Anonymität der Befragten nicht durch entsprechende Fragen aufheben, so ist es schwierig, eventuell vorliegende Verzerrungen zu erkennen und zu korrigieren. Solche Verzerrungen können jedoch durchaus Auswirkungen auf die Ergebnisse haben, wie z.B. Eifler zeigt.[35] So scheinen Männer und Frauen nicht immer gleich auf bestimmte Vignettenformen zu reagieren.

Auf Grund der fraglichen Validität von Vignetten bei der Messung von sozial erwünschtem Verhalten (aber auch entsprechenden Einstellungen), erweist es sich als sinnvoll, wie oben vorgeführt, nur Marginal- und keine Absoluteffekte zu interpretieren – das heißt z.B. bei einem internationalen Vergleich nur die Richtung von Zusammenhängen und nicht Verhaltensanteile zu analysieren. Dies entspricht auch dem experimentellen Ansatz der Vignettenanalyse und der häufig fehlenden Zufallsauswahl der Probanden. Dabei gilt, dass Aspekte, für die kein sozial erwünschtes Verhalten erkennbar ist, also hier etwa für die Entscheidung des Treugebers im Gegensatz zu der des Treuhänders, tendenziell valider gemessen werden können. Zwar kann auch bei der Untersuchung von Zusammenhängen nie mit Bestimmtheit festgestellt werden, dass diese frei von methodischen Verzerrungen ist. Wie die obigen Beispiele zeigen, können diese jedoch nur in sehr unwahrscheinlichen

---

[35] Vgl. Eifler 2007.

Fällen auftreten. Bedenkt man weiterhin, dass diese Überlegung für alternative Untersuchungsverfahren mindestens im gleichen Maße gilt, fällt dieser Einwand wenig ins Gewicht. Die Online-Vignettenanalyse ist damit gut geeignet, um mit wenigen und/oder kurzen Vignetten, in verschiedenen und/oder weit gestreuten Populationen, in kurzer Zeit und mit geringem Einsatz von personellen und finanziellen Ressourcen relativ hohe Fallzahlen für eine Überprüfung von theoretisch postulierten Zusammenhängen zu erreichen. Darüber hinaus scheint sie das Instrument der Wahl zu sein, wenn die bisher kaum genutzten visuellen Vignetten eingesetzt werden sollen.

Literatur

Axelrod, Robert (1987): Die Evolution der Kooperation. München.

Beck, M. & Opp, K.-D. (2001): Der faktorielle Survey und die Messung von Normen. In: Kölner Zeitschrift für Soziologie und Sozialpsychologie, 52, S. 283-306.

Berger, R. & Schmitt, K. (2005): Vertrauen bei Internetauktionen und die Rolle von Reputation, Informationen, Treuhandangebot und Preisniveau. In: Kölner Zeitschrift für Soziologie und Sozialpsychologie, 57, S. 86-111.

Bjørnskov, C. (2006): Determinants of Generalized Trust: A Cross-Country Comparison. In: Public Choice, 130, S. 1-21.

Buchan, N., Croson, R. & Dawes, R. (2002): Swift Neighbors and Persistent Strangers: A Cross-Cultural Investigation of Trust and Reciprocity in Social Exchange. In. American Journal of Sociology, 108, S. 168-206.

Camerer, C. (2003): Behavioral Game Theory. Experiments in Strategic Interaction. Princeton, New York.

Cherry, T. L., Frykblom, P. & Shogren, J. F. (2002): Hardnose the Dictator. In: American Economic Review, 92, S. 1218-1221.

Dasgupta, P. (1988): Trust as a Commodity. In: Gambetta, D. (Hrsg.): Trust: Making and Breaking Cooperative Relations. Oxford, S. 49-72,

Delhey, J. & Newton, K. (2005): Predicting Cross-National Levels of Social Trust: Global Pattern or Nordic Exceptionalism? In: European Sociological Review, 21, S. 311-327.

Diekmann, A. (2007): Empirische Sozialforschung. Grundlagen, Methoden, Anwendungen. Reinbek.

Diekmann, A. & Wyder, D. (2002): Vertrauen und Reputationseffekte bei Internet-Auktionen. In: Kölner Zeitschrift für Soziologie und Sozialpsychologie, 54, S. 674-693.

Eifler, S. (2007): Evaluating the Validity of Self-Reported Deviant Behavior Using Vignette Analysis. In: Quality & Quantity, 41, S. 303-318.

Faia, M. A. (1980): The Vagaries of the Vignette World: A Comment on Alves and Rossi. In: American Journal of Sociology, 85, S. 951-954.

Fehr, E. & Gintis, H. (2007): Human Motivation and Social Cooperation: Experimental and Analytical Foundations. In: Annual Sociological Review, 33, S. 43-64.

Güth, W. & Kliemt, H. (2003): Experimentelle Ökonomik: Modell Platonismus in neuem Gewand? In: Held, M., Kubon-Gilke, G. & Sturn, R. (Hrsg.): Normative und institutionelle Grundfragen der Ökonomik, Jahrbuch 2: Experimente in der Ökonomik. Marburg, S. 315-342.

Henrich, J., Boyd, R., Bowles, S., Camerer, C., Fehr, E., & Gintis, H. (2004): Foundations of Human Sociality. Economic Experiments and Ethnographic Evidence from Fifteen Small-Scale Societies. Oxford.

Hermann, B., Thöni C. & Gächter, S. (2008): Antisocial Punishment Across Societies. In: Science, 319, S. 1362-1367.

Hoffmann E., McCabe, K. A., Shachat, K. & Smith, V. L. (2000): Preferences, Property Rights and Anonymity in Bargaining Games. In: Smith, V. L. (Hrsg.): Bargaining and Market Behavior. New York, S. 91-26.

Homans, G. C., (1958): Soziales Verhalten als Austausch. In: Hartmann, H. (1967): Moderne amerikanische Soziologie, Stuttgart, S. 173-185.

Houser, D. & Wooders, J. C. (2006): Reputation in Auctions: Theory and Evidence from eBay. In: Journal of Economics and Management Strategy, 15, S. 353-369.

Hox, J. J., Kreft, I. G. & Hermkens, P. L. J. (1991): The Analysis of Factorial Surveys. In: Sociological Methods & Research, 19, S. 493-510.

Kagel J. H. & Roth, A. (Hrsg.) (1995): The Handbook of Experimental Economics. Princeton.

Poppe, M. & Valkenberg, H. (2003): Effects of gain versus loss and certain versus probable outcomes on social value orientations. In: European Journal of Social Psychology, 33, S. 331-337.

Raub, W. (1999): Vertrauen in dauerhaften Zweierbeziehungen: Soziale Integration durch aufgeklärtes Eigeninteresse. In: Friedrichs, J. & Jagodzinski, W. (Hrsg.): Soziale Integration, Sonderheft der Kölner Zeitschrift für Soziologie und Sozialpsychologie, 39, S. 239-268

Raub, W. & Snijders, C. (1997): Gains, Losses, and Cooperation in Social Dilemmas and Collective Action. The Effects of Risk Preferences. In: Journal of Mathematical Sociology, 22, S. 263-302.

Rossi, P. H. (1979): Vignette Analysis: Uncovering the Normative Structure of Complex Judgements. In: Merton, R. K., Coleman, J. S. & Rossi, P. H. (Hrsg.): Qualitative and Quantitative Social Research. New York, S. 176-186.

Rossi, P. H. & Alves, W. H. (1980): Rejoinder to Faia. In: American Journal of Sociology, 85, S. 954-955.

Roth, A., Prasnikar, V., Okuno-Fujiwara, M. & Zamir, S. (1991): Bargaining and Market Behavior in Jerusalem, Ljubljana, Pittsburgh, and Tokyo: An Experimental Study. In: American Economic Review, 81, S. 1068-1095.

Van Assen, M., Snijders, C. & Weesie, J. (2006) Behavior in Repeated Prisoner's Dilemma Games with Shifted Outcomes Analyzed with a Statistical Learning Model. In: Journal of Mathematical Sociology, 30, S. 159-180.

Voss, T. (1998): Vertrauen in modernen Gesellschaften. Eine spieltheoretische Analyse. In: Metze, R., Mühler, K. & Opp, K.-D. (Hrsg.): Der Transformationsprozess. Leipzig, S. 91-129.

Wirkungen von Umfrageberichterstattung auf Wählerverhalten: Ein Online-Experiment zu den Landtagswahlen in Baden-Württemberg 2006, Rheinland-Pfalz 2006 und Hessen 2008

Von Jürgen Maier & Frank Brettschneider

1.   Einleitung

Vor Bundes- und vor Landtagswahlen berichten Massenmedien immer häufiger über Ergebnisse aus Wahlumfragen. Zwischen den Bundestagswahlen 1980 und 2005 hat sich die Zahl der veröffentlichten Wahlumfragen mehr als versechsfacht[1], und auch vor Landtagswahlen gehören Umfrageergebnisse inzwischen zum Standardrepertoire der Wahlberichterstattung. Dabei gilt: Je näher der Wahltag rückt, desto stärker fokussieren die Massenmedien auf Wahlumfragen.[2] Im Mittelpunkt der Berichterstattung steht meist die Sonntagsfrage: „Welche Partei würden Sie wählen, wenn am nächsten Sonntag Wahl wäre?". Die Veröffentlichung der Ergebnisse aus Wahlumfragen ist jedoch nicht unumstritten. Veröffentlichungsgegner erheben den Vorwurf, Ergebnisse aus Umfragen würden den Wahlausgang illegitim beeinflussen. In einigen Ländern ist die Veröffentlichung von Wahlumfragen in einem bestimmten Zeitraum vor Wahlen sogar verboten.[3] Auch in Deutschland werden solche Verbotsforderungen stets aufs Neue erhoben – meist von Vertretern der Parteien, die in aktuellen Umfragen ungünstige Werte erhalten.[4] So mokierte sich Gerhard Schröder in seiner Rede auf dem Sonderparteitag der SPD am 31. August 2005 in Berlin über die „unheilige Allianz aus Meinungsforschern, Meinungsmachern". Und vor der Bundestagswahl 2002 brachte der damalige Bundestagspräsident Wolfgang Thierse ein Veröffentlichungsverbot ins Gespräch.

Auswirkungen der Veröffentlichung von Wahlumfragen werden zum einen für die Wahlbeteiligung, zum anderen für die Stimmabgabe zugunsten einer bestimmten Partei behauptet[5]: Hinsichtlich der Wahlbeteiligung lassen sich der Mobilisierungseffekt, der Defätismuseffekt, der Lethargieeffekt und der Bequemlichkeitseffekt unterscheiden. Hinsichtlich der Stimmabgabe wird zwischen Bandwagon- bzw. Mitläufereffekt einerseits und Underdog- bzw. Mitleideffekt andererseits unterschieden. Unter den besonderen Bedingungen des deutschen Wahlrechts werden hierzulande auch Varianten des taktischen Wählens diskutiert: der „Fallbeil-Effekt", das „Leihstimmen"-Wählen und das Verhindern absoluter Mehrheiten.

In Deutschland wurden diese Wirkungen bislang nur sehr selten empirisch untersucht.[6] Meist basieren die Untersuchungen auf Selbstauskünften von Befragten. Die Befragten

---

[1]   Vgl. Brettschneider 2006; auch Donovitz 1999.
[2]   Vgl. Hohlfeld 2006: 15.
[3]   Vgl. Spangenberg 2003.
[4]   Vgl. Brettschneider 2003.
[5]   Vgl. Brettschneider 2000 mit weiterer Literatur.
[6]   Ausnahmen: v.a. Brettschneider 2000, 2003; Donsbach 1986; Faas & Schmitt-Beck 2007; Hartenstein 1967.

sollen angeben, ob sie vor den Wahlen Umfrageergebnisse wahrgenommen haben, wie wichtig diese für ihre Stimmabgabe waren und ob sie ihre Wahlabsicht aufgrund von Umfrageergebnissen geändert haben. Zwar weist diese Methode gewisse Probleme hinsichtlich der Validität der Ergebnisse auf – wer gibt schon gerne zu, dass Umfrageergebnisse seine Wahlabsicht verändert haben –, dennoch sind sie für die Untersuchung von Umfrageeffekten wichtig. Aufgrund der Validitätsprobleme sollten sie jedoch mit anderen Methoden verknüpft werden.

In den USA sind die Wirkungen der Umfrageberichterstattung auf das Wählerverhalten nicht nur häufiger untersucht worden als in Deutschland, sondern auch das eingesetzte Methodenspektrum ist deutlich größer. Neben Befragungen kommen dort auch quasi-experimentelle Feldstudien zum Einsatz, die durch das Western-Voting ermöglicht werden.[7] Gelegentlich finden sich auch Experimente mit kleinen oder mit meist studentischen Populationen.[8] Online-Experimente in größeren Bevölkerungsgruppen sind uns hingegen weder aus den USA noch aus Deutschland bekannt.

An diesem Punkt setzt unsere Untersuchung an. Wir gehen mit Hilfe von drei Online-Experimenten der Frage nach, ob sich die vielfach behaupteten Auswirkungen der Veröffentlichung von Umfrageergebnissen auf die Wahlbeteiligung und die Richtung der Wahlentscheidung bei Landtagswahlen feststellen lassen. Damit wird sowohl methodisch (Online-Experiment zur Untersuchung der Umfrage-Effekte) als auch substantiell (Umfrage-Effekte bei Landtagswahlen) Neuland beschritten.

2. Untersuchungsdesign

Die nachfolgenden Analysen basieren auf Online-Experimenten, die jeweils in den letzten zwei Wochen vor den Landtagswahlen in Baden-Württemberg 2006, Rheinland-Pfalz 2006 und Hessen 2008 durchgeführt wurden. Der Hinweis auf die Untersuchung wurde auf studentischen Mailinglisten von Universitäten verteilt.[9]

Nachdem die Probanden den Link zu der Untersuchung aufgerufen hatten, wurde nach einer kurzen Begrüßung[10] zunächst die Wahlberechtigung geprüft. Personen, die im betreffenden Bundesland nicht wahlberechtigt waren, wurden von der Untersuchung ausgeschlossen. Dem Großteil der wahlberechtigten Probanden wurde eine von uns manipulierte „aktuelle Umfrage zur Landtagswahl" vorgelegt. Diese fiel von Experimentalgruppe zu Experimentalgruppe unterschiedlich aus. Der Rest der Probanden wurde direkt zur Befragung weitergeleitet und fungiert als Kontrollgruppe. Die Zuteilung der Probanden zu den verschiedenen Versuchsbedingungen erfolgte zufällig.

---

[7] Vgl. Brettschneider 1991 mit weiterer Literatur.

[8] Vgl. u.a. de Bock 1976; Navazio 1977.

[9] Baden-Württemberg: Freiburg, Heidelberg, Konstanz, Mannheim, Stuttgart, Stuttgart-Hohenheim; Rheinland-Pfalz: Kaiserslautern, Koblenz-Landau, Mainz; Hessen: Marburg. Wir bedanken uns für die Unterstützung durch die an den jeweiligen Universitäten ansässigen Kollegen, ohne deren Engagement und Beharrlichkeit diese Studie nicht zustande gekommen wäre. Wir danken auch den Verwaltungen und Rechenzentren der an der Untersuchung teilnehmenden Universitäten, dass wir den Hinweis auf unsere Erhebung über universitätsinterne Mailinglisten verbreiten durften.

[10] Selbstverständlich wurde den Probanden dabei nicht mitgeteilt, dass es sich bei der Studie um ein Experiment handelt. Vielmehr wurde jeweils sehr allgemein von einer Befragung gesprochen, die anlässlich der anstehenden Landtagswahl durchgeführt wurde. Erst nachdem die Probanden die Befragung vollständig abgeschlossen hatten, wurden ihnen Ziel und Methode der Untersuchung eröffnet.

Die den Probanden vorgelegten Wahlumfragen wurden so manipuliert, dass sie bestimmte Reaktionen, die Wahlumfragen häufig zugeschrieben werden, evozieren sollten. In der Verteilung der Stimmenanteile auf die verschiedenen Parteien orientierten wir uns an der letzten uns bekannten Umfrage.[11] Es war uns wichtig, keine unrealistischen Befragungsergebnisse zu berichten. Waren die Stimmenverteilungen, die wir zur Simulation eines bestimmten, für die Wirkung von Wahlumfragen relevanten Meinungsklimas den Probanden gegenüber vorgeben mussten, zu weit von den aktuellen realen Umfragen entfernt, haben wir auf die Modellierung dieser Versuchsbedingung verzichtet, um die Glaubwürdigkeit des Stimulus nicht in Frage zu stellen. Damit erklärt sich das Fehlen bestimmter Stimuli in Tabelle 1.

Tabelle 1: **Wahlergebnis, letztes Umfrageergebnis und die Stimmenverteilung der präsentierten Umfragen in den Experimentalgruppen**

	Wahl-ergebnis %	Letzte Umfrage %	Band-wagon/ Underdog (EG 1) %	Fallbeil (EG 2) %	Leih-stimme (EG 3) %	Verhindern absolute Mehrheit (EG 4) %	Kon-troll-gruppe (KG) %
Baden-Württemberg							
CDU	44,2	46,0	44,0	-	-	48,0	-
SPD	25,2	29,0	29,0	-	-	29,0	-
FDP	10,7	8,0	8,0	-	-	8,0	-
B90/Grüne	11,7	10,0	10,0	-	-	10,0	-
WASG	3,1	3,0	3,0	-	-	3,0	-
Sonstige	5,1	4,0	6,0	-	-	2,0	-
Rheinland-Pfalz							
CDU	32,8	35,0	35,0	35,0	38,0	35,0	-
SPD	45,6	42,0	42,0	42,0	42,0	44,0	-
FDP	8,0	8,0	8,0	10,0	4,5	8,0	-
B90/Grüne	4,6	6,0	6,0	4,0	7,0	4,5	-
WASG	2,5	4,0	4,0	4,0	4,0	4,0	-
Sonstige	6,5	5,0	5,0	5,0	4,5	4,5	-
Hessen							
CDU	36,8	40,0	38,0	40,0	39,0	-	-
SPD	36,7	36,0	38,0	36,0	36,0	-	-
FDP	9,4	8,0	6,0	8,0	7,0	-	-
B90/Grüne	7,5	7,0	9,0	7,0	7,0	-	-
Die Linke	5,1	5,0	3,0	3,0	4,5	-	-
Sonstige	4,5	4,0	6,0	6,0	6,5	-	-

---

[11] Als Quelle diente uns das unter www.wahlrecht.de geführte Archiv.

Die den Probanden präsentierten Meinungsumfragen unterschieden sich nicht nur in den Stärkeverhältnissen der verschiedenen Parteien, sondern auch im Umfang der darüber hinaus präsentierten Informationen. So unterschieden sich die Stimuli danach, ob sie eine kurze, journalistisch gehaltene Interpretation des Befragungsergebnisses enthielten oder nicht. Weiterhin wurden die Stimuli mit unterschiedlich vielen methodischen Informationen versehen. In der einfachsten Variante wurde über technische Details der Umfrage nichts berichtet. Stimuli, die wenige Methodeninformationen beinhalteten, erteilten Auskunft über den Befragungszeitraum, den Auftraggeber, das Meinungsforschungsinstitut, die Grundgesamtheit und den Stichprobenumfang. Stimuli, in denen umfassende Angaben zur Methode gemacht wurden, wiesen zusätzlich den Fragewortlaut, den Befragungsmodus und den Stichprobenfehler aus. Analog zu den präsentierten Befragungsergebnissen waren alle methodischen Informationen frei erfunden. Auch wurden die den Probanden präsentierten Details der Befragung über die Versuchsbedingungen hinweg konstant gehalten. Die Rolle der methodischen Informationen wird in den nachfolgenden Analysen ausgeblendet.

Nach der Konfrontation der Probanden mit demoskopischen Ergebnissen wurden Fragen zum politischen Interesse, zum Interesse am Landtagswahlkampf, zur Wahrscheinlichkeit der Wahlbeteiligung, zum beabsichtigten Wahlverhalten und zur Sicherheit der intendierten Stimmabgabe gestellt. Anschließend wurden die Rezeption von Meinungsumfragen zur Landtagswahl und der subjektiv wahrgenommene Einfluss dieser Umfragen auf das eigene Wahlverhalten erfasst. Daraufhin wurden die Untersuchungsteilnehmer gefragt, wie wichtig für sie die Publikation der weiter oben benannten Methodeninformationen ist und welche dieser Informationen die ihnen präsentierte Wahlumfrage enthielt. Abschließend wurden einige Einstellungen zu Wahlumfragen, ausgewählte soziodemographische Angaben und die Parteiidentifikation der Untersuchungsteilnehmer erhoben. Die Befragung endete mit der Möglichkeit, die eigene E-Mail-Adresse anzugeben, um Untersuchungsergebnisse zu erhalten, und mit dem Hinweis auf die Kontaktdaten der Primärforscher.

Insgesamt griffen in Baden-Württemberg 1861, in Rheinland-Pfalz 1518 und in Hessen 1520 Personen auf die Umfrage zu. Zwischen 59 (Baden-Württemberg) und 64 Prozent (Hessen) dieser Befragungen wurden abgeschlossen. Für die folgenden Analysen wurden ausschließlich wahlberechtigte Studierende ausgewählt. Damit können in Baden-Württemberg 1071, in Rheinland-Pfalz 890 und in Hessen 949 Fälle analysiert werden. Die Besetzung der durch die Kombination von Befragungsergebnis, Text- und Methodeninformation definierten Zellen variiert in Baden-Württemberg zwischen 67 und 102, in Rheinland-Pfalz zwischen 23 und 46 und in Hessen zwischen 41 und 63 Probanden (Tabelle 2).

Tabelle 2:   Versuchsbedingungen und Zellenbesetzungen

	Baden-Württemberg N	Rheinland-Pfalz N	Hessen N
Kontrollgruppe	67	38	47
EG 1			
Text: nein			
Methodeninformationen: nein	92	41	55
Methodeninformationen: wenig	91	39	60
Methodeninformationen: umfassend	86	40	51
Text: ja			
Methodeninformationen: nein	86	32	56
Methodeninformationen: wenig	80	40	42
Methodeninformationen: umfassend	91	43	47
EG 2			
Text: nein			
Methodeninformationen: nein	-	33	41
Methodeninformationen: wenig	-	46	41
Methodeninformationen: umfassend	-	35	50
Text: ja			
Methodeninformationen: nein	-	37	46
Methodeninformationen: wenig	-	37	51
Methodeninformationen: umfassend	-	37	53
EG 3			
Text: nein			
Methodeninformationen: nein	-	35	63
Methodeninformationen: wenig	-	33	54
Methodeninformationen: umfassend	-	37	46
Text: ja			
Methodeninformationen: nein	-	23	49
Methodeninformationen: wenig	-	35	45
Methodeninformationen: umfassend	-	27	52
EG 4			
Text: nein			
Methodeninformationen: nein	74	34	-
Methodeninformationen: wenig	86	33	-
Methodeninformationen: umfassend	102	43	-
Text: ja			
Methodeninformationen: nein	79	30	-
Methodeninformationen: wenig	70	34	-
Methodeninformationen: umfassend	67	30	-
N	1071	890	949

3. Wirkung von Umfragen auf die Wahlbeteiligungsabsicht

3.1. Mobilisierungshypothese

Die Mobilisierungshypothese bezieht sich auf einen ungewissen Wahlausgang. Wenn in den vor den Wahlen veröffentlichten Umfragen ein Kopf-an-Kopf-Rennen festzustellen ist, dann würden die Wahlberechtigten zur Teilnahme an der Wahl angespornt, weil ihre einzelne Stimme ausschlaggebend sein könnte.

In den USA wird diese Hypothese fast ausschließlich mit Hilfe des Western Voting untersucht. Das Western Voting macht sich die Stimmabgabe in unterschiedlichen Zeitzonen zu nutze. Wegen der Zeitverschiebung können diejenigen Personen in Westküstenstaaten, die erst spät zur Wahl gehen, bereits von realen Wahlergebnissen aus den Ostküstenstaaten Kenntnis haben. Wären die Wahlergebnisse aus den Ostküstenstaaten knapp, müsste die Wahlbeteiligung der Personen an der Westküste größer sein, die von diesem knappen Wahlausgang erfahren haben.

In unserem Online-Experiment kann die Mobilisierungshypothese geprüft werden, indem man die Wahlbeteilungsabsichten von denjenigen Probanden, die eine Meinungsumfrage gelesen haben, in der ein klarer Wahlausgang prognostiziert wurde[12], mit der Partizipationsbereitschaft von Testpersonen vergleicht, die der ihnen präsentierten Umfrage entnehmen konnten, dass sich eine knappe Entscheidung anbahnt (wenn auch nicht unbedingt ein Kopf-an-Kopf-Rennen zwischen zwei Parteien).[13]

Tabelle 3: **Mobilisierungseffekt von Wahlumfragen**
– Wahlbeteiligungabsicht in Prozent aller Probanden einer Gruppe –

	Baden-Württemberg			Rheinland-Pfalz			Hessen		
	Alle	Kein Text	Text	Alle	Kein Text	Text	Alle	Kein Text	Text
Klarer Wahlausgang	90,0	90,9	89,1[*]	93,7	92,3	95,3	95,9	94,7	97,0
Knapper Wahlausgang	92,5	91,6	93,6	94,0	94,9	92,9	97,4	96,2	98,8

Signifikanzniveaus: * = $p<0,05$; alle anderen Ergebnisse sind nicht signifikant.

In allen drei Bundesländern ist zu erkennen, dass die Prognose eines knappen Wahlausgangs die Partizipationsbereitschaft fördert (Tabelle 3). Allerdings ist die Differenz, die minimal 0,3 (Rheinland-Pfalz) und maximal 2,5 Prozentpunkte (Baden-Württemberg) beträgt, in keinem Land statistisch signifikant.[14] Unterteilt man die Probanden danach, ob sie

---

[12] Baden-Württemberg: EG 1; Rheinland-Pfalz: EG 1, EG 2; Hessen: EG 2.
[13] Baden-Württemberg: EG 4; Rheinland-Pfalz: EG 3, EG 4; Hessen: EG 3.
[14] Dieses Ergebnis bestätigt sich für Baden-Württemberg und Rheinland-Pfalz, wenn man die Wahlbeteiligung von Befragten, die von einem knappen Wahlausgang gelesen haben, mit der Partizipationsbereitschaft in der

sich auf der Basis der Umfragedaten selbst ein Bild über den anzunehmenden Wahlausgang machen mussten, oder ob die Befragungsergebnisse in ihrer Konsequenz erläutert wurden, ist für erstgenannte Gruppe erneut eine positive, aber in allen Fällen nicht signifikante Beziehung zwischen der Knappheit des Wahlausgangs und der Wahlbeteiligungswahrscheinlichkeit zu beobachten. Wird den Probanden hingegen ein Interpretationsrahmen angeboten, zeigt sich für Baden-Württemberg ein signifikanter Unterschied zwischen Personen, die Informationen über einen knappen Wahlausgang erhalten haben, und solchen Probanden, denen mitgeteilt wurde, dass die Wahl schon entschieden sei. In Hessen fällt diese Differenz deutlich geringer aus und ist nicht signifikant. In Rheinland-Pfalz hingegen hat der Hinweis auf ein knappes Wahlergebnis einen demobilisierenden Effekt.

Insgesamt spricht also wenig dafür, dass Wahlumfragen, die einen ungewissen Ausgang des Urnengangs prognostizieren, Wähler systematisch dazu motivieren, das scheinbar große Gewicht, das ihre Stimme für das Wahlergebnis hat, in die Waagschale zu werfen. Dies entspricht den aus den USA bekannten Befunden.

3.2. Bequemlichkeitshypothese

Anders als die Mobilisierungshypothese beziehen sich die drei folgenden Hypothesen auf Situationen, in denen der Wahlausgang bereits vor der Wahl festzustehen scheint. Auch die Bequemlichkeitshypothese bezieht sich auf einen scheinbar sicheren Wahlausgang: Wenn eine Wahl scheinbar entschieden ist, bleiben die noch unentschlossenen Wahlberechtigten der Wahl fern, weil ihre Stimme keinen Einfluss mehr hat.

In den USA wird auch diese Hypothese mit Hilfe des Western Voting untersucht. In unserem Online-Experiment kann die Hypothese geprüft werden, indem man die Wahlbeteiligungsabsichten von in ihrer Wahlabsicht unsicheren Probanden in zwei unterschiedlichen Situationen vergleicht: a) wenn Umfragen einen klaren Ausgang prognostizieren und b) wenn Umfragen einen knappen Ausgang prognostizieren.

Im Einklang mit der Bequemlichkeitshypothese liegt die Partizipationswahrscheinlichkeit unentschlossener Wähler bei einem eindeutigen Wahlausgang stets unter den Wahlbeteiligungsraten eines knappen Wahlergebnisses (Tabelle 4). In keinem der drei Bundesländer ist dieser Unterschied, der zwischen 2,4 (Baden-Württemberg) und 5,4 Prozentpunkten (Hessen) variiert, statistisch signifikant.[15] In Baden-Württemberg und Hessen reagieren Unentschlossene besonders stark, wenn das präsentierte Umfrageergebnis verbal interpretiert wird; in Hessen liegt die Wahlbeteiligungsrate bei einem klaren Wahlausgang sogar statistisch signifikant unter der Beteiligungswahrscheinlichkeit bei einem knappen Wahlausgang. Wird den Probanden keine Interpretationshilfe geboten, fällt die Partizipationsbereitschaft bei knappen und bei eindeutigen Wahlausgängen praktisch gleich aus. In Rhein-

---

Kontrollgruppe vergleicht, die vor Ausfüllen des Online-Fragebogens keine Umfrage zu Gesicht bekam. Die Wahlbeteiligung in der letztgenannten Gruppe liegt bei 92,5 bzw. 96,1 Prozent. In Hessen ist hingegen zu beobachten, dass Mitglieder der Experimentalgruppe signifikant häufiger zur Wahl gehen wollen als Befragte, die der Kontrollgruppe zugeteilt wurden (93,1; p<0,05).

[15] Dieses Resultat ergibt sich auch, wenn man die intendierte Wahlbeteiligung derjenigen Befragten, die zu Beginn der Umfrage ein knappes Wahlergebnis präsentiert bekamen, nicht mit denjenigen Probanden vergleicht, die von einem klaren Wahlausgang gelesen haben, sondern mit den Mitgliedern der Kontrollgruppe. Sowohl in Baden-Württemberg (81,8 Prozent; N<20), als auch in Rheinland-Pfalz (94,4 Prozent; N<20) und Hessen (89,3 Prozent; N<20) sind die gemessenen Unterschiede statistisch nicht signifikant.

land-Pfalz folgen die Probanden dieser Logik nicht; allerdings sind die gemessenen Unterschiede zwischen den beiden Versuchsbedingungen insignifikant.

Tabelle 4: **Bequemlichkeitseffekt von Wahlumfragen**
– Wahlbeteiligungabsicht in Prozent aller unentschiedenen Probanden einer Gruppe –

	Baden-Württemberg			Rheinland-Pfalz			Hessen		
	Alle	Kein Text	Text	Alle	Kein Text	Text	Alle	Kein Text	Text
Klarer Wahlausgang	82,6	82,6	82,6	84,9	78,9	92,1	85,8	88,9	81,2[*]
Knapper Wahlausgang	85,0	82,8	87,5	88,6	90,3	86,5	91,2	88,2	94,4

Signifikanzniveaus: * = p<0,05; alle anderen Ergebnisse sind nicht signifikant.

Insgesamt deuten die Ergebnisse – anders als in den USA – in ihrer Tendenz darauf hin, dass zwischen der Knappheit des vorhergesagten Wahlausgangs und der Partizipationsneigung unentschlossener Wähler ein systematischer Zusammenhang besteht, der vor allem dann zu Tage tritt, wenn den Befragten eine Interpretationshilfe geliefert wird.

3.3. Defätismushypothese

Ist der Wahlausgang laut Umfragen klar, könnte sich dies auch auf in ihrem Wahlverhalten in aller Regel bereits festgelegte Personen auswirken – auf die Parteianhänger. Die Defätismushypothese geht davon aus, dass die Anhänger des vermeintlichen Wahlverlierers der Wahl fern bleiben, weil ihre Niederlage ohnehin schon feststeht.

Auch diese Hypothese wird in den USA mit Hilfe des Western Voting geprüft. In unserem Online-Experiment kann sie getestet werden, indem man die Wahlbeteiligungsabsicht von zwei Gruppen vergleicht: a) von Anhängern des voraussichtlichen Wahlverlierers, die Umfragen gelesen haben, die von einer Niederlage „ihrer" Partei ausgehen, und b) von Anhängern des voraussichtlichen Wahlverlierers, die keine solchen Umfragen präsentiert bekamen (Kontrollgruppe).

Unsere Ergebnisse zeigen mit Ausnahme von Hessen die Tendenz, dass bei ungünstigen Umfragen die Anhänger des voraussichtlichen Verlierers eine geringere Wahlbeteiligungswahrscheinlichkeit aufweisen als Probanden, die bedingt durch ihre Zugehörigkeit zur Kontrollgruppe keine Informationen über den Wahlausgang erhalten haben (Tabelle 5). Allerdings sind die gemessenen Unterschiede, die zwischen 3,8 (Baden-Württemberg) und 12,3 Prozentpunkten (Hessen) liegen, in keinem Bundesland signifikant. Die Aussagekraft der Befunde wird zudem durch die insbesondere in Rheinland-Pfalz und Hessen geringen Fallzahlen in der Kontrollgruppe eingeschränkt. Leider lassen auch die Zellenbesetzungen in der Experimentalgruppe eine differenziertere Analyse – beispielsweise nach dem Einfluss der journalistischen Interpretation von Meinungsumfragen – nicht zu.

Tabelle 5: Defätismuseffekt von Wahlumfragen
– Wahlbeteiligungabsicht in Prozent aller Probanden einer Gruppe, die zu den Anhängern des vermeintlichen Wahlverlierers zählen –

	Baden-Württemberg	Rheinland-Pfalz	Hessen
Experimentalgruppe: Anhänger des Verlierers, die entsprechende Umfragen präsentiert bekamen	88,7	92,8	94,4
Kontrollgruppe	92,5	(98,1)	(82,1)

Signifikanzniveaus: Alle Ergebnisse sind nicht signifikant; ( ): n<20.

Insgesamt kann – wie in den USA – die Vermutung nicht bestätigt werden, dass sich unter Wählern systematisch Wahlmüdigkeit breit macht, wenn sie Wahlumfragen zur Kenntnis nehmen, in denen ihre Präferenzpartei als der sichere Wahlverlierer gehandelt wird.

3.4. Lethargiehypothese

Die Lethargiehypothese bezieht sich auf die Wahlbeteiligung der Anhänger des vermeintlichen Wahlsiegers: Scheint der Wahlausgang bereits festzustehen, blieben die Anhänger des vermeintlichen Wahlsiegers der Wahl fern, weil ihr Sieg ohnehin schon festzustehen scheint. Diese Hypothese wird in den USA ebenfalls mit Hilfe des Western Voting untersucht. In unserem Online-Experiment kann sie geprüft werden, indem man die Wahlbeteiligungsabsicht von zwei Gruppen vergleicht: a) von Anhängern des voraussichtlichen Wahlsiegers, die Umfragen gelesen haben, die vom Sieg „ihrer" Partei ausgehen, und b) von Anhängern des voraussichtlichen Wahlsiegers, die keine solchen Umfragen präsentiert bekamen (Kontrollgruppe).

In Baden-Württemberg und Hessen liegt die Wahlbeteiligungsabsicht in der Experimentalgruppe um 4,8 bzw. 1,4 Prozentpunkten unter dem Vergleichswert der Kontrollgruppe (Tabelle 6). Die gemessenen Differenzen sind aber statistisch nicht signifikant. In Rheinland-Pfalz zeigt sich der umgekehrte Zusammenhang; allerdings ist hier die Kontrollgruppe nur schwach besetzt. Deshalb ist hier – wie auch in den anderen Bundesländern – eine weiterführende Analyse in relevanten Subgruppen nicht möglich.

Insgesamt kann – wie in den USA – auch die Vermutung, dass günstige Umfragen bei Anhängern des vermeintlichen Wahlsiegers systematisch die Neigung auslösen, sich nicht an der Abstimmung zu beteiligen, mit unseren Daten nicht bestätigt werden.

Tabelle 6: Lethargieeffekt von Wahlumfragen
– Wahlbeteiligungabsicht in Prozent aller Probanden einer Gruppe,
die zu den Anhängern des vermeintlichen Wahlsiegers zählen –

	Baden-Württemberg	Rheinland-Pfalz	Hessen
Experimentalgruppe: Anhänger des Siegers, die entsprechende Umfragen präsentiert bekamen	92,1	95,8	96,8
Kontrollgruppe	96,9	(94,2)	98,2

Signifikanzniveaus: Alle Ergebnisse sind nicht signifikant; ( ): n<20.

4.   Wirkung von Umfragen auf die Wahlabsicht

Neben den nicht belegbaren Auswirkungen von veröffentlichten Umfrageergebnissen auf die Wahlbeteiligung werden auch Auswirkungen auf die tatsächliche Stimmabgabe diskutiert. In den USA wurden der Bandwagon- und der Underdog-Effekt am häufigsten untersucht. Dabei bedienten sich die Forscher erneut des Western Voting.[16] Alles in allem lässt sich festhalten, dass keine dieser Studien Hinweise auf einen auf Wahlumfragen bzw. TV-Projektionen zurückführbaren Bandwagon- oder Underdog-Effekt finden konnte. Neben den Studien, die Wirkungsvermutungen anhand von Aggregatdaten sowie Vor- und/oder Nachwahlbefragungen bei Präsidentschaftswahlen überprüften, gibt es eine zweite Gruppe von Untersuchungen, die sich eines experimentellen Designs bedienen. Sie beschäftigen sich mit der Frage, ob Umfrageergebnisse eine Auswirkung auf die Beurteilung eines Kandidaten haben.

Zu diesen Studien gehört ein Experiment von de Bock, das dieser mit Studenten vor der Präsidentschaftswahl 1972 durchgeführt hat. Hier konnte lediglich für McGovern-, nicht aber für Nixon-Anhänger ein leichter Einfluss in Richtung Bandwagon-Effekt gefunden werden. „The McGovern supporters who received election poll figures which showed Nixon leading McGovern with a larger margin than they expected decreased favorability toward McGovern."[17] Navazio bediente sich eines ähnlichen Forschungsdesigns, wählte jedoch nicht Studenten als Versuchspersonen, sondern Bewohner eines Ortes in North Carolina. Die aus 250 Personen bestehende Experimentalgruppe erhielt einen Fragebogen mit vier Fragen zur Leistungsbeurteilung von Nixon. Den Fragen waren jeweils die Ergebnisse vorangestellt, die in Meinungsumfragen zu den gleichen Themen ermittelt wurden und in denen Nixon schlecht abschnitt. Die gleich große Kontrollgruppe erhielt lediglich die Fragen, nicht jedoch die Ergebnisse aus Meinungsumfragen. „Results from the experiment did not support the straightforward 'bandwagon' hypothesis".[18] Ebenfalls keinen Bandwagon-Effekt fanden Ceci und Kain, die vor den Präsidentschaftswahlen 1980 ein Experiment mit

---

[16]   Vgl. u.a. Mendelsohn 1966; Tuchman & Coffin 1971.
[17]   de Bock 1976: 460.
[18]   Navazio 1977: 220.

Psychologie-Studenten durchführten. Sie untersuchten die Kandidatenpräferenz sowie deren Stärke. Wiederum wurden fiktive Umfrageergebnisse – eines zeigte Carter, eines Reagan in Führung – als Stimulus eingesetzt.[19] Und auch eine weitere vor der Präsidentschaftswahl 1980 durchgeführte Studie von Cantril, in der Befragten ebenfalls unterschiedliche Umfrageergebnisse mitgeteilt wurden, fand „keinen signifikanten Einfluß auf die von den Befragten geäußerte eigene Wahlabsicht – weder im Sinne eines bandwagon- noch im Sinne eines underdog-effects".[20]

4.1. Bandwagon-Hypothese

Die Bandwagon-Hypothese nimmt an, dass sich Wähler für den in Umfragen prognostizierten Wahlsieger entscheiden. In unserem Online-Experiment prüfen wir diese Hypothese durch einen Vergleich des Stimmenanteils für die Parteien, die laut Umfragen den Wahlsieg davontragen werden, in zwei Gruppen: a) bei den Probanden, die durch die manipulierten Umfragen vom Sieg dieser Parteien erfahren haben[21], und b) bei der Kontrollgruppe, der keine Informationen zum Wahlausgang präsentiert wurden.

Tabelle 7: **Bandwagon-Effekt von Wahlumfragen**
– Stimmenanteil für vermeintlichen Wahlsieger
in Prozent aller Probanden einer Gruppe –

	Baden-Württemberg	Rheinland-Pfalz	Hessen
Experimentalgruppe: Probanden, die Umfragen mit Wahlsieger präsentiert bekamen	32,8	60,5	67,5
Kontrollgruppe	30,6	52,6	66,0

Signifikanzniveaus: Alle Ergebnisse sind nicht signifikant.

Die Ergebnisse zeigen in allen drei Bundesländern, dass die Siegerparteien in der Experimentalgruppe einen höheren Stimmenanteil auf sich vereinigen können als in der Kontrollgruppe (Tabelle 7). Diese Unterschiede, die sich zwischen 1,5 (Hessen) und 7,9 Prozentpunkten (Rheinland-Pfalz) bewegen, sind jedoch in keinem der Fälle statistisch signifikant, so dass zwar von einer Tendenz, nicht aber von einem systematischen Bandwagon- oder Mitläufereffekt gesprochen werden kann.

---

[19] Vgl. Ceci & Kain 1982.
[20] Donsbach 1986: 8.
[21] Baden-Württemberg: EG 1 (CDU, FDP); Rheinland-Pfalz: EG 1 (SPD, FDP); Hessen: EG 1 (SPD, Bündnis 90/Die Grünen).

4.2.　Underdog-Hypothese

Prognostizieren Wahlumfragen einen eindeutigen Sieger, führt das nach der Underdog-Hypothese dazu, dass sich Wähler aus Mitleid für die vermeintlichen Wahlverlierer entscheiden. Diese Hypothese prüfen wir in unserem Online-Experiment durch einen Vergleich des Stimmenanteils für die Parteien, die laut Umfragen die Wahl verlieren werden, in zwei Gruppen: a) bei den Probanden, die durch die manipulierten Umfragen von der Niederlage dieser Parteien erfahren haben[22], und b) bei der Kontrollgruppe, der keine Informationen zum Wahlausgang präsentiert wurden.

Tabelle 8:　Underdog-Effekt von Wahlumfragen
– Stimmenanteil für vermeintlichen Wahlverlierer
in Prozent aller Probanden einer Gruppe –

	Baden-Württemberg	Rheinland-Pfalz	Hessen
Experimentalgruppe: Probanden, die Umfragen mit Wahlverlierer präsentiert bekamen	62,7	32,2	19,3
Kontrollgruppe	56,7	39,5	21,3

Signifikanzniveaus: Alle Ergebnisse sind nicht signifikant.

Ein von der Richtung her als Underdog-Effekt zu interpretierender Effekt ist nur in Baden-Württemberg zu erkennen: Hier liegt der Stimmenanteil der unterlegenen Parteien in der Experimentalgruppe um 6,0 Prozentpunkte über den Vergleichswerten in der Kontrollgruppe (Tabelle 8). Allerdings ist der gemessene Unterschied statistisch nicht signifikant. In Rheinland-Pfalz und in Hessen deuten die Ergebnisse eher darauf hin, dass Wähler von den unterlegenen Parteien abrücken. Die Differenzen zwischen Experimental- und Kontrollgruppe (7,3 bzw. 2,0 Prozentpunkte) sind jedoch auch hier statistisch nicht signifikant. Insgesamt kann also – wie in den USA – kein Beleg dafür gefunden werden, dass Umfragen einen systematischen Underdog- oder Mitleidseffekt auslösen.

4.3.　Fallbeil-Hypothese

Das bundesdeutsche Wahlsystem bietet jedoch weitere Ansatzpunkte für einen Einfluss von Umfrageergebnissen auf das Wählerverhalten. Der 1983 von Reumann so bezeichnete „Fallbeil-Effekt"[23] basiert auf folgender Überlegung: Eine Person wählt die von ihr präferierte Partei nur dann, wenn sie Chancen auf den Einzug in den Deutschen Bundestag hat. Hat sie dagegen keine Aussicht auf Erfolg, wäre ihre Stimme „verloren", d.h. sie bliebe bei

---

[22]　Baden-Württemberg: EG 1 (SPD, Bündnis 90/Die Grünen); Rheinland-Pfalz: EG 1 (CDU, Bündnis 90/Die Grünen); Hessen: EG 1 (CDU, FDP).
[23]　Reumann 1983: 4.

der Mandatsverteilung im Bundestag unberücksichtigt. Möglicherweise scheitert also eine Partei an der Fünf-Prozent-Hürde, weil ihre potenziellen Wähler aufgrund von Meinungsumfragen annehmen, sie würde den Einzug in den Bundestag nicht schaffen.

Diese Hypothese kann man testen, indem man den Stimmenanteil einer solchen Partei in Gruppen, die aus Umfragen das Scheitern dieser Partei[24] entnehmen konnten, mit der Kontrollgruppe vergleicht, denen eine Information über das Abschneiden der Partei vorenthalten wurde.

Tabelle 9: **Fallbeil-Effekt von Wahlumfragen**
– Stimmenanteil für eine Partei, die möglicherweise an der Fünf-Prozent-Hürde scheitert, in Prozent aller Probanden einer Gruppe –

	Rheinland-Pfalz	Hessen
Experimentalgruppe: Probanden, die Umfragen präsentiert bekamen, in denen eine Partei an der Fünf-Prozent-Hürde scheitert	18,7	11,3
Kontrollgruppe	18,4	6,4

Signifikanzniveaus: Alle Ergebnisse sind nicht signifikant.

Auf der Basis unserer Ergebnisse kann ein Fallbeil-Effekt nicht beobachtet werden, denn die gemessenen Stimmenanteile in Experimental- und Kontrollgruppe unterscheiden sich nicht signifikant voneinander (Tabelle 9). Auch von der Richtung der Beziehung her ist kein Fallbeil-Effekt zu erkennen. Vielmehr liegt der Anteil der vom Scheitern an der Sperrklausel bedrohten Parteien in der Experimentalgruppe sowohl in Rheinland-Pfalz (0,3 Prozentpunkte) als auch in Hessen (4,9 Prozentpunkte) höher als in der Kontrollgruppe.

4.4. Leihstimmen-Hypothese

Auch beim „Leihstimmen"-Wählen erhält eine andere als die erstpräferierte Partei die Stimme. Beispielsweise können sich Anhänger einer Volkspartei für den kleineren Koalitionspartner entscheiden, damit dieser die Fünf-Prozent-Hürde nimmt und eine Mehrheit für die gewünschte Koalition zustande kommt. Bei den Bundestagswahlen 1983 und 1994 wurde dieses Verhalten als „Leihstimmen"-Wählen bezeichnet: CDU-Anhänger haben die FDP gewählt, um deren Einzug in den Bundestag und damit eine Fortsetzung der Koalition sicherzustellen.[25]

Auf der Ebene von Landtagswahlen kann man diese Hypothese aufgrund der auch bei den meisten Landtagswahlen geltenden Erst- und Zweitstimmenregelung überprüfen. Dabei vergleicht man das Stimmverhalten der Wähler des größeren potenziellen Koalitionspart-

---

[24] Rheinland-Pfalz: EG 2 (Bündnis 90/Die Grünen); Hessen: EG 1, EG 2 (Die Linke).
[25] Vgl. Brettschneider 2000: 495.

ners[26], die in Umfragen über das mögliche Scheitern ihres erklärten oder potenziellen Koalitionspartners[27] informiert wurden, mit dem Wahlverhalten dieser Anhänger, wenn ihnen Informationen über das Abschneiden der Parteien vorenthalten wurden.

Tabelle 10: **Leihstimmen-Effekt von Wahlumfragen**
– Stimmenanteil für den „kleineren" potenziellen Koalitionspartner, der möglicherweise an der Fünf-Prozent-Hürde scheitert, in Prozent aller Anhänger des „größeren" potenziellen Koalitionspartners –

	Rheinland-Pfalz	Hessen
Experimentalgruppe: Anhänger des „größeren" Koalitionspartners, die Umfragen präsentiert bekamen, in denen der „kleinere" Koalitionspartner an der Fünf-Prozent-Hürde scheitert	9,7	12,4
Kontrollgruppe	(6,3)	(6,7)

Signifikanzniveaus: Alle Ergebnisse sind nicht signifikant; ( ): n<20.

Sowohl in Rheinland-Pfalz als auch in Hessen findet man eine Tendenz zum „Leihstimmen"-Wählen (Tabelle 10): Wenn SPD-Wähler darüber informiert wurden, dass ihre Partei nicht an die Regierung gelangen wird, da ein kleinerer Koalitionspartner in Umfragen knapp unter der Fünf-Prozent-Hürde liegt, splitten sie häufiger ihre Stimmen (d.h. wählen mit der Erststimme den SPD-Direktkandidaten und „leihen" die Zweitstimme dem Koalitionspartner), als wenn sie diese Information nicht erhalten. Die genannten Effekte liegen bei 3,6 (Rheinland-Pfalz) bzw. 5,7 Prozentpunkten (Hessen), sind jedoch statistisch nicht signifikant.

4.5.   Hypothese des Verhinderns absoluter Mehrheiten

Auch das Verhindern absoluter Mehrheiten gehört, wie die beiden zuvor untersuchten Effekte, in die Kategorie des taktischen Wählens. Kirchgässner meint, Anhänger einer Volkspartei könnten für eine kleinere Partei stimmen, um „im Parlament nicht völlig einseitige Mehrheitsverhältnisse entstehen zu lassen".[28] Steuert eine Partei also laut Umfragen auf eine Alleinregierung zu, könnte es sein, dass Wähler für solche Parteien votieren, die eine absolute Mehrheit verhindern können. Diese Hypothese lässt sich überprüfen, wenn man eine Gruppe von Probanden mit der Information konfrontiert, dass eine Alleinregierung nicht zustande kommt, wenn eine Partei, die bislang noch unter der Fünf-Prozent-Hürde

---

[26]   Rheinland-Pfalz und Hessen: SPD.
[27]   Rheinland-Pfalz: EG 3 (FDP); Hessen: EG 3 (Die Linke).
[28]   Vgl. Kirchgässner 1986: 236.

liegt,[29] den Sprung ins Parlament schafft, und den Stimmenanteil dieser Partei mit einer Kontrollgruppe vergleicht, die keine Umfrage-Informationen erhalten hat.

Tabelle 11: **Verhindern absoluter Mehrheiten-Effekt von Wahlumfragen**
– Stimmenanteil für „kleine" Partei, die eine mögliche absolute Mehrheit verhindern könnte –

	Rheinland-Pfalz	Baden-Württemberg
Experimentalgruppe: Probanden, die Umfragen präsentiert bekamen, in denen eine Partei möglicherweise die absolute Mehrheit erreicht	2,3	16,7
Kontrollgruppe	3,0	18,4

Signifikanzniveaus: Alle Ergebnisse sind nicht signifikant.

Unsere Daten deuten nicht darauf hin, dass Wähler systematisch versuchen, absolute Mehrheiten zu verhindern (Tabelle 11). Sowohl in Baden-Württemberg als auch in Rheinland-Pfalz erzielt die Partei, die eine Alleinregierung aufheben könnte, in der Experimentalgruppe einen um 0,7 (Rheinland-Pfalz) bzw. 1,7 Prozentpunkte (Baden-Württemberg) geringeren Stimmenanteil als in der Kontrollgruppe.

5. Zusammenfassung

Über Ergebnisse aus Wahlumfragen wird immer häufiger in den Medien berichtet. Sie sind zum festen Bestandteil der Wahlkampfberichterstattung geworden. Mit der Berichterstattung gehen immer wieder Forderungen einher, die Veröffentlichung von Umfrageergebnisse solle in einem bestimmten Zeitraum vor dem Wahltag entweder gesetzlich untersagt oder aber per Selbstverpflichtung der Medien unterbunden werden. Gegen beide Varianten sprechen zahlreiche Gründe: Neben juristischen und pragmatischen Gründen[30] spricht vor allem die mangelnde empirische Evidenz gegen ein Veröffentlichungsverbot. Wie schon in zahlreichen Untersuchungen in den USA sowie in den wenigen für die Bundesrepublik Deutschland vorliegenden Studien zum Umfrageeinfluss auf Bundestagswahlen findet sich auch in den hier präsentierten Online-Experimenten bei drei Landtagswahlen kein belastbarer Hinweis für einen Einfluss von veröffentlichten Umfrageergebnissen auf das Wählerverhalten. Dies gilt sowohl für die Wahlbeteiligung als auch für die Stimmabgabe zugunsten einer bestimmten Partei. Lediglich für die unentschiedenen Wähler finden sich Hinweise auf eine mobilisierende Wirkung, wenn der Wahlausgang als knapp wahrgenommen wird – ein Effekt, der aus demokratietheoretischer Sicht allerdings wenig problematisch erscheint.

---

[29] Baden-Württemberg: EG 4 (Bündnis 90/Die Grünen); Rheinland-Pfalz: EG 4 (WASG).
[30] Vgl. Brettschneider 2003: 277.

Einschränkend ist natürlich zu beachten, dass bei der vorliegenden Studie – wie bei allen anderen Studien zu diesem Thema auch – gewisse Validitätsprobleme nicht auszuschließen sind. Diese können sowohl vom Verfahren als auch von der Probandengruppe herrühren. Vor allem die jungen und überdurchschnittlich hoch gebildeten Probanden, die hier untersucht wurden, könnten aufgrund ihres größeren politischen Interesses sensibler auf Umfrageergebnisse reagieren als ältere und formal weniger gebildete Personen. Wenn dies so wäre – und dafür sprechen bislang vorliegende Ergebnisse zum Interesse an und zur Wahrnehmung von Umfragedaten[31] –, dann dürften die hier berichteten Nicht-Effekte allerdings als besonders robust gelten.

Ferner muss man sich einschränkend eines vergegenwärtigen: Sämtliche Studien – auch die hier vorgelegte – beschäftigen sich mit den direkten Effekten von veröffentlichen Umfrageergebnissen auf das Wählerverhalten. Auch wenn diese nicht oder – wie im Falle des „Leihstimmen"-Wählens – nur in bestimmten Konstellationen nachweisbar sind, heißt dies noch lange nicht, dass von veröffentlichten Umfrageergebnissen keine indirekten Effekte ausgehen. Beispielsweise können Umfrageergebnisse von Journalisten herangezogen werden, um – bewusst oder unbewusst – ein publizistisches Meinungsklima für oder gegen eine Partei zu erzeugen. In den letzten Wochen vor Bundestagswahlen ist der Anteil der sich auf Umfragen beziehenden Berichterstattung oft größer als der Anteil der sich auf ein einzelnes Sachthema (z.B. Außenpolitik) beziehenden Berichterstattung. Die Bewertungen der konkurrierenden Parteien, die mit Hilfe der Umfragen vorgenommen werden, prägen das publizistische Meinungsbild – und dies kann sich dann in den letzten Tagen vor der Wahl bei bestimmten Wählergruppen auch im Wählerverhalten niederschlagen. Insofern ist eine weitere Beschäftigung mit der Qualität von Wahlumfragen, der Qualität der Berichterstattung über Wahlumfragen, der Nutzung von Wahlumfragen und der möglichen Wirkungen von veröffentlichten Umfragedaten weiterhin eine wichtige Aufgabe – auch wenn hier keine direkten Effekte ermittelt werden konnten.

Literatur

Brettschneider, F. (1991): Wahlumfragen. Empirische Befunde zur Darstellung in den Medien und zum Einfluß auf das Wahlverhalten in der Bundesrepublik Deutschland und den USA. München.

Brettschneider, F. (2000): Demoskopie im Wahlkampf – Leitstern oder Irrlicht? In: Klein, M., Jagodzinski, W., Mochmann, E. & Ohr, D. (Hrsg.): 50 Jahre Empirische Wahlforschung in Deutschland. Entwicklung, Befunde, Perspektiven, Daten. Wiesbaden, S. 477-505.

Brettschneider, F. (2003): Wahlumfragen: Medienberichterstattung und Wirkungen. In: Wüst, A. (Hrsg.): Politbarometer. Opladen, S. 257-282.

Brettschneider, F. (2006): Wahlumfragen in den Massenmedien. Die Bundestagswahl 2005 im langfristigen Vergleich. Vortrag auf der Tagung „Empirische Wahlforschung heute", ZUMA, Mannheim, 22. September 2006.

Ceci, S. E. & Kain, E. (1982): Jumping on the Bandwagon with the Underdog. The Impact of Attitude Polls on Polling Behavior. In: Public Opinion Quarterly, 46, S. 228-242.

de Bock, H. (1976): Influence of In-State Election Poll Reports on Candidate Preference in 1972. In: Journalism Quarterly, 53, S. 457-462.

Donovitz, F. (1999): Journalismus und Demoskopie. Wahlumfragen in den Medien. Berlin.

Donsbach, W. (1986): Der Einfluß von Meinungsumfragen auf die öffentliche Meinung – politische Wirkungsvermutungen und empirische Erkenntnisse. Vortrag beim ESOMAR/WAPOR-Seminar „Opinion Polls" in Straßburg, November 1986.

---

[31] Vgl. Brettschneider 1991.

Faas, T. & Schmitt-Beck, R. (2007): Wahrnehmung und Wirkungen politischer Meinungsumfragen. Eine Exploration zur Bundestagswahl 2005. In: Brettschneider, F., Niedermayer, O. & Weßels, Bernhard (Hrsg.): Die Bundestagswahl 2005. Analysen des Wahlkampfes und der Wahlergebnisse. Wiesbaden, S. 233-267.

Hartenstein, W. (1967): Mit Prognosen leben. Der Einfluß von Wahlvoraussagen auf das Wahlverhalten. In: Böhret, C. & Grosser, D. (Hrsg.): Interdependenzen von Politik und Wirtschaft. Festschrift für Gert von Eynern. Berlin, S. 285-306.

Hohlfeld, R. (2006): Bundestagswahlkampf 2005 in den Hauptnachrichtensendungen. In: Aus Politik und Zeitgeschichte, B38, S. 11-17.

Kirchgässner, G. (1986): Der Einfluß von Meinungsumfragen auf das Wahlergebnis. In: Klingeman, H.-D. & Kaase, M. (Hrsg.): Wahlen und politischer Prozeß. Analysen aus Anlaß der Bundestagswahl 1983. Opladen, S. 232-247.

Mendelsohn, H. (1966): Election-Day Broadcasts and Terminal Voting Decisions. In: Public Opinion Quarterly, 30, S. 212-225.

Navazio, R. (1977): An Experimental Approach to Bandwagon Research. In: Public Opinion Quarterly, 41, S. 217-225.

Reumann, K. (1983): Gibt es einen Fallbeil-Effekt für die kleinen Parteien? In: FAZ vom 9.3.1983, S. 4.

Spangenberg, F. (2003): The Freedom to Publish Opinion Poll Results. Report on a Worldwide Study. Amsterdam, Lincoln: ESOMAR/WAPOR.

Tuchman, S. & Coffin, T. E. (1971): The Influence of Election Night Television Broadcasts in a Close Election. In: Public Opinion Quarterly, 35, S. 315-326.

Wenig Aufwand, viel Ertrag?
Erfahrungen aus acht Online-Befragungen von Direktkandidaten bei Landtagswahlen

Von Thorsten Faas, Sebastian Holler & Ansgar Wolsing

1.   Einleitung

Die Befragung von Kandidaten und Abgeordneten stellt im Vergleich zu allgemeinen Bevölkerungsumfragen besondere Anforderungen an Forscher und ihre Erhebungsinstrumente. Die Zielgruppe ist vergleichsweise klein und überschaubar; zumindest Abgeordnete stehen darüber hinaus im Fokus der Öffentlichkeit, sehen sich dadurch häufig mit – nicht immer wissenschaftlichen – Interviewanfragen konfrontiert und sind demzufolge „entsprechend interviewgesättigt".[1] Ihr enger Zeitplan lässt wenig Raum für das Ausfüllen von Fragebögen oder die Teilnahme an Interviews, andere mindestens ebenso berechtigte Ansprüche an die Terminkalender der Zielpersonen stehen dem wissenschaftlichen Interesse gegenüber.

Trotz solcher Schwierigkeiten fördert ein Blick in die Literatur eine lange Tradition von Kandidaten- und Abgeordnetenbefragungen zu Tage. Dies gilt international ebenso wie im deutschen Kontext. In jüngerer Zeit sind vor allem die Studien von Patzelt zur Amtsauffassung und -ausübung deutscher Parlamentarier auf Länder-, Bundes- und EU-Ebene,[2] die Kandidatenstudien zu den Bundestagswahlen 2002[3] und 2005[4] sowie die Deutsche Abgeordnetenbefragung 2003/04 der Universität Jena[5] zu nennen.[6] Die meisten dieser Studien wurden als schriftliche Befragungen durchgeführt. Diese Präferenz kann nicht verwundern, denn eine schriftliche Befragung bietet den Zielpersonen räumliche und zeitliche Flexibilität beim Ausfüllen des Fragebogens, was dem engen Zeitplan der Befragten entgegenkommt. Allerdings sind mit dieser Moduswahl auch Nachteile verbunden: Der Fragebogen muss vergleichsweise einfach gehalten werden, komplexe Filterführungen können in einer statischen Papierversion eines Fragebogens nicht ohne weiteres umgesetzt werden. So ist vielleicht auch die Entscheidung zu verstehen, die Deutsche Abgeordnetenbefragung 2003/2004 telefonisch durchzuführen.[7]

Dass Online-Umfragen bislang noch nicht zu den etablierten Methoden der empirischen Parlamentsforschung gehören, überrascht vor diesem Hintergrund, schließlich bringen sie eine vielversprechende Kombination von Vorteilen mit sich: Sie bieten den Zielpersonen zeitliche und räumliche Flexibilität – einzig die Notwendigkeit eines Zugangs zum Internet beschränkt die Freiheit. Zugleich bieten Online-Umfragen die Möglichkeit, komplexe Fil-

---

[1] Vgl. Jahr 2006: 45.
[2] Vgl. Patzelt 1996.
[3] Vgl. Schmitt & Wüst 2004.
[4] Vgl. Wüst et al. 2006.
[5] Vgl. Best et al. 2004.
[6] Siehe auch die Übersicht bei Krieger 1998.
[7] Vgl. Best et al. 2004.

terführungen automatisch (und für die Zielperson unbemerkt) zu implementieren, indem sich der Fragebogen den zuvor gegebenen Antworten der Teilnehmer dynamisch anpasst. Auch weitergehende Personalisierungen des Instruments sind im Gegensatz zu schriftlichen Befragungen möglich. So können Online-Befragungen insgesamt die Vorteile computerunterstützter Datenerhebungsmethoden mit der für schriftliche Befragungen typischen zeitlichen und räumlichen Unabhängigkeit verknüpfen.

Weiterhin sollten auch die Einwände, die gegen den Einsatz von Online-Umfragen bei Bevölkerungsumfragen vorgebracht werden, im Falle von Kandidaten- und Abgeordnetenbefragungen in geringerem Maße greifen. Solche Einwände fußen in der Regel auf der ungleichen Verteilung von Zugangsmöglichkeiten, die repräsentative Bevölkerungsumfragen nahezu unmöglich macht. Mit Blick auf die Gruppe der Internetnutzer insgesamt fehlen auch Möglichkeiten der systematischen Rekrutierung von Probanden. Beides sollte im Falle von Kandidaten- und Abgeordnetenbefragungen von geringerer Bedeutung sein. So liegen für sie häufig vollständige Listen vor; E-Mail-Adressen sollten – darauf wird unten noch zurückzukommen sein – vergleichsweise einfach über Internetseiten von Parteien oder Institutionen zu recherchieren sein. Insgesamt entsteht so der Eindruck, dass Online-Umfragen für den Einsatz in der Elitenforschung geradezu prädestiniert sind. Allerdings handelt es sich dabei um eine Vermutung mit einer Reihe impliziter Annahmen. Letztlich ist es eine *empirische* Frage, ob Online-Umfragen wirklich für den Einsatz bei Kandidaten- und Abgeordnetenbefragungen geeignet sind. Dazu allerdings liegen bislang sehr wenige Erkenntnisse vor.[8] Im Folgenden wollen wir uns daher genau dieser Frage annehmen und unsere Erfahrungen aus drei E-Mail- und fünf webbasierten Befragungen von Direktkandidaten bei Landtagswahlen berichten.

Der Erfolg einer Umfrage setzt voraus, dass eine gestaffelte Reihe von Hürden erfolgreich genommen wird: Zunächst müssen die Zielpersonen einer Umfrage überhaupt erreicht werden. Im zweiten Schritt müssen sie davon überzeugt werden, an der Befragung teilzunehmen. Und im dritten Schritt müssen sie gute und vollständige Antworten geben. Groves spricht in diesem Kontext analog von drei möglichen Fehlerquellen: Coverage, Response und Measurement.[9] Was bedeutet dies übertragen auf Online-Umfragen? Zunächst muss die (Online-)Erreichbarkeit der Zielgruppe sichergestellt sein. Wenn die zu Befragenden online rekrutiert werden sollen, benötigen sie in jedem Fall einen Internetzugang, um den Fragebogen ausfüllen zu können. Sollen Einladungen per E-Mail versandt werden, müssen die Zielpersonen zusätzlich auf diesem Wege kontaktierbar sein. Im zweiten Schritt müssen die erreichten Zielpersonen bereit sein, an der Befragung teilzunehmen. Auch das ist – etwa aufgrund zeitlicher Engpässe, anderweitiger Verpflichtungen oder wahrgenommener Irrelevanz des wissenschaftlichen Anliegens – keineswegs automatisch gegeben. Drittens müssen die Antworten gut und möglichst vollständig sein. Die Güte von Antworten zu beurteilen ist allerdings ein schwieriges Unterfangen. Zumindest die Vollständigkeit der Antworten kann hier herangezogen werden, schließlich ist der offensichtlichste Indikator für die Akzeptanz von Online-Umfragen der Anteil bis zum Ende ausgefüllter Fragebögen. Ein Abbruch stellt eine (wie auch immer motivierte) Nicht-Akzeptanz dar.

Bei der Analyse der Wirkungen dieser Hürden sind weiterhin zwei Aspekte von Bedeutung: Erstens gilt, dass möglichst viele Zielpersonen die Hürden nehmen sollten – hohe

---

[8]   Siehe Faas 2003; Faas et al. 2006.
[9]   Vgl. Groves 1987; hinzu kommt der Zufallsfehler, den wir hier aber nicht weiter betrachten wollen, weil wir es mit (angestrebten) Vollerhebungen zu tun haben.

Erreichbarkeit, hohe Teilnahmebereitschaft, hohe Datenqualität sind Ziele per se. Zweitens ist von nicht minder großer Bedeutung, dass nicht nur bestimmte Typen innerhalb der Zielgruppe die Hürden nehmen, während andere zurückbleiben. Die letztlich resultierenden Antworten sollten im Sinne der Repräsentativität eine gute Annäherung an die angezielte Grundgesamtheit sein. Häufig wird diesem Aspekt bei der Bewertung von Umfragen eher nachgeordnete Bedeutung beigemessen, in der routinemäßigen Methodenberichterstattung dominieren Ausschöpfungsquoten. Gleichwohl wollen wir im Folgenden beide Dimensionen – das erreichte Niveau, aber auch mögliche systematische Verzerrungen – für jede der drei Hürden betrachten, um so die Qualität unserer Umfragedaten abschätzen zu können.

2. Datengrundlage

Grundlage des folgenden Erfahrungsberichts sind Online-Befragungen von Direktkandidaten zu Landtagswahlen zwischen 2001 und 2008. Die Grundgesamtheit der jeweils zu befragenden Direktkandidaten war aus den offiziellen Wahlbekanntmachungen bekannt. Gegenstand der Befragungen war in allen Fällen der Wahlkampf der Direktkandidaten mit besonderer Berücksichtigung der Bedeutung neuer Medien in Wahlkämpfen.

Die Befragungen der Kandidaten zu den Landtagswahlen in Baden-Württemberg und Rheinland-Pfalz 2001[10] sowie Sachsen-Anhalt 2002 wurden als E-Mail-Befragungen durchgeführt. Der Fragebogen wurde direkt per E-Mail an die (kontaktierbaren) Direktkandidaten verschickt und konnte wiederum per E-Mail oder per Post bzw. Fax zurückgesendet werden. Die Kandidaten der Wahlen in Nordrhein-Westfalen 2005[11], Mecklenburg-Vorpommern und Berlin 2006 sowie in Hessen und Niedersachsen 2008 wurden mittels eines webbasierten Fragebogens befragt. In diesen Fällen erhielten die Kandidaten eine E-Mail als Einladung, in der ein Link zur Umfrage samt einem persönlichen Passwort enthalten war. So wurde gewährleistet, dass tatsächlich nur die Adressaten der Einladung an der Umfrage teilnehmen konnten. Angeschrieben wurden in allen Fällen die Kandidaten von CDU, SPD, Bündnis 90/Die Grünen und FDP. In ostdeutschen Bundesländern wurden auch die Kandidaten der PDS kontaktiert. Mit der Gründung und Etablierung der Linkspartei wurden schließlich seit 2006 deren Kandidaten auch bundesweit angeschrieben.[12]

In allen Fällen war es demnach zwingend nötig, die E-Mail-Adressen der Zielpersonen zu kennen. Allerdings gehörten E-Mail-Adressen auch 2008 noch nicht zu den standardmäßig enthaltenen Kandidaten-Informationen der Landeswahlleiter, so dass diese recherchiert werden mussten. Als primäre Quelle dienten die Internetauftritte der Landesverbände, die in vielen Fällen Kandidatenprofile mit Kontaktadressen enthielten. Im Falle von Abgeordneten wurden auch die Internetpräsenzen der jeweiligen Landtage als Informationsquellen herangezogen. Für Befragte, für die auf diesem Wege keine Kontaktadresse ermittelt werden konnte, wurden per Internetsuchmaschine Anfragen nach dem Muster „Vorname Name Partei" durchgeführt. Dabei wurden „institutionelle" Adressen (z. B. kreisverband@...)

---

[10] Siehe hierzu auch Faas 2003.
[11] Siehe hierzu auch Faas et al. 2006.
[12] Zum Teil wurden auch Kandidaten anderer Parteien angeschrieben, diese bleiben im Folgenden aber ausgeblendet.

grundsätzlich nur verwendet, wenn auf der Internetseite eines Landes- oder Kreisverbandes eine solche Adresse eindeutig einem Kandidaten unmittelbar zugeordnet war.[13]

An die so recherchierten Adressen wurde in den Erhebungen 2001 und 2002 noch während des Wahlkampfes eine E-Mail versandt, ab 2005 jeweils wenige Wochen nach der Wahl. In allen Fällen erhielten die Kandidaten mindestens einen Reminder, in Baden-Württemberg, Rheinland-Pfalz, Mecklenburg-Vorpommern und Berlin auch noch eine zweite Erinnerung. Mit persönlicher, namentlicher Ansprache der Befragten, Hinweisen auf die Kürze des Fragebogens, auf zugesicherte Anonymität und nicht zuletzt eine Universität als offiziellem Sponsor wurden dabei alle umsetzbaren Vorschläge der „Total Design Method" von Dillman zur Erhöhung von Ausschöpfungsquoten berücksichtigt.[14] Eine Übersicht der insgesamt acht Befragungen liefert Tabelle 1, aus der auch ersichtlich wird, dass insgesamt 2.569 Kandidaten zur Grundgesamtheit gehörten – die wenigsten in Mecklenburg-Vorpommern mit 180, die meisten in Nordrhein-Westfalen mit 512.

In der folgenden Analyse soll für die drei skizzierten Hürden Erreichbarkeit, Teilnahmebereitschaft und Antwortverhalten separat geprüft werden, ob Online-Befragungen von Direktkandidaten Erfolg versprechend durchführbar sind. Wir betrachten dazu einerseits, wie viele der Kandidaten jeweils die einzelnen Hürden genommen haben. Dies lässt sich durch einfaches Zählen bewerkstelligen. Ob sich hinter den zu verzeichnenden, wohl unvermeidlichen Ausfällen systematische Verzerrungen verbergen, prüfen wir im zweiten Schritt mit Hilfe von Informationen über die Menge *aller* Kandidaten. Aus den Informationen der Landeswahlleiter liegen uns Informationen über das Geschlecht, die Parteizugehörigkeit sowie das Geburtsjahr der Befragten vor – letzteres mit Ausnahme von Baden-Württemberg.[15] Aus den Angaben zum Geburtsjahr bilden wir drei Kohorten: Befragte, die vor 1945 geboren wurden, Befragte, die zwischen 1945 und 1960 geboren wurden, sowie Befragte, die nach 1960 geboren wurden.[16] Außerdem liegt für jeden Kandidaten die Information vor, ob er bei der jeweiligen Wahl den Einzug in das Landesparlament geschafft hat oder nicht. Dies ist auch insofern von Bedeutung, als häufig reine Abgeordnetenbefragungen (im Gegensatz zu Kandidatenbefragungen) durchgeführt werden sollen. Schließlich liegen natürlich Informationen über den regionalen (Bundesland) und zeitlichen Kontext

---

13   In Mecklenburg-Vorpommern wurden mehrere Direktkandidaten eines Kreisverbandes, bei denen für jeden einzelnen die E-Mail-Adresse seines Kreisverbandes angegeben war, mit personalisierten Betreffzeilen („Anfrage an: ...") unter Verwendung dieser Adresse angeschrieben.

14   Vgl. Dillman 2000; vgl. auch Klein & Porst 2000.

15   Gerade die Informationen zum Alter erlauben uns über die allgemeine Repräsentativitätskontrolle hinaus noch eine spezifische Kontrolle der häufig geäußerten Befürchtung, dass Online-Befragungen gerade für ältere Befragte ungeeignet sein könnten. So heißt es etwa auf der Homepage (http://www.mzes.uni-mannheim.de/projekte/gcs/) der (postalisch durchgeführten) Deutschen Kandidatenstudie 2005: „Eine Alternative zur postalischen Befragung wäre eine E-Mail- oder Internet-Befragung gewesen. Vor allem für ältere Kandidatinnen und Kandidaten, die häufig eine größere Distanz zu den neuen Medien aufweisen, hätte diese Umfrageform jedoch eine mögliche Hürde bedeutet, die bewusst nicht aufgebaut wurde." Mit unseren Daten können wir prüfen, inwieweit solche Bedenken gerechtfertigt sind.

16   Die Differenzierung anhand des Geburtsjahres erscheint uns geeigneter als eine Gruppenbildung anhand des Alters der Kandidaten zum Befragungszeitpunkt, schließlich ist es allem Anschein nach keine „Altersstarrsinnigkeit", die Ältere vom Internet fern hält, sondern eine zu späte Gewöhnung an das neue Medium. Entsprechend steigt die Zahl älterer Internetnutzer mit den nachwachsenden Generationen mittlerweile deutlich an (vgl. van Eimeren & Frees 2007). Entscheidend ist nicht das Alter der Befragten, sondern ihr Alter zum Zeitpunkt des Aufkommens des Internet, was einer Kohortenlogik entspricht.

(Erhebungsjahr) vor.[17] Auch diese Informationen wollen wir bei der Suche nach systematischen Verzerrungen einbeziehen, wobei wir den zeitlichen Kontext als metrische Variable (mit dem Referenzjahr 2001 als dem ersten Jahr unserer Erhebungen) modellieren, den regionalen Kontext über einen einfachen Ost-West-Indikator, da aus zahlreichen Studien bekannt ist, dass die Internetpenetration in Ostdeutschland niedriger ist als in Westdeutschland. Um systematische Verzerrungen sichtbar zu machen, schätzen wir integrierte logistische Regressionsmodelle über alle Erhebungen hinweg, in die die genannten Faktoren als unabhängige Variablen eingehen. Da für Baden-Württemberg allerdings Informationen über das Geburtsjahr der Kandidaten fehlen, schätzen wir jeweils ein Modell mit den Altersinformationen (dann aber ohne Kandidaten aus Baden-Württemberg) sowie ein Modell ohne Altersinformationen (einschließlich der Kandidaten aus Baden-Württemberg).

Die abhängige Variable bildet die jeweils betrachtete Hürde ab: Im ersten Fall ist somit eine Variable, die erfasst, ob ein Kandidat per E-Mail kontaktiert werden konnte oder nicht, die abhängige Variable; im zweiten Schritt ist dies eine Variable, die anzeigt, ob ein Kandidat teilgenommen hat oder nicht, im dritten Schritt schließlich ist es eine Variable, die abbildet, ob der Kandidat den Fragebogen vollständig ausgefüllt hat oder nicht. Diese dritte Hürde kann dabei nur für die webbasierten Befragungen überprüft werden, da nur dort ein Abbruch als solcher identifiziert werden kann. Als Teilnehmer gilt also dort, wer zumindest die erste Frage beantwortet hat – dies in Abgrenzung von der Frage, ob der Fragebogen nach erfolgreichem Start vollständig bearbeitet wurde, was der dritten Hürde entspricht. Bei den E-Mail-Befragungen 2001 und 2002 lassen sich die zweite und dritte Hürde dagegen nicht sauber trennen. In die Modelle im zweiten und dritten Schritt gehen dabei zunächst nur jene Befragten ein, die die vorherigen Hürden genommen haben. Schließen wollen wir am Ende mit einer Gesamtbetrachtung, in deren Rahmen wir die Effekte insgesamt betrachten, indem die Zahl der vollständig eingegangenen Antworten noch einmal auf die Grundgesamtheit insgesamt bezogen wird.

3. Ergebnisse

3.1. Erreichbarkeit

Als erste Hürde prüfen wir die Erreichbarkeit der Direktkandidaten. Die in Abbildung 1 wiedergegebenen Erreichbarkeitsquoten geben für die jeweiligen Erhebungen den Anteil der Kandidaten wieder, für die nach dem oben beschriebenen Verfahren (gültige) E-Mail-Adressen recherchiert werden konnten. Die erzielten Ergebnisse sind durchweg positiv: Mit Ausnahme der Befragung in Rheinland-Pfalz 2001 konnte in allen Fällen für mehr als 90 Prozent der Zielpersonen eine E-Mail-Adresse gefunden werden. Herausragend bleibt die Wahl in Sachsen-Anhalt 2002, zu der 99 Prozent der Kandidaten per E-Mail erreichbar waren. Im Mittel konnten über alle Befragungen hinweg 93,7 Prozent der Kandidaten erreicht werden.

---

[17] In unserem Fall ist mit dem zeitlichen Kontext auch der Befragungsmodus eng verknüpft: Die Erhebungen der Jahre 2001 und 2002 wurden als E-Mail-Befragung realisiert, die folgenden Erhebungen webbasiert. Wegen dieses engen Zusammenhangs ist eine separate Berücksichtigung von Zeit und Modus nicht möglich.

Abbildung 1: Erreichbarkeit der Kandidaten

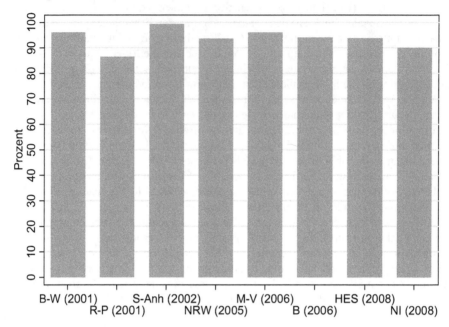

Quelle: Eigene Darstellung.

Nach dieser Niveaubetrachtung wollen wir prüfen, ob es an dieser Hürde systematische Verzerrungen gibt. Tabelle 1 zeigt entsprechend die Ergebnisse der logistischen Regressionsmodelle für die Erreichbarkeit der Direktkandidaten; wie oben skizziert, werden die Ergebnisse einmal für alle Kandidaten ausgewiesen (dann allerdings ohne Berücksichtigung von Kohortenunterschieden) und einmal für alle Kandidaten, die nicht aus Baden-Württemberg kommen, dann mit Berücksichtigung der Kohortenzugehörigkeit.[18] Die Zahl signifikanter Koeffizienten fällt – erfreulicherweise – gering aus. Dies gilt im ersten Schritt für das Geschlecht der Kandidaten: Männliche und weibliche Kandidaten sind ähnlich gut zu erreichen. Gewisse Unterschiede in der erwarteten Richtung gibt es mit Blick auf das Alter der Kandidaten: Gerade Kandidaten, die nach 1960 geboren wurden, sind signifikant besser per E-Mail erreichbar als vor 1945 geborene Kandidaten. Übersetzt in Wahrscheinlichkeiten beläuft sich der Unterschied auf 2,7 Prozentpunkte und bleibt somit alles in allem in einer bescheidenen Größenordnung. Auch bezogen auf die Parteizugehörigkeit der Kandidaten bleiben die Unterschiede moderat. Die Kandidaten der beiden großen Parteien sind am besten erreichbar; signifikant schlechter sind einzig die Kandidaten der PDS/Linkspartei zu erreichen (in Wahrscheinlichkeiten ausgedrückt rund vier Prozentpunkte), dies gilt – wie weitergehende Analysen zeigen – vor allem für die Kandidaten der Linkspartei in westdeutschen Ländern.

---

[18] Obwohl es sich hier – wie im Folgenden – um Vollerhebungen handelt, haben wir gleichwohl Signifikanzen als Maß der statistischen Belastbarkeit der Ergebnisse angegeben.

Tabelle 1:   Hintergründe der Erreichbarkeit (logistische Regression)

	Ohne Baden-Württemberg		Alle Kandidaten	
	b	Δ p * 100	b	Δ p * 100
Geschlecht				
weiblich	0,012	0,0	0,050	+0,2
Kohorte (Ref.: Geburtsjahr <1945)				
Geburtsjahr: 1945-1960	0,347	+1,2		
Geburtsjahr: nach 1960	0,805**	+2,7		
Partei (Referenz: CDU)				
SPD	0,086	+0,3	0,080	+0,3
Grüne	-0,406	-1,6	-0,261	-1,0
FDP	-0,415	-1,7	-0,458	-1,8
PDS/Linkspartei	-0,861*	-4,2	-0,877*	-4,2
Abgeordnetenstatus nach der Wahl				
MdL	2,092***	+6,8	2,139***	+6,9
Regionaler Kontext				
Ostdeutschland	1,790***	+4,4	1,555***	+3,7
Zeitlicher Kontext (Referenz: 2001)				
+ 1 Jahr	0,079+	+2,1	0,030	+0,7
Konstante	1,496**		2,228***	
N	2292		2569	
McKelvey & Zavoinas R^2	0,348		0,341	

Hinweis: Zur Berechnung der Wahrscheinlichkeitsunterschiede werden alle anderen Variablen auf ihrem Mittelwert fixiert, die Wahrscheinlichkeiten beziehen sich auf den Übergang von der minimalen zur maximalen Ausprägung der jeweiligen Variable.

Darüber hinaus zeigt sich in unseren Daten, dass ostdeutsche Kandidaten besser erreichbar sind, was aber vor allem an der schon erwähnten überdurchschnittlich guten Erreichbarkeit der Kandidaten im Umfeld der Landtagswahl 2002 in Sachsen-Anhalt liegt. Deutliche Unterschiede ergeben sich schließlich auch nach dem Abgeordnetenstatus: Erfolgreiche Abgeordnete sind besser per E-Mail zu erreichen als Kandidaten, denen der Einzug ins Parlament nicht gelungen ist; die Unterschiede belaufen sich auf rund sieben Prozentpunkte. Die institutionelle Anbindung findet hier ihren erwarteten Niederschlag.[19] Zudem zeigt sich eine im Zeitverlauf zunehmende Erreichbarkeit, allerdings sind die Ergebnisse weder robust noch stark. Insgesamt bewegen sich die Unterschiede somit auf einem sehr hohen Erreichbarkeitsniveau von über 90 Prozent, was alles in allem ein positives Fazit für diesen ersten Analyseschritt rechtfertigt: Die Ergebnisse zur Erreichbarkeit von Kandidaten sprechen für, keinesfalls gegen Online-Befragungen von Direktkandidaten bei Landtagswahlen.

---

[19]   Das Ergebnis bleibt in analoger Weise bestehen, wenn man den Abgeordnetenstatus vor der Wahl als Indikator heranzieht.

3.2.   Teilnahmebereitschaft

Mit der grundsätzlichen Erreichbarkeit der Mitglieder der Grundgesamtheit ist zwar die erste Hürde genommen, für den Erfolg einer Elitenbefragung ist jedoch die Bereitschaft der eingeladenen Personen, an der Umfrage teilzunehmen, entscheidend. Wie sehen also die Ergebnisse in Bezug auf den Nonresponse-Error aus? Betrachten wir auch hier zunächst das erreichte Niveau, die entsprechenden Ergebnisse zeigt Abbildung 2. Die Unterschiede zwischen den Befragungen fallen an dieser Stelle deutlicher aus als zuvor. Die höchste Teilnahmebereitschaft war bei den ersten Befragungen aus dem Jahr 2001 in Baden-Württemberg und Rheinland-Pfalz feststellbar; dort nahmen jeweils rund 60 Prozent der kontaktierten Kandidaten an der Befragung teil. Die Schlusslichter sind die Erhebungen in Sachsen-Anhalt (2002) und Mecklenburg-Vorpommern (2006), in deren Rahmen weniger als 40 Prozent der Befragten teilnahmen, während für die übrigen vier Befragungen Werte von jeweils rund 45 Prozent resultieren; einzig Nordrhein-Westfalen fällt davon wiederum leicht ab – möglicherweise ein Ausdruck der turbulenten politischen Umstände im Umfeld dieser Wahl 2005.

Abbildung 2: Teilnahmebereitschaft der kontaktierten Kandidaten

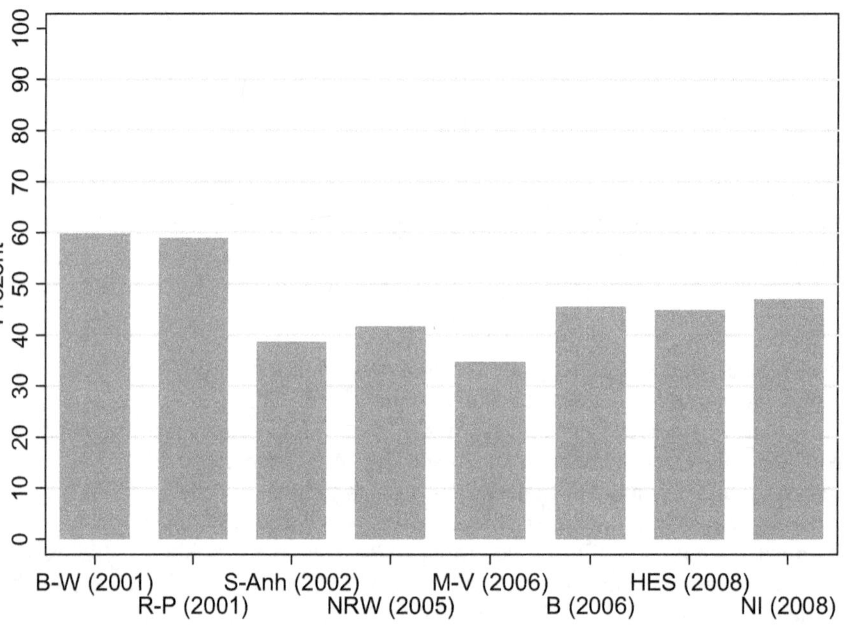

Quelle: Eigene Darstellung.

Gewisse Muster auf der Makroebene (nach räumlichem und zeitlichem Kontext) deuten sich hier bereits an, lassen sich aber mittels eines logistischen Regressionsmodells noch präziser (und bei zusätzlicher Kontrolle für Mikrounterschiede) prüfen. Die Ergebnisse dazu zeigt Tabelle 2 und liefert ebenfalls im Vergleich zur Erreichbarkeit der Kandidaten pointiertere Ergebnisse. Dies gilt zwar erneut nicht für das Geschlecht – männliche und weibliche Kandidaten sind ähnlich teilnahmefreudig. Dagegen liefern alle anderen einbezogenen Variablen signifikante Effekte: So sind Kandidaten, die nach 1960 geboren worden sind, deutlich häufiger bereit, an der Umfrage teilzunehmen, als Kandidaten, die vor 1945 geboren wurden. Die vorhergesagten Unterschiede belaufen sich hier auf rund 14 Prozentpunkte. In der Tendenz gilt dies auch für den Vergleich der ältesten mit der mittleren Kohorte, in der Größenordnung liegt der Unterschied hier bei sieben Punkten. Auch auf der Ebene von Parteien lassen sich Unterschiede feststellen, die in ihrer inhaltlichen Bedeutung den Ergebnissen für die Erreichbarkeit genau entgegenlaufen. Die Kandidaten der beiden großen Parteien (und hier vor allem der Union) sind am wenigsten teilnahmefreudig, während die Kandidaten der PDS/Linkspartei, der FDP sowie vor allem der Grünen am häufigsten der Einladung zur Umfrage folgten. Im Vergleich von Grünen bzw. FDP jeweils mit der Union belaufen sich die Unterschiede auf über 20 bzw. rund 15 Punkte.

Tabelle 2: **Hintergründe der Teilnahmebereitschaft der kontaktierten Kandidaten (logistische Regression)**

	Ohne Baden-Württemberg		Alle Kandidaten	
	b	Δ p * 100	b	Δ p * 100
Geschlecht				
weiblich	-0,026	-0,6	-0,025	-0,6
Kohorte (Ref.: Geburtsjahr <1945)				
Geburtsjahr: 1945-1960	0,302[+]	+7,4		
Geburtsjahr: nach 1960	0,620[**]	+15,3		
Partei (Referenz: CDU)				
SPD	0,188	+4,9	0,249[*]	+6,2
Grüne	0,890[***]	+21,9	0,978[***]	+23,9
FDP	0,610[***]	+15,1	0,667[***]	+16,5
PDS/Linkspartei	0,375[*]	+9,3	0,382[*]	+9,5
Abgeordnetenstatus nach der Wahl				
MdL	0,266[*]	+6,6	0,207[**]	+5,1
Regionaler Kontext				
Ostdeutschland	-0,459[***]	-11,1	-0,533[***]	-12,9
Zeitlicher Kontext (Referenz: 2001)				
+ 1 Jahr	-0,061[**]	-10,5	-0,070[***]	-12,2
Konstante	-0,753[**]		-0,287	
N	2140		2406	
McKelvey & Zavoinas R^2	0,047		0,048	

Da – wie oben schon ausgeführt – häufig nicht Kandidaten, sondern Abgeordnete im Mittelpunkt des inhaltlichen Interesses stehen, ist das dafür resultierende Ergebnis durchaus erfreulich: Erfolgreiche Kandidaten, die bei den Wahlen ein Mandat erringen, haben häufiger an unseren Umfragen teilgenommen als erfolglose Kandidaten. Die Unterschiede betragen – je nach Modell – zwischen fünf und sieben Punkten. Schließlich bestätigen sich die Makrobefunde, die sich schon in der Überblicksdarstellung andeuteten: Die Kandidaten der beiden ostdeutschen Befragungen waren signifikant weniger teilnahmefreudig (die Unterschiede belaufen sich auf rund elf Punkte), zudem lässt im Zeitverlauf die Teilnahmebereitschaft nach, was vor allem in den hohen Ausschöpfungsquoten der ersten Befragungen begründet liegt. Darauf werden wir im Fazit noch einmal zurückkommen.

Die Frage, was an dieser Stelle festzuhalten bleibt, entspricht der alten Frage nach der Füllhöhe des Glases – halb voll oder halb leer? Das Niveau der Ausschöpfung – zumindest für die westdeutschen Länder – liegt in einem Bereich, den auch andere Befragungen von Kandidaten und Abgeordneten erreichen: Krieger listet Ergebnisse von insgesamt 13 Studien auf, für die eine mittlere Ausschöpfungsquote von 45 Prozent resultiert[20]; die Deutsche Kandidatenstudie erreichte 2002 eine Ausschöpfung von 51 Prozent, 2005 von 44 Prozent. Zugleich ist zu konstatieren, dass es systematische Verzerrungen gibt, wobei vor allem die Unterschiede zwischen Parteien, aber auch Kohorten substanziell besonders ins Gewicht fallen. Ob dies im Unterschied zu anderen (postalischen) Befragungen der Fall ist, lässt sich allerdings nicht sagen, da solche Ergebnisse dort nur selten berichtet werden.

3.3.   Vollständig ausgefüllte Fragebögen

Für die webbasierten Umfragen können wir abschließend prüfen, wie viele der grundsätzlich teilnahmebereiten Befragten den Fragebogen bis zum Ende ausgefüllt haben. Wie viele Teilnehmer gehen auf dem Weg durch den Fragebogen verloren? Die Überblicksdarstellung in Abbildung 3 liefert hierzu ein erfreuliches Bild.

Abbildung 3: Anteil vollständig ausgefüllter Fragebögen bei teiln. Kandidaten

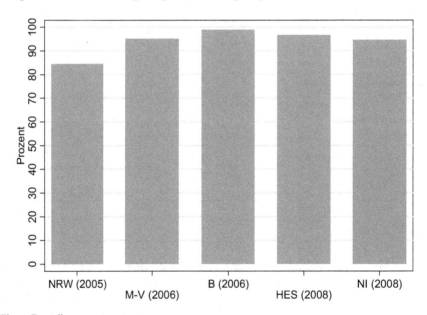

Quelle: Eigene Darstellung.

---

[20]   Vgl. Krieger 1998.

Die Zahl der Befragten, die den Fragebogen bis zum Ende ausfüllten, ist nur wenig geringer als die Zahl derjenigen, die den Fragebogen begonnen haben. Einzig Nordrhein-Westfalen fällt aus dieser positiven Bewertung heraus: Hier brachen rund 15 Prozent der Gestarteten die Befragung ab.

Tabelle 3:   **Hintergründe des Anteils vollständig ausgefüllter Fragebögen bei teilnehmenden Kandidaten (logistische Regression)**

	b	Δ p * 100
Geschlecht		
weiblich	-0,186	-1,0
Kohorte (Referenz: Geburtsjahr <1945)		
Geburtsjahr: 1945-1960	0,625	+3,1
Geburtsjahr: nach 1960	0,985	+5,2
Partei (Referenz: CDU)		
SPD	-0,296	-1,6
Grüne	0,186	+0,9
FDP	0,297	+1,4
PDS/Linkspartei	0,318	+1,4
Abgeordnetenstatus nach der Wahl		
MdL	-0,611[+]	-3,4
Regionaler Kontext		
Ostdeutschland	0,508	+2,2
Zeitlicher Kontext (Referenz: 2005)		
+ 1 Jahr	0,408[**]	+6,6
Konstante	1,781	
N		727
McKelvey & Zavoinas R^2		0,155

Mittels Tabelle 3 lässt sich in Ergänzung dazu prüfen, ob es systematische Unterschiede hinter diesen Ergebnissen gibt. Allerdings fallen diese sehr moderat aus. Zwischen männlichen und weiblichen Kandidaten, aber auch zwischen Parteien gibt es keine systematischen Unterschiede; das gilt ebenso für den regionalen Kontext. Gewisse Effekte deuten sich für Kohorten an: Erneut ist es die älteste Kandidatenkohorte, die am häufigsten die Befragung abbricht, während die jüngste Kohorte am stärksten „am Ball bleibt". Außerdem zeigen sich Effekte für den Abgeordnetenstatus sowie den zeitlichen Kontext – allerdings fangen diese beiden Aspekte, wie weitergehende Analysen zeigen, die Unterschiede zwischen NRW und den anderen Bundesländern auf. Ohne die Kandidaten aus Nordrhein-Westfalen nämlich verschwinden diese Effekte. Es waren in Nordrhein-Westfalen also vor allem Abgeordnete, die den Fragebogen aufgerufen, aber nicht beendet haben. Die Ursache dafür – allerdings kann dies nur eine Mutmaßung sein – könnte darin liegen, dass Mitarbeiter von Abgeordneten den Fragebogen aufgerufen haben, sich dann aber direkt (oder in Rücksprache mit dem Abgeordneten) gegen die Teilnahme entschieden haben. Dass dies nur für Nordrhein-Westfalen zu beobachten ist, könnte an den besonderen situativen Umständen (mit der Ankündigung von Neuwahlen auf Bundesebene) liegen, die eine solche Befragung nebensächlich erscheinen lassen – doch auch dies bleibt eine Vermutung, die wir nicht empirisch erhärten können. Abgesehen davon aber lässt sich an dieser Stelle ein positives Fazit ziehen: Das vollständige Ausfüllen des Fragebogens stellt praktisch kaum eine nennenswerte Hürde dar.

3.4.   Gesamtschau

Abschließend zeigt Abbildung 4 im Sinne eines Gesamteffekts über alle Hürden hinweg den Anteil der bis zum Ende ausgefüllten Fragebögen – für die E-Mail-Befragungen sind dies die zurückgesendeten Fragebögen – bezogen auf die Gesamtheit *aller* Direktkandidaten. Somit werden Verzerrungen unserer „Stichproben" gegenüber den Verteilungen in der Grundgesamtheit deutlich. Dabei erreichen die E-Mail-Befragungen in Baden-Württemberg und Rheinland-Pfalz mit über 50 Prozent insgesamt deutlich höhere Teilnehmerquoten als die späteren Umfragen. Für die Befragungen in Sachsen-Anhalt, Berlin, Hessen und Niedersachsen konnten jeweils etwa 40 Prozent aller Direktkandidaten zur vollständigen Teilnahme bewegt werden; die Schlusslichter bilden Nordrhein-Westfalen und Mecklenburg-Vorpommern. Gerade dies zeigt, dass alle drei hier betrachteten Hürden von Interesse und Bedeutung sein können: Während nämlich Mecklenburg-Vorpommern aufgrund einer relativ geringen Teilnahmebereitschaft schlecht abschneidet, liegt die Ursache bei Nordrhein-Westfalen auch in der hohen Abbrecherquote begründet.

Abbildung 4: Anteil eingegangener (und vollständig ausgefüllter) Fragebögen bezogen auf alle Kandidaten

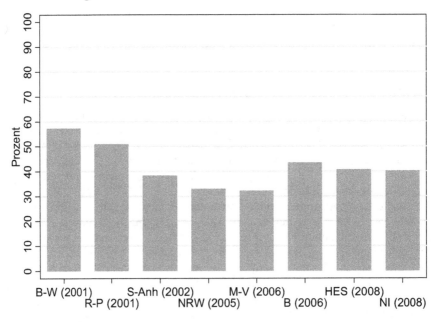

Quelle: Eigene Darstellung.

350

Werfen wir noch einen Blick auf die sich insgesamt ergebenden systematischen Unterschiede (Tabelle 4). Insgesamt entspricht das dort präsentierte Bild weitgehend den Ergebnissen zur Teilnahmebereitschaft – wenig verwunderlich, schließlich war dies offenkundig die größte Hürde. Gleichwohl gilt, dass sich einige Verzerrungen, die sich durch die drei Hürden (bzw. zwei bei den E-Mail-Befragungen) ergeben, verstärken, während sich andere zumindest geringfügig abmildern. Besonders deutlich sticht heraus, dass die Direktkandidaten der Grünen teilnahmefreudiger waren als die Kandidaten anderer Parteien, während die CDU-Kandidaten nur schwer zur Umfrageteilnahme bewegt werden konnten. Auch der Zusammenhang zwischen Alter und Teilnahmebereitschaft zeigt sich deutlich, während sich für Abgeordnete eine höhere Erfolgsquote einstellt. Für Ostdeutschland zeigen sich insgesamt negative Effekte, dies gilt auch für den Zeitverlauf.

Tabelle 4: **Hintergründe des Anteils eingegangener (und vollständig ausgefüllter) Fragebögen bezogen auf alle Kandidaten (logistische Regression)**

	Ohne Baden-Württemberg		Alle Kandidaten	
	b	Δ p * 100	b	Δ p * 100
Geschlecht				
weiblich	-0,035	-0,8	-0,032	-0,8
Kohorte (Referenz: Geburtsjahr <1945)				
Geburtsjahr: 1945-1960	0,366[*]	+8,7		
Geburtsjahr: nach 1960	0,730[***]	+17,5		
Partei (Referenz: CDU)				
SPD	0,178	+4,3	0,228[+]	+5,5
Grüne	0,827[***]	+20,2	0,928[***]	+22,7
FDP	0,588[***]	+14,3	0,617[***]	+15,2
PDS/Linkspartei	0,355[*]	+8,6	0,353[*]	+8,7
Abgeordnetenstatus nach der Wahl				
MdL	0,372[***]	+8,9	0,316[**]	+7,7
Regionaler Kontext				
Ostdeutschland	-0,225[+]	-5,3	-0,347[**]	-8,2
Zeitlicher Kontext (Referenz: 2001)				
+ 1 Jahr	-0,053[*]	-8,9	-0,074[***]	-12,5
Konstante	-1,129[***]		-0,513[**]	
N	2291		2569	
McKelvey & Zavoinas R^2	0,041		0,039	

4. Fazit

Was bleibt nun am Ende festzuhalten? Die Methode der Online-Umfrage hat sich in unseren acht Befragungen von Direktkandidaten durchaus bewährt. Unsere Ergebnisse können sich anhand der Werte, die standardmäßig als Gütekriterien für empirische Untersuchungen diesen Typs verwendet werden, ohne Zweifel mit in anderen Befragungsmodi erzielten

Ergebnissen früherer Kandidaten- oder Parlamentarierbefragungen messen lassen: Die zu Befragenden erwiesen sich selbst per E-Mail als gut erreichbar und reagierten zu einem erfreulich großen Teil auf unsere Einladung.

Die tiefergehende Analyse unserer Daten hat jedoch auch gezeigt, dass die gewonnenen Daten nicht als optimales Abbild der Grundgesamtheit angesehen werden können. Das betrifft die Parteizugehörigkeit, bei der die CDU-Kandidaten deutlich erkennbar in allen acht Befragungen durch geringere Teilnahmebereitschaft auffallen. In der Richtung fast ebenso eindeutig, wenn auch nicht besonders stark ausgeprägt, ist der Trend, dass sich in die Landtage gewählte Kandidaten häufiger an den Umfragen beteiligen. Schließlich nahmen ältere Direktkandidaten unbestreitbar seltener an den Umfragen teil als jüngere. Allerdings ist diesbezüglich auf die Besonderheit unserer Studien hinzuweisen: Sie beschäftigten sich inhaltlich mit dem Internet als Wahlkampfmedium. Wir können daher nicht eindeutig erkennen, ob es sich um eine methodenbedingte Verzerrung handelt oder ob eventuell das Thema der Befragung Ursache für das geringere Interesse der älteren Kandidaten war. Weiteren Befragungen mit anderen thematischen Schwerpunkten bleibt es überlassen zu zeigen, ob das Alter tatsächlich ein grundsätzliches Problem für Online-Befragungen von Elitenpopulationen darstellt.

Angesichts der unbestreitbaren Vorteile von Online-Befragungen (geringe Kosten, schneller Rücklauf, insgesamt hohe Convenience für Befragte wie Befragende) und unseren Erfolg versprechenden Erfahrungen mit Erreichbarkeit, Rücklauf und Teilnahmebereitschaft erweisen sich Online-Methoden für die empirische Parlamentsforschung und andere elitenbezogenen Forschungsfelder jedoch durchaus als attraktives Forschungsinstrument.

Dennoch ist Vorsicht geboten: Trotz ihrer Vorteile sollten Online-Umfragen verantwortungsvoll eingesetzt werden. Das mit der Einfachheit ihrer Durchführung verbundene Problem von Online-Umfragen hat sich bereits in den Resultaten für den zeitlichen Kontext gezeigt: Die Teilnahmebereitschaft ist im Zeitverlauf rückläufig. Schon jetzt erhielten wir auf unsere Einladungsschreiben Antworten, die explizit auf eine Überflutung mit Anfragen eingingen – mit der Folge, dass die Zielpersonen die Teilnahme verweigerten. Exemplarisch zeigt dies die folgende Antwort: „(...) ich bitte um Verständnis, dass [der Kandidat] auf Grund unzähliger Anfragen dieser Art nicht an solchen Projekten teilnimmt." Im Rahmen einer Befragung der Mitglieder der Bundespressekonferenz kommentierte eine Teilnehmerin: „Nehmen Sie einfach die Zahl der Journalistik- und Medienwissenschaften-Studiengänge in der Republik, multipliziert mit der durchschnittlichen Semesteranzahl des Studiums, heraus kommen gefühlte drei Umfragen, Surveys etc. pro Woche." Da kann es nicht verwundern, dass etwa einige Abgeordnetenbüros mittlerweile die Teilnahme an Umfragen grundsätzlich verweigern – solche Zielpersonen sind für die Forschung verloren, die Wissenschaft zerstört sich den Feldzugang nach und nach selbst. Der Appell muss daher lauten, verantwortungsbewusst mit dem Instrument umzugehen und Umfragen nur dann ins Feld zu schicken, wenn inhaltliche Erwägungen und die Aussicht auf theoretischen Fortschritt dies ausreichend gewinnbringend erscheinen lassen. Sie als Übung in „Statistik I" zu missbrauchen, wäre fatal und würde den ohnehin schon zu beobachtenden Rückgang des Rücklaufs sicher weiter beschleunigen, was mittelfristig alle Vorteile von Online-Umfragen zunichte machen würde.

Literatur

Best, H., Edinger, M., Jahr, S. & Schmitt, K. (2004): Zwischenauswertung der Deutschen Abgeordnetenbefragung 2003/2004. Gesamtergebnis. URL: http://www.sfb580.uni-jena.de/typo3/uploads/media/Gesamtergeb-nis.pdf. (zuletzt: 14.03.2008)

Dillman, D. A. (2000): Mail and Internet Surveys. The Tailored Design Method. 2. Aufl., New York.

Faas, T. (2003): Email-Befragungen von Direktkandidaten. Methodische Erfahrungen aus Baden-Württemberg und Rheinland-Pfalz. In: Zeitschrift für Parlamentsfragen, 34, S. 720-729.

Faas, T., Wolsing, A. & Schütz, C. (2006): Wartest Du noch oder klickst Du schon? Erfahrungen mit einer Online-Befragung von Direktkandidaten der Nordrhein-westfälischen Landtagswahl 2005. In: Essener Unikate, 28, S. 76-85.

Groves, R.M. (1987): Research on Survey Data Quality. In: Public Opinion Quarterly, 51, S. 156-172.

Jahr, S. (2006): Telefonische Befragung von parlamentarischen Eliten – CATI auf Abwegen? Anmerkungen zur CATI-Methode auf der Basis der Befragung parlamentarischer Eliten im Projekt A3 des SFB 580 an der Friedrich-Schiller-Universität Jena. In: Ritter, T. (Hrsg.): CATI abseits von Mikrozensus und Marktforschung. Telefonische Expertenbefragungen. Erfahrungen und Befunde (SFB 580 Mitteilungen, Heft 17). Jena, S. 43-55.

Klein, S. & Porst, R. (2000): Mail Surveys. Ein Literaturbericht. ZUMA-Technischer Bericht 10/2000, Mannheim.

Krieger, J. E. (1998): Rollenorientierungen, Rollenerwartungen und Rollenverhalten von Ost-Abgeordneten im Deutschen Bundestag. Frankfurt am Main.

Patzelt, W. J. (1996): Deutschland Abgeordnete: Profil eines Berufsstands, der weit besser ist als sein Ruf. In: Zeitschrift für Parlamentsfragen, 27/3, S. 462-502.

Schmitt, H. & Wüst, A. M. (2004): Direktkandidaten bei der Bundestagswahl 2002: Politische Agenda und Links-Rechts-Selbsteinstufung im Vergleich zu den Wählern. In: Brettschneider, F., van Deth, J. & Roller, E. (Hrsg.): Die Bundestagswahl 2002. Analysen der Wahlergebnisse und des Wahlkampfes. Wiesbaden, S. 303-325.

van Eimeren, B. & Frees, B. (2007): ARD/ZDF-Online-Studie 2007. Internetnutzung zwischen Pragmatismus und YouTube-Euphorie. In: Media Perspektiven, 8/2007, S. 362-378.

Wüst, A. M., Schmitt, H., Gschwend, T. & Zittel, T. (2006): Candidates in the 2005 Bundestag Election: Mode of Candidacy, Campaigning and Issues. In: German Politics, 15/4, S. 420-438.

Kinder online befragen – Herausforderungen und erste Erfahrungen am Beispiel einer Kampagnenevaluation

Von Kathleen Arendt & Patrick Rössler

1.   Forschen mit Kindern

Kaum eine Teilpopulation der Gesellschaft hat die sozialwissenschaftliche Forschung in verschiedensten Disziplinen so stark inspiriert wie die Gruppe der Kinder. Als Stichworte mag der Verweis auf Studien zur Wirkung von Fernsehinhalten, von Werbung und von Computerspielen oder auf Lernen mit Medien genügen. Die Gründe, weshalb sich z.B. Psychologie, Erziehungswissenschaft aber auch Kommunikationswissenschaft, Soziologie und Politikwissenschaft mit Heranwachsenden beschäftigen, sind vielfältig[1]: Kinder werden aufgrund ihres Entwicklungstands und ihrer Stellung in der Gesellschaft als besonders schützenswert und beeinflussbar wahrgenommen, sind gleichzeitig abhängig von Autoritätspersonen – und stellen letzten Endes unser aller Zukunft dar. Aber nicht nur die wissenschaftliche Forschung beschäftigt sich mit dieser Zielgruppe. Laut KidsVerbraucheranalyse verfügten Deutschlands Kinder 2006 über eigene Geldbeträge in Höhe von 5,88 Milliarden Euro.[2] Darüber hinaus bestimmen sie z.B. Kaufentscheidungen ihrer Eltern wesentlich mit.[3]

Die angewandte Forschung steht hier jedoch vor großen Herausforderungen, weil Kinder eben nicht einfach kleine Erwachsene sind, sondern eine eigene, sich rasend schnell verändernde Auffassung von der Welt und von sich selbst haben. Lese- und Schreibkompetenz sind im Kindesalter noch ebenso eingeschränkt wie andere kognitive, emotionale und motorische Fähigkeiten (z.B. Zeitverständnis, Perspektivübernahme, Erinnerungsvermögen), weshalb die in der Sozialforschung üblichen Instrumente nicht ohne weiteres in der Forschung mit Kindern eingesetzt werden können. Die Aussagekraft von Skalen und anderen Vorgaben ist angesichts einer oft schwierig zu beurteilenden Validität der Erhebung eher eingeschränkt. Auch ethische und stichprobentechnische Aspekte stellen Forscher vor erhebliche Probleme.[4] Nicht ohne Grund überschrieb Susanne Maisch von EarsandEyes Marktforschung (Hamburg) ihren Vortrag auf der GOR 2001 mit dem Titel „Kids, das schwarze Loch der Marktforschung".[5]

Diese hier nur exemplarisch wiedergegebenen Aspekte sollten illustrieren, weshalb klassische empirische Herangehensweisen und Methoden für die Forschung mit Kindern modifiziert und an deren Lebenswelt ebenso wie an deren Fähigkeiten angepasst werden müssen, um valide und aussagekräftige Daten zu erhalten. Methodische Handreichungen zum Forschen mit Kindern bewegen sich bislang vor allem im qualitativen Forschungsparadigma[6]; quantifizierende, standardisierte Datenerhebungsmethoden mit Kindern werden

---

[1]   Vgl. beispielsweise die Studien von van Deth et al. 2007 zur politischen Einstellung von Grundschulkindern oder Hastings et al. 2003 zur Wirkung von Nahrungsmittelwerbung auf Kinder.
[2]   Vgl. KidsVA 2006: 23.
[3]   Vgl. zuletzt z.B. Buijzen & Valkenburg 2008.
[4]   Vgl. Fraser et al. 2004: 119; Greig & Taylor 1999.
[5]   http://www.gor.de/gor01.
[6]   Vgl. z.B. Paus-Haase 2000.

deutlich seltener realisiert.[7] Oft bedienen sich standardisierte Herangehensweisen dann so genannter Proxy-Methoden – das heißt, sie verzichten auf die Untersuchung der Zielpopulation Kind zugunsten der Aussagen von Eltern, Lehrern oder anderen Autoritäten bzgl. des jeweiligen Kindes. In der Literatur besteht freilich Einigkeit darüber, dass Untersuchungen zu Kindern eine Forschung *mit* ihnen und nicht *über* sie sein muss.[8] Standardisierte Erhebungen unter Kindern (i. S. von Face-to-Face-Befragungen oder Experimentalstudien mit Beobachtungs- oder Befragungsmethodik) sind personal-, zeit- und kostenintensiv und lassen Forscher oft bereits bei der Akquise der Versuchspersonen scheitern.[9]

Der vorliegende Beitrag erörtert in diesem Zusammenhang eine spezielle Frage, nämlich welche Möglichkeiten gerade die Online-Befragung für die Zielgruppe der Kinder bietet, und welchen Herausforderungen und Beschränkungen diese Vorgehensweise unterliegt. Diese Überlegungen werden unterfüttert durch die Befunde aus und praktische Erfahrungen mit einer Online-Befragung unter Kindern, die auf die Evaluation einer Gesundheitskampagne (in der realen Welt) abzielte.

2.   Kinder online befragen

Hier ist nicht der Ort, um in eine pädagogisch-psychologische Diskussion darüber einzutreten, was genau unter einem „Kind" zu verstehen ist. Stattdessen legen wir im Folgenden – mit Blick auf die Praxis in verschiedenen empirischen Basiserhebungen – eine operationale Definition von Kindern als Personen im Alter zwischen 6 und 13 Jahren zugrunde. Hinter diesen demographischen Grenzwerten stehen verschiedene lebensweltliche Charakteristika: Kinder diesen Alters sind gekennzeichnet durch den Eintritt in das schulische Umfeld, das Durchlaufen der Grundschulzeit und schließlich den Übergang in das Jugendalter und damit eine höhere Schulform. Die Aneignung der Kulturtechniken Lesen und Schreiben stellt ein zentrales Merkmal dieser Lebensphase dar. Das Lesen, oder auch die Fähigkeit der phonologischen Rekodierung, erlernen Kinder in Deutschland in der Regel in den ersten zwei Schuljahren, also zwischen 6 und 8 Jahren.[10] Demnach wäre also spätestens bei Kindern von acht Jahren davon auszugehen, dass sie über eine grundständige Kompetenz des Lesens verfügen. Parallel zu dieser Entwicklung findet auch eine partielle Loslösung vom Elternhaus statt (z.B. durch die Verfügbarkeit von eigenem Taschengeld oder individuelle Mediennutzung mit Handy, Computer oder Internet).[11]

Auf Basis der eben skizzierten entwicklungspsychologischen Voraussetzungen, früheren Erkenntnissen aus Online-Befragungen mit Erwachsenen und allgemeinen Erfahrungen aus der quantitativen Forschung mit Kindern erörtert der vorliegende Beitrag drei Kernaspekte von Online-Befragungen: Betrachtet werden die im Vergleich zu Erwachsenen deutlich engeren Spielräume in der *Durchführung* (z.B. Stichprobenziehung, rechtliche Bestimmungen, Einverständniserklärung, Auslobung von Incentives) sowie der *Konzeption des Instruments* (z.B. Länge, Lesbarkeit, technische Handhabung) und der *Operationalisierungen* (z.B. Skalenkonstruktion) bei dieser methodischen Vorgehensweise. Nutzer- und

---

[7]   Vgl. z.B. Scott 2000.
[8]   Vgl. Hood et al. 1996: 119.
[9]   Vgl. z.B. Steinhilper 2007 oder KidsVA 2006.
[10] Vgl. Siegler et al. 2005: 444.
[11] Vgl. z.B. Höflich & Rössler 2001.

Nutzungscharakteristika bilden dabei eine brauchbare Grundlage für die Diskussion um die Anwendbarkeit von Online-Befragungen mit Kindern und deren Aussagekraft.

2.1. Durchführung

Die Nutzung von Computer und Internet durch Kinder unterscheidet sich in wesentlichen Punkten von der Erwachsener.[12] Die Durchdringung der kindlichen Lebenswelt mit Computern und Internetanschlüssen hat in den letzten Jahren sowohl in der häuslichen wie in der schulischen Umgebung rasant zugenommen.[13] So wachsen 89 Prozent der deutschen 6- bis 13-Jährigen in Haushalten mit mindestens einem Computer auf, 81 Prozent davon mit Internetzugang. 21 Prozent der Jungen und 14 Prozent der Mädchen verfügen sogar über einen Computer im eigenen Zimmer, ein eigener Internetanschluss ist hingegen seltener (10 Prozent der Jungen und 7 Prozent der Mädchen).[14] Trotz dieser starken Durchdringung mit Endgeräten kann man allerdings davon ausgehen, dass im Alter von 6 bis 7 Jahren lediglich 16 Prozent der Kinder täglich oder fast täglich den Computer nutzen (zum Vergleich: im Alter von 12 bis 13 Jahren sind es bereits 42 Prozent). Das Internet nutzen die meisten Kinder erstmals mit 8 bis 12 Jahren, wobei ein deutlicher Anstieg mit etwa zehn Jahren zu verzeichnen ist.[15] Im Gegensatz zum Computer hängt die Nutzung des Internets nämlich noch stärker von bestimmten Fertigkeiten wie Lese- und Schreibkompetenz, aber auch motorischen Fähigkeiten ab; mit deren Erwerb steigt sie deshalb unter computernutzenden Kindern sprunghaft auf 91 Prozent (12- bis 13-Jährige – zumindest seltene Nutzung) an. Nur 14 Prozent der Internetnutzer dieser Altersgruppe gehen jeden Tag online, 43 Prozent surfen einmal- bzw. mehrmals pro Woche; 42 Prozent sind seltener als einmal pro Woche im Netz, auch von den 12- bis 13-Jährigen ist noch knapp ein Drittel weniger als einmal pro Woche online.[16] Die Nutzung des Internets ist also noch kein fester und regelmäßiger Bestandteil im Alltag von Kindern.

Der Zugang zum Internet erfolgt bei 68 Prozent der Kinder von zu Hause aus, 29 Prozent surfen bei Freunden und nur 13 Prozent geben an, in der Schule online zu gehen.[17] Während 2001 lediglich 15 Prozent der Computer in Grundschulen einen Zugang zum Internet besaßen, sind 2006 mehr als die Hälfte der Rechner vernetzt (52 Prozent).[18] Die Mehrzahl der kindlichen Online-Nutzer (62 Prozent) verbringt durchschnittlich weniger als eine halbe Stunde im Netz, 29 Prozent sind zwischen 30 und 60 Minuten online, 7 Prozent surfen länger als eine Stunde. Mit zunehmendem Alter nimmt auch diese Zeitspanne zu (88

---

[12] Einen umfassenden Überblick über die wissenschaftlichen Erkenntnisse zum Thema Kinder und Online im europäischen Raum bietet die Studie EUKids-Online. Weitere „Klassiker" sind außerdem die regelmäßig erscheinende KidsVerbraucheranalyse oder die unregelmäßig von SuperRTL durchgeführte Studie Iconkids&Youth. Die jüngst erschienene ausführliche Online-Studie von ARD/ZDF trifft ihre Aussagen zu Personen ab 14 Jahren, lässt Kinder also außen vor. Allen Studien ist gemein, dass die Ergebnisse aufgrund der immer noch hohen Dynamik in der Entwicklung schnell veraltet sind.

[13] Die nachfolgenden Ausführungen beruhen hauptsächlich auf der jährlich erscheinenden Studie „Kinder + Medien, Computer + Internet" (KIM-Studie), für die Kinder im Alter zwischen 6 und 13 Jahren in einem Face-to-Face-Interview sowie ihre Haupterzieher mit einem schriftlichen Fragebogen befragt werden.

[14] Vgl. Medienpädagogischer Forschungsverbund Südwest 2006: 7f.

[15] Vgl. Breunig 2002: 389.

[16] Vgl. Medienpädagogischer Forschungsverbund Südwest 2006: 42.

[17] Vgl. Medienpädagogischer Forschungsverbund Südwest 2006: 42.

[18] Bundesministerium für Bildung und Forschung (BMBF) 2006: 48f. Inwiefern und in welcher Form diese Online-Zugänge von den Kindern genutzt werden, ist aus dem Bericht des BMBF nicht ersichtlich.

Prozent der 6- bis 7-Jährigen unter 30 Minuten, dagegen nur noch 50 Prozent der 12- bis 13-Jährigen).[19]

Während das Internet für Jugendliche eher die Funktion eines Kommunikationsmediums besitzt, gehen Kinder online, um Informationen für die Schule oder andere kinderrelevante Themen zu suchen – aber weniger häufig, um alleine oder mit anderen online zu spielen. Anlaufpunkte im Netz sind vor allem explizit für Kinder produzierte Online-Angebote, die häufig auch als Web-Ableger traditioneller (Kinder-)Medienangebote (z.B. toggo.de – SuperRTL, kika.de – Kinderkanal) entstanden sind.[20] Während erwachsene Nutzer bei einer ungestützten Abfrage ca. 10 Internetseiten nennen können, fallen Kindern deutlich weniger Seiten ein. Die Online-Aktivitäten der Kinder konzentrieren sich häufig auf wenige, kinderzentrierte Angebote.[21]

Für eine Online-Befragung von Kindern ergeben sich aus den genannten Nutzungscharakteristika verschiedene Konsequenzen. Zunächst bleibt die Problematik des Zugangs zu wissenschaftlich fundierten Zufallsstichproben auch bei dieser Zielgruppe bestehen (keine Liste der Grundgesamtheit, klassische Rekrutierungsverfahren) und wird sogar durch die Tatsache verschärft, dass lediglich gut ein Drittel der internetnutzenden Kinder über eine eigene E-Mail-Adresse verfügt.[22] Eine sinnvolle Rekrutierung über dieses Medium ist somit kaum möglich, eine intensivere Form der Kontaktaufnahme mit Verweis auf die Befragung (z.B. per Post) konterkariert die Vorteile des Mediums.

Ebenfalls diverse Fallstricke birgt eine Rekrutierung über Banner oder Pop-up-Fenster, was zwar die Anforderungen an eine Zufallsauswahl nicht erfüllt, allerdings in bestimmten Fällen anwendbar ist. Die relativ seltene und zeitlich begrenzte Nutzung des Internets durch Kinder verringert die Wahrscheinlichkeit, mit dem Banner in Kontakt zu kommen, was wiederum lange Feldzeiten nach sich zieht. Von Vorteil ist, dass sich die Internetnutzung von Kindern verstärkt auf bestimmte Seiten konzentriert und eine in diesem Umfeld geschaltete Befragung entsprechend höhere Click-Raten aufweisen könnte (vgl. auch unsere Fallstudie, s.u.). Der Vorzug der Online-Erhebung, in relativ kurzer Zeit mit wenig Aufwand eine große Zahl von Befragten zu generieren, kommt im Falle von Kindern nicht optimal zum Tragen.[23]

Die Forderung des ADM, neben der E-Mail-Adresse auch noch eine postalische Adresse oder Telefonnummer zu erheben, um eine angemessene Sample-Kontrolle durchzuführen, erschwert die Stichprobenbildung zusätzlich, da Kinder ihre Postadresse (wie auch die E-Mail-Adresse) zum einen ggf. nicht wissen oder falsch schreiben, und es zum anderen der Zustimmung der Eltern bedarf, personenbezogene Daten zu erheben, zu speichern und zu verwenden.[24] Das juristisch unerlässliche Einholen des elterlichen Einverständnisses kann in diesem Fall nicht einfach über einen Zustimmungs-Button am Anfang oder Ende

---

[19] Vgl. Medienpädagogischer Forschungsverbund Südwest 2006: 43.

[20] Vgl. auch Gleich 2007: 529 – Stichwort Medienensembles.

[21] Vgl. Breunig 2002: 400.

[22] Auch hier gibt es natürlich wieder starke Altersunterschiede: 6-7 Jahre: 10%, 8-9 Jahre: 22%, 10-11 Jahre: 30%, 12-13 Jahre 50%. Im Durchschnittlich verschickt ein Kind pro Woche vier E-Mails und erhält fünf (Medienpädagogischer Forschungsverbund Südwest 2006: 46).

[23] Um die Probleme der Rekrutierung von Kindern als Versuchsteilnehmer z.B. in der wissenschaftlichen Experimentalforschung zu umgehen, schlägt Reips (1999) eine so genannte Online/Offline-Forschung vor. Die Rekrutierung erfolgt Offline, die Durchführung Online mit allen (multimedialen) Vorzügen des Internets. Während der Durchführung steht den Kindern ein Betreuer bei Bedarf zur Seite. Fraglich erscheint, ob dies allerdings noch als klassische Online-Befragung zu bezeichnen ist.

[24] Vgl. Reips 1999: 3f., ADM 2001: 3.

der Befragung realisiert werden, sondern muss über andere Kommunikationswege wie etwa E-Mail, Fax oder Hotline erfolgen. Im Umkehrschluss bedeutet dies jedoch, dass nicht alle Interviews mit Kindern im Anschluss auch verwendet werden dürfen – ohne Einverständniserklärung ist ein Datensatz nicht autorisiert und muss gelöscht werden. Diese Notwendigkeit eines elterlichen Einverständnisses erhöht also nicht nur den zeitlichen und monetären Aufwand für die Zusammenstellung einer adäquaten Stichprobe, sondern kann u.U. sogar zu einer Verzerrung der Stichprobe führen, da – nach der Zustimmung zur oder Ablehnung der Befragungsteilnahme durch das Kind – die Eltern als weitere Selektionsinstanz auftreten und bislang keine Erkenntnisse über die Kriterien vorliegen, von denen eine Zustimmung der Eltern abhängt.

Zustimmenden Eltern sollte zudem die Möglichkeit der Einsicht in die erhobenen Daten ihres Kindes gegeben werden, was beim Kind wiederum zur Teilnahmeverweigerung oder zu Antwortverzerrungen führen kann, wenn es in Kenntnis gesetzt wird, dass die Eltern von den Antworten erfahren. Trotz dieser Einschränkungen gewährleistet eine Online-Befragung jedoch auch eine hohe Autonomie auf Seiten des Kindes. Anders als beispielsweise in schulischen Kontexten, wo eine Verweigerung der Teilnahme nicht ohne weiteres möglich ist (Stichwort Gruppendruck – „captive subjects"[25]), zieht die Nicht-Teilnahme an einer Online-Befragung höchstens den Verlust eines (potenziellen) Incentives nach sich.[26]

Ähnlich den Online-Befragungen von Erwachsenen ist auch bei Kindern zu prüfen, ob Incentives überhaupt als Aufwandsentschädigung für die Teilnahme eingesetzt werden können. Die Meinungen hierzu divergieren, definitive Erkenntnisse dazu, welche Rolle Incentives für die Teilnahmemotivation spielen, existieren unseres Wissens nicht.[27] Im Falle von erwachsenen Teilnehmern darf laut ADM ein Incentive nicht der Grund der Teilnahme sein und muss untersuchungs- und zielgruppenspezifisch neutral sein, damit eine Verzerrung der Stichprobe ausgeschlossen werden kann.[28] Während Erwachsene Aspekte wie Zeit oder ein grundsätzliches Desinteresse an Befragungen als Verweigerungsgrund nennen oder wissenschaftliches oder persönliches Interesse für die Teilnahme angeben, lässt sich über die Motivation von Kindern für oder gegen eine Teilnahme nur spekulieren.[29] Potenziell besteht auch die Gefahr, dass Kinder aufgrund attraktiver Incentives oder einer wahrgenommenen Testsituation und der Möglichkeit, das Testergebnis zu verbessern, mehrfach an der Befragung teilnehmen.

Die Auswahl angemessener Incentives ist bei kindlichen Teilnehmern schwieriger als bei Erwachsenen, da z.B. eine monetäre Vergütung oder Incentives in Form von Sammelpunkten, Sammelmeilen oder Spenden an wohltätige Organisationen ausgeschlossen sind. Ebenfalls kritisch dürften angebotene Downloads sein, die sich dann möglicherweise der Kontrolle der Eltern entziehen und zudem eine technische Kompetenz erfordern, die bei manchen Kindern noch nicht vorhanden sein dürfte. Im Normalfall müssen also kindgerechte Incentives (z.B. Spielzeug, CDs, DVDs) bereitgestellt werden, was wiederum mit Kosten und Aufwand für die Verschickung verbunden ist. Schwierig wird es zudem, alters- und geschlechtsadäquate Incentives zu finden – vor allem dann, wenn breite Altersspannen (z.B. 6 bis 13 Jahre) befragt werden sollen. Mit dem Alter variiert eventuell auch der wahr-

---

[25]   Robinson & Kellett 2004: 91.
[26]   Vgl. Masson 2004: 44.
[27]   Vgl. Kellett & Ding 2004: 166.
[28]   Vgl. ADM 2001: 4.
[29]   Vgl. Theobald 2003b: 405.

genommene Wert des Incentives, der ebenfalls die Motivation zur Teilnahme beeinflussen kann.[30]

Auch wenn Kinder weniger oft mit Online-Befragungen für wissenschaftliche oder Marktforschungszwecke in Kontakt kommen dürften[31], bieten kinderrelevante Webseiten regelmäßig Gewinnspiele oder Votings an, an denen sich Kinder beteiligen und einen Preis gewinnen können. Aufgrund der fehlenden Erfahrung und unzureichender Reflexion über die Unterschiede von Gewinnspiel und Befragung besteht die Gefahr, dass Kinder eine Befragung mit Incentive mit einem Gewinnspiel oder Test (und damit dem Anspruch, „richtige" Antworten geben zu müssen) verwechseln.[32] Gerade bei sensiblen Themen, die eventuell mit sozial erwünschten Antworten verbunden sind (wie z.B. Ernährung in unserer Fallstudie, s.u.), kann dies die Validität der Daten beeinträchtigen.

2.2. Konzeption und Operationalisierung

Nachdem im vorigen Abschnitt Fragen der Stichprobenziehung, der Teilnahmemotivation, der Incentivierung und des Einverständnisses der Eltern erörtert wurden, beschäftigen sich die nachfolgenden Ausführungen mit Fragen der Konzeption eines Instruments für eine Online-Befragung für Kinder; angesprochen werden u.a. Aspekte der Länge, Lesbarkeit sowie technischer Kompetenzen. Außerdem werden Aspekte der Operationalisierung und Datenqualität diskutiert.

Grundsätzlich gilt für jede Art von Untersuchung der Allgemeinplatz, wonach Online-Fragebögen weder zu lang noch zu kurz sein sollten: Während zu lange Fragebögen vermehrt zu Drop-Outs gegen Ende des Fragebogens führen können, werden zu kurze Fragebögen als unseriös und oberflächlich eingestuft. Die Bearbeitungszeit für einen Erwachsenen-Fragebogen sollte deshalb idealerweise bei ca. 20-30 Minuten liegen.[33] Vergleichbare Erkenntnisse liegen für Kinder nicht vor; verschiedene Gründe sprechen jedoch dafür, dass bei Kindern die Prämisse „Je kürzer, desto besser" zutreffender ist. Die Aufmerksamkeitsspanne von Kindern ist nämlich begrenzt und wesentlich kürzer als die Erwachsener. Wie bereits erwähnt, verbringt die Mehrzahl der kindlichen Internetnutzer weniger als 30 Minuten am Stück im Netz, Kindersendungen im Fernsehen sind in ähnlicher Länge formatiert. Ferner benötigt das Ausfüllen eines Fragebogens vermehrt kognitive Ressourcen, da es sich für Kinder nicht um eine Routinetätigkeit handelt. Zudem fehlen im Gegensatz zu einer Face-to-Face-Befragung das motivierende Moment des Interviewers und eine zeitnahe Belohnung. Die Web-Experten des KI.KA, mit deren Hilfe unsere Fallstudie (s.u.) realisiert wurde, rieten beispielsweise zu einer Befragungsdauer, die fünf Minuten nicht wesentlich übersteigt, um unserer Zielgruppe gerecht zu werden. Bedenkt man die im Vergleich zu Erwachsenen längere Lesedauer von Kindern, wird deutlich, dass in dieser begrenzten Zeit nur wenige Fragen gestellt werden können.

Auch wenn Kinder im Alter von ca. 8 Jahren über eine basale Lesefähigkeit verfügen, gibt es hier starke interindividuelle Schwankungen, die eine Orientierung am schwächsten

---

[30]   Vgl. Theobald 2003b: 396ff.

[31]   So hat z.B. der KI.KA vor der hier als Fallstudie vorgestellten Befragung noch keine Online-Befragung durchgeführt.

[32]   Was auch dem Aspekt der Operationalisierung von Fragen als Ratespiel geschuldet sein kann (Vgl. Scott 2000: 104).

[33]   Vgl. Bosnjak & Batinic 2002: 85ff.

Glied, also eher den jüngsten Teilnehmern notwendig macht. Der Beschreibungstext zur Studie sowie die Informationen zu Datenschutz und Einverständnis der Eltern stellen bereits einen umfangreichen Leseblock dar, der mögliche Teilnehmer abschrecken kann – aber zumindest eine hohe Zeitinvestition darstellt. Die Anweisungs- und Fragetexte sollen deswegen noch kürzer und prägnanter ausfallen als in Instrumenten für Erwachsene. Von der Verwendung offener Fragen ist eher abzuraten, da die schriftliche Beantwortung von Fragen in Satzform und per Computereingabe in den meisten Fällen eine Überforderung darstellen dürfte, kaum elaborierte auswertbare Ergebnisse erbringt und zudem noch ein „Zeitfresser" ist.

Aufgrund der multimedialen Möglichkeiten des Online-Mediums wäre anzunehmen, dass auf diese Beschränkungen zumindest teilweise durch den Einsatz z.B. von Audiofiles reagiert werden kann.[34] Allerdings verlangt auch dies sorgfältige Planung: Zum einen muss garantiert werden, dass die Technik für jeden Teilnehmer gleich funktioniert, zum anderen werden auf diese Weise doch wieder Merkmale des Interviewers (vergleichbar einer Face-to-Face-Befragung) relevant.[35] So spielt bei Kindern das Geschlecht des Audio-Interviewers eine wesentliche Rolle, die Geschwindigkeit des Sprechers muss entsprechend angepasst sein sowie die Dauer der Antwortzeit berücksichtigt werden.[36] Eine auditive Unterstützung erfordert zudem Handhabungskompetenz für Lautsprecher oder Kopfhörer und birgt die Gefahr, dass Dritte auf die Beantwortung der Fragen Einfluss nehmen. Die Frage, wer tatsächlich die Fragen beantwortet hat, stellt sich für die gesamte Online-Forschung – und für Kinder umso mehr, weil vor allem jüngere Kinder oft von den Eltern beaufsichtigt werden, wenn sie online sind.[37]

Ferner können die technischen Möglichkeiten einer Online-Befragung mit den technischen Kompetenzen der Kinder kollidieren. Während diese über fundiertes Anwendungswissen zu Medien wie Fernseher oder CDs und DVDs verfügen, mit denen sie bereits längere Zeit vertraut sind, stellen sich online-bezogene Kompetenzen noch rudimentär dar. So gaben jüngst lediglich 14 Prozent der befragten Kinder an, Dateien aus dem Internet gut downloaden zu können; 13 Prozent können das nicht so gut, 73 Prozent der Kinder haben das noch nie getan.[38] Jede technische Anforderung, deren Bewältigung die Hilfe durch einen Erwachsenen erforderlich macht, erhöht die Wahrscheinlichkeit, dass die Fragen nicht selbstständig beantwortet werden. Zusätzliche textliche Erklärungen binden wiederum Zeit und Aufmerksamkeit. Multimediale Unterstützung, die auf den ersten Blick hilfreich erscheint, sollte vor dem Einsatz also stets einer kritischen Prüfung mit Blick auf die spezielle Zielgruppe Kinder unterzogen werden.

An diesem Punkt stoßen auch klassische Befragungstools an ihre Grenzen, da sie nicht auf die besonderen Erfordernisse dieser Befragtengruppe hin konzipiert sind. Beispielsweise sind die vordefinierte Buttongröße oder die Skalenpunktgröße für Kinder und deren motorische Fähigkeiten meist zu klein bzw. lassen sich nicht individuell verändern und

---

[34] Vgl. Reips 1999: 2.
[35] Vgl. Pattmann & Kehily 2004.
[36] Vgl. Scott 2000: 110ff. – Scott beschreibt in ihrem Artikel die so genannte „Walkman-Methode". Den Kindern wurde für die Befragung ein Walkman mit den Fragestellungen ausgehändigt sowie ein Fragebogen, der nicht die Fragen, jedoch die Antwortvorgaben enthielt. Auf diese Weise konnte sichergestellt werden, dass Kinder im häuslichen Kontext unbeeinflusst befragt werden konnten.
[37] Während die Computer-/Internetnutzung zu Beginn der Grundschulzeit im häuslichen Umfeld noch stark von den Eltern reglementiert und begleitet wird, bewegen sich ca. 40 Prozent der 12- bis 13-Jährigen allein im Netz, surfen, chatten und schreiben E-Mails (Medienpädagogischer Forschungsverbund Südwest 2006: 15).
[38] Vgl. Medienpädagogischer Forschungsverbund Südwest 2006: 52.

damit kindgerechter gestalten. Auch die Einbindung von Bildern ist stark reglementiert. Die Debatte, ob eine Frage pro Screen gezeigt werden soll oder mehrere Itembatterien per Scrollen abgefragt werden können[39], lässt sich für Kinder eindeutig entscheiden: Da stets die Vereinfachung das Ziel ist, sollten bei Kinder-Umfragen nur so viele Fragen auf einer Seite platziert werden, dass auf ein Scrollen verzichtet werden kann und der Weiter-Button deutlich sichtbar ist. Die Firma „iconkids & youth international research GmbH" hat im Juli 2008 das Online-Befragungstool KidsQuest auf den Markt gebracht, welches den Bedürfnissen von Kindern gerecht oder zumindest gerechter werden soll. So führt beispielsweise die Presenterfigur (Ben Box) durch die Befragung, hilft und motiviert. Ebenso integriert wurden Möglichkeiten für offene und geschlossene Fragen aller Art und die Vorführung von Videos und Abbildungen. Eine Pilotstudie zur Vergleichbarkeit von Online- und Bus-Befragung zeigte jedoch die bekannten Ungleichheiten zwischen Online-Samples und Bus-Befragungen. Über die Einholung des elterlichen Einverständnisses und die damit verbundenen Unwegsamkeiten schweigt sich das Informationsmaterial zu KidsQuest leider aus. Der Einsatz als ad-hoc Forschungsinstrument lässt möglicherweise darauf schließen, dass dies generell nicht vorgesehen ist.[40]

Die Qualität der von Kindern erhobenen Daten hängt von verschiedenen Aspekten ab. Unter anderem muss bei der Formulierung der Texte (Fragen, Antworten, Anweisungen) neben der Lesefähigkeit auch der kognitiven Entwicklung von Kindern Rechnung getragen werden, um die Validität der Antworten sicherzustellen. Folgt man Piagets Stufentheorie der kognitiven Entwicklung, befinden sich die meisten Kinder nach unserer Definition im so genannten konkret-operatorischen Stadium (7-12 Jahre).[41] Laut Piaget beginnen die Kinder etwa im Alter von sieben Jahren damit, über logische und konkrete Eigenschaften der Welt nachzudenken. Sie können nun akzeptieren, dass Dinge mit unterschiedlichem Erscheinungsbild dennoch Eigenschaften teilen und beginnen, auch andere Perspektiven als die eigene einzunehmen. Die Präferenz für statische Zustände und die Zentrierung auf eine auffällige Objekteigenschaft nehmen ab, die Konzepte von Zeit und Raum werden erkannt.[42] Die Kinder können nun unterschiedliche Dimensionen eines Sachverhaltes oder Gegenstandseigenschaften verknüpfen.[43] Dennoch ist zu beachten, dass die Fähigkeiten zum abstrakten Denken und zum hypothetischen Schlussfolgern erst im nächsten Stadium ihrer Entwicklung (dem formal-operatorischen) ausgebildet werden.[44] Die Befragungsinhalte sollten demnach unter Berücksichtigung vorstehender Aspekte kindgerecht und lebensnah formuliert sein sowie mit Beispielen arbeiten. Dennoch besteht die Gefahr, dass Befragungsteilnehmer aufgrund ihrer Entwicklung bestimmte Konzepte nicht verstehen oder fehlinterpretieren. Während im Face-to-Face-Kontext ein Interviewer entsprechend unterstützend eingreifen kann oder entscheidet, dieses Interview im Nachhinein von der Auswertung auszuschließen, fehlt bei einer Online-Befragung eine derartige Kontrollinstanz. Eine mögliche Lösung wäre, zur Kalibrierung der Antworten Kontrollfragen in die Befragung zu integrieren, die allgemeine Aspekte zum persönlichen Entwicklungsstand erheben.[45]

---

[39] Vgl. z.B. Welker et al. 2005: 83.
[40] Vgl. http://www.iconkids.com/deutsch/download/news/2008/08_07/Handout%20KidsQuest.pdf.
[41] Vgl. u. a. Piaget 2003.
[42] Vgl. Siegler et al. 2005: 193ff.
[43] Vgl. Flammer 2003: 128f.
[44] Vgl. Siegler et al. 2005: 195.
[45] Vgl. z.B. Steinhilper 2007 zur moralischen Entwicklung von Kindern. Allerdings erhöht der Einsatz von Kontrollfragen wiederum den Umfang der Befragung oder minimiert den Raum für inhaltliche Fragen.

Bei der Skalenkonstruktion muss – analog zur Vorgehensweise bei Fragebogen für Erwachsene – die Aufmerksamkeitsspanne der Respondenten bedacht werden: Bei zu langen Antwortlisten verlieren Kinder eventuell noch schneller das Interesse und bevorzugen Items am Anfang der Liste. Ebenso können diese ersten Items auch in Vergessenheit geraten und eher die letzten Antwortmöglichkeiten gewählt werden. Eine Online-Befragung vermag diesem Problem durch Rotation der Antworten entgegenzuwirken.[46]

3. Fallstudie

3.1. Die Kampagne „Spot Fit!" und das Ziel der Online-Befragung

Die bisherigen, allgemeiner gehaltenen Überlegungen zur Anwendbarkeit der Methode der Online-Befragung auf die Zielgruppe Kinder sollen nun anhand eines Fallbeispiels vertieft werden. Im Rahmen der Evaluation einer Gesundheitskampagne („Spot Fit! Besser essen und bewegen – Mitmachaktion des Kinderkanal"), die sich an Kinder im Alter von 3 bis 13 Jahren richtete und diese zur Erstellung und Einsendung von Werbeplakaten und Spots für gesunde Ernährung und mehr Bewegung aufforderte, wurde eine kindgerechte Online-Befragung konzipiert. Diese zielte darauf ab, kampagnenrelevante Inhalte (gesunde Ernährung, Bewegung, Werbung), Kampagnen-Awareness und Kampagneneinschätzung von jenen Kindern zu erfragen, die im Rahmen der Vergabe des Publikumspreises auf den Seiten des KI.KA (www.kika.de) für eine der zur Wahl gestellten Einsendungen gestimmt haben. Die Feldzeit war dementsprechend auf die Dauer des Votings beschränkt (1. – 20. Juni 2007). Bei der Entscheidung für den Einsatz einer Online-Befragung war dem Evaluationsteam bewusst, dass dieser Aspekt der Erhebung eher Pilotstudiencharakter haben wird, da bis dato weder auf wissenschaftlicher Seite noch in der Online-Redaktion des Kinderkanals Erfahrungen mit dieser Methode vorlagen.

3.2. Umsetzung der Online-Befragung

3.2.1. Durchführung

Das Konzept der Gesundheitskampagne sah eine Ansprache der gesamten Zielgruppe des KI.KA, also der 3- bis 13-Jährigen vor. Die Online-Befragung wurde jedoch aus zwei Gründen für Kinder im Alter zwischen 6 und 13 Jahren konzipiert: Zum einen haben Kinder diesen Alters häufiger als die 3- bis 5-Jährigen an der Kampagne mitgemacht; viel wichtiger ist jedoch, dass 6- bis 13-Jährige – wie oben ausgeführt – zumindest potenziell in der Lage sind, an der Befragung teilzunehmen (Lesefähigkeit, Expertise Online). Deren Ansprache und die Verlinkung zum Fragebogen erfolgten über einen Teaser[47] nach Abgabe der Stimme für das Voting, dessen Gestaltung und Platzierung durch die Online-Redakteure des KI.KA vorgenommen wurde. Nach der Hälfte der Feldzeit lagen lediglich 66 Zugriffe

---

[46] Vgl. Kellett & Ding 2004: 166.
[47] Teaser-Text: Deine Meinung ist uns wichtig! Wie hat dir unsere Aktion „Spot fit!" gefallen? Hilf uns mit, sie zu verbessern. Die Uni Erfurt hat sich dazu ein paar Fragen ausgedacht. Link: Zur Umfrage.

auf den Fragebogen vor. Um die Zugriffszahl zu erhöhen, wurde der KI.KA gebeten, den Teaser mehrfach im Verlauf des Voting-Prozesses einzublenden, was zu einer deutlichen Erhöhung der Zugriffszahlen geführt hat (240 Zugriffe).

Nach Auskunft der KI.KA-Online-Redaktion haben sich insgesamt 9.372 Kinder am Voting und ca. die Hälfte dieser Kinder (4.847) am vom KI.KA ausgelobten Gewinnspiel beteiligt. Insgesamt wurde 306mal auf den Umfrageteaser geklickt, der zur Startseite der Befragung führte – eine in Relation zum möglichen Kreis der Respondenten eher ernüchternde Zahl (Werbeerfolg=α-Selektionsrate[48]).

Die Startseite informierte kurz über die Befragung und wies mit Bild auf die Incentives hin.[49] 82 Prozent (251) derjenigen, die diese Startseite gesehen und gelesen haben, fuhren mit der Befragung fort (Motivationserfolg=β-Selektionsrate). Da sich der Fragebogen nur an 6- bis 13-Jährige richtete, wurde mit der ersten Frage das Alter abgefragt[50] und ältere wie jüngere Teilnehmer per Filter auf eine Endseite der Befragung mit Verlinkung zu den Elterninformationen geführt (29, 11,6 Prozent). Von 222 stichprobenrelevanten Teilnehmern brachen 79 (35,6 Prozent) die Befragung an verschiedenen Stellen ab, davon 18 Teilnehmer nach der Begrüßungsseite und weitere 8 nach der zweiten Seite (Alter und Kampagnenteilnahme). Die meisten Abbrecher gab es bei der letzten Frage (40 Teilnehmer), in der den Teilnehmern mitgeteilt wurde, dass ihre eigene E-Mail-Adresse für die Benachrichtigung der Incentive-Gewinner gebraucht würde, ebenso wie die Adresse der Eltern zur Einholung der Einverständniserklärung.[51] Nach der Eingabe der E-Mail-Adresse wurde den Teilnehmern gedankt, es erfolgte ein Hinweis zu den Incentives und es wurden weitere Informationen zum Zweck der Befragung sowie die Datenschutzerklärungen abgegeben. Für ausführlichere Informationen wurde zudem auf eine Internetseite verlinkt, die E-Mail- und Telefonkontakt für Nachfragen enthielt. Beides wurde von den Eltern in einem einzigen Fall in Anspruch genommen.

Um die Daten der Kinder gemäß Datenschutzbestimmungen verwenden zu dürfen, bedarf es der Zustimmung der Eltern. Diese Zustimmung sollte in der Pilotstudie über eine Abfrage per E-Mail realisiert werden. Zur Sicherheit wurde hierfür sowohl die Adresse des Kindes als auch die der Eltern abgefragt. Wie bereits unser Pretest gezeigt hatte, war die Eingabe von E-Mail-Adressen für Kinder mit großen Problemen behaftet. Vielen Kindern war die Adresse der Eltern oder auch ihre eigene nicht bekannt, sie besaßen keine eigene oder waren sich nicht sicher, was die Schreibweise angeht. Von 183 inhaltlich vollständig beantworteten und potenziell auswertbaren Fragebögen (Gestaltungserfolg=γ-Selektionsrate 82,4 Prozent) fehlte demnach bei 40 Teilnehmern ein E-Mail-Kontakt, bei weiteren 14 wurden unbrauchbare Angaben gemacht. An die verbleibenden 129 Befragten wurde eine E-Mail mit Bitte um die Zustimmung zur Verwendung der Daten geschickt. 41 Rückant-

---

[48] Zur Differenzierung der Selektionsraten in Werbeerfolg, Motivationserfolg und Gestaltungserfolg vgl. Theobald 2003a: 206.

[49] Hallo! Toll, dass du mitmachst. Das ist eine Umfrage von der Universität Erfurt und der Mitmachaktion SpotFit. Wir stellen dir ein paar Fragen zu SpotFit. Versuch bitte, die Fragen allein zu beantworten. Beim Lesen kann dir aber ruhig jemand helfen. Unter allen Teilnehmern werden ein paar tolle Preise ausgelost. [Bilder der Gewinne] Los geht's! (Auf den Weiter-Knopf drücken, wenn du fertig bist.).

[50] Im Durchschnitt waren die Befragungsteilnehmer 10,3 Jahre (SD=1,7) alt. 6-9 Jahre: 53 Teilnehmer, 10-13 Jahre: 130 Teilnehmer. Es haben deutlich mehr Mädchen als Jungen an der Befragung teilgenommen. Dies dürfte allerdings dem Interesse am Kampagnenthema geschuldet sein, das Jungen eher nicht anspricht. Diese Angabe bezieht sich auf alle Teilnehmer, die zumindest alle inhaltlichen Fragen bis auf die Abfrage der E-Mail-Adresse vollständig beantwortet haben.

[51] Den Kindern wurde zugesichert, dass wir ihre Daten nicht an die Eltern weitergeben.

worten gingen dem Evaluationsteam zu, davon 37 Zustimmungen und 4 Ablehnungen. 70 Mal kam keine Antwort, 18 Mal gab es eine Fehlermeldung, die auf inkorrekte E-Mail-Adressen schließen lässt. In Fortführung der Selektionsraten-Schematik von Theobald[52] erscheint es sinnvoll, eine δ-Selektionsrate einzuführen, um die Ausschöpfungsquote nach Einholung des Einverständnisses zu beschreiben. Die δ-Selektionsrate, das heißt die Zahl vollständiger Interviews mit Zustimmung der Eltern, lag bei lediglich 28,7 Prozent (entspricht 37 analysierbaren Fällen). Die Notwendigkeit der elterlichen Einverständniserklärung kann damit als „Fallzahl-Killer" bezeichnet werden, obwohl nur ein geringer Anteil der Eltern der Verwendung der Daten tatsächlich widersprochen hat. Erfolgreichere Methoden zur Erlangung der Einverständniserklärung würden folglich die Anwendbarkeit von Online-Befragungen bei Kindern erheblich verbessern.

Wie bereits erwähnt, gibt es in der Literatur keine Hinweise darauf, welchen Einfluss die Vergabe von Incentives auf die Motivation der teilnehmenden Kinder oder die Qualität der Daten hat. Auf Anraten der KI.KA-Mitarbeiter wurde unter allen Teilnehmern ein Gewinnspiel veranstaltet. Die Preise wurden von den Kampagneninitiatoren bereitgestellt und per Bild auf der Eingangsseite der Befragung präsentiert. Da keinerlei Prognosen über die mögliche Anzahl an Befragungsteilnehmern vorlagen, wurde der Verteilungsmodus für die Preise nicht weiter spezifiziert. Wie die Zahlen des vorgeschalteten Votings zeigten, hat dort etwa die Hälfte der Kinder, die abgestimmt haben, auch ihre persönlichen Daten (Postadresse) für die Teilnahme am Gewinnspiel hinterlegt. Die konkrete Gewinnaussicht war also offensichtlich nicht der Hauptgrund für die Teilnahme, und analog lässt sich auch für die Online-Befragung vermuten, dass eine Adressaufnahme möglich gewesen wäre. Die Postadresse der Kinder wurde in unserem Fall allerdings mit der Einverständniserklärungs-E-Mail von den Eltern abgefragt, weshalb die geringe Antwortquote das Feld potenzieller Begünstigter erheblich reduzierte. Am Rande sei erwähnt, dass neben den Kosten für die Beschaffung der Incentives auch der zeitliche und finanzielle Aufwand für Auswahl und Versand der Incentives mit einem personalisierten Brief einkalkuliert werden muss.

3.2.2. Konzeption und Operationalisierung

Die Befragung wurde mit der Online-Befragungssoftware des Anbieters Globalpark konzipiert.[53] Um den Fragebogen optisch kindgerecht zu gestalten, wurden eine entsprechende Schriftart (Comic Sans) sowie ein farbiger Hintergrund mit den Figuren der Kampagne erstellt, so dass das Gesamtergebnis die starke Strukturierung klassischer Instrumente weitgehend vermeiden konnte. Nach Beratung mit der KI.KA-Online-Redaktion sollte die Befragung insgesamt nicht mehr als etwa 5 bis 6 Minuten in Anspruch nehmen. Es wurden 11 inhaltliche Frageseiten mit jeweils 1 bis 2 Fragen konzipiert, sowie zusätzlich eine Seite zur Abfrage der E-Mail-Adressen und eine Dankesseite mit Verlinkung auf die Informationsseite. Die Seiten wurden so programmiert, dass alle Fragen und der Weiter-Button ohne Scrollen im Bild sichtbar waren. Wie die Auswertung zeigt, konnte die Zeitvorgabe, die im Pretest ausführlich geprüft wurde, eingehalten werden. Im Durchschnitt benötigten die Kinder 5:55 Min., darunter die jüngeren (6-9 Jahre) mit 6:49 Min. doch länger als die Älteren (10-13 Jahre) mit 5:30 Min. Neben dem Umfang von Fragestellung und Antwortvorga-

---

[52] Vgl. Theobald 2003a.

[53] Wie oben ausgeführt, konnte bei Durchführung der Studie nicht auf ein Kinder-Online-Befragungstool zurückgegriffen werden, wie es jetzt z.B. in Form von KidsQuest vorliegt.

ben spielte auch die Art der Frage eine Rolle: Bewertungen und Nennung von Gründen sowie Quantifizierungen oder retrospektive Fragen beanspruchten mehr Zeit als z.B. die Nennung des Geschlechts oder des Alters. Und tatsächlich war die Eingabe der E-Mail-Adresse mit durchschnittlich 1:36 Min. *der* große Zeitfaktor innerhalb der Befragung.[54]

Die Form der E-Mail-Eingabe wurde aufgrund der Ergebnisse des Pretests stark vereinfacht und gestützt, denn von 20 getesteten Kindern konnte nur ein einziges (!) seine E-Mail-Adresse ohne Hilfe aufschreiben; alle anderen Kinder scheiterten bereits an der Eingabe des @-Zeichens. Um diesem Effekt entgegenzuwirken, wurde das Freieingabefeld durch ein bereits vorgegebenes @-Zeichen unterbrochen.

Um mögliche Probleme mit der technischen Handhabung zu umgehen, wurde in unserer Erhebung auf Audio-Spuren oder Erklärungen verzichtet – ebenso wie auf erklärende Textfelder, die zusätzlich angeklickt werden können. Die ursprüngliche Version des Fragebogens sah auch eine Java-Script-basierte Antwortform vor, bei der die Kinder ein Logo per Drag&Drop in ein Rechteck schieben sollten. Diese spielerische Art der Beantwortung wurde verworfen, da bereits einer der Pretest-Computer das Script nicht korrekt anzeigte, die Erläuterung der Aufgabe zu umfangreich ausfiel und zudem einige Kinder motorische Probleme mit dieser Aufgabe hatten. Die vielfältigen Inhalte des KidsQuest-Befragungstools (z.B. Video, Audio, Presenterfigur, etc.) verbreitern sicherlich die Einsatzfelder des Tools, mögliche Probleme müssen sich dann bei Einsatz des Tools zeigen.

Um den kognitiven und zeitlichen Aufwand für das Lesen von Fragen, Antwortmöglichkeiten und Anweisung so gering wie möglich zu halten, wurde entsprechend kurz und prägnant formuliert. Interviewanweisungen erfolgten in Klammern hinter der Fragestellung und waren an die Sprechsprache angelehnt, auf Höflichkeitsfloskeln wurde ebenfalls verzichtet (z.B. „Woher weißt du von Spot Fit? Du kannst auch mehrere Antworten anklicken."). Gerade für die Anweisungen zeigte der Pretest Unschärfen auf – beispielsweise lauteten eine Frage und die dazugehörige Anweisung: „Was magst du besonders gern?" (Einfach 3 anklicken!). Es waren acht Bilder mit Nahrungsmitteln vorgegeben. Diese Anweisung war jedoch zu ungenau, denn einige Kinder klickten auch mehrfach auf dasselbe Bild, was dazu führte, dass der Haken jeweils wieder gelöscht wurde. Im konkreten Fall wurde diese Anweisung insofern modifiziert, dass keine Vorgabe über die Anzahl der Auswahl getroffen und stattdessen kommuniziert wurde, dass durch das Anklicken des Bildes ein Haken erscheinen würde.

Generell wurde auf eine (technisch mögliche) starke Variation bei den Antwortvorgaben verzichtet, um zu vermeiden, dass sich die Kinder ständig in eine neue Antwortlogik hineindenken müssen. So wurden im Grunde nur drei Vorgabevarianten verwendet: (1) Mehrfachauswahl aus einer Liste, deren Itemreihenfolge rotiert wurde; (2) Skalen mit drei Skalenpunkten oder Ja/Nein-Option oder (3) die eben erwähnte Bilderauswahl. Unseren Erkenntnissen zufolge haben sich alle drei Arten bewährt, zumindest traten keine für uns erkennbare Schwierigkeiten bei der Beantwortung auf. Freie Eingabefelder wurden deswegen nur beim Alter und der E-Mail-Adresse verwendet. Um auszuschließen, dass Kinder Fragen überspringen oder vergessen, konnte erst auf die nächste Seite weitergeklickt werden, wenn alle Items beantwortet wurden. Dies wurde mit einem Hinweis kenntlich gemacht. Derart „erzwungene" Antworten schmälern allerdings u.U. die Validität der Daten, was je nach Gehalt der Fragen problematisch werden kann.

---

[54] 6-9 Jahre: 1:55 Min.; 10-13 Jahre: 1:27 Min.

Als letzte Frage vor der E-Mail-Angabe wurde erhoben, ob der jeweilige Teilnehmer den Fragebogen allein ausgefüllt hat (Ja/Nein). Lediglich acht Teilnehmer gaben an, die Fragen nicht allein beantwortet zu haben. Da diese eher jünger waren, kann man darauf schließen, dass sie eine Hilfestellung beim Lesen oder Eintippen nötig hatten; die elterliche Aufsicht und Mitwirkung hielt sich somit anscheinend in Grenzen, sofern die Angaben den Tatsachen entsprechen.

Schließlich sei erwähnt, dass die verlangte Angabe einer E-Mail-Adresse auch dazu dienen kann, den Rücklauf auf Mehrfachteilnahmen zu kontrollieren. Unsere Analyse erbrachte tatsächlich drei Teilnehmer, die je zwei Fragebogen ausgefüllt hatten und für die nur jeweils der erste Datensatz in die Auswertung einging (der zweite wurde gelöscht). Zumindest in gewissem Umfang erlaubt die Personalisierung der Respondenten durch die Abfrage der E-Mail-Adresse also den Ausschluss von Mehrfachteilnahmen.

4.   Zusammenfassende Bewertung

Sollte man angesichts der aufgezeigten Schwierigkeiten überhaupt Online-Forschung mit Kindern als Adressaten betreiben? Rechtfertigen Stichproben- und Datenqualität den erheblichen Aufwand, wenn sie die möglichen Interpretationen so stark einschränken? Unsere Überlegungen haben gezeigt, dass Kinder als Zielgruppe von Online-Befragungen zahlreiche methodische Probleme verschärfen, die beim Einsatz internetgestützter Verfahren generell auftreten. Kinder sind eben keine „kleinen Erwachsenen", denen man dasselbe Instrument zumuten kann, wenn man ihnen nur etwas mehr Zeit lässt und ein paar bunte Buttons einbaut. Das Fallbeispiel verdeutlicht außerdem, dass nicht nur der Umgang von Kindern mit einer Befragungs-Website besonderer Berücksichtigung beim Design einer Erhebung bedarf, sondern sich gerade die technischen und formaljuristischen Rahmenbedingungen der Befragungssituation als entscheidend für den Rücklauf und das Antwortverhalten erweisen.

Der vorliegende Beitrag weist insgesamt einen eher kritischen Grundtenor auf, was wesentlich der Tatsache geschuldet ist, dass es uns zunächst um eine problemorientierte Darstellung ging, die zukünftigen Anwendern die wesentlichen Fallstricke der Online-Forschung mit Kindern verdeutlicht – und dass es für die wenigsten der angetroffenen Probleme bisher befriedigende oder allgemeingültige Lösungen gibt. Über dieses ernüchternde Gesamtbild soll freilich nicht der Eindruck entstehen, dass grundsätzlich davon abzuraten sei, Online-Erhebungen unter Kindern durchzuführen. Einerseits hat unsere Pilotstudie gezeigt, dass bei einer Affinität von Untersuchungsgegenstand und Methode durchaus sinnvolle Anwendungen möglich sind. Konkret gesagt: Wenn sich das Ziel der Studie auf Internet-Phänomene bezieht, dann stellt eine Online-Befragung eine sinnvolle Alternative dar, denn die Brauchbarkeit beispielsweise für eine Kampagnenevaluation hat sich bestätigt. Andererseits darf nicht vergessen werden, dass standardisierte Forschung mit Kindern – egal auf welcher methodischen Basis – insgesamt schwierig ist und auch in Real-Life- oder Face-to-Face-Settings erhebliche Probleme aufwirft. Diese Situation spiegelt sich beim Einsatz von Online-Tools, und die Mehrzahl der genannten Einschränkungen trifft in vergleichbarem Maße auch auf nicht-internetbasierte Vorgehensweisen zu.

Im Schnittfeld von Online-Forschung und Forschung mit Kindern ergibt sich jedoch eine sehr spezifische Problemkonstellation, deren Bedeutung keinesfalls unterschätzt werden darf: Forschungsethische Gesichtspunkte schreiben generell das Einverständnis der Eltern vor, wenn Kinder an empirischen Studien teilnehmen. Während dieses Einverständnis in klassischen Forschungsdesigns über institutionelle Wege abgesichert wird (z.B. Studien in Schulen oder Betreuungseinrichtungen für Kinder) oder sich aufgrund der Tatsache zwingend ergibt, dass Kinder zur Erhebung von ihren Eltern begleitet werden, muss bei Online-Befragungen der Kinder dieses Einverständnis erst vor oder nach dem Ausfüllen des Fragebogens hergestellt werden. Zwar zeigt unsere Fallstudie, dass unser Informationsangebot für Eltern zu den Hintergründen der Studie nur geringe Resonanz erzeugte, und Kinder trotz alledem den Fragebogen zumeist alleine bearbeitet haben, also in dieser Hinsicht vermutlich wenige Verzerrungen im Antwortverhalten generiert wurden. Aber möglicherweise sorgte hier auch die Verknüpfung mit dem Ki.KA allseits für einen Vertrauensvorschuss, der nicht bei allen Anwendungen gegeben sein muss. Und dennoch erweist sich die dramatische Reduktion der Ausschöpfungsquote (in unserm Fall auf 28,7 Prozent oder gerade 37 analysierbare Fälle) als vermutlich gravierendster Faktor, für den dringend Alternativen zu der von uns gewählten Vorgehensweise kreativ entwickelt werden sollten, weil er bei der Entscheidung für oder gegen eine Online-Befragung von Kindern eine zentrale Rolle spielen muss.

Literatur

ADM (2001): Standards zur Qualitätssicherung für Online-Befragungen, http://www.adm-ev.de/pdf/Onlinestandards_D.PDF, zuletzt abgerufen am 28. Juli 2008.

Bosnjak, M. & Batinic, B. (2002): Understanding the Willingness to Participate in Online-Surveys – The Case of E-Mail Questionnaires. In: Batinic, B., Reips, U.-D. & Bosnjak, M. (Hrsg.): Online Social Sciences. Seattle, Toronto, Bern, Göttingen, S. 81-92.

Breunig, C. (2002): Onlineangebote für Kinder. In: Media Perspektiven, 8, S. 389-402.

Buijzen, M. & Valkenburg, P. M. (2008): Observing Purchase-Related Parent-Child Communication in Retail Environments: A Developmental and Socialization Perspective In: Human Communication Research, 34, 50-69.

Bundesministerium für Bildung und Forschung (BMBF) (2006): IT-Ausstattung der allgemein bildenden und berufsbildenden Schulen in Deutschland. Bestandsaufnahme 2006 und Entwicklung 2001 bis 2006. Bonn, Berlin, http://www.bmbf.de/pub/it-ausstattung_ der_schulen_2006.pdf, zuletzt abgerufen am 28. Juli 2008.

Flammer, A. (2003): Entwicklungstheorien: psychologische Theorien der menschlichen Entwicklung. Bern.

Fraser, S., Lewis, V., Ding, S., Kellett, M. & Robinson, C. (Hrsg.) (2004): Doing Research with Children and Young People. London, Thousand Oaks, New Delhi.

Gleich, U. (2007): Nutzung und Funktionen neuer Medien bei Kindern und Jugendlichen. In: Media Perspektiven, 10, S. 529-534.

Greig, A. & Taylor, J. (1999): Doing Research with Children. London, Thousand Oaks, New Delhi.

Hastings, G., Stead, M., McDermott, L., Forsyth, A., MacKintosh, A. M., Rayner, M., et al. (2003): Review of Research on the Effects of Food Promotion to Children. Glasgow.

Höflich, J. & Rössler, P. (2001): Mobile Schriftliche Kommunikation – oder: E-Mail für das Handy. Die Bedeutung elektronischer Kurznachrichten (Short Message Service) am Beispiel jugendlicher Handynutzer. In: Medien- und Kommunikationswissenschaft, 49, S. 437-461.

Hood, S., Kelley, P. & Mayall, B. (1996): Children as Research Subjects: a Risky Enterprise. In: Children & Society, 10/2, S. 117-128.

Kellett, M. & Ding, S. (2004): Middle Childhood. In: Fraser, S., Lewis, V., Ding, S., Kellett, M. & Robinson, C. (Hrsg.): Doing Research with Children and Young People. London, Thousand Oaks, New Delhi, S. 161-174.

KidsVA (2006): KidsVerbraucherAnalyse 2006. Markt/Mediauntersuchung zur Zielgruppe 6 bis 13 Jahre. Berlin.

Masson, J. (2004): The Legal Context. In: Fraser, S., Lewis, V., Ding, S., Kellett, M. & Robinson, C. (Hrsg.): Doing Research with Children and Young People. London, Thousand Oaks, New Delhi, S. 43-58.

Medienpädagogischer Forschungsverbund Südwest (Hrsg.) (2006): Kinder + Medien, Computer + Internet. Basis-untersuchung zum Medienumgang 6- bis 13-Jähriger in Deutschland (KIM-Studie). Stuttgart.

Pattmann, R. & Kehily, M. J. (2004): Gender. In: Fraser, S., Lewis, V., Ding, S., Kellett, M. & Robinson, C. (Hrsg.): Doing Research with Children and Young People. London, Thousand Oaks, New Delhi, S. 131-144.

Paus-Haase, I. (2000): Qualitative Kinder- und Jugendmedienforschung: Theorie und Methoden. Ein Arbeitsbuch. München.

Piaget, J. (2003): Meine Theorie der geistigen Entwicklung. In: Fatke, R. (Hrsg.): Jean Piaget. Meine Theorie der geistigen Entwicklung. Weinheim, S. 39-156.

Reips, U.-D. (1999): Online Research with Children. In: Reips, U.-D., Batinic, B., Bandilla, W., Bosnjak, M., Gräf, L., Moser, K. & Werner, A. (Hrsg.): Current Internet Science – Trends, Techniques, Results. Aktuelle Online-Forschung – Trends, Techniken, Ergebnisse. Zürich, http://dgof.de/tband99/pdfs/q_z/reips.pdf, zuletzt abgerufen am 28. Juli 2008.

Robinson, C. & Kellett, M. (2004): Power. In: Fraser, S., Lewis, V., Ding, S., Kellett, M. & Robinson, C. (Hrsg.): Doing Research with Children and Young People. London, Thousand Oaks, New Delhi, S. 81-96.

Scott, J. (2000): Children as Respondents: the Challenge for Quantitative Research. In: Christensen, P. & James, A. (Hrsg.): Research with Children: Perspectives and Practices. London and New York, S. 98-119.

Siegler, R., DeLoache, J. & Eisenberg, N. (2005): Entwicklungspsychologie im Kindes- und Jugendalter. München.

Steinhilper, L. K. (2007): Vorschulkinder sehen fern. Das kindliche Unterhaltungserleben während der Rezeption von Fernsehfilmen. München.

Theobald, A. (2003a): Rücklaufquoten bei Online-Befragungen. In: Theobald, A., Dreyer, M. & Starsetzki, T. (Hrsg.): Online-Marktforschung. Theoretische Grundlagen und praktische Erfahrungen. Wiesbaden, S. 203-210.

Theobald, A. (2003b): Zur Verwendung von Incentives in der Online-Marktforschung. In: Theobald, A., Dreyer, M. & Starsetzki, T. (Hrsg.): Online-Marktforschung. Theoretische Grundlagen und praktische Erfahrungen. Wiesbaden, S. 395-408.

Welker, M., Werner, A. & Scholz, J. (2005): Online-Research. Markt- und Sozialforschung mit dem Internet. Heidelberg.

van Deth, J. W., Abendschön, S., Rathke, J., & Vollmar, M. (2007): Kinder und Politik. Politische Einstellungen von jungen Kindern im ersten Grundschuljahr. Wiesbaden.

Zu den Autoren

Kathleen Arendt, M.A., Studium der Kommunikations- und Medienwissenschaft, Politikwissenschaft und Amerikanistik an der Universität Leipzig. Seit März 2004 wissenschaftliche Mitarbeiterin an der Universität Erfurt, Seminar für Medien- und Kommunikationswissenschaft. Von Januar 2007 bis Juni 2008 Christoph-Martin-Wieland-Stipendiatin der Universität Erfurt. Promotion zur persuasiven Wirkung von fiktionalen Unterhaltungsangeboten bei Kindern im Rahmen der Gesundheitsaufklärung (Entertainment-Education). Forschungsschwerpunkte: Rezeptions- und Wirkungsforschung, Forschen mit Kindern.

Dr. Wolfgang Bandilla, Studium der Soziologie an der Universität Mannheim. Anschließend wissenschaftlicher Mitarbeiter verschiedener kriminologischer Forschungsprojekte an den Universitäten Mannheim und Bielefeld. Seit 1991 Projektberater bei der Gesellschaft Sozialwissenschaftlicher Infrastruktureinrichtungen e.V. (GESIS-ZUMA). Gründungsmitglied der Deutschen Gesellschaft für Online-Forschung (DGOF) und Autor zahlreicher Beiträge zur Datenerhebung über das Internet.

Juniorprof. Dr. Nina Baur, Studium der Soziologie in Bamberg, Hamburg und Lancaster (Großbritannien), 1994-2000 Stipendiatin der Studienstiftung des Deutschen Volkes, 2000-2006 wissenschaftliche Mitarbeiterin bzw. Assistentin in Bamberg und Eichstätt, 2005 Promotion zum Thema „Verlaufsmusteranalyse" (ausgezeichnet mit dem Dissertationspreis der Deutschen Gesellschaft für Soziologie und dem E.ON Kulturpreis Bayern), seit 2006 Junior-Professorin für Methoden soziologischer Forschung an der Technischen Universität Berlin, seit 2008 Mitglied des Nutzerbeirats der GESIS.

Dr. Roger Berger, Studium der Soziologie, Neuen und Wirtschaftgeschichte an den Universitäten Bern, Basel und Leipzig. Promotion an der Universität Leipzig. Seit 2004 wissenschaftlicher Assistent am Institut für Soziologie der LMU München. Lehraufträge in Leipzig und Bern. Von 2006 bis 2008 Stipendiat des Schweizerischen Nationalfonds für die wissenschaftliche Forschung an der Universität Leipzig. Forschungsgebiete und Publikationen in den Bereichen: Quantitative empirische Methoden, Spieltheorie und Rational Choice Soziologie.

Michael Blohm, Studium der Soziologie an der Universität Mannheim. Seit 2000 wissenschaftlicher Mitarbeiter in der ALLBUS Abteilung der Gesellschaft Sozialwissenschaftlicher Infrastruktureinrichtungen e.V. (GESIS-ZUMA). Veröffentlichungen in den Bereichen Interviewerverhalten, Teilnahmeverhalten und Migrationsforschung.

Prof. Dr. Frank Brettschneider, Studium der Politikwissenschaft der Publizistik und des Öffentlichen Rechts an der Johannes Gutenberg-Universität Mainz. Von 2001-2006 Professor für Kommunikationswissenschaft an der Universität Augsburg, seit 2006 Professor für Kommunikationswissenschaft an der Universität Hohenheim. Autor zahlreicher Beiträge zur Wahl- und Einstellungsforschung, zur Medienwirkungsforschung und zum Campaigning.

Dipl. Soz. Marta Burek, Studium der Soziologie, Volkswirtschaftslehre und des Rechts an der LMU München, Spezialisierung: Quantitative empirische Methoden, Organisationssoziologie, Rational Choice und Spieltheorie. Seit 2007 Angestellte der Nepata GmbH.

Maike Bußmann, Studium der Soziologie, Geschichts- und Politikwissenschaften an der Technischen Universität Dresden und der Universitatea de Vest din Timişoara (Rumänien). Forschungsstudentin am Internationalen Europäischen Graduiertenkolleg 625 „Institutionelle Ordnungen, Schrift und Symbole". Forschungsschwerpunkte: Geschlechtersoziologie, Soziologische Theorie und Geschichte der Frauenbewegung.

Thorsten Faas, M.Sc. (LSE), Studium der Politikwissenschaft in Bamberg und London, 2008 Promotion zum Dr. rer. pol. an der Universität Duisburg-Essen mit einer Arbeit zu politischen Konsequenzen von Arbeitslosigkeitserfahrungen. Seit August 2008 wissenschaftlicher Mitarbeiter am Lehrstuhl für Politikwissenschaft I der Universität Mannheim. Veröffentlichungen zu Wahlverhalten, Wahlkämpfen und Wahlstudien.

Michael J. Florian, Dipl.-Soz. tech., Studium der Soziologie (technikwissenschaftlicher Richtung) an der TU Berlin. 2004-2008 Tutor im Fachgebiet Methoden der empirischen Sozialforschung mit Lehraufgaben in qualitativen sowie quantitativen Erhebungs- und Auswertungsverfahren. Arbeitsschwerpunkte im Bereich Arbeits- und Organisationssoziologie, Sozialstrukturanalyse mit Lebensstilen sowie soziologische und philosophische Theorien der Praxis.

Prof. Dr. Marek Fuchs, Studium der Soziologie in Bielefeld und München; Promotion; anschließend Post-Doc am Institute for Social Research der Universiy of Michigan (USA); Habilitation an der Universität Eichstätt-Ingolstadt. Derzeit Professor für empirische Sozialforschung an der Universität Kassel. Zahlreiche Publikationen zu Fragen der Datenerhebung in standardisierten Befragungen.

Frederik Funke, M.A., Studium der Soziologie, Psychologie und Philosophie an den Universitäten Kassel und Gießen. Momentan Promotion am psychologischen Institut der Universität Tübingen. Forschungsschwerpunkte zur Methodologie selbst-administrierter Befragungen im Web.

Dipl. Psych. Alexandra Grunwald, Studium der Psychologie an der Friedrich-Schiller-Universität in Jena. Seit 2007 studentische Mitarbeiterin der medizinischen Fakultät der Universität Leipzig; Arbeitsgruppe Essstörungen. Thematischer Schwerpunkt: Methodische Aspekte bei der Evaluierung von internetbasierten Interventionsangeboten.

PD Dr. Martin Grunwald, seit 1996 Initiator und wissenschaftlicher Leiter des Haptik-Forschungslabors an der Universität Leipzig; gründete 1998 das Internetprojekt ab-server.de als erstem Beratungs- und Informationsserver für Essstörungen. Forschungsprofil: Grundlagen, klinische und industrielle Aspekte der humanen Haptik. Praktische und grundlagenorientierte Aspekte der Online-Beratung und Kommunikation im Bereich der Essstörungen. Dazu internationale Veröffentlichungen und Lehraufträge im Bereich Biologische und Klinische Psychologie an deutschen Universitäten.

Jan-Peter Hagenmüller, Studium der Soziologie und Informatik an der Universität Potsdam mit den Schwerpunkten Methoden der empirischen Sozialforschung und Software-Entwicklung. Seit 2005 wissenschaftlicher Mitarbeiter an der Servicestelle für Lehrevaluation und am Centrum für Entrepreneurship und Innovation der Universität Potsdam. Selbständig im Bereich Software-Entwicklung für Lehrevaluations- und Online-Panel-Anwendungen.

Sebastian Holler, B. Sc., studiert seit 2006 im Masterprogramm „Politikmanagement, Public Policy und öffentliche Verwaltung" der NRW School of Governance an der Universität Duisburg-Essen. Seit 2005 studentische Hilfskraft am Institut für Politikwissenschaft, Schwerpunkt Politik und Kommunikation.

Dr. Nikolaus Jackob, seit 2002 wissenschaftlicher Mitarbeiter (Geschäftsführung) am Institut für Publizistik der Johannes Gutenberg-Universität Mainz. 2005 Promotion über „Öffentliche Kommunikation bei Cicero", ausgezeichnet mit dem Forschungsförderpreis der Johannes Gutenberg-Universität Mainz. Arbeitsschwerpunkte in den Bereichen politische Kommunikation, Kommunikationsgeschichte, Rhetorik und persuasive Kommunikation, Methodenlehre und öffentliche Meinung.

Dr. Olaf Jandura, Studium der Kommunikationswissenschaft, Politikwissenschaft, Neueren und Neusten Geschichte und Soziologie an der TU Dresden sowie der Universidad de Navarra (Pamplona/Spanien). Danach wissenschaftlicher Mitarbeiter am Institut für Kommunikationswissenschaft der TU Dresden. Promotion zum Dr. phil. an der Technischen Universität Dresden mit einer Arbeit zu Kleinparteien in der Mediendemokratie im Jahr 2005. Seit Oktober 2006 Akademischer Rat auf Zeit am Institut für Kommunikationswissenschaft und Medienforschung der LMU München.

Lars Kaczmirek, Studium der Psychologie an der Universität Mannheim. Anschließend wissenschaftlicher Mitarbeiter für Evaluation und Logfile-Analysen im EU-Projekt Web Survey Methodology Site (websm.org). Seit 2003 Mitarbeiter der Gesellschaft Sozialwissenschaftlicher Infrastruktureinrichtungen e.V. (GESIS-ZUMA). Veröffentlichungen zu den Themen Online-Befragungen, Barrierefreiheit, Usability, Datensicherheit, Online-Umfragesoftware. Promotion mit dem Titel „Human-Survey Interaction: Usability and Nonresponse in Online Surveys".

Nina Kahnwald, M.A., seit 2004 an der Technischen Universität Dresden (Professur für Bildungstechnologie und Media Design Center) mit Arbeits- und Forschungsschwerpunkten auf virtuellen Gemeinschaften, E-Learning und Online-Forschung. Von 2002 bis 2004 Tätigkeit als Projektleiterin und Online-Redakteurin beim E-Learning-Anbieter digital spirit GmbH, Berlin. 2003 bis 2004 wissenschaftliche Mitarbeiterin an der Universität Potsdam.

Prof. Dr. Udo Kelle, Dipl.-Psychologe, Studium der Medizin, Psychologie und Soziologie in Bochum, Hannover, Bielefeld und Bremen, dort promoviert 1992 (Thema: Methodologie qualitativer Sozialforschung), von 1989 bis 1997 wissenschaftlicher Mitarbeiter am Sonderforschungsbereich 186 an der Universität Bremen, von 1997 bis 2005 Akademischer Rat am Institut für Interdisziplinäre Gerontologie der Universität in Vechta, 2005 Habilitation an der Universität Bremen (Thema: Integration qualitativer und quantitativer Methoden), seit 2005 Professor für Methoden empirischer Sozialforschung an der Philipps-Universität Marburg.

Prof. Dr. Thomas Köhler, seit 2005 Professor für Bildungstechnologie am Institut für Berufspädagogik der Technischen Universität Dresden und wissenschaftlicher Direktor der Media Design Centers. 2002-2005 Juniorprofessur für „Lehr-Lern-Forschung unter besonderer Berücksichtigung multimedialen Lernens" an der Universität Potsdam. Arbeits- und Forschungsschwerpunkte in den Bereichen computervermittelte Kommunikation, Online-Forschung, virtuelle Organisationen und E-Learning.

Juniorprof. Dr. Jürgen Maier, Studium der Politikwissenschaft an der Universität Bamberg. Seit 2004 Juniorprofessor für Methoden der empirischen Sozialforschung an der Universität Kaiserslautern. Autor zahlreicher Beiträge zur Wahl- und Einstellungsforschung sowie zur Medienwirkungsforschung.

Ass. Prof. Dr. Uwe Matzat, Studium der Soziologie an den Universitäten Duisburg und Groningen (NL), 2001 Promotion zum Thema „Social Networks and Cooperation in Electronic Communities" am Interuniversity Center for Social Science Theory & Methodology (NL). 2002-2003 Wiss. Assistent an der Heinrich-Heine-Universität Düsseldorf, Lehrstuhl für theoretische Soziologie. Seit 2003 Assistant Professor of Sociology an der Technischen Universiteit Eindhoven (NL). Autor zahlreicher Beiträge zur Internetforschung in internationalen Fachzeitschriften; wiss. Organisator von GOR-Fachkonferenzen; seit 2001 Mit-glied im Vorstand der Deutschen Gesellschaft für Online-Forschung (DGOF).

Dr. Marcus Maurer, Studium der Publizistikwissenschaft, Politikwissenschaft und Deutschen Philologie in Münster und Mainz. 1997-2002 Wissenschaftlicher Mitarbeiter am Institut für Publizistik der Johannes Gutenberg-Universität Mainz. Seit 2003 Wissenschaftlicher Assistent am selben Institut. Gastprofessuren an der Universität Granada (Spanien) und der FU Berlin. Seit 2006 Sprecher der Fachgruppe „Methoden der Publizistik- und Kommunikationswissenschaft" der Deutschen Gesellschaft für Publizistik- und Kommunikationswissenschaft (DGPuK). Forschungsschwerpunkte: Politische Kommunikation, Medienwirkungsforschung, quantitative Methoden.

Brigitte Metje, Dipl.- Gerontologin, Studium der Gerontologie an der Hochschule Vechta, 2005 wissenschaftliche Mitarbeiterin an der Hochschule Vechta, seit November 2005 wissenschaftliche Mitarbeiterin am Institut für Soziologie der Philipps-Universität Marburg. Promotion zu Validitätsproblemen in quantitativen Lehrveranstaltungsevaluationen.

Dr. Ryan O. Murphy, Studium der Psychologie Wake Forest University (BA) und anschließend Studium „Management and Organizations" an der University of Arizona (Ph.D.). Seit 2004 Post-Doc und Research Scientist an der Columbia Business School (USA) sowie Associate Director des Columbia Center for the Decision Sciences. Forschungsinteressen: individuelles und interaktives Entscheiden, experimentelle Ökonomie und mathematische Modellierung von Lern- und Adaptionsprozessen.

Frank Niedermeier, Studium der Soziologie, Politikwissenschaft und Geschichte an den Universitäten Oldenburg und Potsdam. Seit 2007 studentischer Mitarbeiter an der Servicestelle für Lehrevaluation der Universität Potsdam mit dem Schwerpunkt Online-Befragungen und Online-Panels.

Dr. Wolfgang Neubarth promovierte an der Friedrich-Alexander-Universität Erlangen-Nürnberg. Von 2003 bis 2007 wissenschaftlicher Mitarbeiter bei der Gesellschaft Sozialwissenschaftlicher Infrastruktureinrichtungen e.V. (GESIS-ZUMA) im Bereich Online-Umfragen. Seit 2007 unterstützt er verschiedene Bereiche von TNS, insbesondere TNS Infratest InCom (Technology Sector), TNS Infratest MediaResearch und die TNS Convergence Group. Er ist dort schwerpunktmäßig für das Themenfeld „Interactive" (Online-Forschung) im Bereich Business Development verantwortlich.

Dr. Manuela Pötschke, Studium der Soziologie an der Universität Potsdam. Seit 2007 Verantwortliche für das Lehrgebiet „Sozialwissenschaftliche Statistik" an der Universität Kassel. Autorin von Beiträgen zur Evaluation in und durch Online-Befragungen und zu Mehrebenenmodellen.

Dr. Philipp Pohlenz, Studium der Soziologie an den Universitäten Hamburg und Potsdam. Seit 2000 Leiter der Servicestelle für Lehrevaluation der Universität Potsdam. Freie Mitarbeit in Entwicklungsprojekten im Bereich des Hochschulmanagements und Lehrbeauftragter der Wirtschafts- und Sozialwissenschaftlichen Fakultät sowie des An-Instituts für Weiterbildung im Bildungsbereich der Universität Potsdam.

Senja Post, M.A., Studium der Kommunikationswissenschaft, englischen Sprachwissenschaft und Politikwissenschaft in Dresden, Boston und Mainz. Seit November 2007 wissenschaftliche Mitarbeiterin am Institut für Publizistik der Johannes Gutenberg-Universität Mainz. Magisterarbeit zum Thema „Die Berichterstattung über den Klimawandel aus Sicht der Klimaforscher", ausgezeichnet u. a. durch den Medienpreis 2008 der Hamburg Media School. Arbeitsschwerpunkte: Wissenschaftskommunikation und Journalismusforschung.

Dr. Thomas Roessing, studierte 1994-1998 Publizistikwissenschaft, Politologie und Strafrecht in Mainz. Es folgten Tätigkeiten als Projektmitarbeiter an den Universitäten Mannheim und Mainz. Seit 2002 ist er wissenschaftlicher Mitarbeiter und EDV-Beauftragter am Institut für Publizistik in Mainz. Er ist Herausgeber des Buches „Politik und Kommunikation – interdisziplinär betrachtet" und wurde 2007 mit einer Dissertation über empirische Methoden zur Erforschung der öffentlichen Meinung promoviert.

Prof. Dr. Patrick Rössler, Studium der Publizistik, Rechts- und Politikwissenschaft an der Universität Mainz, von 1989 bis 1994 Projektmitarbeiter, anschließend Lehrstuhlmitarbeiter an der Universität Hohenheim, dort Promotion zum Dr. rer.soc. Von 1997 bis 2000 wissenschaftlicher Assistent an der Ludwig-Maximilians-Universität München, Institut für Kommunikationswissenschaft (ZW). Von 2000 bis 2003 Professor (C3) für Kommunikationssoziologie und -psychologie an der Universität Erfurt, seit 2004 Lehrstuhlinhaber für Kommunikationswissenschaft ebendort. Fall Term 2004 DAAD-Gastprofessur an der Annenberg School for Communication, USC Los Angeles, USA. 2006-2008 Vorsitzender der Deutschen Gesellschaft für Publizistik- und Kommunikationswissenschaft (DGPuK) e.V.,

Mitglied der AG „Medienwissenschaften" des Wissenschaftsrates, Repräsentant der International Communication Association (ICA) in Deutschland. Forschungsschwerpunkte: Politische Kommunikation, Medienwirkungen, Medieninhalte, Gesundheitskommunikation, neue IuK-Technologien, Geschichte der visuellen Kommunikation.

Dip.-Soz. Christiane Saller, Studium der Soziologie, Statistik und Volkswirtschaftslehre an der LMU München. 2007 wissenschaftliche Mitarbeiterin am Institut für Soziologie der LMU München. Seit 2008 wissenschaftliche Assistentin am Institut für Soziologie der Universität Bern. Forschungsgebiete: Quantitative empirische Methoden, Wirtschaftssoziologie und Rational Choice Soziologie.

Stefanie Schlereth, seit 2005 Studentin im Magisterstudiengang Publizistik an der Johannes Gutenberg-Universität Mainz, wissenschaftliche Hilfskraft ebendort in verschiedenen Forschungsprojekten (2006: Strukturen der Wirkung von Rhetorik; 2008: Status Quo der Online-Befragung) sowie als Lehr-Tutorin.

PD Dr. Harald Schoen, wissenschaftlicher Mitarbeiter am Institut für Politikwissenschaft der Universität Mainz. Autor zahlreicher Beiträge zur Politischen Soziologie und zu Methoden der empirischen Sozialforschung.

Dr. Falk Schützenmeister, Studium der Soziologie und Germanistik an der Technischen Universität Dresden. Mitbegründer der Nachwuchsgruppe Umweltsoziologie. Wissenschaftlicher Mitarbeiter an der Heinrich-Heine-Universität in Düsseldorf und an der TU Dresden, dort Mitarbeit am BMBF-Projekt „Problemorientierte Forschung und wissenschaftliche Dynamik". Seit 2007 Visiting Scholar am Center for Science and Technology Studies der University of California in Berkeley. Forschungsinteressen: Wissenschaftssoziologie, Umweltsoziologie und Methoden der empirischen Sozialforschung.

Dr. Michael Schulte-Mecklenbeck, Studium der Psychologie an der Universität Salzburg sowie der Universität Fribourg. Danach Post-Doc an der Columbia Business School (USA) und der Universität Bergen (Norwegen). Forschungsinteressen: Entscheidungen und Emotionen, Online-Forschungsmethoden sowie virtuelle Lernumgebungen.

Dr. Monika Taddicken, Studium der Diplom-Sozialwissenschaften in Göttingen und Galway, Irland. Nebenbei Projektleiterin in der kommerziellen Online-Forschung. Anschließend wissenschaftliche Mitarbeiterin, zunächst am Lehrstuhl für Betriebswirtschaftslehre an der Universität Bamberg; seit 2006 am Institut für Sozialwissenschaften, Fachgebiet Kommunikationswissenschaft und Sozialforschung der Universität Hohenheim, Stuttgart. Seit Juli 2008 Projektleiterin im DFG-Projekt „Die Diffusion der Medieninnovation Web 2.0: Determinanten und Auswirkungen aus der Perspektive des Nutzers" an der Forschungsstelle für Medienwirtschaft und Kommunikationsforschung der Universität Stuttgart-Hohenheim.

Alexandra Tobor studiert seit dem WS 2005/2006 Soziologie und Anglistik an der Philipps-Universität Marburg.

Prof. Dr. Martin Welker, Professor an der Macromedia Hochschule der Medien in München im Fachgebiet Journalistik. Laufende Habilitation an der Universität Leipzig zum Thema „Journalistische Recherche als kommunikatives Handeln". Promotion im Jahr 2000 an der Universität Mannheim. Seit 2005 Vorstandsmitglied der Deutschen Gesellschaft für Online-Forschung. Gründer und geschäftsführender Herausgeber der „Neuen Schriften zur Online-Forschung" im Halem Verlag.

Dorette Wesemann, Studium der Psychologie und Südslawistik an der Universität Leipzig. Seit 2004 wissenschaftliche Mitarbeiterin und Doktorandin an der Medizinischen Fakultät der Universität Leipzig, Arbeitsgruppe Essstörungen. Forschungsschwerpunkte: Internetbasierte Kommunikation und Intervention; Aspekte des Public Health im Bereich Essstörungen. Seit 2005 auch freiberuflich als Autorin und Übersetzerin tätig.

Ansgar Wolsing, B. Sc., studiert seit 2006 im Masterprogramm „Politikmanagement, Public Policy und öffentliche Verwaltung" der NRW School of Governance an der Universität Duisburg-Essen. Seit 2005 studentische Hilfskraft am Institut für Politikwissenschaft, Schwerpunkt Politik und Kommunikation.

Thomas Zerback, M.A., Studium der Publizistikwissenschaft und Betriebswirtschaftslehre in Mainz. 2005-2006 Projektmitarbeiter am Institut für Publizistik der Johannes Gutenberg-Universität Mainz. Seit 2006 wissenschaftlicher Mitarbeiter am selben Institut. Forschungsschwerpunkte: Methoden, Politische Kommunikation, Journalismusforschung.

GPSR Compliance
The European Union's (EU) General Product Safety Regulation (GPSR) is a set
of rules that requires consumer products to be safe and our obligations to
ensure this.

If you have any concerns about our products, you can contact us on

ProductSafety@springernature.com

In case Publisher is established outside the EU, the EU authorized
representative is:

Springer Nature Customer Service Center GmbH
Europaplatz 3
69115 Heidelberg, Germany